民国教育史专题研究丛书　　田正平　主编

民国义务教育研究

熊贤君　著

“十三五”国家重点图书出版规划项目　　2019年国家出版基金资助项目

CNS 湖南教育出版社

总　序

（一）

国内学术界关于中华民国教育史（1912—1949）的研究，严格意义上讲，是从20世纪80年代后期开始的。至20世纪末，有关民国教育史的通史性研究成果大致有三种，分别是熊明安著《中华民国教育史》（重庆出版社，1990）、申晓云主编《动荡转型中的民国教育》（河南人民出版社，1994）、李华兴主编《民国教育史》（上海教育出版社，1997）。其中，作为国内第一本以《中华民国教育史》冠名的学术著作，熊著对有关民国时期的教育史料进行了收集整理，构建了一个以历史阶段演进为纵轴、以各级各类教育为横轴的纵横交错的研究框架，并对民国时期教育的诸多举措和事件，做出了自己的评价，认为“从总体上看，民国时期的教育仍是进步的教育，并取得了可观的成就”[①]。申著涉及民国教育史研究中的有关理论问题，尤其是对民国教育史的历史分期问题做了初步探讨。李著出版于20世纪90年代后期，在体例框架上有所创新，全书分为“学制篇”“思想篇”“管理篇”和“办学篇”四部分，对民国教育史的历史分期提出了新的看法，在史料收集和分析上亦有所深入，特别强调了对民国时期教育“进行历史描述和价值评判的出发点与标尺”的问题。作者在“绪言”中指出：“在1912—1949年的三十八个春秋里，伴随着社会转型的阵痛，民国教育经历着从传统向

① 熊明安：《中华民国教育史》，重庆：重庆出版社，1990年，第3页。

现代化的蜕变。一方面，对传统教育的摒弃与继承、否定与弘扬，对西方教育的接纳与排拒、移植与抗阻，对民国教育的构思与运作、试验与调整，交织成一幅错综复杂、色彩斑斓的历史画卷；另一方面，在苏区、边区、解放区，广大民众又在共产党领导下，进行了新民主主义教育的理论思考和具体实践。”①

1994 年和 2000 年湖南教育出版社和山东教育出版社先后出版了《中国教育思想通史》（王炳照、阎国华主编）和《中国教育制度通史》（李国钧、王炳照总主编），前者的第六、七卷和后者的第七卷的研究对象是民国时期的教育。《中国教育思想通史》第六卷的时限是 1912—1927 年，第七卷的时限是 1927—1949 年；而《中国教育制度通史》第七卷的时限则是 1912—1949 年。由于体例的限制，《中国教育思想通史》的六、七两卷，主要探讨了民国时期教育改革思潮、职业教育思潮、实用主义教育思潮、三民主义教育思潮、乡村教育思潮、生活教育思潮、新民主主义教育思想等 20 多种教育思潮产生、形成、发展的原因和对实际教育的影响。作者指出：“与清末的各种教育思潮相比，这一时期的教育思潮从总体上显现出一种比较注意从多方面探讨教育发展规律的特点，就是说，具有较强的理论色彩和教育色彩。……上述特点的出现，标志着中国近代教育发展的一个新阶段。”②《中国教育制度通史》第七卷则在分析了 1912—1927 年间教育制度转变的深层次原因之后，重点考察了三民主义教育制度和新民主主义教育制度的产生形成过程、具体内容及其各自对教育实践的影响。作者认为，“民国教育是中国教育近代化的一个重要阶段。其间，中国的教育制度发生了两个重要转变：从日本模式到美国模式的转变，以及从以模仿外国模式为主到与中国实际相结合的方向转变。特别是第二次转变，由于教育变革的旗帜从分散的知识分子转到了有组织的政党手中，分化出了两种既相对立又相补充的教育制度体系：国民党所领导的三民主义教育制度与共产党所领导的新民主主义教育制度。这使得教育变革与社会变革取得了更加密切的联系。在这一过程中，有一定中国特点的近

① 李华兴主编：《民国教育史》，上海：上海教育出版社，1997 年，第 1 页。

② 田正平主编：《中国教育思想通史》第六卷，长沙：湖南教育出版社，1994 年，第 3 页。

代化教育模式得以确立”[①]。上述论断虽然分别是针对民国时期教育思潮和教育制度的变革而言，其实也反映了作者对整个民国时期教育发展的基本看法。

进入新世纪以来，有关中华民国教育史的学术成果中，最值得注意的是2013年由北京师范大学出版社出版的《中国教育通史・中华民国卷》（上、中、下）和2015年由南京大学出版社出版的《中华民国专题史》第十卷《教育的变革与发展》。《中国教育通史・中华民国卷》（上、中、下）是由前面提及的《中国教育思想通史》和《中国教育制度通史》两书有关内容增补、调整、修订而来的，其指导思想和分析框架基本保持原状，上、中两册以教育思想为主，下册则以教育制度为主，在中国教育通史的大框架下，这三册冠之以“中华民国卷”。由张宪文、张玉法两位教授共同主编的《中华民国专题史》，是海峡两岸暨香港、澳门40所大学和研究机构的70位历史学教授与研究员合作撰著的，全书设计了18个专题，教育是其中之一。参与《教育的变革与发展》一书写作的几位作者分别来自大陆和台湾的高等院校和研究机构，这是海峡两岸学者第一次合作完成的关于中华民国时期教育的研究成果。全书由8章组成，依历史发展线索分专题展开，各个专题又分别结合了典型个案分析。作者在“绪言”中指出：“民国时期的教育，在中国近代教育发展的历程中占据着承前启后的重要地位。作为有着数千年悠久历史文化和教育传统的文明古国，教育也如同这个民族的命运一样，在19世纪下半叶和20世纪上半叶遭遇到前所未有的冲击。……中国的传统教育思想、理念、制度模式和知识体系在‘西洋’文明的冲击下开始了艰难的‘现代化’转型。……民国时期的教育，正是这次转型进程中的一个重要阶段。在中国现代教育的发展上，民国时期的教育进行了卓有成效的探索和实践。”[②]

综观20世纪90年代以来先后出版的民国教育史著述，可以看出有如下几方面的共同特点。第一，除最早出版的熊著《中华民国教育史》外，其余各书都明确采用的是“近代化”或“现代化”的研究范式和视角，都主张把民国时期的教

① 于述胜：《中国教育制度通史》第七卷，济南：山东教育出版社，2000年，第413页。
② 朱庆葆、陈进金、孙若怡、牛力等：《教育的变革与发展》，南京：南京大学出版社，2015年，第1页。

育放在“与几千年来的自给自足的封建农业经济基础和专制政体相适应的传统教育，逐步向与近代大工业生产、与资本主义发展相适应的新式近代教育转化与演变的历史过程”① 中考察，都认为“民国时期的教育，是中国教育近代化的一个重要阶段”②。第二，上述不同时期出版的这些著作，都架构了一个大致包括教育方针、教育制度、教育人物（思想）、各级各类教育实施与管理等内容的分析框架，尽管在详略上间有区别，但大的架构基本一致。第三，都对民国时期的教育从总体上给予肯定，对民国教育的不同层面做出了自己的评价。当然，由于各书出版时间前后跨越四分之一世纪，而这一时期中国社会正在经历着深刻的变革，各书在评价尺度的把握上表现出较大差异，应该说，这也是正常的。第四，作为通史性著作，上述各书无论是按历史时期的演进为序展开，还是以专题的形式展开，受篇幅和体例的限制，尽管已经做了很大努力，但对 38 年间民国教育史上的不少问题，有的仍然是点到为止，未能展开深入探讨，有的甚至基本未能涉及。这种状况，既为民国教育史的研究提出了更高的要求，也为进一步的深入研究留下较大的空间。

与学术界对民国教育史的研究持谨慎、执着而又稳步推进的态势不同，社会上对民国教育的关注从 20 世纪末开始，可以说热浪滚滚、持续升温。有学者统计，“在百度搜索引擎上以‘民国教育’为检索词，截至 2012 年 11 月 20 日，搜索到的结果竟然有近 300 万条之多”③。坊间各种文章、著述及教育家传记、回忆录等大量刊布和结集出版，甚至包括民国时期的一些中小学教科书也以精美的形式一再重印。贯穿于这些海量的对民国教育关注的各种文献的主旋律，是对民国时期教育的高度赞扬和称颂。2008 年 12 月发表在“天涯论坛”上的一篇帖子，题目即是《民国时期的中国教育，一直走在世界的前沿》。文章从教育完全免费、教育经费、教师薪水、多样化的教育布局、不惜代价办教育等五个方面，反复论证当时的中国教育走在世界前沿。尽管文章的内容并非建立在严格的史实基础之

① 田正平主编：《中国教育通史·中华民国卷》（上），北京：北京师范大学出版社，2013 年，第 1 页。

② 于述胜：《中国教育制度通史》第七卷，济南：山东教育出版社，2000 年，第 1 页。

③ 胡金平：《民国教育热的背后：一种想象性的社会记忆》，《教育发展研究》2014 年第 Z2 期。

上，也没有提供任何有根据的统计数据，但是，该帖子却不胫而走，直至今天，仍然持续地被大量转发。这只是众多的对民国时期教育极力推崇和颂扬的显例之一。为什么会出现这种现象？恐怕至少有两方面的原因值得考虑。其一，与社会各界对当代中国教育改革中出现的诸种问题的焦虑有直接关系。带着现实的感受，人们希望通过回顾、梳理、考察民国时期相应的教育问题，启迪智慧，开阔眼界，总结经验，汲取教训。于是，民国教育就成为被社会各界广泛关注的一片“热土”。耕耘者各自怀揣不同目的，有的是希望从中获得创办一流大学的启示，以使中国的高等教育更快地跻身“世界一流大学的行列”；有的是呼唤渐行渐远的某种“精神”或“情怀”，借以批评当下学术界的浮躁与腐败；有的试图通过比较体制方面的异同而引发相关的联想；有的则企盼为革除当下的某些积弊寻求“一剂良方”。当然，更不乏有些人将自己想象中的“教育愿景”投射到那段逝去的历史，论说和言语间更多的是情感的诉求和理想化的憧憬。说实话，所谓民国时期的教育，总共也就是 38 年，如此短暂的时间，居然会给后人留下那么多想象与重构的空间，在充分体现历史的“魅力”的同时，也生动地说明了那是一个在中国教育早期现代化进程中极其重要的时代，是一个由于迄今为止尚有许多问题没有被人们正确认知因而极易让人产生各种“想象”与“移情”的时代。可以说，对于这段教育历史的关注，已经远远超出了学术研究本身的范围。其二，从更深的层次考察，上述民国教育热的背后，可能潜伏着一种对被 20 世纪六七十年代极左思潮所形塑的民国教育图景的不满情绪和逆反心理。长期以来，由于众所周知的原因，教育史上的“昨天”（民国教育）与它赖以存在的环境被不加区别地描绘成一个充满妖魔鬼怪的黑暗世界，种种反映事实真相的史料被一张又一张无形或有形的网络所过滤、筛选。于是，民国时期的教育以一幅专制集权、崇美媚外、毒害青年、扼杀人性的荒诞不经的图像，通过教材、课堂、学术论著及其他传播方式广为流传，其影响亦远远超出学术界，几乎成了全社会的“共识”。30 多年来随着改革开放的深入，许多人为的障碍逐渐消除，大量被屏蔽和过滤的史料重见天日。民国时期的教育究竟如何？人们自然而然地追问，不到 40 年的民国教育培养出那么多大师、大家，那一时期的教育究竟是怎么搞的？民国时期的教育有哪些“高招”和“法宝”可供今天借鉴？著名的“钱学森之问”更是激发了人们对这些问题的思考。平心而论，综观21世纪以来有关民国教育的各种论文、著述、回忆录等，其中不乏严肃的学术著作和论文，有许多成果可以说无论在论题的选择、史料的发掘利用，抑或是在分析框架的建构和观点的提炼方面，都体现出很高的学术水准。但是，也确实有一些作品，更多的是一种感情的宣泄或寄托，很少提供有价值的新材料、新观点，立论往往失之偏颇；更有一些著述，对民国教育的许多问题缺乏具体的实事求是的分析，而是一味地“拔高”，给人的感觉是，那个时期的教育样样都好，多年前的“黑暗地狱”，如今变成了人人向往的“光明天堂”。

上述社会现象给我们的启示是，民国教育作为中国教育早期现代化的一个重要历史阶段，它是我们的“昨天”。实际上，我们今天遇到的、讨论的、感到困惑的许多教育问题，也都是民国时期的人们曾经遇到过、讨论过、感到困惑的问题。所以，对民国教育的研究，能为我们处理和解决这些问题提供有益的借鉴。长期以来我们曾经把这段历史的研究视为禁区，与中国古代教育史、中国近代教育史的研究状况比较，这段离现实最近的历史，恰恰最不受重视、成果最为匮乏、形象最为模糊；近年以来，这块“禁区”变成了“热土”，人们出于各种动机、带着各种问题，试图从民国教育中寻求答案、解疑释惑，在这种情况下，急功近利的心态、“削足适履”的后见之明和个人情感的流露时有所见。“禁区”也好，“热土”也罢，从学术研究和社会需求的角度讲，都不是一种正常的现象。说到底，民国时期的教育既不是“天堂”，更不是“地狱”，客观的史实只能有一个，而解释、分析、评价却可能多种多样。这就要求我们，在认真总结民国教育史研究过程中“冷”“热”两方面经验教训的基础上，有组织地加强对民国教育史的深入研究，这既是学科建设、学术发展的需要，又是回应社会需求、为当代中国教育改革提供有益借鉴的需要。

（二）

众所周知，中国教育的早期现代化是在19世纪60年代拉开序幕的。如果以

1862年京师同文馆的创办作为中国近代新式教育的滥觞，至1912年中华民国成立，传统教育的变革和新式教育的推进已经经历了整整半个世纪。50年间，无论是在教育理念、教育制度、教育模式层面，抑或是在知识体系、课程设置、教学形式和方法层面，都发生了缓慢、深刻而不可逆转的变革。尽管阻力重重，但经过自强运动、维新运动和清末最后10年的新政改革，仍然开启了教育早期现代化的诸多门径：各类新式学堂的创办，培养目标的多元化，大量西学课程的引进，留学生的走出国门，书院的改造与改制，科举制度的不断修补、改革及停废，近代学校制度的颁行，中央教育行政机构的独立建制，等等。据统计，1912年全国专科以上学校115所，学生40114人；全国中等学校832所，学生97965人；全国小学校86318所，学生2795475人。① 中华民国的教育，就是在这个基础上起步的。

中华民国时期的教育，以1927年为界，38年间大致可以分作两个阶段。

辛亥革命推翻了清王朝的统治，这是中国历史发展进程中的一次重大飞跃。它标志着在中国延续两千多年的封建君主专制制度的终结和资产阶级共和制度的诞生，是中国从传统社会向近代社会转变过程中的一个重要里程碑。同样，中华民国的建立，使中国教育早期现代化进入一个新的历史时期：封建专制政体的崩溃，使得由它所支撑的价值观念、社会心理、道德规范以及与此相适应的传统教育的各个层面统统失去了依托，由此催发了民初教育的新气象。无所不包的普遍王权的一元结构突然解体，在造成权威丧失、价值迷津的同时，也诱发了保守顽固势力的拼死反抗，袁世凯在教育领域的倒行逆施，对民初教育的反动，掀起了一股短暂的复辟逆流。但是逆流毕竟不是主流，从一定意义上讲，正是这股逆流引发了国人对数千年积淀而成的文化传统的总体性思考与批判，引发了中西文化的激烈论争，促进了观念形态的深刻变革，于是有新文化运动和五四运动的发生。中国教育早期现代化的基本内涵诸如追求民主、崇尚科学、强调实用、求新知于世界等，生动鲜明地在理性思考和实践活动两个层面凸现出来。1912—1927

① 教育部教育年鉴编纂委员会编：《第二次中国教育年鉴》，上海：商务印书馆，1948年，第1400、1428、1455页。

年间，中国教育早期现代化留下了之字形发展、螺旋式上升的轨迹，在艰难曲折中显现出历史的选择和进步。如果说此前 50 年间传统教育的变革和新式教育的推进是在封建专制政体的框架之内进行的话，那么辛亥革命后的这种变革和推进则是在民主共和观念逐渐深入人心、封建专制制度无可挽回的历史大趋势下展开的。

1912 年 1 月 3 日，蔡元培出任中华民国首任教育总长。1 月 9 日，教育部正式成立。至 1913 年 9 月“二次革命”失败，蔡元培和他的继任者们，在革故鼎新的重大历史转折时期，适应政体转变，废除清末教育宗旨，确立“注重道德教育，以实利教育、军国民教育辅之，更以美感教育完成其道德”的培养共和国新国民的教育方针；召开全国临时教育会议，讨论议决民国教育发展的大政方针，进行教育决策民主化的尝试；制定颁布“壬子—癸丑学制”，对“癸卯学制”进行制度改造。在前后不到两年的时间里，采取了这些重大举措，顺应社会发展潮流，为民国教育发展奠定了第一块基石。

1915 年兴起的新文化运动和其后的五四运动，对民国时期教育的影响是深远、持久且多重层面的。新文化运动的骁将们几乎毫无例外地把批判的矛头指向封建教育的核心——尊孔读经，其措辞之激烈、揭露之无情、批判之深刻，都是前所未有的。如果说辛亥革命后对封建教育的冲击和废除更多的是凭借政权的力量，主要是进行了制度层面的改革，尚未来得及从教育观念、教育思想上进行深入清理的话，那么，新文化运动、五四运动正是力求弥补这艰苦而又十分必要的一课。

与上述批判高潮相呼应，中国的知识界、教育界表现出前所未有的学习、追赶世界先进教育潮流的活跃趋势。在中国教育早期现代化的历史进程中，西方教育的影响，始终是一个极其重要的因素。教育早期现代化每跨出一步，都伴随着西方教育不同层面影响的扩大和加深。如果说在中国教育早期现代化的启动阶段，传统教育的改革主要以增设新的课程、引进新的教学内容为标志，更多地受西方教育物质层面的影响，19 世纪末 20 世纪初传统教育的改革集中地体现在近代学制的建立，更多地受西方教育制度层面影响的话，那么，在新文化运动中兴起并得到蓬勃发展的教育改革运动，则主要是受西方教育理论、教育思想的影响。人们在探讨导致中西教育差别的本质内涵、寻求中国教育根本出路的过程中，把形形色色的西方教育理论、学说、思潮统统拿了过来，形成了近代以来教育思想界最为活跃的一个时期。这种多姿多彩、众说纷纭的思想氛围，不仅为人们提供了批判旧教育、发展新教育的理论武器，而且从根本上锻炼和提高了我国教育界的理论素养。

1915年以后，我国教育界初步形成了一支为数可观、具有多元化色彩、知识结构比较合理的教育理论人才和实践人才队伍。这支队伍的组成大致可分为三个层面。一是出身于封建士大夫营垒、在维新运动时期实现了自我转变的老一辈文化教育界人士。从清末废科举、兴学堂、创办新式教育以来，他们大都站在时代前列，做出过积极贡献，在新的社会历史条件下，他们中的大多数，仍然追随时代步伐，努力更新自己的知识和观念，在自己所能理解和接受的范围内，以不同的方式，直接或间接地促成、支持教育上的各种改革活动。二是民国肇始，积极参与废除封建教育制度、创建新教育体系，在革故鼎新中勋劳卓著的一批以留日学生为核心的半新半旧的知识分子。在新形势下，他们锐意进取，不断追求，对自己亲手制定或参与制定的民初教育宗旨、“壬子—癸丑学制”，不居功，不护短，又以积极的姿态呼唤新的改革高潮。三是1915年以后陆续回国的欧美留学生。他们的年龄大多在25～35岁，出国留学少则二三年，多则五七载，出身名校，师从名家，学有专长，受过全面的西方教育熏陶和科学方法训练，取得了学士、硕士、博士学位。这批人血气方刚，视野开阔，承袭的负担少，思想敏锐，富于朝气，对国内教育现状极为不满，要求变革的愿望最强烈。上述三个层面的人们，广泛地分布在中央和各省市的教育行政部门，各大学、专门学校、中等学校和各种文化教育出版机构、教育社团组织。从总体上看，他们的教育理论素养、他们的知识结构、他们对中国国情的认识以及对世界教育发展趋势的理解，均可以说达到了前所未有的水平。他们同气相求，此呼彼应，成为左右中国教育方向的主力军。

以1917年9月7日教育部公布《修正大学令》为标志，中国近代高等教育体制的演进进入到一个新的阶段。《修正大学令》规定：设两科以上者得称大学，但单设一科者得称为某科大学。1922 年颁布的“壬戌学制”吸收了上述规定，而这些规定在 1924 年 2 月公布的《国立大学条例》中又得到进一步的肯定。这些规定不仅打破了清末学制中关于在京师设立大学必须八科俱全、在省城设立大学必须三科以上的成案，而且也突破了民初《大学令》中所规定的大学至少需设两科以上的要求，反映了 20 世纪 20 年代中国社会经济发展对高等教育的需求。而 1917 年后蔡元培对北京大学卓有成效的改革，改革中所体现出来的现代大学理念、大学精神、管理体制以及所做的种种努力和尝试，更是对整个中国思想文化和教育学术都产生了广泛、深刻的影响和巨大的辐射力。大学成为现代知识分子安身立命之所，成为新知识、新思潮、新文化的生产者、倡导者、发源地。1926 年，蔡元培在一篇文章中指出，中国大学取得了显著进步，这既表现在数量的扩大方面，“十倍于民国元年”，也反映在内容的提高方面。他从科目设置、教学内容、师生观念以及开展科学研究等多个角度进行对比，得出结论：“不能不说今日的大学，比十五年前已经进步得多了。”① 当然，蔡在充分肯定这一时期大学发展所取得的成绩的同时，也不无忧虑地指出了存在的严重问题，这些我们将在后面讨论。

从 1915 年开始酝酿至 1924 年教育部颁布《国立大学条例》大致完成的 20 世纪 20 年代的学制改革，前后历经近 10 年。与清末新政时期“癸卯学制”和民国初年“壬子—癸丑学制”的制定、修订相比，这次学制的修订真正发展成为一场名副其实的教育改革运动。不仅具有酝酿时间长、视野开阔、民间参与成为主体、涉及面广、所形成的“壬戌学制”影响持久等特点，而且正是在这次改革过程中，中国教育的发展模式完成了由取道日本向取法欧美，特别是美国的转变，这个转变影响了此后中国教育的国际取向。而在改革过程中从理论和实践两个层面体现出来的民间社会力量参与的积极性、主动性、多样性和主体作用发挥的有效性，在中国教育早期现代化的历史进程中，既是空前的，又可能是绝后的。

---

① 中国蔡元培研究会编：《蔡元培全集》第五卷，杭州：浙江教育出版社，1997 年，第 412—413 页。

（三）

1927年南京国民政府的建立，标志着民国教育的发展进入新阶段。如果说此前15年间中国教育的发展是在中央政府走马灯似的更迭、缺乏威权，社会动荡、各地军阀混战不已的大背景下，民间社会力量充分介入和展现，以思想理论上的多元化、实践形态上的多样性为特征向前推进的话，那么南京国民政府建立后，中国教育的发展则是在“一个政党、一个主义、一个领袖”的政治框架逐步形成、日趋强化的过程中，在中央政府的主导下以完善立法和制度建设，强调集权和统一，致力于各级各类教育的规范化、标准化为特征进行探索和推进的。

1928年5月，中华民国大学院在南京召集第一次全国教育会议，提议以“三民主义的教育”为中华民国教育宗旨。1929年4月，国民政府公布《中华民国教育宗旨及其实施方针》，确定“中华民国之教育，根据三民主义，以充实人民生活，扶植社会生存，发展国民生计，延续民族生命为目的；务期民族独立，民权普遍，民生发展，以促进世界大同”①。1931年6月，国民政府公布《中华民国训政时期约法》，以根本法的形式进一步确认：“三民主义为中华民国教育之根本原则。”② 与民国初年蔡元培主持制定的“五育并重”的教育方针和1922年“壬戌学制”制定过程中形成的“七项标准”相比较，三民主义教育宗旨的确立，明确地把教育的发展与国家的发展目标紧紧地联结在一起。

从国民政府成立到抗日战争全面爆发前的10年，是民国教育稳步发展、经费支持较有保障、各级各类教育事业取得显著成绩的10年。鉴于北京政府时期中央政府弱势、教育法令法规滞后、全国教育秩序松散的实际情况，国民政府在制定颁布三民主义教育宗旨及其实施方针的同时，加强教育法律、法规、制度和有关政策的制定、修订和完善，从制度建设上进行本土化探索。在1927－1937

① 国民政府：《中华民国教育宗旨及其实施方针》，宋恩荣、章咸编：《中华民国教育法规选编》（修订版），南京：江苏教育出版社，2005年，第35—36页。

② 国民政府：《中华民国训政时期约法》，宋恩荣、章咸编：《中华民国教育法规选编》（修订版），南京：江苏教育出版社，2005年，第37页。

年间，先后颁布的重要法令、法规、政策有：《中华民国大学院组织法》《大学区组织条例》《教育部组织法》《教育会规程》《大学组织法》《专科学校组织法》《大学规程》《专科学校规程》《学位授予法》《大学研究院暂行组织规程》《小学法》《小学规程》《实行义务教育暂行办法大纲》《中学法》《中学规程》《中学学生毕业会考规程》《职业学校法》《职业学校规程》《师范学校法》《师范学校规程》《私立学校规程》《整顿学风令》《整顿教育令》，等等。上述法律法规的制定颁布，在比较完备的现代教育法律法规体系的基础上，建立了一个比较完整的包括初等、中等、高等教育和师范、职业、成人、社会教育、教育管理在内的国民教育体系。尽管在实施过程中大打折扣，但是，由于中央政府的权威日益强化，这一整套法律法规体系在保障各级各类教育正常运作的过程中，仍然发挥了重要的积极作用。

完成教育主权的回收。民国成立后，北京政府曾经针对外国宗教团体的在华办学活动，多次发布通告，要求外国教会学校向中国政府注册立案。20 世纪 20 年代中期，全国范围内更掀起声势浩大的反对教会教育、收回教育权的社会运动。但是，由于中央政府本身的不稳定和缺乏威权，直至国民政府成立，除燕京大学曾于 1927 年 2 月向北京政府教育部申请立案之外，外国宗教团体在华所办学校多持观望态度。国民政府成立后，先后公布《私立学校条例》《私立学校董事会条例》和《私立学校规程》等通令、通告，明确规定，“外国人及宗教团体设立之学校”均属“私立学校”；“私立学校须经教育行政机关立案，受教育行政机关之监督及指导”；“私立学校如系外国人所设立，其校长或院长须以中国人充任”；“私立学校如系宗教团体所设立，不得以宗教科目为必修科，亦不得在课内作宗教宣传，学校内如有宗教仪式，不得强迫或劝诱学生参加，在小学并不得举行宗教仪式”。[①] 在国民政府的敦促下，各宗教团体所办学校纷纷向中国教育行政部门注册立案。以高等教育而言，至 20 世纪 30 年代初，除圣约翰大学外，其他教会所办高等学校全部完成了向中国政府的注册立案。正如有的学者所指出

① 教育部：《私立学校规程》，多贺秋五郎：《近代中国教育史资料・民国编》（中），东京：日本学术振兴会，1974 年，第 573 页。

的："在中国教会大学的历史上，20 世纪 20 年代的事件结束了一个时代，教会学校不再是外国人管理的宣传外国教义的学校了。……教育成了学校的主要目的，传播福音只能在政府控制的教学计划所容许的范围内进行。"①

整顿各级各类教育，提升教育质量。10 年间国民政府在教育方面的另一大举措即是整顿各级各类教育、提升教育质量，并且取得了显著成效。以对高等教育的整顿为例，国民政府成立之初，全国高等教育正处在所谓"大学热"时期。1931 年国际联盟教育考察团来华考察，在其考察报告书中，对中国高等教育的现状做了如下评述："中国人对于高等教育之信仰——几成为对于高等教育之狂热——致使二十五年之内，竟有五十余所大学之创设，此种信仰之本身，确有值得特别羡慕者。但此种迅速创立之制度，纵具有真实之优点，其品质上之缺点，自不可免。"② 为改变高等学校"数量增加，质量低下"的状况，国民政府对高等教育进行了整顿，其中取消单科大学、限制滥设大学，加强对私立院校及教会学校的控制与管理，调整院系结构、限制文科、注重实用科学和提高教育效能等是整顿的重点。为此出台了一系列的法规政策，目的是全面加强政府对高等教育的控制以"限制数量、提升质量"。规范和控制相结合是这一时期国民政府整顿高等教育政策的主要特征。此次整顿呈现以下特点：第一，整理方式以"裁、并、改、停"为主；第二，整顿内容明确，主线突出，贯彻始终；第三，政府整顿高等教育的法规和政策在执行过程中，既有刚性的一面，亦有一定的灵活性。通过此次整顿，改变了 20 世纪 20 年代以来高等教育发展中的无序状况，提高了高等教育的整体水平。当然，在这一过程中也进一步确立和加强了国民党在全国高等院校中的渗透和影响。

1937 年抗日战争全面爆发，深刻的民族危机打乱了中国教育早期现代化的正常进程，战前初步形成的稳定的教育发展局面被破坏。随着日寇侵略的步步进逼，各级各类教育受到严重破坏，特别是集中于平津地区和东南沿海地区的大批高等学校损失更为惨重。据战后教育部统计，战时全国各级学校与教育人员直

---

① 杰西·格·卢茨：《中国教会大学史》，杭州：浙江教育出版社，1988 年，第 248 页。

② 国际联盟教育考察团编：《国际联盟教育考察团报告书》，台北：文海出版社，1986 年，第 160 页。

接、间接所受损失合计美金 9.6 亿余元。其中，建筑物被破坏 31 万余间，图书损失 7259 万余册，仪器标本损失 97 万余件，各类器具损失 2984 万件，其他物品不计其数。① 战前的 108 所高等学校中，校舍遭到日军占领或轰炸，被迫迁移或停顿者达 94 所，其中 14 所被全毁，25 所被迫停顿。② 多所大学被迫颠沛流离、辗转内迁，日本帝国主义的野蛮行径，使中国的教育事业遭受空前的巨大损失。

1938 年 3 月 29 日至 4 月 1 日，国民党在武汉召开临时全国代表大会，制定了《中国国民党抗战救国纲领》，临时代表大会通过了《战时各级教育实施方案纲要》，内容包括九大方针和十七个要点，用以指导战时教育。国民政府教育部据此制定了战时各级各类教育实施方案及改善要点，对学制、学校设置、师资、教材、课程与科系、训育、体育、管理、经费、学校建筑、行政机构、学术研究及审议、留学制度、边疆教育、社会教育等做了具体规定。1939 年 3 月 4 日，蒋介石在第三次全国教育会议上致辞，指出教育要以适应抗战救国需要为中心，以“革命救国的三民主义为我国教育的最高基准，以实现抗战救国纲领”，强调“教育是一切事业的基本”，并提出“平时要当战时看，战时要当平时看”，认为“战时”与“平时”并非截然分开。③ 3 月 7 日，大会议决通过临时提案《蒋委长在本会议训词为我国教育之最高指导原则案》④ 作为大会的重要决议和今后国内教育的指导方针。“战时须作平时看”的指导方针的确立，明确了政府抗战时期教育工作的总基调，兼顾抗战与建国、目前与长远的双重任务。遵循这一方针，国民政府在全面抗战期间采取多种应变措施，取得积极成效。至抗日战争胜利，全国各级各类教育在迅速医治战争创伤的同时，取得了长足的发展。据统计，1936 年，全国有专科以上学校 108 所，学生 41922 人；全国中等学校 3264 所，学生

① 教育部统计处：《全国各级学校及教育机关战时财产损失统计表》，中国第二历史档案馆编：《中华民国史档案资料汇编·第五辑第二编教育（一）》，南京：江苏古籍出版社，1997 年，第 383—399 页。

② 教育部统计处：《全国高等教育概况之比较表》，杜元载主编：《革命文献·抗战时期之高等教育》，台北：“中央文物供应社”，1972 年，第 85 页。

③ 《蒋委员长讲：教育的当前任务》，《新华日报》（重庆），1939 年 3 月 5 日；《全国教育会议详记·第四日蒋委长莅会勉教育界》，《申报》（上海），1939 年 3 月 22 日。

④ 《全国教育会议昨闭幕：通过蒋委长莅会训词为最高指导原则》，《申报》（上海），1939 年 3 月 10 日。

627246人；全国小学校320080所，学生18364956人。至1945年抗战结束，全国专科以上学校增至141所，学生83498人；全国中等学校增至5073所，学生1566392人；全国国民学校及小学校数虽然有所下降，但在校学生却增至21831898人。① 这期间，全国专科以上学校在校学生数、全国中等学校在校学生数均增长1倍左右，全国国民学校及小学在校学生数增长近20%。

抗日战争胜利后，全国人民渴望和平安定，教育事业百废待兴。国民政府教育部于1945年9月召开全国教育善后复员会议，讨论制定各项政策，并先后颁布《国立各级学校迁校办法》及对收复区各类学校教师、学生的甄审和处理办法。教育复员工作大致在1947年4月完成。但是，随着内战爆发，战火连绵、经济崩溃、物价上涨、通货膨胀，国家财政极度困难，教育经费急剧缩减，中国教育早期现代化的进程再次受挫。1949年10月，中华人民共和国宣告成立，国民党失去了在大陆的统治地位。

（四）

通过上面简短的回顾，可以看出，38年间中国教育的发展，与1862年以来中国教育早期现代化的前半个世纪相比，应该说，在推动传统教育的变革和促进新式教育的成长方面，这一时期确实做出了重要贡献，取得了很大的成绩。据统计，1947年全国专科以上高等学校207所，在校学生155036人②，分别是1912年高等学校数和高等学校在校学生数的1.8倍和3.9倍。1946年全国中等学校5892所，在校学生1878523人③，分别是1912年中等学校数和中等学校在校学生数的7.1倍和19.2倍。1946年全国国民学校和小学290617所，在校学生23813705人④，分别是1912年小学校数和小学在校学生数的3.4倍和8.5倍。这仅是就新式学校数和在校学生数的一个粗略统计，至于在教育观念转变、制度建设探索、培养人才质量等方面，更有着前50年无法比拟的进步。以人才培养为例，民国时期的教育有着特殊的贡献，一大批具有国际水准的优秀人才在战乱

①②③④ 教育部教育年鉴编纂委员会编：《第二次中国教育年鉴》，上海：商务印书馆，1948年，第1400、1428、1455，1402，1428，1455页。

动荡的环境中脱颖而出，直至中华人民共和国成立后的相当一段时间内，仍然是国家建设的骨干力量，在政治、经济、科学技术、文化教育的各个领域发挥着无可替代的作用。这批人才的涌现，与民国时期学校教育，特别是高等教育的办学体制、大学理念、制度环境、精神追求、师资质量、校园氛围等密切相关。经过20世纪30年代初期的整顿，私立高等学校不仅在体制上一直得到保证，而且，私立专科以上学校在民国高等教育的整个格局中仍然是三分天下有其一。如上所述，至1947年，全国共有专科以上学校207所，其中，私立者79所，占38.2%，而私立专科以上学校在校大学生数则占大学生总数的37.5%。[①] 有的研究者指出：民国时期“中国的大学已经逐渐发展成熟，它在保持中国的传统特色和与世界大学制度互相接轨这两者之间已经成功地找到平衡点”[②]。论者从文化冲突的视角立论，这种看法不无深刻之处。

但是，38年间的中国社会除1937年全面抗战开始前的10年各方面较为稳定之外，其余的大部分时期，不是政局动荡、军阀混战不已，就是列强入侵、内战连绵，这样一种社会背景，又从总体上制约着这一时期教育的发展。在1927年之前的十几年间，政局走马灯似的你方唱罢我登场，教育总长、次长的人选换了40余次，几乎每年都要更换3位教育总长，而1922年一年之内，总长、次长即各换了7次。这种状况下，中央政府政令难出都门，教育法令、法规、政策的制定不仅滞后，且缺乏连续性、长远性和全局性考虑。中央政府的动荡和弱势，在客观上为民间力量的介入和发挥作用提供了空间，为教育理论和教育思想界的五彩缤纷提供了土壤，为教育实践中多样化探索提供了可能性。但是，毋庸讳言，这种状态也大大削弱了教育早期现代化的实际成效。众所周知，在现代化进程中，国家政权起着异常重要的作用。它是现代化的倡导者、设计者、推动者和实行者。推动现代化的首要条件是有效地动员物质资源和社会资源，其中动员社会各个阶层和群众的支持又是最重要的因素。这就需要有一个拥有高度威权与组织能力的政府。教育作为国家系统的组成部分，作为社会控制的重要工具，这一时

---

① 教育部教育年鉴编纂委员会编：《第二次中国教育年鉴》，上海：商务印书馆，1948年，第1402页。

② 许美德：《中国大学：1895—1995 一个文化冲突的世纪》，北京：教育科学出版社，2000年，第91页。

期的中央政府无法有效地予以掌控，不仅难以集中必要的人力物力发展教育事业，甚至也难以将教育事业整合、规范到国家政权建设的轨道上来。所以，这一时期教育的发展在取得重要成绩的同时，也存在许多问题，如教育经费的严重短缺、教育发展的无序状态、教学内容的脱离中国实际以及沿江、沿海口岸城市和少数大城市与广大农村、边远地区的强烈反差，等等。由于军阀间的连年混战，本来就短缺的教育经费常被随意挪用，有的省份的军阀甚至不惜下令全省小学停办一年而将其经费用于扩充自己的势力。至于因政府欠薪而引发的教师罢教、学生罢学风潮，在 20 世纪 20 年代前期，几乎成了学界的常态。前面曾经论及，1917 年教育部公布《修正大学令》推动中国高等教育的发展进入一个新阶段。但是，由于缺乏相应的制度和政策跟进，在各种利益追求的驱动下，短期内许多并不具备条件的学院和专科学校纷纷升格为大学，还冒出许多完全不具备条件、纯粹以营利为目的的私立大学。有资料显示，1924 年一年之内北京地区就新增 13 所私立大学，上海地区新增 8 所私立大学。[①] 对于此种乱象，陆费逵在《中华教育界》上撰文《滥设大学之罪恶》，指出，“年来大学之兴，大有蓬蓬勃勃之象。然夷考其实，则国立大学，本已名不副实。高专升格，除最少数外，尤不免形同儿戏。各省为名高而悬一大学招牌与夫私立者之徒慕虚名不求实际，不惟等诸自郐，抑且制造许多罪恶”[②]。文中他列举了滥设大学的五大罪状。这种发展的无序状态，其根源当然在于中央政府对大局的失控。1917 年，赴美留学多年的胡适，归国不久，就对国内教育状况表示深深的忧虑：“我有十几年没到内地去了，这回回去，自然去看看那些学堂。学堂的课程表，看来何尝不完备？体操也有，图画也有，英文也有，那些国文、修身之类，更不用说了。但是学堂的弊病，却正在这课程完备上。例如我们家乡的小学堂，经费自然不充足了，却也要每年花六十块钱去请一个中学堂学生兼教英文唱歌。又花二十块钱买一架风琴。我心想，这六十块一年的英文教习，能教什么英文？教的英文，在我们山里的小地方，又有什么用处？至于那音乐一科，更无道理了。……所以我在内地常说：

① 《国内教育新闻》，《中华教育界》1924 年第 14 期。

② 陆费逵：《滥设大学之罪恶》，《中华教育界》1924 年第 14 期。

‘列位办学堂，尽不必问教育部规程是什么，须先问这块地方上最需要的是什么。譬如我们这里最需要的是农家常识，蚕桑常识，商业常识，卫生常识，列位却把修身教科书去教他们做圣贤！又把二十块钱的风琴去教他们学音乐！又请一位六十块钱一年的教习教他们的英文！列位自己想想看，这样的教育，造得出怎么样的人才？……’”① 胡适的这段话指出了当时教育界过分注重形式上的模仿而脱离中国国情、脱离农村实际的普遍现象。至于全国各地教育发展的不平衡和地区、城乡间的巨大反差更是不争的事实，一方面是沿海、沿江口岸城市和一些大城市的教育改革、教育实验搞得风生水起、热热闹闹，各种教育理论、教育学说争奇斗艳、众说纷呈；另一方面，广大农村和边远地区的学堂冷冷清清，师生们甚至不知道新式教育为何物。论者多以“腐朽与神奇并存、五彩缤纷与光怪陆离同在”来形容这一时期全国各地教育发展的巨大差异，应该说不无道理。当然，这种状况的形成有着更深层次的原因，实际上，“在近百年的发展进程中，中国教育早期现代化始终走着城市和乡村分途行进的二元路线”②。民国最初十几年教育的发展，进一步延续且加重了这种趋势。所以，20 世纪二三十年代，在中国知识界掀起了一股到乡村搞民众教育和乡村建设的热潮，从一定意义上可以看作是对日益加深的地区间、城乡间教育发展鸿沟的一种反动。

1927 年南京国民政府建立，1928 年东北易帜，国民革命军完成北伐，全国在形式上结束了分裂局面。国民政府在确立三民主义教育宗旨，强调集权和统一，制定、完善一系列教育法令法规，加强制度建设，整顿教育秩序，提高教育质量，进行本土化探索的同时，大大强化了国民党对全国教育事业的控制，强化了政治和意识形态对教育的渗透，力图把教育纳入国民党一党专制的轨道。先后在北京政府和国民政府时期完成小学教育的何兆武回忆说：“我做小学生时，北伐以后就有了政治学习，‘党义’和革命史是学校里的公共课，要背三民主义。……国民党有意识形态灌输，开口三民主义、闭口三民主义，但在这之前，

① 胡适：《胡适文集》第 2 卷，北京：北京大学出版社，1998 年，第 473 页。

② 田正平、陈胜：《中国教育早期现代化问题研究——以清末民初乡村教育冲突考察为中心》，杭州：浙江教育出版社，2009 年，第 1—2 页。

完全不是这样，北洋军阀没有意识形态的统治，这是和国民党时期最大的一点不同。”[①] 事实上，正是从 1927 年南京国民政府成立开始，中国教育早期现代化走上了一条由政党政治主导的道路，国民党的纲领、路线、方针通过政府的法令、法规和一系列政策，规定和制约着国家教育的发展方向。在抗日战争全面爆发后，国民政府一方面在民族救亡中提出“平时要当战时看，战时要当平时看”的教育指导方针，采取诸多举措维护和发展教育事业；另一方面则在民族主义的旗帜之下，进一步强化国民党对各级各类教育的全面控制。所以，将民国时期教育作为一个整体看，1927 年前，政府威权缺乏，思想控制松懈，民间力量彰显，教育思想、理论、学说多元而活跃，办学实践探索多样而缺乏宏观秩序。1927 年后，在政府主导下强化教育法制建设、制度建设，强调规范化、制度化，强调集权、统一下的本土化探索，而教育理论和教育思想界的活跃局面变得沉闷而单调。从一定意义上可以说，教育被改造成为一种政党斗争的工具，其结果，同样削弱和降低了中国教育早期现代化的成效。

正是由于以上多种因素的综合作用，当我们就中国教育早期现代化的历史进程从纵向上做比较时，呈现在我们面前的民国时期 38 年间教育领域所取得的成绩，是相当可观的，放在当时的社会背景下看，甚至可以说是来之不易的。但是，换一种角度，如果把这些成绩与中国社会对教育的需求做比较来考量，或者是放在世界范围内做横向的断面比较，那就是另外一种景象：1946 年全国小学生入学率是 54.52%[②]，而日本义务教育入学率在此前半个世纪的 1894 年即达 61.7%，至 1908 年更上升至 97.8%[③]。在一个近 5 亿人口的国度里，识字人口的比例如此低下，这一基本事实告诉我们，无论如何，对民国时期中国教育早期现代化的成绩不能估计过高，当然，这种状况，说到底是与中国社会早期现代化的整体水平相匹配的。

---

① 何兆武口述、文靖执笔：《上学记》，北京：生活·读书·新知三联书店，2013 年，第 9—10 页。
② 教育部教育年鉴编纂委员会编：《第二次中国教育年鉴》，上海：商务印书馆，1948 年，第 1483 页。
③ 王桂：《日本教育史》，长春：吉林教育出版社，1987 年，第 185 页。

（五）

“民国教育史专题研究丛书”是来自全国10所大学的12位教育史从业者，出于共同的学术兴趣自愿结合在一起完成的一个项目。鉴于目前学术界关于民国教育史研究的实际状况和当前我国教育改革的现实需要，我们采取“以问题为导向、以专题研究为形式”的方式开展工作。所谓“以问题为导向”，即是说打破一般大型通史性著作以各级各类教育立卷的写作惯例，既不是按照学前教育、小学教育、中学教育、高等教育，职业教育、师范教育、成人教育、社会教育、留学教育等教育类型面面俱到地展开，也不是按照教育方针（宗旨）、教育制度、教育行政、教育人物（思想）、各级各类教育实践这样一种中小型通史性著作的常见框架来组织。所谓“以问题为导向”主要有两层含义：一是选择那些在民国教育发展进程中发挥过重要作用，且学术界较少关注而又与当今的教育改革有紧密联系的问题作为研究对象；二是选择那些在民国教育发展进程中发挥过重要作用，虽然学术界已有相当的成果面世，但仍有较大的拓展空间，特别是很可能蕴含着当前教育改革急需从中汲取经验教训的那些问题作为研究对象。简而言之，学术价值和现实需求两个维度的高度契合，是我们决定哪些问题入选、哪些问题暂时放弃的考虑原则。所谓“以专题研究为形式”，是说丛书的每一种著作，都是围绕我们筛选出来的某个问题而展开，力求全方位地把该问题来龙去脉的基本事实梳理清晰，对其在历史进程中得以产生的背景、所发生的流变、所发挥的作用、所产生的影响及意义给予合理的解释和说明。在这里，事实是第一位的，历史著作的本质特征首先是真实，只有在真实地再现历史原貌的基础上，因果关系的分析与评判才有意义和价值。

出于上述考虑，我们选择了13个问题作为研究对象，这些问题，有的是属于教育理论层面，有的是属于教育制度层面，有的是属于教育实践层面，当然，更多的是融理论、制度与实践为一体而展开；有的是高等教育方面的问题，有的是基础教育方面的问题，有的是社会教育、乡村教育方面的问题。上述问题既涉及教育思想、教育管理、教育行政、中外教育交流等宏观领域，也涉及教育考试、教育社团、课程、教材、教师生活等微观领域。粗略地看，似乎各专题之间缺乏内在逻辑、相互之间没有多少联系，但是，如果认真地考察目前学术界民国教育研究的现状和我国当代教育改革的实践，就会理解我们这种结构安排的良苦用心。在前人研究的基础上，真实呈现历史、开拓新的领域、充实薄弱环节、反映现实需要，是全书结构的内在逻辑和我们努力追求的理想目标。说得远一点，作为教育史从业者，对历史了解的同情和对现实的强烈关注始终是我们从事一切研究工作最根本的动因和态度。我们期望这一合作成果能对推动民国教育史的研究做出有益的贡献，我们更期盼着学界前辈和朋友们的批评指正。

“民国教育史专题研究丛书”计划分两辑出版。第一辑的作者及专题如下（以作者姓氏笔画为序，下同）：

1. 王建军（广东理工学院教授）：《民国高校教师生活研究》

2. 石鸥（首都师范大学教授）：《民国中小学教科书研究》

3. 曲铁华（东北师范大学教授）：《民国乡村教育研究》

4. 张礼永（华东师范大学副教授）：《民国教育社团研究》

5. 周慧梅（北京师范大学副教授）：《民国社会教育研究》

6. 侯怀银（山西大学教授）：《民国教育学术研究》

7. 熊贤君（杭州师范大学教授）：《民国义务教育研究》

“民国教育史专题研究丛书”第二辑的作者及专题如下：

8. 王伦信（华东师范大学教授）：《民国私立学校研究》

9. 王建军（广东理工学院教授）：《民国教育视导研究》

10. 朱宗顺（浙江师范大学教授）：《民国特殊教育研究》

11. 刘正伟（浙江大学教授）：《民国学校课程研究》

12. 程斯辉（武汉大学教授）：《民国学校管理研究》

13. 熊贤君（杭州师范大学教授）：《民国教育行政研究》

“民国教育史专题研究丛书”是“十三五”国家重点图书出版规划项目，2019年国家出版基金资助项目，团队全体同人感谢湖南教育出版社社长黄步高先生、总编辑刘新民先生给予的大力支持和多方面指导，感谢教育理论编辑室主任李军先生和他的专业而又敬业的团队为全书付出的辛勤劳动。“民国教育史专题研究丛书”由我忝为主编，得到了课题组各位朋友的真诚相助。在几年的合作过程中，大家就课题的指导思想、编写原则、基本观点、各子课题的框架乃至体例和史料等方面的问题进行过多次讨论、协商、沟通。但是，丛书毕竟包括了13种独立成书的著作，各书的论域不同，海内外已有的研究基础不一，因此，在取材范围、研究视角、解释框架以至一些观点的提炼和表述上，难免会有不同的风格和理解处理的方式，作为学术著作，应该说是正常的。书中存在的缺点和不足之处，我应该承担自己应负的责任。我们热切地期盼着广大读者的批评指正。

田正平

丁酉冬月于浙江大学西溪校区

目 录

民国义务教育研究图表目录

（一）

（二）

导　论

一、民国义务教育的兴起

"义务教育"一词，初始译介进来时，名称林林总总，颇不一致。有的称之为"强迫教育"，有的谓之"普及教育""普及义务教育"；称"免费教育"者，亦不乏其人；以"国民教育"称之者，也不在少数；有的因其开始实施的均属初等普通教育性质，所以又称之为"初等义务教育"。虽称谓不一，但都是就英语"Compulsory Education"译出。"Compulsory"一词在英语中有"强迫"的意思。近代中国向西方学习，日本是一个重要的"跳板"。日本将"Compulsory"译作"义务"，将"Compulsory Education"译作"义务教育"，中国学者大多袭用这一译法，称之为"义务教育"。《第一次中国教育年鉴》丙编《教育概况》指出："'义务教育'一语，系由日人就英语'Compulsory Education'译出，我国沿用之。英语'Compulsory'原含强迫之义，亦有称为强迫教育者。"以上几种称谓虽颇不相同，但语出一源，其内核大致包括有根据国家法律规定对适龄儿童实施一定年限的、普及的、强迫的、免费的学校教育的意思。

将"义务"冠之于教育之前，有其特定的含义。"Compulsory"一词就人民的责任而言，则是义务；就国家的政策而言，则为强迫。《第一次中国教育年鉴》对"义务"与"责任"阐释说："义务"与"权利""责任""义皆相通"，"'义务'二字作广义之解释者，谓人民对国家有使其及龄之子女受国民教育之义务；同时，国家对人民有使人民在学龄期间受国民教育之义务。因人民之义务为就学，国家之义务为设学。故此种教育，国家与人民须交负责任，同尽义务"①。"义务"和"权利"两词的内涵虽有不同，但这是一个问题的两个方面，意义是相通互补的，政府与人民同负责任。对"义务"也有作单向关系解释者，如姜琦指出："'义务'一语，从政府方面说起来，或者可以说，政府有使人民受适当的教育之义务；若从人民方面说起来，人民只有要求受教育的权利，没有被人叫他

① 《第一次中国教育年鉴》丙编，上海：开明书店，1934年，第487页。

受教育的义务。"[①] 姜琦偏向于将政府与人民的"义务"与"责任""权利"区分开来。这样，对政府而言，所推行的免费基础教育，可称之为义务教育；对人民而言，是接受教育的主体，"没有被人叫他受教育的义务"，因而"与其叫作'义务教育'，不如叫作'权利教育'"。在他看来，"义务"对政府和对人民意义各有不同。在姜琦那个时代，对义务教育的"义务"作如此解释，对于义务教育的推行极有意义。在义务教育推行之初就强调是平民老百姓的"义务"，而不强调是他们的权利，是不利于义务教育的推行的，对提高国民素质毫无益处。姜琦对"义务"作单向的解释，足见他的良苦用心。

由于对"义务"的诠释者因各自的立场不同、政治观点不同、要达到的目的不同，以及对义务教育的理解不同，各以心臆度之，因而在诠释上也存有差异。尽管在理解上存有一些分歧，但在以下诸方面取得了共识：国家规定义务教育的起始年龄和离校年龄，或应达到的标准，要求国民一体进行并视之为自己应尽的义务；"义务"之含义还包括父母或监护人有使其学龄儿童就学的义务；国家有设校兴学以使国民共受教育的义务。姜琦的解释有一定代表性："义务"，"照普通的见解，就是说政府的一种法令，强迫一般父兄叫儿童入学；换一句话说：凡是父兄对于国家都有叫自己的儿童去受最少限度教育的义务"。此外，还包括全社会各方携手共同排除阻碍学龄儿童身心健康发展的种种不良影响的义务，等等。

近代义务教育兴起于中华民族面临着前所未有的亡国灭种危机的时刻。中日甲午战争告败后，清政府权臣大多认识到推行普及教育、提高国民的整体素质的重要性和必要性。义务教育在酝酿起步时便与国家变法图强、救亡保种的目标紧紧地系在一起。梁启超之语很集中地反映了当时推行义务教育官绅的心态。他说，要使全国之民皆受教育，实施保证国民皆有国家思想的国民教育，"养成一种特色之国民，使之结为团体，以自立竞存于优胜劣败之场也"[②]。张之洞也深

① 姜琦等：《义务教育之研究及讨论》，上海：商务印书馆，1925 年，第 7 页。

② 《论教育当定宗旨》，张品兴主编：《梁启超全集》第二册，北京：北京出版社，1999 年，第 911 页。

刻地指出，普及教育决定着国家的兴衰：“昔原伯鲁以不悦学而亡，越勾践以十年教训而兴。国家之兴亡，亦存乎士而已矣。”① 因此，中国近代义务教育兴起之时就被赋予了救亡图存的强烈民族精神。

1920 年 3 月 19 日，北京政府大总统颁发《各省区实施义务教育令》，指出：“教育普及为立国根本要图”；“总期义务教育逐渐进行，比户闻弦诵之声，里党睹胶庠之盛，于以牖迪民智，巩固邦基”。② 教育部长王世杰在 1935 年 6 月的《关于义务教育提案稿》中论证了义务教育对民族整体性、国民党政治建设与物质建设的作用。他指出：

良以一般国民倘不受最低限度之教育，则无论从政治建设、物质建设或教育本身而言，均有极大之不利。从政治的建设言，则凡党义之宣传、自治之训练、国家观念之形成、民族意识之培植，均将有不可克服之障碍，丁兹内忧外患交迫之时，此种障碍至可忧虑。就物质建设而言，则一切科学常识，乃至最简单之卫生知识，均将使一般国民了解，一切建设自亦无法望其协作。③

民国时期之所以要接过清末义务教育的接力棒，是因为要通过义务教育提高全体国民的基本文化素质，提高国家综合实力，使中华民族永远立于不败民族之林。所以，在国家愈是灾难深重之时，愈是要加大推行义务教育的力度。“九一八”后，义务教育在各地如火如荼地开展起来。“卢沟桥事变”后，在军需极为紧张的情况下，推行义务教育的经费不降反升，教育经费仅次于军费的开支，足以证明国民政府将义务教育作为抗战建国之利器常抓不懈。

① 《劝学篇·设学》，苑书义等主编：《张之洞全集》第十二册，石家庄：河北人民出版社，1998 年，第 9741 页。

② 《教育公报》，第 7 年，1920 年第 4 期。

③ 中国第二历史档案馆编：《中华民国史档案资料汇编》第五辑第一编，南京：江苏古籍出版社，1994 年，第 619 页。

二、教育民主化的特质

义务教育本质上就是教育机会民主化，这是世界各国在教育改革上的共同趋势，也是各国教育改革面临的重大理论与实践课题，无一例外地把教育机会的均等化作为教育改革的重要内容。在教育改革的政策框架设计上，也都努力将教育机会的民主化作为重要的指导思想和奋斗目标。正如联合国教科文组织召开的第35届国际教育会议的总报告中所提出的那样："教育民主化是全世界所有国家和所有与教育有关的人最关心的问题。……在教育领域中很难找到一个不包含这样或那样'民主化'方面的问题。"[①] 1977年10月，联合国教科文组织召开的一个专门研究改革的高级官员会议上，将教育改革列为重点研讨的问题，一致认为"教育民主化"是20世纪后半叶全球教育改革的基本要求之一。"教育民主化"的基本保障措施是受教育机会均等。所以，20世纪后半叶联合国教科文组织召开的很多关于教育改革的会议主题多是"实现教育权利的民主化""受教育机会均等化"。之所以联合国教科文组织重视教育民主化问题，这是因为教育民主化是世界近现代以来教育改革的主流，是社会民主化的重要基础。教育民主化与教育普及化是相辅相成的，实现教育民主化要做到教育普及化；教育普及化又以教育民主化为指归。如果说教育的民主化旨在保证每个公民及其子女都有受教育的权利的话，那么教育普及化则是保证这一权利得到落实。

诚然，欧美发达国家教育民主化进程比中国早得多，但他们赋予儿童家长及适龄儿童接受教育权利并保障这一权利实现，也有一个漫长的过程。西方义务教育的推行，与马丁·路德（Martin Luther，1483—1546）和夸美纽斯（Johann Amos Comenius，1592—1670）的倡导和探索亦不无关系。如路德于1530年写的长篇布道词中，劝人民送孩子上学，认为人民有权送儿童入学，国家也要保护

① 查尔斯·赫梅尔著：《今日的教育为了明日的世界》，王静、赵穗生译，北京：中国对外翻译出版公司，1983年，第68页。

人民的这一权利。他写道：

我认为，当权者要求其臣民送他们的孩子上学念书，是义不容辞的。……使布道者、法官、副牧师、抄写员、医生、学校教师等等，不至于从我们之中断绝，这是当权者的责任；因为，我们不能没有这些人。如果他们有权命令臣民中身强力壮的人，在战时拿起步枪和长矛，爬上城墙，或者做危急时刻要求他们做的任何事情，那么，他们又是多么有理由应该强迫人民送他们的孩子上学。①

路德成为强迫义务教育理论的最早提出者和奠基者，他明确提出了人民的受教育“权利”和国家有保障这一“权利”实现的责任。夸美纽斯主张普及教育，“另创一种学校制度，对于人人都是一样的——‘男孩子与女孩子，不论贵贱、贫富，凡所有在大都市、小都市、大村庄、小村庄，里面的都是一样’”②。夸美纽斯只是隐隐约约意识到受教育是“男孩子与女孩子”的权利。

将受教育权作为“天赋人权”的一部分，最早见于《宾夕法尼亚州州民权利宣言》。“宣言”第一条规定：“人人生而平等，都是自由和独立的，并享有某些天赋的生来即有的和不可剥夺的权利。它们是：享受和保卫生存与自由的权利。”这里没有明确说明受教育是“天赋的生来即有的”权利，但是这是不言而喻的。法国国民会议认为，“无知、忽视或是轻视人权，这是造成社会灾难和政府腐败的唯一原因。因而他们决心要在一个庄严的宣言中宣布人的天赋的、不可剥夺的和神圣的权利，以便使这个不断呈现在社会团体所有成员面前的宣言能够经常地向他们提醒他们的权利和义务”③。这就是对世界产生了巨大影响的法国《人权宣言》。“宣言”第一条即“人们生来就有自由和平等的权利”。这“自由和平等的权利”包括受教育的权利。这些后来都变为法律条款对人们受教育的权利予以保障。

欧美国家“受教育权利均等”的思想观念和保障制度伴随着西方传教士，以

① E. P.克伯雷选编：《路德论强迫义务教育》，任宝祥、任钟印等译：《外国教育史料》，武汉：华中师范大学出版社，1991 年，第 271 页。

② 格莱夫斯著：《中世教育史》，吴康译，上海：华东师范大学出版社，2005 年，第 296—297 页。

③ E. P.克伯雷选编，任宝祥、任钟印等译：《外国教育史料》，武汉：华中师范大学出版社，1991 年，第 452—453 页。

及出国留学生、出洋官员等，传入中国，清廷看到了义务教育救亡图存的作用，至于人们的民主权利，只有服从救亡大局。民国时期，南京临时政府、北京政府、南京政府等，都不同程度地做过教育民主化的努力，给家长和适龄儿童同等受教育机会的权利。但由于家长和适龄儿童的基本文化素质过于低下，以及受生活水准过低的困扰，不会也不想使用这一权利。在这种情况下，政府不得不出台强迫入学办法，以保障家长和适龄儿童享有的权利实现。诚然，无论是北京政府还是南京政府，都是集权型政府，一切权力归于中央政府，人民受教育权也不例外。霍布斯指出："国家之教育权应为统治权之一部分。盖人类之行为，基于其所受之教育。假使人民以对于统治者之服从不为利而为害，则人民必将群起反抗法律，于是国家解体，大乱以兴。"[①] 统治者会还授教育权于人民吗？其实，尽管统治者不愿意，但还权于民已经是大势所趋。历史进入民国后，东西洋留学生回国渐多，而且逐渐进入了文化教育政策制定的核心部门工作，中外交往日渐增多，世界的相互影响日渐明显，新文化运动的影响日渐彰著，"德先生""赛先生"日渐深入人心，国民党政纲与宪法中跳动的文字，使得政府、政党只好顺应大势，成为义务教育推动的组织者和发动者。

三、民国义务教育的特点

义务教育起步之时，正值中国人民含辱忍垢，面临重重困厄的多事之秋。因而，中国近代义务教育与中国人民救亡图存、富国强民的斗争相伴始终。在这一绵延发展过程中，形成了如下特性：

① 霍布斯：《利维坦》，朱敏璋译，上海：商务印书馆，1934 年，第 321—322 页。

第一，民族性。中国近代义务教育宣传和酝酿时期，便已赋予了强烈的民族精神。甲午战争告败后，清政府权臣大多认识到推行普及教育，提高国民的整体素质的极端重要性。义务教育在酝酿起步时便与国家变法图强、救亡保种紧紧地联系在一起。1920 年 3 月 19 日，北京政府大总统颁发《各省区实施义务教育令》，指出："教育普及为立国根本要图"；"总期义务教育逐渐进行，比户闻弦诵之声，里党睹胶庠之盛，于以牖迪民智，巩固邦基"。[①] 全面抗战爆发后，小学教育更加强调爱国教育和"救国教育"。1939 年 9 月 25 日教育部颁发《训育纲要》，要求对青少年儿童"对于国耻之史事，亦应特别讲解；明耻所以教战，自尊乃能自强。人人具有健康之身体，不仅可以犯风霜以抗疾病，且可振奋精力以当大任。人人具有忠勇爱国之精神，不仅平时可以服兵役，可以执干戈以御侵略，且能扬国威以进大同。保健康以自卫，执干戈以卫国，是吾人所应努力以求其实现者"[②]。"救国教育""民族精神教育"弥漫小学校园，给义务教育赋予了鲜明的民族性特色。

第二，灵活性。这是民国时期义务教育推动者的理想与具体国情冲突的妥协。民国时期，小学办学经费入不敷出，由于政府多次强调举办义务教育，义务教育推动者对学校也采取灵活变通办法，降格以求。他们从国情出发，不去追求宽大、窗明几净的教室，而是设半日学校、夜校、一年制短期小学、二年制短期小学、巡回教学。并以五种办法设学，即：(1) 利用全国人民家庙祠堂；(2) 利用学宫书院及其他公共场所；(3) 利用一切庙宇寺观；(4) 奖励私人捐房屋或捐资建筑校舍；(5) 由公家筹建一种经济而能耐久的校舍。实行政府、民间以及原有条件多种办法并举，不苛求一律，表现出灵活的特色。

在教学上，义务教育的推行基本以课堂班级为主要形式，但因为校舍、教室无法满足实际需要，遂作多种变通，利用有限的教室，做无限的推行义务教育工作。譬如，学级编制采取三种方式：一是单级编制，这是义务教育教学主要班级组织形式，这一编制要在校舍、儿童、教师、经费都很充裕的学校中才能使用。

---

① 《教育公报》，第 7 年，1920 年第 4 期。

② 阮华国编：《教育法规》，上海：大东书局，1947 年，第 31—32 页。

二是多级学制，包括单式和复式两种。单式的多级制是将一学年编成一级或两个以上的班级，复式的多级制是将两个年级合并一个学级。三是二部制，将一校儿童分为甲乙两部分，由一个教师教学。此种编制又可分为三种，其一是全日制；其二是半日制；其三是折中制，以上两种兼而有之。在义务教育的年限上，也表现出相当的灵活性。

第三，融通性。这是民国时期推行义务教育的教育家、知识分子向西方学习、借鉴义务教育理论与制度所体现出来的一种积极态度。尽管中西民风民俗、经济状况、教育基础、政治体制等颇不相同，但义务教育的特有规律是一致的；作为教育制度、普及办法、教学组织方式，等等，也是可以不受国别、政见限制而跨越国界的。中国推行义务教育伊始，万事开头难，这一空前的千秋基业，是与古代传统教育截然不同的教育制度，毫无经验的积累，借鉴、学习西方推行义务教育的经验，可以收事半功倍之效。正因为如此，民国时期从中央到各省地方，均派员到欧美、日本考察学习。

民国建立后，中国为了深化教育改革，推进义务教育，邀请了西方著名教育家来华讲学和进行教育考察，他们的考察报告和演讲，对义务教育的推行大有裨益。杜威（John Dewey，1859—1952）“五四”时期来到中国，到中国11省市宣传其教育学说，胡适、陶行知、蒋梦麟等留美学生鞍前马后，新闻报纸每日跟踪报道，杜威实用主义教育思想一时风靡全国。孟禄（Paul Monroe，1869—1947）是美国哥伦比亚大学师范学院院长，曾多次来华。1921年9月10日，他应实际教育调查社之聘第二次来华，考察了广东、福建、上海、杭州等地的教育。他为中国普及教育提了很多值得重视的建议：第一，普及教育年限不可延长。他说：“我见一个五十万人的都市，里面只有官立小学一所，中国的四年国民教育，这样的没有普及，所以多加年限一层，实在是太早！”[①] 第二，正确利用私塾。孟禄考察广东教育后说：“中国的私塾很多，每个私塾收的学费也很不少，佛山邻近有一村乡，村内的三个私塾所收学费将近千元，若将这宗收入的学费去办一个

① 陈宝泉、陶行知、胡适编：《孟禄的中国教育讨论》，上海：中华书局，1922年，第4页。

小学校，真是绰绰有余。政府办理小学应当设法吸收私塾现在的信用……”此外，孟禄还就义务教育的经费筹措与使用、充分利用现有小学等问题，发表了很好的见解。1931 年 9 月，国联教育考察团应中国政府邀请抵达上海。考察团在制订普及教育计划、义务教育经费、学校分布、义务教育师资等方面，提出了很多可行性建议，多在推行义务教育过程中被借鉴吸收。

第四，强迫性。中国虽号称文明古国，教育的普及率却并不是很高。到宋代学校才推及到州县，到明清时期，府、州、县才普遍设学。其程度，大致是高等小学、中学水平，小学教育基本由家族、家庭承担，人们并没有奢望国家解决子女接受小学教育的问题，也没有想到过自己及子女有入学接受基础教育的权利，这种权利到近代才慢慢滋生。因此，义务教育发轫后，大多数家庭无不认为孩子上不上学是自己家的事，与国家没有什么关系。这样，义务教育在推行之时，别无选择地要强迫实行。李建勋指出，义务教育包括两个意义，“强迫教育，即已达学龄儿童，强迫其入学，在相当年限内，完成其国民所必须之智能也”[①]，是其首义。姜琦对义务教育之“义务”的解释有一定代表性：“就是说政府用一种法令，强迫一般父兄叫儿童去就学；换一句话说：凡是父兄对于国家都有叫自己的儿童去受最少限度的教育的义务。”[②] 邰爽秋等曾指出：“普及教育为国民所必受之教育，有不遵从的，国家得强迫其入学。是则强迫云者，乃普教施行上之一种手段，而非普及教育之真实意义。若国内失学民众，均能乐意接受此种教育，则国家自无取强迫手段的必要。故凡误认强迫教育即为普及教育者，实有未妥。”[③]

清末义务教育启动后直到国民政府覆亡，强迫入学手段一直如影相随。1906—1907 年学部颁发《强迫教育章程》，民国时期，中央政府亦颁发过类似的文件。1913 年教育部发布《强迫教育办法》，1944 年也颁发了此类法规文件。非

---

① 李建勋：《中华民国宪法内之教育专章》，许椿生等编：《李建勋教育论著选》，北京：人民教育出版社，1993 年，第 112 页。

② 姜琦：《义务教育原理的研究》，《义务教育之研究及讨论》，上海：商务印书馆，1925 年，第 1 页。

③ 邰爽秋、黄振祺等编：《中国普及教育问题》，上海：商务印书馆，1937 年，第 5 页。

但如此，各地也有同类的文件推动学龄儿童入学。洛阳县、北平市、绥远省等，都颁发了强迫教育办法。而且自上而下的强迫教育手段措施，形成了比较严密的程序，对应入学而不入学者产生了一定的威慑力。有强迫必定有不服从强迫者，这就有了对不服从者采取处罚措施，否则强迫就会流于形式，因此就有了处罚办法出台，如绥远省固阳县就规定了“处罚标准”。

此外，还可以从不同的角度归纳出民国时期义务教育的民主性、免费性、世俗性和基础性等特点，不一一赘述。

四、相关教育制度的辨析

义务教育作为近代中国一种新的教育制度，从西方传入的时间不长，人们对其内涵与外延在认识、理解上颇不一致；加之中国传统教育制度与学校组织形式类型过于单一，且中国幅员辽阔，全国各地情形千差万别，使得诸多教育制度紧紧地缠绕在一起。为了较准确地把握义务教育的概念，有必要对相关制度一一辨析其异同。

第一，义务教育与普及教育。义务教育与普及教育在西方发达国家几乎是同义语，指国家对所有学龄儿童（不分种族、肤色、宗教信仰、性别和能力）实施一定程度的基本知识的教育。西方普及教育制度与思想传入中国后，内涵与外延渐次发生变化，形成特定的教育制度，与西方“原汤原汁”的普及教育相比，既保留了某些联系，也有某些质的变化，已不能与原来的含义相提并论。推究其原因，主要与中国当时所面临的亡国灭种危机有至关重要的关系，时不我待，乃从各个不同的方面起而救亡，而政府又没有一个权威机构来精心擘画。许多教育家注意到了普及教育概念的更易，李建勋说：“普及教育包有二意义：一为强迫教育……一为补习教育，即对于过强迫年龄之儿童及成人，或已受过强迫教育之儿童，设相当教育机关，以补充或增进其智能也。关于此两种教育，英、德、美均有严格之规定，切实之厉行。吾国文盲，占人民全数百分之八十以上，与世界各文明国之人民比，其文化程度，均低五倍。”① 很显然，普及教育包括义务教育和补习教育两种，强迫教育是学龄儿童所应受的，普通称为义务教育；补习教育又可分作两种，一是为过了学龄期而失学的青年或成人而设的；一是为已受强迫教育的儿童设的，前者是补授其应受的教育，后者是增进其智能。是什么原因导致普及教育内涵与外延发生这一变化？这是中国长期教育不发达，导致文盲占国民全数80%以上，与世界各文明国之国民比，其文化程度均低得多这一落后状况决定的。推行义务教育不能只盯住学龄儿童，而忘却了过去未推行义务教育造成的文盲；也不可冷落曾经接受过粗略的教育但未达程度的儿童。

第二，义务教育与国民教育。所谓国民教育，在普通意义上说亦指义务教育。要了解国民教育为何物，先要了解“国民”为何物。所谓国民，指具有某国国籍的人。婴儿呱呱坠地，他就是一个“小”国民。国民教育也是西方舶来品，但与民国义务教育的概念并不是完全相同的。英国宪章派在1851年的纲领中提出了自己在教育方面的要求。其纲领中的“国民教育问题”一节，阐述了建立国民教育制度的原则：“每一个人都有进行脑力活动的权利，就如同有身体存在的权利一样。因此教育应该是国民的、普及的、免费的，在一定程度上是义务的。”因此建议：国家要保证做到“全体公民在靠国家供给经费的普通学校、专科学校和大学里免费学习，并且责成家长使自己的子弟受普通教育”②。以后，西方资本主义国家的国民教育制度多有改革，其内核大致包括幼儿教育、成人教育、职业教育，有时也将“国民教育”用作与私人教育、教会教育相对的名词，有时亦用作与高等教育相对的名词，一般指政府所办的小学和中学教育，也常以“公共教育”称之。

---

① 李建勋：《中华民国宪法内之教育专章》，许椿生等编：《李建勋教育论著选》，北京：人民教育出版社，1993年，第112—113页。

② 弗·斯·阿兰斯基等：《英国的国民教育制度》，北京：人民教育出版社，1965年，第6—7页。

国民教育初始传入中国时，与义务教育为同义语，强调要使全国之民皆受教育，要训练全国之民皆有国家观念。《奏定初等小学堂章程》规定："设初等小学堂，令凡国民七岁以上者入焉，以启其人生应有之知识，立其明伦理爱国家之根基，并调护儿童身体，令其发育为宗旨。"[①] 此处所言的"国民"，即接受义务教育的学龄儿童。1915 年 7 月 31 日，教育部公布《国民学校令》，规定："国民学校施行国家根本教育，以注意儿童身心之发育，施以适当之陶冶，并授以国民道德之基础及国民生活所必需之普通知识技能为本旨。"[②] 1922 年国民学校改为初等小学校；1940 年国民政府公布《国民教育实施纲领》，国民教育的概念在外延上已大于义务教育了，包括高等小学和成人补习教育在内。正如李蒸所言，国民教育的对象包含"应受所谓义务教育的学龄儿童和应受所谓民众教育的青年和成人"[③]。这就是民众教育与义务教育合流而成之国民教育，此后不再单独提义务教育了。

第三，义务教育与乡村教育。义务教育与乡村教育从字面上推敲，似乎没有可比性。义务教育是国家的政策，乡村教育是指施教的区域，接受教育的对象在与城市相对的乡村。其实，二者之间也存有许多缠绕纠结之点。

二者的性质是相同的。其性质恰如晏阳初所言：（1）超然的——"平民教育乃全民众之教育，无宗教、无党派、无主义之色彩"。如果乡村教育带有宗教、党派、主义色彩，则运动范围必因之而缩小，不能称为全民教育运动。（2）义务的——"任何机关，若经费充裕，而管理不得其法，必不免内部之冲突与外界之猜疑"。中国办理三亿多文盲之教育，没有充足经费固难举办，倘有巨款，则要妥为管理与分配，使在乡村生活的人均能获益，故从事乡村教育运动者，不可借此乡村教育美名，而存牟利之心，必须具有牺牲服务之精神。（3）地方自给的——"本地之人，出本地之财力，办理本地方之事业，然后可以持久；平民教

① 《奏定初等小学堂章程》，朱有瓛主编：《中国近代学制史料》第二辑（上册），上海：华东师范大学出版社，1987 年，第 174 页。

② 中国第二历史档案馆编：《中华民国史档案资料汇编》第三编，"教育"，南京：江苏古籍出版社，1991 年，第 460 页。

③ 邰爽秋、黄振祺等编：《中国普及教育问题》，上海：商务印书馆，1937 年，第 5 页。

育关系于地方之文野，地方人士不能辞此责任”。（4）人人有份的——“现在难得一种事业，人人皆有参加之机会，平民教育运动不论男女、老幼、贫富、贵贱，皆有参加机会”。（5）以民为主的——“平民教育运动，完全为民众自动的运动，不受任何方面之支配指挥，此种运动，直接使人读书识字，间接即养成民治精神”。① 这五种特质，与义务教育的性质高度契合。

民国义务教育的重点和难点是乡村义务教育。义务教育是不分男女、老少、民族、阶级、贫富的教育，而占中国人口80%的人居住在乡村，普及了乡村义务教育，义务教育便大功告成。乡村义务教育包括在乡村教育之中，乡村教育顺利推行，乡村义务教育问题也就顺利解决。而民国时期的乡村教育堪称问题成堆，陈兆庆曾将乡村教育问题归结为三个：

（1）正式的义务教育，至今无从实现，即有一二省欲试行者，大都先从繁盛之城市着手，乡村之义务教育，竟完全搁在脑后矣；（2）现时国立省立乃至县立之学校，几乎一律以设在城市为原则……；（3）识字运动近年虽甚嚣尘上，然究其内容，实非全国一致之举；仅由某机关或少数之热心志士创倡，不免乍热乍冷之虞。虽偶有下乡宣传者，但乡间之文盲数量，减退甚微。②

这三大问题在中国近现代乡村的普遍存在，使乡村义务教育徒有其名。陶行知在《攻破普及教育之难关》一文中指出，教育部1930年统计，全国学龄儿童总数为4911万人，而当年全国仅有1094万小学生。这个数字意味着失学儿童几达4/5，在校小学生仅占1/5强，且大多数为城市儿童。乡村适龄儿童亦为未来乡村的主人、中国建设的生力军，同是国民，应同享义务教育，不应置占应享受义务教育适龄儿童总数4/5的儿童于不顾。但是，推行乡村义务教育有数倍于城市义务教育的难处，这主要有：（1）干练人才之缺乏；（2）农民经济之困难；（3）教育功效之不著；（4）传统观念之障碍；（5）交通道路之阻滞；（6）辅助力量之薄弱。这些是推行乡村义务教育收效甚微的重要阻力。乡村义务教育学龄儿

① 晏阳初：《平民教育运动术》，《晏阳初全集》第1卷，长沙：湖南教育出版社，1989年，第76—77页。

② 陈兆庆：《中国农村教育概论》，上海：商务印书馆，1937年，第379—380页。

童接受教育的问题，是义务教育的重点与难点，也是乡村教育的重点与难点。

通过民国义务教育与普及教育等教育制度的异同辨析，不难看出义务教育与这些教育制度存有定向交叉的关系。民国时期推行义务教育，对这些教育制度多有涉及。

五、民国义务教育的分期

中华民国历时 37 年，可以 1927 年 4 月 18 日南京国民政府成立为界碑，划分为民国前期和后期两个历史时期。从推行义务教育的角度来划分，也可依这一历史分期方法，划分为前后两个时期。但是，民国义务教育是继承前清的历史遗产，是晚清传递过来的“接力棒”，因而可将晚清作为义务教育的初步建立期。

第一，义务教育的初步建立期。这一时期从义务教育发轫的 1904 年开始，到清朝覆亡的 1911 年结束，为时 7 年。

《奏定学堂章程》颁布于 1904 年 1 月 13 日[①]，这是中国近代义务教育发轫之期。《章程》明令“除废疾、有事故外，不入学者罪其家长”。此后有的省份闻风响应，逐渐采取措施，加大推进义务教育的力度。如张之洞 1904 年由京返鄂，大力推进以湖北为单位的区域性义务教育。他下令各州县自本年起，将应解庚子赔款改为“学堂捐”，悉数留下，作为各地兴办小学堂的专款，任何人不得挪用于他途。他特地指出：“此系学堂定名捐款，无论该处何项紧要公事，均不得擅行挪用。”[②]

① “癸卯学制”公布于光绪二十九年十一月二十六日。是年为癸卯年，故以“癸卯学制”称之，亦称《奏定学堂章程》。颁布之日为西历 1904 年 1 月 13 日。

② 《张文襄公全集》卷一〇五，北京：中国书店，1990 年影印本，第 847 页。

自1904年后，学部及一些地方督抚提出并实施了一些推进义务教育的保障措施，逐渐使义务教育制度法令化、规范化、完善化。1905年两江总督周馥、盛京将军赵尔巽奏设简易识字学堂，希冀义务教育段的识字教育收到良好效果。同年，直隶、湖北、湖南、甘肃等省为解决义务教育师资奇缺问题，设立了优级师范、速成师范等。1906年1月4日，学部通咨各省设半日学堂，这是专收贫寒子弟的学校，不取学费，亦不拘年龄。4月11日，学部通电各省迅将省城师范名额尽力扩充，至少设一年卒业之初级简易师范科，以养成小学教习。7月23日，学部通行第一次审定初等小学暂用书目。此后，诸如简易学塾、改良私塾、女子小学堂等章程相继面世。到宣统元年（1909），全国有小学校50394所，学生1492147人。[①] 新式小学从1904年开始起步，几年的时间能有如此成绩，不能不加以点赞。

义务教育的初步建立期是中国义务教育各项规章制度的萌芽时期。这一时期义务教育虽然建章建制，但很不成熟，亦不健全。不过，草创之功，不可磨灭。

第二，义务教育的发展探索期。从民国元年（1912）到1927年，这是民国义务教育的发展探索期。1912年7月10日—8月10日，蔡元培、范源濂等在南京主持召开全国临时教育会议。从9月10日公布《学校系统令》到1913年陆续颁布一系列学校令，形成了推行近十年之久的“壬子·癸丑学制”。这个学制明确规定：“小学校四年毕业，为义务教育。毕业后得入高等小学校或实业学校。”[②] 这是现代中国政府法令中明令推行义务教育之始。

“壬子·癸丑学制”实施后，义务教育并未见到什么动作。1914年12月，教育部在《整理教育方案草案》中，提出了整理方案30则，其第一、第二均为义务教育。要求中央政府“确定义务教育年限，明白宣示，使地方知建学为对于国家之责任”。教育部设计了两个具体划分义务教育学区的方法：一是居户稠密，满500户以上者，设多级小学，满200户以上者设单级小学；二是不足200户的

① 学部总务司编：《光绪三十三年教育统计图表》，台北：“中国出版社”，1973年，第35—36页。

② 《教育部公布学校系统令》，中国第二历史档案馆编：《中华民国史档案资料汇编》第三辑，南京：江苏古籍出版社，1991年，第59页。

村集，联合办小学校。

教育部《整理教育方案草案》上呈后，1915年1月1日，袁世凯颁定《教育宗旨令》，指明了实施义务教育所存的问题及“入手办法”。“入手办法”有二：即师范者中小学所从出，宜极力整顿以造就良师；课本者各学校所通行，宜从速编订以划一学制。还令教育部“切实筹办，并将义务教育原理分投演说；俟物力稍有余裕，即将各级学校依次扩充”。1915年2月，袁世凯颁布《特定教育纲要》，指出：“施行义务教育：宜规划分年筹备办法，务使克期成功以谋教育之普及。”① 教育部为落实大总统实施义务教育的指令，总长汤化龙于1915年4月13日递交了呈准义务教育施行程序的呈文及《义务教育施行程序》，将义务教育的实施分作两期，第一期拟办事项：颁布各项规程暨调查各地教育现状，一以规定义务教育根本之要则，为办学之准绳；一以察核义务教育最近之状况，为整理之根据。第二期拟办事项：约分地方及中央两部分，关于地方者，为师资之培养，经费之筹集，学校之推广；关于中央者，为核定各地陈报办法，并通筹全国义务教育进行之程限。

中央三令五申，终于有了部分省市的探索。1918年5月，山西率先宣布实行义务教育，并颁布了《施行义务教育程序》的文件，规定山西全省“义务教育”自1918年起筹备施行。山西在短期内取得了较好的效果，教育部于1920年4月2日参照山西省所定推行义务教育办法，订定分期筹办义务教育年限，以8年为全国一律普及之期。其后，一些省份纷纷采取行动。1922年10月，江苏省议员丁作则提出施行义务教育办法案，其中提出了《促进义务教育办法》7条，提出了“就地筹款”的原则，以后成为义务教育筹款的基本原则。1920年，山东省规定了义务教育进行程序；浙江省制订了义务教育确切进行办法，采取地丁加税、抽收户捐、所得税补助等办法筹集义务教育经费；江西省从1921年起便规划实行义务教育，以省城为特别义务教育区域，限1922年12月办竣，各县市乡分期至1928年6月办竣。

① 《特定教育纲要》，中国第二历史档案馆编：《中华民国史档案资料汇编》第三辑，南京：江苏古籍出版社，1991年，第35页。

1922 年，“壬戌学制”颁布实施。“壬戌学制”的主体是“六三三制”，将小学的六年四二分为初等和高等小学，初等小学 4 年为义务教育，在学制上为推行义务教育提供了方便。但其后的综合中学制改革，削弱了师范教育的地位，使本来就师资紧缺的小学，更是雪上加霜。

义务教育的发展探索期在义务教育的推行方面，进行了颇有价值的探索。在学区划分、推行程序、经费筹措等方面的探索，特别是山西等省的先行实践，为民国后期义务教育的推行奠定了基础。

第三，义务教育的厉行推展期。从 1927 年 4 月南京国民政府成立到 1949 年覆亡，历时 22 年，是为义务教育的厉行推展期。1928 年 5 月，大学院在南京召开第一次全国教育会议，通过了《厉行全国义务教育》一案，向全国发出了厉行义务教育的号令。1929 年 3 月 27 日，教育部致函国民政府文官处，措辞慎重，表示了教育部推进义务教育的决心。1930 年 4 月 15—23 日，教育部召开第二次全国教育会议，全国各省（市）教育厅（局）长、大学校长、专家、国民政府有关部会代表 106 人出席大会，蒋梦麟任议长。鉴于 1928 年以来，各省虽先后成立省县义务教育委员会，但义务教育却毫无进展的现实，促使会议分组审议并通过了教育部制定的《改进全国教育方案》一案，并更具体地拟就了《义务教育实施计划》专章。这份计划书将义务教育普及期限定为 20 年，在这 20 年中拟造就师资 148 万人，扩充教室 100 万间，筹措经费 398607 万元。专家认为“这计画［划］比较前教育部八年普及的理想，当然接近得多”[①]。会议还通过了由陈布雷等 5 人起草的会议宣言。《宣言》指出：“在训政六年期内，对于义务教育和成年补习教育，主尽量推进。”[②] 将义务教育作为实行训政的重要措施，无疑提高了义务教育的地位。

1932 年 6 月，国民党政府制定《短期义务教育实施办法》《第一期实施义务教育办法大纲》，保障了义务教育的推行。1934 年底，国民党第四届中央执行委

---

① 吴研因、翁之达：《三十五年来中国之小学教育》，《最近三十五年之中国教育》，上海：商务印书馆，1931 年，第 8 页。

② 中央教育科学研究所编：《中国现代教育大事记》，北京：教育科学出版社，1988 年，第 205 页。

员会第五次全体会议议决通过《实施义务教育标本兼治》等案后，得到全国各省的积极响应。教育部酌定分期普及办法，由设一年制、二年制短期小学，逐渐完成四年义务教育普及的任务。嗣后，教育部先后拟订并通过了《实施义务教育暂行办法大纲》《实施义务教育暂行办法大纲施行细则》《一年制短期小学暂行规程》《各县市等筹集义务教育经费暂行办法大纲》《各省市义务教育师资训练班办法》《健全各级教育行政组织各点》《实施巡回教学办法》《县市义务教育视导员规程》《学龄儿童强迫入学暂行办法》《强迫入学条例》等。

与此同时，各省市尽管经济发展不平衡，推行义务教育的期限不尽一致，大致由过去的按兵不动转而积极行动。福建、河北、贵州将推行期限改为 20 年，分四、五、六期办理；江西自 1928 年 7 月起至 1930 年底，以半年为一期，分 5 期办竣；察哈尔自 1929 年度起至 1932 年度止，分 4 期办理。

全面抗战爆发后，义务教育的推行虽在抗战初期短期内受到影响外，各地小学校数、在校小学生人数逐渐超过了全面抗战前的小学校数和小学生人数的最高年份的数字。

义务教育厉行推展期取得的成绩是举世瞩目的。1936 年，全国小学校 39034 所，初等小学 244398 所，短期小学 28661 所，简易小学 6704 所，共 318797 所，小学生总数 18363673 人。① 这个数字主要是 1935 年《实施义务教育暂行办法大纲》《实施义务教育暂行办法大纲施行细则》实行一年的变化。如果不是“卢沟桥事变”爆发，民国后期义务教育推行将更是硕果累累。之所以有如此之大的成就，应该与民国后期加大了义务教育立法保障的力度、国民党政策干预、推行义务教育的措施灵活、筹集经费措施有效和极大程度地调动了知识分子、教育工作者的积极性有着至关密切的关系。

---

① 《第二次中国教育年鉴》第十四编，上海：商务印书馆，1948 年，第 1455 页。

第一章　民国推行义务教育的历程

义务教育是根据国家法律规定对适龄儿童实施一定年限的、普及的、强迫的和免费的普通教育。它要求社会、学校和家庭予以保证，对儿童来说既是应享受的权利，又是应尽的义务。中国近代义务教育发端于清末，经过民国前期的理论探讨和部分省市推行，积累了一定的经验；民国后期国民政府厉行义务教育，大张旗鼓地在省市、县市和乡镇紧锣密鼓地推行，收到了一定的实效，为国民基本文化素质的提高奠定了较好的基础，应当浓墨重彩地书写一笔。

中国近现代义务教育从产生到推行，经历了三个历史时期：一是初步建立期，从清末兴学运动兴起到清朝覆亡；二是发展探索期，从中华民国建立到南京国民政府建立；三是厉行推展期，从南京国民政府建立到覆亡。

一、义务教育制度的初步建立期

鸦片战争后，中国面临着瓜分豆剖、亡国灭种的危机，一大批“睁眼看世界”的先进中国人起而救亡图存，远渡重洋到西方寻求真理。他们回国后积极传播西方富强秘方——义务教育理论和制度，为中国人致富图强提供了极有价值的思路。

（一）中国何以没有产生义务教育

中国悠久的历史和文化传统，孕育锻造出辉煌灿烂的教育文化。古代卷帙浩繁的史籍展现了古代教育繁盛峥嵘的图景。据典籍记载，西周时期地方“自国而为六乡，乡有乡学，其属别为州、党、族、比、闾。每乡州五，党二十五，族百有二十五，闾五百，比二千五百。州有州序，党有党序。古者仕焉而已者，归教于闾里，朝夕坐于门侧之堂，《学记》所谓‘家有塾’也……”[①]。按这一记载可以推知一乡设有5所州学、25所党学，无疑形成了一张疏密相间的教育网[②]。又据程子云：古者八岁入小学，十五入大学。朱子是谓人生八岁，上自王公，下至庶人子弟，皆入小学，而教以洒扫应对进退之节、礼乐射御书数之文。汉初教育

① 段玉裁：《三与顾千里书论学制备忘之记》，段玉裁著，钟敬华点校：《经韵楼集》，上海：上海古籍出版社，2008年，第310页。

② 对西周的教育，学术界疑问很多。如西周的中央官学制度果真是那样发达健全吗？西周的地方官学果真普及到了天涯海角、偏远的村落吗？西周的官府中真的容得下那么多脱产闲职人员吗？……这些疑问的提出并不是喜欢“遇事生风”，而是有依据的。其因是经秦始皇焚书后，西周的许多典籍付诸一焚。西汉官方为了抢救资料，采征书、采书行动，既采得许多西汉前的著述，也夹杂着许多伪作。这使得西周的教育资料鱼龙混杂，真假难辨。总之，西周教育史料不能排除已经失真，但也绝不是一无可信。

系统进一步完善，《学记》对教育组织系统描绘说："古之教者，家有塾，党有庠，术有序，国有学。"汉初便以25家合组为一个乡村教育组织机构；地方党、术都建有学校。唐代在贞观年间（627—649），全国学校林立，"天下州、县，每乡之内，各里置一学"。玄宗开元二十六年（738）又"令天下州、县、里别置学"，呈现出教育繁荣发达的气象。宋代将教育的根须扎至地方村里，设置了州学、府学、军学、监学、县学，还有遍及深山老林、穷乡僻壤的书院。明清时教育有了一定发展。洪武二年（1369），朱元璋面谕中书省臣令府县设立学校，礼延师儒，教授生徒，讲论圣道；于是大设学校，府设教授，州设学正，县设教谕各一，训导府四、州三、县二，生员府学四十，州三十，县二十。师生月廪等人六斗，地方官供给鱼肉。洪武八年（1375），诏地方立社学（乡村小学），延师儒以教民间子弟。古代系统学校制度的形成，对于古代学校教育的繁荣、中华民族生生不息、中华文化枝繁叶茂，奠下了重要基础，提供了必不可少的条件。但是，古代传统教育，"大抵重于造儒士而忽于教国民"[①]，与义务教育主体精神相去甚远。

为什么传统社会中没有滋生出义务教育呢？其原因主要有四：

第一，在中国专制集权型的社会，统治者将教育作为巩固自己统治的工具和治国方略，而不是作为国家应尽的义务，普通民众也没有要求受平等教育的权利。孔子曾说："其为人也孝悌，而好犯上者鲜矣；不好犯上而好作乱者，未之有也。"[②] 还说："道之以政，齐之以刑，民免而无耻；道之以德，齐之以礼，有耻且格。"[③] 很显然，他希冀通过道德教化，造成一个无恶无讼的大同社会。历代统治者大多数将教育当作治国之术。正如《学记》所言："欲化民成俗，其必由学乎"；"建国君民，教学为先"。所以，教育是统治阶级的"牧民术"。尽管统治者有时重视儿童教育，但仅仅是提倡和协助而已，并没有把儿童教育当作官府

---

① 陈宝泉：《我国义务教育之经过及进行》，蔡振生、刘立德编：《陈宝泉教育论著选》，北京：人民教育出版社，1996年，第162页。

② 《论语·学而》，《诸子集成》，1，北京：上海书店出版社，1986年影印本，第3页。

③ 《论语·为政》，《诸子集成》，1，北京：上海书店出版社，1986年影印本，第22页。

的义务，并且没有形成普及儿童教育的政策与制度。故可以断言，在古代专制政体中不能产生出以民主为前提的义务教育。

第二，义务教育产生的经济前提，是以生产得到前所未有的发展，尤其是以资本主义大工业生产的发展，给劳动者提出了提高文化素质的要求为前提。岁岁年年相似的简单重复的小农生产，难以产生提高劳动者素质的要求。他们对受教育也许可能产生热望，但目的是为了改换门庭，光宗耀祖。如果一家或一族欲振兴，出人头地，或保证家族永不衰落，那么只有通过办教育兴学校才有可能。因此，稍稍殷实的家族均留有助学的族田，称为义塾田、学田、义学田、膏火庄田、书灯田等。置有书田的宗族常常开设义学，向本族或稍纳族外乡里子弟提供免费教育。苏州范氏亲族族规规定："凡族姓子弟年十三岁以上，诵完经书故有志上进者，许本生亲属呈明主奉，率领到书院候验试，果堪造就者，候主奉批准。"① 这些对古代教育的繁荣发达和普及起到了一定作用，但是其兴学的动机与目的都是为了将本宗族、家庭中的成员推入上层社会，送入政府部门谋得一官半职；置学田是为了奖励、保证家族成员顺利通过科举考试。无疑，接受这种教育的人，是为数不多的，其旨趣与义务教育风马牛不相及。在传统家族社会里，教育被视为家族理所当然的责任，这种责任始终未社会化、国家化，这自然无法提供义务教育萌发滋长所需的土壤。教育投资的主体是家庭或家族，而不是社会或官府。

第三，传统的教育内容空疏无用，国民无法从教育中得到实惠，因而产生不了受教育的需要。对教育内容，中国古代很早便有先圣先贤进行了粗略设计。《礼记·内则》说："六年，教之数与方名；七年，男女不同席，不共食；八年，出入门户及即席饮食，必后长者，始教之让；九年，教之数日；十年，出就外傅，居宿于外，学书计，衣不帛襦裤，礼帅初，朝夕学幼仪，请肄简谅；十有三年，学乐，诵诗，舞勺，成童舞象，学射御；二十而冠，始学礼。"② 汉代首开经学教育之先例，教育遂步向空疏无实。宋代经义已成为学校、科举考试的唯一

---

① （乾隆）《范氏家乘》卷一五《广义庄劝学规矩》。

② 《礼记·内则》，《十三经注疏》（下），北京：中华书局，1980 年影印本，第 1471 页。

内容，明清考试规定在“四书”中出题，法定的文体是八股文。八股文要求以圣人的口气为圣人立言，不得联系实际，不得任意发挥。传统的教育内容对于绝大多数劳动民众，尤其是占人口一半以上的女子而言，能否识字，受过教育与否，与他们并没有直接关系。既无助于他们的人生，无助于他们的谋生，无助于他们扩大再生产，也无助于他们丰富生活。他们对教育一无所需，他们从教育中无法得到任何实惠，因而更不可能产生送子弟入学接受一定程度教育为应尽义务的观念；这样一来，义务教育就失去了形成产生的社会基础。

第四，传统教育的方式采取个别教学，教师为数极为有限，办学规模很小，不分学级，很难提出普及教育的要求。中国古代传统教育不分学级程度，仅以考试为“验收”手段。孔子以德行、言语、政事、文学四科教人，但此“四科”充其量只可算作四个专业倾向，与班级授课制不可同日而语。汉代太学盛时据载有一万人以上，却没有学级之分，且属高等教育性质。汉代董仲舒曾“下帷讲诵，弟子传以久次相授业，或莫见其面”①。但这里的“次相授业”并不是指对高年级与低年级学生授课，而是学生中较拔尖者给成绩较差的学生上课；没有学级程度之分，属于个别教学的范畴。因而与英国的“倍尔—兰喀斯特”制是不同的。后者是建立在学级制基础上的。北宋王安石在太学推行改革，实施“三舍法”。“三舍”既表示学生程度级别不同，又有资格的区别。但是“三舍法”与普及义务教育的教学组织形式、班级教学制有着根本不同：一是仅在高等教育性质的太学（后推及到州府学）实施，未及小学性质的学校；二是三舍的设计粗犷不精；三是没有与之相配套的制度系统，如学年学级制、秋季招生夏季毕业制和严格的学习期限的规定。清代前期颜元试行了分斋教学，将学校分为武备、艺能、文事、经史、帖括、理学六斋。这些表面上看有些像学年学级制，但本质上有不同，其“斋”与年级、班级之义相距甚远，只是表示专业性质、学习内容的分野。大约到鸦片战争之前，基础教育的主要教学组织形式是社学和私塾，教学方式主要是教师个别指导和辅导。社学和私塾的程度大致与义务教育相当，但不可

---

① 《汉书》卷五六《董仲舒传》，《二十五史》，1，上海：上海古籍出版社、上海书店，1986 年影印本，第 234 页。

能承担起国民义务教育的重担。这是因为它并不是在设置上有全国一盘棋的合理规划，便于儿童就学；而是社会贤达或家族自发设置；还因为社学和私塾的规模极为有限，以个别指导为主要教学方式，难以容纳该地所有适龄儿童，故不可能产生普及之念。

图 1—1　清末私塾塾师在教学

鉴于以上原因，义务教育只能是从西方舶来，不可能是中国土生土长的国产货。

（二）欧美义务教育在中国的传播

中国古代传统教育中不可能产生义务教育。义务教育能够在中国推行，是西方义务教育思想与制度在鸦片战争后涉洋而东的结果。

1. 传教士传播西方义务教育。西方列强凭借坚船利炮打开了中国长期封闭的大门后，手持武器的侵略者为身着教袍捧着《圣经》的传教士“争”得到了来华活动的权利。传教士自西而东，成为西方科学文化的主要载体；他们主持的教会学校及其他文化机构，成为19世纪60—70年代以前中国人接触西方科学文化的主要媒介。如果说其时中国对它的外部科学文化的了解犹如坐井观天的话，那么传教士创办的学校及其他文化机构，则如同井口。60—70年代以后，西方文化传播渠道逐渐多起来，但传教士仍不失为主渠道之一。传教士在传播译介西方宗教及科学文化知识的同时，也夹杂着西方的义务教育。

第一，传教士介绍西方国家人是平等的，人格是平等的，人的权利是平等的，都有受教育的权利的思想观念。谢卫楼在描绘中国妇女的悲惨社会地位时说："占人口一半的妇女的教育是普遍忽视的。妇女为什么要花时间读书？她们不能当官。她们又不是丈夫的伴侣。她们不是孩子的教师。如果出生在贫穷家庭，她们的地位与奴隶相差无几，富有家庭的妇女也不外是奢侈的装饰品的一部分而已。"① 他看到中国妇女没有独立地位、独立人格，完全成为男子的依附品和玩物；而对西方王子与贫儿天赋人权同，所享权利同，人格亦应平等则予以点赞。并称赞欧美男女同享平等受教育权，"无分男女，例必入学。故通国男女，皆可挥写诵读，研究各种学问，为人所必需"②，给长期封闭的中国带来异域的清新之风，同时又是对中国专制制度的挑战。

第二，西方国家富强之因全在教育普及。鸦片战争后，中国因外患而遭受的每一次失败都产生过警悟的先觉者，每一次失败也使中国人尝到这些夷狄之邦坚船利炮的厉害，这才从自我陶醉中逐渐醒悟过来，正视自己，实事求是地评估自己。朝野多数人认为西方之所以胜，胜在技艺；中国之所以败，败在技艺。而传教士却从普及教育的角度给他们以当头棒喝，提出了一个新的思路、新的讨论题目。德国传教士、汉学家花之安（Ernst Faber），曾撰写《泰西学校论略》一书，据李善兰的序文可知，该书详细介绍了欧洲义务教育制度，得出了如下结论：

夫无地无学，则朝出侍函丈，夕归修定省，而负笈远游，千里思亲之患，可以免矣。无事无学，则今日之所讲，即异日之所行，而所习非所用，所用非所习之弊，可无虑矣。夫质犹田亩也，学犹开垦也，虽有膏腴，不垦则荒；虽有良材，不学则废。国无不垦之地，则米粟不胜食；国无不学之人，则贤才不胜用。

---

① 谢卫楼：《基督教教育对中国现状及其需要的关系》，朱有瓛主编：《中国近代学制史料》第四辑，上海：华东师范大学出版社，1993 年，第 114 页。

② 《论崇实学而收效》，李楚才编：《帝国主义侵华教育史料——教会教育》，北京：教育科学出版社，1987 年，第 407 页。

国之盛衰系乎人，德国学校之盛如此，将见人才辈出，其国必日盛一日。①

就在朝野士大夫热烈讨论何以救亡图存，何以立国兴邦之时，传教士提出了普及教育兴国强国的新思路，也算是当时众多救国方案之一种，给死气沉沉万马齐喑的学界，带来一股清新之风，打开了中国知识分子了解外部世界的一个窗口，使一部分官吏士大夫顿开茅塞，认识到了义务教育的作用，从而为义务教育的推行奠定了一定的思想基础。

第三，介绍日本成功的奥秘。如果说传教士译介欧美各国义务教育，并认定义务教育是欧美富强之因，使朝廷、封疆大吏及士大夫有所醒悟的话，那么他们介绍“蕞尔小国”日本的义务教育，并断言义务教育是其转弱为强的重要原因时，则使中国众多官员顿悟，相信义务教育有种奇异的功用。相比较而言，传教士介绍日本义务教育所引起的反响更大。李提摩太（Timothy Richard）多次建言中国推行教育改革，广兴学校，并以日本为楷模，借普及教育图富图强。他说：“日本国者，特亚洲一岛，东海国耳，人数不及印度七分之一；独于新学孜孜矻矻，极为研究，十几年前设立新学部，费银无多，现每年新旧各学至用银六百万，此外又有教士分立中等书院，以广甄陶，而日本绅宦虽不在教，因知其益国益民，各愿捐银几万助成善举。”② 他在《新政策》中说，日本初用新法，对国民普施教育，使举国上下、邻里之间“水乳交融”，少了很多官司，众志成城。“探报万国者”也指出：“今之日本，广设书院，激励人材，弃本来之旧法，而效西国之新法；从可知日本学有根源；非同咿唔呫哔之学耳。”③ 认为日本普及义务教育，收到了多方面效益，不仅人才辈出，而且挽救了颓风，社会面貌为之一新。正因为日本广设学校，普及义务教育，才使得人才济济。尽管传教士的介绍日本普及教育的文字不多，但在国人看来，字字珠玑，犹如醍醐灌顶。到“新

① 李善兰：《泰西学校论略·序》，朱有瓛主编：《中国近代学制史料》第二辑（上册），上海：华东师范大学出版社，1987年，第2页。

② 李提摩太：《论新学部亟宜设立》，《时事新论》卷八《新学》。

③ 《论崇实学而收效》，李楚才编：《帝国主义侵华教育史料——教会教育》，北京：教育科学出版社，1987年，第408页。

政”时期，留日运动形成了高潮，这不能说与早期传教士的宣传没有因果关联。

2. 官绅在海外的义务教育见闻。鸦片战争后，中国的民族危机逐渐加深。一部分“睁眼看世界”的官员士大夫为了救亡图存，保国保种，在中华民族存亡绝续之际，走出国门，向西方寻求真理，学习致富之方。这一部分官员士大夫分为三部分，一为非官方身份的士大夫；二为出使欧、美、日本官员及翻译；三为留欧、留美、留日学生。他们在欧美、日本考察、参观、游览，有广博的教育见闻，其中包括义务教育见闻，使朝野上下加深了对义务教育重要性、必要性的认识，为中国实施义务教育提供了思想与制度初始坯模。

第一，地方绅士记载的小学教育状况。中国近代非官员的士大夫步出国门未成风气，出游欧美、日本者更如向曙之星，而在他们的著述中有义务教育的记述者，更是凤毛麟角，因而他们的记述就更有价值。而且他们在欧美、日本考察的同时，教育价值也受到了考量。

李圭在日记中对义务教育记述则较详细清晰。幼儿教育是普及教育的门户，如普及幼儿教育，义务教育推行便成了轻车熟路，事半功倍。李圭生动介绍了美国纽约育婴堂的教学及情况：纽约育婴堂屋共 100 多间，男女自初生至七八岁者约 600 名，有时多至 3000 人。男女儿童四五岁“即使认字读书，并教作小玩物，如纸叠方胜、同心结、泥土人物，以开其心思。又一室甚大，坐二三百人，皆六岁至八岁。女师教以歌诗并和舒气血各法，男女各立一旁，另一女师居中鼓琴和之，步伐声韵都凑拍。俟其及岁时，各量材荐事去。年经费计用二十六万一千元；半出公家，半出善士”[①]。湖南人氏王之春，1879 年以非政府官员身份游历西方，归国后官运颇为亨通。他考察欧洲发达国家，对学校尤所注意，而对义务教育记载尤详。他在《广学校篇》中记述道：“西学规例极为详备，国中男女老幼，无论贵贱，自王子以至于庶人，至七八岁皆入学。在乡为乡学，每人七日内出学费一本纳。在城为城学，每人一月出学费一喜林。如或不足，地方官捐补。其曰乡曰城者，特就地而言之，其实即乡塾也。塾中分十余班，考勤惰以为升

① 李圭：《环游地球新录》卷二《美国纽约城》，钟叔河主编：《漫游随录·环游地球新录·西洋杂志·欧游杂谈》，长沙：岳麓书社，1985 年，第 274 页。

降；其不能超升首班者，不得出塾学艺。”① 记述了欧洲小学教育盛况。他们对义务教育的记述印证了传教士等的言论，证明传教士言论真实不虚，而且从不同的侧面对传教士及政府官员的记述进行了补充。因此，对中国义务教育的实施，起到了理论准备、舆论宣传、制度介绍的特殊作用。

第二，官员对欧美和日本义务教育的考察。如果说早期非政府官员的知识分子及民间团体代表出洋游历，对西方、日本义务教育有零星的记述，很不系统的话，那么政府官员逐渐开始系统、全面，并表露出潜心研究的势头。尤其是对日本义务教育的考察、研究、介绍，更是如此。第一位出访欧洲的中国官员斌椿，1866 年在《乘槎笔记》中记载：“欧逻巴诸国皆尚文学。国王广设学校，一国、一郡有大学、中学，一乡、一邑有小学。小学选学行之士为师，中学、大学又选学行最优之士为师，生徒多者至数万人。”② 这是对西方系统学制最早的记述，其中夹杂着义务教育的情形。

刘锡鸿是中国历史上第一任驻柏林公使。尽管他耳濡目染西洋包括义务教育在内的先进文明，却在许多方面都顽固地坚持国粹立场。颇为例外的是，对义务教育却记述颇详：

余于十七日九点钟造之，阿木士汤导观其所建义塾。义塾颇宏邃，堂室数十楹。学徒男女共一千二百人，每百数十人延一师。女子傅以女师，幼孩亦女师。四五岁者教唱耶稣经，手足舞蹈，咸使与乐节相应，以观其不犯令。稍长，习书算。又长，授以勾股开方之法。其师一一面试，鲜不娴。……每年经费，约金钱六万。阿木士汤独供之，盛举也。③

这所义塾是义务教育的教学组织形式之一，他赞口不绝地称之为“盛举”，可见他在义务教育方面的看法，与西方其他制度大异其趣。他认为，中国的各种

① 《各国通商始末记》卷一九《蠡测危言·广学校篇》，朱有瓛主编：《中国近代学制史料》第二辑（上册），上海：华东师范大学出版社，1987 年，第 4 页。

② 斌椿：《乘槎笔记》，朱有瓛主编：《中国近代学制史料》第二辑（上册），上海：华东师范大学出版社，1987 年，第 1 页。

③ 《英轺私记·游阿木士汤义塾》，钟叔河主编：《英轺私记·随使英俄记》，长沙：岳麓书社，1986 年，第 173—174 页。

制度是完美无缺的，仅仅只有义务教育未普及这一点微感不足。

出洋考察宪政的“五大臣”之一的戴鸿慈，光绪三十七年二月廿八日（1906年3月22日）参观了普鲁士小学堂。普鲁士很早实施义务教育，1763年颁《全国学校规程》规定：

所有父母、监护人及其他拥有应受教育的儿童的人士，如果违反本法令，拒不送儿童入学者，应令其继续交纳本学期学费；监护人无权要求退回为其受监护人所交纳的费用。如经牧师严正规劝仍不照常遣其子女入学者，市政行政官员可采取最后措施对其加以处罚。对于不照常送其子女入学的父母，视察员有权对其处以罚金16格罗生，用作学校经费。①

德国教育最大的亮点是义务教育。德国小学校形成了疏密相间的网络，家长也真正享有送子女上学受教育的权利，经费完全由税收支付，家长分文不缴。

如果将清廷官员、使臣在欧美发达国家的义务教育见闻与在日本的见闻相比较，则无疑相形见绌了。中国作为泱泱大国，与“蕞尔小国”日本交战屡战屡败，显然是清廷官员、使臣百思不得其解的问题。欧美诸国与中国远隔重洋，而毗邻日本则与中国一衣带水，考察研究日本则更为重要，更为紧迫。正因如此，中国较早便遣员赴日，考察日本一跃而强，称雄东土之因。清廷第一位驻日大使何如璋在《使东述略》中对日本学制系统和课程体系记述说：“全国大学区七，中小学区以万数，学生百数十万人。”中国驻日参赞黄遵宪在1890年出版的《日本国志》中，记载了小学遍及穷乡僻壤的盛况。蔷盦《东游日记》载，日本1907年小学生达5348213人②，儿童入学率为97.4%。1909年达98.1%。③

清廷官员从这些文字中读懂了中国屡屡败给日本的事实。

第三，留学生为推行义务教育振臂疾呼。中国在近代派出了大批留学生，他们不仅学到了声光电化等科技知识，还求得救亡图存、致富图强的人文科学和社

① E.P.克伯雷选编，任宝详、任钟印等译：《外国教育史料》，武汉：华中师范大学出版社，1991年，第516页。

② 蔷盦：《东游日记》，吕顺长：《教育考察记》（下册），杭州：杭州大学出版社，1999年，第857页。

③ 王桂：《日本教育史》，长春：吉林教育出版社，1987年，第201页。

会科学知识。他们身在国外，心系中华，为使祖国在东方大陆崛起，宣传介绍了西方大量科学文化知识，义务教育便是其重要内容之一。

严复是福州船政学堂首批派到欧洲学习轮船制造的高足弟子，期望他通晓技术，他却迷上了西方社会科学，走上了“教育救国”之路，在他的大量译著中介绍了西方普及教育思想与制度。他认为，治国欲保国保种，就要像西方那样推行义务教育。他说：“西洋今日，业无论兵、工、商；治无论家、国、天下，蔑二事焉不资于学。……各国皆知此理，故民不读书，罪其父母。”① 他还参照西方学制，构建了小学教育系统。儿童初入蒙学堂学习“最浅最实之普通学”②。马建忠是留欧学生中的佼佼者，他在1876年赴欧洲留学前，对西学便颇有钻研。他认真考察了欧洲教育后，思想发生了较大变化，对洋务工业和教育多有批评，认为开民智为“兴学储材”的根本，“求强者以得民心为要”，只有广设学校，才能使国家“智士日多”。1881年，他写了《上李伯相覆议何学士如璋奏设水师书》，提出了数条具体建议，第一条就是“分设小学以广收罗”，认为小学是众多职业、学问的基础，朦胧地提出了普及教育的构想。

20世纪初，中国出现大批青年学生涌向日本留学的热潮。中国留学生中，多数为青年学子，也有王公子弟、秀才举人、在职官员，甚至缠足女子、白发老翁也争先恐后而至。有夫妇携手同往，有父子兄弟联袂相随。留学生或官费送派，或自筹资斧，纷纷东渡，络绎不绝；众多留学生，忧国忧民，探寻报国之道，搜寻日本富国强兵的秘诀，其中一部分留学生认为普及教育是其根本原因之一。他们创办了多种报纸杂志，传播文化知识，宣传、研究普及义务教育。留日学生在繁忙的学习之余，译介了日本教育理论著作，介绍义务教育理论与制度。如《江苏》第二期介绍日本小学校说：

各国教育多注重于小学，以非此不足以普及全国，使改良下等社会。故小学教育谓之强迫教育，亦曰义务教育，其年限不一。欧美各国大率六年，亦有八年者，日本至少，只有四年。然小学校之多，每府县恒五六百处。故观日本学校之

---

① 《救亡决论》，王栻主编：《严复集》第一册，北京：中华书局，1986年，第48—49页。

② 《与〈外交报〉主人书》，王栻主编：《严复集》第三册，北京：中华书局，1986年，第563页。

进步，但观小学校即可知之。欧美各国皆然。有一定之因，即有一定之果，言教育者其知之。[①]

《游学译编》中的《英法德美现在教育观》，对西方义务教育制度的介绍最为全面、集中、明晰，对四个发达国家的义务教育督学、年龄、编制、经费、教师作了较为详细的介绍。德国以小学教师之优良著称于世，陶行知、胡适、蒋梦麟等教育家不止一次地说，普鲁士战胜法兰西，功归小学教师。德国这批小学教师是如何形成的呢？留日学生译介说：德国的小学——

为教师者，家皆富足，多所滞留，故有此差耳，师范学校之生徒，在小学时即为视学官所注目，商之父母，承诺后，即授以适当之教育，修业三年之预科，然后入师范学校，三年卒业。以最后一年专从事于实地授业，卒业后，更于校长及视学官之监督下，熟练教授训练三年，试验及第，即充正教员。有不敦品励行者，则免其职。所以，德国师范之良，甲于各国。又，德之学校长、州之官吏皆以献身的精神，从事教育之大业。其受世之敬尊也，固宜。[②]

无论留学欧美，还是留学日本的留学生，受西方文化的熏陶，信仰“教育救国”“科学救国”“教育万能”，译介发达国家普及教育、义务教育理论与制度，成了他们拯救中华、报效祖国的一种方式。因此，他们的译介义务教育活动，带有如下色彩：（1）具有高尚的爱国情怀，希望中国在东亚崛起，立于世界不败民族之林；（2）具有鲜明的针对性，针对传统教育成为上层社会独享的琥珀扇坠和国民素质低劣的积弊，希冀普及义务教育，富国强民。

（三）《钦定学堂章程》和《奏定学堂章程》中的义务教育

自从义务教育制度草创后到南京国民政府成立，其间经历多多少风风雨雨跌宕起伏，最终才走上厉行推进的“快车道”。

---

① 牧濑氏：《教育分类概说》，载《江苏》，1903 年第 2 期。

② 《英法德美现在教育观》，游学译编社编：《游学译编》（一），长沙：湖南师范大学出版社，2008 年影印本，第 317 页。

1. 雨后春笋般的新式学堂。清末洋务运动兴起后，兴学行动前后历经 30 余年。此期共兴办洋务学堂 32 所，虽然堪称兴学盛况，但洋务运动时期所开办的学校，限于“师夷之长技以制夷”的思路，均具军事、科技、实用性质，它标示着传统教育转型，但并不属于实施义务教育的教育机构。

甲午战争宣告了洋务派的强国梦彻底破碎，也宣告了洋务教育走到了穷途末路，不得不改弦更张，将教育转向提高国民基本文化素质上，开始关注普通教育和基础教育。兴学的重点放到了府、州、县，全国各地大兴普通学堂，将遍及全国各地的书院和庙宇，改办为中小学堂。光绪二十四年（1898）五月，朝廷下旨令各省县将大小书院改办为学堂。此前，属于新式小学的仅有光绪二十三年（1897）盛宣怀创设的南洋公学“外院”——师范院附属小学。光绪二十七年（1901）八月又令各州县书院改为小学堂。由是全国各州县公私立小学堂如雨后春笋，茁壮成长。次年，御史张承缨奏请设立五城小学堂——这是北京新式小学的发端。四川重庆府城区先后于 1901 年创办官立小学 9 所，其中 8 所为初等小学堂。据《重庆教育志》记载，巴县光绪三十一年（1905）学堂数便增加到 100 多所。光绪二十年（1894），贵州“少数革命之士，竭力提倡，创办乐群、光懿、成城等私立小学校，继有达德、蕴贞、正谊、贞静、复旦等校。政府方面首先创办的小学校则有官立小学堂，继有南明第一、第二分校、模范小学等”。

各类新式学堂的普遍设立，使得清廷不得不考虑要理顺学校内部各级各类教育之间的关系，不得不考虑要理顺各级各类学校与外部各社会机构之间的关系，有必要制订学制系统；而新式小学的破土而出，有必要制订小学堂章程，像国外发达国家那样，实行义务教育，使适龄儿童人人都享受到一定年限的小学教育。

2. 明订小学堂章程的呼声。早在 1861 年，冯桂芬就对荷兰、瑞典诸国普及义务教育制度投以艳羡的目光。1881 年，马建忠向李鸿章建议设立水师小学，“以广收罗”，“于沿海省份如广州、福州、上海、天津等处，设立水师小学。学内选取十四五岁幼童，以五十人为额”①。1884 年，郑观应率先提出建议，应当

① 马建忠：《上李伯相覆议何学士如璋奏设水师书》，王梦珂点校：《马建忠集》，北京：中华书局，2013 年，第 54 页。

以西方学校制度为模板建构中国新的教育系统。他指出："中国自州县、省会、京师，各有学宫、书院，莫若仍其制而扩充之，仿照泰西程式，稍为变通，文武各分大中小三等，设于各州县者为小学，设于各府、省会为中学，设于京师者为大学。"① 他的设想未及实施就随洋务派甲午战争全军覆没而破碎。

接踵而至的维新派康有为、梁启超和李端棻等教育家，他们深受西方普及义务教育思想的启发，通过反思洋务教育的沉痛教训，深刻地揭露和抨击陈腐的传统教育，提出了建构系统学校制度的设想。梁启超在 1896 年撰写的《变法通议》中，阐述了他的建立从小学到大学的学校系统的设想。他指出：

故欲兴学校，养人才，以强中国，惟变科举为第一义。大变则大效，小变则小效。……远法三代，近采泰西，合科举于学校；自京师以讫州县，以次立大学、小学，聚天下之才，教而后用之。入小学者比诸生，人［入］大学者比举人，大学学成比进士；选其尤异者出洋学习，比庶吉士。其余归内外户、刑、工、商各部任用，比部曹。庶吉士出洋三年，学成而归者，授职比编检。学生业有定课，考有定格，在学四年而大试之；以教习为试官，不限额，不糊名，凡自明以来，取士之具，取士之法，千年积弊，一旦廓清而辞辟之，则天下之士，靡然向风。八年之后，人才盈廷矣。②

康有为在《请开学校折》中建议"远法德国，近采日本，以定学制，乞下明诏，遍令省府县乡兴学，乡立小学，令民七岁以上皆入学，县立中学，其省府能立专门、高等学、大学，各量其力皆立图书仪器馆，京师议立大学数年矣，宜督促早成之，以建首善而观万国"③。他还就义务教育学制问题提出初步设想："……上法三代，旁采泰西，责令民人子弟年至六岁者，皆必入小学读书，而教之以图算、器艺、语言、文字。其不入学者，罪其父母。若此则人人知学，学堂

---

① 《考试（下）》，夏东元编：《郑观应集》（上册），上海：上海人民出版社，1982 年，第 299 页。

② 《变法通议·论科举》，张品兴主编：《梁启超全集》第一册，北京：北京出版社，1999 年，第 24—25 页。

③ 汤志钧编：《康有为政论集》（上），北京：中华书局，1981 年，第 306—307 页。

遍地，非独教化易成，士人之才众多，亦且风气遍开，农、工、商、兵之学亦盛。”① 他虽然没有明确提出建立义务教育学制，但实质上阐述的是建立义务教育学制问题。

张之洞是义务教育学制出台的重要人物。光绪二十七年（1901），张之洞与两江总督刘坤一联手奏派罗振玉赴日考察教育。罗振玉将在日本考察的记录整理成《扶桑两月记》一书，比较系统地记述了日本教育制度与义务教育实施情况。张之洞以后被誉为中国近代“精通学制第一人”，应当主要得益于此书提供的有关学制资料信息。《扶桑两月记》出版时，还附了《日本教育大旨》和《学制私议》两篇文章。《日本教育大旨》在介绍了日本的义务教育后，罗振玉提出了他的建议：

中国今日尤以普及教育为主义，预定义务教育年限，先普通而后高等。考东西小学教育所授为道德教育、国民教育之基础及人生必须之知识、技能。此最为中国今日之急务。有道德与国民之基础，而后知尊爱之方；有知识与技能，而后得资生之具。譬如，今日各省专心于高等教育，虽每省学校遽增千百所，而教育不及齐民……仍必不免若从事于普及教育则功效必溥矣。

近日教育家言，若有一国于此无义务教育，是其国无法令也。非真无法令之谓，有法令而不能施之人民也。故教以忠孝，而后能行不忠孝之罚；导以业务，而后能行废弃务之惩。不然者，是不教而诛，野蛮之行也。发挥义务教育之说，此为最切。②

罗振玉明确地指出，实施义务教育是其时教育改革，乃至一切兴革之急务。

根据后来张之洞在湖北大力推进义务教育的实际行动来看，罗振玉的精心设计和大胆的建议，是得到了采纳的。

同一年，湖北候补道李宗棠亦奉命考察教育，写下了《考察教育日记》，精

① 康有为：《请饬各省书院淫祠为学堂折》，见汤志钧编：《康有为政论集》（上），北京：中华书局，1981 年，第 313 页。

② 罗振玉：《日本教育大旨》，吕顺长：《晚清中国人日本考察记集成：教育考察记》（上），杭州：杭州大学出版社，1999 年影印本，第 234 页。

心收集了日本各类学校章程等136种。

以上三人对张之洞的普及义务教育思想形成产生了深刻影响，直接影响到“癸卯学制”的制订。

随着西方义务教育对张之洞影响的加深，他的教育思想发生了深刻的变化，认识到“国民教育必自小学始。……各国皆以初等小学任为国家义务，以期教育之普及。各州县初等小学，尤为教育国民之根本”[①]。他还设计了普及义务教育的程序。在他看来，“兴办师范，尤为小学之先务”，认为小学教员非由师范学堂毕业出身者，“于教授法、管理法必致茫然，无所措手”。他在《札各府暂停中学先办师范讲习所》中，尖锐地批评各州县不知小学教员之亟需师范，惟汲汲于中学堂，是“自顾门面，聊以塞责”。

3.《钦定学堂章程》和《奏定学堂章程》的颁布。光绪二十七年（1901），清廷迫于国内外的形势，宣布推行“新政”。所谓“新政”即是假维新，但假维新中有真改革。此前，清廷在八国联军进攻北京时，朝廷暂时避走西安。张百熙赴西安向朝廷力请兴学。因而清廷以张百熙任管学大臣。此时的管学大臣既是京师大学堂校长，又是全国教育行政机关行政首脑，因而起草学制的任务责无旁贷地落到张百熙的肩上。他出任管学大臣后，立即着手三件大事：一是选聘人才；二是派官员出洋考察教育；三是制订全国系统学制。关于全国学制系统起草工作，张百熙作为领衔人，负责整个章程的整体设计工作，京师大学堂其他总教习、副总教习和总办、副总办及编辑总纂、副总纂，不同程度地参与了章程的制订工作。编译局的一位副总纂曾说：“奏定各学堂章程，多出沈兆祉手。”[②]大概是《钦定学堂章程》中的一些章程的重要起草人是沈兆祉。光绪二十八年（1902），清廷颁布了张百熙起草的《钦定学堂章程》，因为是年为壬寅年，故史称“壬寅学制”。这是中国近代第一个具有近代性质的学制。它将整个学校系统划分为小学、中学和大学三个阶段。小学阶段修业年限为：蒙学堂4年，寻常小

① 张之洞：《札各府暂停中学先办师范讲习所》，《张文襄公全集》卷一〇六，北京：中国书店，1990年影印本，第861页。

② 朱有瓛主编：《中国近代学制史料》第二辑（上册），上海：华东师范大学出版社，1987年，第95页。

学堂3年，高等小学堂3年。“壬寅学制”虽然没有提出“义务教育”一词，但它是将蒙学堂4年和寻常小学堂3年共7年作为义务教育规划的，只是没有比较明晰的表达而已。《钦定蒙学堂章程》第一章第十节中说“蒙学为各学本根，西。律有儿童及岁不入学堂，罪其父母之条。今学堂开创伊始，尚未能一律仿照，所有府厅州县之各处乡集，应请于奉到章程之日，予限半年，一乡之内，先立蒙学堂一所，以后逐渐推广办理。”[①] 将“不入学堂，罪其父母”写入了章程。

“壬寅学制”对义务教育的规划，在一定程度上反映了晚清以来朝野兴学的要求，对蒙学和高等小学进行了系统设计，照顾到了各学段之间的衔接，体现了宏观整体规划的思想。在入学年龄、修业年限和学费征收上，都有比较具体的规定，“体现了当时兴学的形势和需要，为迅速建立完善的义务教育体系奠定了基础”。但是，它对义务教育阶段的阐述也存在着明显的缺陷：第一，义务教育阶段的课程设置庞杂，经学、史学、舆地等也列入其中，显然过于专深，并不符合儿童身心发展的特点。第二，义务教育阶段修业年限过长，不利于义务教育的推行。“壬寅学制”对义务教育年限的规定，并没有综合权衡国民教育质量和推广普及的关系，将义务教育的年限确定为7年，显然缺乏现实依据。[②]

“壬寅学制”未及实施，次年即公布了张之洞、张百熙和荣庆联合起草的《奏定学堂章程》。此前，张之洞在与两江总督刘坤一联名上奏的《变通政治人才为先遵旨筹议折》中，提出了更为具体的义务教育学制设想：第一，学校等级与年限。蒙学8岁以上入学，为期4年。小学12岁以上入学，学习期限3年。高等小学15岁以上入之，年限3年。第二，学校的种类。小学为普通学，高等学校文武分途。第三，课程设置。蒙学“习识字，正语音，读蒙学歌诀诸书，除‘四书’必读外，‘五经’可择读一二部”。小学“习普通学，兼习‘五经’……兼看中外简略地图，学粗浅算法……学粗浅绘图法……习中国历代史事大略、本

---

① 《钦定蒙学堂章程》，谭承耕、李龙如点校：《张百熙集》，长沙：岳麓书社，2008年，第77页。

② 田正平、肖朗主编：《世纪之理想——中国近代义务教育研究》，杭州：浙江教育出版社，2000年，第205页。

朝制度大略，习柔软体操”。[①]

张之洞和刘坤一的奏折得到了朝廷的重视，随即重新推行改书院为学堂的教育改革措施，他们的这一学制改革方案，“也成了癸卯学制的基础之一”[②]。张之洞更加广泛地了解到欧美、日本等教育发达国家的学制，着手制订并先行先试湖北地方学制——与张百熙《钦定学堂章程》同时的《筹定学堂规模次第兴办折》。其内容包括学校系统、教育行政、师资培养、课程设置、教材供应、学堂建筑及教育经费，等等。新的学制——《奏定学堂章程》的雏形已经形成。

清廷颁布《钦定学堂章程》后，张之洞致电张百熙，言及“会奏湖北学堂办法时，尚未及见尊议定章，致有数条彼此未能吻合”，提出了四条意见：第一，读经。儿童“功课既繁，日、力有限，学生资性不齐，必限读全经，转恐记诵不能纯熟，讲说不能全解”，故应当更加灵活变通，不可求全。第二，放假。不必采周假，可于“每旬之末停课一日，谓之旬假”。第三，权限。不以洋员为总教习，避免洋人“多所干预，以揽我教育之权”。第四，学费。“小学堂永不收费”，其他学堂收费不可过微，否则“巨款万难筹足”。[③] 对这四点意见，张百熙深表赞同，并认为“张之洞留心学务最早，办理学堂亦最认真，久为中外所推重，是该督二十余年之阅历，二十余年之讲求，于学堂一切利弊知之较悉，自与寻常不同”[④]。但是，《钦定学堂章程》颁布后，因为张百熙大力招海内名流任大学堂各职，起用新人，推行新学，为旧人所忌恨，大学堂遭诽谤，张百熙遭诬陷。一位王姓御史密奏云：本朝官制皆一满一汉，故能相维不敝，今大学仅一汉大臣，至成弊薮，请增设满大臣主其事。张百熙了解管学大臣荣庆之为人，故在所上《请派重臣会商学务折》中提出要求增加张之洞。张百熙说：“学堂为当今第一要务，

---

① 张之洞、刘坤一：《变通政治人才为先遵旨筹议折》，《张之洞全集》第二册，石家庄：河北人民出版社，1998 年，第 1396—1397 页。

② 钱曼倩、金林祥主编：《中国近代学制比较研究》，广州：广东教育出版社，1996 年，第 82—83 页。

③ 张之洞：《致京管理大学堂张尚书》，《张之洞全集》第十一册，石家庄：河北人民出版社，1998 年，第 9029—9030 页。

④ 《遵旨议奏湖广总督张等奏次第兴办学堂折》，谭承耕、李龙如点校：《张百熙集》，长沙：岳麓书社，2008 年，第 29 页。

张之洞为当今第一通晓学务之人，湖北所办学堂，颇有成效，此中利弊，阅历最深。”希望“着即派张之洞会同张百熙、荣庆将现办大学堂章程一切事宜，再行切实商定，并将各省学堂章程，一律厘定”。① 于是，启动了由张之洞主持制定《奏定学堂章程》的程序。

图 1—2 张之洞像（1837—1909）

《奏定学堂章程》因为朝廷颁布于光绪二十九年十一月，是年岁在癸卯，故又称“癸卯学制”。“癸卯学制”将全国学校系统分为三段六级，小学段将义务教育包括其中，分为初小和高小两级。初小修业年限为 5 年，高小修业年限为 4 年。明确规定初等小学为义务教育阶段，与“壬寅学制”的含糊其词相比，明确而坚定。

“癸卯学制”是中国近代实施了近 10 年的学制。它第一次将学制系统和行政系统分开，规范了办学行为，规定了统一的国家课程，注意到了初等小学、高等小学及与其他学段的衔接；设置课程从实际出发，突出主干，去掉枝蔓；考虑到各地经济文化发展的不平衡性，城乡之间的差别，在小学的入学年龄、小学的设置诸方面具有相当的灵活性、可行性和适应性。但是，将初等小学堂 5 年确立为义务教育年限，并不符合中国国情；女子教育被排除在学制之外；在教育宗旨和课程设置上，散发着浓郁的陈腐气味。

（四）“癸卯学制”的推行

“癸卯学制”的颁布，向全国各省发出了实施义务教育的号令，从中央到地方或先或后采取了一些推行义务教育的行动，取得了一些成果。

1. 做出有关义务教育的补充规定。由于“癸卯学制”本身并不完善，特别

① 《请派重臣会商学务折》，谭承耕、李龙如点校：《张百熙集》，长沙：岳麓书社，2008 年，第 35 页。

是《奏定初等小学堂章程》在计年就学、学制年限、女子就学等方面，存在粗略不精甚至严重疏漏之处，因此，在“癸卯学制”公布后的几年时间里，逐渐进行补充、修正和完善。

例如，将初等小学学制统一为 4 年。“癸卯学制”规定初等小学学制 5 年，为完全科，同时设置学制为 3 年、4 年的两种简易科。各地贯彻实施“癸卯学制”，均反映初等小学堂 5 年学制时间过长，地方没有举办 5 年义务教育的实力；儿童六七岁上初等小学堂，读完 5 年的初等小学，已经十一二岁，已经是家庭的劳动力，义务教育没有完成就中途辍学。而 3 年时间又过短，入初等小学前完全没有知识基础，3 年的初等小学学习达不到预定的效果。同时，初等小学堂分为三科。学部综合各方试行“癸卯学制”出现的问题，上奏朝廷说：

从前《奏定小学堂章程》，初等小学五年毕业。上年经臣部酌量变通，于五年完全科外，加设四年毕业及三年毕业之简易科。原以地方财力与人民程度各有不齐，欲济仰企俯就之穷而收多方造就之益，是以分为三种，借验其孰为便利，以定指归。迩来详加访察，并证以臣部视学官之报告，佥以四年毕业章程最为适宜。盖五年完全科既期限过长，贫民或穷于担负；三年简易科又为时过促，学力太觉其参差；而且三种章程并列，听人自择，倘办学者有所偏重，转有碍教育之进行。臣等再三筹划，以为初等小学与其分为三科，易启纷歧，不如并为一科，简而易从。①

学部乃采“折中定制，一律以四年为毕业期限，并删除简易科名目，以符名实”。这样，宣统二年（1910）十二月，学部公布了《改定两等小学堂办法》，划一初等小学堂学制，即将初等小学堂一律改为 4 年。与此同时，授课时间也相应地做出了调整。

初等小学堂学制年限由 5 年改为 4 年，意味着义务教育学制年限缩短了 1 年，理顺了义务教育学段的各种关系，与地方财力和学生家长负担能力也比较贴近。此后，直到民国时期，虽然教育界对义务教育学制年限时有讨论，或曰稍

① 《学部奏改订两等小学堂课程折》，朱有瓛主编：《中国近代学制史料》第二辑（上册），上海：华东师范大学出版社，1987 年，第 219 页。

长，或曰稍短，但 4 年的义务教育学制年限还是大多数教育专家学者的共识。

2. 颁布有关义务教育的补充章程。“癸卯学制”实施后，新式教育发展异常迅猛，学部也逐渐加大了强迫实施普及教育的力度。随着与西方国家交往日益频繁和程度的加深，清廷预备立宪，朝野也充分认识到“非教育普及不足以养成国民之资格”，既是为了配合预备立宪，也是为了加速强迫教育实施，光绪三十三年（1907），学部公布了《咨行各省强迫教育十条》，所采取的强迫措施主要有：第一，广设劝学所。第二，广设蒙学堂。规定各省省城须设蒙学 100 处，学额达 5000 名；各府州县须设蒙学 40 处，学额 2000 名；各村须设蒙学 1 处，学额达 40 名，“零星小村含数村一处亦可”。第三，明确规定入学年龄和强迫入学。幼童 7 岁必须入学，“不令入学者，罪其父兄”。第四，明确地方官吏兴学的职责，“各府厅州县长官不认真督率办理，徒以敷衍了事者，查实议处”。[①]

由于义务教育推行事起仓促，各地准备不足，地方官吏和民众对义务教育认知不够，经济文化发展不平衡，义务教育推行阻力很大，全国只有直隶、江苏、四川和广西等省出台了地方性的强迫教育办法。而在强迫教育实施过程中困难重重。如京师内外城之户口共 148000 余，每户以一名学生计，每 100 名学生一所学校，应当建立蒙小学堂 1000 余处，“一时筹款，甚为棘手”[②]。京师如此，况地方何！

光绪三十三年（1907）三月，学部颁布《奏定女子小学堂章程》，进一步扩大义务教育的范围，普及女子义务教育。《章程》规定女子小学堂“以养成女子之德操与必须之知识技能，并留意使身体发育为宗旨”。女子初等小学堂招收 7—10 岁的儿童。因为女子教育风气未开，《章程》特别强调：“开办之后，倘有劣绅地棍造谣诬蔑，借端生事者，地方官有保护之责。”女子初等小学堂的课程有修身、国文、算术、女红、体操 5 门，音乐和图画为随意科，各校可斟酌加入。女子初等小学堂每星期至少上课 24 小时，多者不得超过 28 小时。半日女子

---

① 李桂林等编：《中国近代教育史资料汇编·普通教育》，上海：上海教育出版社，1995 年，第 36—37 页。

② 《京师实行强迫教育之为难》，载《教育杂志》第 1 卷，1909 年第 2 期。

初等小学堂的年限和钟点酌量变通。

女子初等小学堂章程改正了“癸卯学制”将女子教育推到家庭的不当做法，使女子教育在学制上第一次占有位置。课程安排上也注意从女子性别及将来生计出发，讲求课程的实用性，也体现了义务教育的一些特点。

3. 设立劝学所，划定学区，规劝适龄儿童入学。光绪三十一年（1905），清廷设立学部，是为最高教育行政机关。其后，各省、厅、州、县进行教育行政改革，厅、州、县设立劝学所，授权推行义务教育。学部成立的次年 5 月，颁布《劝学所章程》，规定各厅、州、县“应各于本城择地特设公所一处，为全境学务之总汇”。劝学所下设若干名劝学员，由劝学所总董“选择本区土著之绅衿品行端正、夙能留心学务者”充任。《章程》规定劝学员的重要职责是根据本地情形，“联合各家及本村学董，查有学龄儿童已届入学年岁之子弟，随时挨户劝导，并任介绍送入学堂之责，使学务日见推广，每岁两学期，以劝募学生多寡，定劝学员成绩之优劣”。

学部《劝学所章程》颁布后，全国各地厅、州、县先后设立了劝学所。根据《直隶教育杂志》所载《各属劝学所一览表》可知，直隶于光绪三十二年（1906）就设立了劝学所 140 多处，基本实现县均一处劝学所的规定。而浙江省绍兴各县反应更加敏捷，于《劝学所章程》颁布的同年 7 月开始，先后撤销学务公所，成立劝学所。

学部《劝学所章程》明确规定各厅、州、县应当分定学区，以学区为单位推行义务教育。学区的划分办法“应就所辖境内划分学区，以本治城关附近为中区，以次推至所属村坊市镇，约三四千家以上即划为一区，少则二三村，多则十余村，均无不可。在本治东即名东几区，在本治西即名西几区，推之南北皆然，由第一区至数十区可因其所辖地之广袤酌定”。分区的目的主要是便于各区劝学员讲习教育和劝学。各区劝学员应先于该城劝学所会齐，开教育讲习科，研究学校管理法、教育学、《奏定小学堂章程》、管理通则，等等；再预定日期，全厅、州、县劝学员集会交流兴学的心得体会和新的做法。光绪三十二年（1906），学部发出《札各省提学使分定学区文》，要求各省“分析学区，俾各地方自筹经费，自行举办”义务教育。规定按《劝学所章程》分定学区办法，仿照办理。但因“各省州辖境辽阔，而其境内之区划，如都、团、营、图等名目，各有不同，自应暂就原有区划，定为学区，以期按照户口疏密，酌量建学。惟各处风土民情与夫财力之赢绌至不一律，地方一切事宜与教育有关系者亦自不少。急应切实调查，以资筹划”[①]。要各省提学使督饬各府、厅、州、县限期汇报“原有区划如分都、分团、分图、分镇、分堡、分乡、分铺、分庄、分路、分村、分甲、分里等，名目不一，已否就原有区划照章分定学区，及其办法如何”。其后，各地先后按学部要求划分学区。江苏川沙学务公会将全境分为19学区，全境南北各9区，大致根据城区中之小区和路划分。川沙厅劝学所则是按照户籍数划分学区。根据户籍数将川沙划分为5个学区，八区为东南区，九区为东北区，十七、二十保为西南区，二十二保为西北区，城厢内外别为本城区。直隶天津县设立了天津劝学所，将全境分为东西南北中5个学区，各区设劝学员，负责劝办小学堂，推行义务教育。湖北武昌城也办起了东西南北中五路小学，发展小学教育。

4. 掀起兴学运动，发展初等小学堂。“癸卯学制”颁布后，学部成立，接着颁布《强迫教育章程》《女子小学教育章程》《劝学所章程》等。为了推行义务教育，对教育行政、教育制度等进行了一系列改革，掀起了一场旷日持久的兴学运动，全国各地教育面貌发生了前所未有的变化。

光绪三十二年（1906），直隶省设立140余处劝学所。劝学所大力推进小学建设，各地小学堂迅速发展起来。清苑县初级小学光绪三十二年（1906）就达150所。满城县劝学所在知县吴烈领导下将四乡15所义塾改建为初等小学堂，很快全县初等小学堂便达67所，两级女子小学堂1所。袁世凯素来重视教育，“癸卯学制”公布后，义务教育开始推行，他就深刻地指出：

设立学堂者，并非专为储才，乃以开通民智为主，使人人获有普及之教育，具有普通之智能，上知效忠于国，下知自谋其生也。其才高者固足以佐治理，次者亦不失为合格之国民，兵农工商，各完其义务而分任其事业，妇人孺子，亦不

① 朱有瓛等编：《中国近代教育史资料汇编·教育行政机构及教育团体》，上海：上海教育出版社，1986年，第63页。

使佚处而兴教于家庭。无地无学，无人不学，以此致富奚不富，以此图强奚不强！故不独普之胜法，日之胜俄，识者皆归其功于小学校教师，即其他文明之邦，强盛之源，亦孰不基于学校！①

光绪三十三年（1907），直隶总督袁世凯奏请速行预备立宪，提出地方自治和普及教育的建议，强调“地方自治，为我国创办之事，非先以预备，则不能实行。目前教育未周，识字之民尚少，设有误会，流弊滋多”②。意即实行自治当以振兴学务为第一事，而要振兴学务，必须实行强迫立学。直隶教育当局马上跟进，发表文章阐述无论是实行君主立宪还是地方自治，首先要启发民智，因而普及教育刻不容缓：“欲立宪须以地方自治为基础，而地方自治基础全在教育普及。”③ 直隶初等小学借助地方自治的东风，得到了快速发展。深州、束鹿等初等小学发展较快的几个县份，建有学堂200多处，学生达六七千人之多。整个直隶省的初等小学数在全国名列前茅。兹将直隶省建有30所以上初等小学堂的县份列表如下（见表1—1）：

表1—1　1906年直隶省建有30所以上初等小学堂的县份

县份	高小校数学生数	初小校数学生数	村镇数
束鹿县	2所，学生127人	203所，学生4930人	大镇4个，村314个
定兴县	1所，学生38人	96所，学生1200人	镇6个，村252个
祁　州	1所，学生44人	87所，学生2602人	镇4个，大村83个，小村102个
文安县	1所，学生52人	70所，学生1200人	村360个
深泽县	1所，学生54人	61所，学生992人	小镇2个，大村63个，小村44个
隆平县	1所，学生49人	60所，学生520人	大村35个，中村50个，小村72个
大城县	1所，学生70人	60所，学生1130人	镇4个，村310个

① 《请立停科举推广学校并妥筹办法折》，天津图书馆、天津社科院历史研究所编：《袁世凯奏议》（下），天津：天津古籍出版社，1987年，第1187页。

② 《奏报天津试办地方自治情形折》，天津图书馆、天津社科院历史研究所编：《袁世凯奏议》（下），天津：天津古籍出版社，1987年，第1520页。

③ 《振兴学务》，载《直隶教育官报》，1910年第8期。

续表

县份	高小校数学生数	初小校数学生数	村镇数
宁津县	1所，学生33人	60所，学生1131人	大镇4个，村841个
望都县	1所，学生32人	60所，学生667人	村110个，满100户的村很少
南宫县	1所，学生61人	59所，学生1216人	镇4个，100户以上的村3/10，百户以下7/10
枣强县	1所，学生88人	56所，学生1216人	镇4个，村592个
天津县	7所，学生116人	52所，学生3923人	镇1个，村378个
任丘县	1所，学生56人	49所，学生670人	镇12个，村349个
无极县	2所，学生89人	50所，学生634人	镇4个，村183个
玉田县	2所，学生55人	48所，学生470人	大镇3个，小镇4人，村700余个
沙河县	1所，学生69人	40所，学生653人	镇8个，村270多个
邯郸县	1所，学生66人	40所，学生830人	镇2个，堡3个，集4个，村325个
衡水县	1所，学生41人	41所，学生810人	村396个
柏乡县	1所，学生66人	39所，学生382人	小镇1个，大村23个，小村60个
丰润县	2所，学生82人	37所，学生989人	镇24个，村969个
密云县	1所，学生35人	36所，学生400人	村110多个
景　州	1所，学生61人	36所，学生403人	镇4个，村800多个
蠡　县	1所，学生102人	35所，学生417人	镇4个，村252个
交河县	1所，学生27人	31所，学生217人	镇4个，村700多个
宛平县	1所，学生79人	30所，学生421人	镇8个，村383个（50户以上者111村，余为50户以下的村）
故城县	1所，学生67人	30所，学生336人	镇2个，村240个
饶阳县	2所，学生60人	30所，学生610人	镇4个，村202个
唐　县	1所，学生37人	30所，学生394人	镇8个，村256个

资料来源：《最近调查全省各学堂数目表》，《直隶教育杂志》，1906第10期；《直隶风土调查录》，上海：商务印书馆，1916年。

到光绪三十二年（1906），直隶共有小学堂4287处，学生77707人。其中初级小学 2504 所，学生 47535 人。初小校数占小学校数的 58.41%，初小学生数占小学生数的 61.17%。初级小学堂在很短的时间内便取得如此成绩，颇值得欣慰。但是，直隶这些初级小学堂规模很小，如深泽县初级小学堂共有学生 992 人，初级小学堂 61 所，平均每校 16.3 人。还有南宫县，初小学生总数 1216 人，而初小校数为 59 所，校均 20.6 人。

湖南在全国各省中属后来居上者。经官府和社会各方面的积极努力，湖南小学教育办得有声有色。从光绪二十八年（1902）到宣统三年（1911）的 10 年间，新式小学堂由 31 所猛增到 2085 所，增长了 66.3 倍。在校学生由 1071 人增至 73577 人，增长了 67.7 倍。① 时人评述道：

湘省僻在一隅，风气开通较晚。自奉明诏兴学，省城及各州县概设学堂。及奉旨停止科举，而官私各校日异月新，新学出洋踵趾相接，士风丕变，见闻日增。三五年来，省城自蒙养院、初等小学堂及中小学堂、实业高等学堂肄业者，不下数千人。即游学预科之科，三路师范之设，莫不及第成立，粗具规模，而各属响风承流，校舍林立，遍于乡市。向之风气迟开者，今之进化亦较速特。②

之所以能够取得如此成绩，原因有二：第一，湖南巡抚功不可没。巡抚赵尔巽“以整顿学务为己任，每视学必有演说，无事时亦莅止焉”③。巡抚如此重视，下属官吏岂敢不重视！第二，有兴学政策予以扶持。湖南各级官府支持民办学堂的力度很大。宣统二年（1910）的《湖南咨议局第一届报告书》所载的《札行核复整理湖南全省教育各条》，表明了鼓励和欢迎民众参与办学的态度：“欲期教育发达，必须扶植民立学堂，应调查其办有成效者，优予补助金，并责令照章办理，只准扩充，不准停办，以期多一学堂，即多收一学堂之效果。”另一篇《学务处劝办学堂文》还明文规定：“凡民立学堂，其出身并与管理无异，所筹经费合于学堂捐输事例者，仍按例给奖，其能出巨资专立学堂者，现复钦奉特旨，准由本省督抚咨报京师大学堂奏明请旨，特予优奖。”

---

① 冯象钦、刘欣森总编：《湖南教育史》第二卷，长沙：岳麓书社，2002 年，第 236 页。

② 《升任阁督部堂张札提学司整顿湖南学堂文》，载《湖南教育官报》，1908 年第 2 期。

③ 《湖南之官社会》，载《东方杂志》，1904 年第 8 期。

此外，为扫除失学成人文盲，为推进义务教育营造良好的文化环境，学部还要求各地广建简易识字学塾。1911 年 7 月，学部调查各省简易识字学塾成绩：四川学塾中附小学者 1670 塾，学生 29137 名，就祠庙公所特设者 926 塾，学生 18474 名，改良私塾照三年简易科办理者 7504 塾，学生 59000 余名；湖北、浙江设塾各在 1000 以上，山东设塾 900 以上，广东设塾 700 以上，福建、湖南、陕西设塾各在 500 以上，黑龙江设塾 300 以上，奉天、吉林、江西设塾各在 200 以上。[①]

清末义务教育发轫后，初等小学以每年翻番的速度发展，意味着义务教育推行收到一定的效果。但是，全国各省初等小学堂建设的力度相差甚大，偏远地区的府、州、厅、县可能尚未启动义务教育；即使是推行义务教育力度较大的省份，省内的府、州、厅、县之间发展也不平衡；统计数据也有大量掺水的现象。

二、义务教育的发展探索期

中华民国成立伊始，明令实行义务教育。但是由于政治混乱，军阀割据，战祸连年，经济萧条，以致整个民国前期义务教育推行时断时续，形成波浪发展之状，直到南京国民政府成立才结束这一局面。

① 《教育杂志》第 3 卷，1912 年第 6 期。

（一）改革学制，颁行义务教育法规文件

清末“癸卯学制”虽然将推行义务教育提到教育改革的重要议事日程，但毕竟是君主专制时代的产物，与民主共和精神相抵牾，新型的政权进行学制改革是大势所趋。

1912年1月，中华民国成立，蔡元培担任首任教育总长。随即着手进行学制改革，制订“壬子·癸丑学制”。这是共和民主国家建立后教育改革的重要举措，所建立的学制是中国历史上第一个真正意义上的资产阶级学校制度。蔡元培就任教育总长之时，正值学期之末，转瞬之间新的一学期即将到来，各地学校何去何从？是停办，还是按清末学制续办？如是继续开办又依从何种法令？他“深感辛亥革命后，教育思想及方法俱有所改变，清末所颁行的‘壬寅学制’‘癸卯学制’合乎帝制，而不适合共和，自不能满足国人的要求”①。据参加起草“壬子·癸丑学制”的蒋维乔回忆说，1912年1月8日，蔡元培特来访问他，“邀余进部襄助为理”，并对他说：

“余在欧洲多年，于国内教育状况，多所隔膜，今拟将一切事务，全权托子，子其为我规画之。”余告之曰：“目前战事未了……只可先做预备功夫。”先生曰：“预备功夫奈何？”余曰：“前清学制，久为教育界诟病，应从事改革。……正可趁此时日，邀集习教育经验之人，组织学制起草委员会，着手编订草案。至对付目前环境，则应先拟民国教育暂行办法，俾各学校有所遵循。”先生曰：“然，请悉由子主持之。”②

即委托蒋维乔、陆费逵等人起草学制。据陆费逵后来回忆，蔡元培曾到上海与他商量教育改革事宜，他对蔡说：“前清学部教科书，内容不合共和政体处，较民间出版者尤多，改不胜改。且编法太旧，文字太深，即改亦不合用。不如通令各学校仍用民间已出之教科书，其与共和政体不合者，列表删改可也。今距春

① 陶英惠：《蔡元培年谱》（上册），台湾“中央研究院近代史研究所”，1976年，第227页。

② 高平叔：《蔡元培年谱长编》（上），北京：人民教育出版社，1996年，第398页。

季开学不过月余。政体初更，各省皇皇不知如何措手。我以为去泰去甚，定一暂行办法，并将要旨先电各省教育司，俾得早日准备开学，教育部第一步工作此为最要。”蔡元培深以为然，并嘱请他参加学制编订文件起草工作。他和蒋维乔商定一稿，其内容大致是“缩短在学年限，减少授课时间，小学男女共学，废止读经等”①。

1912年7月10日—8月10日，蔡元培、范源濂等在南京主持召开全国临时教育会议。9月10日，教育部公布《学校系统令》，这一学校系统也称作“壬子学制”。次年又陆续颁布各种学校令，补充本年公布的《学校系统令》。这就是推行了近十年之久的“壬子・癸丑学制”。这是现代中国政府法令中明令推行义务教育之始。作为学制重要组成部分的《普通教育暂行办法》，公布于1912年2月，明确规定：各府、州、县小学应于元年（1912）三月初四日一律开学；在新制未颁行前，每年仍分二学期；初等小学可以男女同学；凡各种教科书务合乎共和民国宗旨，清朝学部颁行的教科书一律禁用；小学读经科一律废止；小学手工科应加注重；高等小学以上体操科应注重兵式；初等小学算术科，自第三学年起，应兼课珠算。这个学制明确规定：“初等小学四年，为义务教育。毕业后得入高等小学校或实业学校。”② 教育部在颁行《普通教育暂行办法》的同一天，颁行了《普通教育暂行课程标准》，规定初等小学学制年限为4年，学习科目有修身、国文、算术、游戏、体操等。也可视地方情形，加设图画、手工、唱歌之一科目或数个科目。女子加课裁缝。

“壬子・癸丑学制”是民国初年资产阶级政权颁行的最早改造封建教育的法令，为民国教育发展、义务教育的推行和新学制的制订奠定了基础。

“壬子・癸丑学制”颁行并实施了近十年，时过境迁，各方面的情形发展了深刻变化，经过新文化运动的冲击，新教育观念日益深入人心，而“壬子・癸丑

① 《我青年时代的自修》，吕达主编：《陆费逵教育论著选》，北京：人民教育出版社，2000年，第391—392页。

② 《教育部公布学校系统令》，中国第二历史档案馆编：《中华民国史档案资料汇编》第三辑，南京：江苏古籍出版社，1991年，第59页。

学制”在实施过程中暴露出诸多的问题，呼唤着“适应时势之需求而来的”，“应时而兴的制度”——1922 年颁布的“壬戌学制”正逢其时。

“壬戌学制”的标准为：“1. 适应社会进化之需要。2. 发挥平民教育精神。3. 谋个性之发展。4. 注意国民经济力。5. 注意生活教育。6. 使教育易于普及。7. 多留各地伸缩余地。”[①] 在小学教育方面，有如下改变：第一，初等教育阶段定为 6 年，依地方情形保有暂时延展余地。第二，小学校得分初高两级，前四年为初级，后二年为高级，初级得单独设立。第三，高级小学得依地方情形增设职业课程。第四，义务教育年限，暂定 4 年，但各地方至适当时期得予延长。第五，义务教育入学年龄，各省区依地方情形自定之。第六，初级小学毕业及年长失学者，分别予以相当年期的补习教育。其后，又公布了课程标准。

“壬戌学制”在义务教育方面虽然文字极简，但充分体现了制度设计者的智慧。“壬戌学制”将小学分为初级和高级两级，初级小学学制 4 年，高级 2 年，而义务教育年限为 4 年，正好是初级小学学制年限，也就是说初级小学是实施义务教育的机构。为了保证义务教育的推行，保证各地多设初级小学，义务教育制度的高层设计者规定初级小学可以单独设立，而高级小学不可以单独设立。民间要创办高级小学，就必须附带创设实施义务教育的初级小学。对于义务教育而言，“壬戌学制”产生了深远的影响，特别是在设立小学方面更是如此。它也是近现代实施时间最长的一个学制。

在进行学制系统改革的同时，中央政府颁布了一系列关于小学教育的法令。1915 年 7 月公布了《国民学校令》，次年 1 月公布了《国民学校令施行细则令》；1917 年 2 月，教育部复公布《小学教员俸给规程令》和《小学教员褒奖规程令》，等等。这些有关小学教育方面的法令，或者直接与义务教育相关，或者可视为推行义务教育的保障性法令。

---

① 《学校系统改革案》，宋恩荣、章咸编：《中华民国教育法规选编》（修订版），南京：江苏教育出版社，2005 年，第 32—33 页。

（二）制订义务教育分区、入手办法和推行规划

“壬子・癸丑学制”实施后，义务教育未见起色，并不因换成中华民国招牌就迅疾收到奇效。励精图治，试图有所作为的范源濂等亦毫无回天之力。到1914年12月，教育部在《整理教育方案草案》中，提出了整理方案30则，其第一、第二均为义务教育。其第一条要求中央政府“确定义务教育年限，明白宣示，使地方知建学为对于国家之责任”。强调要像日本那样，中央与地方联手，“一则曰应办之国家教育事务，再则曰执行国家之教育事务；是地方兴学，实既负法律上不可逭之责任”。《草案》剀切陈言：

吾国兴学已十余年，尚无义务教育之规定；民国元年教育部所定学校系统，虽称小学校四年为义务教育，然究未以命令特别颁布，不足耸动全国之观听，以故人民视学务为官吏考成，上作而下不应；即有应者亦多视为慈善事业，不知对于国家负有何等之责任；教育凝滞，此为一大原因。故宣示义务教育年限，为今日第一之亟务。①

要求大总统以“命令明白宣示，确定初等小学四年为义务教育”，再由教育部拟订地方学事通则通饬办理。

教育部的《整理教育方案草案》特地制订了义务教育分区、入手办法和推行规划。

1. 义务教育分区方法。《整理教育方案草案》将推行义务教育的重点置之于县，将县划分为若干学区，令“于一定期限内必须设置学校”。教育部设计了两个具体划分义务教育学区的方法：一是居户稠密，满500户以上者，设多级小学，满200户以上者设单级小学；二是不足200户的村集，联合办小学校。这说明教育部已经认识到，地方是推行义务教育的关键之一。

甘肃省根据《整理教育方案草案》精神，由乡镇负责设置初等小学校。1916

① 《整理教育方案草案》，朱有瓛主编：《中国近代学制史料》第三辑（上册），上海：华东师范大学出版社，1990年，第31页。

年，全省按各县自然区划，划分若干学区，令每学区设立高级小学1所，并按照“足容本区学龄儿童”的原则，设立初级小学若干所，实行分区设校。后来，甘肃推行义务教育，甘肃省教育厅对学区划分与小学设置办法做了若干变动。1926年规定，学区的划分应以幅员的广狭、户口的多寡为原则。高级小学设置以能容本区初小毕业生升学为原则，初级小学设置应根据学龄儿童数确定。凡足儿童50名即可设立一所初级小学，儿童过少者，得与邻近村庄联合设立，偏远小村可设单级小学。

各省市大多随即按教育部要求根据一定的原则设置小学，推行义务教育。

2. 义务教育入手办法。教育部《整理教育方案草案》上呈后，1915年1月1日，袁世凯下颁定《教育宗旨令》，指明了实施义务教育所存的问题及“入手办法”。令云：

文明各邦皆历［厉］行义务教育制度，其学区分配，即就各区内学龄儿童人数分担其延师设学之资。吾国亦定初等小学四年为义务教育年限。但国民罕知义务，往往放弃其青年可贵之光阴。今将以教育普及为期，必使人人有自治之精神而去其依赖之性质。即私家学塾但能合乎教授管理之法，亦当与各学校受同一之制裁。而入手办法，则有二端：即师范者，中小学所从出，宜极力整顿，以造就良师；课本者，各学校所通行，宜从速编订划一学制。①

要求国民履行义务，不可错过儿童受教育的宝贵时机，并明确规定私塾亦纳入推行义务教育教学组织形式之列，进行“合乎教授管理之法”的改良，与政府所办其他推行义务教育的初等小学一样“受同一之制裁”。《教育宗旨令》指出，推行义务教育的“入手办法”有二：师范者中小学所从出，宜极力整顿以造就良师；课本者各学校所通行，宜从速编订以划一学制。还令教育部“切实筹办，并将义务教育原理分投演说；俟物力稍有余裕，即将各级学校依次扩充”。作为大总统亲自过问义务教育，责令教育部“切实筹办”，并颇为细致地设计了“入手办法”，在中国近代义务教育史上实为首例，是难能可贵的。

---

① 《袁世凯颁定教育宗旨令》，中国第二历史档案馆编：《中华民国史档案资料汇编》第三辑，南京：江苏古籍出版社，1991年，第26页。

民国初年，推行义务教育并无经验可言，《整理教育方案草案》指明抓手在哪里，实有必要。根据《直隶教育统计图表》第三编可知，1914 年，直隶省初等小学教员共 11260 人，其中师范毕业者 8915 人，占教师总数的 79.2%；非师范毕业者 1957 人，占 17.4%；未曾入学者 388 人，占 3.4%。从这个比例上来看，直隶省初级小学教师基本上完成了由传统向近代化的转型，但很不容乐观的是，这 79.2%的师范毕业者多集中在县城，小部分在比较大的城镇，而乡村初级小学执教鞭者绝大多数是非师范毕业者或未曾入学者。这说明直隶省推行义务教育“入手办法”第一步仍然不能放松。“入手办法”之第二步也需同步进行。教育部《普通教育暂行办法》规定：“清学部颁行之教科书，一律禁用。”解决义务教育教科书的问题，非上下联手不为功。民国初年，中华书局和商务印书馆编印出版的初级小学教科书几乎平分天下。陆费逵曾经如是说：

在光复以前，最占势力者为商务之最新教科书、学部之教科书两种。民国元年，中华书局开办。所出中华教科书，颇风行二年。范源濂入中华任编辑长，编行“新制教科书”，三年编“新编教科书”，五年编“新式教科书”。元年秋，商务先出“共和国教科书”，五年复出“实用教科书”“文体教科书”。至今犹以“共和”及“新式”为巨擘。①

很显然，仅此两家是远远不够的。中华书局和商务印书馆编印出版的初小教材，充其量只能是国家、地方和校本三级教材中的国家教材，地方和校本教材的编订根本没有提到议事日程。因此，两个“入手办法”难分伯仲，需要并重并举。

3. 制订义务教育推进规划。1915 年 2 月，袁世凯颁布《特定教育纲要》。在《总纲》中，第一条即“施行义务教育：宜规划分年筹备办法，务使克期成功，以谋教育之普及”②。《纲要》在第二条下对如何实现这二目的做了说明。以前大

---

① 《与舒新城论中国教科书史书》，吕达主编：《陆费逵教育论著选》，北京：人民教育出版社，2000 年，第 353 页。

② 《特定教育纲要》，中国第二历史档案馆编：《中华民国史档案资料汇编》第三辑，南京：江苏古籍出版社，1991 年，第 35 页。

总统曾颁推行义务教育之令，但应者寥寥，他没有对各省大加挞伐，也没有将教育部、各省各打五十大板，而是承认过去推行义务教育方法不妥，措施不力，认为“以全国幅员之广，人口之众，风气未开，民力未逮，倘无一变通而有标准循序渐进之办法，遽欲全国学龄儿童同时就学，势固甚难；即绳以功令，亦恐难以遍喻；如听其自然进步，则于义务之旨不符，使煌煌命令等诸具文，尤非国家兴教劝学之本意”。为使义务教育收到实效，不致使大总统所颁之义务教育令成为一纸空文，使官吏民众不敢视同儿戏，《纲要》提出按计划分年推进义务教育的主张。要求：

……有用分年筹备之法，筹备应以若干年为期，由教育部详细筹划妥定办法，年定进程，分期筹备，举凡学龄之调查（调查学龄儿童，易起乡民之误会，近日浙江已见风潮。应由地方官委托自治团体，于调查户口时，注意于每户及岁儿童有无入学，另立表格填注，即不惹乡民之疑义，并可为统计之根基），入学之督促，学校之设置，师资之造就，经费之筹集，无不按期备办，依限观成。①

袁世凯颁布《特定教育纲要》后，教育部拟订了一系列文件，将义务教育置于重要地位，使义务教育的推行有了法规制度保证。教育部为落实大总统实施义务教育的指令，汤化龙于 1915 年 4 月 13 日递交了呈准义务教育施行程序的呈文及《义务教育施行程序》。呈文指出，为落实大总统下发《特定教育纲要》中“施行义务教育，宜规划分年筹备办法，务使克期成功，以谋教育之普及”指令，参酌各国学制，拟定《义务教育施行程序》31 条。汤化龙交代新制定的《程序》的思路说：“筹备义务教育端绪纷繁，固须急起直迫；尤宜循序渐进。当著手之初，要在督促地方兴学，至学龄儿童人人有就学之地，然后再行颁布强迫条例，庶收整齐划一之效，无扞格难行之虞。”② 有鉴于此，教育部将义务教育的实施分作两期，第一期拟办事项：颁布各项规程暨调查各地教育现状，一以规定义务

① 《特定教育纲要》，中国第二历史档案馆编：《中华民国史档案资料汇编》第三辑，南京：江苏古籍出版社，1991 年，第 35 页。

② 《教育部关于义务教育施行程序呈暨大总统批令》，中国第二历史档案馆编：《中华民国史档案资料汇编》第三辑，南京：江苏古籍出版社，1991 年，第 467 页。

教育根本之要则，为办学之准绳；一以察核义务教育最近之状况，为整理之根据。第二期拟办事项：约分地方及中央为两部分，关于地方者，为师资之培养，经费之筹集，学校之推广；关于中央者，为核定各地呈报办法，并通筹全国义务教育进行之程限。

山西义务教育成功的消息轰动全国，产生了很大影响。1918 年 12 月，教育调查会在《实施义务教育建议案》中指出，义务教育“关系国计民生，至为重大，非由中央政府加以督促，难保各地方无因循玩忽之失”，建议“教育部规定实施大纲，呈请大总统明令各省，参照山西办法，酌量本省情形，分年分区筹备次第施行，以民国九年八月为开始实施之期，预定年限办理完竣”。[①] 教育调查会的建议，加之五四运动、新文化运动请来的“德先生”“赛先生”日益深入人心，民主成为不可抗拒的时代潮流，故 1920 年 4 月 2 日，教育部参照山西省所定推行义务教育办法，订定分期筹办义务教育年限，以 8 年为全国一律普及之期。

图 1—3　山西率先实施义务教育（1918 年）

根据山西的经验，教育部开列了分期筹办全国义务教育清单：

1921 年——省城及通商口岸办理完竣。

① 舒新城编：《近代中国教育史料》第二册，上海：中华书局，1928 年，第 118 页。

1922 年——县城及繁镇办理完竣。

1923 年——500 户以上之乡镇办理完竣。

1924 年——300 户以上之市乡办理完竣。

1925 年、1926 年——200 户以上之市乡办理完竣。

1927 年——100 户以上之村庄办理完竣。

1928 年——不及 100 户之村庄办理完竣。

《程序》是推行义务教育的重要文件，是政府有计划、有步骤推行义务教育的重要标志，在中国近现代义务教育史上占有一席特殊地位。《程序》被批准后，教育部下发的各种文件，都打上了这一《程序》的印记。

（三）师范教育改革的曲折途程

1912 年 9 月，教育部公布《师范学校令》，规定师范学校以造就小学教员为目的。专教女子之师范学校称女子师范学校，以造就小学校教员和蒙养园保姆为目的。这是小学教师的培养机构，另设小学校教员讲习科，负责小学教师入职后的继续教育。1912 年 12 月，教育部公布《师范学校规程》，该规程后经 1916 年 1 月修正公布。修正后的《规程》，规定师范生的训练目标为：

一、健全之精神宿于健全之身体，故宜使学生谨于摄生，勤于体育。

二、陶冶情性、锻炼意志，为充任教员者之要务，故宜使学生富于美感，勇于德行。

三、爱国家、尊法宪，为充任教员者之要务，故宜使学生明建国之本原，践国民之职分。

四、独立博爱，为充任教员者之要务，故宜使学生尊品格而重自治，爱人道而尚大公。

五、国民教育趋重实际，宜使学生明现今之大势，察社会之情状，实事求是，为生利之人而勿为分利之人。

六、世界观与人生观为精神教育之本，故宜使学生究心哲理而具高尚之志趣。

七、教授时常宜注意于教授法，务使学生于受业之际，悟施教之方。

八、教授上一切资料，务切于学生将来之实用，以克副高等小学校令暨国民学校令，并其施行规则之旨趣。

九、为学之道，不宜专恃教授，务使学生锐意研究，养成自动之能力。[①]

师范学校分本科和预科两种，本科分为第一部和第二部，第二部视地方情形可设也可不设。预科是准备入本科第一部者所施的必需的教育。本科第一部的课程为修身、读经、教育、国文、习字、外国语、历史、地理、数学、博物、物理、化学、法制、经济、图画、手工、农业、乐歌、体操。预科的课程为修身、读经、国文、习字、外国语、数学、图画、乐歌、体操等。女子师范学校预科加课缝纫。女子师范学校另加家事、园艺、缝纫等。师范学校公费生免纳学费，并由所在的学校给膳宿费；可以招收自费生。公费生如果因故退学或自行告退，"应令偿还学费及给予各费"。第一部公费生服务期限为7年，女子师范学校本科毕业生服务期限为5年。

1922年，"壬戌学制"公布并实施，因推行综合中学制，师范学校成为综合中学的一个科，遂使师范教育失去独立设校地位。"壬戌学制"中与小学教师职前教育相关者，有如下诸点：第一，师范学校修业6年；第二，师范学校得单设2年或后3年，招收初中毕业生；第三，师范学校后3年得酌行分组选修制；第四，为补充初级小学教员之不足，得酌设相当年期之师范学校或师范讲习科。但这一学制并没有单独制定师范学校规程，也没有师范生品行、待遇和服务等方面相关的规定。常乃德就反对师范教育可以独立存在的观点进行反驳，指出："普通反对师范独立的人，主张师范的目的只要学习丰富的知识，至于传达知识的方法不必管他，这固然是错了。然而若主张师范可以独立的人，却也只说师范学校是一种专门职业的养成所，他的意思是说师范学校不但要学得知识，还要学得传授知识于别人的技术，这话固然较前说稍为进步，但还不是彻底了解师范生的性

① 宋恩荣、章咸编：《中华民国教育法规选编》（修订版），南京：江苏教育出版社，2005年，第428页。

质。”所谓师范生的性质，是因为它是一种特殊的职业，这职业要直接影响全社会每一个体的人生的，它影响的对象是活生生有血有肉的人，所以，“师范生人格的锻炼，比求知识学方法还要重要”，师范生将来从事的职业，“一方面要具有科学家研究的头脑，一方面又要具有宗教家献身的热诚”。[①] 但是，批评归批评，综合中学制还是在全国铺开，直到南京国民政府成立后才得到恢复。

（四）部分省份的先试先尝

北京政府关于义务教育的文件堆积如山，但其效果如何呢？除山西一省外，大多数省依然按兵不动，等待观望，少数地区跃跃欲试。1915 年冬，吉林省执行教育部推行义务教育的指令，在省会吉林市筹设义务教育模范区。1917 年 2 月，省长公署发布第 297 号训令，要求各县从春季开始仿照省会办法，试办义务教育。先后制定并实施了《吉林省义务教育筹划督促办法》《吉林省试办义务教育规程》《吉林省省会试办义务教育模范区事务所暂行办法条例》《吉林省省会试办义务教育模范区学务委员会暂行简章》《吉林省会试办义务教育模范区教员考成条例（附会考学生细则）》《吉林省试办义务教育模范区临时考查私塾实行细则》《吉林省义务教育委员会规程》等一套法规章程，对普及义务教育的目标要求、方法步骤、经费筹措、督促检查和组织领导，等等，做了详细的规定。这些措施有力地推动了全省义务教育的发展。到 1919 年，省会模范区已有 37 所小学，学生 4397 人，入学儿童占学龄儿童总数的 84%。1920 年 11 月统计，吉林省共有小学 1349 所（包括私立小学 250 所，女子小学 80 所），其中，国民学校（含代用国民学校）1227 所，高级小学校 122 所。共有小学生 67073 人，其中女生 6353 人。学龄儿童入学率由 1915 年的近 10%提高到 17%。[②] 虽然这个数字不能算显赫，但不到两年时间便增长 7 个百分点，是很不容易的。

---

① 常乃德：《师范教育改革问题》，载《教育杂志》第 14 卷，1922 年（号外）。

② 吉林省地方志编纂委员会编纂：《吉林省志·教育志》，长春：吉林人民出版社，1992 年，第 43—44 页。

山西因为行政首脑阎锡山对义务教育有充分的认识，因而最先迈出第一步。阎锡山虽然早年接受的是旧学教育，但自留学日本之后对教育幡然领悟，着手改进。他指出："日本先觉，维新仅五十年，政治刷新，人民知识因之增高，一跃而为第一等国。我国地大人多，本是头等国资格，可惜国民多未受教育，官绅人才又少真正爱国的人才，所以西人笑中国为世界空地，就是讥我国没有人的缘故。"在他看来，"教育事业，乃文明之母、富强之源，国家前途，利赖非轻"，"最重要的是实行强迫教育，人有教育，知识日增，自然不作那无理的事。东西洋文明各国，到街市上面，不听见有吵叫的声音，这都是有教育的缘故。美国商廛卖的货物，俱标出价目，往往无人照管看视。有一卖表的，所卖的表，各有定价，人要取表，拿上货，留下价钱自去，没有欺哄偷窃的弊病，也没有少给钱多拿货的。其文明景象，真教人佩服"！中国要成为这样的文明社会，一定要普及教育，只是少数人接受教育是远远不够的，"欲求人民程度之高尚，非实行义务教育不为功"。[①] 因此，1918 年 5 月，山西省宣布实行义务教育，并颁布了《施行义务教育程序》的文件，规定山西全省义务教育自 1918 年起筹备施行，应分区域、期限如下：

山西省推行义务教育早有整个之计划，自民国七年即开始进行，省垣限至七年八月办理完竣，各县市城限至八年二月，三百家以上之村庄限至八年八月；二百家以上之村庄限至九年二月，百家以上之村庄限至九年八月；五十家以上之村庄及不满五十家之村庄可以联合设立学校者，至十年二月办理完竣。最后户口过少之村庄而无毗邻村庄可以联合设立学校者，由官绅特别设法办理之。其他关于学龄儿童之调查、学款之筹措、师资之造就、学区之分置等，皆有预定之计划及步骤，由厅令颁各县市按步实施，并定有奖惩办法以资督促。[②]

《程序》规定施行义务教育的责任有如下五点："一、造就师资，由省公署督饬县知事办理。二、调查学龄儿童，由县知事分令各区长督饬各街村长副办理。

---

① 转引自申国昌：《守本与开新：阎锡山与山西教育》，济南：山东教育出版社，2008 年，第 105—107 页。

② 《第一次中国教育年鉴》（丙编），上海：开明书店，1934 年，第 500 页。

三、筹款设学，由县知事分令劝学所会同各区长督饬各街村长副办理。四、劝导就学，由劝学所及宣讲员、各区助理员暨各街村长副，分投切实办理。五、强迫就学，由县知事分令各区长督令各街村长副办理。”

山西从 1918 年开始，便厉行义务教育。全省计划分 7 期，用三年半时间将义务教育普及于全省。“每半年为一期，先强迫男女儿童就学（女儿童缓二期续半）。自七年九月第一期省城办理完竣，至九年八月第五期百家以上村庄办理完竣，然不及百家之村庄，已有提前设校者。”[①] 众所周知，山西属于全国贫困省份，但由于采用分期进行办法，利用市镇的示范和辐射力，“先自都市城镇实行，而后推及于乡村”思路妥当，而且“官厅督促很严”——行政手段得力，因而成绩为中国教育界所惊诧。阎锡山在一个报告中曾作过一个比较，他说：“自七年始定教育递进计划，专门学校由三所增至四所，甲种实业由三增至六，中学由九增至二十六，义务教育规程，由七年五月起，推及五十户以下之村庄；七年起十年止，国民学校一万九千七百余所，学生七十二万九千八百人，学龄儿童已入学者占百分之七十五，较六年前加十倍。”[②] 阎锡山为夸大自己的“政绩”，不免有一些溢美之词，但知识分子、教育家的反映应属可信。据 1920 年调查，全省入学儿童占该省儿童总数 60%强。陶行知亦指出：

> 我们不能不佩服山西人民对于义务教育之忠实努力。自从民国七年开始试办，到了现在，山西省一百学龄儿童中已有七十多人在国民小学里做学生了。山西之下的第二个省份只有百分之二十余。可见真正实行义务教育的，算来只有山西一省。[③]

研究义务教育的专家袁希涛注意到了这样的数目：1920 年 8 月调查，山西全省国民学校男儿童 564565 人，女儿童 80583 人，共 645148 人。山西当时人口据 1916 年调查有 10529823 人，按各国儿童与人口数之比例，约五人中有学龄儿

① 袁希涛：《民国十年之义务教育》，载《新教育》第 4 卷，1921 年第 2 期。

② 《申报》，1923 年 6 月 6 日。

③ 《时局变化中之义务教育》，华中师范学院教科所主编：《陶行知全集》第 1 卷，长沙：湖南教育出版社，1984 年，第 583—584 页。

童一人；以8年学龄中4年就学，应有就学儿童105万余人计算，山西义务教育入学率已达60%以上，所以袁希涛称赞说："非晋省政教修明，励精图治，不能有此成效也。"①

1922年10月，江苏省议员丁作则提出施行义务教育办法案，其中有《促进义务教育办法》7条，即：甲、就地筹款（主张移办私塾之款，并就地征收之杂捐及原有公产举办）；乙、委派坐办（主张省市乡各出若干人，合组实施义务教育委员会，每县省委一人坐办，分县为若干区，次第进行，义务教育成功后，省委始回省）；丙、演讲；……戊、强迫就学；己、改良教材；庚、慎选教师。

江苏省部分议员对义务教育特别钟情，利用行政权力推动了江苏义务教育发展，一跃而与山西比肩。《申报》1922年9月16日发表《南汇义务教育近状》一文，言江苏南汇县教育行政人员"颇注重义务教育"，已规定学区期限推广。南通、无锡成为江苏义务教育模范区，无锡全县就学儿童占45%以上。

在五四科学民主思潮冲击下，许多省份提高了对义务教育的认识，精神为之一振。山东、浙江、江西、广东、安徽、察哈尔等省，亦有所行动。山东教育厅于1920年规定义务教育进行程序，分全省为一二三等各区：一等区（县治及市镇与300户以上之乡村）——限本年九月办竣；二等区（100户以上）——限本年十二月办竣；三等区（100户以内者）——限1921年6月办竣，均取普及主义。

江西省从1921年起开始规划实行义务教育，计划"以省城为特别义务教育区域，限十一年十二月办竣，各县市乡分期至十七年六月办竣。设义务教育研究会，印发《义务教育浅说》，以资鼓吹；并拨定留县五成附税为专款。其在省会，特设筹办义务教育委员会，期能如限竣事"②。

安徽也制订了义务教育筹办计划，从1921年起，第一期先筹办省城及芜湖商埠，第二期先筹办各县城及繁镇：（甲）增设校数：第一期省城增100所，芜湖设80所；第二期各县城镇共设3120所。（乙）养成教员数：平均两所教员

① 袁希涛：《民国十年之义务教育》，载《新教育》第4卷，1921年第2期。
② 袁希涛：《民国十年之义务教育》，载《新教育》第4卷，1921年第2期。

正副 3 人，两期共需 4950 人。比较偏远落后的察哈尔省，都统于 1920 年 7 月令地方教育事务所长筹办义务教育，并拟定施行义务教育完成计划，“第一期设施事项：先令各县局组织学务委员，令各旗创设劝学所，并令分别预筹学款，造就师资”①。

在义务教育发展探索期，中央政府为推行义务教育颁布了卷帙浩繁的文件，结果如何呢？单从小学校数和小学生数来看，进步还是十分明显的。1912 年全国小学校数为 86318 所，小学生数为 2795475 人，而 1922 年，小学校数共 177751 所，小学生数为 6601802 人。② 经过 10 年的发展，小学校数增长了 2.06 倍，小学生数增长了 2.36 倍。在那兵荒马乱的年代，推行义务教育能有此成绩，是很值得庆幸的。同时，也为南京国民政府推行义务教育打下了较好的理论和实践基础。但相对于人口增长，人民对教育的需求而言，却不能不说如同小脚女人走路。中央和部分省级政府虽然公布了很多推行义务教育的文件，但多是难以付诸实施的纸上谈兵，是缺少得力措施的官样文章，无端为废纸篓增加一些重量，为档案室的卷宗增加一些写得密密麻麻的材料而已。虽然山西、江苏等省有所行动，并取得了一些成绩，但相对于 30 多个省市而言，受惠的面积和人群实在太微不足道了。即便是山西、江苏等省份，也是雷声大雨点小，更多是一些装潢门面的东西。

---

① 陈宝泉：《我国义务教育之经过及进行》，舒新城编：《近代中国教育史料》第二册，上海：中华书局，1928 年，第 158 页。

② 《第二次中国教育年鉴》第三编，上海：商务印书馆，1948 年，第 119 页。

三、义务教育的厉行推展期

从1927年4月南京国民政府成立到1941年推行国民教育，是为义务教育的厉行推展期。在此期间，由于除1931年“九一八”事变后东北全境沦陷外，国民政府基本实现了对全国的切实统治；又由于清末义务教育的初步建立期和义务教育的发展探索期的义务教育理论宣传和实践探索，国民政府要员们对义务教育功能认知提高；还由于社会经济出现了好转，国民政府迎来了“黄金十年”的大好时机，义务教育在这一时期取得了良好的成绩。

（一）国民政府发出厉行义务教育的号令

南京政府成立后，中国国民党成为执政党，其政见逐渐影响到义务教育。1928年7月5日，国民党中央执行委员会训练部抄国民党中央秘书处的提案后附有一表，其中“平民化”下强调：“教育机会的平等：一是教育普及——义务教育、补习教育、农工教育、社会教育、低能及残废者教育；二是教育平等——男女教育的平等，阶级教育的打破。”① 1929年3月25日，国民党在南京召开第三次全国代表大会，会上提出了关于教育的方针政策，强调要“从国民经济学之基础上建设国民教育”②。1934年12月14日，蔡元培、叶楚伧、戴传贤、丁惟汾、朱培德、宋子文、何应钦、吴敬恒、朱家骅9位中央委员向国民党第四届第五次中央全会提出《实施义务教育标本兼治办法案》，言辞恳切地指出：“实施义务教

① 中国第二历史档案馆编：《中华民国史档案资料汇编》第五辑第一编（一），南京：江苏古籍出版社，1994年，第2页。

② 中央教科所编：《中国现代教育大事记》，北京：教育科学出版社，1988年，第176页。

育最为吾国今日当务之急，本党政纲原有厉行国民教育之一项，训政时期约法亦有已达学龄儿童，应一律受义务教育之一条。盖我国大多数人民并最低限度之教育亦未经受，无论国家政令、社会建设，施行举办动生障阂、复兴民族最基本之工作，无过于义务教育者。”① 这 9 位中央委员在国民党中央和国民政府的地位自不待言，提案的分量可想而知。1935 年 11 月 23 日发表的《中国国民党第五次全国代表大会宣言》指出：

……至审察国情，尤认为文事教育与武事教育应根源于同一之精神。而于国民基础训练，则两者尤宜并重，以复吾国固有之良规，而应现代国家之需要。……

积极推行义务教育，改良中小学制度。小学应以不能升学之贫民能切实致用为方针；中学应为升学与不升学两种学生同谋利益为前提；使贫寒子弟有普受教育之机会，学生获立身致用之实学。②

非但如此，国民党还干预义务教育拨款等具体事务。1929 年 3 月，中央大学区 61 县教育局长向国民党第三次全国代表大会提议：“由中央筹措专款，分拨地方，以厉行义务教育之普及。”③ 当时国民党主张“以党治国”“以党义治国”，国民党实际凌驾于国民政府之上，因此发生的以党代政、以党干政之类的事不胜枚举，干预义务教育之事也屡见不鲜。但就推行义务教育而言，国民党作为执政党干预义务教育，有利于强有力地推动义务教育。

与此同时，国民政府推行义务教育的力度逐步加大。国民政府成立之初，试行大学区制，中央成立大学院，蔡元培任院长。1928 年 5 月，大学院在南京召开第一次全国教育会议，通过了《厉行全国义务教育案》，其要点如下：(1) 行政：中央省县均设义务教育委员会，襄助教育行政机关及促进义务教育。(2) 经费：地方应指定专款，或以全部收入百分之几，作为义务教育经费；应筹款补助

---

① 高平叔编：《蔡元培全集》第六卷，北京：中华书局，1988 年，第 461—462 页。

② 宋恩荣、章咸编：《中华民国教育法规选编》(修订版)，南京：江苏教育出版社，2005 年，第 50—51 页。

③ 《民国日报》，1929 年 3 月 22 日。

县市义务教育，中央应筹款补助各省义务教育。(3) 施行程序：各省区、各特别市推行义务教育计划，至迟到 1929 年 5 月报告大学院；各地方失学儿童数每两年应减少 20%。

这一决定，实际上是以 5 年的时间完成义务教育任务，但因南京政府成立之初，战祸连年，经费拮据，政府并未认真督办，因而第一次全国教育会议提出的推行义务教育的决定，无异于画饼充饥。

1929 年 3 月 27 日，教育部致函国民政府文官处，措辞慎重，表示了教育部推进义务教育的决心。指出“严厉施行强迫教育”“自是当务之急，本部正在筹划进行”。教育部的公函承受着极大的压力，经费和师资等各方面均有困难，但义务教育的推进刻不容缓，只有边推进，边探索。

成都市政府廿四年兒童節傳單第三種

敬告本市小學校長和幼稚園主任

市長鍾體乾

图 1—4 1935 年成都市政府发出的儿童节宣传单

1930 年 4 月 15—23 日，教育部召开第二次全国教育会议，全国各省教育厅局长、大学校长、专家、国民政府有关部会代表 106 人出席大会。蒋梦麟任议长。鉴于 1928 年以来，各省虽先后成立省县义务教育委员会，但义务教育却毫无进展的现实，会议分组审议并通过了教育部制定的《改进全国教育方案》一案，更具体地拟就了“义务教育实施计划”专章。这份计划书将义务教育普及期限定为 20 年，在 20 年中拟造就师资 148 万人，扩充教室 100 万间，筹措经费 398607 万元。专家认为“这一计划比较前教育部八年普及的理想，当然接近得多”①。

国民党要员和国民政府发出了厉行义务教育的号令，表明了推行义务教育的坚定决心，视之为救亡图存的重大举措，使省市县各级政府不敢怠慢，不敢玩忽职守。紧接着，行政院于 1935 年 5 月 28 日修正通过了《实施义务教育暂行办法大纲》，6 月 14 日教育部公布《实施义务教育暂行办法大纲施行细则》，各地义

① 吴研因、翁之达：《三十五年来中国之小学教育》，商务印书馆编：《最近三十五年来之中国教育》，上海：商务印书馆，1931 年影印本，第 8 页。

务教育才热火朝天地推动起来。以河北省为例，国民政府每颁布一个有关义务教育的文件，河北省立即做出反应。1929 年 8 月，河北省教育厅根据第一次全国教育会议通过的《厉行全国义务教育案》，拟定《河北省义务教育委员会组织大纲》，成立省义务教育委员会，各县也成立了义务教育委员会。省教育厅拟定并颁发《河北省各县义务教育实施方案大纲》《河北省各县筹设义务补习学校办法》《河北省现收学费各小学添设义务教育学额办法》《筹备义务教育初步办法》《各县筹设义务教育试验区办法》，等等，通令施行。以后，国民政府凡有关义务教育的文件颁发，河北省都雷厉风行地贯彻。

（二）设立义务教育委员会，完善义务教育行政督导体系

国民政府和教育部公布了一系列关于义务教育的政策法规，造成了强大的推行义务教育的声势。为使得义务教育有条不紊地推行开来，从中央到地方有必要成立专门机构来主理其事。1935 年 6 月，全国义务教育委员会召开会议，报告了该年度历年义务教育经费的支配、历年各省市义务教育实施状况和修改《规程》情形。讨论事项有五：第一，全国义务教育委员会工作应如何推进案；第二，如何推进全国教育会议关于义务教育决议议案；第三，如何参照广西省设施办法改进义务教育之推行案；第四，广西省拟将历年积存之中央义务教育补助费移充普及民众教育之用，应否准予通融办理案；第五，如何推进战区义务教育案。

1935 年 6 月的全国义务教育委员会议程附有全国教育会议关于义务教育决议案，其中关于健全各级义务教育委员会之组织的决议案有两点：其一，各级义务教育委员会应加强组织，使能切实担负视导、编辑、研究、实验、调查、宣传等有关技术方面的工作；其二，各级义务教育委员会应将监督保管经费部分之机构，充分使之健全，俾能确实行使职权，以重义务教育经费。因此，会后一月余的 1935 年 7 月 22 日，教育部公布《全国义务教育委员会组织规程》，决定依照《实施义务教育暂行办法大纲施行细则》第 27 条的规定，由教育部组织全国义务

教育委员会，协助办理全国义务教育。其主要任务有三：第一，建议及审议推行义务教育的计划；第二，审议关于义务教育之一切章则办法；第三，考核各省市办理义务教育的成绩。教育部部长和次长为当然委员。教育部部长为委员会主席。

中央虽成立了全国义务教育委员会，但工作起来很不接地气，并不便于工作。1937年5月6日，教育部颁发《健全各级义务教育教育行政组织要点》，指出："各级义务教育行政组织健全与否，对于推行义务教育影响至巨。"为了增进各级义务教育行政效率，并健全其组织起见，教育部要求各省市和县市遵照办理的事项有二：

一、各省市教育厅局，应专设一科办理义务教育行政事宜，如与初等教育合设一科，则应增设义务教育股，以专责任。

二、各县市教育局或教育科，至少应确定科员一人，专办义务教育行政；县学区之义务教育行政，应责成各该区教育委员会负责办理；联合小学区之义务教育行政，应责成各该区学董负责办理；小学区之义务教育行政，应责成各该区助理学董负责办理，以利进行。①

其后不久，全国各省市纷纷成立省市义务教育委员会，作为地方推进义务教育的领导机构。北平市义务教育委员会成立稍早，于1933年成立。但北平市不仅成立了北平市义务教育委员会，其时因为义务教育属社会局管辖，故还成立了北平市政府社会局义务教育委员会。北平市义务教育委员会还制定了《北平市义务教育委员会义务教育经费保管办法》。湖北省颁布了《湖北省义务教育委员会组织规程》《湖北省各县（市）义务教育委员会组织规程》。前者的任务是："甲、拟具全省义务教育推行计划。乙、监督全省义务教育经费及中央拨给本省义务教育补助费之保管与用途。丙、拟具分年训练师资办法。丁、督促各县市厉行义务教育并考核其成绩。"后者的任务是："甲、拟具全县或全市义务教育推行计划。乙、监督全县或全市义务教育经费及省政府拨给本县或本市义务教育补助费之保

① 宋恩荣、章咸编：《中华民国教育法规选编》（修订版），南京：江苏教育出版社，2005年，第298页。

管与用途。丙、审核所属义务教育经费预决算。丁、督促所属厉行义务教育并考核其成绩。”① 足见各级义务教育委员会身负的责任重大。

义务教育行政督导是推行义务教育的重要机构。1937 年以前，义务教育还没有专门的督导人员，义务教育由普通督导人员兼理。1928 年 1 月 13 日，大学院核准《安徽教育厅督学暂行条例》12 条，1931 年 6 月 16 日，教育部公布《省市督学规程》，都没有安排专职义务教育督导人员，义务教育督导工作由普通教育督导人员兼理。1937 年 7 月 1 日，教育部公布《省市义务教育视导员规程》和《县市义务教育视导员规程》，这才有了专门督导义务教育的规章制度。教育部将全国划分为 15 个义务教育视导区，实施三级视导办法，教育部、省市、县市一律增设义务教育视导员。

义务教育行政系统完善后，义务教育的推行有了专门的行政领导机构，全国义务教育大张旗鼓地开展起来。因为地方推行义务教育毕竟没有经验，遂按中央要求，首先确定省立义务教育实验区，通过实验摸索推行义务教育的经验，再向全省推广。河北省在教育部《实施义务教育暂行办法大纲施行细则》颁发后，及时拟订《河北省及所属各县市短期义务教育实施计划》及《河北省第一期实施义务教育办法》，确定了城市和乡村两个实验区。城市义务教育实验确定为获鹿县属之石家庄。先成立小学 20 处，由各界热心义务教育者捐助开办费，并定于 1935 年 4 月 1 日开学。乡村义务教育实验区确定为交河县属之泊镇，省厅派员调查，同地方官绅拟定计划。省教育厅在经费上给予实验区一定的支持。全国各省市大致与河北省相似，先后成立了义务教育实验区。但是，因为各省市、各县市推行义务教育的时间与实验区大致同时，因而实验区并没有发挥先行探索的作用。

（三）颁布小学教育法规，建立灵活的义务教育学校体系

1928 年，大学院颁布《小学暂行条例》，对于学校制度的规定与以前大致相

① 湖北省教育志编纂委员会办公室编：《湖北教育史志资料》，1988 年第 1—2 期。

同。1932年12月，国民政府公布《小学法》，次年公布《小学规程》。二者规定小学校为施行义务教育的场所，实施方针为促使儿童身心健康成长，培养国民的道德基础及生活必需的基本知识和基本技能。修业年限为6年，招收6足岁至12岁的学龄儿童。《小学规程》根据在我国国情背景下推进义务教育的实际条件，将小学分为完全小学、简易小学和短期小学三种。完全小学分初高两级，6岁入学，修业年限为6年。前四年为初级小学，得单独设立。简易小学为推行义务教育的变通办法，分全日制、半日制、分班补习制三种，以收容不能入初级小学的学龄儿童。前两种4年毕业，后一种以授课时间折算，至少应修课2800小时。短期小学招收10足岁至16足岁的年长失学儿童，用分班制教学，分为上午班、下午班和夜间班。每日授课两小时，修业1年，折算授课时间至少540小时。这种简易小学和短期小学，实际上就是推行义务教育的一种变通办法。因为中国幅员辽阔，各地经济情形不同，如果硬性规定各地推行6年或4年义务教育，反而会寸步难行。

1934年12月，蔡元培等9位中央委员向国民党第四届第五次中央全会提出《实施义务教育标本兼治办法案》，所提“治标”办法是“限期实施一年制之短期义务教育，对十足岁至十六足岁年长失学儿童实行强迫教育”，其“治本”办法是“竭力推广充实小学教育并切实推行半日二部制”。① 1935年6月，全国义务教育委员会议决义务教育决议案，决定“逐渐加长短期小学修业年限，并设法提高其程度”。采取两个办法：“1. 各地方为推行义务教育所设之一年制短期小学，应视地方需要及其能力，逐渐加长其修业年限，改为二年制短期小学或初级小学；2. 二年制短期小学应尽量采用有效的教学方法，以提高其程度，并设法使其课程与初级小学课程相衔接。”② 还决定在依据教育部颁修正市县划分小学区办法，完成设置小学的基层机构后，依照规定期限，在未经兴学的每一小范围内至少设置一所短期小学或初级小学。各县市要依照当地学校情形，“在若干小范

① 高平叔编：《蔡元培全集》第六卷，北京：中华书局，1988年，第462—463页。

② 《全国义务教育委员会议程（附全国教育会议关于义务教育决议案）》，中国第二历史档案馆编：《中华民国史档案资料汇编》第五辑第一编（一），南京：江苏古籍出版社，1994年，第621—622页。

围之联合区域设置或指定一原有小学为中心小学，以为各小范围内各小学及短期小学之领导机关”。

1937 年“卢沟桥事变”爆发，中国人民全面抗战开始。为了集中力量抗日，精兵简政，1939 年 9 月，国民政府正式公布《县各级组织纲要》，于是“新县制”开始正式成为新的制度。全国各地小学校根据《纲要》精神，对教育资源进行了重新配置。与原有教育制度相比，“新县制”背景下的小学校有些新特点：第一，每乡（镇）设立中心学校，每保设立国民学校。第二，乡（镇）中心学校与保国民学校，均包括儿童、妇女、成人三部分，使失学民众补习教育与义务教育打成一片。第三，乡（镇）长、中心学校校长及壮丁队长，保长、保国民学校校长及保壮丁队长，均暂以一人兼任。在教育经济发达之地，乡（镇）中心学校校长、保国民学校校长，以专任为原则。第四，乡（镇）中心学校教员兼任乡（镇）公所文化股主任干事；保国民学校教员，兼任保办公处文化干事。这就是所谓“政教合一”“管、教、养、卫合一”的教育。

图 1—5　巡回文库在街头巡回

因为“新县制”中的许多规定，与原有教育法令出入颇多，因之教育部决定将前此所推行的义务教育与失学民众补习教育合并实施，不单称为义务教育与失学民众补习教育，而统称“国民教育”。1940 年 3 月，国民政府行政院另订并公布了《国民教育实施纲领》，明确规定“国民教育分义务教育及失学民众补习教育两部分，应在保国民学校及乡镇中心学校同时实施，并应尽先充实义务教育部分”。义务教育和失学民众补习教育合并而为国民教育，以后所提及的国民教育，便包括义务教育于其中。全国自 6 足岁至 12 足岁的学龄儿童，除可能受六年制小学教育者外，应依照《纲领》受 4 年或 2 年或 1 年的义务教育；12 足岁至 15 足岁的失学儿童，“得视当地实际情形及其身心发育状况，施以相当之义务教育或失学民众补习教育”。

《国民教育实施纲领》虽经公布，但处“不合法”的地位，因为前此公布的《小学法》尚未废止，理论上还在实施中，因此《国民教育实施纲领》作为一种新教育制度，可看作试行中。三年后，即 1944 年，教育部始将《小学法》修改为《国民学校法》，送经立法院通过，于当年 3 月 15 日由国民政府正式公布。相比较《国民教育实施纲领》而言，《国民学校法》更加完备严密。

由于中央到各省市一系列推行义务教育举措的作用，全国义务教育发展十分迅猛。1912 年，湖南省有小学 4001 所，学生 206625 人，到全面抗战爆发前的 1936 年，有小学校 23399 所，在校小学生 1033407 人。小学校数是 1912 年的 5.85 倍，在校小学生数是 1912 年的 5 倍。特别是南京国民政府成立后，义务教育发展的速度是惊人的，又以《实施义务教育暂行办法》及其细则颁布后的变化最大，小学的面貌简直日新月异。日本侵略者的大举入侵，湖南全省 78 县市有 59 个县市先后全部或部分沦陷，受蹂躏的中心学校 649 所，国民学校 6307 所，私立小学 1380 所，省立小学 14 所，共计 8350 所，占全省小学总数的 25%。但是，不屈不挠的湖南人民同仇敌忾，抱定抗战必胜的坚定信念，努力推进义务教育和国民教育，在全面抗战的前 4 年，全省小学校数上有所下降，但学生与教师仍有增加。1937—1940 年，全省小学分别为 28500 所、25631 所、26929 所和 26522 所；在校小学生人数分别为 1194567 人、1139222 人、1258784 人和 1461341 人；教职工人数分别是 51025 人、54002 人、57079 人和 58368 人。学校数减少，学生人数却增加，说明小学校规模更大，取得了更高的效益。教师人数不降反升的原因，是不甘愿做亡国奴的知识分子和知识青年步入了义务教育的教师队伍。1940 年 6 月，湖南省颁订《湖南省实施国民教育五年计划纲要》，要求各县市在五年内完成设校规划和实施国民教育计划。为完成《纲要》制定的目标，湖南省采取了四项措施：

一、改办原有的公私立高级小学及完全小学为乡镇中心学校或代用中心学校，并调整其设立地点。原则上，每乡（镇）设中心学校一所，也暂可联乡合办。二、改办原有的公私立初级小学为保国民学校，或代用保国民学校。原则上每保设国民学校一所，也暂可联保合办。三、有计划地增设乡（镇）中心学校及保国民学校，选择好中心［学校］校址，筹集建校经费。四、乡（镇）、保内的其他公私立小学，仍继续办理，不得合并和减少。①

《纲要》的实施，促进了湖南小学教育的发展。1941—1943 年，全省小学分别为 30596 所、31994 所、31995 所；在校学生人数依次为 1620318 人、1830862 人、1831461 人；教职工人数依次为 64916 人、78734 人、78787 人。可以说在抗战最为艰苦的年代年年有进步。1944 年初，湖南省教育厅统计，除岳阳、临湘两县沦陷外，全省 1614 个乡镇、20760 保，共设有乡镇中心学校 1680 所，保国民学校 25168 所，其他公私立小学 6175 所，共有小学 33023 所，在校学生 2150812 人，占全省学龄儿童总数的 38.1％。一乡镇一中心学校，一保一国民学校的设校计划在大部分地区实现。不过，全省小学发展仍不平衡，“连省会长沙市到民国三十六年时，83 个保中仍有 14 个保无国民学校，到民国三十八年时，还有 9 个保无国民学校，5 个保为联保设校。至于边远山区和少数民族地区，无国民学校的保或联保设校的保就更多了”②。1944 年 5 月，日军大举南侵，湖南很多地区陷入魔掌。当年年底，湖南全省小学锐减到 23645 所，在校小学生人数减至 1458497 人，教师也减少了 2000 多人。

全国推进义务教育也取得了不菲的成绩。据教育部统计，全国国民学校校数及小学生人数都迅猛增长，具体情况见下表（见表 1—2）：

---

① 湖南省地方志编纂委员会编：《湖南省志·教育志》（上册），长沙：湖南教育出版社，1995 年，第 136 页。

② 湖南省地方志编纂委员会编：《湖南省志·教育志》（上册），长沙：湖南教育出版社，1995 年，第 137 页。

表 1—2　1929—1946 年全国国民学校和小学及经费概况

学年度	学校数（所）	儿童数（人）	经费数（元）
1929 学年度	212385	8882077	64721025
1930 学年度	250840	10943979	89416977
1931 学年度	259863	11720596	93625514
1932 学年度	263432	12223066	105631808
1933 学年度	259095	12383479	106805851
1934 学年度	260665	13188133	106594685
1935 学年度	291452	15110199	111244207
1936 学年度	320080	18364956	119725608
1937 学年度	229911	12847924	73444593
1938 学年度	217394	12281837	64932910
1939 学年度	218758	12669976	65870491
1940 学年度	220213	13545837	172746505
1941 学年度	224707	15058051	354654155
1942 学年度	258283	17721103	567077733
1943 学年度	273443	18602239	1164939346
1944 学年度	254377	17221814	1833746308
1945 学年度	269937	21831898	21863334281
1946 学年度	290617	23813705	608821682759

资料来源：《第二次中国教育年鉴》第十四编，上海：商务印书馆，1948 年，第 1455 页。

从表 1—2 可以看出，从 1929 年到 1936 年，无论是小学数还是儿童数、经费数，每年都有增长。全面抗战开始后，日军的大举进攻致使各种数据开始下降，但很快就恢复和超过战前水平。

在厉行推展期，全国国民学校及小学校数也有较大发展。《第二次中国教育年鉴》列有表格反映这一发展情况（见表 1—3）：

表 1—3　1931—1945 学年度全国国民学校及小学校数（单位：所）

学年度	中心国民学校	国民学校	小学	初级小学	短期小学	简易小学	共计
1931 学年度			19835	238393			259863
1932 学年度			24579	234796	1653	1063	263432
1933 学年度			22319	228409	2603	4044	259095
1934 学年度			22726	227707	2640	5754	260665
1935 学年度			36507	234204	10814	6034	291452
1936 学年度			39034	244398	28661	6704	320080
1937 学年度			18563	175385	30021	5103	229911
1938 学年度			16693	168247	28124	3473	217394
1939 学年度			19288	168752	26900	744	218758
1940 学年度	16627	112792	7440	74870	5212	953	220213
1941 学年度	19692	140119	6140	54892	2096	322	224707
1942 学年度	25154	184682	23248	23934	421		258283
1943 学年度	27419	208781	36721				273443
1944 学年度	26949	199350	27650				254377
1945 学年度	32015	214658	22236				269937

资料来源：《第二次中国教育年鉴》第十四编，上海：商务印书馆，1948 年，第 1456 页。表中共计栏中的数字，包括幼稚园和其他教育机构数字。

表 1—3 中的中心国民学校、国民学校、小学校、初级小学、短期小学和简易小学校数的增减，直接表明着义务教育推行的状况。全面抗战前的 1931—1936 年，各类义务教育机构都达到了最高值，其后一直在走下坡路。即便是其间有所恢复回升，但都没有达到全面抗战前的水平。尽管义务教育校数全面抗战开始后有所回落，但在校小学生数却仍然呈逐年上升态势，这从下表中便可以清楚地看到这一事实（见表 1—4）：

表 1—4　1931—1945 年全国国民学校暨小学在校学生数（单位：人）

学年度	中心国民学校	国民学校	小学	初级小学	短期小学	简易小学
1931 学年度			1496278	10162297		
1932 学年度			257839	9514070	37892	25305
1933 学年度			2987243	9162965	84511	82180
1934 学年度			3285173	9600172	88601	121949
1935 学年度			4393388	9724378	748276	143054
1936 学年度			5101770	11179998	1827771	175590
1937 学年度			2872529	7935859	1758348	234889
1938 学年度			2836052	7530881	1699336	174243
1939 学年度			3201188	9697357	1589885	35468
1940 学年度	2615510	6008267	1048643	3491683	254548	26721
1941 学年度	3219555	8264647	920473	2456083	90375	17280
1942 学年度	4572920	10556503	1504105	1010353	16242	
1943 学年度	4931509	11364669	2256210			
1944 学年度	5172807	10186553	1811963			
1945 学年度	6201634	13247992	2276024			

资料来源：《第二次中国教育年鉴》第十四编，上海：商务印书馆，1948 年，第 1457 页。表中共计栏中的数字，包括幼稚园和其他教育机构数字。

义务教育实施效果如何，考察的重要数据之一是在校儿童数。从表 1—4 可以看出，厉行义务教育时期各类义务教育机构中的在校儿童人数，到全面抗战开始前的 1936 年达到峰值。随后因日本侵略者的大举进攻，导致在校儿童数锐减，但是很快就得到缓慢恢复，到抗日战争结束的 1945 年，超过了全面抗战前 1936 年的水平。这说明在抗日战争中，振兴中华民族之本的义务教育，仍然在不断推进，并未因强敌的入侵而停辍。

但是，这一时期在推行义务教育的学校建设方面，也出现了一些不和谐音。“新县制”推行之时，实行“政教合一”“管、教、养、卫合一”的教育，地方乡镇长、保长、乡镇中心学校校长、保国民学校校长及壮丁队队长，都“以一人兼任之”。国民政府进行义务教育行政改革，本欲缩减人员，集中职权，提高效率，事实上使地方教育行政矛盾表面化，不但没有提高行政效率，反而激化了矛盾；再者，集数权于一身的中心国民学校校长——

多数是地方上鱼肉小民的地主、恶霸，不但缺乏常识，根本不懂教育，甚至有不识之无的。这些人当然会利用地位，任意动用学校经费，支配教职员人事，以乡镇公所的职员挂名兼任教员，支取干薪，或者委派不合格的亲戚朋友充任教员，其弊不一而足。因此，原任校长、教职员纷纷离职而去，原来的小学教育也就无法维持，甚至只挂校牌而实际没有员生，成为空头学校了。①

上述情况导致各地纷纷函电国民政府，请废此制，国民政府只好暂缓施行。因此，抗战时期的义务教育行政改革是从推展义务教育的良好愿望出发，到阻碍义务教育发展收场。

（四）建立多样化多元化的师范学校和多种形式的职前职后教育

民国前期，小学教师入职前的教育，主要靠师范学校完成。南京国民政府厉行义务教育，对中等师范学校进行了一系列改革，以保证为义务教育培养更多合格的师资。1932 年 12 月 17 日，教育部公布《师范学校法》，次年 3 月 18 日公布《师范学校规程》，随即又于 1934 年 9 月公布了《师范学校课程标准》。1935 年 6 月，又公布了《修正师范学校规程》，师范教育制度趋于完备。

厉行义务教育号令发出后，小学教师职前教育机构有很大改革，创设了乡村师范学校、特别师范科、简易师范学校、简易乡村师范学校、简易师范科和各种专业师资训练班。乡村师范学校“以养成乡村小学师资为主”，“视地方情形，分设于城市或乡村，于可能范围内，应设在乡村地方”。② 课程除一般师范学校所

---

① 顾树森：《抗战时期国民党的反共教育》，政协全国委员会文史资料委员会编：《文史资料选辑》，第 17 辑，北京：中华书局，1961 年，第 151 页。

② 《第二次中国教育年鉴》第七编，上海：商务印书馆，1948 年，第 911 页。

设者外，还设有农业及实习、农村经济合作、水利概要、乡村教育，等等。

各省市还设立了数所简易乡村师范学校，并按照《师范学校法》，省立师范学校分别开办了乡村分校，在省立师范学校合并于中学后，乡村分校都成为中学的乡村师范科，同样培养乡村小学教师。此外，还根据小学体育、艺术和训育教师奇缺的状况，开办一些专业师资训练班。这些训练班培养小学音乐、美术、劳作、童子军及社会体育课程教师。

据统计，1936—1946 年间，全国中等师范学校从 814 所发展到 902 所。师范学校和乡村师范学校发展最为迅速，校数从 198 所飚升到 373 所，几近翻番。学生人数从 87902 人上升到 245609 人，增长了 2.8 倍。①

国民政府厉行义务教育，在重视义务教育教师职前教育的同时，也十分重视小学教师职后的继续教育。1935 年 9 月 7 日，北平市社会教育局局长蔡元报送了实施义务教育计划的呈文，呈文附有《修正北平市实施义务教育计划》，其中列入了“设立短期小学师资训练班”的计划。同年 11 月 28 日，天津市政府抄送了 1935 年推行义务教育计划书的咨文，亦附有《天津市教育局二十四年度推行义务教育计划》，其第三条师资部分陈述了解决师资问题的设想：“拟举办短期小学师资训练班，招收具有小学教员之学力者，予以相当之训练，择优委用。”② 1936 年 8 月 4 日教育部颁发《训练义务教育师资办法》，规定各省市从 1936 年开始，要举行义务教育师资训练班，除讲授关于义务教育之法令以及办理小学与短期小学之方法与教学法外，并注重民族意识之训练、军事训练、农村经济与公共卫生常识教学。

陕西省 1935 年出台了《陕西省教育厅二十四年度举办小学教员暑期讲习会办法》，决定从当年暑假开始在西安、渭南、富平、乾县、周至等地各设小学教员暑假讲习会 1 处，各讲习会均以教育厅厅长为会长。湖北省于 1941 年 6 月 6 日出台了《湖北省各县市国民教育教师暑期讲习会暂行办法》，规定每县暑期应

① 《第二次中国教育年鉴》第七编，上海：商务印书馆，1948 年，第 929—930 页。

② 中国第二历史档案馆编：《中华民国史档案资料汇编》第五辑第一编（一），南京：江苏古籍出版社，1994 年，第 673 页。

举行讲习会1次，期限定为1个月。各县政府调集所属各校现任校长、教员参加，“每人至少参加一次，不得借故规避，其他志愿充任教员者，亦请准参加”。讲习会实行军事化管理，“会员一律住会，由会供给膳食，并受军事管理及训练”。福建省于1936年在福州开办小学教员训练所，第一批学员282名。次年9月，教育厅分区训练小学教员2250名，其中中心小学校长250名，义务教育师资2000名。为使各地义务教育教师都受到训练，教育厅在闽侯、霞浦、南平、建阳、仙游、永春、平和、龙岩、上杭、长汀分别设立义务教育师资训练班。①

湖南省小学师资短期训练成效，在当时各省市中是首屈一指的。不仅比教育部的文件早两年，而且形成了制度，小学教师的短期训练比较规范。湖南小学教师训练班称小学教员讲习会，从1933年起，每年暑假由教育厅召集各县小学教员在省垣举行，该省制订的各县小学教员讲习会办法规定：

1. 各县应于寒暑假期内，召集未合格之小学教员举办小学教员讲习会。

2. 参加讲习会之小学教员应以现任为原则。

3. 讲习科目应以下列各科为主：(1) 精神讲话；(2) 小学教材及教法；(3) 小学行政；(4) 健康教育；(5) 抗战建国时期之小学教育；(6) 实习。

4. 讲习会不得征收费用。

5. 各县讲习会时间不得少于三个星期。②

据呈报，1938年暑期参加短期训练的有2528人，讲习终结，参加结业考试的有2359人；是年寒假，仅永明5县参加讲习会的人数便达717人，其中645人参加结业考试；1939年暑期有23县举办，参加者达3196人，参加结业考试者达3056人。1940年全省普遍举行，参加人数共7808人，参加结业考试者7551人。③ 参加人数一届比一届多。

开办暑期讲习会也是小学教师入职后继续教育的重要组织方式。1936年春

---

① 福建省地方志编纂委员会编：《福建省志·教育志》，北京：方志出版社，1998年，第537页。

② 《湖南省小学师资短期训练班之过去与将来》，陶蒲生、尹旦侯编：《刘寿祺教育文集》，长沙：湖南教育出版社，1992年，第69—70页。

③ 《湖南省小学师资短期训练班之过去与将来》，陶蒲生、尹旦侯编：《刘寿祺教育文集》，长沙：湖南教育出版社，1992年，第71页。

夏之间，广东省教育厅颁发了《广东省小学教员暑期讲习会办法大纲》，将全省分为广惠、潮汕、梅州、韶连、肇罗、高阳、雷廉和琼崖8个暑期讲习会区域，各区域指定一所师范学校作为讲习会会址。参加讲习会学习的人员，“由各县市长就县立及区、坊、镇、乡立各小学选送，每校至少一人，选送人员以小学校长或教员为限”①。《大纲》还规定，讲习会经费由教育厅支给；讲习人员免收讲习费；讲习会讲师由教育厅派充。

此外，还有举办短期训练班、函授、召开辅导会议，以及借助师范讲习所进行小学教师职后继续教育的。

各省市、县市采取多种形式的小学教师职前职后教育，对提高小学教师文化科学水平、教育理论知识及教学实践能力，有一定的助力，是义务教育推行的重要保障。

（五）进行学龄儿童调查与强迫入学

为了顺利地推行义务教育，科学的学龄儿童人数调查十分重要。一个国家、一个省市和一个县市，学龄儿童人数，决定着校舍建设、教学设备配置、教职工配备、教育经费筹措等，因而在厉行义务教育时期，学龄儿童数调查，备受重视。1935年11月9日，教育部颁布《调查学龄儿童办法》，规定各省、县、市及行政院直辖市主管教育行政机关，应于每年度开始前，将该年度内学龄儿童调查清楚。学龄儿童的调查，要以一小学区为单位，将各小学区已入学的儿童数与失学儿童数一并调查。各小学区调查学龄儿童任务完成，应即造具表册，报告教育委员，教育委员应将各小学调查的结果统计清楚，造具表册，报告主管教育行政机关。主管教育行政机关应派员赴各小学区抽查，如遇调查不实时，应严令复查。

因为学龄儿童调查是以小学区为单位进行的，故在调查前应进行小学区划

---

① 《广东省小学教员暑期讲习会办法大纲》，载《广东教育厅旬刊》，“广东各区小学教员暑期讲习会专号”，第3页。

分。1935 年 11 月，教育部公布《县市划分小学区办法》，指出各市县应划分全市县为若干小学区，以为实施义务教育的最小单位。小学区的划分，原则上“应视户口疏密与地方、地势、交通等相互之关系，并参酌各地方自治组织情形”进行。一个小学区可“以每区约有人口一千人为准。但城市中人口繁密之地方，得变通之”，“偏僻之农村与其他农村相隔距离过远，而人口不满一千者，亦得划为一小学区”。[①]

湖北省在教育部颁布《县市划分小学区办法》的次年 2 月和 3 月，分别颁布了《湖北省市县划分小学区办法》《湖北省会划分小学区暂行办法》。前者增加了“各县市为管理便利起见，应就原自治区联合五小学区至十小学区设一联合小学区”一条。[②] 后者与教育部的划分办法完全不同，“依照省会现行保甲标准以一保区域为一小学区，以公安分局区域为一联合小学区”[③]。前者学董由主管教育行政机关就本地负有资望人员遴选委任，后者“以公安分局局长兼任”。前者基本是照搬教育部《县市划分小学区办法》条款，后者完全是根据本地的实际制定。

青岛市 1935 年度调查学龄儿童结果，全市学龄儿童共 78280 人（包括新划区儿童 15000 人），入学儿童为 32142 人，未入学儿童 46138 人。根据这一调查数据，青岛市采取如下对策：

1. 查本市现有市乡区小学九十所，下年度扩充义务教育，拟将各小学一年级一律改为二部制，可招学生两部，计一百八十班。

2. 户口较多之村，学龄儿童众多，并拟增建教室，可增二部制四十班，共计八十班。

3. 崂东夏庄新划区，原有学校均须改归市立，等于增添新班。此类学校其高年级约计有三十班，须照旧维持外，另将一年级改为二部制四十班。

---

① 宋恩荣、章咸编：《中华民国教育法规选编》（修订版），南京：江苏教育出版社，2005 年，第 294 页。
② 湖北省教育志编纂委员会办公室编：《湖北教育史志资料》，1988 年第 1—2 期。
③ 湖北省教育志编纂委员会办公室编：《湖北教育史志资料》，1988 年第 1—2 期。

4. 市乡区按必要情形增添普通班二十班。[①]

采取以上 4 项措施，共添二部制 300 班、普通班 50 班，平均每班以 35 人计算，可容纳学龄儿童 12250 人。但是，青岛市现有失学儿童 46138 人，只能减少失学儿童 1/4 余，其他失学儿童的问题，使尽浑身解数也无力解决。

1935 年 7 月，教育部检发《学龄儿童强迫入学暂行办法》，令各省市教育厅执行，要求“各市县于施行强迫入学办法之先，应由分区强迫入学委员会督同区内所有强迫入学执行人员，普遍宣传，广为布告，务使当地民众彻底明了强迫入学之意义，以免发生阻碍”。施行强迫入学办法地方的学龄儿童，除已核准缓学免学者外，应于各种义务小学及小学开学时，分别由各该学童家长或保护人遣送入学。如不遵从，应强迫令其入学。强迫入学应当依照下列程序：第一，劝告。应入学而不入学的儿童，逾各种义务小学及小学开学期 10 日以上的，强迫入学执行人员应登门劝告。第二，榜示姓名。经劝告后仍不遵令入学的，在 7 天内榜示其姓名，并仍限令于 10 日内入学。第三，罚款。榜示 7 日后，强迫入学执行人员呈请市县政府处以 1—5 元的罚款，并仍限 10 日内入学。无力缴纳罚款者，以征工替代。

各省市相继颁发了地方性的强迫入学办法。青岛市对应入学而不入学者，“送交公安局催促入学”。凡经公安局催促入学的儿童，3 天内仍不入学者，由校长报告派出所，给家长书面劝告。经劝告 2 日仍不入学者，处以 1—5 元的罚款。“罚锾通知书送达派出所后，于六小时内应即强迫收款。如家长临时面许或赶送儿童入学仍须受罚，被罚人如抗不交款，得予以临时拘役。”“经罚锾之家长仍须于三日内令儿童入学，如再不遵行，得处以第一次罚额两倍以上之罚锾，仍依照上列办法办理。”[②] 利用非常强势的警察催促学龄儿童入学，由派出所派员执行罚款，手段十分强硬，表示青岛市强迫入学的决心。但是，现有资料却很难找到

① 中国第二历史档案馆编：《中华民国史档案资料汇编》第五辑第一编（一），南京：江苏古籍出版社，1994 年，第 664 页。

② 中国第二历史档案馆编：《中华民国史档案资料汇编》第五辑第一编（一），南京：江苏古籍出版社，1994 年，第 666 页。

这些规定切实执行的证据，很可能只是一纸空文。

（六）多方筹措义务教育经费

从清末到南京国民政府成立，义务教育经费逐渐形成了中央、省市和县市三级筹款的制度。具体说来，中央给地方拨发义务教育补助经费，省市政府筹集义务教育补助和办理经费，县市乡镇分区筹措本区义务教育费用。在清末和民国前期，因为义务教育并没有真正大面积推行，中央和省级政府的义务教育经费实际上是开具空头支票，并没有真正到位。国民政府成立后，宣布厉行义务教育，经费问题被视作推行义务教育能否取得成功的"瓶颈"所在。

1928 年 5 月，大学院在南京召开第一次全国教育会议，通过了《厉行全国义务教育案》，此案是一组关于义务教育提案打包而成的综合提案，包括《请大学院特设义务教育委员会负责厉行全国义务教育案》《厉行义务教育案》《请国民政府通令各省切实施行义务教育案》《普及全国教育计划案》和《请中央划拨国税办义务教育案》。打包后的提案理由没有重新申述，但在办法二中，特别提出三点筹措教育经费办法，即："1. 地方，或指定专款，作为义务教育经费；或规定地方全部收入百分之几，作为义务教育经费。2. 各省应筹款补助市县义务教育。3. 中央应筹款补助各省义务教育。"[①]《请国民政府通令各省切实施行义务教育案》就义务教育经费问题阐述了其弊端，认为"我国中等以上教育经费，系由各省库支给。然义务教育经费一项，多由各县市之自筹。其来源只有旧有书院及宾兴等款，或各项附加税之小部分"，经费来源渠道过于窄狭过于单一，"自应对于教育经费竭力设法扩充"。

1935 年 6 月 1 日，行政院长汪兆铭以训令 3086 号修正通过教育部《实施义务教育暂行办法大纲》及《中央义务教育经费支配办法大纲》。前者规定："义务教育经费以地方负担为原则，但对于边远贫瘠省份及其他特殊情形之省市，得由

① 中华民国大学院编：《全国教育会议报告》，台北：台湾文海出版社有限公司，1985 年，第 293—294 页。

中央酌量补助之。”后者规定：“中央之义务教育经费以国库支出义务教育经费、边疆教育经费及庚款机关拨充义务教育之经费充之。”国民政府做出的承诺，不像清廷和民国前期政府，只见雷声，不见雨点，而是将真金白银拨到了各省市。1935 年划拨到各省市办理义务教育的经费共 320 万元，其中义务教育拨款 240 万元，庚款 30 万（美元、英镑），边疆教育费 50 万元。1936 年大幅度增加，总数达 467.8 万元，其中义务教育经费 390 万元，庚款 29.5 万元（美元、英镑、法郎），边疆教育费 48.3 万元，比上年度增加 147.8 万元。1937 年，全面抗战开始，义务教育经费未减反增，共拨 649.5 万元，其中义务教育经费 590 万元，庚款 13 万元（美元、法郎、比利时币），边疆教育费 46.5 万元，比上年度增加 181.7 万元。①

各省市教育经费负担办法以 1942 年为界，以前多数由省库统支，中央酌情予以补助。1942 年 1 月，国民政府公布财政收支系统实施纲要后，全国财政收支仅分国家财政与自治财政两个系统，于是，省财政归中央统收统支，省预算并入中央预算，教育经费也由中央统支。各县市教育经费改变了过去向无确定来源，筹措款项无整个计划，筹措方法亦因各地情况不同而互异，教育捐税名目繁多的状况，从 1929 年起，划一附加成数，计丁粮每石附加 2 角，契税附加 1 成，屠宰税附加 3 成，年额不满 390 元的捐税一律取消。1931 年 7 月，将丁粮每石再加 1 成，地方教育经费中以附加一项占最大部分。1933 年，整理地方教育经费来源，增筹方面以国家教育捐为大宗，名目有：各项附加、各地主要产品教育捐、收益教育捐、消费教育捐、使用教育捐、迷信教育捐、学租、寺产及庙产收入、书田收益、资金收益、省库补助，等等。从 1936 年度起，实行统收统支，原有教育收入则为地方收入，不再另列教育经费一项。从 1939 年度起，中央及省属教育补助费与其他补助费合并，统称地方补助费。从 1942 年度起，各县、市、区地方预算分为县及乡镇两部分，仍采取统收统支制度，不另列教育经费来源，数目与教育经费支出相同。县负担的教育经费有指定的教育捐税和专款与学

① 中国第二历史档案馆编：《中华民国史档案资料汇编》第五辑第一编（一），南京：江苏古籍出版社，1994 年，第 611—619 页。

产。“新县制”实施后，县财政实行统收统支。教育经费亦以统收统支为准。教育经费的支配仍保持独立。为了鼓励各方宽筹义务教育经费，国民政府除准许学校单独造产外，还规定乡镇造产部分划出50%作为国民教育经费。对地方自筹的义务教育经费，中央和省市都给一定比例的配套经费。①

民国前期，教育经费问题像梦魇一般困扰着各地，但民国后期则出现了很大的改观。譬如，贵州义务教育一直因为经费入不敷出而一筹莫展，但自1935年整顿后，全省教育经费明显宽裕。1935年全省教育经费为1486492元，是1912年291339元的5.1倍。全面抗战爆发的1937年，贵州教育经费比上年度增加约80万元，达2701629元；抗战最为艰难的1941年，全省教育经费已近千万元，达9939949元；1942年比上年度实现了翻番，突破了两千万元大关，达到23775617元；1944年全省教育经费已经接近亿元，共有99089514元。而1945年不仅跨进了亿元时代，还是1944年的3倍多，达306799708元。当年贵州县教育经费也接近2亿，达197587314元。②

国民政府厉行义务教育，在筹措义务教育经费方面做了较大努力，为义务教育推行提供了一定的保障。如果没有充量的经费保障，民国后期义务教育推行是不可想象的。但是，抗战胜利后，严重的通货膨胀，致使义务教育的推行不了了之。

---

① 福建省地方志编纂委员会编：《福建省志·教育志》，北京：方志出版社，1998年，第709—710页。
② 贵州省地方志编纂委员会编：《贵州省志·教育志》，贵阳：贵州人民出版社，1990年，第517页。

第二章　民国时期义务教育的行政管理与督导

义务教育的行政管理与督导，是义务教育实施的有效保障。自清末义务教育发轫以后，为了确保义务教育的推行收到实效，都对教育行政机构进行改革，建立起义务教育的督导制度，形成有利于义务教育推行的教育行政系统和督导网络。

一、义务教育行政管理与督导制度的变迁

义务教育行政管理和督导制度的建立，是光绪三十一年（1905）以后清廷和民国时期历届政府的教育改革举措。义务教育的推行既要举国上下齐心协力，也要各级政府官员在义务教育运动中充分发挥计划、领导、协调、监督、推行的作用，形成推行义务教育的行政督导系统。这个系统从清末着手自上而下地建立，到民国后期渐趋完善化、系统化、制度化。

（一）清末义务教育行政管理与督导制度的萌芽

漫长的古代社会，教育行政管理体制基本沿用隋唐时期形成的礼部国子监兼管全国各级各类教育的体制。清末，中国面临着被瓜分豆剖的危境，社会各界起而救亡图存，教育界兴办义务教育，进行教育行政管理体制改革，形成了三级教育行政管理体系。

1. 学部的成立。清末义务教育行政管理与督导系统制度的建立，经过了三个阶段：第一阶段是创办京师大学堂。同治元年（1862），中国第一所近代性质的学校——京师同文馆设置。此后，一所所新型学校接踵而至，犹如雨后春笋，破土拔节而生。而传统的管理学校的机构（礼部、国子监）的功能，则在逐渐弱化。由于学事日多，国子监实在难堪重任，逐渐成为可有可无、名存实亡的管学机关。光绪二十二年（1896）李端棻上《请推广学校折》，力言过去之道未尽，以致人才匮乏，提出设立京师大学堂的设想。二十四年（1898），康有为旧话重提，上《请开学校折》，重申此议。6月，光绪帝下《明定国是诏》，宣布创办京师大学堂，“以期人才辈出，共济时艰”。京师大学堂不是普通意义的学校，它是

兼国家最高学府与全国最高教育行政管理机构于一身的特殊教育行政部门。

第二阶段是设立总理学务大臣。光绪二十九年十一月二十六日（1904 年 1 月 13 日），张之洞奏请特设学务大臣，统辖全国学务。原京师大学堂另设总监督，专司大学堂事务，其地位降下一格，受学务大臣节制。其奏折云：

学务一事，实为今日自强要图，必须全国一律举行，方有大效。关系至为重要，条理又极精详。各国均设有文部大臣，专司其事。凡厘定条章，审察学术，考核功过，皆归其综理。现在整顿京外大小学堂，必须特设专员，方能专心致志，筹办妥协。查现在管学大臣，既管京城大学堂，又管外省各学堂事务。目前正当振兴学务之际，经营创始，条绪万端，即大学堂一处，已属繁重异常，专任犹虞不给，兼综更恐难周。况京城大学堂，不过学堂之一，其所办是否全行合法，师生是否一律均有成效，亦宜别有专司考核之大员，方无窒碍。臣之洞与诸臣商酌，拟请于京师专设总理学务大臣，以统辖全国学务。……如是则全国之学务，与首善之大学，皆各有专责，而成效可期矣。[①]

学务大臣下设 6 处，每处各掌一门。所设 6 处是：1. 专门处，管理专门学科学务；2. 普通处，管理普通学科学务；3. 实业处，管理实业学科学务；4. 审订处，审定各学堂教科书及各种图书仪器，检察私家撰述，刊布有关学务之书籍报章；5. 游学处，管理出洋游学一切事务；6. 会计处，管理各学堂经费，统称"总理学务处"。学务处是后来学部的雏形，有的传媒甚至直呼为"学部"。[②] 曾任中华民国南京临时政府教育部秘书长、著名学者蒋维乔认为："清末之教育行政权，其初统辖于京师大学堂，厥后又辖于总理学务大臣，其属官设六处，隐然与专设一部无异，然未见诸实行也。"[③]

学务大臣和学务处的职掌有：第一，大力实施"癸卯学制"，督促开办学校，按照"癸卯学制"规范办学行为。第二，推进四年制义务教育。《学务纲要》中

---

① 《请专设学务大臣片》，苑书义等主编：《张之洞全集》第三册，石家庄：河北人民出版社，1998 年，第 1595 页。

② 关晓红：《晚清学部研究》，广州：广东教育出版社，2000 年，第 59 页。

③ 朱有瓛等编：《中国近代教育史资料汇编·教育行政机构及教育团体》，上海：上海教育出版社，1993 年，第 97 页。

第六条明确规定“小学堂应谕绅富广设”，指出：“初等小学堂为养正始基，各国均任为国家之义务教育，东西各国政令凡小儿及就学之年而不入小学者，罪其父母，名为强迫教育。”第三，筹措教育经费，鼓励兴办实业教育。第四，派遣官绅与学生出洋留学等。

第三阶段是成立学部。传统的教育行政体制难以应对时局，急切需要建立新的教育行政机构以度时艰。而既立新的国家教育行政管理机构，必有新的章法则例。光绪三十一年（1905）十月八日，山西学政宝熙奏请速设学部，并请将礼部、国子监两衙归并入学部。光绪三十一年十一月初十日（1905 年 12 月 6 日），清廷颁布上谕，批准政务处和学务大臣议复宝熙条陈的奏折，确认发展学校“必须有总汇之区，以资董率而专责成。著即设立学部，荣庆著调补学部尚书，学部左侍郎著熙瑛补授，翰林院编修严修，著以三品京堂候补，署理学部右侍郎”①。

新设立的学部，主要有三个特点：

第一，以日本文部省机构设置和官制为蓝本，学部下设五司一厅十二科。五司是总务司、专门司、普通司、实业司、会计司。一厅是承政厅。十二科分别隶属于五司一厅。其中普通司与推行义务教育关系密切，其职掌为负责核办师范学堂、中小学堂、地方劝学所及管理与督导事项。

第二，与传统教育机构相衔接，设置迫切需要的辅助机构。学部除五司一厅之外，还设有京师督学局、编译图书局、学制调查局、教育研究所、高等教育会议所、国子监等机构，皆分设局所，派员兼理其事。

第三，重视督察和信息沟通。学部设立了视学官和咨议官，一方面督察各地执行学部所颁制度法规的情况，另一方面加强与社会各界的沟通联系。视学官没有固定的编制，但总数控制在 12 人以内，秩正五品，相当于郎中。其职责是专门巡视京外学务。咨议官也无固定员额，不作为实缺，不限定常川在部。学部试图通过设置视学官和咨议官加强与朝野各方的联络，以得到更多有价值的信息，

① 朱寿朋编，张静庐等校点：《光绪朝东华录》（五），北京：中华书局，1958 年，第 5445 页。

听取社会各界对学务的意见和建议，集思广益，以便科学决策，同时得到社会各界的理解与支持。

2. 省学务公所的创办。省级教育行政系统改革略早于学部。光绪二十五年（1899）一月，湖广总督张之洞就在“铁政洋务局”下设立了一个“学堂所”管理新式教育。其后，在此基础上设立学务处。湖北学务处成立的时间至迟是光绪二十八年（1902）四月初七日。而据劳祖德整理的《郑孝胥日记》第 2 册记载，光绪二十七年六月二十一日（1901 年 8 月 5 日），湖北省成立学务处，以郑孝胥、赵渭清为总办，下设坐办、委员、参议等职。这是湖北学务处成立的准确时间记载。

在湖北学务处设立后的第二年，江苏也有设立教育行政机构的行动。据载，“光绪二十八年、三十年，清政府分别于南京、苏州设立两江学务处、江苏学务处，负责筹办学堂事宜”。走在地方教育行政体制改革前列的还有直隶省。清初至清末“新政”前，直隶省教育的长官初为直隶督学御使，后改为顺天学政，衔为“提督顺天等处地方学政”。学政衙门首驻京师，后驻通州，管理顺天府及直隶全省教育。清末“新政”实施后，为了保证直隶省教育得到良性发展，设立学校司，创建新教育行政体制，是直隶近代教育发展的有力保障。

光绪三十二年四月二十日（1906 年 5 月 13 日），学部《奏定各省学务官制办事权限并劝学所章程折》，规定了各省学务官制及其职掌。章程对提学使的职责权限与学务公所内部机构设置及其职能作了详细规定：

第一，每省设提学使司提学使 1 人，总理全省学务，考核所属职员履职状况。

第二，提学使于通省学务应用之款，应会同藩司筹划，详请督抚办理。

第三，提学使如遇有紧要事件，应行出省考察，须先期电达学部，经学部允准后，方可出省考察，但须轻骑简从。

第四，学务公所分为六课[①]，即总务课、专门课、普通课、实业课、图书课、会计课。

提学使到任后，接管学政衙门，并将学务处裁撤，改建为学务公所。[②]

就在学部设立的同时或稍早，直隶便启动了府、厅、州、县教育行政机构改革行动，“清末府、州、县设立的劝学所制度，最早发轫于直隶”[③]。清末“新政”实施后，直隶省便着手进行省级教育行政改革，设立省学校司。

云南的反应很迅速。光绪三十二年（1906），学部奏准各省设立学务处，总理全省学政。云南随即成立“云南省学务处”，由陈灿任总理，陈荣昌任总参议。下设专门、普通、实业、审定、文案和会计处 6 处。次年，又根据学部的要求，将省学务处改名为省学务公所。下设总务课、专门课、普通课、实业课、图书课和会计课 6 课。另设省视学 6 人，“受提学使的命令巡视各州、县的学务”。这是云南省设省视学之始。[④]

3. 府、州、县教育行政机构——劝学所的创立。光绪三十二年四月二十日（1906 年 5 月 13 日），学部颁发《奏定各省学务官制、办事权限章程》23 条，并《劝学所章程》10 条，首倡筹设劝学所，以为县级教育行政机关。《劝学所章程·总纲》规定：“各厅州县，应各于本城择地特设公所一处，为全境学务之总汇，即名曰‘某处劝学所’，每星期研究教育，即附属其中。凡本所一切事宜，由地方官监督之。”[⑤] 劝学所下面并无具体机构之设，只是“就所辖境内划分学区，以本治城关附近为中区，以次推至所属村坊市镇，约三四千家以上即划为一区，

---

① 光绪三十四年（1908）七月初五日，清廷宪政编查馆具奏考核直省劝业道官制细则时，呈称“课”字不若“科”字通行明晰，主张以课改科，其提学司、巡警道两官制及其他各省章程有用分课字样者，应即一律照改，以归划一。光绪帝降旨依议，并分饬各部遵照办理。学部于光绪三十四年（1908）八月十九日颁发《通行各省应照宪政编查馆奏准改学务公所六课为六科文》。文曰：“查本部前奏学务公所分为六课，现改课为科，原设六课，应即改为总务科、专门科、普通科、实业科、图书科、会计科；其课长、课员，均改为科长、科员，以归一律。”

② 学部总务司编：《学部奏咨辑要》卷一，1909 年，第 29 页。

③ 阎国华、安效珍主编：《河北教育史》第二卷，石家庄：河北教育出版社，2003 年，第 41 页。

④ 蔡寿福主编：《云南教育史》，昆明：云南教育出版社，2001 年，第 313 页。

⑤ 《学部奏定劝学章程》，见朱有瓛等编：《中国近代教育史资料汇编·教育行政机构及教育团体》，上海：上海教育出版社，1993 年，第 60 页。

少则二三村，多则十余村，均无不可。在本治东即名东几区，在本治西即名西几区，推之南北皆然，由第一区至数十区可因其所辖地之广袤酌定”。

光绪三十二年四月（1906 年 5 月），学部颁发《奏定各省学务官制、办事权限章程》23 条，并附《劝学所章程》，规定各厅、州、县劝学所的职掌为掌管“全境学务”——“各属劝学所总董与劝学员，及各村学堂董事，均为推广学务而设，不准于学务以外干涉他事。如有包揽词讼，倚势凌人者，经地方官查实，轻则立时斥退，重则禀明提学司究办。”①

学部成立后，各地府、州、县纷纷成立教育行政机构——劝学所。府、州、县劝学所成立有慢有快，慢的如湖北省有的县到 1923 年成立，快的非直隶、云南莫属。光绪三十年（1904）四月，袁世凯特聘严修为学务处督办，并再次派他东渡日本考察学校管理制度。严修回国后，饬令直隶各州、县设立劝学所。三十一年（1905）冬，直隶先后颁发《劝学所章程》和《续充章程》，在州、县比较普遍地建立教育行政机关——劝学所。劝学所主管本州、县的学校教育事务，负有倡导地方兴办学堂，推行“癸卯学制”的责任。劝学所设立之初，设总董 1 人，负责本地筹款兴学的全部责任。总董是半官半绅性质，州、县行政官员不以属员对待。总董之下设劝学员，担负着劝导、督促、推动和视察学校的责任。到宣统元年（1909），直隶共筹办劝学所 150 所。各州、县劝学所衙门设在何处，据载，直隶清苑县设在保定城隍庙内，张国浚任总董，下设 6 名劝学员。其他州、县劝学所衙门也可能仿清苑县的做法，利用现有设施作办公处所。光绪三十一年（1905）十二月，严修升署学部侍郎，遂“把劝学所经验推广全国”②。

光绪三十三年（1907），云南各县均按《劝学所章程》成立劝学所，除行使本府、厅、州、县教育行政职权外，还积极诱劝地方人士建立学堂，推广教育。同时，学区制也开始实施。根据相关规定，全省各县以县城为中心划分学区，处中心者称中区，其他则以方位划成东南西北等学区。各学区由总董选举本区“品

① 《奏定各省学务官制办事权限并劝学所章程折》，见学部总务司编：《学部奏咨辑要》卷一，1909 年，第 68 页。

② 阎国华、安效珍主编：《河北教育史》第二卷，石家庄：河北教育出版社，2003 年，第 45 页。

行端正，热心教育”的绅衿充任劝学员，负推行本区学务之责。到宣统二年(1910)，云南全省各州、县都成立了劝学所，地方两级教育行政机构开始形成。当年 12 月，按照修订后的《劝学所章程》的规定，云南将劝学总董改称为劝学员长。云南省根据本地实际，将全省划分为 5 个模范学区，每学区各设模范中学和初级师范各 1 所。各学区的劝学员由总董领导，负责相应学区教育情况的调查、筹款及兴办学校诸事，还负有监督各村董事办学的责任。

三级教育行政管理与督导体制的初步形成，为义务教育的推行提供了人员编制和制度法规保障，为义务教育的推行发挥了行政保障作用。但是，全国教育督导系统并没有真正意义上建立起来。中央虽然有督导人员之设，但人员编制过少，实际上成了摆设。而对于地方省和府、州、县而言，甚至连这个摆设都没有，设有视学人员的省和府、州、县，简直是凤毛麟角。

（二）民国前期义务教育行政管理与督导制度的演进

民国建立伊始，筚路蓝缕，在清末薄弱的基础上建构义务教育行政管理与督导制度。其时，民生凋敝，国家内外交困，推行义务教育断非易事。但信仰教育救国的知识分子迎难而上，披荆斩棘，积极为义务教育的推行创设条件。

1. 民国前期中央教育行政制度。南京临时政府成立包括教育部在内的 9 部，首任教育总长蔡元培。蔡元培力主创立民主共和的教育行政制度，指出：“教育有二大别：曰隶属于政治者，曰超轶乎政治者。专制时代（兼立宪而含专制性质者言之），教育家循政府之方针以标准教育，常为纯粹之隶属政治者。共和时代，教育家得立于人民之地位以定标准，乃得有超轶政治之教育。”[①] 1912 年 1 月 19 日，教育部正式成立，启用印信，开始办公。

教育部的内部组织，开始由法制院拟定，大抵仿效日本。但教育部认为不妥，乃着手自行草拟《民国教育部官职令草案》，共 13 条，对教育部职责权限、

① 蔡元培：《对于新教育之意见》，高平叔编：《蔡元培全集》第 2 卷，北京：中华书局，1984 年，第 130 页。

内部组织及人员编制，均有详细规定。此草案阐明在教育部设承政厅和普通教育、专门教育、实业教育、社会教育、礼教及蒙藏教育 6 司。遂呈请总统转送法制院修订。8 月 3 日，以临时大总统令公布《教育部官制》12 条，嗣后又于 1913 年底修正，1914 年 7 月 11 日，袁世凯公布《修正教育部官制》19 条，规定教育部直隶于大总统，管理教育学艺及历象事务。

《教育部官制》明确规定，教育部置总务厅及普通教育、专门教育、社会教育三司。并设视学处，这是调查全国学务供教育部决策的咨询机关。1913 年 1 月 20 日，教育部公布《视学规程》17 条；3 月 28 日部令公布《视学处务细则》19 条；12 月 30 日部令公布《视学留部办事规程》12 条；1914 年 12 月 24 日部令公布《视学室办事细则》12 条。经反复修正，完善了视学制度。

民国初期，虽然民主共和的口号不绝于耳，但复古、倒退、帝制的气氛越来越浓，加之政治动荡，民生凋敝，虽有督导职官之设，却很难履行职能。教育部下设调查全国学务供教育部决策的机关视学处，将全国分为 8 个视学区。这 8 个视学区是：

（1）直隶、奉天、吉林、黑龙江；

（2）山东、山西、河南；

（3）江苏、安徽、浙江；

（4）湖北、湖南、江西；

（5）陕西、四川；

（6）甘肃、新疆；

（7）福建、广东、广西；

（8）云南、贵州、蒙古、西藏为特别视学区域。①

因为当时军阀混战，政局动荡，《视学规程》虽然颁布了，8 大视学区域也划定了，但视学工作并没有实打实地开展起来。

民国前期教育部对义务教育的管理与督导，有如下四个特点：第一，教育行

---

① 《视学规程》，宋恩荣、章咸编：《中华民国教育法规选编》（修订版），南京：江苏教育出版社，2005 年，第 101 页。

政管理民主化，努力推行教育机会平等的教育。教育部按照《中华民国临时约法》精神，中华民国国民一律平等，设置了蒙藏教育司，发展少数民族教育，体现了民主共和精神。第二，制定出台了一系列以施行义务教育为主的初等教育法规，如《普通教育暂行规程》《小学校令》《小学校教则及课程表》《拟定强迫教育办法》等。并且确定了义务教育以地方为主、中央视导和监督的推行方略。1913 年 1 月 23 日，教育部公布《视学规程》，对视学人员资格提出严格要求。第三，颁布义务教育施行的相关文件，推动义务教育进程。1915 年 4 月，教育部颁布《义务教育施行程序》，令各省厉行义务教育，得到山西等省的闻风响应。1920 年 4 月，教育部推出第一个规范和指导全国义务教育实施的统一计划——《分期筹办义务教育年限》，规定全国分期举办义务教育，期限定为 8 年，并制订出逐年推进计划与步骤。第四，将社会教育纳入国民教育体系之中，确立了社会教育作为普及教育重要一翼，如同车之两轮，辅助义务教育推行。

2. 民国前期省级教育行政制度。临时政府教育部成立后，在形成全国教育行政系统方面作过一些积极努力。1912 年 5 月，教育部电饬各省教育长官名称均须一致。其电文云："现在官制未定，名称纷歧。凡本部通行公事，有称教育司者，所有主管全省之教育长官，无论名称是否相符，均应一律遵照，以专责成。"① 1913 年 1 月，北京政府大总统公布《划一现行各省地方行政官厅组织令》，规定须划一各省行政公署，除各设一总务处外，下设内务、财政、教育、实业四司，并规定划一各司设官名称，各司设司长、科长和科员。根据这一文件可知，各省行政公署下设教育司分管教育事宜，一省最高教育行政机构即为教育司。1917 年 9 月和 11 月，先后颁布了《教育厅暂行条例》和《教育厅署组织大纲》两文件。规定各省教育厅直隶于教育部，设厅长 1 人，由大总统简任，秉承省长，执行全省教育行政事务，监督所属职员暨办理地方教育之各县知事。教育厅分设各科处理各项事务。设科多寡视事务繁简定夺，但至多不得逾三科。各科设科长 1 人，科员最多不超过 3 人，掌理本科教育事务。9 月 7 日，任命各省教

① 《教育部电饬各省教育长官名称均应改归一律》，载《教育杂志》第 4 卷，1912 年第 4 期。

育厅长。11 月 8 日，教育部颁布《教育厅署组织大纲》，规定教育厅公署下设第一至第三科。各科职掌如下：第一科，掌管印信，收发文件，办理机要文牍，整理案卷，综核会计庶务，编制统计报告，及不属于他科之各事项。第二科，主管普通教育及社会教育。第三科，主管专门教育及外国留学事项。《大纲》规定，各科为办理收发、庶务、会计、统计事项，及遇有特别繁重事务时，得增设事务员。各厅仅设两科时，得以第三科事项归并第二科办理。①

民国初年省级教育事业多附属于都督府，教育行政制度极其紊乱，直接导致省级视学制度混乱不堪。1914 年，北京政府颁布各省官制，其中竟无一视学之职。当年 6 月 6 日，教育部呈文中央，请求保留各省视学。其呈文云：

窃维全省学务，每易纷歧，必先熟悉情形，始可遍加整顿。故省视学一职，关系于教育之统一，至为重要。……况迩来战事频仍，学风日下，将欲振兴教化，尤非先从视察入手，不能统筹并顾，救弊补偏。拟请仍留省视学一职，应由各省巡按使慎选宗旨正大，深明教育原理之员，委充斯任。其员额即由巡按使酌量地方情形，妥为规定。惟至少之数，必须四人。厘定官守，以专责成。随时督饬，分赴所属，认真考察，切实指导，庶几办学官绅，各顾考成，地方学务，日趋正轨，实于教育行政，裨益甚多。②

呈文获准后，各省相继制定出台了省视学规程等法规，委派省视学，开展教育视察活动。如江苏省公布了《江苏暂行视学规程》(15 条)。

1918 年 4 月 30 日，教育部特颁《省视学规程》19 条，各省的视学制度建立趋于统一。《规程》明确规定："各省设视学四人至六人，承省教育行政长官之命，视察全省教育事宜"，"省视学由省教育行政长官委任"，"不得兼任他职"。《省视学规程》对省视学的任职资格提出了严格的要求。

3. 民国前期县级教育行政制度。民国时期县级教育行政制度更是摇摆不定。1912 年 2 月 1 日，临时大总统公布《划一现行各县地方行政官厅组织令》，始定

---

① 《教育部核准教育厅署组织大纲》，朱有瓛等编：《中国近代教育史资料汇编·教育行政机构及教育团体》，上海：上海教育出版社，1993 年，第 133 页。

② 《教育部呈大总统拟仍留各省视学，以维学务文》，《教育杂志》第 6 卷，1914 年第 4 期。

县公署设科以司教育管理的体制。该令第 4 条规定：“县知事公署佐治员称曰科长、科员”；第五条：“分科方法，量事之繁简，设二科至四科”；第七条规定：“科长、科员由省行政长官委任”。凡设四科的县，掌理县区教育行政及省行政公署委任之教育行政者，为第三科，设科长 1 人，科员 1 人；凡设三科的县，则以第三科兼理第四科；凡设二科的县，以第三、四科并入第一科。民国伊始，百废待兴。教育应有专门机构、专门人员擘画，而无论第三科或并入任何一科，均以非专门机构与人员兼理教育，办学难奏效。蒋维乔曾对县级教育行政机构变更作过追述：

至县教育行政，民国成立后，厅、州悉改为县，而劝学所则仍旧。惟民元二月，颁布地方行政官制，规定县公署设第三科，专管全县教育事宜。劝学所在法令上，遂形取消，而成县公署之附属机关。当时各县情形有仍设劝学所者，有新设教育公所者，有设学务经理处者，有设学务委员者，亦有不设任何教育行政机关者。教育部为求划一起见，于二年十二月，重行颁布《劝学所规程》。①

1913 年 12 月，教育部重行颁布《劝学所规程》，规定“劝学所辅助县知事，办理县教育事宜，并综合各自治区教育事宜”，以资补救。1915 年 8 月，教育部呈大总统《拟订劝学所及学务委员会规程文》，呈文云：

地方教育为事至繁，有责之于县者，有责之于自治区者。责于县者，不可无总汇之区；责于自治区者，亦宜有询谋之地。查劝学所之设，始自前清，经由我大总统倡于北洋，成效最著。民国成立，或设或否，县自为政，不足以昭划一。现拟恢复旧时办法，规定各县均应一律设置。至于该所职务，重在辅佐知事办理县属教育行政事宜；而对于各自治区学务，在自治［区］未成立时，有代其执行之责任；在自治［区］成立以后，有实施综核之权。②

《规程》颁布后，渐次补充完善：1916 年 4 月 28 日呈准《劝学所规程施行细

① 蒋维乔：《民初以后之教育行政》，朱有瓛等编：《中国近代教育史资料汇编·教育行政机构及教育团体》，上海：上海教育出版社，1993 年，第 165 页。

② 朱有瓛等编：《中国近代教育史资料汇编·教育行政机构及教育团体》，上海：上海教育出版社，1993 年，第 147 页。

则》14 条。[1] 1917 年 2 月 26 日咨山东省长文，变通“劝学所所长改归省委”；1918 年 1 月 10 日，又通咨修改《劝学所规程》及《施行细则》。由于劝学所之于地方教育管理的操作性越来越强，故在《规程》颁发后不太长的时间里，全国绝大多数县份都设置了劝学所，从而形成了从中央到基层县的教育行政管理系统。

1915 年 12 月 15 日，教育部公布《学务委员会规程》；又于 1916 年 4 月 28 日呈准公布《学务委员会规程施行细则》12 条。这是民国初年为推行地方自治而设立的辅助教育行政部门推进学务的机构。《规程》规定：学务委员会的会所，应设于自治区办公处的所在地，学务委员辅佐区董办理本学区教育事务。学务委员会依区董之咨询及学务委员之提议，办理自治区及各学区的教育事务。本会事务，由学务委员会推选 1 人任主任综理。学务委员于自治区内依照学区之分划，每学区各设 1 人，但经区董认为必要时得增设 1 人。学务委员为名誉职，但依地方情形得酌给公费。学务委员会的经费，由自治区经费支给。

1921 年 10 月 27 日至 11 月 7 日，全国教育会联合会在广州举行第七届年会，与会者认为：“中国教育办理已数十年，劝学所名词已不甚适用，且劝学所乃一种官办机关，其地位与职权，均有变更之必要。故通过一改革地方教育行政制度案，主张代以‘教育局制’。”[2] 1922 年 9 月 20 日至 30 日，北京政府教育部召开学制会议，与会者 78 人，蔡元培任主席。会议议决案除学校系统改革案外，还有县教育行政机关组织大纲、特别市教育行政机关组织大纲等，决定改劝学所为教育局。1923 年 4 月 29 日，北京政府大总统黎元洪令公布《县教育局规程》15 条和《特别市教育局规程》11 条。自此各县劝学所遂改为教育局。

视学制度到民国初年，有了长足发展。民国初期县视学制度的出现，最早见于江苏省。1912 年 4 月 1 日，江苏省都督府颁订《江苏暂行视学规程》15 条，以利地方教育事业的推行。如同江苏省一样，全国很多省均制定了县视学制度，但各行其是，规制颇不一致。据 1914 年教育部《视察学务报告》所载，各省所

---

① 朱有瓛等编：《中国近代教育史资料汇编·教育行政机构及教育团体》，上海：上海教育出版社，1993 年，第 156 页。

② 《第一次中国教育年鉴》（甲编），上海：开明书店，1934 年，第 41 页。

定差别颇大。如直隶省照旧设劝学所，内沿清末之制，设劝学总董1人，劝学员3—6人不等，县视学多由总董兼任。奉天仍以劝学所为教育行政总机关。掌任免全县公立初小教员。劝学所的组织，各县略有差异，均设劝学员长1人，定期改选。县视学一职归劝学员长兼任者半，专任者亦居其半。湖北仍以原有劝学所为各县学务机关，综行全县学事。所置劝学员长及劝学员、县视学员数人。劝学员长综核全县学校数，劝导学生入学及筹备兴学事宜，县视学查察学生，以劝学员长总其成。

1918年4月30日，以部令第39号公布《县视学规程》16条。《规程》规定：各省设县视学，每县1—3人，秉承县知事之令视察全县教育事宜。县视学由县知事呈请省教育行政长官委任；遇必要时得由省教育行政长官直接任用；县视学不得兼任他职，但因特别情形，经省教育行政长官许可，暂由劝学所长兼任者，不在此限。县级教育视导制度普遍建立起来。

（三）民国后期义务教育行政管理与督导制度的发展

民国后期是南京国民政府的多事之秋，但也是教育行政管理与督导制度发展的重要时期。义务教育行政管理和督导制度经过大学院、教育部及迁陪都后的教育部的探索，制度不仅日趋于成熟，而且对于义务教育的推行而言，发挥越来越显著的作用。

1.“黄金十年”义务教育行政管理和督导。这是南京国民政府成立后发展较快的十年，也是义务教育行政管理和督导制度发展最快的十年。

第一，“黄金十年”中央义务教育行政管理和督导。南京国民政府成立后之初，曾实行过不到两年时间的大学院制，但很快就夭折了。1929年9月16日经立法院修正通过《教育部组织法》。同时，还公布了《教育部大学委员会组织条例》14条。《组织法》规定：教育部管理全国学术及教育行政事务；对于各地方最高行政长官执行本部主管事务有指示监督之责；对于各地方最高行政长官之命令或处分，认为有违背法令或逾越权限者，得请由行政院提请国务会议议决后，停止或撤销之。《组织法》规定，教育部设总务司、高等教育司、普通教育司、社会教育司、蒙藏教育司、编审处，并设大学教育委员会。

根据《国民政府组织法》第 18 条规定，教育部“设部长一人，政务次长、常务次长各一人”，均由行政院院长提请国民政府分别任免之。根据《中央政治会议暂行条例》可知，部长的人选，还须经政治会议议决。1929 年 9 月 16 日经立法院修正通过的《教育部组织法》规定，教育部除设部长及次长外，另设秘书 4—6 人，参事 2—4 人；司长每司 1 人，共 5 人；科长及科员 14—18 人，科员共 80—120 人；督学 4—6 人。

义务教育督导制度建立也紧锣密鼓地推进。1931 年 8 月 31 日，教育部公布了《教育部督学规程》，规定教育部设督学 4—6 人，其中 2 人简任，其余均荐任，负责“视察及指导全国教育事宜，并得酌派部员协同办理”①。简任和荐任督学的资格条件相同，须“有简任或荐任文官资格，且曾任教育职务二年以上者”。督学应视察及指导的事项主要有教育法令的推行、学校教育、社会教育、地方教育行政、其他与教育有关的事项，及部长特命或指导的事项。

《规程》规定，督学到各地视察学校或其他教育机关，毋庸先期通知。督学到地方后，“得与地方行政长官、省市县督学、公立学校校长及其他与教育有关人员接洽讨论，借知该地方教育过去之历史，现在之实况，及将来之企画”②。

1931 年 9 月 23 日，教育部公布《教育部督学办事细则》16 条。决定设置督学办公室，由部长于各督学中，轮流指定 1 人，处理一切事务，并酌设科员书记佐理之。督学办公室主要处理往来文件的分发、督学室报告簿册的保管、视察登记及稽核、各种会议的通知及记录、视察特刊编辑等。

南京国民政府厉行义务教育，全国义务教育运动风生水起，声势浩大。1935 年 8 月，全国义务教育委员会——国民政府教育部负责计划及实施义务教育的领导机构成立。钱昌照、顾树森、陈召珍、吴研因、顾兆麟等为当然委员，杨振声、郑晓沧、俞子夷等为聘任委员。主要职责是建议及审议推行义务教育之计

① 宋恩荣、章咸编：《中华民国教育法规选编》（修订版），南京：江苏教育出版社，2005 年，第 115 页。
② 宋恩荣、章咸编：《中华民国教育法规选编》（修订版），南京：江苏教育出版社，2005 年，第 116 页。

划，审议关于义务教育之一切章则办法，考核各省市办理义务教育之成绩。1937年6月28日，教育部修正公布了《全国义务教育委员会组织章程》，规定该委员会委员分两种：教育部长、次长和教育部参事1人、普通教育司司长及第四科及第五科科长、教育部督学1—3人为当然委员，另由教育部部长聘任5—9人为聘任委员。另设常务委员3人，由教育部部长指定。设秘书1人，干事3—9人，分任文书、编辑、研究、调查及统计等事宜。

全国义务教育计划和实施的领导机构的设立，表明义务教育有了专门的谋划和推进机构，有了专兼职专员，有助于义务教育在全国的顺利推进。

第二，"黄金十年"省级义务教育行政管理和督导。大学区制停止后，按照国民政府命令，国民政府下设教育部，各省政府下设教育厅，综理全省的教育行政事宜。但是，直到1931年3月23日，国民政府才公布《修正省政府组织法》，规定教育厅所掌理的事务。这些事务为如下5条："一、关于各级学校事项；二、关于社会教育事项；三、关于教育及学术团体事项；四、关于图书馆、博物馆、公共体育场等事项；五、其他教育行政事项。"①

《组织法》规定教育厅设厅长1人，由行政院就省政府委员中提请国民政府任命之，综理该厅事务，指挥监督所属职员及所辖机关。教育厅设秘书1—3人，荐任。视事务之繁简，分科办理。每科设科长1人，科员4—12人，委任。设督学若干人。

从南京国民政府成立到抗日战争爆发，是督导制度发展的重要时期。除教育部和各省建立了督学规程和视察细则外，许多省还制订了具体而细致的督学计划。全国各省中安徽省最早建立督学之制。1928年1月13日，大学院核准《安徽教育厅督学暂行条例》12条。1931年，山东省颁定视察小学要项。1934年，浙江省教育厅制订了1934年度第二学期视察计划，安徽、湖北、江西、湖南各省，均闻风响应。

1935年8月教育部公布《全国义务教育委员会组织章程》后，全国各省纷

---

① 《第二次中国教育年鉴》第二编，上海：商务印书馆，1948年，第48页。

纷公布该省义务教育委员会章程。湖北省于当年10月公布经教育部咨准备案的《湖北省义务教育委员会组织规程》，规定该委员会当然委员为教育厅长、教育厅主管科、股长、教育厅秘书各1人，教育厅督学1人。聘任委员“遴聘教育专家及对于义务教育有特殊经验或研究者五人至七人充任之”。北平市公布相关规程比教育部《全国义务教育委员会组织章程》要早两年多时间，1932年2月，北平市社会局呈准市政府公布《北平市社会局义务教育委员会组织章程》，1933年公布了《北平市义务教育委员会组织章程》《北平市义务教育委员会常务委员会办事细则》，1935年8月6日核准公布《修正北平市政府社会局义务教育委员会组织章程》。自此时开始，地方省市义务教育委员会成为义务教育的计划和推行机关。

第三，“黄金十年”县级义务教育行政管理和督导。国民政府定都南京后，随即进行教育行政体制改革，中央实行大学院制，省级教育行政推行大学区制。县级教育行政由于大学区制只限于少数省份试行，大多数县教育行政并没有随之进行改革，而是等待观望，少数试行大学区制的省份，也由于大学区制设计并不周全，改革也并没有与大学区制成龙配套。

1928年1月，大学院核备《江苏省县教育局暂行条例》11条，主要条款如下：1. 县教育局由局长1人、县督学及事务员若干人组成；县督学、事务员名额视教育事务繁简酌定之。2. 县教育局长直隶于教育厅，协商县长主管全县教育行政事宜。3. 县教育局长以合下列资格之一者充任：（1）大学校教育科、师范大学、高等师范学校毕业，曾任教育职务1年以上者；（2）师范学校本科，或高中师范科毕业，曾任教育职务3年以上者；（3）专门学校毕业，曾任教育职务3年以上者。4. 县教育局长由县长就具有前条资格者推荐3人，呈请教育厅选任，或由教育厅直接任之。5. 全县市乡，应由教育局酌划学区，每区设教育委员1人，受教育局长之指挥，办理本学区教育事务。市乡学区教育委员，由县教育局长就师范学校毕业生，或中学校毕业生而有教育经验者，呈报教育厅核准任用之。6. 县教育局长不以本县人为限；县教育局长不得兼任其他职务。这是较早对县教育局长任职条件的规定。

在中央推行大学院制时，县教育局有的采清末的董事会制组织，如1928年4月2日大学院核备的《修正湖南省各县教育局暂行组织大纲》9条，其中有4条便是对县教育局董事会的规定：(1) 县教育局设董事会，并设局长1人，县视学1—4人，局员1—3人，产款经理员1人。董事会成员5—9人，组成者结构如下：甲、县党部推选1人；乙、县行政长官选派1人；丙、县教育机关代表会选举若干人。(2) 董事的任职资格：甲、曾在师范大学、大学教育科、高等师范或大学文科毕业者；乙、在师范学校毕业，从事教育2年以上者；丙、大学毕业并从事教育职业1年以上者；丁、中等以上学校毕业，从事教育职业3年以上者；戊、从事教育5年以上确有成绩者；己、经检定小学教员委员会检定合格并领有证书者。(3) 董事会的职权：甲、规划全县教育进行事宜；乙、筹划全县教育经费并监察之；丙、审核县教育机关的预算及决算。(4) 产款经理员由董事会选出，函请县长委任，受教育局长指挥。南京国民政府成立后，教育经费问题始终困扰着教育界。大学院成立后，为逐步推行教育经费独立，将县教育行政机关的性质作些改变，工作重心作一些调整。1928年1月，大学院核备《江苏县教育局教育经费委员会暂行条例》14条，目的是为了确保全县教育经费之独立及公开。设置这一机构完全是为了辅助县教育局长筹措教育经费。这个教育经费委员会只是县教育局下的一个二级机构而已，所发挥的作用是相当有限的，无异于隔靴搔痒。正因为如此，当年3月31日大学院核备《福建省教育经费经理处规程》15条，其主要内容有：1. 宗旨：经理处秉承县长，并辅助教育局长经理全县教育经费，以力谋教育经费之公开、确定及扩充。2. 组成：经理处用委员制，由下列三部分人员组成：甲、县长派县署人员1人；乙、教育局长派局员2人；丙、教育会推举会员2人。3. 职权：管理学款，讨论学款之增筹方法；县教育预算审查。4. 经理处分设催收、保管、稽核、收支4股。5. 经理处委员均为无给职。

1931年5月31日，国民政府内政部、教育部公布了《县长市长（行政院直辖市除外）办理教育行政暂行考成规程》14条。依此《规程》，县长、市长在任内必须重视并切实推行教育，将教育事务提到县市工作的重要议事日程，不得推委，不得借故置之不理。为达此目的，《规程》规定每年对县长、市长办理教育行政考成一次，自任县长、市长之日起，满一年后便予以考成。如果省教育厅或省民政厅认为有必要，可随时进行。

南京国民政府成立后，先后建立和完善了教育行政方面的规章制度，特别是省督学规程公布后，各省根据省督学规程，建立和完善了县督学规章制度，地方县市教育视察辅导工作先后开展起来。

1935 年 8 月教育部和各省市公布义务教育委员会章程后，全国各县市也相应地公布了相关规程。譬如，当年 9 月 28 日，湖北省政府公布了《湖北省各县（市）义务教育委员会组织规程》。明确规定县长或市长、县或市主管教育科长、县或市督学、县财务委员会委员长和主管财政科长、县各区区长和市公安局长、县中心小学校长和市小学校长等为当然委员。县市义务教育委员会的成立，表明义务教育不再是一句响彻云霄的口号，而是深深地植根于县市基层。

2. 抗战期间义务教育行政管理和督导。抗日战争全面爆发后，国民政府实行“平时须作战时看，战时须作平时看”的战时发展教育方针政策，教育的大政方针不作根本性改变，对局部的、因战争影响较大的，如义务教育管理和督导，做出了较大调整。

第一，中央义务教育行政管理与督导。1937 年 11 月 20 日，国民政府宣布迁都重庆。迁出后不久，日本侵略者在南京制造了震惊寰宇的屠杀 30 万中国军民的事件。鉴于教育出现的前所未有的变化，要对付如此之危局，推行国民教育制度，督察国立中学教育，组织高等学校的搬迁等，教育部必须付出人力物力，故《教育部组织法》必须修订。

教育部的内部组织如何适应抗战形势的变化呢？1940 年 11 月 16 日，国民政府对《教育部组织法》进行了又一次修订，修订的重点有四：

首先，将普通教育司一分为二，即中等教育司和国民教育司；裁撤大学委员会及华侨教育设计委员会；改会计室为会计处，置会计长 1 人。

其次，增加秘书人数，由过去的 6 人增至 8 人，其中两人简任，其余均为荐任。参事 3—5 人；司长 6 人；督学 8—16 人，其中 4 人简任，其余均为荐任。

视察员 16—24 人，科员 100—140 人；技士 2—4 人。

再次，科长为荐任，其余科员、视察员及技士均为委任。

最后，根据事务上的需要，教育部得酌聘雇员。

1944 年 7 月 15 日，国民政府再次公布《修正教育部组织法》。其主要内容是增设人事处，改统计室为统计处，增加科长、科员、办事员，并规定必要时得增加聘任人员。整个教育部科长为 22—30 人，科员为 120—180 人。规定另增设办事员 25—35 人，必要时并得增加聘用人员 20—32 人。秘书维持原有 6—8 人的编制，其中 3 人为简任，其余为荐任。修正《教育部组织法》体现了政府对中、小学的重视，加强了对中、小学教育的管理与规划。1944 年 7 月 15 日，重新修正《教育部组织法》，规定教育部于必要时得设各委员会，其组织以法律定之。除会议性的各委员会外，有国语推行、医学教育、侨民教育、国民教育、训育等委员会。各该委员会依其组织条例或规程，分别设立主任委员、常务委员会、专任委员、秘书、组主任、编辑、干事及助理干事等。教育部在 1937 年底撤离南京前，除会议性的各委员会外，其在部内原有的机构仍有国语推行、医学教育、侨民教育、国民教育、训育、学术审议、国民教育辅导研究、教育研究委员会等，并未因为抗战之故而取消或停止活动，而是从为建国储备人才的角度考虑，除 1940 年 11 月 16 日修正《教育部组织法》决定裁撤大学委员会及华侨教育设计委员会外，其余委员会均继续设置一如既往地发挥其应有作用。

抗日战争期间，《教育部组织法》曾数度修正，《教育部督导规程》也多次修订和增补，大体是遵循抗战爆发后，国民党临时全国代表大会通过的《战时各级教育实施方案纲要》提出的“各级教育行政机构，应设法使其完密”的原则进行的。这 4 次修正相对于最初的《教育部组织法》而言，最明显的特点是扩大了编制，增加了人员。教育部的职员数相对于以前，不仅未因抗战之需紧缩，反而越发膨胀起来。相对于大学院的人员编制，几近多 200 人。抗战时期办教育与平时办教育有着很大不同，教育部又强调不能因为战争的原因而降低教育程度，故必然在人力和物力上加大投入，扩大编制，增加机构，以应急需。

第二，省级义务教育行政管理与督导。抗日战争时期和国共内战时期，南京国民政府教育部只是延续 1931 年 3 月 23 日公布的《修正省政府组织法》，并没有再颁行省教育厅组织规章。但是，各省大多根据战时不同的情况，在《教育部组织法》基础上有所损益。

抗日战争爆发后，江苏省政府于 11 月北迁，由江都转江阴，职员大都疏散，教育厅日常事务由厅主任秘书代理。1938 年，江苏省教育厅调整组织，设秘书室掌机要工作，第一科掌教育经费，第二科掌地方教育行政及初等教育，第三科掌中等教育，嗣将第三科并入第二科，仍由主任秘书代行厅务。1945 年 2 月，江苏省政府改组，实行战区党政军一元制，改设总务、政务、军事三厅，合署办公。民政、教育并入政务厅，设第四科，主管全省教育行政事宜。该科设科长 1 人，科员 6 人，督学 4 人，编审 2 人。① 同时在江南行署、淮南行署政务处各设教育科，就近办理各该区内教育事宜。

全面抗战爆发前夕，四川省于 1935 年为实行川政统一，省政府改组，人事调动走上正轨。教育厅下设秘书室、督学室和第一、第二、第三科及各种委员会。1937 年，教育厅下设考检联合办事处，处理各种考试及中小学教员检定事宜。1938 年，教育厅遵照教育部令，设电化教育服务处，办理全省电影教育及播音等社会教育事宜。当年设卫生教育委员会，办理全省卫生教育事宜。由于全国许多省份沦为敌手，战区员生大量来到四川省各地，教育厅根据抗战情形设战区员生登记处。

1940 年 3 月，四川省奉令实施“新县制”，推行国民教育，政务增加，于是四川省教育厅内组织进行扩充。厅内增加第四科，将原设之税生教育督导队和电化教育服务处裁撤，并入该科，又将原设的考验处裁撤，并入督学室。另于第三科内，增设国民教育股，专事全省国民教育管理。并于秘书室内增设人事股。②1942 年，又在教育厅内增设统计室。原设督学室的考检股，另成立考检室。1945 年，人事股改为人事室。鉴于抗日战争胜利，原来因为抗日战争扩编，现应当作适当收缩，四川省教育厅积极改进视导工作，将过去设置的地方教育视导

① 《第二次中国教育年鉴》第二编，上海：商务印书馆，1948 年，第 156 页。
② 《第二次中国教育年鉴》第二编，上海：商务印书馆，1948 年，第 159 页。

员裁减16人，改为在各行政督学专员区增设省督学1人，并设文史、体育、数学、理化、英文各专科督学，集体分赴各校视导。一面于督学室增设三股，分掌国民教育、中等教育、社会教育及地方教育行政事宜。

四川省地域辽阔，全国各战区员生涌入省内各地，为使教育保持正常节律发展，充分发挥督学的功能，1940年将原有《四川省教育视导组织试行办法》修订为《四川省教育视导组织办法》，改订《四川省地方教育视导人员服务规程》。规定：第一，教育厅设督学室；第二，将四川省划分为若干视导区，以一行政督察专员区即师范学校区为一省视导区，每区有督学或视察员1人，另设地方教育视导员3—7人，分县视导地方教育及办理有关之临时工作，并暂兼所在地师范学校之地方教育指导员；第三，对视导人员的具体任务进行划分，省督学或视察员注重省办教育事业，每学期普遍视导省区内省立中等学校、社教机关1次，每年度视导县市教育行政和县市私立中等学校及社教机关1次，并抽查中心学校及其他教育机关，对下级视导人员有监督指导及考核之责；第四，全省每年举行一次视导会议，于每学年度开始时由教育厅召集，应出席人员为省督学及视察员，省府指定之地方教育视导员，省立教育学院院长，省立教育科学馆馆长，省立师范学校校长，省立社教机关主管人员，省立实验小学校长，教育厅各科室主管人员及省府临时聘请之专家。每年举行1次省视导区视导会议；第五，规定全省各级教育视导人员工作考核的程序；第六，规定全省各级视导人员工作计划订定之程序；第七，规定全省各级教育视导人员工作报告的呈送手续；第八，规定全省各级教育视导人员对于各项教育问题实验研究的处理方法；第九，规定全省各级教育行政人员抽查学校或教育机关应注意的事项。

值得一提的还有四川省教育视导网络组织。四川省教育厅设督学室，这是全省教育视导网的中枢。为使四川省教育视导收指臂之效，建构了三级教育视导网络：

一、省视导区　以一行政督察专员区（即师范学校区）为一省视导区，每区驻省督学或视察员一人，另设地方教育视导员三人至七人，除秉承督学或视察员分县视导地方教育及办理有关之临时工作外，并暂兼任所在区师范学校之地方教育指导员。

二、县（市）视导区　各县（市）以每一行政区为教育视导区，每区驻县（市）督学一人，如区数过多，县（市）督学人数不敷分配时，得由县（市）政府指定督学担任两个教育视导区之驻区视导事宜。其中一区须设有区署区指导员，应受其监督指挥，协同工作。

三、乡（镇）辅导区　各县（市）以每一乡（镇）为一辅导区，由中心学校校长及经济文化股主任负责辅导全乡（镇）教育之责。[①]

四川省是抗战时期陪都所在地，是“首善之区”，教育视导网络组织也为全国做出了示范。

第三，县级义务教育行政管理与督导。1937 年 6 月 27 日，国民政府行政院修正公布《县政府裁局改科暂行规程》，第 3 条为“县政府教育事务以设局办理为原则，在人口较少，事务较简之县份，得由省政府酌量改设专科办理”。1939 年 9 月 19 日，国民政府公布《县各级组织纲要》，其中有关县教育行政的条文有：第 8 条“县政府设民政、财政、教育、建设、军事、地政、社会各科，设科之多寡及职掌之分配，由各省政府依县之等次及实际需要拟定，报内政部备案”；第 9 条“县政府置秘书、科长、指导员（督学）、警佐、科员、技士、技佐、事务员、巡官，其名额、官等、俸级及编制，由省政府依县之等次及实际需要拟定，报内政部核定之”；第 26 条“区设区长一人，指导员三人至五人，分掌民政、财政、建设、教育、军事等事项，均为有给职，非甄选训练合格人员，不得委用”；第 34 条“乡（镇）长、乡（镇）中心学校校长，及乡（镇）壮丁队队长，暂以一人兼任之。在经济教育发达之区域，乡（镇）中心学校校长，以专任为原则”；第 46 条“在人口稠密地方，如一村或一街为自然单位不可分办时，得就二保或三保联合设立国民学校”；第 49 条“保长、保国民学校校长、保壮丁队队长，暂以一人兼任之。在经济教育发达之区域，国民学校校长以专任为原则。乡（镇）中心学校、保国民学校之名称，得沿用现行法令之规定”。[②] 还规定保办公处设干事 2—4 人不等，分掌民政、警卫、经济、文化各事务，由副保长及

---

① 江铭主编：《中国教育督导史》，北京：人民教育出版社，1995 年，第 316—317 页。

② 《第二次中国教育年鉴》第二编，上海：商务印书馆，1948 年，第 49 页。

国民学校教员分别担任之。在经费不充裕区域，得仅设干事 1 人。这就是所谓“政教合一”、集管、教、养、卫四事于一身的“四位一体”的“新县制”。

国民政府公布的《县各级组织纲要》与以前县级教育行政组织相比，有四个方面的优点：一是使教育行政纳入普通行政系统，行政力量更为集中；二是减少教育行政人员编制，也就减少了教育行政费用，提高了教育行政的效率；三是以政治力量使教育与地方建设相配合；最后，一人兼理三事，可补救人才之缺乏。[①] 可能国民政府正是看准了这几点，才在全国全力铺开。

全面抗战爆发后，地方县市是教育实施最为重要的单位，直接关系到教育的存亡绝续。教育部对教育视导予以高度重视，部督学和省督学人员编制都有扩展，县市视导人员编制虽然由省教育厅决定，但从总体上看，县市教育视导人员数目比战前和战后都要宽裕。四川省作为抗战的大后方，全面抗战 8 年，也是国民教育发展的 8 年。之所以能够在国家遭受困厄之时，教育反能够得到发展，与四川省构建起比较完善的教育视导体系有着密切的关系。下面是抗日战争期间部分年份四川省视学人员情况表（见表 2—1），于表中不难分析出四川省国民教育发展的深层次原因：

表 2—1　四川省抗战期间部分年份视学人员情况表

年度	省督学数	省视导区数	地方教育视导员及学区数	县督学及学区数	备注
1940 年下期	16	16	78 人，每人视导 2 县	423 人，423 学区	
1941 年	16	16	同上	447 人，447 学区	
1942 年	13	16	50 人，每人视导 2—4 县	485 人，485 学区	另设区指导员 3 人
1943 年	16	16	47 人，每人视导 2—4 县	495 人，495 学区	另设区指导员 17 人
1944 年	16	16	同上	同上	另设区指导员 17 人
1945 年	16	16	同上	471 人，471 学区	

资料来源：熊明安等主编：《四川教育史稿》，成都：四川教育出版社，1993 年，第 319—320 页。

① 雷国鼎：《中国近代教育行政制度史》，台北：台湾教育文物出版社有限公司，1983 年，第 374 页。

从表中可以看出，抗日战争期间，四川省形成了一张由省和县共同编织的教育视导网络。每一县之下都有 400—500 个学区，保证每一学区有一位教育视导人员。再往上追溯，省教育视导人员又按每 2—4 县有一位省视导人员巡视督察。

3. 抗战结束后义务教育行政管理和督导。抗战胜利后，国民政府于 1947 年 2 月 12 日再度修正公布《教育部组织法》。这是自 1928 年 12 月 7 日首次公布以来的第 10 次修正。《教育部组织法》规定教育部下设高等教育司、中等教育司、国民教育司、社会教育司、边疆教育司、总务司、国际文化教育事业处，以及会计处、统计处和人事处。1948 年 5 月 29 日修正公布《教育部处务规程》，规定高等教育司、中等教育司和总务司三司之下各分 4 科；国民教育司、社会教育司、边疆教育司三司之下各分 3 科；国际文化教育事业处分 2 科；会计处、统计处、人事处三处之下亦分 3 科。又规定另设教育资料研究室，下分 2 组。《规程》的颁布，对于教育部组织的规范化和法制化，有一定积极意义。

省级教育行政和督导在抗战胜利后显得比较平稳，而县级则再度进行调整。1947 年 1 月，教育部鉴于要求恢复县市教育局的呼声与日俱增，乃训令各省从速恢复设置教育局。其训令云：

今改科之制，行已数年，而地方教育基础动摇破坏，几至不可收拾，教育经费常被挪移，学校设施，亦少注意，以致教师罢教之风不息，学校停办者日多，紊乱情形，笔难罄述。良以改科之后，科长率由县长委派，权利既属有限，且往往随同县长进退，未能久于其位，而县政丛脞，县长或无暇顾及教育，其甚者，乃至假借权势，妨碍教育，无怪地方教育每下愈况。……可见时至今日，恢复县教育局，以挽救地方教育，已为各方一致之主张，况宪政实施在即，普及国民教育，提高国民文化水准，为行宪之基本工作，则恢复县教育局，以加速地方教育行政力量，究属刻不容缓之举……仰该厅从速计划在各县一律恢复设置县教育局，于本年上半年内完成之。①

2 月 17 日，国民政府行政院训令："各省得就地方需要，于文化发达事务

① 《教育部公报》第 19 卷，1947 年第 2 期。

繁剧之县，酌量恢复设置教育局。”4 月 14 日，教育部训令各省教育厅从速恢复设置县教育局。[①] 1947 年 10 月 28 日，国民政府行政院颁布《县市教育局编制及局长选用标准》（4 条），意味着县市教育行政恢复教育局之制。当年年底，全国便有江苏、安徽、江西、四川、陕西及西康等 6 省的 58 个县市设置了教育局。

与此同时，县市教育视导机构也作了小幅调整。1946 年 1 月，教育部根据全国教育善后复员会议作出的《健全各级教育视导组织，增进辅导效能，以适应复员后改进教育之需要案》的决议，咨请各省市政府转饬各该市政府或教育局，于必要时设置督学组，组设主任 1 人，督学人数以每二三乡镇设 1 人为原则，可以根据各乡镇教育发达的程度增加或减少。根据这一基本原则，全国各地县市或迟或早采取了行动。河南、辽宁等省各县市（旗）都按照要求将县市政府的教育科内设置督学级，辽宁省各县市从督学中挑选资深者 1 人为主任督学。广东省广州市教育局也设置了督学室。四川省各县市督学机构虽然没有行动，但各县市教育局长从现有的督学中指定 1 人为首席督学。江西省各县市凡有 3 名督学者，均设置主任督学 1 人。其他省份县市督学机构都在筹设或拟筹设之中。大多数县市督学的办公处所，都设在县市政府教育局、教育科内。县市督学分区或驻区视察者，区署或乡镇中心国民学校，也就是他们的办公处所。

民国后期义务教育行政与前期最大的不同点是，义务教育行政机关的根须扎到了基层的最深处——村，这使得义务教育的推行利用严密的保甲制度“一竿子插到底”，如洛阳县政府加大义务教育推行的力度，制定、颁发了《村校董会组织规程》。洛阳县政府还规定，“各村校董会组织成立后，即指派督学及临时指导员，赴各区分村实地指导、督促，限期成立。每一指导员指导区域，以八个村庄至十个村庄为度”[②]。与洛阳县成立村校董会相类似，北平市在街（村）也成立了相应的组织，并建章建制，颁布了普及教育暂行章程。

这足以证明民国后期在许多地方形成了一个严密的义务教育行政督导网络系统。

---

① 中央教育科学研究所编：《中国现代教育大事记》，北京：教育科学出版社，1988 年，第 589 页。

② 《洛阳县政府实施义务教育方案》，洛阳县政府，1935 年，第 22 页。

追溯民国时期义务教育行政管理和督导制度建立的历程，不难看出有如下诸点值得注意：第一，民国前期义务教育行政管理和督导制度，中央只是一般性号召，并没有真正动起来，地方省市全凭行政首脑对义务教育的认知而有所行动，并没有对地方省市、县市形成压力，因而只有山西和江苏等少数省份先试先尝。第二，民国后期南京国民政府厉行义务教育，颁行了一系列推行义务教育的法规，特别是从中央到地方建立起三级义务教育推行的行政组织——义务教育委员会，使义务教育推行有了专门的规划和推行机构，不再停留在雷声大雨点小、口号喊得震天价响行动则如同小脚女人走路的层面上。第三，从中央到地方义务教育委员会的“一把手”清一色都是部门正职领导，县市是县市长，其他重要部门如财政局、警察局等“一把手”也都是“当然委员”，这有利于地区推行义务教育资源的通盘整合，有利于协调地区推行义务教育过程中出现的矛盾分歧。第四，各级义务教育委员会设有聘任委员一职，广泛吸纳对义务教育研究有素的专家进入该委员会，确保义务教育推行有义务教育理论的引领和经验丰富者的参与。第五，义务教育行政管理和督导机构都有专门的人员编制，而且其中的科室股职责分明，这有利于保证义务教育推行不至于一阵风一般来去匆匆，运动过后烟消云散。

二、义务教育行政管理机关的计划与推行

在义务教育的计划与实施上，中央政府曾有明确分工，中央主要集中在义务教育的计划与监督，地方省市和县市是实施单位，负推进和具体管理之责。

（一）教育部义务教育推行职责的践履

在义务教育推行的责任制上，中央和地方省县有明确的分工。中央政府教育部负责义务教育计划、法规审订和督察，地方之责在推行。

1. 制订义务教育推行计划与程序。民国前期，由于政局不稳，教育部对全国各省市教育发展，并不能进行切实领导与规划，对义务教育的推行实在力不从心。

在民国前期，教育部是中央推行义务教育的机关，面对幅员辽阔、各地发展极不平衡的国情，推行义务教育首重制订推行计划与程序。1914 年 12 月，教育部在《整理教育方案草案》中，提出了整理方案 30 则，其第一、第二均为义务教育。第一条要求中央政府“确定义务教育年限，明白宣示，使地方知建学为对于国家之责任”。教育部还精心筹划，将推行义务教育的重点置之于县，将县划分为若干学区，令“于一定期限内必须设置学校”。

1915 年 2 月，袁世凯颁布《特定教育纲要》。在《总纲》中规定：“施行义务教育，宜规划分年筹备办法，务使克期成功，以谋教育之普及。”[①] 其后，教育部拟订了一系列文件，将义务教育置于重要地位，使义务教育的推行有了法规制度保证。教育部将义务教育的实施分作两期，第一期从颁行之日起至本年 12 月止，主要办理事项如下：（1）修建小学校舍；（2）拟订地方学事通则；（3）拟订地方学务委员会及劝学所规程；（4）拟订小学基金及补助金规程；（5）拟订小学校职教员任用待遇及俸给等项规程；（6）拟订地方官吏及兴学人员考成法。以上各项，拟由部拟具草案，分别呈请核定分布；（7）拟订第一项至第六项之施行细则；（8）修正师范学校规程；（9）拟订私立小学认许及代用小学规程；（10）拟订检定小学教员规程；（11）修正审查教科图书规程。以上各项，拟由部拟具草案，呈请核定交部施行；（12）调查全国小学校数及已未入学之学童数；（13）调查私塾及现有塾师及入塾儿童数；（14）调查小学经费数；（15）调查现有小学

---

① 宋恩荣、章咸编：《中华民国教育法规选编》（修订版），南京：江苏教育出版社，2005 年，第 23 页。

教员数；（16）调查其他关于教育之各事项；（17）规定调查学龄儿童办法。前16项由教育部制订各种表式，列具事项，规定程限，以次通咨各地行政长官按照调查；第17项由教育部咨商内务部及各地行政长官，妥订办法呈请核定实施。

第二期为前项规程表册颁布到1916年12月止，应办之事项有14条：（1）学务委员会及劝学所之设置；（2）分划学区；（3）筹集经费；（4）调查第一期内部应办事项，以次报告；（5）检定小学教员；（6）筹备各属应需小学教员；（7）整理私立小学及代用小学；（8）筹备各学区递年设学办法。以上各项，拟由部咨行各地行政长官查照办理；（9）核定各省及各特别区域义务教育办法，并确定递年进行之程限；（10）通筹全国应需小学教员及其次第养成之方法；（11）确定全国小学基金；（12）颁布部编教科书；（13）颁布学龄儿童登记簿式；（14）拟订督促就学办法；呈请特申明令以次施行。

1915年教育部拟订的《地方学事通则缮具草案请核定公布文并批令》中规定："自治区为办学之主体"，"有负担本区教育之义务"。1916年4月，教育部公布《劝学所规程施行细则》，其中第一条，劝学所陈请于县知事处理之事项，大多属义务教育的范畴。同时颁布的《学务委员会规程施行细则》，对学务委员负责的事项作了如下规定："（1）调查学龄儿童事项；（2）督促就学事项；（3）免除或展缓就学事项；（4）学校及其他教育事业之设备及建筑事项；（5）改良私塾事项……"[①] 据这些细则看来，地方普通行政官员、教育行政官员对于推行义务教育负有不可推卸的责任。

1915年7月教育部公布、1916年10月修正公布的《国民学校令》第一条规定："国民学校施行国家根本教育，以注意儿童身心之发育，施以适当之陶冶，并授以国民道德之基础及国民生活所必需之普通知识技能为本旨。"[②] 国民学校是政府推行义务教育的主要组织形式。儿童自满6岁开始到满13岁止，为就学年龄。凡"学龄儿童之父母或其监护人，自儿童就学之始期至于终期，有使之就

① 《学务委员会规程施行细则》，朱有瓛等编：《中国近代教育史资料汇编·教育行政机构及教育团体》，上海：上海教育出版社，1993年，第158页。

② 宋恩荣、章咸编：《中华民国教育法规选编》（修订版），南京：江苏教育出版社，2005年，第209页。

学之义务”。《国民学校令》的颁布，说明推行义务教育的初等小学在组织、开办、管理等方面，有了法令保障，是义务教育推进正规化、规范化的标志。

南京国民政府教育部制订了推行义务教育计划与程序后，各地也都结合当地实际制订了该地区的计划与程序。山东、福建、河南、河北、贵州、湖南、湖北、安徽、江西、浙江、陕西、热河、察哈尔、宁夏、甘肃、江苏、上海、青岛等省市在规定的期限内呈报了义务教育推行计划。这些省市均按规定斟酌地方情形，拟具 1—2 种计划送呈教育部。其大致情形如下：

福建、河北、贵州将推行期限为 20 年，分四、五、六期办理。

江西自 1928 年 7 月起至 1930 年底，以半年为一期，共两年半时间，分 5 期办竣。

察哈尔自 1929 年度起至 1932 年度止，一年为一期，共 4 年时间，分 4 期办理。

湖北自 1930 年 8 月起，以四年为一期，共分 5 期办毕。

浙江自 1930 年起至 1935 年止，以一年为一期，分 6 年 6 期办理。

宁夏自 1932 年起到 1951 年止，以三年为一期，分 7 期 18 年办理。

此外，分别指定一年、二年、三年内办毕的有云南省等；以 20 年为期，分年推进的有山东省。江苏、上海市、青岛市、北平市、天津市等地都制订了义务教育推行计划，一年、二年、三年不等。各地的计划与程序并没有按教育部的部署制订，期限和程序很不一致，有的达 20 年之久，有的则仅两三年。美其名曰根据各地情形，不能不说存在着一定的狂热病。

一些县市也着手制订计划与程序，推动本地义务教育进程。洛阳县政府制订了 4—5 年的义务教育推行计划，拟第一年将 101 户的 99 个村庄推行一半，设 154 班；第二年将 101 户以下各村推行一半；第三年完成 101 户以上各村其余的一半；第四年完成 101 户以下各村的其余一半。①

2. 划定义务教育学区。北京政府教育部设计了两个具体划分义务教育学区

① 《洛阳县政府实施义务教育方案》，洛阳县政府，1935 年，第 17 页。

的方法：一是居户稠密，满500户以上者，设多级小学，满200户以上者设单级小学；二是不足200户的村集，联合办小学校。这说明教育部已经认识到，推行义务教育地方是关键之一。

《草案》规定“各县暂就原有区画，分为若干学区，于一定期限内必须设置学校”。为什么要坚持划分学区推行义务教育？教育部的《草案》说：“一县之大，其耳目之所周者有限，未可以坐谈学务也；故自治会成立前，必先分画学区。”据此可知，教育部划区推行义务教育是符合中国国情的。法国、日本仅相当于中国一省大小，尚按学区有计划推行，况行政组织不健全的中国呢？这一点，无论是民国时期的教育家、教育行政官员，还是普通行政官员，大都取得了共识。

义务教育的推展必须划区进行，人们并不怀疑、犹豫，但中国幅员广袤，各地政治、经济、文化和教育基础很不平衡，应如何划区，划区标准怎样，却众说纷纭，莫衷一是。教育部《整理教育方案草案》中指出，义务教育学区“分画标准，以前清城镇乡自治区域为率，过大者得设分区，每区设学董一员及学务委员若干员，以当整理董率之任”。教育部规定的这一标准并未一锤定音，其中很多含糊不清之处，难于操作。如“前清城镇乡自治区”，并不是全国一盘棋划分，很多地方不知自治区为何物，见所未见，闻所未闻。当时商品经济不发达，“城镇”并不是星罗棋布、疏密相间镶嵌于全国，无法按城镇自治区、城镇划分学区，再说“过大”的表意也十分含糊。教育部以此为标准，提出了划分方法：

(1) 凡学区内居户周［稠］密，满五百户以上者，设多级小学校；满二百户以上者设单级小学校。(2) 不满二百户之村集，得设联合小学校；若高等小学校，则以区内筹有的款，不分减初等小学之财力者得设之，由学务区发达，期渐形成一自治区。[①]

这个方法分区又过于死板，以户籍为单位，对于人口稀疏的农村来说，并不利于义务教育的推行。推行义务教育重点难点在农村，而划区又不利于农村，因

① 宋恩荣、章咸编：《中华民国教育法规选编》(修订版)，南京：江苏教育出版社，2005年，第5页。

之大违初衷。这决定了这一划区标准与方法没有推行价值与生命力。

然而，分区的讨论在《草案》颁布之后仍在进行，所提出的观点五花八门，袁希涛归纳为四点，即：

(1) 以儿童距离适宜为标准。世界各国人口密度，中国居首，中部、南部平原之地尤甚。故省之人口较密者，其划区设校，不必悉以一般单一教室为准，而可择乡村集中之地，稍参联合制以行之。

(2) 建设以地方财力为标准。修建尽可简朴，而面积、光线、通气等等，不能不使合于学校原则。各国教育行政机关，皆制有校舍设计图，以示准则，我国亟宜参照，择都市乡村各种图式，尤宜于极俭省之乡村校舍，力较易办者，多列数种，俾资取则。

(3) 定借用祠庙者之标准。我国小学，以借设祠庙者居多数，太不合于教育设施，宜制定最低限度之标准，凡不合此标准者，非加修改不许借设。

(4) 教具及相当设备之标准。教具等项，并宜制定标准，按件开列，分列若干等级，俾视地方财力，在其最低限度以上，酌量购备。①

这些标准与方法，孰是孰非，不能一概而论。教育部指出，区域的划分，是普及教育的第一步工作，“应以行政‘便利’与‘灵活’为原则。面积过大，则鞭长莫及；过小则行政管理上之人力财力耗费太大，殊不经济”。依此原则，教育部规定，各市县划分学区，应遵照的办法是：“小学区之划分，每区以约有人口一千人为原则，但得视户口之疏密，地方交通情形，以及地方原有自治或保甲之组织，斟酌变通之。”② 这样，教育部只定下划分的原则，作为不是标准的“标准”，不是办法的“办法”。应该说，这一原则的出台，比颁定一个死标准更有价值，更富于实践上的意义，也更合中国的国情。

南京国民政府教育部将划分学区是推行义务教育的重要步骤之一，在1935年5月颁行的《实施义务教育暂行办法大纲》中规定：“全国各县市应划分为若

① 袁希涛编：《义务教育》，上海：商务印书馆，1931年，第80页。
② 邰爽秋、黄振祺等编：《中国普及教育问题》，上海：商务印书馆，1937年，第206页。

干小学区，准备实施义务教育。”[①] 当年6月颁布实施的《实施义务教育暂行办法大纲施行细则》也明文规定：“各省应于民国二十四年度令饬所属县市依原有乡村城镇之人口划定小学区，以为施行义务教育；开办短期小学之单位，每一小学区平均以约有人口一千人为准，行政院直辖市亦同。每五小学区至十小学区内须逐渐设置普通小学一所。”[②] 但鉴于各地情形千差万别，教育部在这里还是保留了一定的弹性，如以约有1000人为准，5—10小学区“逐渐”设学，都留给地方一定的余地。如北平市根据幅员广阔的实际，以“各区失学儿童教育均等”为原则，在小学区的划分上有所创新：

根据本市公安局廿四年度各区人口数目调查统计表（全市人口总数为一百六十六万〇七百七十四人）划分小学区，每区如以千人计，则应划为一千五百六十一区，而每一小学区，即以设置短期小学一处计，亦应设短期小学一千五百六十一处。然衡以人力财力，目前实有未逮。故为权宜计，经按照警区分段办法，划全市城区十五区为三百二十九个小学区，每区预定至少设短期小学一处，借资救济。同时为便于管辖策动起见，又将此三百二十九个小学区，划分四大分区，其分配情形如次：

第一区辖六十三个小学区；第二区辖七十五个小学区；第三区辖六十三个小学区；第四区辖一百二十八个小学区。[③]

虽然是按教育部以人数为分区办法，但北平在小学区之上又设了一个分区，第一分区设有办事处办理短期小学行政等事项，以便“收指臂之效”。

3. 义务教育学龄儿童统计。这是推行义务教育的最基本最初步的工作。民国建元后，教育部于1915年4月13日颁行了《义务教育施行程序》，在义务教育推行的第一期中，“应办事项”有“调查全国小学校数及入塾儿童数”及“规

① 中国第二历史档案馆编：《中华民国史档案资料汇编》第五辑第一编《教育》（一），南京：江苏古籍出版社，1994年，第610页。

② 中国第二历史档案馆编：《中华民国史档案资料汇编》第五辑第一编《教育》（一），南京：江苏古籍出版社，1994年，第625页。

③ 袁祚廙：《北平市办理义务教育之经过》，邓菊英、高莹编：《北京近代教育行政史料》，北京：北京教育出版社，1995年，第160—161页。

定调查学龄儿童办法”等。吴研因、翁之达在《三十五年来中国之小学教育》中说，“民国成立后，北京教育部有专门的人员负教育统计之责”，每年都将统计数据公布。如1912年初小国民学生数为2398472人，1913年为3030778人，1914年为3461313人。吴研因等从统计数据中得出如下结论：“……其增加度四年较元年增多一百三十余万，平均每年增加四十五万人左右。八年较四年则四五年间仅增一百五十万人，平均每年增加三十七万多。”① 据此可以看出，做好学龄儿童调查这一推行义务教育的基础工作，便于把握义务教育发展趋势，以决定对策。教育部还通过分省学龄儿童调查，掌握义务教育在该省实施情况，及时发现问题，予以指导鞭策并总结其推行义务教育的经验。1920年以后，内战频仍，北京政府教育部号令不出门，调查统计无从做起，所谓推行义务教育只是喊喊口号而已。

南京国民政府教育部很重视学龄儿童调查，以便使推行义务教育“心中有数”。1929年3月27日教育部部长蒋梦麟致国民政府文官处的公函中说：“查严厉施行强迫教育与本党对内政纲第十三项‘厉行普及教育’同一用意，自是当务之急，本部正在筹划进行。惟据近日估计，全国尚未入学之学龄儿童，约在三千六百万人以上，倘欲强迫入学，每年至少需增加教育经费二万五千余万元（平均每年每人需费七元），所需教员数约一百二十余万人（每一教员平均教学生三十人）。在经济、师资两告缺乏之时，强迫教育之计划不易全部实施。为今之计，惟有先行筹备大宗经费，一面培养师资，一面划定区域从事试验，以期逐渐推行，方能有济。”② 他列此数据，是为了推算出解决这3600万儿童的义务教育的经费及所需教员。后曾担任教育部部长的王世杰对学龄儿童调查亦无不注意。他在1935年6月关于义务教育的提案稿中引用了失学学龄儿童的统计数据，借以阐明推行义务教育的必要性、紧迫性和艰巨性。他在提案中说：“根据二十年度

---

① 吴研因、翁之达：《三十五年来中国之小学教育》，《最近三十五年之中国教育》，上海：商务印书馆，1931年，第28页。

② 《教育部致国民政府文官处公函》，中国第二历史档案馆编：《中华民国史档案资料汇编》第五辑第一编《教育》（一），南京：江苏古籍出版社，1994年，第604页。

初等教育统计，全国小学儿童数为一千一百六十六万七千八百八十八人，失学之学龄儿童约尚有三千余万，在学儿童仅占学龄儿童百分之二三，距离普及之境甚远。”①

这都说明政府推行义务教育，将调查学龄儿童数为入手办法。1935 年教育部公布《调查学龄儿童办法》规定，调查学龄儿童由各县市主管教育行政机关督饬小学区之学董负责进行，各小学区之小学职员及县长、公安局长、区长、镇长、乡长、保长、甲长等，均应协助办理。应造具表格报告教育委员。主管教育行政机关得派员抽查，如遇不实时，应严令复查。

各省市县推行义务教育也极为重视对学龄儿童数的调查摸底。30 年代初，洛阳县政府宣布实施义务教育，决定第一步就是做失学儿童数的调查工作。其实施义务教育方案指出：

实施义务教育之初步工作，厥为失学儿童之调查。调查精确，方可作为计划施行之根据。本县于去岁十月，制订以村为单位之教育调查表，分发各联保书记调查。在出发调查之先，召集各联保书记，详细讲习义务教育之意义，调查失学儿童之手续，及填报教育调查表之方法。经二月之久，始行调查完毕。②

洛阳县政府也公布了调查结果，全县 8 个学区学龄儿童在校数为 23584 人，占 35.7%；学龄儿童失学人数为 42464 人，占 64.3%。青岛市教育局长雷法章于 1935 年 6 月报送的《民国二十四年度义务教育实施办法及强迫入学办法呈》中提出了调查学龄儿童办法，规定：“本市区域内学龄儿童之人数，由教育局会同公安局督同市乡区办事处及学校派出所等，于每年六月间调查一次，以为强迫入学之根据（调查表式由局印发）。”③ 雷局长用此法调查出了青岛市学龄期失学儿童 46138 人的准确数字，并根据此数制订出下年度以减少 1/4 失学儿童为标准，改办及增加二部制 300 班、普通班 50 班，容纳儿童 12250 人，筹措 98940

---

① 中国第二历史档案馆编：《中华民国史档案资料汇编》第五辑第一编《教育》（一），南京：江苏古籍出版社，1994 年，第 620 页。

② 《洛阳县政府实施义务教育方案》，洛阳县政府，1935 年，第 9 页。

③ 中国第二历史档案馆编：《中华民国史档案资料汇编》第五辑第一编《教育》（一），南京：江苏古籍出版社，1994 年，第 665 页。

元的义务教育计划。北平市 1936 年春对调查失学儿童进行了调查统计，“北平人口众多，贫寒住户失学儿童尤为繁多，经按照本市城郊十五区户口人数，以公安局调查为根据，计失学儿童总数为九万六千二百九十六人，其九岁至十二岁者约为五万六千余人，而年龄较长者达一万九千二百人”①。调查报告称，这些数据“虽未必精确，但因急于开办，不得不即以此项调查为根据”，设置小学校，并拟进行“较详密之调查”。

推行义务教育从调查学龄儿童数入手，这是近代推行义务教育的经验之谈。在当时的情况下，通过调查摸准失学儿童数，做到心中有谱，可避免推行过程中的盲目行为，做到有计划按步骤推行义务教育。

4. 制订强迫学龄儿童入学规章。民国建立后，教育部于 1913 年拟定《强迫教育办法》，规定：“为儿童当入之年，八岁一律入学，违者重罚其父兄，并处罚学董。”② 但到 1915 年 2 月，袁世凯颁《特定教育纲要》，将“强迫”退回到清末的“劝奖”层面，强调：“义务教育，顷已明颁命令，各省应即遵照施行。惟以全国幅员之广，人口之众，风气未开，民力未逮，倘无一变通而有标准循序渐进之办法，遽欲全国学龄儿童同时就学，势固甚难；即绳以功令，亦恐难以遍喻。如听其自然进步，则于义务之旨不符。使煌煌命令等诸具文，尤非国家兴教劝学之本意。”③ 这说明当时的“强迫”入学已到了进退两难之地，放任、任其自然，不合世界潮流，不合义务教育内蕴；如强令推行，则政府之令如同具文，自古即有“罚不责众”之说。浙江尚未施罚，仅调查学龄儿童便惹起风潮，可见强行并不可取，因之袁世凯主张以奖劝之法推行义务教育。以后，随着政府权威日益降低，对全国的实际统治能力日渐萎缩，所谓“强迫”已经没有什么意义了，官样文章而已。

1935 年 6 月 20 日，南京国民政府教育部颁布了《实施义务教育暂行办法大

---

① 袁祚廙：《北平市办理义务教育之经过》，邓菊英、高莹编：《北京近代教育行政史料》，北京：北京教育出版社，1995 年，第 160 页。

② 《中华教育界》，1913 年第 10 期。

③ 中国第二历史档案馆编：《中华民国史档案资料汇编》第三辑，南京：江苏古籍出版社，1991 年，第 35 页。

纲施行细则》（以下简称《细则》），对于强迫适龄儿童入学及罚款的问题，作了明确规定：

在普通小学及短期小学已足收容当地学龄儿童之地方，凡身体健全之学龄儿童，应由所在地办理，义务教育之机关依其年龄及家庭状况，督令入普通小学或短期小学。凡应入学而不入学者，应对其家长或保护人予以一定期限必须就学之书面劝告；其不受劝告者，得将其姓名榜示示警；其仍不遵行者，得由县市教育行政机关请由县市政府处以一元以上五元以下之罚锾，并仍限期责令入学。前项罚锾仍作办理义务教育之用。①

至此，“强迫”不仅是口头讲讲而已，而是有了具体措施。这个《细则》虽以“细”名之，其实未见得“细”。有很多问题还需继续深入研究，并非将文件一颁了事，仍然很难操作实施。因此，《细则》颁布后不久，教育部举办全国义务教育干部讲习班，就义务教育实际问题展开研究讨论，讨论时间达 1 月之久。在强迫入学方面集中讨论了两大问题：

一是强迫学龄儿童入学方法及执行问题，讨论得出 4 个结论：

（1）施行强迫之前，应由学董、保甲长向民众做下列工作：①普及宣传；②书面及口头劝告；③通告开学日期。

（2）经劝告后仍不上学者，应自开学之日起算，按日科以相当罚金或工役，并仍劝告其入学。

（3）请教育部详订《强迫入学办法》（包括转学、入学、免学、缓学等），颁布施行。

（4）县市长办理义务教育之考成办法，应列入学龄儿童、强迫入学等项。

二是实施强迫入学办法引出来的贫苦儿童救济问题。强迫入学办法对家境马马虎虎过得去的家庭，执行并不是难事，而对家境赤贫、啼饥号寒、食不果腹之家，必须采取救济措施，否则，即使行强迫之法也难叫他们享受平等受教育的机会。讨论会集中讨论并提出了贫苦儿童 10 大救济办法，这些是：

---

① 中国第二历史档案馆编：《中华民国史档案资料汇编》第五辑第一编《教育》（一），南京：江苏古籍出版社，1994 年，第 624 页。

(1) 地方如有公款，应拨给若干设置公费生学额，专为救济贫苦儿童之用；

(2) 在工厂工作之儿童，厂主应准其入半日二部制学校，并照给全日工资；

(3) 就地方慈善机关劝募捐款，为贫苦儿童膳食等费用；

(4) 请中央明令各省转饬各县厉行二五减租，并规定凡佃农子女在受义务教育期间，其租金除照二五减租外，再实行七五减租；

(5) 强迫入学之罚款补助；

(6) 利用各地信用合作社或仓库，给已入学贫苦儿童家庭以优待；

(7) 筹建工厂，实行半工半读制；

(8) 施行校外义教制，对于学生之赤贫者，由学校借予资本经营小规模之商业；

(9) 利用民众学校，给予贫苦儿童以补习教育之机会；

(10) 就学时期及上课时间，应按儿童之生活环境实施，得有伸缩性。

教育部集思广益，将众多了解义务教育推行实际的干部召集起来，献计献策，提出了具体而切实可行的办法，体现了制度法规的严肃性，又体现同情与关怀。

教育部的《细则》颁布和举办的义务教育干部讨论会结束后，对全国的确产生了一定的推动作用，各地纷纷制订了强迫儿童入学办法。

5. 颁行义务教育重要政策法规和培训推行干部。南京国民政府成立后，厉行义务教育，向全国发出了推行义务教育的总动员令，国民政府成立义务教育委员会作为全国最高的义务教育推行机关，最为重要的职责是制定义务教育重要政策和法规。南京国民政府成立后的第二年5月，大学院在南京召开第一次全国教育会议，通过了《厉行全国义务教育案》。该案要点有三：(1) 行政。中央省县均设义务教育委员会，襄助教育行政机关及促进义务教育。(2) 经费。地方应指定专款，或以全部收入百分之几，作为义务教育经费；应筹款补助县市义务教育，中央应筹款补助各省义务教育。(3) 施行程序。各省区、各特别市推行义教计划，至迟到1929年5月报告大学院；各地方失学儿童数每两年应减少20%。

这一决定，实际上是以5年的时间完成义务教育任务，但因南京政府成立之初，战祸连年，经费拮据，政府并未认真督办，因而第一次全国教育会议提出的推行义务教育的决定，无异于画饼充饥。

1930年4月15—23日，教育部召开第二次全国教育会议，全国各省教育厅局长、大学校长、专家、国民政府有关部会代表106人出席大会。会议通过了教育部制定的《改进全国教育方案》，并具体拟就了《义务教育实施计划》专章。这份计划书将义务教育普及期限定为20年，在这20年中拟造就师资148万人，扩充教室100万间，筹措经费398607万元。专家认为"这一计划比较前教育部八年普及的理想，当然接近得多"①。

1931年对1930年度第二次全国教育会议后全国初等教育在校儿童进行统计，在校小学生仅占学龄儿童的21.8%。教育部认为："其所以经时久用力多而收效甚鲜者，则以四年义务教育以二十年为期，普及全国所需经费以三四千万万计，所需教员以百数十万计，衡请国家财力及现有师资之实际状况，相差太巨。"② 所以，教育部于1932年6月，制定《短期义务教育实施办法》《第一期实施义务教育办法大纲》两文件，目的是使各省县市根据其地方情形，同时并举，以期速效。

1935年5月28日，行政院修正通过的《实施义务教育暂行办法大纲》，提出了新的义务教育推行计划，总结了中国推行义务教育数十年的经验教训，分析了中国推行义务教育的主客观条件，看到推行义务教育的艰巨性，认定不可能一蹴而就、举手之劳即可大功告成，故大为降调，义务教育的标准大为降低。直言之，这个计划的出台，是义务教育推行遭残酷现实威逼的结果。义务教育标准降低与年限的缩短，是义务教育步入健康发展轨道的标志，也是义务教育开始收到实际效果的重要转折点。

《大纲》颁布后，当年6月14日，教育部公布《实施义务教育经费暂行办法大纲施行细则》，对强迫入学、缓学、免学以及师资、校舍设备、经费、机构、

---

① 吴研因、翁之达：《三十五年来中国之小学教育》，《最近三十五年之中国教育》，上海：商务印书馆，1931年，第8页。

② 《第一次中国教育年鉴》（丙编），上海：开明书店，1934年，第487页。

奖惩等项作了规定。此后，国民政府及教育部颁发了一系列有关义务教育的文件，推动义务教育实施，如《全国义务教育委员会组织规程》《各省市等筹集义务教育经费暂行办法大纲》《学龄儿童强迫入学暂行办法》《修正小学规程》《一年制短期小学暂行规程》《二年制短期小学暂行规程》《实施二部制办法》《实施巡回教学办法》《改良私塾办法》《民国二十五年度中央义务教育经费拨付办法》《民国廿六年度中央义务教育经费拨付办法大纲》《各省市义务教育经费经营办法大纲》，等等，无法尽数胪列。

教育部颁行和审定的义务教育政策法规，对全国各省市义务教育实施，起到了推动和规范的作用。

符合国情和暗合义务教育规律的政策法规虽然颁布了，还需有一批对义务教育有信仰有推行能力的干将效力。1936 年秋，教育部举办全国义务教育干部人员讲习班。除讲授相关各种课程、开展各种讲演外，尤其注重义务教育实际问题的讨论。所讨论的问题分义务教育经费、义务教育行政组织及调查统计、义务教育机关及编制、义务教育教材教法及训练、义务教育师资训练、义务教育视导及考试六大类。学员共 128 人来自 27 省市，分成三组：

第一组：苏、皖、湘、鄂、京、沪、青岛、威海卫；

第二组：赣、闽、川、滇、黔、康、华侨；

第三组：鲁、冀、豫、晋、陕、甘、察、绥、平、津。

讨论自 9 月 29 日起，迄 10 月 30 日止，得出结论 520 条。顾树森说：审视所有结论，“或根据事实，或根据经验，或根据学理，均尚切实适当，洵为此后推行义务教育之重要的参考资料。义务教育举办伊始，负教育行政责任者，多主张教育部召集全国义务教育会议；此次利用讲习机会，部中同人与全体学员，从容讨论，切实研究，所得结果，较之匆匆数日之会议，迨有过之无不及也”①。

参加讲习班的不少是义务教育视导人员，他们称参加讲习班受益匪浅。

---

① 顾树森：《弁言》，教育部义务教育干部人员讲习班编：《义务教育实际问题讨论录》，湖北省义务教育委员会，1937 年，第 1 页。

（二）省市义务教育推进举措

1930 年 4 月，全国第二次教育会议召开，其《宣言》指出："……尤其在训政六年期内，我们深切感到全国有百分之八十以上不识字的民众和大多数没有受教育机会的儿童，是推行训政和建设的障碍，也就是推进民族文化的大阻力。所以在训政六年期内，对于义务教育和成年补习教育，主尽量推进。"① 其后，全国虽然均有所行动，但效果并不如愿。所以，教育部于 1932 年 6 月，制定《短期义务教育实施办法》《第一期实施义务教育办法大纲》两文件，直到 1935 年国民党中执委做出决定，全国各省市才采取实际行动。

1. 制订义务教育分年推进时刻表。教育部 1932 年的两文件颁布后，山东、福建、河南、河北、贵州、湖南、湖北、安徽、江西、浙江、陕西、热河、察哈尔、宁夏、甘肃、江苏、上海、青岛等省市，均按规定斟酌地方情形，拟具 1—2 种计划送呈教育部。各省市经济发展不平衡，推行义务教育的期限不尽一致，具体推进期限大致如下：

福建、河北、贵州将推行期限改为 20 年，分四、五、六期办理；

江西自 1928 年 7 月起至 1930 年底，以半年为一期，分五期办竣；

察哈尔自 1929 年度起至 1932 年度止，分四期完成；

湖北自 1930 年 8 月起，以四年为一期，共分五期办毕；

浙江自 1930 年起至 1935 年止，以一年为期，分六年竣工；

宁夏自 1932 年起到 1951 年止，以三年为一期，分七期告成。

此外，分别指定一年、二年、三年内办毕的有云南省等；以 20 年为期，分年推进的有山东省。

江苏省制订三年义务教育推行计划，从 1933 年起，江苏省每年增加 4000 个学级。甲等县（经费在 30 万元以上者）120 个学级，全省 9 县共 1080 学级；乙

① 《第二次中国教育年鉴》第二编，上海：商务印书馆，1948 年，第 40 页。

等县（经费在15—30万元之间者）81个学级，全省22个县共1760个学级；丙等县（经费在15万元以下）44个学级，全省30个县共1100个学级。此外，对教育经费筹措、义务教育学校建设、师资培养都做了安排。①

1935年，安徽省根据教育部颁布的《实施义务教育暂行办法大纲》，制订了《安徽省实施初步义务教育计划》，制订了推进计划和步骤：1. 实施义务教育的小学校分为完全小学、简易小学和短期小学三类，同时实行二部制，试行巡回教学和改良私塾。这里除完全小学外，其余为办理义务教育的变通办法，其中简易小学是用来招收不能入初级小学的儿童，分全日制、半日制和分班补习制三种；短期小学招收10—16岁的年长失学儿童，用分班制进行教学，每日上课两小时，时间为一年。即使在完全小学，也采用二部制、充实原有班额等措施以广泛吸收儿童。2. 划分小学区。规定每1000人左右（可酌情变通）为一个小学区，每5—10个小学区为一联合小学区。每个联合小学区设学董1人，每个小学区设助理学董1人，协助办理学区内义务教育的有关事宜。3. 重新修订义务教育规划，将安徽的义务教育分三个阶段进行：1935年8月—1940年7月为第一阶段，在这段时间内，各地广设一年制的短期小学，重点招收9—12岁的失学儿童，到1940年结束时，这一年龄段80%的儿童接受相应的教育；1940年8月　1944年7月为第二年龄阶段，在这段时间内，逐步将一年制短期小学改造为二年制的短期小学，招收8—12岁的失学儿童，到1944年结束时，这一年龄段80%的儿童接受相应的教育；1944年8月始为第三阶段，逐步将二年制短期小学改造为四年制的初等小学，并使所有的儿童接受四年的初等教育。② 因为措施比较得力，安徽省1936年在校小学生达38.5万人，约占适龄儿童入学率的21%。尽管比例还很低，但不能否认的是，提升的速度还是很快的。

自然条件比较差，文化欠发达的热河省，亦颁布了《热河省实施义务教育暂行规程》。热河省从省情出发，根据自身条件，制订出的推进义务教育计划，比其他省份都要详细，将教育普及的进程分作7个阶段，即：

---

① 《推行义务教育计划大纲》，载《江苏教育》第1卷，1933年第9期。

② 陈贤忠等主编：《安徽教育史》（上），合肥：安徽教育出版社，2006年，第506—507页。

第一期：调查筹款，准备师资，划分学区，自民国十八年八月一日起至十九年七月三十一日止，办理完竣。

第二期：各县街及繁盛市镇，自民国十九年八月一日起至二十年七月三十一日止，办理完竣。

第三期：在一百方里以内有三百户以上者，自民国二十年八月一日起至二十一年七月三十一日止，办理完竣。

第四期：在一百方里以内有二百户以上者，自民国二十一年八月一日起至二十二年七月三十一日止，办理完竣。

第五期：在一百方里以内有一百户以上者，自民国二十二年八月一日起至二十三年七月三十一日止，办理完竣。

第六期：在一百方里以内有五十户以上者，自民国二十三年八月一日起至二十四年七月三十一日止，办理完竣。

第七期：在一百方里以内不及五十户者，自民国二十四年八月一日起至二十五年七月三十一日止，办理完竣。①

热河省是将义务教育推进进程分为7个阶段的不多的省份之一。其他省份推进义务教育的周期相对短一些，分为三个时期者有之，分为四个时期者有之，分为五个时期者亦有之，多少都带有一点冒进、好大喜功的成分。而热河省能够冷静地对待义务教育推进工作，不去追时髦，赶浪潮，邀功争宠，也说明热河省义务教育推进计划的制订比较冷静。不过，所谓一期也仅仅一年而已，这一年难道能够完成既定的目标？譬如，第一期一年的时间要完成“调查筹款，准备师资，划分学区”三大任务，就算调查筹款和划分学区能够如期完成，但“准备师资”的任务难道是可以速成的吗？

2. 根据各省市情形划分义务教育学区。教育部颁行的《实施义务教育暂行办法大纲施行细则》，对义务教育学区划分作了要言不烦的规定，但很难按图施工。正因为如此，各省市在义务教育学区划分上，因地制宜，自定一套。其具体

① 内蒙古教育志编委会编：《内蒙古教育史志资料》（1）上，呼和浩特：内蒙古大学出版社，1995年，第306页。

情形，大体可分为 4 类：

第一，利用地方自治组织及保甲制度者，有广东、安徽、江西、湖北、陕西、河南和宁夏。

（1）广东：①学区划分与自治一致；②学区之乡镇按照自治乡镇区域划分小学区。

（2）安徽：短期小学之设置，以联保为单位。

（3）江西：以保为单位，每保至少设一保立小学。

（4）湖北：①第一期（1935—1937 年）以联保区域为小学区；②第二期（1937 年以后）以保区域为小学区。

（5）陕西：①以每保为一小学区，人口过少之保，联合两保或三四保，为一小学区；②保甲尚未编定之县，依《实施义务教育暂行办法大纲施行细则》第九条规定划分。

（6）河南：以联保为一小学区，设完全小学一所。

（7）宁夏：以原有自治区作为学区，县城为模范区。凡居民达 50 户及失学儿童达 80 名以上的区域，均得请求设立短期小学。

第二，以人口达 1000 人左右为划区原则者，其划区模式有如下诸种方式：

（1）浙江：就原有学区内，划分为若干区，以户口 1000—4000 人为标准。

（2）贵州：每一小学区以约有 600—1000 人为标准。

（3）云南：将全省分为 28 区，每 1 区辖 2 县或 5 县不等，每县将所属地方，以有人口 1000 人为标准，划为一小学区。

（4）河北：依照部定，以约有人口 1000 人划为一个小学区。

（5）察哈尔：每一小学区平均以约有 1000 人为准。

第三，“办法特异，不照中央规定者”[①]，有如下六省市：

（1）绥远：就人口分布及经济状况，将全省乡村区分为甲乙丙三等，以一乡镇为一小学区。

---

① 邰爽秋、黄振祺等编：《中国普及教育问题》，上海：商务印书馆，1937 年，第 208 页。

（2）福建：每 5 小学区至 10 小学区设立中心短期小学 1 所。

（3）山西：除太原市按照部定规程分学区外，省外各县均依该村制，每村定为一小学区。

（4）新疆：有游牧民族之县局，第一游牧区作为一小学区，设置流动短期小学，随从千户长百户长教学。

（5）四川：大县应就行政区划分小学区。行政区过大，再得划分为二区或三区。

（6）北平：依照全市人口划定若干小学区。

此外，尚无明文规定划区办法者，有江苏、天津、山东、西康、甘肃、上海、青海、威海卫等省市。

与以上诸多省份分区法有所不同的是绥远省。绥远省于 1935 年 10 月 19 日向教育部呈报实施义务教育计划，次年 5 月修正。修正后的《绥远省第二期实施教育计划》，在学区划分上有一定特色：一是根据本省的实际划分学区。“计划”指出：

> 各县划分小学区应依原有乡村城镇之人口平均约一千人为每一小学区划定标准。顾按诸本省实施乡村工作计划已就本省情形、人口分布及经济状况将全省乡村区分为甲、乙、丙三等为实施乡村工作之单位。今兹推行义教亦不出乎乡村工作之范围。若严守法文强以人口一千为划分学区标准，则划分结果势必与本省实施乡村工作之单位不能统一。且本省人口稀少、乡村零散，按人口一千划分学区势须联络许多乡村强合为一个学区。是不但学龄儿童之就学大感不便，即于义教推行亦窒碍良多，与其削足就履、不合实际，不如直以本省实施乡村工作既定之单位为施行义教开办短期小学之单位，盖如此办理既免重行划分之烦，实施上又可收经济便利之效。①

原则性与灵活性相结合，照顾到绥远省人口稀少的省情。

二是将小学区进行分等处理。强调“本省因乡村工作实施上之必要，已将全

① 内蒙古教育志编委会编：《内蒙古教育史志资料》（1）上，呼和浩特：内蒙古大学出版社，1995 年，第 395 页。

省乡村按其人口与经济区分为甲、乙、丙三等”。其分等及小学区数目情况见下表（见表2—2）：

表2—2 绥远省小学区等级及数目表（单位：所）

县局＼等级	甲等小学区	乙等小学区	丙等小学区	合计
归绥县	67			67
萨拉齐县	22		156	178
包头县	7	11	36	54
托克托县	8	14	98	120
武川县	3	17	117	137
丰镇县	22	62	101	185
集宁县	3	18	28	49
兴和县	18	27	3	48
凉城县	5	20	129	154
陶林县	4	18	14	36
固阳县	1	14	21	36
和林县		20	116	136
清水河县	1	14	21	36
五原县	3	7	8	18
临河县	5	10	31	46
东胜县	1	2	28	31
安北设治局		8	6	14
沃野设治局		3		3
省会	6			6
合计	176	262	916	1354

资料来源：内蒙古教育志编委会编：《内蒙古教育史志资料》（1）上，呼和浩特：内蒙古大学出版社，1995年，第396页。

就现有的资料看来，将推进义务教育的学区单位分作若干等级，实不多见。将义务教育学区分等级，体现了绥远省追求义务教育实效的良苦用心。

学区的划分，使一地宣传、办理义务教育，拟具该区实施义务教育计划，劝导区内民众集资兴学，调查学龄儿童，筹设学校，劝导或强迫入学儿童入学，督促改良该区辖域内的私塾便有了依托。因之，学区划分与行使其职权，直接关系到义务教育推行的效率问题。在学区的划分上，在一定程度上体现了义务教育推进者的智慧。

3. 培养义务教育所需师资。推行义务教育的“瓶颈”之一是师资严重不足。民国前期，袁希涛、陶行知等教育家对推行义务教育所需教师进行过匡算，需要教师 100 万人。就当时的师范学校的培养能力来看，大约要 25 年才能完成。很显然，时不我待，各省市乃积极谋划义务教育师资培养事宜，从各个方面挖掘潜力，力谋突破师资的“瓶颈”。

北平市划定小学区后，小学教师缺额极大。靠开办师范学校和举办师资培训班“远水不解近渴”，遂采取举办短期小学教员登记办法，解决燃眉之急。《时代教育季刊》1936 年第 1 期记载：

小学区域划定后，短期小学自须积极设立，参照上述小学区及每区应设立短期小学数目，则此多量教员之如何召致，实为重大问题。本市在本年度预定全市先行设立短小四百八十处，每处以教员一人计，即应需教员四百八十人，故在短小未设立前，必须先将此项教员人选确定，始能应付事机。乃先举行短小教员登记，并组织资格审查会，考试结果，录取五百六十人。更为慎重学生学业起见，厘定各项教材分期训练，期满后依次派往各区服务。①

北平市义务教育委员会的做法颇为可取。先进行短期小学教师登记，再进行资格审查，然后进行考试，考试合格录取后还需进行分科教材教法培训。

福建省鉴于 1936 年义务教育师资训练班受训学员仅 1600 余人，“未符规定之数”，决定在闽侯、霞浦、建阳、平和、长汀等县设立义务教育师资训练班 5

① 袁祚廙：《北平市办理义务教育之经过》，邓菊英、高莹编：《北京近代教育行政史料》，北京：北京教育出版社，1995 年，第 161 页。

所，除霞浦、建阳办理一级外，其余均为二级，加大了义务教育师资培训的力度。

湖南省教育厅乡村义务教育实验区主任刘寿祺发现全省“师资的素质低劣，确为最大的原因之一。为了补救这个缺点，当然是增加或扩充师范学校，但是师范学校造就师资不是短时间的，如果等待师范学校的学生来补救这些缺点，实在是远水难救近火”，解决这一问题的“唯一的办法，只有短期训练”。[①] 因此，从1933年起，每年在暑假由教育厅召集各县小学教员参与训练班学习，这个训练班称“小学教员讲习会”。讲习会不收取任何费用，研讨时间不少于三个星期。据呈报，1938年参加短期训练的有2528人，讲习终结，参加结业考试的有2359人。当年寒假仅5县参加讲习会的人数便达717人，其中645人参加结业考试。1939年，举办暑期训练班的有23县，参与训练者达3196人，参加结业考试者达3056人。1940年，“全省几普遍举行，参加讲习人数计7808人。讲习终结，参加结业考试者计7551人”[②]。在一定程度上缓解了义务教育师资紧缺的局面。

汉口市则通过塾师培训以解决义务教育师资紧缺的问题。推进义务教育动员令发出后，汉口市政府在适中的公私立小学分区指定塾师讲习班地点，每期训练时间为一个月，不向塾师收取任何费用，并发给各科讲义。学习期满，考查成绩及格者，由汉口市义务教育委员会呈请汉口市政府发给证明书。

各省市在义务教育师资培训方面，花了很大的力气，在一定程度上提升了义务教育师资的基本文化素质，也使义务教育师资严重不足的问题有所缓解。此外，各省市在义务教育经费筹措、校舍建设、班级扩充和办学条件改善等方面，所做的工作有很多值得点赞之处。

---

① 《湖南省小学师资短期训练之过去与将来》，陶蒲生、尹旦侯编：《刘寿祺教育文集》，长沙：湖南教育出版社，1992年，第69页。

② 《湖南省小学师资短期训练之过去与将来》，陶蒲生、尹旦侯编：《刘寿祺教育文集》，长沙：湖南教育出版社，1992年，第71页。

（三）县市义务教育推进办法

县市是义务教育推进的基层组织，是义务教育得以有效推进的行政保障。民国前期，中央教育部虽然为推行义务教育鼓与呼，但省市层面行动者不多，县市也就不可能推行“倒逼”式的义务教育了。但民国后期，从国民政府教育部到地方省市政府，都很重视县市推进义务教育功能发挥和职责的践履，使其能够承担起义务教育推行的重大责任。

第一，编织县市义务教育实施网络。教育部将各省县义务教育行政官员召集到一起，召开义务教育实际问题讨论会，对地方县级义务教育行政组织如何改革，献计献策，取得了共识。会议主张县教育局或教育科下应当设置专办义务教育的人员，县市义务教育委员会人选应添加学区教育委员。关于县市学区之行政组织，会议强调：（1）维护部颁修正市县划分小学区办法中所规定的行政系统。（2）义务教育推行人员：在县学区（几个联合小学区）或自治区，以教育委员会为主体；在联合小学区，以学董为主体；在小学区，以助理学董为主体。（3）每一县学区，于必要时，得设立区义务教育委员会，协助办理本区义务教育事宜。①

义务教育行政机关的根须扎到了基层的最深处——村，这使得义务教育的推行利用严密的保甲制度“一竿子插到底”。贵州省各县依据乡镇的分布划分小学区——实施义务教育的最小单位。每个小学区以约有 1000 人为原则。为便于指挥，又以 5—10 个小学区为一个联合小学区，每一联合小学区设学董 1 人，每一小学区设助理学董 1 人。学董的主要任务是宣传义务教育的重要性，拟订义务教育实施计划，劝导民众集资兴学，调查学龄儿童，筹设学校，劝导或强迫儿童入学。并要求各地除设短期小学外，设立区及保小学，即每一联合小学区或一区设一小学，每一小学区或一联保设一初小。②

---

① 教育部义务教育干部人员讲习班编：《义务教育实际问题讨论录》，湖北省义务教育委员会，1937 年，第 13 页。

② 孔令中主编：《贵州教育史》，贵阳：贵州教育出版社，2004 年，第 355 页。

北平市在街（村）也成立了相应的组织，并建章建制，颁布了普及教育暂行章程。1929 年 1 月，《北平特别市市报》刊登出《街（村）施行普及教育暂行章程》，对街（村）长的有关职责事宜，作了比较详细的规定：

第二条　街（村）施行普及教育，街（村）长副应尽之责任如下：

（一）协助教育局调查学龄儿童；

（二）挨户劝导学龄儿童入学；

（三）调查本街（村）私塾数目，及各私塾教员、学生人数，呈报教育局；

（四）调查各私塾办理状况，随时呈报教育局。

第三条　本街（村）幼童，凡届学龄，街（村）长副须劝导入学，倘有无力入学者，应由街（村）长副证明，送入附近小学校，并呈请教育局，酌减学杂各费。①

这足以证明，民国后期部分县市形成了一套严密的义务教育行政网络系统。很自然，这种最为基层的推进义务教育组织，各地并不是雷厉风行般建立起来，在很多地方还只是有很大的雷声，并没有见到雨点。

第二，设置短期小学校。教育部 1937 年 6 月 19 日公布的《二年制短期小学暂行规程》第二条规定："在第二期实施义务教育期间，各省市县应注意办理二年制短期小学，但在第一期内办理一年制短期小学已有相当成效或有特殊需要之地方，得提前办理二年制短期小学。"② 二年制短期小学招收 8—12 岁的失学儿童，不向儿童收取学费，所有书籍用品，概由学校供给。在人口稠密失学儿童众多的地方，二年制短期小学同时招收两班的学生。具体学额在城市的约 40—50 人，在乡村不得少于 30 人。人口稀少学额不足时，应依照实施巡回教学办法分设巡回教学班。

在教育部大力倡设短期小学之前，地方省市已经有设立短期小学之举。山东省 1932 年便有短期小学 173 处，学生 5194 人。次年有 247 处，学生 10198 人。

---

① 《街（村）施行普及教育暂行章程》，邓菊英、高莹编：《北京近代教育行政史料》，北京：北京教育出版社，1995 年，第 797—798 页。

② 《中央及本省义务教育法令汇编》，湖北省义务教育委员会，1937 年，第 71 页。

1935 年，山东短期小学得到较快发展，各县的短期小学出现一期、二期和三期三种类型，全省共设有 3240 校，其中第一期（8 月 1 日至 9 月 30 日）1962 校，第二期（10 月 1 日至 11 月 30 日）738 校，第三期（11 月 1 日至 12 月 30 日）540 校。[①] 发展速度堪称快捷。

贵州地瘠民贫，推行四年义务教育难度极大，因而将举办短期小学作为补救措施。从 1935 年起，全省各县将推行义务教育的重点工作放到设置短期小学上。短期小学以同时招收两个班为原则，每班学生 40—50 人不等，招收 9—12 周岁的儿童，每年授课时间须满 200 天以上。到 1935 年底，铜仁等 20 个县，每县开办短期小学 8 所，息烽等 61 县每县举办短期小学 6 所。1936—1938 年，全省短期小学分别增加了 606、45、91 所。[②] 湖南短期义务教育实际上是从 1935 年开始实施的，到 1940 年 8 月实施国民教育止，共开办 10 期，总计 29029 班，每班约有学生 40 人，共有学生 116.2 万人。从 1937—1940 年，湘西乾城、凤凰、永绥、保靖、泸溪、古丈、麻阳、通道等县设置短期小学 540 班，共约有学生 21000 人。[③] 云南省各县市根据乡村城镇的人口，每小学区平均以 1000 人计，设一所短期小学。各县市在未曾设置小学的地区划定区域设置一年制短期小学，并采用二部制教学。在已设学的地区，都借助普通小学、其他学校或公共机关附设一年制短期小学。对于私塾，一律按照短期小学或普通小学模式改良。[④] 设置短期小学是推行四年义务教育的变通形式，全国各县市在设置短期小学上满负荷运转。云南出现某县教育局长设学不力、效果不彰而被免职的事例。

四川军阀混战的局面稍稍稳定后，省政府训令各县组织义务教育委员会，划分学区设置教育委员会，举办短期小学。这些短期小学以乡、镇为主体，凡10—16 岁的儿童入短期小学学习。后来，省教育厅还曾在新繁试办短期小学 21 所。到 1937 年，四川全省 141 县共有短期小学 5604 所，招收学生 404148 人，实支

---

① 孟令棠：《民国时期山东省的初等教育》，山东省教育史志编纂委员会办公室编：《山东教育史志资料》，1986 年第 2 期。

② 孔令中主编：《贵州教育史》，贵阳：贵州教育出版社，2004 年，第 356 页。

③ 冯象钦、刘欣森总编：《湖南教育史》第二卷，长沙：岳麓书社，2002 年，第 841 页。

④ 蔡寿福主编：《云南教育史》，昆明：云南教育出版社，2001 年，第 446—447 页。

经费 907289.97 元，印发、购发课本 511000 部，核发义务教育补助费 50 万元。温江地区义务教育也得到很快的发展，1936 年，全地区有学龄儿童 291924 人，入学 91715 人，占 31.1%。失学儿童 200209 人，占 68.9%。据 1937 年统计，全地区每 100 平方千米有小学 8 所，每 100 人中有 4 名小学生。1938 年，温江地区有学龄儿童 313000 人，失学儿童 142000 人，占 45.37%，较 1935 年减少 23.53%，成绩还算突出。① 这个数目的变化，短期小学扮演了重要角色。

1932 年 6 月，朱经农以教育专家身份，由山东齐鲁大学调任湖南省教育厅厅长。他争得何键等湖南行政首脑的支持，发布《遍设乡村小学，以求教育普及》的训令，要求各县按计划开办简易小学和一年制及二年制短期小学。湖南的一年和二年制短期小学设于保学和中心国民学校。《湖南省教育厅直辖乡村教育区设立学校暂行办法》第 16 条，对保学和中心国民学校的编制作了明确规定："（一）二年制短期小学班，招收八足岁之学龄儿童。（二）一年制短期小学班，招收九足岁以上之儿童。（三）四年制简易小学班……"② 根据湖南省教育厅直辖乡村短期义务教育实验区短期小学设置情况来看，其效果不尽如人意。教育厅义务教育实验区成立于 1935 年 8 月，当年即设短期小学 30 所，每所办理短期小学班 1 班。次年 2 月，应地方人士的迫切要求，又增设两所短期小学。1936 年 8 月，一所短期小学改为区中心实验学校，一所改为巡回教学处，实际上短期小学仍是 30 所。从 1935 年下学期到 1937 年下学期各期学生人数及毕业生数情况来看，效果并不见佳。这一结论从下表（参见表 2—3）的数据便可清楚地看出：

表 2—3　湖南省教育厅直辖短期义务教育实验区学生数和毕业生数简表（1937 年）

	在籍学生人数	毕业生人数	备　注
廿四年下学期	1093		
廿五年上学期	1231	718	含本期新招或插班 419 人

① 温江地区教育局编：《温江地区教育志》，1983 年，第 54 页。

② 《湖南省教育厅直辖乡村短期义务教育实验区二十六年度义教民教合并办理计划书》，陶蒲生、尹旦侯编：《刘寿祺教育文集》，长沙：湖南教育出版社，1992 年，第 68 页。

续表

	在籍学生人数	毕业生人数	备　注
廿五年下学期	1219	216	系上学期新招者
廿六年上学期	1208	750	毕业生系估计人数，因尚未结束
总　计	4751	1684	

资料来源：《湖南省教育厅直辖乡村短期义务教育实验区两年来的工作》，陶蒲生、尹旦侯编：《刘寿祺教育文集》，长沙：湖南教育出版社，1992年，第52页。

在籍学生人数4751人，以平均每人在校肄业一年计算，实际在籍人数应有2375人，而毕业生仅有1684人，仅占在籍学生人数的70.89%。学期中途退学及读完一期即行辍学者人数甚多，1936年上学期旧生到校人数仅812人，辍学者281人，足见短期小学教育效率是比较低下的。

第三，执行强迫学龄儿童入学法令。中国自清末推行义务教育到1935年以前，并无强迫之举。1935年，教育部《实施义务教育暂行办法大纲施行细则》，规定对应入学而不入学者，处以1—5元的罚款。1937年7月17日，教育部颁布《学龄儿童强迫入学暂行办法》，规定学龄儿童的强迫入学，对家长或监护人依照劝告、榜示姓名罚锾和征工的程序办理。这些办法内容大致相同，教育部《暂行办法》多了征工一项，对“无力缴纳罚锾者，得按罚锾数目代以相当之征工日数，并仍限于十日内入学”。[①]《办法》第14条还规定了已入学儿童无故旷课者，对其家长或监护人的处罚标准。入学后旷课一周以上者，罚金半元或征工两天；入学后旷课两周以上者，罚金1元或征工4天；入学后旷课3周以上者，罚金1元半或征工6天；入学后旷课1月以上者，罚金2元或征工8天；旷课两月以上者，处罚及征工之标准依次类推。第15条对无故退学、中途辍学、任意缺课者，亦作了明细规定。第24条规定：“学龄儿童之家长或保护人如确系赤贫，无力令其儿童入学者，应予以下各项之救济，使得有就学机会”。其救济办法主要有8点：

（一）应依照各级学校设置免费学额及公费学额规程，给予贫苦儿童以免费

① 中国第二历史档案馆编：《中华民国史档案资料汇编》第五辑第一编《教育》（一），南京：江苏古籍出版社，1994年，第650页。

学额或公费学额，使之就学；

（二）地方如有公款应拨若干，在当地各种义务小学及小学内设置贫苦儿童公费学额；

（三）在工厂或农田工作之学龄儿童，厂主或雇主有令其入半日二部制学校之义务，不得扣减其全日或全月全年之工资；

（四）就地方慈善人士或慈善机关劝募捐款，为贫苦儿童就学时衣食之用；

（五）以强迫入学各项罚锾作为补助贫苦儿童入学之需；

（六）由地方筹建工厂，施行半工半读制，收容当地贫苦儿童入学工读；

（七）对于赤贫之学龄儿童，由学校贷款与其家长或保护人经营小规模之商工业，其办法由各市县教育行政机关斟酌情形，订定施行；

（八）各种义务小学或小学之就学时期及上课时间，应按照当地学龄儿童之生活环境酌予伸缩，使贫苦儿童于帮助家庭工作或农田工作之余，仍得有就学机会。①

在艰苦的抗日战争中，国民政府仍然在强力推行义务教育。1944 年 2 月 18 日，国民政府公布《强迫入学条例》，1945 年 2 月 17 日，《条例》得到修正公布。《条例》对强迫入学的程序、入学和免学进一步作了规定。规定其程序有三：

劝学：凡应入学而未入学之学龄儿童应由保长会同中心国民学校或国民学校校长用书面或口头劝告其父母或监护人限令入学。

警告：父母或监护人经劝告后如仍不遵限令其子女或受监护人入学者，得于劝告期限届满五日内将其姓名榜示警告并仍限期入学。

罚锾：榜示警告后仍不遵行者，得于限满七日内经乡镇强迫入学委员会议决，处以十元以下之罚锾，仍限期入学并汇报县政府。②

对于入学儿童如不经学校许可中途停学或任意缺课者，应由学校及强迫入学委员会共同劝导督促，如不遵从得依前条罚锾之规定处罚其父母或监护人。学龄

① 中国第二历史档案馆编：《中华民国史档案资料汇编》第五辑第一编《教育》（一），南京：江苏古籍出版社，1994 年，第 651—652 页。

② 宋恩荣、章咸编：《中华民国教育法规选编》（修订版），南京：江苏教育出版社，2005 年，第 284 页。

儿童如因疾病经指定医生证明一时不能入学并经当地强迫入学委员会证明属实者，得准其缓学，但健康恢复后仍应入学。《条例》规定了免学的条件："学龄儿童如因痼疾或肢体残废，经指定医师证明不堪入学，并经当地强迫入学委员会证明属实者，得准其免学。"①

国民政府及教育部有关强迫入学法规颁布后，各县先后贯彻实施。较早实行强迫入学办法的是河南省洛阳县。1935 年 2 月洛阳县公布《强迫儿童入学办法》，规定：

(1) 在指定实施义务教育区域内，凡达学龄之男女失学儿童，应一律入义务小学。凡属男性年长失学儿童，应一律入短期小学班。

(2) 未经呈准缓免之失学儿童及失学青年，如抗不入学，应由村校董多方劝导。劝导无效，即惩处其家长。其惩处方法如下：①先将该家长送交该管区公所，由区长劝导。②如区长劝导无效，即呈送县村惩办。

(3) 既经入学儿童，如中途无故不到校者，惩处其家长。其惩处办法如下：①连续三日不到者，予以书面警告。②连续一周不到者，科以教育捐 1 角至 3 角。③连续二周不到者，科以教育捐 5 角至 2 元。④连续三周不到者，由校董会呈报区公所，转呈县政府究办。②

措施虽已十分具体，但因洛阳仅为一个以县为单位的义务教育实验区，对中国义务教育的实施，影响是很有限的。

如自然条件、经济处境都不见佳的察哈尔省，规定凡已达学龄儿童应入学而不入学者，对其家长或保护人予以下列 4 种处分："一、书面劝告：凡应入学而不入学，逾开学期 10 日者，由所在地小学校董，予以 10 日之期限，劝令必须就学。二、榜示姓名：经劝告后，仍不遵限令其儿童入学者，得由校董于劝告限满 7 日内，将其姓名榜示示警。三、罚锾：榜书姓名示警后，仍不遵行者，得于示警限满 7 日内，处以 1 元以上 5 元以下之罚锾，并仍限于 10 日内入学。四、服

---

① 宋恩荣、章咸编：《中华民国教育法规选编》(修订版)，南京：江苏教育出版社，2005 年，第 284 页。
② 《洛阳县政府实施义务教育方案》，洛阳县政府，1935 年，第 32 页。

役：无力缴纳罚锾者，得按罚锾数目，科以服役日数，并仍限于10日内入学。”① “强迫”的执行形成了由软到硬的程序，对应入学而不入学者产生了一定的威慑力。

绥远省固阳县根据旷课时间长短进行罚款，“处罚标准”是：(1) 经“督饬”“劝告”及“警告”后概不服从者，罚金5元或服役15日。(2) 入学旷课1周以上者，罚金1元或服役3日。(3) 入学后旷课2周以上者，罚金2元或服役6日。(4) 入学后旷课3周以上，罚金3元或服役9日。(5) 入学后旷课1月以上者，罚金4元或服役12日。②

1936年5月修正的《绥远省第二期实施教育计划》，在强迫入学方面与其他省有诸多不同之处。《计划》有强迫的类别一目，对不同年龄的教育对象进行了分类：年龄较高家境贫寒者强迫入短期小学；年龄较低家境较优者强迫入普通小学；按年龄家境应入短期小学而其家长或监护人情愿其子女入普通小学者，“应就可能情形酌量允许之”。强迫的方法与其他省份亦略有不同：“（一）随时督饬 督饬无效者用第二方法；（二）书面劝告 限定期限以书面劝告其入学，劝告无效者，用第三种方法；（三）榜示警告 将不听劝告者之姓名榜示于众，以资警告，榜示仍不服从者用第四种方法；（四）处罚 按其情节及其经济状况照章处以罚款，仍限期责令入学。”③ 绥远省的强迫入学办法比较人性化，处罚并不是目的，使其入学读书才是目的。

平心而论，教育部《学龄儿童强迫入学暂行办法》是一个设计十分细致，措施比较得力，也比较人性化的管理办法。虽云“强迫”，实际上还是立足于“劝”，迫不得已才实施强迫。而且还提出了8条救济办法，足见教育部是想方设法确保儿童有入学机会。当然其中也有一些基本属于虚悬一格无法实施的条文，

---

① 《二十四年度各省市义务教育计划概览·察哈尔强迫学龄儿童入学办法》，邰爽秋、黄振祺等编：《中国普及教育问题》，上海：商务印书馆，1937年，第224—225页。

② 《二十四年度各省市义务教育计划概览·绥远省固阳县政府实行强迫入学办法》，邰爽秋、黄振祺等编：《中国普及教育问题》，上海：商务印书馆，1937年，第225—226页。

③ 内蒙古教育志编委会编：《内蒙古教育史志资料》（1）上，呼和浩特：内蒙古大学出版社，1995年，第405页。

如“地方如有公款应拨给若干”“由学校贷款与其家长或保护人经营小规模之商工业”等，明显是无法兑现的空话。强迫入学的条例实施若干年了，没有看到一个上门劝学的案例，也没有看到有收缴罚金或罚劳工的记载。

三、义务教育督导制度的建立及职能行使

从民国前期开始，教育行政部门就重视义务教育督导功能的发挥。国民政府教育部负责义务教育方针政策的制定和计划组织、督察工作，地方省市和县市负义务教育的推行之责。

（一）义务教育督导人员的素质

民国时期，义务教育视导人员的素质、任职条件备受关注。如提出了义务教育视导人员的 7 个条件，即：（1）健全的体格；（2）和蔼的态度；（3）同情的心情；（4）高尚的人格；（5）丰富的学识；（6）客观的眼光；（7）积极的精神。因为义务教育视导欲收较高的效率，视导人员本身适当与否，与视导效率的关系尤其密切。正如陈鸿文所言：

义教视导的效率，固因视导行政组织的有系统、有联络、有力量与各项人员视导工作的能合作、能协调、能联贯而增加，但视导人员本身的适当与否，更与视导效率有密切的关系。所以，义教视导人员适当的话，视导效率一定会很高；

不然，恐怕要很低，或卑劣不堪。[①]

许多学者十分关注义务教育视导人员的态度，认为恳挚的态度、热烈的性情、和蔼的容颜、温良的言语，是视导人员做好工作的先决条件。程本海认为，义务教育视导人员对地方教育行政长官要尊重、和蔼可亲；对校长要理解，有同情心；对教师要谦虚、热情；对学生要温和、坦诚。切勿在全校师生面前批评校长，在学生面前批评教师等。周邦道对视导人员的学识经验进行了专门论述，认为担任督学，应当具备下列几个条件："1. 对教育有深切的研究和浓厚的兴趣。2. 在教学训管和教育行政方面有实在的经验。3. 研究过专门的学术，并有相当的造诣。4. 有丰富的普通常识。5. 有彻底健全的人生观。6. 熟悉国家和世界的情势。7. 明了本国、外国的教育概况和现代教育思潮。8. 认识本国教育宗旨和实施的原则、方针。9. 了解公认的视导原则和标准。10. 有妥适的系统的视导方法和办事方法。11. 有事事愿虚心研究的精神和精密的研究方法。12. 能介绍新学说、新方法和新出版的书报于被视导者。"[②] 浙江省对县督学的态度更有具体的描述：如"容貌和蔼，仿佛预备拍照的样子"。又如对教师正在做的工作，要表示出一种自然的兴趣；要"以温和而诚恳的态度"去工作；用"友谊的态度接待教师，使其自动报告学务"，并希望指示和批评。[③] 孙爱棠从品格、学验、才能和体态诸方面提出了素质要求，如品格方面要：（1）诚挚不欺；（2）公平无私；（3）富同情心；（4）勤劳谨慎；（5）坚毅忍耐，能任劳任怨，不为环境所左右；（6）虚怀若谷，沉着踏实，不自满足不自矜炫；（7）光明磊落，无不道德行为；（8）有专业之自觉心，力求工作与成绩之表现。[④]

义务教育推行的重点和难点在乡村，故视导乡村义务教育的人员，更要具备一些特殊的素质。罗廷光认为，视导乡村义务教育的人员应当："（1）日行二三十里毫无倦容。（2）惯于舟车跋涉。（3）饮食起居失常，也能忍耐过去，不减兴

---

① 陈鸿文编：《义务教育视导》，上海：中华书局，1939 年，第 37 页。

② 罗廷光：《教育行政》（上册），福州：福建教育出版社，2008 年，第 383—384 页。

③ 罗廷光：《教育行政》（上册），福州：福建教育出版社，2008 年，第 382 页。

④ 江铭主编：《中国教育督导史》，北京：人民教育出版社，1995 年，第 192—193 页。

味。（4）对乡村小学有深切的同情心，决不存鄙视的心理。（5）献身教育，对改进乡小具有极大的热忱。（6）能接受问题、忍受困难，并进谋解决。”① 此外，乡小视导员还应具有特殊的学验：（1）对于乡村社会情形，无论一般的或者特殊的都须有相当的了解。（2）对于乡教理论和实际，须有深切的研究。（3）对于乡小环境内容，须有相当的认识。（4）对于乡小实际问题和困难，须有深切的了解，且有解决的计划。（5）对于改进乡小方法，须有深切的研究，且有成竹在胸。（6）对于乡小所需的课程、教材、教具等，能利用学校环境中所有事物指导学校当局或教员。（7）能按各种的需要，指示教学训导上的改进。（8）能引起乡小教员研究的兴趣，并指示其研究方法。（9）对单级复式及小学各科教学法均有相当经验，必要时能示范教学。（10）对乡村改造的理论和实际有相当的研究。②

专家学者对义务教育视导人员素质与条件的论述，对教育行政长官掌握选派视导人员的标准，无疑有一定的参考价值。因此，各级义务教育督导制度建立时便十分重视督导人员的基本素质，确保不合素质者不能滥竽充数。不过，学者们对义务教育督导人员素质的要求，实在有些理想化，按照他们的这些标准去招聘，恐怕会是竹篮打水一场空。相比较而言，还是教育部、省市和县市对义务教育督导人员的素质要求，比较“接地气”一些。

1. 民国前期义务教育督导人员的素质。宣统元年（1909），学部拟具视学官章程，对视学官的要求比较笼统，只是要求视学官“以宗旨正大，深明教育原理为合格”③。对学历和资历都没有提任何要求。民国初期，教育部于 1913 年 1 月颁布了《视学规程》，但没有单独颁行义务教育视学规程。《规程》规定：“有荐任文官资格而合于下列各项之一者，得任用为视学：1. 毕业于本国、外国大学或高等师范学校，任学务职一年以上者。二、曾任师范学校、中学校长或教员三年以上者。三、曾任教育行政职务三年以上者。”④ 其要求比较宽松，只需大学

---

① 罗廷光：《教育行政》（上册），福州：福建教育出版社，2008 年，第 383 页。

② 罗廷光：《教育行政》（上册），福州：福建教育出版社，2008 年，第 384 页。

③ 《学部遵拟视学官章程折并章程》，《教育杂志》第 1 卷，1909 年第 13 期。

④ 宋恩荣、章咸编：《中华民国教育法规选编》（修订版），南京：江苏教育出版社，2005 年，第 101 页。

本科毕业，工作一年以上，中师毕业任校长或教师和教育行政人员三年以上，都可以担任视学。以后直到南京国民政府成立，教育部没有公布相关文件。

对于省市视导人员的素质，教育部开始还是沿用清末学部之旧。1914 年 6 月 6 日，教育部在《呈大总统拟仍留各省视学，以维学务文》中，提出“迩年战事频仍，学风日下，将欲振兴教化，尤非先从视察入手，不能统筹并顾。救弊补偏，拟请仍留省视学一职”。那么应当选择什么样的人员充此任呢？呈文强调“应由各省巡按使慎选宗旨正大，深明教育原理之员，委充斯任”[①]。1918 年 4 月 30 日，教育部公布《省视学规程》，规定只要具备下列三条件之一，即可担任省视学：“一、大学文科或高等师范学校毕业者；二、师范学校本科毕业，曾任学务职五年以上，著有成绩者；三、曾任师范学校、中学校校长或教员二年以上，著有成绩者。”[②] 仅就充任省视学的条件来看，要求比 1913 年 1 月公布的《视学规程》的条件要高。

县视学承担着督察义务教育实施的重担，其任职条件也必须满足以下三个条件之一：

一、师范学校本科毕业，任学务职一年以上者；二、中学校或二年以上简易师范科毕业，任学务职二年以上著有成绩者；三、曾任高等小学校校长或本科正教员二年以上，经省教育行政长官认为确有成绩者。[③]

其实，越是基层，视学人员的素质越重要，但民国前期国内外大学本科毕业者本来就如向曙之星，来到县市教育领域任职者，就更加稀少了。如果县市督学充任资格一定要是国内外大学毕业，恐怕其职只好长期保持空缺了。

2. “黄金十年”义务教育督导人员的素质。南京国民政府成立后，义务教育督导实现了专业化。以前，教育督导人员不仅仅督导义务教育，还要督察中学、职业学校等，而自从义务教育督导专业化后，初等小学督导完全与其他学校教育分开。

---

① 《教育杂志》第 6 卷，1914 年第 4 期。

② 教育杂志社编：《教育法令选》，上海：商务印书馆，1925 年，第 102 页。

③ 《县视学规程》，教育杂志社编：《教育法令选》，上海：商务印书馆，1925 年，第 105 页。

（1）教育部督导人员的素质要求。1931 年 8 月 31 日，教育部公布《督学规程》，对其资格限制较宽，只需“有简任或荐任文官资格，且曾任教育职务二年以上者”即可。[①] 尽管如此，并不能依此便说教育部聘任督学的门槛很低。综览教育部督学名单可知，杨振声、郑晓沧、俞子夷等名列其中，而他们都是国内一流教育专家。

杨振声 1919 年赴美国哥伦比亚大学留学，专攻教育学和教育心理学，获博士学位，又入哈佛大学攻读教育心理学。1924 年回国，历任武昌大学、北京大学、燕京大学、中山大学中文系教授，清华大学教务长、文学院院长兼中文系教授。1930 年 5 月出任青岛大学校长，是一位学贯中西的学者。

郑晓沧 1914 年清华学校毕业，赴美留学。受“教育救国”论思想影响，认为教育是救国的根本要图，入威斯康星大学攻读教育，后转学哥伦比亚大学师范学院。1918 年学成归国，到南京高等师范学校教育科任教。结合教学，他编译了多种教材，如《密勒氏人生教育》《杜威教育哲学》《设计组织小学课程论》《教育之科学的研究》《英美教育书报指南》等。杜威来华前夕，他翻译了杜威的《我的教育信条》及《儿童与教材》《兴趣与努力》等，宣传介绍杜威的教育思想。20 世纪 20 年代，郑晓沧在《新教育》《教育汇刊》等刊物上发表了大量教育理论和实践的论文，阐述教育的重要性和教育的本质。

俞子夷在清末民初受江苏省教育会委派，参与以杨保恒为首的代表团赴日考察，三个月后满载而归，在上海办单级（复式）教授练习所，对单级教学进行推广，对教育研究产生了浓厚兴趣。1913 年，江苏省都督府教育厅组织专家赴美考察教育，俞子夷一行会同在美国留学的郭秉文、陈容组成欧美教育考察团，深度考察了师范教育和小学教育。回国后任南京高师教育科教授，主持附小。1927 年 5 月后，他任职于浙江省教育厅，主管初等教育。两年后，担任浙江大学教育系教授。抗战期间，他在湘湖师范教物理、教材教法，并研究农村小学教育问题。俞子夷撰写了大量教学论和各科教学法、小学教育的实际问题的论文，在小

① 宋恩荣、章咸编：《中华民国教育法规选编》（修订版），南京：江苏教育出版社，2005 年，第 115 页。

学教育界产生了很大影响。

图 2—1 俞子夷（后左三）与南京高师附小学生在一起（1919 年）

由此可见，虽然教育部在《规程》中对部视学一职没有太高的要求，但根据所聘请的人员来看，他们在各自的专业领域都是训练有素的专家。

（2）省市教育督导人员的素质要求。省市教育督导人员的素质要求多见于各省市颁布的督学条例或规程中。1928 年 1 月 13 日，大学院核准《安徽教育厅督学暂行条例》12 条。《条例》规定了任督学的资格和职权。其任职条件主要有 3 条，即：（1）国内外大学教育科、高等师范学校及师范大学毕业，而有教育经验者；（2）国内外专科以上学校毕业，具有教育学识及 2 年以上的教育经验者；（3）曾任中等以上学校校长或专任教员 3 年以上，且著有成绩者。安徽省的这一《条例》特别强调省督学必须是国民党党员，其原因是当时国民政府正在推行“党化教育”，系大气候使然。

1931 年 6 月 16 日，教育部公布《省市督学规程》，规定担任省督学只需满足三个条件之一即可。一是“国内外大学教育学院或文学院教育学系毕业，曾任教育职务二年以上著有成绩者”。二是“国内外专门以上学校毕业，曾任教育职务三年以上著有成绩者”；三是“高中师范科或师范学校毕业曾任教育职务七年以上著有成绩者”。[①] 虽然对学历要求不高，但对教育实践经验却有强调，特别是“著有成绩”，要求则不能说不高。

1937 年 7 月 1 日，教育部公布《省市义务教育视导规程》，第 4 条规定：“有委任以上文官之资格，并具有下列各项之一者，得任用为省市义务教育视导员。”这些条件是：

一、曾任县市教育视导职务五年以上著有成绩者。

二、曾任县市教育局科长职务五年以上著有成绩者。

三、曾任小学校长或民众教育馆长五年以上著有成绩者。

四、曾任推行义务教育或民众教育职务三年以上著有成绩者。

五、对于初等教育、义务教育或民众教育有专著发表，经主管教育行政机关认为确有价值者。[②]

1937 年 7 月公布的《规程》，对学历不再有要求了，明显强调教育行政工作的经历，强调对义务教育和民众教育有研究。对实践经验有所强调当然有必要，但对学历完全不相闻问，则走向另一端了。

（3）县市教育督导人员的素质要求。南京国民政府成立后，厉行义务教育，公布了教育部和省市督学制度，却没有制定县市义务教育视导员规程。1929 年 10 月，辽宁省就在所制定的相关文件中规定县督学满足两个条件之一，即“一、本科师范及新制师范毕业，任教育职务三年以上者。二、旧制中学或高级中学毕业，任教育职务五年以上者”。但凡有如下各款情事之一者，视为不合条件：“一、曾经褫夺停止公权者。二、有反革命行为者。三、品行卑污被控，查实有案者。四、素有不良嗜好或患有精神病者。”[③] 辽宁省对县督学的素质不仅从正面提出了要求，还从反面提出了限制条件。江苏省县视学的条件更多地侧重学历和教育实践经验。其资格条件有三，满足其中一条，则视为合格：“一、国内外

---

① 宋恩荣、章咸编：《中华民国教育法规选编》（修订版），南京：江苏教育出版社，2005 年，第 112 页。

② 《中央及本省义务教育法令汇编》，湖北省义务教育委员会，1937 年，第 193—194 页。

③ 《辽宁省教育厅考试教育局长及县视学规则》，齐红深、徐治中：《中国教育督导纲鉴》，沈阳：辽宁大学出版社，1989 年，第 156 页。

大学教育科教育学院或师范大学毕业，曾任教育职务一年以上者。二、国内外高等师范或专科师范学校毕业，曾任小学教员二年以上者。三、师范学校本科毕业或高中师范科毕业，曾任小学教员三年以上者。”①

将省市和县市督学的素质要求相比较，省市督学素质明显高于县市。其实，这是因地制宜，从实际出发提出的举措。县市一般离省城比较偏远，各方面的条件都比较差，很难留住高学历者和出类拔萃的人才，不得已退而求其次，只好降格以求。

为了保证县督学的基本素质，个别省份还试行县督学考试聘任办法。1929年10月25日，辽宁省公布县督学考试规则，除基本条件外，还规定了考试程序。第一，凡应试人员须填具志愿书、履历书暨荐任官吏的保结，自行来省教育厅报名，并呈验足资证明资格的文凭书类。第二，省教育厅进行资格审查，对资格不合格者，先期示知，“不得与试”。第三，考试场次及科目。督学考试分为第一试、第二试、第三试。前两试为笔试，第三试为口试。第一试科目有党义、国文、国语。第二试科目为数学、教育、教育行政政策、公牍。第三试“就应试人员经验设为问答”。凡第一试不及格者不得参与第二试，第二试不及格者不得参与第三试。第四，录取。第三试及格录取者，由教育厅发给凭照，并呈报省政府备案。如遇县督学缺出，即按照名次尽先擢用。但如果发现有“曾经褫夺停止公权”等情事者，“有确证者，取消其录取资格，并追缴其凭照”。

辽宁省采取县督学聘任考试办法，是保证县督学基本素质的重要举措。通过三次考试，逐场淘汰，能够确保选拔出符合县督学素质要求的人员。可惜辽宁省教育厅此举仅为一个特例，未曾见到其他省份有此类举措。直到1937年7月，教育部才公布《县市义务教育视导员规程》。这说明教育部看到了“县市义务教育视导员”与县市督学还是有较大差别，但对其素质没有提特别要求，只是提出了基本原则：“县市义务教育视导员，以原有区教育委员或中心小学校长充任为原则。其未设上项人员或已设而员额不足分配之县市，应以县市督学、指导员、

① 江苏省教育厅秘书室编：《江苏省现行教育法令汇编》，江苏省教育厅，1933年，第19页。

教育局科长内适当职员及优良小学校长等，兼任义务教育视导员。”[1] 实际上仍是将义务教育与一般中小学教育的督导放在一起。

（二）义务教育督导的内容

民国前期和后期的教育督导内容，有较大的区别。前期的教育督导对学校工作是全面督导，后期有对义务教育实行专题督导。

1. 定期巡视小学校。1912 年 9 月 3 日，临时政府教育部公布《学校系统令》，规定“初等小学校四年毕业，为义务教育”[2]。虽然规定初等小学为义务教育阶段，但并无任何制度保障措施跟进。

1914 年 6 月 17 日，教育部咨行各省巡按使从速设置省视学。10 月，教育部特饬司员拟定省视学注意事项，省视学视察时应注意之点是：①严格视察小学教员讲习所，对办理不善者，应立时报告，设法取缔；②视察省立师范学校毕业生及县讲习所毕业生服务状况；③检查各县教育费实支数目，是否与所报概算表相符；④查察各县教育款产经理处组织情形。其时，中央与地方的关系只是形式上统治，地方实际上并不买账。所以教育部的咨文在各省大多成为一纸空文。

1914 年 12 月，教育部在整理教育方案时，对清末以来推行义务教育不力十分叹惋，指出：

> 吾国兴学已十余年，尚无义务教育之规定；民国元年教育部所定学校系统，虽称小学校四年为义务教育，然究未以命令特别颁布，不足耸动全国之观听，以故人民视学务为官吏考成，上作而下不应；即有应者亦多视为慈善事业，不知对于国家负有何等之责任。[3]

乃向大总统建议，要求大总统“以命令明白宣示，确定初等小学四年为义务教

① 《中央及本省义务教育法令汇编》，湖北省义务教育委员会，1937 年，第 196 页。

② 宋恩荣、章咸编：《中华民国教育法规选编》（修订版），南京：江苏教育出版社，2005 年，第 1 页。

③ 《教育部整理教育方案草案》，宋恩荣、章咸编：《中华民国教育法规选编》（修订版），南京：江苏教育出版社，2005 年，第 5 页。

育，再由部拟订地方学事通则通饬办理”，但是没有结果。因而，1913 年 1 月 20 日公布的《视学规程》，对督导人员视导学校的内容，并没有义务教育的内容。如第六条规定视学应视察的事项有 7 点：“一、教育行政状况；二、学校教育状况；三、学校经济状况；四、学校卫生状况；……七、教育总长特命视察事项。……”要求在视察过程中，每遇到下面五方面的问题，必须表态。这些问题是：“一、与教育法令抵触事项；二、部议决定事项；三、学校教授管理事项；四、社会教育设施事项；五、教育总长特命指示事项。”[①] 这里的必须表态事项，当然也是视学视察学校的内容。

1914 年 6 月 17 日，教育部咨行各省巡按使从速设置道、县视学。10 月，教育部特饬司员拟定道视学注意事项，道视学视察时应注意之点是：①劝导小学教员随时预编各科简单教授案；②留意小学教员国文教授；③小学教员国文教授研究会，是否组织成立。但很快教育部又建议裁撤道视学。

教育部 1918 年公布的《省视学规程》对全国各省视学提出了要求：“一、地方教育行政及经济状况；二、中等以下学校教育状况；三、社会教育及其设施状况；四、幼儿教育及特殊教育设施状况；五、学务职员执务状况；六、主管长官特命视察事项；七、部视学嘱托视察事项。”[②] 这个《规程》仍然是综合性的视学规程，省视学视察的对象是中等以下的学校，推行义务教育的初等小学囊括其中。

值得关注的是奉天省的举动。1923 年 5 月 13 日，奉天省订定《视学视察标准》。《标准》提示省视学视察学校设备时，应当注意之点有：①校地宽大，所有权属于学校。②校舍适用。③运动场平阔适用。④图书足敷教学参考之用（以有图书馆为最佳）。⑤校园敷用，治理适宜。⑥校具完备适用。⑦标本、仪器足敷教学之用。⑧表簿清楚完备。对教师及其教学，应当关注：

（1）教法。A. 师生间讨论。即教室内师生间之讨论，内中分为三点：①先

---

① 宋恩荣、章咸编：《中华民国教育法规选编》（修订版），南京：江苏教育出版社，2005 年，第 102 页。

② 朱有瓛等编：《中国近代教育史资料汇编·教育行政机构及教育团体》，上海：上海教育出版社，1986 年，第 134 页。

生问学生答。②学生问先生答。③学生问学生答。复本下列二点判其优劣：①问答皆清楚、切实、合理。②学生有问有答者多数，非仅少数优等生活动。B. 教授实质正确无误。C. 教材内容切于实用。D. 教师精神振作恳切。E. 教师言语清朗（以能说国音者为上）。F. 照顾周到。G. 教室内之训管合法。

（2）学生程度。欲知教师教授如何，须考察学生程度。在视察短时间内，欲知学生程度真像［相］，最好用复式测验法，当场举行简单的考试。如，一级生有三十六人，欲测其国文程度如何，可分学生为三组，每组十二人，令甲组作国文（随程度出一实用题目），乙组默写熟文，丙组则令之回讲。评判之法，以答对十分之六为学生个人及格，以学生十分之六及格者为教师及格。

（3）学生作品。如算草、图画、手工、国文课本之类，判定法同上。若教法与学生程度作品皆及格时，视其及格程度高低，定记过、改良、嘉奖、记功等待遇，如不及格，则令解职。①

过去对教师教学的视察偏重于课堂教学，关注教师教学语态与行为，关注教学内容的科学性，奉天省的“标准”转向全面视察，也要关注学生的学情和学生的作业。当然将学生的学业成绩作为硬标准“一锤定音”，决定着教师的嘉奖、功过，这就有失偏颇了。

校长工作也是省视学视察的内容。对校长工作作出评价，其标准主要有：

（1）行政。A. 有改良进步之计划，其计划深远可行。B. 账目清楚核实。C. 簿册、图表清楚整齐完备（以有统计作用者最善）。D. 全校整洁（包括学生衣物整洁在内）。E. 缺席生数少。F. 校长与同事间有共作之精神及成绩。G. 师生间有亲爱共进之精神。

（2）学生成绩。以经过考核之全体学生十分之六以上及格为校长及格成分之一。

（3）训练能力。A. 校长自身无不良的习惯或行为。B. 学生对之有信仰（至大要无恶感）。C. 训话之实质合理切要；训话之形式恳切动人。D. 有自治训练。

（4）教育知识。A. 对于教学、管理、训练有合于教育原理的意见。B. 常读

① 《奉天省订定视学视察标准》，齐红深、徐治中：《中国教育督导纲鉴》，沈阳：辽宁大学出版社，1989年，第135页。

教育书报、杂志，并有问题与心得。C. 对于学生身心有考察且有记录。

（5）教育制度。A. 虚心好问。B. 诚恳和平。C. 富责任心与试验精神。①

根据这些“标准”，可以窥见省视学视察学校时应当关注的内容。如对于教师，当关注其教法、学生程度和学生作品。而就其教法而言，其内容又包括课堂讨论、教学内容的科学性和实用性、教师精神是否振作、表达是否清楚、课堂管理是否得法，等等。

还可以通过省视学视察学校的过程来看视察小学校的情况。根据《省视学规程》，各省定期派视学分区视察学校。广东省督学王典章奉省长之命，于 1917 年率领一行专家视察新会县立第四国民学校、7 所私立学校、高要县立高等小学校和台山县南昌高等小学校。有的学校“简陋不堪”，“校舍嚣隘”，“尘垢狼藉，不成事体”；有的学校教学“课本参差，教授管理多不合法”，学生“程度幼稚”，“听教员讲授功课，恐亦未能领会”；有的学校管理混乱，教师分班“不问所任学科之如何，只按县属地域分为五班，每班一人”，美其名曰“以示利益平均之意”，实则违背学校管理基本原则。有的校长“懒惰异常”，“殊无表率资格”；有的校长办学废弛，“常年均不在堂”；有的校长“漠视校务，教室等处污垢丛积，不堪寓目，教务废弛”。王典章一行来到一所学校时，有的校长竟“居乡未回”。王典章当即令县知事和劝学所长撤换第四国民学校校长；对管校无方的校长，令“该县知事即予撤换”。② 王典章巡视新会等县的公私立学校的结论与建议是：“主任校席多不得人，亦且虚縻经费。当责成劝学所严订规程，以除宿弊。”

根据王典章视察粤海道诸县小学的情况，可以推知省视学视察小学时关注的，是小学教材使用、教学方法、学生管理、学校管理、校长和教师履职情况、学生学习情况、学校卫生状况等。

县市是推行义务教育的基层单位，县市视学的责任尤其重大。教育部 1918

① 《奉天省订定视学视察标准》，齐红深、徐治中：《中国教育督导纲鉴》，沈阳：辽宁大学出版社，1989 年，第 136 页。

② 王玉民等整理：《粤海道尹王典章巡行日记（续）》，广东省政协文史资料委员会编：《广东文史资料》第 74 辑，广州：广东人民出版社，1993 年，第 228 页。

年4月30日公布的《县视学规程》，对县市视学到学校视察的内容作了规定：

一、督察各区对于教育法令施行事项；二、督察各区对于学校计划进行事项；三、查核各区教育经费及学校经济之实况；四、查核各区学龄儿童之就学及出席实况；五、视察各学校设备编制及管理之状况；六、视察各学校课程教授及学业成绩之状况；七、视察各学校训育学风及操行成绩之状况；八、视察各学校卫生体育及生徒健康之状况；九、视察社会教育及其设施状况；十、视察幼儿教育及特殊教育设施状况；十一、视察学务职员执务状况；十二、视察主管长官或省视学所指定之事项；十三、宣达主管长官指示之事项。①

根据教育部《县视学规程》可知，县视学对学校的视察内容，比教育部督学和省市视学要细致得多，仅条款便达13条之多，而教育部视学和省市视学视察学校内容仅三四条。对县视学要求更加明细，是很有必要的。县视学的教育理论素养一般都不如部省市视学高，对教育的研究也不够深入，学历大多偏低，教育经历也都比较狭隘，如果也像部省市视学那样“微言大义”，其视察很可能会流于形式。

2. 督察义务教育政策法规实施及学校施教情况。民国前期，北京政府及教育部也颁布了一些义务教育的政策法规，但仅在山西、江苏、吉林诸省部分得到贯彻实施，其他省份多“按兵不动”。而山西等省由于督导系统没有建立起来，中央和省政府对各县市义务教育政策法规实施及学校施教状况的督察，实际上是虚悬一格。

南京国民政府厉行义务教育，明确中央负全国义务教育计划、方针政策审订和检查督促之责，地方负实施之责。

1931年8月31日，教育部颁布《教育部督学规程》，规定部视学视察内容有六点：“一、关于教育法令之推行事项。二、关于学校教育事项。三、关于社会教育事项。四、关于地方教育行政事项。五、关于其他与教育有关事项。六、关

---

① 朱有瓛等编：《中国近代教育史资料汇编·教育行政机构及教育团体》，上海：上海教育出版社，1986年，第160页。

于部长特命视察或指导事项。”① 实施十多年后发现这六条似乎过于笼统，不便于部视学开展工作。1943 年 11 月 29 日，教育部公布《教育部督学服务规则》，对部视学的内容作了明确的规定：

一、每至一地，应与当地主管教育行政机关及其他与教育有关人员接洽讨论，并得参加各种教育集会，借知当地教育过去之历史、现在之实况及将来之计划。

二、各种教育计划是否适合当地需要及其实施状况，是否与原定计划相符，应分别查核指导。

三、地方教育经费有无妥善之整理增加，办法及其支配之是否适当，应详查报核。

四、调阅地方教育视导人员报告，应就其成绩最优最劣者加以复核。必要时，得会同地方教育视导人员及设有师范学院地方之辅导人员，对于成绩低劣者拟具办法指导其改进，并将成绩优良学校之事实尽量介绍。

五、视导完毕后，应约集当地主管教育行政机关及其他与教育有关各人员开会商讨一切改进事宜。

六、关于各地教育实际材料及重要统计，应随时搜集送部参考。②

根据这个《服务规则》，大致可以推知，部视学主要是视察地方教育行政状况，包括地方教育视导人员的工作状况。

省市视学的视察内容，1931 年 6 月 16 日公布的《省市督学规程》明确规定：“一、关于教育法令之推行事项。二、关于地方教育行政事项。三、关于地方教育经费事项。四、关于学校教育事项。五、关于社会教育事项。六、关于义务教育事项。七、关于地方教育人员服务及考成事项。八、关于主管教育行政长官特命视察或指导事项。”③ 1932 年 12 月，浙江公布《修正浙江省教育厅督学办事细则》，其中督导的内容基本一字不差地将教育部《省市督学规程》原原本本地复

---

① 宋恩荣、章咸编：《中华民国教育法规选编》（修订版），南京：江苏教育出版社，2005 年，第 115 页。
② 《教育部督学服务规则》，华东师范大学教育管理学院编：《中国近代教育督导资料选编》，1987 年，第 53 页。
③ 宋恩荣、章咸编：《中华民国教育法规选编》（修订版），南京：江苏教育出版社，2005 年，第 112 页。

制了一通。

教育部《省市督学规程》和浙江省《办事细则》对视察内容都比较笼统。也许是因为这个原因，教育部于 1936 年 8 月 13 日发出《教育部令征集各省市县中小学现行视导标准》，要求进一步细化视导内容和评价尺度。1940 年 9 月，四川省公布其视导标准，其中国民教育视导标准见下表（见表 2—4）。

表 2—4　四川省订定视导国民教育标准

项目	标准	要项说明
设校	一、按照规定设足	1. 依照三年计划设校。2. 原有学校不迁移或停办。3. 增设班级与学龄儿童成人多寡相适应。
	二、校址分布适当	1. 遵照《国民教育实施纲领》第九条第十条之规定。2. 便于学生入学。3. 与自治机关有联系。
	三、校舍修建合理	1. 遵照《四川省普设乡（镇）中心学校及保国民学校实施办法》第五章之规定。2. 参考厅编校舍建筑标准。3. 经济耐用美观。4. 有扩充发展余地。
	四、设备充实合用	1. 遵照《四川省普设乡（镇）中心学校及保国民学校实施办法》第五章之规定。2. 参考厅编教学设备标准。3. 充实敷用。4. 经济耐用美观。
经费	一、按照标准	1. 参考《四川省普设乡（镇）中心学校及保国民学校实施办法》第三章之规定。2. 视地方财力需要拟订标准。3. 逐年增加。
	二、（阙如）	1. 按月发放。2. 执行预算。3. 不拖欠不折扣。
师资	一、供求完全相应	1. 每班以一个半人为原则。2. 非不得已时不用代用教员。3. 提高教师质量。
	二、待遇确切提高	1. 遵照本省提高小学教师待遇五项暂行办法。2. 遵照教育部颁布各种小学教员待遇办法及规程。3. 遵照三十年四月本府财会教计一字第六三五八号训令规定，各县（市）乡（镇）中心学校及保国民学校教职员米津贴来源办法。
	三、任用确遵规定	1. 遵照《修正小学规程》六十二条之规定。2. 遵照《小学教员待遇规程》。
	四、注重研究进修	1. 有研究会组织。2. 能接受视导人员之指导。3. 多读辅导刊物。4. 多作交互参观。5. 充分给予发表机会。
	五、考核确照标准	1. 参考优良小学教员奖励办法。2. 拟订考核标准。3. 纯用客观态度。4. 注重多方考核。

续表

项目	标准	要项说明
学生	一、调查确实 二、征调认真 三、编组合理	1. 本区域内学龄儿童数及失学成人数有精确统计。2. 能按期调查登记。3. 能注意户口异动。 1. 遵照《四川省实施国民教育强迫入学施行细则》办理。2. 能运用分期征调。3. 学龄儿童按期入学，三十五岁以下成人均能参加公民组训。 1. 儿童班按学生校舍教师情形採复式二部分团单式编制。2. 成人班根据年龄性别职业区域分组。
效果	一、组织训导合法 二、教学方法良好 三、能推动社会事业 四、质量同时注重	1. 民众有组织。2. 公民训练有成效。3. 学校组织遵规定。4. 儿童训导有方法。5. 体格训练极注重。6. 团结生活有秩序。 1. 课程遵照规定。2. 教科书均经审定。3. 教师能应用新教法。 1. 有补导活动。2. 能遵行办理社会教育要点。3. 政教有密切联系。 1. 有计划地充实学校素质。2. 逐步求素质之改进。3. 不降低原有素质。4. 每年入学学生能达到计划中规定之百分比。5. 能注意班级的增添重于学校设置。

资料来源：江铭主编：《中国教育督导史》，北京：人民教育出版社，1995 年，第 343—344 页。

省视学视察各地，负载的任务很重，涉及地方教育的 5 个方面，即设校、经费、师资、学生和效果。具体而言，视察的内容十分广泛，有很多是难于解决的棘手问题。如学校设置数量够不够，校址分布适当与否，学校设备条件实用与否，教师工资是否按标准发放，教师任用是否遵循相关规定，教师的研究进修安排是否合理，教学方法是否得当，等等。

山东省 1931 年 6 月颁定《山东省定视察小学要项》，其中视察初级小学有五项内容，即：第一，学校方面，包括改建、新筑、赁居、借用、公产、教室光线、教室清洁。第二，经费方面，包括基金、地租、房租、学费、补助、公开。第三，设备方面，包括图书、桌凳、儿童读物、运动器具、游戏器具。第四，教职员，包括资格、学识、经验、课程、待遇、训育、服务精神、管理能力。第五，学生方面，要关注者有编制、程度、校风、生活、升学、课外作业和课外组织。①

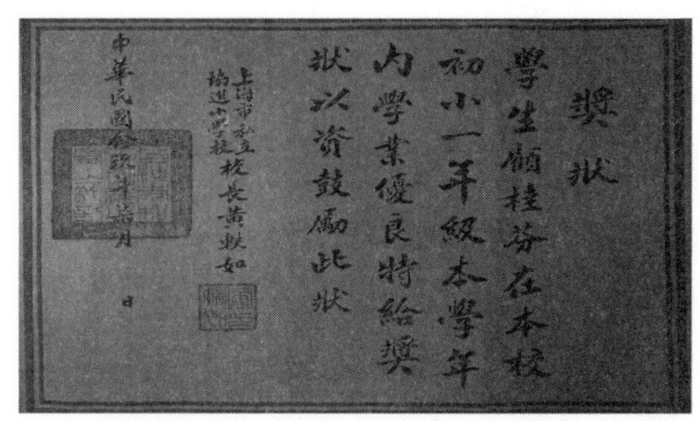
獎狀
學生顧桂芬在本校
初小一年級本學年
內學業優良特給獎
狀以資鼓勵此狀
上海市私立協進小學校校長黃軼如

图 2—2　上海私立协进小学的奖状

根据《上海公共租界工部局小学视导方案》可知，省视学应视察“教学动境”、儿童、教师和教学。视察“教学动境”的内容有：“1. 教师注意物质的环境吗？（光线、温度、通气。）2. 教师管理如何？（对于教具设备的留心及教室的秩序。）3. 训练的表现。（勉强的、合作的、自愿的。）4. 有尽力工作的表现吗？5. 教室布置是学生的工作吗？6. 黑板字迹清楚吗？”视察儿童的内容包括：“1. 感觉适意吗？（视力、听力、身体的整洁。）2. 快乐吗？3. 有生气吗？4. 诚恳吗？5. 不任意走动吗？6. 姿势正确吗？7. 工作尽力吗？8. 忙的工作，同时又是静的表现吗？”视察教师的内容包括：“1. 整洁吗？声调动听吗？2. 有笑容吗？诚恳吗？3. 姿势正确吗？4. 用和平的方法吗？5. 教材熟悉吗？6. 能用普通话吗？”教学视察，关注的问题有三：一是整个的估计；二是教学用品；三是教学过程。整个的估计的内容有本课的目的、教材是不是课程中应有的教材、学生有目的否。教学用品要看是不是“就是一本教科书”，有无其他用品；其他用品是否应用。教学过程应注意：“1. 本课有过程吗？2. 学生有过程吗？3. 从儿童经验找到例子吗？4. 有没有给儿童思考的机会。”②

这些都清楚地提醒省视学，要视察的是这些内容。一个个的问题，如果不认

① 《山东省定视察小学要项》，《山东教育行政周报》，1931 年，第 139 期。
② 雷振清：《教育视导之理论与实际》，上海：教育编译馆，1934 年，第 63—66 页。

真弄明白的话，视察报告是难于动笔的。

安徽省 1936 年的督学视导要点与其他省略有不同，这就是有视导义务教育的内容。视导义务教育之要项如下：

1. 抽查短期小学学额，每班经常实到学生是否在四十人以上。2. 抽查短期小学是否备有党国旗、总理遗像、钟铃、黑板及课桌椅（四十套至五十套）。3. 抽查短期小学教学成绩。4. 抽查短期小学公民训练成绩。5. 抽查短期小学开办费、办公费及经常费是否按期领到。6. 抽查区长、联保主任、保甲长是否负责办理强迫入学。7. 抽查各县改良私塾及关于推行义务教育其他事项。①

这 7 个要项是实施义务教育的短期小学应当具备的最基本条件。

在全国众多省份中，湖北省单独设置了义务教育视察员。这是专职视察全省义务教育的人员。1937 年 1 月 22 日，湖北省政府委员会第 226 次会议议决通过《修正湖北省义务教育委员会视察员服务规则》。当年 3 月，湖北省义务教育委员会制定《湖北省义务教育视察员视导地方教育方案》，对视导内容作了十分详细的划定，从教育行政、小学教育、社会教育等方面入手视察。义务教育的实施机关应当关注的内容有：1. 各级小学之分配及分布情形。2. 二部制推行情形。3. 试行巡回教学情形。4. 整理私塾情形。5. 师资训练情形。6. 联保设立小学情形。7. 各级小学设备标准。8. 有无研究组织？其研究情形如何？核心部分是小学教育的视察，其内容十分具体：

子、学校环境：1. 所在村落住户人口。2. 人民职业概况。3. 地方经济情形。4. 一般民众教育程度。5. 民众对于学校心理。6. 交通状况。

丑、学校场舍：1. 校地：（1）地点是否适中。（2）面积大小及有无扩充余地。（3）环境卫生情形。2. 校舍：（1）建筑式样及质料。（2）分配情形。（3）设备布置。（4）是否合于卫生。3. 课室：（1）大小高度是否适宜。（2）取光是否合宜充足。（3）空气是否流通充足。

寅、学校行政：1. 行政组织系统。2. 校务分掌。3. 级学编制。4. 校务计

---

① 《安徽省第二十五年度第二学期省督学视导要点》，《安徽教育周刊》，1937 年，第 103 期。

划。5. 会议与执行。6. 实行法令情形。7. 经费来源及分配。8. 有无审查经费组织。

卯、教导：1. 教务：（1）教学科目及时间支配。（2）教材内容。（3）有无自编或选编补充教材。（4）日课表之排列。（5）成绩考查及记分。（6）课外作业。2. 训育：（1）训育目标。（2）训育方法。（3）课外活动组织。（4）公民训练实施情形。（5）学校风纪。（6）家庭联络。（7）健康教育。（8）操行成绩之考核。

辰、设备：1. 教室课桌课椅及大小黑板。2. 仪器标本、图表、教具及图书数量。3. 体育及卫生设备。4. 各种簿籍表册。

巳、学生：1. 各级人数。2. 学生出席与缺席。3. 一般学生之体格。4. 学生各科成绩。5. 学生家庭职业与经济状况。6. 学生毕业后状况。

午、教职员：1. 校长资格、学识、品行及才能。2. 教职员服务精神。3. 教职员与地方人士、学生家长间之情感。4. 教员所用教学方法对于学生学习反应情形。5. 进修办法及效果。①

对义务教育视察内容的划定，对规范义务教育督导行为，有明显的积极意义。对义务教育督导人员而言，促使他们全面认真督导，保证义务教育不折不扣地实施；对实施义务教育的初等小学而言，可以对照义务教育督导人员视察的内容全面地建设施行。

南京国民政府成立之初，教育部没有颁布县市视学规程之类的文件，直到1937年7月1日，教育部才公布《县市义务教育视导员规程》，对县市义务教育视导员视导的内容作了大致划定："除视导区内义务教育外，并得兼视导区内之初等教育、民众教育及其他特殊教育事项。"② 在此前的1932年7月修正公布的《江苏省县督学规程》，规定视导内容有五点：

一、指导各区学校及社会教育机关之设施。

二、视察各校教学方法、训育方法及考核学校成绩。遇必要时得变更教授时

① 《中央及本省义务教育法令汇编》，湖北省义务教育委员会，1937年，第201—203页。

② 《中央及本省义务教育法令汇编》，湖北省义务教育委员会，1937年，第196页。

间考验学生成绩。

三、视察各校设备及卫生事项，并考查其经费。遇必要时得调阅簿册，并审核其收支账目。

四、调查社会教育机关之内容及考核其成绩。遇必要时得调阅各项簿册，并察查其内部经济。

五、视察及指导私塾教训方法，并考核其成绩。①

这是比较少见的县市级教育督导规程。江苏省自清末以来，推行义务教育及新式教育一直走在全国的前面。教育督导也是如此，江苏省县市督导规程公布后数年，教育部才公布县市视导规程之类，条款大同小异，《江苏省县督学规程》对全国义务教育推行的影响可以推知。

（三）义务教育视察和指导

民国前期，北京政府口惠而实不至，义务教育并没有雷厉风行地实施。各级教育视导虽然有实体机构存在，但各省发展很不平衡，即使少数省份比较重视教育视导，但视导人员并没有按照相关制度规定如期到地方学校视察，而且也没有将义务教育作为专项任务督察。民国后期，各级教育视导机构在南京国民政府和教育部的高压之下，纷纷动起真格，成立督导机构，配置教育视导人员，出台教育督导方面的法规，使教育督导系统真正运转起来。

1. 中央义务教育视察与指导。国民政府教育部频频派出部督学，督察省县义务教育实施状况。1936 年 3 月，教育部视察专员杨振声视察了湖北省的义务教育状况，提出了如下改进意见：

（一）该省私塾甚多，所收容之儿童达二十万人以上，其势力几与该省小学相埒。在未设小学之区域，固属不无裨益，可听其存在，但在实施义教之处，实亦有碍新教育之推行，应即设法利用，督令改造。其较完善者，改为代用小学。

① 江苏省教育厅秘书室编：《江苏省现行教育法令汇编》，江苏省教育厅，1933 年，第 19 页。

该省本有塾师训练班之计划，并于上年度见诸实行，殊属要举。应加紧令饬各县注重塾师之训练，于今年暑期中，将可训练者尽量编入塾师训练班。其不可改善及受训练者，应即予以取缔。原有学童，则令转入短期小学或联保小学。

（二）该省公立普通小学数量过少，除应奖励私人兴学外，并应照该省各县联保设立小学暂行办法，将联保小学，在十年内提前次第改为普通小学或简易小学。

（三）该省武汉等城市小学，尚不足容纳多数儿童，失学儿童之数量，仍属不少，应助其扩充，并厉行二部制，以期多所收容。

（四）该省特种教育办理颇力，此等教育办法不必限于收复区域，应设法推广其范围，先就现有之短期小学，酌量开设成人班，并逐步推广之。

（五）第二次拟办之短期小学二百四十余所，现时已否全数成立，应即呈报备案。

（六）短期小学经费，二十四年度上半年曾有八五折扣情形，经声明至二十五年一月起即不折扣。目前已否发给，应即呈报备核。

（七）多数学校校舍，因陋就简，不甚适用，且每因年久失修，不蔽风雨，该厅应定一整理校舍计划，分别缓急，按年兴筑或修理，不得任其坍圮，甚至发生倒塌之危险。①

湖北省教育厅当月转发教育部“普肆12”训令，对督学杨振声的意见，“通行各县政府分别遵照办理”。普通小学足者，要求“提前改设”。教育厅令各督学专员“即便转饬所辖各县政府遵照”执行。

教育部1936年3月还发出了“普零21”训令，根据视察报告看，湖北义务教育实施存在诸多问题，如“各地自筹经费所办之联保小学类多有名无实”，“普通小学添设二部几属绝无”，“短期小学采用二部制者，除汉口市外，亦不多见”，“乡政人员训练所不应借用为训练义教师资机关”，“短期义务小学之设立，在地点分配上颇有不当”，“各处短期义务小学教室之抬桌凳往往缺少”，“各联保自设

① 《中央及本省义务教育法令汇编》，湖北省义务教育委员会，1937年，第205—206页。

之联保小学应立即筹定经费，按月发放，不得如现在之有学无款”，等等。①

偏远的甘肃省的义务教育推展情况，一直是教育部关注的问题之一。1935年教育部向甘肃派出督学视察义务教育。督学提交的《视察甘肃省义务教育报告》，对甘肃实施第一期义务教育计划、边疆教育补助费及设施办法、短期小学的开办等，提出了改进意见：

……

二、第一期义教，规定于五年内完成，每年应减少失学儿童五分之一，该省应令各县估计失学儿童数，再定每年应设校数及应收儿童数，似较依县分等级添设校数更为合理。各县学龄儿童之初步调查，应即规定简单办法，开始举行。

三、查该省呈报之边疆教育补助经费及设施办法，拟在各省立师范开设短期小学师资训练班十班，据该省教厅二十四年十二月呈报，仅二中及七师办此种训练班，此次视察所及，亦仅省乡师班有训练班，原指定之一师、三师均未举办，其他师范是否已办，未见呈报，应令依照原定办法，从速开办。

四、短期小学虽已陆续开办，所收学生大都年龄太幼，且有由普通小学转入者。查部颁短期小学办法规定招收九足岁以上者即通俗年龄十岁以上，以后招生时，应令注意入学年龄，悉照规定办理；其原在他校肄业者不收，以免参差不齐。

五、短期小学应由领受补助费之各地教育行政机关直接办理，此次视察所及，有由当地驻军政训部办理者，如开办及经常费由政训部自筹，当可准办，并予嘉奖；如款来自地方及中央，应仍由教育行政机关办理。②

中国幅员辽阔，全国两千多个县，一一派出人员视导，教育部力不从心。1944年6月，教育部公布《指定各省师范学校视导县市国民教育办法》，规定各省师范学校经教育部指定执行视导工作后，从事下列四方面的工作：“一、就其辅导区内，各县市拟具分年视导计划呈，由教育厅局转本部备案。二、视导工作

① 《中央及本省义务教育法令汇编》，湖北省义务教育委员会，1937年，第210页。

② 《教育部视察各省市义务教育报告汇编》，上海：商务印书馆，1937年。

范围暂定：（1）县市国民教育行政。（2）普遍视导中心国民学校。（3）抽查国民学校。三、视导时，应遵照本部规定之视导标准及表格分别详细记载。四、视导某一县市完毕后，应将视导表格填齐并附具视察意见及改进意见，由学校径寄本部并汇报省教育厅。”① 指定师范学校参与到督导队伍中来，有利于调动师范学校教师的积极性，也有利于督察地方推进义务教育。从这些方面来说，此举不失为推进义务教育之良策。

2. 省市义务教育视察与指导。如前所述，南京国民政府成立后，国民政府教育部先后制定了《省市督学规程》《省市义务教育规程》，各省市出台了加强义务教育视导的制度与法规，如《浙江省地方教育辅导方案》《修正浙江省教育厅督学办事细则》《四川省教育视导网组织办法》《四川省教育厅订定视导标准》《修正湖北省义务教育委员会视察员服务规则》《湖北省义务教育视察员视导地方教育方案》《江苏省教育厅督学办事细则》，等等。

教育部《省市义务教育规程》规定，省市义务教育视导人员应参加县市义务教育委员会会议，商讨关于推进各该县市义务教育事宜。遇必要时，得商请县市义务教育委员会召开临时会议，“借便列席”。规定“省市义务教育视导员在视导期间，应与视导区内县市视察义务教育人员取得适当之联络，每学期在一县市视导前后，均应召集县市义务教育视导人员开会，商讨并计划一切关于视导进行及县市内义务教育改进事宜”。在视察地方时，“除有必须普遍或详细视导之县市或县市内某一区域外，得根据县市视导人员之报告，加以抽查，但每一县市所有之各区域，每一学期内均应普遍到达”。当视察时遇到各种义务小学及省市款补助小学，“办理不合或欠完善时，应随时指导纠正。但对于县市义务教育行政事项之较为重要者，应专案呈请省市教育厅局核办”②。《修正湖北省义务教育委员会视察员服务规则》也规定，视察员“于每县视察完竣后，应即出席该县义务教育委员会，提出改进意见，经会决议送由县政府分别执行，并须将会议记录及处理情形报会备查”。对于短期小学及省款补助小学，“如认为办理不合或欠完善时，

① 江铭主编：《中国教育督导史》，北京：人民教育出版社，1994 年，第 346—347 页。
② 《中央及本省义务教育法令汇编》，湖北省义务教育委员会，1937 年，第 194 页。

随时指导纠正，但情形重要者应专案呈请核办”[①]。湖北省义务教育委员会还规定了视导员的视导方法及指导方法，指出：视导方法“（一）视察时以和蔼态度、同情心理、客观眼光，切实考察其优点、劣点之所在，及有无困难情形，并随时详细记载。（二）视察后用下列方式指导之：1. 举行个别谈话指示改进要点（于每一校视察毕应酌定举行）。2. 施行示范教学辅导纠正。3. 举行团体会议，共同商讨（于每一校或学区视察毕应酌定举行）。4. 介绍参考资料及进修读物。5. 介绍优良学校及优良教员，俾收观摩之益。6. 通信指导。7. 建议事项先与被视导者详加研究”[②]。江西第五行政区地方教育指导员夏兆伦的视导报告中辟有“视察前之准备”，在其视导计划中，设计了如下视导方法：“一、行政方面：（一）调查卷宗；（二）征询——与主管人员谈话；（三）采访——与地方人士谈话；（四）调查各种簿表及会议录；（五）召集区长教育督办员考询并训话；（六）召集学校教职员考询并训话。二、学校方面：（一）征询——与校长及主任谈话。（二）调阅表簿。（三）视察——环境设备、学生生活、学校概况。（四）考核成绩——考核学生操作及课卷成绩，并注意教师处理批订情形。（五）指导改进——凡全体应行注意事项，取共同指导方式，个人应行注意事项，取个别指导方式，遇必要时即邀请主管行政当局及各校校长主任等共同商讨。（六）训话——必要时召集全体师生加以训话。”[③] 他强调出发前的准备工作包括调阅卷宗，并阐述其必要性说：

出发视导之前，对于各县教育现况，理宜先有一概念，庶实行视导之时，胸有成竹，几日斟酌情形，或治其本，或治其标，不致犯视不周详，导不切实之病；同时又因奉专署字第七七八号训令，以“本区教育整理以来，迄已三月，先后订布各项法规计划，通饬遵照各在案，顾各县努力推行，渐见成绩者固多，而

---

① 《湖北省义务教育委员会视察员服务规则》，《中央及本省义务教育法令汇编》，湖北省义务教育委员会，1937 年，第 198—199 页。

② 《湖北省义务教育视察员视导地方教育方案》，《中央及本省义务教育法令汇编》，湖北省义务教育委员会，1937 年，第 203—204 页。

③ 夏兆伦：《二十四年度上学期视导第五行政区各县教育总报告》，载《江西教育》，1936 年第 18 期。

阳奉阴违或推动不力者亦复不少”。（录训令中语——原著者注）特派指导员“依照本区各项法令计划，以全权指挥进行，对于怠弛职守、玩忽法令之各主管教育行政人员与学校职教员，及地方上关于教育之一切纠纷，或未能解决之疑难事件，得予会同当地县长，查核处分，或斟酌处理后，再行专案报署”（录训令中语——原著者注）；故在出发前一日，特调各县教育卷宗，将各县过去行政状况，与现在进展程度，以及有无纠纷事项等，查阅清楚。[①]

安徽、湖北、江西、湖南各省，均采取了积极行动。

1931 年 1 月，南京市督学视察了夫子庙小学，提出了评价与指导意见：“教学方面：各教师对于教学方法，大致尚可。而以幼稚班教师某某，授幼稚生认字，教态教育，俱属合宜。自然科教师某某，授四年级乙组自然，题为‘蒸汽机’，讲解清晰，野外自然教学报告书，亦颇可取。一年级乙组级任某某，授该级书法，对于巡视作业，指导笔顺，尚须加以注意。艺术教师某某，授三年级乙组美工，对于分发材料，须事前准备，以便经济授课时间。训育方面：因学生过多，颇难整齐，儿童活动，有市政府之组织，如市政、教育、财政、公安、卫生各局会议记录，均合实际。各级学生成绩似较参差，然亦间有清楚可观者。”[②]从这一视察报告看，首都南京夫子庙小学的教学质量较好，教学上没有明显的纰漏，诸多教师的教学均用“尚可”“合宜”“可取”“可观”来评价。

山东省督学视察泰安县后，写下了详细的视察报告。泰安县的优点有“教育行政人员精神振作，城关小学林立，成绩斐然。乡区教育经费，多仰赖于中捐”一条，“应改进者”则有八条之多：

……

（二）该县巡回文库系附设乡区各小学内，其法固可节省用人经费，然又失于不能巡回。且增添新籍，各校必须一齐增添，其实反不经济。应再令各校图书互相巡回，庶增添新籍勿须重置即可巡回全县，用费少而收效宏。

---

① 夏兆伦：《二十四年度上学期视导第五行政区各县教育总报告》，载《江西教育》，1936 年第 18 期。

② 《南京市督学视察夫子庙小学报告》，江铭主编：《中国教育督导史》，北京：人民教育出版社，1994 年，第 394 页。

……

（四）查该县教育成绩与经费之支配，太重城关，而乡村落后，应一律注重，以期平衡发展。

（五）查该县学校林立，应提倡各小学开学校成绩观摩会，或展览会，以资鼓励。

（六）查该县乡区各校多无女生，应设法提倡女子入学。

（七）查该县乡区各校经费无标准，均以各校自筹公产多寡为定，或有余，或不足。嗣应改归教育局征收，再按标准发放各校，以期平均划一。

（八）查该县实验小学，内容办理与普通小学无殊，有负“实验”二字真义，应令遵照上次指导，改为县立第六小学。①

视察报告对泰安县的办学成绩进行了“抽象的肯定”，对存在的问题进行了“具体的否定”，总体上来说，堪称可陈之善不多。

1933年12月，湖北省督学王介庵奉命视察第三区及所属各县教育，并且督促赶速成立清理学款学产委员会，视察第三区教育机关约一个月时间。先赴蕲春，视察蕲春简易乡村师范学校及蕲春县教育。再溯江而上经浠水兰溪镇到浠水县城，视察各类学校后，乘浠罗汽车至罗田县，又往英山县，复循原道返罗田、浠水到兰溪镇，三县教育视察完毕，已是12月底。王督学顺江至武穴，转广济县城，复近武穴乘轮船抵九江，渡江经小池口，到黄梅县孔垅镇，至黄梅县城，再循原路返孔垅、小池口至九江，乘轮船返回武汉。一个月后，王督学提交了6县视察报告。兹以他的广济县教育视察报告为例，解剖其对第三区6县的督导作用。广济教育视察报告共分为行政、经费、学校教育、社会教育、私塾和视察意见6部分，前5部分一一介绍基本情况，第6部分集中提出了对广济县教育整改意见。如在教学方面，整改意见是：

县立中心小学图书设备，应设法充实；教职员应详慎选择；对于教育方法，应共同研究；评阅学生作业，应特别细密。各班学生人数，应补招足额；学生缺

---

① 牛希文：《视察泰安县教育报告》，《山东教育行政周报》，1932年第166期。

席，应予从严取缔。在经费可能范围内，可以逐渐增班，或将低年组学生拨入第二初小肄业，即以第二初小，改为该校第二部。[①]

湖北省督学王介庵对第三区教育的视察，实际上不是专门的义务教育视察，视察的内容涉及第三区教育的各个方面，义务教育主题淡化得微乎其微。

根据山东省、四川省和湖北省义务教育视察报告来看，推行义务教育的条件实在太差，师资、校舍、管理、经费等，各方面存在的问题实在太多。他们的视察报告写得十分详细，包括视察行程，都一一原原本本地记录下来，教育实况翔实，因而整改意见，都有根有据。各省教育厅厅长、涉及的各该县县长和教育局局长了解到这些教育基本情况和所提出的整改意见，当有助于该县教育问题的解决，促使该县教育健康发展。

3. 县市义务教育视察与指导。县市是义务教育的实施单位，直接关系到义务教育实施的效果，因而县市义务教育督导人员责任重大。教育部 1937 年 7 月 1 日公布的《县市义务教育视导员规程》规定，“县市义务教育视导员对于所担任视导区内之各种实施义务教育之小学（以下简称各种义务小学），应作个别详细视导，每一学期每校至少应视导两次以上”，并应与相关人员商讨义务教育推行及改进事宜。[②]《规程》的颁布，表明义务教育专项督导的加强。其后，义务教育督导明显加强。

陕西省长安县督学刘安国、李日刚、亢维恪和凌启佑，指导员李汉乔、黄云波 1935 年对长安县进行了教育视导。所提交的视导报告对长安县公私立小学的校址、沿革、组织、编制、课程、设备、教学、经费等，进行了深入的调查，一一记录在案。视导意见分为两部分：一是视察完毕一所学校后，专门有一段“视察意见”，包括学校教育与管理存在的问题和建议；二是一区小学视察完后还有该区总结性的文字。

关于视察意见，视导报告无论是视察公立小学，还是私立小学，或是私塾，都有“视察意见”。如视察县立学校白花村小学后，视察意见有二：“一、该校校

① 王介庵：《视察第三区各县教育报告·己·广济县》，载《湖北教育月刊》第 2 卷，1934 年第 2 期。
② 宋恩荣、章咸编：《中华民国教育法规选编》（修订版），南京：江苏教育出版社，2005 年，第 308 页。

长对于校务，尚称努力，惟对于学校办法，亦认识较浅。二、该校内教室狭小，七十余学生分在三教室受课，教员又只二人，最宜采用二部制。”① 视察完毕老洞初级小学校后的意见是：“该校校长领导无方，致校务废弛，应亟另委妥员，以资整顿。”视察私立进德小学后的意见是：“教局应从速设法增加该校补助费，加以整顿，如高级班无力开办，即速办初级，以应需要。”

一区的学校视察完毕后，多有一个“总结”或“结语”。譬如，第三区私立学校视察完毕后，视导报告的结语是：

除上列私立九校外，并赴丰镐村、客省庄、杨柳村及楼子村等处视察，据教局调查，该区有学龄儿童一万零七百二十名，而县立小学及初小仅两处，容纳学生尚不及二百人。一般私立学校则师资太差，更不能按时开学，以致私塾林立，实为新教育之障碍。至大镇，又不思集中人财两力，办一规模较大之学校，一任地痞流氓假学渔利，对于教学训育各事，则无人注意，实不为宜。并闻中丰店四村烟户三百，竟分四校，则办理优劣不问可知。②

视察第四区公私立学校后，对其办理状况颇有微词，其“结语”云：据教育局查核有学龄儿童 8125 名，但“县立学校设立者既太少，而私立小学又皆腐败不堪。常见师资太差，课目不备，校舍污秽，学生秩序不佳。亟应求质量之改进。至丈八沟、郭杜镇及西桃园子，则有教会布道所之设立，前者有教友四十余人修筑礼拜堂费金一千六百元，主持人杜某，该村虽有学校，设于湘子庙，则未能如期开学。西桃园子天主堂设有学校，郭杜镇亦有布道所。据视察所得，教会工作平时甚积极，大有取非教会学校而代之之努［势］。县教育局不可不注意也”。抓住的都是急切需要解决的严重而突出的问题。

视察长安全县教育后的“共同印象”是视导报告的重要内容。“共同印象”分教育行政、学校教育、教育经费、社会教育四个方面。小学的“共同印象”亦

① 刘安国等：《长安县教育视导报告》，陕西省教育厅陕西教育志编纂办公室编：《陕西教育志资料选编》第二辑，1986 年，第 32 页。

② 刘安国等：《长安县教育视导报告》，陕西省教育厅陕西教育志编纂办公室编：《陕西教育志资料选编》第二辑，1986 年，第 38 页。

有 13 点：1. 师资欠缺。2. 不能按章开学。3. 设备缺乏。4. 班级多太大。5. 教科用书多陈腐。6. 各科进度无计划。7. 一切设施仅重表面。8. 私立教校收费漫无标准。9. 私立学校教室，采光多不合法。10. 社会人士对学校无信仰。11. 教学重注入，不注意学生的程度。12. 对寄宿学生，无自修设备。13. 复式教学不能顾及自动学习的学生。督学们对长安县小学教育教学的“共同印象”实在欠佳，甚至没有一句肯定点赞之语。

视导报告的最后一部分是“建议”。建议分“普遍的”和“特殊的”两部分。“普遍的”建议共有 20 点之多，主要有：“县立学校校舍、校具、图书标本、游戏器具，以及卫生设备，均应力谋扩充与充实”；“教学方法应力求改良，注意儿童之程度”；“各区应以县校为中心，组织教育研究会（注重教学及训管方法之探讨）会同教育委员定期召集乡村教师，举行研究会议，以收观摩之效，并须分组分期由教委率领来省参观”；“教科用书，须采用经部审定之课本，教学进度，尤宜有一定之计划”；“中高年级之补充教材，应以白话尺牍以及珠算两种为准，绝对不许采用论说入门，‘四书’‘五经’《幼学琼林》等物，有背儿童程度”①。“特殊的”部分比较复杂，有建议有关部门予以褒奖的，如“黄良镇小学教职员勤奋服务，求校务之推进。雾庄小学校长吴学周能联系地方人士，力谋校舍之改善及扩充，应一体嘉奖”；也有建议立即采取严厉措施的，如“斗门镇同志小学教员丁子尚精神颓唐，耳聋手僵，教法腐败不堪，且公然陈设大烟具，贻误当不在小，应严令即刻停职，不准充任教师”。还有督促学生入学的建议，如第 13 条“乾河镇初小校长，应联合地方人士督动学生入学”，等等。

长安县是陕西省义务教育基础较好的县市，“共同印象”尚且乏善可陈，其他县市的状况不难想见。这不是督学们所悬的目标过高，而是所视察的学校的确违背了小学教育的基本规律。譬如，有的小学还在讲授“四书”“五经”和《幼学琼林》等，显然是不合适的。而作为长安县小学视察报告的“共同印象”，是专家们的共识，说明此类现象在长安县比较普遍。

---

① 刘安国等：《长安县教育视导报告》，陕西省教育厅陕西教育志编纂办公室编：《陕西教育志资料选编》第二辑，1986 年，第 49—50 页。

全面抗战爆发后，全国各县市义务教育督导的内容增添了抗日救国的元素。1937 年第一学期，湖北省督学乐永和视察了宜昌的一部分学校后，在视察报告中写道：

校长王有容，接办以来偕教职员等，供职认真，设备较为完善，办理较有成绩。本期值抗战非常时期，尤能复更训教方针，以国防教育为目的，凡关于学生文艺、美术、劳作等科，能注重扑敌及海陆军之种种常识，具有雪耻教义之基本知能，对其教育之成绩展览，尤属优异，拟请明令嘉奖，以资鼓励。①

乐督学对县立中小学的视察，不仅十分细致，而且及时肯定这些学校在训教方针上的调整，增加了国防教育的内容，教学生“扑敌及海陆军”的常识，“具有雪耻教义之基本知能”，“拟请明令嘉奖”，充分发挥了督学“视察”与“指导”并重的作用。

根据各县市的资料来看，义务教育视导人员对各地小学的督导，认真严苛，细致入微，眼光敏锐。他们所提出的意见或建议及整改措施，都极有见地，问题一针见血，一语中的，反映了义务教育视导人员既有很高的教育理论素养，又有丰富的实践经验，还有极强的责任感和使命感。但是，督学们提出的意见、建议或整改措施，过多过于琐碎，有的简直一无是处，很多是校长和教师们无法解决的，很多问题也是无法避免的。因而，很多问题多半是落得个“不提白不提，提了也白提”的结果！

① 宜昌县教育委员会编：《宜昌县教育志》，1992 年，第 57 页。

第三章　民国时期义务教育的期限与实施机构

义务教育期限确定，与国家的综合实力密切相关。国家综合实力雄厚，义务教育期限可以适当延长；相反，国家经济基础薄弱，义务教育的期限应当与之保持一致。而义务教育的实施机构——学校，则也应当灵活变通。民国时期义务教育期限的确定，充分体现了教育理想与现实国情相结合的智慧，而在义务教育实施机构的规制建设上，又充分体现了义务教育推行者的务实精神。

一、义务教育学制年限的调整

义务教育是国家对适龄儿童实行的强迫教育。所有实行义务教育的国家，都明确规定了义务教育的学制年限。民国时期，社会经济困顿，战乱频仍，内忧外患的困扰，使得义务教育学制年限处在不断变动调整之中。

（一）义务教育入学年龄的变化

清末义务教育从光绪二十九年十一月二十六日（1904 年 1 月 13 日）发轫。[①]《奏定初等小学堂章程》开宗明义，第一章第一节就规定："设初等小学堂，令凡国民七岁以上者入焉，以启其人生应有之知识，立其明伦理、爱国家之根基，并调护儿童身体，令其发育为宗旨，以识字之民日多为成效。"第二节指出："古人八岁入小学，今西人满六岁入小学，即古之七岁也。人性朴学简，就学自可从容；今人知识早开，且近世新理新学校多，不得不早为牖迪，故七岁必须入初等小学。"[②]"癸卯学制"规定义务教育就学年龄为 7 岁。但是，在该章程第三章《计年就学》中，又有较大变通："初等小学堂限定七岁入学（即外国之满六岁入学）。兹当创办之初，暂行从宽变通，年至九岁、十岁者（即是满八岁满九岁），亦准入初等小学。但此例系暂时通融，俟学堂开办合法五年后，即不行用，至七岁必须入学。"[③] 年龄适当放宽，是对大龄失学儿童的关怀。如果定在 7 岁为就学

① 熊贤君：《中国近代义务教育发轫年代问题》，载《华中师范大学学报》哲学社会科学版，1996 年第 6 期。

② 璩鑫圭、唐良炎编：《中国近代教育史资料汇编·学制演变》，上海：上海教育出版社，1991 年，第 291 页。

③ 璩鑫圭、唐良炎编：《中国近代教育史资料汇编·学制演变》，上海：上海教育出版社，1991 年，第 302 页。

期，那么8—10岁儿童无疑就眼睁睁地看到他们沦为文盲。《奏定初等小学堂章程》没有讲什么道理，只是强调古已有之，外国亦有之。

清朝到1911年便寿终正寝了，代之而起的是南京临时政府，以及北京政府等。对实施义务教育的起始年龄，看法颇不一致。实施义务教育的国家和地区，学龄儿童接受义务教育的年限各不相同，这是由国情、经济发展状况所决定的。但从何时起止才算义务教育阶段的学龄儿童，各国、各地也有很大的不同。近代中国推行义务教育，起始年龄各不相同。对于西方各国义务教育入学年龄，庄泽宣的看法是，西方定6岁或7岁为义务教育入学年龄，毫无科学根据，完全出于偶然。6岁入学，学习的效率是极为低下的。姜琦等的《义务教育之研究及讨论》中，提出义务教育入学年龄不妨更大一点，至少不能低于7周岁。因为7周岁后，逐渐有了一定的社会经验，理解力也逐渐有所加强，对学习的理解也有所加深，这些有利于提高学习的效率。

1936年7月，教育部修正公布的《小学规程》第九章《入学及毕业》规定："小学儿童入学年龄为六足岁，但有特别情形者，得展缓至九足岁。"所以出现6岁、7岁，特殊者到9岁三个起始年龄，是因为在不同的时期，规定的起始年龄不同，出发点是为义务教育实施的便利和效率考虑。邰爽秋、黄振祺等编《中国普及教育问题》中载："初级小学修业年限共有四年，为法定的义务教育阶段，入学年龄为六足岁；但有特别情形得展至九足岁。"①

民国前期义务教育入学年龄为7足岁，有些学者主张还要更大些；民国后期定为6足岁，后期比前期小一岁。其实，6足岁也好，7足岁或更大些也罢，各有利弊。民国前期定为6岁，此时尚属幼龄，不能成为贫困家庭的劳动力，让适龄儿童入学读书，贫困家庭的家长当能够支持。但儿童6岁每天步行数里上学，多有不适，过于疲乏或许会抵消其追求知识的积极性，也影响学习效果。如果等儿童大一点，7岁或更大一点再接受义务教育，虽有利于偏远地区儿童上学，但因当时生产力水平低下，人民的温饱问题还没有解决，儿童年龄稍大，要充当家

① 邰爽秋、黄振祺等编：《中国普及教育问题》，上海：商务印书馆，1937年，第228页。

庭劳动力。因而儿童义务教育起始年龄过小或过大，都不便于义务教育的普及。

图 3—1 浙江嵊县建于 1914 年的剡山小学红楼

1915 年，北京政府教育部将小学校改为国民学校，并于 1915 年 7 月、1916 年 10 月修正公布《国民学校令》。[①]《国民学校令》第五章《就学》规定："儿童自满六周岁之翌日始，至满十三岁止，凡七年，为学龄。儿童达学龄之日后，以最初学年之始为就学始期，以国民学校毕业之时为就学终期。学龄儿童之父母或其监护人，自儿童就学之始期至于终期，有使之就学之义务。"[②]《国民学校令》根据欧洲计算年龄的方法，将儿童接受义务教育的年龄定为 6 足岁。这是从制度上对国民学校入学年龄作出规定。直到 1932 年，《国民学校令》对小学的影响犹存。1932 年 12 月，国民政府公布《小学法》。令人感到不解的是，《小学法》对小学入学年龄并没有规定，只是提及"小学修学年限六年，前四年为初级小学，后二年为高级小学"[③]。这意味着南京国民政府仍然在执行《国民学校令》对初

---

① 国民学校最早产生于 16 世纪的德国，教习实用知识及新教教义。随着校数增多，逐渐成为实施义务教育的机构。后欧洲各国及日本都设立国民学校。

② 宋恩荣、章咸编：《中华民国教育法规选编》（修订版），南京：江苏教育出版社，2005 年，第 211 页。

③ 宋恩荣、章咸编：《中华民国教育法规选编》（修订版），南京：江苏教育出版社，2005 年，第 238 页。

级小学 6 岁入学年龄的规定。作为政府的教育法令，只字不提小学入学年龄，显然是有难言之隐的。其苦衷当是避免再度引起争论，直接影响义务教育的推行。

对于这一年龄，国联教育调查团在调研报告《中国教育之改进》中指出：

儿童受义务教育之年龄，业已定为六足岁（根据欧洲计算年龄之方法）。最好将该项年龄至少再增一岁，即七足岁。盖以乡间学校距离较远（此点于设立适当学校区时应注意），幼童往返，困难甚多，且学生六岁入学，毕业时年龄尚极幼稚，普通读完四年之课程，年仅十岁。读完六年之课程，年在十岁与十二岁之间。此等儿童能升入中学者，为数甚少，多数须在家或出外作工，但以若辈之年龄做此等工作，仍嫌太幼。在此幼年时期，忽停止其教育，实易令其恢复目不识丁之故态也。①

国联教育调查团的意见很有道理，建议十分务实。这一建议对民国后期义务教育入学年龄产生了明显的影响。1934 年，教育部根据国民党第四届中央执行委员会第五次全体会议议决《实施义务教育标本兼治案》和国民政府行政院修正通过的《实施义务教育暂行办法大纲》，制定了《实施义务教育暂行办法大纲施行细则》。依据教育部的规定，在第一期内短期小学，招收年满 9 足岁至 12 足岁的儿童，也就是从 9 岁开始入学。第二期内招收 8 岁至 12 足岁的儿童。第三期实现 4 年义务教育。这一入学年龄，庄泽宣极为赞同。他说："欧洲近代初等教育多始于六岁，实系出于偶然，并无科学根据。六岁至十二岁时，学习力极低。"② 言下之意，如果在 6 岁时便踏入小学的门槛，以前没有任何基础，接受义务教育的效果是很不理想的，甚至是与未接受义务教育等值的。庄泽宣之论，与国联教育调查团的观点是一致的，比较理想的年龄在 10—12 岁，但他们也看到这一年龄的儿童都要帮父母打工谋生，自然又影响义务教育的入学率。尽管如此，庄泽宣仍然主张接受义务教育的年龄可以适当大一点，至少要大一岁为好。

义务教育入学年龄确定牵涉的问题很多，左右为难。国民政府最终还是吸纳了各方的意见，采取保留一定弹性的办法，确保义务教育的正常推行，这一做法

① 国联教育考察团：《中国教育之改进》，上海：国立编译馆，1932 年，第 87 页。

② 邰爽秋、黄振祺等编：《中国普及教育问题》，上海：商务印书馆，1937 年，第 232 页。

是非常明智的。

（二）义务教育年限的规定

清末实行高度中央集权统治，关于义务教育学制年限问题，径直由张百熙、荣庆、张之洞上奏光绪帝御批实施，并不需要民间讨论。《奏定学堂章程・奏定初等小学堂章程》没有明确规定义务教育的年限，在《计年就学章第三》中，摘录外国就学年限、规则，“以备参考”。这“外国”是哪一国，也不得而知。“外国”的就学年限是：

凡儿童以满六岁起至满十四岁止，凡八年，谓之学龄。在此八年内之儿童，称之为学龄儿童。

学龄之前四年，系入初等小学修业，后四年系入高等小学修业。但前四年为义务教育，无论何色人等之儿童，均应按期入学；后四年入学与否，可各听其便。

儿童就学之义务，责之养育儿童之父母；无父母者责之任保护儿童之亲族人。[①]

外国义务教育学年规则征引完后，《奏定初等小学堂章程》指出：“以上外国学年规则十条，皆系督促儿童就学之意，立法详密，用意深厚。”可见上述 4 年义务教育年限并不是清末义务教育年限。《最近三十五年之中国教育》中的《三十五年来中国之小学教育》指出：“关于义务教育期限，清末《奏定学堂章程》规定为七年。”[②] 并没有看到清末将义务教育年限定为 7 年的史料根据。但是，也不是 4 年，因为如前所述义务教育期限明明说的是“外国”。《三十五年来中国之小学教育》说清末“重订章程，缩短为四年”。然而，清末 4 年义务教育期限，

---

① 璩鑫圭、唐良炎编：《中国近代教育史资料汇编・学制演变》，上海：上海教育出版社，1991 年，第 303 页。

② 吴研因、翁之达：《三十五年来中国之小学教育》，《最近三十五年之中国教育》，上海：商务印书馆，1931 年，第 7 页。

虽然没有引起热烈的讨论，但义务教育年限的设计者没有不慎重考虑义务教育年限问题的。学部《奏改订两等小学堂课程折》指出，《奏定初等小学堂章程》定初等小学 5 年毕业，宣统元年（1909）学部酌量变通，于 5 年完全科外，加设 4 年毕业及 3 年毕业的简易科，“盖五年完全科既期限过长，贫民或穷于担负；三年简易科又为时过促，学力太觉其参差。而且三种章程并列，听人自择，倘办学者有所偏重，转有碍教育之进行。臣等再三筹画，以为初等小学与其分为三科，易启纷歧，不如并为一科简而易从，拟即折中定制，一律以四年为毕业期限，并删除简易科名目，以符名实”[①]。可见确定义务教育年限为 4 年，当时也是犹豫再三的。

民国元年（1912），各种教育规程陆续颁布。教育部革新学制，提出学校系统草案征求全国教育家的意见。其中，关于义务教育明确地指出：“初等小学年期，或为增进国民程度计而议从长。或为体恤国民经济计而议从短。窃以为义务教育，断不能短于四年，而考察国民现状，亦有不能过长之势。不如仍其旧贯，俟将来义务教育可以延长时，渐减高等小学年期，以增初等小学年期，其伸缩之余地自在也。”[②] 民初教育部关于义务教育年限，本来就举棋不定，以 4 年为权宜之策。但是，当年 7 月，临时教育会议在北京召开，会上关于 4 年义务教育年限，竟全体通过。于是，4 年义务教育遂成为法令。因而，义务教育年限到底为几年合适，一开始就有不同的看法。

1914 年后，教育普及的呼声逐渐高响入云，于是改小学为国民学校，并颁行地方学事通则。次年 1 月，政府颁布办理义务教育的命令。当年 4 月，教育部颁定义务教育施行程序，仍以 1912 年提出的 4 年为义务教育期限，并未曾有所变动。1922 年颁行“壬戌学制”，教育部正式公布以初级小学 4 年为义务教育阶段。这 4 年义务教育期限当年并没有引起争论，其原因是除山西、江苏等少数省份外，各省市并没有认真实施，因而并没有引起广泛关注。

---

① 学部：《奏改订两等小学堂课程折》，璩鑫圭、唐良炎编：《中国近代教育史资料汇编·学制演变》，上海：上海教育出版社，1991 年，第 551 页。

② 慈心：《延长义务教育年限》，《义务教育之研究及讨论》，上海：商务印书馆，1925 年，第 13 页。

但是，南京国民政府厉行义务教育号令实施后，关于义务教育年限问题出现了多种声音。或者主张6年以上，或者主张3年以下。商务印书馆编《最近三十五年之中国教育》中的《三十五年来中国之小学教育》分析说："主六年以上的，大概为理论家，不知道我国学龄儿童究竟有多少，需要师资若干，经费几何。主三年以下的，则以为四年骤难普及，不如减短年限为善。"[①] 慈心代表延长义务教育年限的观点。他在《延长义务教育年限》中指出，民初教育部主张实施4年义务教育，理由只有一个，即国民经济问题。他认为，定4年为义务教育年限在10年前"固不能不认为慎重谋国之道"，但是10年后的今天，当"以延长义务教育年限为今后国家之第一紧要事矣"。他的理由主要有五点：

第一，培养国民思想判断力。经过五四运动后，各种社会思潮泛滥，如何使国民不至于一味盲从或一味排斥，"当使全国国民对于此等思想，悉能充分咀嚼，彻底批判，舍其所当舍，取其所可取，以同化于我国之文化，夫而后能支配思想而不为思想所支配"。国民的这种判断力仅靠4年训练，是很不够的，必须延长义务教育年限才能完成这一训练。

第二，提高未来社会劳动力素质。慈心指出：

在今日，农民之由乡村而移住都市者，其数已颇多。以是农村每有劳工不足之虞。然实际上我国之农业，以不用机械之故，全赖人力而为，故所需劳工特多。而今后之农业，固万万不能需用数多之人力。盖工业不能振兴则已，苟振兴有日，则农村之居民，势必纷然移住于都会，此自然之势也。故所谓商工业之发达，其意味即为农村人口之减退，而农业劳动者之减少，自无待言。至其补救之策，舍应机械与科学外，别无良法，则农民智识技能之增进，不亦至为重要乎！[②]

而要增进国民知识技能，4年义务教育绝不可能。

第三，推行选举制度的需要。慈心认为，实行民主共和，搞好选举制度是一个重要表征。但选举从来都成为泡影，"大多数之国民皆不知选举为何事。野心

---

① 《三十五年来中国之小学教育》，见《最近三十五年之中国教育》，上海：商务印书馆，1931年，第7—8页。

② 慈心：《延长义务教育年限》，《义务教育之研究及讨论》，上海：商务印书馆，1925年，第17页。

家遂逞其金钱运动之手段，各树党援，以为把持国政之计。一班无知识之徒，亦认此为牟利之举，而不知其他，以致国事愈益败坏而不可收拾，良可叹也”①。解决的根本办法就是从事延长义务教育年限，增进儿童之知识道德。

第四，中国文字学习太艰难。慈心说，意大利文字只需学习 3 个月，即“可读普通文”。英、法、德“其文字之学习，亦非常容易”。然而，“我国文字，其艰于学习，实达极点。不唯文字为然，即国语亦殊不易。以是于智识能力之进步上，遂有莫大之障碍”。中国小学生与外国相比，学力程度“当有三四年之差违”。鉴于这些事实，他建议延长义务教育年限。

第五，欧美实施义务教育的经验。慈心指出：“方今号为强国及文明国之诸国，其国民殆无不受八九年之义务教育者（自五六岁至十四五岁）。而英国于前年以来，更实行四年补习教育之义务教育的强制法。德国早于大战之前，实行此义务的补习教育。美国虽无此义务的补习教育之制度，然彼国儿童毕小学校八年之义务而进上级学校者，其数甚多。彼国最近之统计，尚未之见，故现今小学校毕业生百分之几十，入学于中等学校，实未能详然。”具体义务教育年限，英国 9 年、苏格兰 10 年、法国 7 年、意大利 7 年、德国 8 年、奥地利 8 年，等等，仅 4 年义务教育年限，鲜有其国。所以，“诚以国家之发展，全恃国民教育为原动力也。我国今后，如不欲立国于世界则已，否则非竭力注重国民教育不可”②。

反对延长义务教育年限的也不乏其人。主要观点有：

甲之言曰：“我国义务教育之法令，自民国元年公布以来，九载于兹，而四年之义务教育尚且未普及，若再增加年限，更何以堪！故今日之计，当以普及义务教育为第一步。”

乙之言曰：“今日国民教育之内容，颇不充实。与其延长年限，不若先谋充实国民学校之内容，其收效较为实在。”

丙之言曰：“今日地方农村之青年，于学校所习得之文字，毕业后大都逐年遗忘，以其对于文字尚非感为必要之故。故延长义务教育年限，亦属徒然。”

---

① 慈心：《延长义务教育年限》，《义务教育之研究及讨论》，上海：商务印书馆，1925 年，第 17—18 页。
② 慈心：《延长义务教育年限》，《义务教育之研究及讨论》，上海：商务印书馆，1925 年，第 31 页。

丁之言曰："贫寒之家，子弟毕业国民学校后，皆欲急于谋生。今若延长义务教育年限，则于国民实有至大之损失。"①

甲的观点看上去虽然不无道理，但是中国幅员辽阔，各省市发展很不平衡。北部如奉、直、鲁、晋、豫各省，南部如川、滇、粤、两湖、江、浙，号称比较富裕的省份，教育比较容易普及。而其余各省，如陕西、甘肃、新疆、热河、绥远、吉林、黑龙江等，因地瘠民贫之故，"普及教育不得不迁就展缓"。故应根据各地情形，延长义务教育区别对待。"酌量地方情形，随宜而变通之。富省不妨促其先进，瘠地自可审势而为。"慈心反对将 4 年义务教育任务完成后再行延长的观点，认为这"何异对于有力升学之子弟，强使与无力升学之子弟同时出校，其愚悖为何如"②。乙的观点他也不太赞同，认为"今日先延长义务教育年限，尔后渐次图其内容之充实，固自然之道也。若夫内容充实而后延长义务教育之议论，骤聆之似极为中肯，实则与教育发展之实际全相违反"。丁的见解也不能使人信服。因为义务教育以增进人民福祉为指归，既然如此，"国民纵稍感苦痛，要亦无可如何之事，社会之发展，业既日新月异，今天儿童若不多受数年之教育，将来投身社会，势必难免天演之淘汰。况从国家的见地而观，尤为刻不容缓之大问题，则为国民者，亦乌可只图目前微利而绝不稍稍牺牲乎!"

那么，4 年义务教育应延长几年为宜呢？慈心根据中国的实际情形，主张延长 2 年。但他不主张一盘棋在中国各省铺开。他说："惟欲从事于实行，必先有相当之准备，故施行之期，不可不观察各地情形，不必划一。瘠省则展缓三五年亦可。"③ 庄泽宣的看法别具一格，与他人和而不同。他对 4 年义务教育提出了折中补救办法。庄泽宣指出，政府已明令实行 4 年义务教育，不可能朝令夕改，他遂改弦更张，提出如何使 4 年义务教育收到最理想的效用。他说：

虽只强迫四年，时间宜分开，不宜集中，每天上课六七小时，每周放一天假的办法，极无科学的根据。我以为若只强迫四年，则应自十岁至十二岁全时间上

---

① 慈心：《延长义务教育年限》，《义务教育之研究及讨论》，上海：商务印书馆，1925 年，第 31—32 页。

② 慈心：《延长义务教育年限》，《义务教育之研究及讨论》，上海：商务印书馆，1925 年，第 33 页。

③ 慈心：《延长义务教育年限》，《义务教育之研究及讨论》，上海：商务印书馆，1925 年，第 36 页。

课；十二岁至十四岁半时间上课；十四岁至十八岁四分之一时间上课。[①]

袁观澜是当时对义务教育颇有研究且颇负盛名的专家，时任教育部普通教育司司长。他认为，义务教育欲收实效，年限长短是一个必须慎重考察的问题。他主张仿照美国义务教育年限长短，由各省依地方教育情形酌量决定之，使各省易于推行。中国幅员辽阔，各地经济发展很不平衡，全国同一政策，很难收到实效。袁观澜的主张，闪耀着智慧的光芒，极富真知灼见。

雷沛鸿回顾了中国实施义务教育的历程，然后剀切陈言政府所定义务教育期限之弊。他说：1904 年初清廷颁布“癸卯学制”，定小学学制为九年，为推行义务教育的方便，初等小学为五年；而 1922 年“壬戌学制”改小学为六年。改来改去，根据是什么？其唯一的根据是：欧洲是这么干的，日本是这么干的，美国也是这么干的，却没有比较一下西方国家国民经济状况与中国的差异。雷沛鸿指出：

以前中国的教育对于国内的经济背景，不但不知道，并且不了解。所以他们所计议和兴办的教育，无往而不与中国的经济情况背道而驰。他们不知道经济支配着社会，又支配着个人。在资本主义社会抬头后，更显露出这种现象来。因此，他们不管国民的经济条件能适合施行如何长久的义务教育，总喜欢模仿外国。如光绪二十九年定的小学学制共为九年，义务教育暂定为五年；民国十一年又仿美国制改为六年。却不去计较人家的国民生计怎么样？自己的国民生计怎么样？殊不知义务教育的实施年限是与国民经济成为正比例的，民富则增多，民穷则减少。不然，以滞留在地方生计的农业国家，去同资产国家并驾齐驱，国民又如何堪此？[②]

雷沛鸿将这些义务教育推行者辛辛苦苦的工作喻为“违背经济的条件而梦想在沙滩上建立高楼大厦”，最终“自没有不失败的道理”。雷沛鸿之言，是切中要害的。尽管他没有提出义务教育年限与学龄期的具体看法，但其深刻论述很耐人寻味。

---

① 庄泽宣：《对实施义务教育方案之几点意见》，《教育研究》，1935 年第 16 期。

② 《广西普及国民基础教育法案导论》，韦善美、马清和主编：《雷沛鸿文集》（下册），南宁：广西教育出版社，1990 年，第 28 页。

义务教育年限讨论，主要是对国家综合实力的考量，国家经济实力雄厚，可以盖更多的校舍，购买更多的仪器设备，培养更多的教师，延长义务教育当然不在话下。义务教育推行一段时间，人们看到4年义务教育的推行，并非能一蹴而就，如像慈心所主张的那样延长，则更是葬送义务教育的前途。于是人们异口同声要求试办短期义务教育，伺时机成熟，再设法延长至4年。义务教育年限过短，接受一年制或二年制短期义务教育，学生认识千儿八百字，农忙工紧，认识的字全部“物归原主”，忘记得一干二净，对学生将来为工务农到底有什么作用？讨论得很透彻，道理讲得很明白，最终义务教育制度顶层设计者们还是选择了4年义务教育。但是，义务教育年限讨论并没有白费，还是吸纳了讨论过程中提出的灵活变通原则，采取折中方式予以吸收。规定初级小学修业年限共4年，为法定的义务教育阶段。儿童不能入初级小学者，得入简易小学或短期小学。简易小学修业期限以授课时间计算，至少须满2800小时，短期小学招收9—12足岁的失学儿童，修业期限一年，以授课时间计算，至少须满540小时。鉴于各地发展不平衡，义务教育年限与儿童学龄期不可“一刀切”，教育部允许各省市根据实际情形而定，可与部定标准“微有出入”。如江苏省规定初级简易小学学生授课钟点1500小时，即认为修毕义务教育，与部定钟点少1300小时；福建规定简易初级小学生授课钟点须满3000小时，方得毕业，比部定钟点超出200小时。可见，各地方案表现出了一定的灵活性。

然而，无论怎样折中调和，如何弥补短期小学学时之不足，并不能平息沸沸扬扬的议论与批评。1935年7月8日，教育部公布《一年制短期小学暂行规程》，1937年6月8日，又公布了《二年制短期小学暂行规程》。这两个文件的公布，意味着义务教育的年限进一步缩水，由1年义务教育过渡到2年，时机成熟再到4年。此举社会各界褒贬不一。俞庆棠指出，现在社会“进化”了许多年，义务教育年限不是延长了，而是缩短了，这向人民如何交代是好？再者，义务教育有两个标准、两个程度，哪些儿童又不得不“享受”较低程度的义务教育呢？这与“受教育机会一律平等”的精神协和一致吗？甚至有人说，缩短年限说明政府没痛下决心推行义务教育。俞庆棠指出：

固定的四年义教，乃不得不一再缩短其年限；固定的四年小学教育方法，乃不得不一再变通而求助于“补习学校”“短期小学”“半日学校”“冬季学校”，等等。虽然这样伸缩变通，是否就会贯彻成功，也没有人敢说。除非政府下了决心，如胡适之先生说的：“坚决的信仰五千万失学儿童的救济，比五千架飞机的功效，至少要大五万倍。”或者知识分子下了决心，有五万人坚决的下乡，跟着陶行知先生，刻苦地办起“工学团”来，这义务教育问题，简直无从谈起！[①]

对于这些问题，教育部认为不无道理。但中国义务教育推行的实际说明，中国当时的经济难以实现这一目标。所以，教育部也坦率地交代了他们推行半日学校、一年、二年制短期小学的心态，这只是不得已而求其次之举，并不是有意降低义务教育年限，而是变通灵活推行义务教育，不去追求形式上、年限上与西方教育发达国家一比高低，而是扎扎实实地去播种耕耘，求收义务教育的实效。教育部把一、二年短期小学看成向 4 年以至更长的义务教育年限过渡的必经之路，是不可逾越的一级阶梯。

二、小学学制的改革

学制是学校系统制度的简称，是各种施教机构系统制度的总称，指一个国家各级各类学校的系统，它规定各级各类学校的性质、任务、入学条件、学习年限

① 俞庆棠：《民众教育理论的探讨》，茅仲英主编：《俞庆棠教育论著选》，北京：人民教育出版社，1992 年，第 281—282 页。

以及它们之间的纵向和横向关系。义务教育学制诞生于清末“新政”时期，其后的半个世纪一直在调整改革之中。

（一）近代义务教育学制的诞生

洋务运动兴起后，国门洞开，中国与西方的教育交流日渐频繁，国人有了更多的机会了解西方教育制度及社会制度。冯桂芬最早于1861年对荷兰和瑞典普及义务教育制度投以艳羡的目光。1884年，郑观应就提出了以西方学校教育制度取代中国传统教育制度的主张，认为应当在京师设立大学堂，各省会、府、州、县设立中小学。洋务派的强国梦很快被甲午战争的失败所粉碎。继之而起的维新派提出改良科举制度和建立系统的学校制度以振衰起微的人才战略。梁启超于光绪二十二年（1896）在《变法通议》中指出：“故欲兴学校，养人才，以强中国，惟变科举为第一义。”主张建立从小学到大学的学校系统。同一年，李端棻在《请推广学校折》中，建议改革书院，推广新式学校，将全国各级学校分作府、州、县学三级体制。他们的建议，虽然没有为朝廷所采纳，却为后来的戊戌变法及清末“新政”时期建立学制系统制造了舆论，是清末学制改革的先声。

直接影响光绪帝颁布改革学校及建立学制系统上谕的，是康有为在《请饬各省书院淫祠为学堂折》和《请开学校折》中提出的学校制度改革方案。康有为在奏折中强调：“请远法德国，近采日本，以定学制，乞下明诏，遍令省、府、县、乡兴学，乡立小学，令民七岁以上皆入学……”[①] 地方实力派张之洞等，对近代义务教育学制出台的努力也不可小觑。多方面的合力，致使光绪帝于光绪二十四年（1898）七月颁布上谕：

> 即将各省、府、厅、州、县现有之大小书院，一律改为兼习中学、西学之学校。至于学校等级，自应以省会之大书院为高等学；郡城之书院为中等学；州县之书院为小学；皆颁给《京师大学堂章程》，令其仿照办理。其地方自行捐办之

① 康有为：《请开学校折》，汤志钧编：《康有为政论集》（上），北京：中华书局，1981年，第306—307页。

义学、社学等，亦令一律中西兼习，以广造就。[①]

光绪帝上谕的内容无疑来自康有为、张之洞等维新改良人物之倡。上谕虽然在入学年龄、修业年限及课程设置诸方面未作出明确规定，但它第一次以上谕的形式对全国学制作了统一的规定，为传统教育的近代转型奠定了基础；尤其是把各级社学、义学纳入到新的学校体系中，可以说是对早期普及教育思想的一种积极反应，其“动议及政策，为以后两个比较系统的学制的制定提供了蓝本”[②]。

光绪二十七年（1901），清末“新政”启动。次年清廷颁布了由张百熙起草的《钦定学堂章程》（亦称“壬寅学制”），这是我国有史以来第一个具有近代教育性质的学制。“壬寅学制”将全国学制系统分为三个学段，即小学、中学和大学。与义务教育相关的是小学学段，其修业年限为：蒙学堂 4 年，寻常小学堂 3 年，高等小学堂 3 年。“壬寅学制”并没有明确提出“义务教育”一词，但透过文本的相关部分，不能不说它实际上是将小学学段前 7 年教育作为义务教育学制的目标，只不过是表达比较模糊而已。其第一章第十节规定：

蒙学为各学根本，西律有儿童及岁不入学堂罪其父母之条，今学堂开创伊始，尚未能一律仿照；所有府、厅、州、县之各处乡集，应请于奉到章程之日予限半年，一乡之内先立蒙学堂一所，以后逐渐推广办理。[③]

而《钦定小学堂章程》第一章第六节也有如下规定：“儿童自六岁起受蒙学四年，十岁入寻常小学堂修业三年。俟各处学堂一律办齐后，无论何色人等应受此七年教育，然后听其任为各项事业。”对修业年限有一致的规定，对教育对象有“无论何色人等”的规定，这明确带有义务教育的意味。

蒙学堂和小学堂的宗旨都有义务教育的某些特征。前者是：授予儿童浅近之知识，并调护其身体。课程有修身、字课、习字、读经、史学、舆地、算术、体

---

① 《清帝谕各省府厅州县改书院设学校》，舒新城编：《中国近代教育史资料》（上册），第 2 版，北京：人民教育出版社，1981 年，第 82 页。

② 田正平、肖朗主编：《世纪之理想——中国近代义务教育研究》，杭州：浙江教育出版社，2000 年，第 203 页。

③ 《钦定蒙学堂章程》，璩鑫圭、唐良炎编：《中国近代教育史资料汇编·学制演变》，上海：上海教育出版社，1991 年，第 282 页。

操。6—7 岁为蒙学入学之年，学龄到 10 岁为限，修业年限为 4 年。蒙学的学费每月不得超过银钱 3 角，其自立者不拘此例。后者为：授以道德、知识及一切有益身体之事。分寻常和高等两级，学习年限均为 3 年。课程有修身、读经、作文、习字、史学、舆地、算术、体操。入学年龄与蒙学堂相衔接，10 岁入寻常小学，修业 3 年至 13 岁入高等小学堂。但因为小学堂办学章程刚刚实施之初，入学年龄适当放缓，准 15 岁以下入寻常小学堂，20 岁以下入高等小学堂。5 年后即按学堂章程办理。两等小学堂所有官立者 5 年内暂不征收束脩。5 年后寻常小学堂每人每月不得超过银钱 3 角，高等小学堂每人每月不得超过银钱 5 角。非官立者不受此限。

“壬寅学制”首次将蒙学和小学学段作为义务教育目标，将蒙学堂和小学堂作为义务教育施教机构，在入学年龄和学费征收及教育年限上，既注重各学段的衔接，又适当采取变通办法，以与兴学之初的形势和需要相适应，为迅速建立完善的义务教育体系奠定了基础。但存在着明显的缺陷：第一，义务教育的年限过长，不合中国的国情，且缺乏现实依据。第二，课程门类过于庞杂，门类过多，内容过泛。第三，课程程度过于艰深，读经、舆地、史学等，对七八岁的儿童而言，显然不适宜。第四，未能照顾到儿童身心特点。枯燥的理论课过多，而儿童喜欢的活动课过少。

“壬寅学制”并未得到实施。光绪二十九年（1903），清廷颁布了张百熙、荣庆和张之洞订定的《奏定学堂章程》（史称“癸卯学制”）。“癸卯学制”是近代中国实施了近 10 年的学校制度系统，它将学校系统分为三段六级，其中初等教育学段初小修业年限为 5 年，高等小学修业年限为 4 年。与“壬寅学制”相比，“癸卯学制”在施行义务教育的态度上明朗而坚决。第一章《立学总义》第二节指出：“外国通例，初等小学堂，全国人民均应入学，名为强迫教育。除废疾、有事故外，不入学者罪其家长。中国创办伊始，各地方官绅务当竭力劝勉，以入学者日益加多，方不负朝廷化民成俗之至意。”[①] 在第三章《计年就学》第三节

① 《奏定初等小学堂章程》，璩鑫圭、唐良炎编：《中国近代教育史资料汇编·学制演变》，上海：上海教育出版社，1991 年，第 291—292 页。

中，道理讲得更充分，态度更明确：

东西各国法律，以小学堂教育与国家有重要关系，定例：儿童有不就学者即罚其父母，或任保护儿童之亲族人。此时初办，固遽难一概执法以绳，而地方官绅及各乡村绅耆，要当认定此旨，坚确不移，实力维持。家劝户勉，总期民皆知学，人能自存，足以保固邦基，消弭外侮，无负朝廷振兴教育之至意。[①]

该章还以相当的篇幅征引了外国义务教育学段儿童就学年限及规则，以作为中国推行义务教育之借鉴。征引外国学年规则 10 条后，指出，西方强盛之国“督促儿童就学之意，立法详密，用意深厚”，甚是值得学习借鉴。“中国此时学堂创办，师范无多，未能责令及岁之童一律入学；然其任为义务教育之意不可不知，将来总以能办到为是。……如该乡已有学堂而家长无故不令入学者罚之，令其捐该乡学堂经费。”[②]

“癸卯学制”与“壬寅学制”相比，有两大特点：其一，明确地运用了义务教育和强迫教育的概念，这是作为官方文件首次运用，表示义务教育在中国近代正式发轫。其二，在适龄儿童接受义务教育入学方式上，“癸卯学制”既尊重中国国情又考虑到义务教育不强制不为功的实际，将劝导和强迫两者结合起来，这在义务教育发轫时期，是非常必要的，对义务教育的实施也是有现实意义的。

作为一个实施了近 10 年的近代中国的第一个学制，“癸卯学制”在义务教育方面产生了巨大影响。首先，从 1904 年开始到 1911 年辛亥革命爆发，不到 8 年时间，尽管当时民变四起，革命风起云涌，国库亏空，债台高筑，但清廷还是在内外交困中使义务教育逐渐步入正轨，并取得较可观的成绩。光绪三十三年（1907），全国有小学校 34650 所，小学生 918586 人。宣统元年（1909），有小学校 51678 所，小学生 1532746 人。[③] 这个数字相对于 4 亿人口的国家来说，不足挂齿，但是其发展趋势是相当好的，像这样下去，义务教育的前景是大可乐观

---

① 《奏定初等小学堂章程》，璩鑫圭、唐良炎编：《中国近代教育史资料汇编·学制演变》，上海：上海教育出版社，1991 年，第 302—303 页。

② 《奏定初等小学堂章程》，璩鑫圭、唐良炎编：《中国近代教育史资料汇编·学制演变》，上海：上海教育出版社，1991 年，第 304 页。

③ 《第一次中国教育年鉴》（丙编），上海：开明书店，1934 年，第 423 页。

的。可以设想，如果没有“癸卯学制”的推动，义务教育的实施是不可想象的。

其次，“癸卯学制”颁布实施后，社会掀起了兴学热潮。“癸卯学制”用了相当的篇幅阐述义务教育的作用，强调“国民之智愚贤否，关国家之强弱盛衰”[①]，“小学堂教育与国家有重要关系……家劝户勉，总期民皆好学，人能自存，足以保固邦基，消弭外侮”[②]。激起爱国志士仁人、社会贤达对基础教育的高度重视，或者献计献策，或者输资捐款，毁家兴学亦不乏其人，一时间新的学校如雨后春笋，特别是义务教育学段的初等小学堂，在全国各地破土而出。“癸卯学制”颁行前，义务教育未明确提出，义务教育学段的学校性质亦不明确，故没有准确的统计数据。“癸卯学制”实施后，学校数量发展提速，据学部统计，1907 年全国学校总数为 34033 所，学生 900364 人。到宣统元年（1909），学校数增到 50394 所，学生数增到 1492147 人。[③] 学校增加了 63.5%，学生增加了 60.3%，增长的幅度是很大的。虽然这个数据是学校总数，并不是小学校数，更不是初等小学校数。但是，可以肯定地说，其中绝大多数是小学，而小学中绝大多数又是初等小学。

再次，“癸卯学制”提供了一系列学校教育文件，在实施后暴露出某些不甚完备的地方，很快就予以补充完善，使义务教育较好地得到发展。在实施后的几年内，学部做了三件补充完善的工作：一是颁布强迫教育章程。“癸卯学制”虽然明确提出了强迫教育的概念，但并没有什么措施跟进，这甚不利于义务教育的推行。光绪三十三年（1907），学部公布《咨行各省强迫教育》，明确规定设基层教育行政管理机构、普设蒙学堂、学龄儿童不入学者罪其父兄等强迫措施。二是颁布《奏定女子小学堂章程》，第一次将女子教育纳入学制系统，弥补了“癸卯学制”的不足。三是划一初等小学堂 4 年的年限。“癸卯学制”规定初等小学堂 5

① 《奏定初等小学堂章程》，璩鑫圭、唐良炎编：《中国近代教育史资料汇编·学制演变》，上海：上海教育出版社，1991 年，第 292 页。

② 《奏定初等小学堂章程》，璩鑫圭、唐良炎编：《中国近代教育史资料汇编·学制演变》，上海：上海教育出版社，1991 年，第 302—303 页。

③ 学部总务司：《光绪三十三年教育统计图表》，台北：“中国出版社”，1973 年，第 35—36、60—61 页。此数与《第一次中国教育年鉴》的数字略有出入。

年毕业，是为完全科，同时设置学制为 3 年、4 年的两种简易科。经几年的实践，社会反馈的意见认为，5 年时间过长，而 3 年又偏短，而初等小学堂分三科，“易启分歧，不如并为一科，简而易从”[①]。学部乃于宣统二年（1910）年底公布了《改定两等小学堂办法》，将初等小学堂一律改为 4 年，不仅使清末义务教育划一了学制年限，也为民国推行 4 年义务教育提供了实践依据。

（二）民国前期义务教育学制的进一步探索

民国前期，颁布了“壬子·癸丑学制”和“壬戌学制”两个学制。这两个学制在义务教育方面都有相关的规定。

1. “壬子·癸丑学制”有关义务教育的规定。1912 年 1 月 19 日，南京临时政府教育部致电各省，颁发《普通教育暂行办法》，废除清末学制。随后，先后颁布一系列包括《小学令》《中学令》在内的各种学校规程。因为这一系列文件在 1912 年、1913 年两年内颁布，故将这一学制称之为“壬子·癸丑学制”。

“壬子·癸丑学制”给予义务教育以极高的地位。在“壬子·癸丑学制”着手制订和制订过程中，社会各界有众多有关义务教育的议论，有的甚至直接向教育部提出应当重视义务教育的主张。高凤谦直接以《敬告教育部》为题，希望教育部制订学制时，对义务教育予以重视。他说：

国何以盛？进国民之程度，斯国盛矣。国民程度何以进？兴教育，斯国民程度进矣。我中华民国，自专制一跃而进于共和，诚可沾沾自喜；然而内顾我国民，果能应用此共和政体与否？则视其程度。欲高其程度，舍教育末由。此教育为国家之根本，而国民教育又根本之根本，不待言也。

国民之教育，以普及为目的。欲达此目的，敢有强迫之手段，斯固然矣。然对于经济、交通、制度、习惯种种方面，宜如何利其进行，去其障碍，千端万绪，非仓卒所能致。是宜先行调查，先行研究，依社会之状况，谋助长之方法，

① 朱有瓛主编：《中国近代学制史料》第二辑（上册），上海：华东师范大学出版社，1987 年，第 219 页。

循序渐进，以达最终之目的。此就积极方面言也。至消极方面，则主持教育者，关于发号施令，必不可轻率从事，以阻碍教育之进行。以吾中华教育之幼稚，但使国民受不完全之教育，所得已多，不必绳以苛法也。①

又向教育部建议说，清末“壬寅学制”“癸卯学制”公布后，尤其是“癸卯学制”实施后，社会的批评与非难很多，集中在清廷的法律膨胀，政令多如牛毛，美其名曰“整齐划一”，实质上束缚驰骤，使创办者和就学者动辄触动法网，自由余地甚小，创办者和就学者两败俱伤。因此，他向教育部提出了希望新学制不要责备求全，“但宜粗定大纲，使办学者有游刃之余地，然后人人兴起，而教育始有发达之可望”；并说：“吾非敢谓学制之不当规定，不当划一也，徒以我中华幅员广大，地方风气程度，万有不同，不能遽规定划一之办法，以蹈削足适屦之弊。”② 这些意见，集中代表学界对中华民国教育部制订学制的期望，希望不要重蹈清末“癸卯学制”的覆辙。应该说，这些言论是很有见地的，对“癸卯学制”的批评是很中肯的，也是切中时弊的。

学界对“癸卯学制”的又一不满之处是学制年限过长，学生从初小到大学毕业，几近30岁。欧美只在20至22岁，日本虽然长一点，但也不过比欧美各长两年，因此新制订的学制，应当慎重地考虑减少学制年限的问题。教育部在拟订学校系统草案时，就明显吸纳了学者们的意见，认为“清季学制，窒碍难行，今欲改定系统，有亟宜注意者数端”，这“数端”有五点，其中有关义务教育的“亟宜注意者”有三：

（一）注重国民教育，而人材教育，亦宜随时世之需要而尊视之。

（二）全系统内之毕业期限，宜在十八年以下，勿如清制为无益之延长，徒费时日。

（三）义务教育年限，宜视人民生计酌定之，必民力能任，而后强迫易行。

① 《教育杂志》第3卷，1912年第10期。

② 高凤谦：《敬告教育部》，《教育杂志》第3卷，1912年第10期。

（政府干涉力之强弱亦宜注意。如其力未强盛，则虽多设年限，犹无益也。）①

义务教育的具体年限，主张三年者有之，主张五年者亦有之，而更多地趋向于四年。系统学制草案第一次稿有四级制、五级制和三级制三种方案。四级制和五级制均主张“定初等小学四年毕业，为义务教育，升入高等小学”。而三级制则“定小学五年毕业，为义务教育（不分初高级），升入中学三年级；或在小学修业三年，升入中学一年级”。第一次稿并没有明确义务教育到底是四年或三年，抑或为五年。第二次稿明确规定：

初等小学为义务教育，四年毕业。毕业后，直入高等小学。

高等小学四年毕业。毕业后，直入中学或专门学校，或师范学校。

初等小学年期，或为增进国民普通程度计而议从长；或为体恤国民经济计而议从短。窃以为义务教育，断不能短于四年；而考察国民现状，亦有不能过长之势。不如仍其旧贯，俟将来义务教育可以延长时，渐减高等小学年期，以增初等小学年期，其伸缩之余地自在也。

或又拟规定为初等小学四年，高等二年，上接中学者。如此，则为增加普通教育程度计，不能不延长中学年限。若将来义务教育可延长至六年以上，则中学课程又当随之而改。故不如规定高等小学四年为宜。②

这样义务教育年限为四年，在第二次稿中尘埃落定。以后的第三次稿、第四次稿中，义务教育年限为四年，再也未作变动。“壬子·癸丑学制”将小学学制定为7年，前4年为义务教育的学段，比较适中，一直到民国后期，义务教育的学制年限依然是4年，这说明比较符合中国社会和教育发展的实际。

正因为“壬子·癸丑学制”将义务教育实施置于突出地位，其后教育部在推动义务教育发展方面，采取了一些积极措施。最主要的举措有：第一，1913年，教育部拟订《强迫教育办法》，强调“共和政体，全赖教育。正式政府已经成立，

---

① 《教育部拟议学校系统草案》，璩鑫圭、唐良炎编：《中国近代教育史资料汇编·学制演变》，上海：上海教育出版社，1991年，第630页。

② 《教育部拟议学校系统草案》，璩鑫圭、唐良炎编：《中国近代教育史资料汇编·学制演变》，上海：上海教育出版社，1991年，第633—634页。

非实行强迫教育不足以谋普及而固国体”①。强迫办法除提出调查户口，各村镇派学董办理义务教育外，还规定儿童8岁一律入学接受义务教育，违者重罚父兄，并处罚学董等强硬手段。第二，颁布《义务教育施行程序》。“壬子·癸丑学制”颁布后并没有引起举国上下的高度重视，1915年，教育部遂颁布《义务教育施行程序》，将上下拧成一股绳，形成合力，共同完成义务教育大业。汤化龙在《教育部呈拟具义务教育施行程序呈请核示施行并批令》中指出：

> 文明各邦，皆厉行义务教育制度。其学区分配，就各区内学龄儿童人数，分担其延师设学之资。吾国亦定初等小学四年为义务教育年限，但国民罕知义务，往往放弃其青年可贵之光阴。今将以教育普及为期，必使人人有自治之精神，而去其依赖之性质。即私家学塾，但能合乎教授管理之法，亦当与各学校受同一之制裁。而入手办法则有二端：师范者，中心小学所从出，宜极力整顿，以造就良师。课本者，各学校所通行，宜从速编订，以画一学制。著教育部切实筹办，并将义务教育原理分投演说，俟物力稍有余裕，即将各级学校依次扩充……②

制订出义务教育推进程序，有步骤、有计划地推进义务教育。第三，公布《义务教育施行三十一条》。1915年，教育部决定分两期办理义务教育：第一期调查各地教育现状，规定义务教育要则。第二期中央和地方着手培养师资、筹集经费。

教育部一系列推行义务教育举措实施后，社会各界对义务教育给予了高度重视。1915年，全国教育会联合会就有一个将义务教育列入宪法的提案。第一届全国教育会联合会大会收到《请将义务教育列入宪法案》的提案，指出：“自共和揭幕，民志嚣张，宇内险象迭出，佥以一般国民之知识薄弱，思想纷歧，非亟筹普及教育末由，统一而整齐之。夫各国厉行普及教育，类皆出于强迫，或依法律规定，或以行政处分，以督促屡［履］行。故普及教育，并称为义务教育者以此。吾国民俗窳陋，欲谋教育之普及，情格势禁，著手殊难。盖非取极端主义，

① 李桂林等编：《中国近代教育史资料汇编·普通教育》，上海：上海教育出版社，1995年，第460页。

② 璩鑫圭、唐良炎编：《中国近代教育史资料汇编·学制演变》，上海：上海教育出版社，1991年，第767页。

无以破除障碍。而确立其设施之根本，非有正式规定，不足耸动全国观听。而增重其推行之势力，计惟有仿普及普鲁士、丹麦、瑞士、葡萄牙诸国先例，将义务教育定之于宪法条文中，则于吾国教育前途所裨实巨。”① 意欲借助宪法的强制力量推行义务教育。其后，教育部颁布了《国民学校令》和《国民学校令施行细则》等，将 4 年义务教育改称为国民教育，从一个新的思想认识高度实施义务教育。②

“壬子·癸丑学制”及在以后几年颁行的一些规程，在义务教育学制方面，做了以下诸点改革的尝试：

第一，颁行一系列义务教育规程和法令，如《小学校令》《小学校教则及课程表》《强迫教育办法》《义务教育施行程序》《国民学校令》《国民学校令施行细则》，等等，从不同的角度对义务教育的办学宗旨、原则、步骤、修业年限等，作了详细规定。有的甚至规定得更加细密。譬如，《小学校教则及课程表》对初等小学各科性质、要旨、教学内容、方法等，规定得十分具体。如对国文的教学规定如下：

国文要旨在使儿童学习普通语言文字，养成发表思想之能力，兼以启发其智德。初等小学校首宜正其发音，使知简单文字之读法、书法、作法，渐授以日用文章，并使练习语言……读本文章，宜取平易切可用为模范者，其材料就修身、历史、地理、理科及其他生活必需事项，择其富有趣味者用之。女子所用读本，宜加入家事要项。国文作法，宜就读本及他科目已授事项，或儿童日常闻见与处世所必需者，令记述之，其行文务求简易明了，书法所用字体，为楷书及行书。教授国文务求意义明了，并使默写短句、短文或就成句改作，俾读法、书法、作法联络一致，以资熟习。凡语言、文字在教授他科目时，亦宜注意练习。遇书写文字，务使端正，不宜潦草。③

---

① 邰爽秋等合选：《历届教育会议议决案汇编》(上册)，上海：教育编译馆，1935 年，第 85 页。

② 田正平、肖朗主编：《世纪之理想——中国近代义务教育研究》，杭州：浙江教育出版社，2000 年，第 213 页。

③ 中国第二历史档案馆编：《中华民国史档案资料汇编》第三辑，南京：江苏古籍出版社，1991 年，第 448 页。

算术的要旨“在使儿童熟习日常之计算，增长生活必需之知识，兼使思虑精确”。初小的算术教学“首宜授十以内之数法、书法及加减乘除，渐及于百数以内，更进至通常之加减乘除，并授小数之读法、书法及其简易之加减乘除，兼授本国度量衡币制之要略”。

图 3—2　民国初年小学学生在做课间操

第二，努力建构符合中国国情的义务教育学段的学制系统。1915年，教育部颁布《筹备义务教育令》，确定初等小学采法国、德国双轨学制，将小学分国民学校和预备学校两种。前者四年毕业，为义务教育；后者专为升学作准备，附设于中学。前者办理可以简便，后者办理须求完备。这一因袁世凯倒台未能实施而为人所诟病的“双轨”学制，其意义并不能全盘否定。它将义务教育学段的学校称之为国民学校，提高了义务教育的地位，以后一直以“国民学校”代替义务教育学段的施教机构名称。设立预备学校亦并非一无是处，《特定教育纲要》中有一段话值得仔细玩味：“按中国普通教育，采日本单一之学制，小学只有一种。在只求识字之平民子弟与有志深造之士族子弟，受同式之教育，于人情既有未顺，于教育实际亦多违碍。如施行义务教育规制以后，小学难以遍求完善，尤必因此横生阻力。”[①] 这说明，民国前期义务教育学制正在考虑如何摆脱日本的影响的问题，同时也考虑到学生程度有较大差别，不可笼统放在办学条件、师资力量等很差的义务教育学段的机构中接受教育，这对于天资聪颖有较大潜质的学生同样是不公平的。

第三，教学内容趋于生活化、实用化。清末即使是小学，也塞进了诸如读经、讲经之类的课程，旨在将儿童培养成有利于其集权统治的驯服的臣民。“壬

① 中国第二历史档案馆编：《中华民国史档案资料汇编》第三辑，南京：江苏古籍出版社，1991 年，第 36 页。

子·癸丑学制”取消了读经科，义务教育学段的教学内容逐渐贴近学生生活。教育部《订定小学校教则及课程表》规定，修身“宜就孝悌、亲爱、信实、恭敬、勤俭、清洁诸德，择其切近易行者授之，渐及于对社会对国家之责任，以激发进取之志气，养成爱群、爱国之精神”。国文“首宜正其发音，使知简单文字之读法、书法、作法，渐授以日用文章，并使练习语言”。算术“首宜授十以内之数法、书法及加减乘除，渐及于百数以内，更进至通常之加减乘除，并授小数之读法、书法及其简易之加减乘除”。虽然袁世凯为复辟帝制，曾下令中小学恢复读经，但“洪宪帝制”失败后，教育总长范源濂下令取消读经，以修身、国文、算术、体操等课程为必修课，以图画、手工、唱歌和缝纫等实用性、生活化的课程为选修课，义务教育的课程结构逐渐形成，并趋于定型。

2. “壬戌学制”与义务教育学制的更新。“壬子·癸丑学制”实施了近10年，其间发生了许多重大的历史事件，使得这个学制与社会实际需要渐行渐远。特别是第一次世界大战和新文化运动，使得中国教育发展的形势与“壬子·癸丑学制”制定与实施之初有着极大的变化。第一次世界大战在欧洲爆发，为中国民族资本主义工商业的发展提供了不可多得的机会。民族资本家利用西方主要资本主义国家忙于世界大战之机，得到了迅速发展。各省市利用这短暂的几年时间，引进外国良种种植、兴修水利、调整产业结构、发展，诸如棉纺业、垦殖业之类新兴产业，全国农业经济和工商业环境得到了较大的改善，国民经济得到较快的发展。与此同时，新文化运动狂飙突起，一场科学与民主、平民教育运动席卷全国，“发展个性”“儿童中心”“教育平民化”“教育实用化”等观念日益深入人心。所以，无论是从新兴资产阶级要求发展的需要来讲，还是从整个国民经济发展的需求来讲，或是从科举民主思潮的冲击更新观念的角度来讲，“壬子·癸丑学制”的教育结构和各个阶段的学制年限，都不符合新形势的需要，必须作出调整，以应时需。

全国教育联合会第一次会议于1915年4月在天津举行，湖南省向会议提交了《改革学校系统案》，认为“壬子·癸丑学制”的弊害，“甚为繁复，若一一指数之，虽屡纸不能尽”。主要“弊害”有：(1)“学校的种类太简单，不足谋教育多面之发展。”（2）“学校的名称不正确，名误实受其害矣。”（3）“学校的目的不贯彻，致令求学之人三四年一易其宗旨。”（4）“学校的教育不完成，依规定之学科时间，恒有充其所教，罄其所学，不能得具足之生活力者，而毕业反为社会之累。”（5）“学校的阶段不衔接，非失之过则失之不及。”（6）“学校的年限不适当，全系学年失之长，而各校分配又不适当。”① 并提出了改革学制的 11 大要点。这一提议后虽未被采纳，但新学制的改革实以此案为嚆矢。

1919 年 10 月在山西太原举行的第五次全国教育会联合会向教育部呈交了《改革女学制度案》，指出：“男女教育，理论上、实际上均不应为严格之区别。况共和国家，男女皆有受平等教育之权利，教育者不宜歧视之。”关于女子义务教育学制，提案主张：“国民学校，男女应绝对共学。女子国民学校，女子师范附设女子国民学校，及国民学校中之女子班等，分校分班之编制，当然废止。”② 1920 年 10 月，全国教育会联合会第六次会议致函各省区教育会，要求各省区教育会于 1921 年第七次年会举行前两个月先组织学制系统研究会，以研究之结果制成议案，分送各省区教育会及第七次全国教育会联合会事务所。并决定第七次教育会联合会“先将学制系统案议决，再议其他各案”。第七次全国教育会联合会于 1921 年 10 月在广州举行。黑龙江、广东、甘肃、浙江、湖南、江西、山西、直隶 8 省提交了学制系统案。最终在广东和湖南案的基础上吸取其他诸省的长处，形成“壬戌学制”。因为这一学制的主体部分为小学 6 年，初中 3 年，高中 3 年，人们多以“六三三制”称之；而相对于“壬子・癸丑学制”而言，它是“新”学制，故亦以“新学制”称之。“壬戌学制”的标准是：1. 适应社会进化之需要。2. 发挥平民教育精神。3. 谋个性之发展。4. 注意国民经济力。5. 注意生活教育。6. 使教育易于普及。7. 多留地方伸缩余地。③

“壬戌学制”的颁布对小学教育有下列几点规定：

（一）小学校修业年限六年（附注：依地方情形，得暂展长一年）。

---

① 邰爽秋等合编：《历届教育会议议决案汇编》（上册），上海：教育编译馆，1935 年，第 118—119 页。
② 邰爽秋等合编：《历届教育会议议决案汇编》（上册），上海：教育编译馆，1935 年，第 210 页。
③ 《学制系统草案》，载《新教育》第 5 卷，1923 年第 5 期。

（二）小学得分初高两级。前四年为初级，得单设之。

（三）义务教育年限暂以四年为准，但各地方至适当时期得延长之。义务教育入学年龄，各省区得依地方情形自定之。

（四）小学课程得于较高年级，斟酌地方情形，增置职业准备之教育。

（五）初级小学修了后，得予以相当年期之补习教育。

（六）幼稚园收受六岁以下之儿童。

（七）对于年长失学者宜设补习学校。[①]

在“壬戌学制”颁行之初，对于强迫教育的实施办法，并没有规定。1923年，宪法委员会所提出的宪法教育专章，对于普及国民教育，虽然有下列两条规定，但是并没有实行。这两条规定即：“义务教育之学年，至少以六年为限，在义务教育学年内，免纳学费，其教科书及学用品，由学校设备之。”“国家及地方，对于未受教育之成年者，亦予以补习之机会。”[②] 宪法对义务教育的年限比前一年颁布的“壬戌学制”多两年，这是极其荒唐的。而且作为宪法，只宜规定最低年限，以保障国民受教育的机会，而不宜硬性规定国民教育的年限千篇一律相同，以限制国民教育水准的提高。

“壬戌学制”与“壬子·癸丑学制”比较，表面上看，似乎区别并不明显，但仔细琢磨，其特点还是十分突出的。

第一，义务教育学制有一定独立性。新学制将小学7年改为6年，废去国民学校与高等小学的名称，分为两期办学，第一期4年，第二期2年。在义务教育学段学校的设立上，“壬戌学制”规定第一期4年的义务教育可以单独设立学校，为初级国民学校，后2年为高级国民学校，不可以单独设立学校。但实施4年义务教育的初级国民学校可以与高级国民学校合于一体办学，称完全国民学校。义务教育学段的初级国民学校的独立性，为义务教育的实施提供学校校舍的保障，体现了义务教育学制设计者的集体智慧。

第二，贯彻儿童中心理念与弹性学制。胡适对“壬戌学制”初等教育的这一

---

① 《学制系统草案》，载《新教育》第5卷，1923年第5期。

② 孙邦正：《六十年来的中国教育》，第2版，台北：“国立编译馆”，1974年，第235页。

特点大加点赞，指出“壬戌学制”“以儿童为中心，学制系统顾及其个性及智能，故于高等及中等教育之课程，采用选科制，于初等教育之升级，采用弹性制”，是儿童的福音。胡适撰文指出：

这个弹性制是现在很需要的。现在的死板板的小学，对于天才儿童实在不公道，对于受过很好的家庭教育的儿童也不公道。我记得十七年前，我在上海梅溪学堂的时候，曾在十二日之中升了四级。后来，在澄衷学校，一年之后，也升了两级。我在上海住了五年多，换了四个学校，都不等到毕业就跑了。那时，学制还没有正式实行，故学校里的升级与转学都极自由，都是弹性的。现在我回想那个时代，觉得我在那五年之中，不曾受转学的损失，也不曾受编级的压抑。我很盼望这个弹性主义将来能实行；我很盼望办小学的人能随时留心儿童才能的个性区别，使天才生不致受年级的制限与埋没。当此七年小学制未废止的时候，我知道有许多儿童可以不须七年的；将来六年制实行之后，也许有一些儿童还可以缩短修业年限的。当缩短而不缩短，不但耽误了天才的发展，还可以减少求学的兴趣，养成怠学的不良结果。①

第三，推动了小学课程的革新。“壬戌学制”还推动了小学课程的革新。第八届全国教育会联合会在1922年10月举行之际，组织了“壬戌学制”课程标准起草委员会，着手起草包括义务教育学段在内的各科课程标准。次年，先后公布了“壬戌学制”课程纲要。这一系列课程纲要带有很大的民间制订的性质，并未经教育部正式以法规的形式公布，但教育部向全国通令试行。“壬戌学制”推动了小学课程革新，所带来的最显著的变化有：

(1) 制订小学课程暂行标准，以统一小学课程，是为我国学校有课程标准之始。

(2) 改国文为国语（国语包括语言、读文、作文、写字地理四项），从此小学不用文言文做教材，使语言和文字统一；而且国语科教学，注重说、读、作、写四方面，也始于此时。

---

① 胡适：《对于新学制的感想》，《胡适全集》第20卷，合肥：安徽教育出版社，2003年，第75—76页。

(3) 修身改为公民科，扩大公民道德的范围，使学生不只是独善其身，而且养成互助合作、服务社会的美德，于是学校对于群育，也开始注意。

(4) 初级小学增设社会（包括卫生、历史、公民、地理四项）、自然、园艺等科，以充实学生的生活知能。

(5) 小学校授课以分钟计，初级前二年每周至少一〇八〇分钟，后二年至少一二六〇分钟，高级每周至少一四四〇分钟。[①]

1923年，吴研因起草了《小学国语科课程纲要草案》，对于废除文言文教学的初等小学国语教育，发挥了重要的作用。胡适认为，“壬戌学制”“小学改用语体文以后，时间应该可以大缩短，而程度可以必不降低。……小学里用白话教授，教学的困难可以减去不少，教学的效率应该可以增加。”[②] 此举“从总体上扭转了语文教学的发展趋势，不仅巩固了白话文的地位，捍卫了五四新文化运动的成果，把20世纪20年代的语文教学改革引向了深入。而且把历来以文言文为主的贵族化语文教学从死胡同中引导到民间，从而发扬了普及教育的民主精神”。[③]

第四，注意到与成人补习教育对接。自清末以来，在推行义务教育的同时，重视与失学成人补习教育的衔接。特别是1915年教育部颁布了《半日学校规程》，提出为幼年失学成人设置半日学校，使之能够利用半天或夜间接受教育。《规程》是普及教育的重要举措，但有目标与内容模糊不清的遗憾。“壬戌学制”明确规定：第一，“小学课程得于第四年后，斟酌地方情形，增置职业准备之教育”；第二，“对于年长失学者宜设补习学校”，对完成四年义务教育的学生，提出了施以职业教育或补习教育的要求，使学生通过四年的义务教育掌握了初步的文化知识后，进入职业教育阶段，使之掌握谋生本领，从而使义务教育发挥出为生活为人生作准备的作用，又使年幼失学成人有补习文化学习的机会，体现了

---

① 孙邦正：《六十年来的中国教育》，第2版，台北：“国立编译馆”，1974年，第236—237页。

② 胡适：《对于新学制的感想》，《胡适全集》第20卷，合肥：安徽教育出版社，2003年，第75页。

③ 田正平、肖朗主编：《世纪之理想——中国近代义务教育研究》，杭州：浙江教育出版社，2000年，第219页。

“壬戌学制”标准中“发挥平民教育精神”和“生活教育”的特点。

第五，各学段划分以儿童身心发展规律和年龄特征为依据。“壬戌学制”亦称“六三三制”，是从学制的小学、初中和高中三个重要学段和学制年限角度概括的。有一种说法，认为“六三三制”抄袭美国学制，是西洋的舶来品。广东省教育厅长金曾澄在《广东提出学制系统草案之经过及其成立》一文中，介绍了广东省教育会对西方国家学制《分组研究之办法案》，广东教育会起草学制前对学制进行了深入系统的研究，分外国学校系统方面的研究、各省学校系统方面的研究、社会组织方面的研究和科学方面的研究四个小组进行。其中第一组又分英、美、法、德、日及其他国家的学制研究。经过研究，一致认为美国学制存在两个方面的缺点：“（子）旧制因侵入少年期，且与中学科不衔接，故为不良。（丑）新制小学有分二段者，即多一级，便难于衔接。”① 而美国学制的优点只字未提及小学，只是提到“中学分二段，故可酌量地方情形，得办一级中学”等。美国小学虽然是六年制，但“壬戌学制”将小学分为四二两段，体现了义务教育设计者的智慧。例如，江苏省教育会 1922 年 2 月 24 日召开新学制草案讨论会，关于初等教育，多数赞同“四二制”。对于初等教育之职业准备问题，议决结果是“小学课程得于较高年级，斟酌地方情形，增置职业准备之教育”。对于补习教育，议决结果是：“对于年长失学者，设各种补习学校，列入初等中等段旁支系统内。”次日，继续讨论学制草案，关于小学形成了七项意见：

一、六年小学分为两期。二、市、乡立小学以设立前期四年者为原则。三、县经费得补助市、乡立之六年小学。四、第二期小学不得独设。五、四年小学称前期小学校，六年者浑称小学校。六、县地方教育费之如何划分，归县教育行政会议解决。七、四年小学毕业，给以义务小学之四年修业证书。②

小学实行六年制，四二分段，既符合中国国情，也符合儿童身心发展的规

① 璩鑫圭、唐良炎编：《中国近代教育史资料汇编·学制演变》，上海：上海教育出版社，1991 年，第 869 页。

② 璩鑫圭、唐良炎编：《中国近代教育史资料汇编·学制演变》，上海：上海教育出版社，1991 年，第 884 页。

律。至于六年小学学制的规定，在“壬戌学制”酝酿之初就有人提出这一意见：“各段之划分，大致以儿童身心发达时期为根据，即童年时期（6 岁至 12 岁）为初等教育段；少年时期（12 岁至 18 岁）为中等教育段……”[①] 这一段话虽然并没有在“壬戌学制”文本中出现，但文本体现了这一精神。而 6 岁入小学接受义务教育的文字，“壬戌学制”并没有明确出现，但《学制系统图》中纵向年龄学段划分，无异于明文规定 6 岁入小学。虽然《学制系统图》的注释有这样的交代：“本图左行之年龄表示各级学生入学之标准，但实施时，仍以其智力与成绩或其他关系分别定之。”[②] 其实，这可以看作是“壬戌学制”保留“弹性”的特征。

（三）民国后期义务教育学制的改革与实施

1927 年 4 月，南京国民政府成立。新生的国民政府厉行义务教育，从 1928 年开始到 1937 年，颁布了一系列有关推行义务教育的政策法规，包括义务教育学制的规定。即使是在艰苦的抗战期间，义务教育学制的改革也未曾停辍。

1. 未经批准但正式实施的“戊辰学制”。1928 年 5 月，国民政府大学院在南京召开第一次全国教育会议，除重点讨论通过了《废止党化教育名称，代以三民主义教育案》外，还重点讨论通过了《整理中华民国学校系统案》。该案经过整理后，于同月 21 日，以《中华民国学校系统草案》为名，获得大会通过。8 月 6 日，大学院第 11 次院务会议议决通过了该案。同月 9 日，大学院向社会公布《学校系统表》。因 1928 年为农历戊辰年，故称“戊辰学制”。这个学制并不具备法律效力。因为《学校系统表》公布未久，大学院便裁撤而恢复教育部制，而刚恢复的教育部并没有重提通过“戊辰学制”之事，所以该制未能经国民政府批准而正式颁行。但是，该制设计的基调和若干局部的修订，实际又为此后的学制改

① 钱曼倩、金林祥主编：《中国近代学制比较研究》，广州：广东教育出版社，1996 年，第 289 页。

② 中国第二历史档案馆编：《中华民国史档案资料汇编》第三辑，南京：江苏古籍出版社，1991 年，第 103 页。

革所承袭。

“戊辰学制”仿照“壬戌学制”的7项“设学标准”，确立了6项“设学原则”：“1. 根据本国实情；2. 适应民生需要；3. 增设教育效率；4. 谋个性之发展；5. 使教育易于普及；6. 留地方伸缩可能。”其后公布《学校系统表》时，在第三项原则之后，增加了“提高学科标准”一项，使设学原则也与“壬戌学制”的设学标准一样，同为7项。

“戊辰学制”的结构体系，也与“壬戌学制”大同小异。其基本架构依旧是“三段三类”，其主干学程仍然是“六六四”，或是“六三三四”，而初小的入学年龄，还是确定为实龄6岁。该制主干的具体设学序列为：幼稚园（3—6岁）——初级小学（6—10岁，学程4年）——高级小学（10—12岁，学程2年）——初级中学（12—15岁，学程3年）——高级中学（15—18岁，学程3年）——大学或独立学院（18—22岁，学程4年）——研究院（22岁以上，学程不定）。由此看来，该制与“壬戌学制”并无二致。

但值得注意的是，该学制相对于“壬戌学制”而言，在细节设计上多有变更。概要说来，在义务教育学段主要有两点值得注意：第一，“小学校课程于略高年级，斟酌地方情形，增设职业准备学科”；第二，“为补充乡村小学教员之不足，得酌设乡村师范学校”。[①] 鲜明的特征之一是在小学课程中渗透职业教育；又一特征是为了给乡村义务教育源源不断地提供足够的师资。“戊辰学制”特别设置乡村师范学校，这是一个创举，表明国民政府为推广义务教育，有计划有步骤地造就师资工作正式启动。

国民政府大学院在南京召开的第一次全国教育会议，在中国近代义务教育史上是一次里程碑性质的会议，大会除对“壬戌学制”进行检讨和修正，通过《整理中华民国学校系统案》外，还有一个厉行义务教育和组织中小学课程标准起草委员会起草中小学课程标准的重要议案。

2. 一年制、二年制短期小学的实施。1930年4月，国民政府教育部在南京

---

① 《第二次中国教育年鉴》第二编，上海：商务印书馆，1948年，第34页。

召开第二次全国教育会议，审查通过了《实施义务教育初步计划案》《实施成人补习教育计划案》和《改进初等教育案》等。这次大会将义务教育的发展置于战略地位，强调在训政 6 年内，注重大力推进义务教育及成人补习教育。这次会议提出将全国普及义务教育期限定为 20 年，比起以前的推行义务教育期限而言，似乎遥不可及，不能较快兑现；但是，这是一个更为务实的计划，所采取的措施更为得力。其后，各省市逐渐开始规划以 20 年期限为目标的分期实施计划。有的分为 4 期，有的分为 7 期。与民国前期教育部颁布义务教育实施程序后，闻风响应者仅山西、江苏寥寥几省不同的是，江西、湖北、湖南、江苏、热河、河南、山东等各省市都付诸行动。会后，国民政府与教育部颁行了一整套有关学校教育的法规体系。

尽管国民政府拉长了义务教育完成的年限，但根据我国中央及各省市国民收入整体状况，考察全国各地义务教育学段小学校舍、师资、仪器设备的现实，恐怕是三四个 20 年都难以实现，这是很多官员和教育名流心知肚明的。1934 年，蔡元培等在国民党第四届中央执行委员会第五次全体会议上，提出标本兼治、分期办理义务教育的议案，得以通过。其后，教育部执行中执委会议相关精神，拟定了分期推进义务教育的方案，改革小学学制，设置一年制、二年制短期小学，分阶段有计划地实现四年义务教育。因此，这就有了国民政府和教育部在全面抗战前颁布的有关义务教育学段学制改革的政策法规。1932 年 12 月 24 日公布的《小学法》和 1933 年 3 月 18 日公布的《小学规程》，为了在 20 年内实现义务教育，对义务教育的学制进行了进一步的改革。

《小学法》和《小学规程》在初等教育的学制改革方面，主要体现在“简易小学”和“短期小学”的增设上。《小学规程》第五条明确规定：“为推行义务教育起见……各地方得设简易小学及短期小学。简易小学招收不能入初级小学之学龄儿童，其修业期限，以授课时间折算，至少二千八百小时。短期小学招收十足岁至十六足岁之年长失学儿童，其修业期限为一年，以授课时间折算，至少五百四十小时。”[1]

1935年5月28日，国民政府行政院通过《实施义务教育暂行办法大纲》，规定以一年制和二年制的短期小学作为实施四年制义务教育的补充形式。6月14日，教育部公布《实施义务教育暂行办法大纲施行细则》，规定“各省应于民国二十四年度，令饬所属县市，仍原有乡村城镇之人口，制定小学区以为施行义务教育开办短期小学之单位”。各省市在实施义务教育第一期内为供给儿童受一年之义务教育要做的第一件事就是“广设短期小学”。《细则》要求各省市：

限令各小学区就预定设校地点，设置一年制之短期小学，招收九足岁至十二足岁之失学儿童，此项小学以采用二部编制为原则，每日上下午各教学半日，或全日间时教学至少各授课三小时或四小时，修业年限一年。

乡村短期小学得放农忙假，但应缩短其他假期，以补足修业时数。普通小学及其他学校与公共机关内，并得附设前项短期小学班。[2]

与其说教育部颁布的是实施义务教育的细则，不如说是“广设短期小学”的“细则”。在稍后的不到一个月时间的7月8日，教育部颁发《一年制短期小学暂行规程》，规定：

……

第二条　在第一期实施义务教育期间，各省市县均应注重办理一年制短期小学。

第三条　各县市乡缺乏学校之小学区，应尽先尽量设置短期小学，以期教育易于普及。

第四条　短期小学独立设置，并得附设于普通小学及其他学校或公共机构内。

第五条　每五小学区至十小学区内之短期小学，应利用一普通小学为中心小学，各短期小学均应受其指导。

---

① 《第二次中国教育年鉴》第二编，上海：商务印书馆，1948年，第34页。

② 宋恩荣、章咸编：《中华民国教育法规选编》（修订版），南京：江苏教育出版社，2005年，第287—288页。

第六条　短期小学招收年满九足岁至十二足岁之儿童。

第七条　短期小学不收学费，所有书籍用品，概由学校供给。

第八条　每一短期小学以同时招收学生二班为原则。每班学生以五十人为限，其编制采用半日二部制，分上下午教学。教室敷用者，或采用全日二部制，间时教学。

第九条　短期小学每班每日授课三小时至四小时，每小时以四十五分钟计算。①

对入学年龄和修业年限及课时、教学及管理作了规定。

也许是一年制短期小学对于义务教育而言，实在短得难于启齿，难于掌握义务教育要求的起码的知识与技能，1937 年 6 月 18 日，教育部颁发《二年制短期小学暂行规程》，规定“在第二期实施义务教育期间，各省市县应注重办理二年制短期小学，但在第一期内办理一年制短期小学已有相当成效，或有特殊需要之地方，得提前办理二年制短期小学”，可以独立设置。“二年制短期小学招收八足岁至十二足岁之失学儿童”，“不收学费，所有书籍用品概由学校供给”。② 所开设的科目为公民训练、国语、常识、算术、工作、游唱等。

一年制、二年制短期小学规程公布并实施的同时，对其课程与教学也进行了相匹配的改革。1935 年 8 月 1 日，教育部公布《一年制短期小学暂行课程标准》，第一部分对课程进行了说明，《标准》指出：“本课程以国语（内容包括常识，而作业为读书、作文、写字）、算术（包括心算、珠算及笔算）为基础，并辅以公民训练及课间操（包括唱游）。……本课程实施时应注意利用当地的事实或材料，以助儿童的理解。”教育部 1937 年 6 月 19 日颁发的《二年制短期小学课程标准总纲》规定，二年制短期小学“毕业程度应相当于小学初级第三学年修业期满之程度，使学生毕业后能认识约略二千二百个单字，能阅读浅易语体文，能写作浅易实用文，能计算日常生活上之数量，并具有国民必需之基本常识与技能”③。

① 《中央及本省义务教育法令汇编》，湖北省义务教育委员会，1937 年，第 63 页。
② 《中央及本省义务教育法令汇编》，湖北省义务教育委员会，1937 年，第 71 页。
③ 《中央及本省义务教育法令汇编》，湖北省义务教育委员会，1937 年，第 64、68 页。

教学科目为公民训练（包括卫生习惯部分）、国语（包括注音符号、读书、说话、作文、写字）、常识（包括社会、自然及卫生知识部分）、算术（包括笔算及珠算）、工作（包括劳作及美术）、游唱（包括体育及唱歌）六种。

这些课程及教学，有如下几个特点：第一，强调基础性。《一年制短期小学暂行课程标准》的算术课程内容，要求数的认识和写法，会做加减法，能够背诵九九歌诀、归除歌诀、记账和算账的方式，等等。这些都是算术的基本知识和基本技能。第二，突出实用性。《一年制短期小学暂行课程标准》关于国语课程的内容，要求用日常实用文，如便条、书信、柬帖、布告、日记的阅读。要求授予学生检查字典的方法，使学生能认识并运用注音符号。第三，教学方式方法的多样化。义务教育学制进行了改革，与之相配套的是教学方式方法也进行了革新。在《实施义务教育暂行办法大纲》中，规定应厉行二部制，使能于最经济的时间、空间中，教育大量的失学儿童。1937 年 6 月，教育部颁行《实施二部制办法》，规定凡人口较为密集的区域，所有短期小学、简易小学及普通小学低年级，不能容纳就学儿童时，以采用二部制为原则。根据不同的情形，可采用全日二教室二部制、全日一教室同时二部制、半日二部制、全日半日混合部制、间日二部制等。《实施义务教育暂行办法大纲》第 5 条和《实施义务教育暂行办法大纲施行细则》第 10 条还规定，于 1937 年 6 月，订颁《实施巡回教学办法》，规定在以下四类地区，设一个教员巡回施教，一人教授两个以上地点：

1. 区域辽阔，村落星散，交通不便，儿童不易集中者。

2. 地方贫瘠，人口稀疏，无力设置学校者。

3. 附近学校学额已满，无力扩充，失学儿童未能尽量容纳者。

4. 儿童因交通及生活或职业关系，不能全日或半日就学者。①

教育部关于一年制、二年制短期小学的法规公布后，各省市纷纷行动起来。湖北省颁布了《各县开办短期小学应行注意事项》《湖北省各县短期小学教员交代暂行办法》《湖北省各县短期小学及省款补助小学教员奖惩办法》《各县短期小

① 宋恩荣、章咸编：《中华民国教育法规选编》（修订版），南京：江苏教育出版社，2005 年，第 298 页。

学教员服务情形应用县政府随时派员考查据实具报》，全国 33 个省市从 1935 年 8 月起，统一分三期实施义务教育。

对于简易小学和短期小学的创制，肯定者认为，这是适合国情的“酌量变通”；而否定者却认为，这是无视质量的“降格以求”。如何在“酌量变通”和“降格以求”之间，找到一个平衡点，就当时的国情而言，实在是有些难为义务教育学制的设计者。

3. 新县制下义务教育学制改革。“卢沟桥事变”后，抗战军兴，沿海各省相继陷落。国民政府迁都重庆，生聚教训，以期光复。在抗日战争中，国民政府对于义务教育十分重视。蒋介石曾昭告国人，义务教育为救国教育之本，所有组织民众，推行地方自治的工作，应当以国民小学为中心。他指出：

教育为救国之本，而作育儿童之小学教育，又为救国教育之本。诚使全国儿童皆得优良之教育，以为之陶熔，俾克造成健全贞固之国民人格，则以之建国，人人皆能各称其职，完成一切建设之大业。以之卫国，人人皆能勇于赴难，胥为铜筋铁骨之健儿。昔一八七〇年普法战役，德国获胜之后，其主将毛奇论定勋绩，以战胜之功归于全国之小学教师，一时传诵［颂］，叹为确论。我国小学教育在最近十余年来，设校数量与就学人数日见增加。各地小学教师多能忠勤本职，更以余力从事社会教育，一本三民主义之精神，激发民族复兴之志气，此种潜在之力量，实为国族所托命。……

去岁手订《县各级组织纲要》时，自乡镇以至保甲之基层组织中，决然采取“三位一体”之制，将乡镇一级之乡镇长、中心小学校长、壮丁队长，及保一级之保长、国民学校校长、保壮丁队长之职，定为一人兼任，其乡镇保之经济、警卫、文化、卫生等建设事业之执行，亦由小学教师负责分掌，所有组训民众实行自治之使命，完全以小学为中心，亦即完全付托于诸君。……中正业已手令各省当局，切实筹维，各就当地实情，尽其财力最大可能，统筹酌剂，迅予补救。即属私立小学，如果办理合格，亦应一视同仁，并图济助。凡县各级组织纲要实施之地方，对于小学经费与教师待遇，尤当特别宽筹，务期与担当任务，足资平衡，堪维生计。[①]

蒋介石将义务教育的功能强调到了无以复加的程度，并简单论及 1939 年 9 月进行的新县制改革。

所谓新县制改革，是 1939 年 9 月国民政府为加强基层组织，推行地方自治，颁布县各级组织纲要，实施新县制，即管、教、养、卫合一之体制。1940 年 4 月，教育部根据《县各级组织纲要》，制定《国民教育实施纲领》，于是新国民教育制度宣告确立。

新国民教育制度的主要内容有六点：第一，县政府设教育科，主管全县国民教育。第二，乡镇设中心学校。第三，保设国民学校，但在人口稠密的地方，如一村一街为自然单位，不可分离时，得就二保或三保联合设立国民学校一所。第四，国民教育分义务教育和失学民众补习教育两部分，就在乡镇中心学校和保国民学校内同时实施。第五，乡镇中心学校兼负辅导本乡镇各保国民学校之责。乡镇中心学校和保国民学校均应举办各种教育事业。第六，保国民学校的经费，应由保自行筹集为原则，不足时应由县市经常费项下支给。

1940 年 3 月 21 日教育部公布的《国民教育实施纲领》所说的"国民教育"，分为义务教育和失学民众教育两部分，借助保国民学校和乡镇中心学校予以实施，但"应尽先充实义务教育部分"，《纲领》对国民教育的学制进行了改革：

全国自六足岁至十二足岁之学龄儿童，除可能受六年制小学教育者外，应依照本纲领受四年或二年或一年之义务教育；全国自十五足岁至四十五足岁之失学民众，应依照本纲领分期受初级或高级民众补习教育，但得先自十五足岁至三十五足岁之男女实施，继续及年龄较长之民众，其十二足岁至十五足岁之失学儿童，得视当地实际情形及其身心发育状况，施以相当之义务教育或失学民众补习教育。[②]

《纲领》第三章规定："国民学校之小学部，以完成四年制小学为原则，但为

① 蒋介石：《慰勉小学教师电》，中央宣传部编：《蒋委员长言论类编·教育文化言论集》，重庆：中正书局，1941 年，第 232—233 页。

② 宋恩荣、章咸编：《中华民国教育法规选编》（修订版），南京：江苏教育出版社，2005 年，第 274 页。

迅速普及义务教育起见，得办理一年或二年结束之班级，民教部以办理初级成人班及初级妇女班为原则，乡（镇）中心学校之小学部以办理六年制小学为原则，民教部以办理高级成人班及高级妇女班为原则。”《纲领》在义务教育的学制上并没有改革，但将义务教育与民众教育绑到一起，在学制上直接对接，也是巩固义务教育成果的举措之一。

1944 年 3 月 15 日，国民政府公布《国民学校法》，这是“我国国民教育史上一项重要的文献”①。国民学校的学制，《国民学校法》有如下规定：

第一条　国民学校实施国民教育，应注意国民道德之培养及身心健康之训练，并授以生活必需之基本知识技能。

第二条　前条国民教育，为六岁至十二岁之学龄儿童，应受之基本教育，及已逾学龄未受基本教育之失学民众，应受之补习教育。

第三条　国民学校应每保设置一所，但地方有特殊情形者，得增设之，或联合数保共设一所。

第四条　一乡镇内之国民学校，应以一校为中心国民学校，设于乡镇适当地点，兼负辅导各保国民学校之责。

乡镇区域辽阔，或国民学校校数较多者，得增设中心国民学校。

第五条　国民学校分设儿童教育及失学民众补习教育两部，均分高初两级。儿童教育之修业年限初级四年，高级二年；失学民众补习教育，初级四个月至六个月，高级六个月至一年。

中心国民学校之儿童教育，高初两级合设，各保国民学校设初级，必要时并得设高级。但失学民众补习教育，均设高初两级。

第六条　私人或团体得设立小学，办理国民学校之儿童教育，其规程由教育部定之。

私立小学成绩优良者，得指定为代用国民学校，其规程由教育部定之。

① 孙邦正：《六十年来的中国教育》，第 2 版，台北：“国立编译馆”，1974 年，第 337 页。

第七条　师范学校附属小学，办理国民学校之儿童教育及失学民众补习教育。①

对国民学校和民众补习学校的入学年龄、办学原则等作了明确的规定。

关于国民学校和中心国民学校的教学科目和课程标准，教育部于 1941 年 4 月间，召集小学教育专家在重庆集会，研讨修改小学课程标准的办法，并且分别聘派部内外人员为修订小学课程标准委员，分别负责修订各科课程标准。这一工作自 1942 年 1 月开始，到当年 10 月全部完竣。其后，陆续由教育部公布施行。新订标准与 1936 年 7 月订颁的标准相比，重要的不同点主要有：

第一，《总纲》内增加了“课程内容范围”及“编排日课表的原则”。

第二，“公民训练标准”改为“训练标准”，把党员 12 守则作纲，将公民训练的条目和关于道德训练的部分，分析成训练细目 200 条；并把训练细目有关的做法，编订成为“起居规律”与“社交礼仪”各 18 节，分别绘图立说，制成歌词。

第三，增列“卫生训练标准”，系将“公民训练”中有关卫生部分的条目分出来，并酌增若干细目编订而成的，并且规定了学校行政的各项设施。

第四，增加了“团体训练”（包括训育和卫生训练），以及体育科目的教学时间。

第五，初小“常识”，高小“社会”“自然”等科，附列了各学年教材要目及单元排列的顺序举例，据以编辑初级小学国语、常识混合教本。

第六，规定初级“国语”教材要和“常识”教材配合，并且要用混合方法教学。在课程标准中，加入了教学文法的进程，并且附加了文法组织的例证。

第七，低年级的“体育”“音乐”，仍分科教学，不合并为“唱游”科。

第八，低年级的“图画”“劳作”，仍分科教学，不合并为“工作”科。

第九，“美术”科改为“图画”科，教材分“欣赏”“发表”“基本练习”

① 宋恩荣、章咸编：《中华民国教育法规选编》（修订版），南京：江苏教育出版社，2005 年，第 280—281 页。

三项。

第十，“劳作”科教材，分为“观察和欣赏”“发表和应用”“基本练习”三项。

第十一，每周教学时间，各学年都酌量增加，计第一学年 1080 分钟，第二学年 1170 分钟，第三学年 1290 分钟，第四学年 1350 分钟，第五、六学年各 1500 分钟。①

1941 年修订的课程标准规定，初级小学开设的科目为团体训练、音乐、体育、国语、算术、常识、图画和劳作。

新县制国民教育制度实施后，国民教育面貌有了很大改观。直到抗日战争胜利，各省市均竭力推行国民教育，取得了很好的效果。1941 年，后方川、滇、黔等 14 省市，在实施《国民教育实施纲领》的当年，已受教育儿童占学龄儿童总数的 60％弱，文盲人数占人口总数的 39％弱。1942 年，后方 14 省市推行国民教育的结果，已受教育儿童占学龄儿童 67％弱，文盲人数占人口总数的 36％强。1943 年，后方 14 省市及皖、康、宁、青、新等 5 省，共 19 省市推行国民教育的结果，为已受教育儿童占学龄儿童总数的 70％强，文盲人数占人口总数的 34％强。1944 年，推行的结果是，已受教育儿童占学龄儿童总数的 73％弱，文盲人数占人口总数的 32％强。1945 年，推行的结果是，已受教育儿童占学龄儿童总数的 76％强，文盲人数占人口总数的 30％强。下面是 1940 年到 1945 年全国国民学校基本情况统计表（见表 3—1），于表中可以看抗日战争中国民学校发展的基本状况。

表 3—1　1940—1945 年全国国民学校统计表

年度 项目	国民学校数（所）	班级数（个）	学生数（人）	教职员数（人）
二十九年度	219911	182180	13517320	489080
三十年度	224340	423302	14999712	546948

① 孙邦正：《六十年来的中国教育》，第 2 版，台北：“国立编译馆”，1974 年，第 361—362 页。

续表

项目＼年度	国民学校数（所）	班级数（个）	学生数（人）	教职员数（人）
三十一年度	257691	503973	17669354	668602
三十二年度	273002	529803	18556037	695736
三十三年度	253949	512442	17171323	654218
三十四年度	268909	677409	21725650	782817

资料来源：孙邦正：《六十年来的中国教育》，第2版，台北："国立编译馆"，1974年，第264页。

全国实施国民教育最早，改革力度最大，实施效果也最好的，当数广西省。雷沛鸿曾五度出任广西省教育行政长官，直接进行广西省推行国民教育的顶层设计。他在阐述《广西国民教育办理通则》时指出：

国民基础教育的实施，以国民基础学校为其集中场所，国民基础学校的办理，则以《国民基础学校办理通则》为根据。现在就国民基础学校的设置、组织、编制、课程、教材及社会活动等，分述其要点如下：

1. 设置　国民基础学校的设置，以村街为基本单位；村街国民基础学校，以每一村街设立一所为原则。如居民密集，相距不过三里者，可联合数村街设立。居民散处三里以上，或山川阻隔不便集中施教者，可酌量设立分校。乡镇中心国民基础学校也以每一乡镇设立一所为原则，如因财力及其他特殊关系，可由数乡镇联合设立，乡镇中心基础学校所在地的村街，则并入中心基础学校办理，不另设校。

2. 组织　国民基础学校的行政组织，有一特殊之点，就是在本省"三位一体"制度之下，校长由乡镇村街长兼任。村街基础学校在校长之下设专任教员一人，如有两个学级，则设儿童班主任、成人班主任各一人。设有托儿所及幼稚园者，并各设级主任一人、保姆若干人。乡镇中心基础学校在校长之下分设生活指导、辅导、总务三部，各设主任一人。各学级设级主任一人，成人班设班主任一人；设有托儿所及幼稚园者，亦各设主任一人，保姆若干人。"一人三长"的优点，为事权统一，便利推行，易使学校发生社会中心作用。其缺点则在校长限于能力，每有顾此失彼之难，为补救这种缺点，特设校务主任一人，秉承校长摄理校务。

3. 编制　为适应本省经济环境，便于强迫普及起见，基础教育的年限特为缩短。国民基础学校之编制，包括下列各种班级：

（1）初级前期班　收受六足岁至十二足岁未满之儿童，修业期限二年。

（2）初级后期班　收受初级前期班修业期满之学生，或具有同等程度者，修业期限二年。

（3）高级班　收受初级后期班结业之学生，或具有同等程度者，修业期限二年。

（4）短期班　收受十二足岁至十八未满之失学儿童，修业期限一年，必要时得延长一年。①

广西国民基础教育与全国小学课程设置有较大不同。广西自订了一套教学计划，国民基础学校初级前期班、后期班、短期班、高级班教学科目及每周教学时间打破了教育部颁行的课程标准：初级前期班国语 420 分钟，算术 150 分钟，常识 150 分钟，工作 150 分钟，集团活动 360 分钟，总计 1230 分钟。后期班国语 420 分钟，算术 210 分钟，常识 80 分钟，唱游 240 分钟，工作 180 分钟，集团活动 540 分钟，总计 1670 分钟。常识包括社会、自然及卫生；唱游包括音乐、体育；工作包括美术、劳作；集团活动包括早会、升降旗、周会、纪念周、野外生活及社会服务等。短期班国语 540 分钟，算术 240 分钟，音乐 90 分钟，体育 150 分钟，工作 180 分钟，集团活动 540 分钟，总计 1740 分钟。国语的内容增加了公民。高级班国语 420 分钟，算术 180 分钟，自然 150 分钟，社会 180 分钟，音乐 60 分钟，体育 180 分钟，美术 60 分钟，劳作 90 分钟，集团活动 600 分钟，总计 1920 分钟。自然包括卫生知识；社会分公民、历史、地理三科；公民 30 分钟，历史 90 分钟，地理 60 分钟。广西国民基础学校的课程设置对全国规定设置的小学课程进行了大刀阔斧的精简，以初级前后期班为例，便可一目了然。初级

① 雷沛鸿：《六年来广西国民基础教育》，韦善美、马清和主编：《雷沛鸿文集》（下册），南宁：广西教育出版社，1990 年，第 254—255 页。

前后班比同时期其他省市初级小学少设 6 门课程，每周上课总时间亦有减少，体现了删繁就简便于普及的原则。教育部《国民教育实施纲领》令各省市制定实行国民教育五年计划，广西省根据实际情况，在实行国民基础教育六年计划期满的当年，颁布了新的国民教育五年计划。并在同年 9 月 4 日颁布的《广西国民基础学校办理通则》中重新修订各班级教学科目及每周教学时间，增加二年制短期班。① 集团活动内容与短期班相同。

重庆第八区共有 10 县，均从 1935 年开始实施义务教育。1936 年底，全区共有 1207 所小学，学生共 8110 人。1940 年，实施国民教育，各乡镇陆续设置中心国民学校和保国民学校。1941 年，全区 354 个乡镇，4520 保，共建中心国民学校 287 所，占乡镇总数的 71％，保国民学校 1516 所，占总保数的 33.6％。无论是乡镇中心国民学校还是保国民学校，都远远没有达到《国民教育实施纲领》的要求。酉阳行政督察专员公署感到压力甚大，1944 年春在彭水县召开有专员、副司令、专署各科负责人及各县县长、县参议长参加的行政会议，研究实施国民教育的对策，作出强迫入学的决定，并大力增设国民学校。这是全国并不多见的包括军方参加的多方会诊集思广益的行政会议。会后各方积极行动起来，到 1945 年，全区小学增至 2799 所，其中公立 2754 所，私立 25 所，主要是公立国民学校。学生增至 166440 人，其中公立 161261 人，私立 5179 人；教职员增至 6171 人，其中公立 5996 人，私立 175 人。与 1936 年相比，小学增长了 2.3 倍，学生增长了 20 倍，教职员增长了 2.5 倍。② 这一成绩来之不易，在抗日战争极为困难的时期，各方面的资源十分紧缺，为了推行义务教育，动用地方行政首脑，还动用驻军副司令来推行义务教育，足见将义务教育作为地方头等大事来抓。

---

① 广西壮族自治区地方志编纂委员会编：《广西通志·教育志》，南宁：广西人民出版社，1995 年，第 158 页。

② 李定开主编：《重庆教育史》第二卷，重庆：西南师范大学出版社，2006 年，第 181 页。

三、实施义务教育的学校

在一个经济基础十分薄弱、社会环境动荡不安的国家推行义务教育，其难度可想而知。实施义务教育的学校必然无法苛求于整齐划一，必须灵活变通，采取多种多样的方式追求实效。

（一）清末义务教育实施机构

“壬寅学制”中的《蒙学堂章程》规定，小学堂包括蒙学堂、寻常小学堂、高等小学堂3种。蒙学堂修业年限4年，寻常小学堂3年。根据《小学堂章程》第一章第六节中的“俟各处学堂一律办齐后，无论何色人等，皆受此七年教育，然后听其任为各项事业”的规定可知，寻常小学堂、高等小学堂是实施义务教育的机关。但“壬寅学制”没有得到实施。1904年1月13日，清廷颁布实施的《奏定学堂章程》，将初等小学堂定为实施义务教育的主要组织形式。

“癸卯学制”颁布后，学部及地方极为重视义务教育，深感全国遍设普及义务教育的初等小学实在不容易，不可强求一律，程度也不可能一致，不妨采取灵活措施，灵活设学，因陋就简，多种层次设学，如此方能收普及之效。因而在“癸卯学制”颁布后，在初小方面逐渐补充完善。

1. 初等小学堂。这是实施义务教育的重要机构，“癸卯学制”规定这是实施义务教育的最为重要的力量。“癸卯学制”实施后，全国各地办起了一大批不新不旧半新半旧的小学，“等于一种变相的家塾，也可以说是由私塾到新式学堂转变中的一种过渡教育”①。直隶省反应比较快，光绪三十二年（1906）创办了清

① 司琦：《中国国民教育发展史》，台北：三民书局，1981年，第47页。

真寺初等小学堂、府儒学初等小学堂、杨公祠官立初等小学堂。宣统二年（1910）创办了清苑县初等小学堂、保定满营官立初等小学堂、清苑官立初等第一女学堂、清苑官立初等第二女学堂、清苑官立初等第三女学堂。这些初等小学堂的办理情况，学者杨亮功曾回忆说：

光绪二十九年，我已经九岁，父亲集合本家大房、三房、五房几位伯叔及亲戚李养吾先生共同创办一年初级小学，取名养正小学。校舍借用大房的两路平房，加以改造，并添建讲堂两间及操场一个。所收学生，仅限于杨、李两家以及亲戚的子弟，总共不满三十人。按程度分甲乙两班，我分在甲班。校长由三叔祖鉴堂担任。教师只在外面请一位靳穆如（名铎）先生专教国文，其余科目由创办人各就所长分别担任如下：

科目	教材	担任者
修身	《孝经》	叠筠二伯
读经	《大学》《中庸》《左传》等	父亲
国文	《古文观止》《东莱博议》	靳先生
历史	《纲鉴易知录》	月如三叔
地理	乡土地理	
格致	动植物	
算术	算术、珠算	子宽三叔
体操		李养吾姻长

以上除靳先生外，其余全不支薪。学校功课以经史、国文为主，父亲及几位伯叔皆系科举出身，担任经史课程，当然很合适。子宽三叔的算术程度虽然不深，但教授初级小学是足够应付的。李养吾姻长是一位军官，曾带兵远征广西苗人，他教我们体操未免有点大材小用。其外大房有三位老兄味壎、仲篪、纫兰在南京两江师范读书。他们暑假回家时也尽点义务，教我们地理及格致，并教我们一点日文。[①]

① 杨亮功：《早期三十年的教学生活》，台北：传记文学出版社，1980年，第4页。

这所学校当很有代表性。它并没有近代师范学校毕业的教师，教师阵容主要是旧学班底，且都有亲情关系。校舍都是族人商定，腾出几间房屋作为教室，开辟一块地作为操场。课程基本上遵循“癸卯学制”的规定。但国文和历史课以《古文观止》《东莱博议》《纲鉴易知录》为教材，显然过于深奥，并不适宜充作初级小学教材。

全国推行义务教育的小学为数众多。从光绪三十一年（1905）到宣统二年（1910），甘肃省初等小学堂得到较快发展。镇原县几年间共创设城乡初等小学堂51所。秦州在同时期内，共创设城乡初等小学堂40所，河州将龙泉书院改为南乡初等小学堂，将爱莲书院改为南乡初等小学堂，另有城乡初小34所；肃州和高台县各设初小34所，敦煌县有31所，安化县、静宁州、古浪县等，均建有初等小学20多所。武威县所设初小共143所，居全省之冠。而靖远、渭源、西和、环县等州县，仅有初小4所，平番和洮州更少，仅3所。多者和少者之间，相差十多倍，以至达二三十倍以上。[①] 据安徽省统计，从光绪二十八年至三十三年（1902—1907），安徽55县共设立小学堂497所，在校小学生14757人。其中女子学堂7所，学生284人。各县设立的小学堂，以颍上县最多，共38所，其次为巢县，有32所。建德县小学堂最少，仅1所，学生24人。到宣统元年（1909），“安徽全省小学共657所，其中高等小学堂74所，两等小学堂147所，女子小学堂16所”。[②] 贵州省共建立小学堂658所，其中初等小学堂547所，高等小学堂34所，两等小学堂（包括初级和高级）77所。[③] 全国诸省中，以四川省的小学堂数最多，光绪三十三年（1907）共计7629所，小学生23300余人；三十四年（1908）8700余所，小学生27700余人；宣统元年（1909）9700所，小学生32800余人，为全国之冠。[④] 这类小学堂是清末推行义务教育的主力军。

虽然义务教育入学率有了提高，但办学条件和教学质量则令人担忧。清苑县

① 傅九大主编：《甘肃教育史》，兰州：甘肃人民出版社，2002年，第301页。
② 陈贤忠、程艺：《安徽教育史》（上），合肥：安徽教育出版社，2006年，第386页。
③ 孔令中主编：《贵州教育史》，贵阳：贵州教育出版社，2004年，第157—158页。
④ 李定开主编：《重庆教育史》第二卷，重庆：西南师范大学出版社，2006年，第323页。

初等小学堂“毫无纪律，不知管理为何。荒芜不洁，有碍卫生。体育不知讲求。学生成绩甚劣”[①]。像这样的小学堂绝不在少数。

2. 小学堂和两等小学堂。清末义务教育发轫后，各地纷纷采取兴学行动，掀起了兴办小学堂的高潮。这里的小学堂实际上包括初等小学堂在其中，只是在名字上没有明确标出而已。由于各省幅员辽阔，新式学堂刚刚兴办，没有经验，故各省首先在“首善之区”的省城办起了一批模范小学堂，一方面探索办理新型小学堂的规律，摸索推行义务教育的经验；另一方面为府、州、县开办新式小学堂作出示范，供府、州、县参观学习效仿之用。

“癸卯学制”颁布后，河北省保定府就创立了一批官立模范小学堂。光绪三十一年（1905）十一月，保定府查学吴鼎昌条陈保定模范小学堂及其他小学堂改良事宜时指出，官立小学堂学生人数减少，应当增设小学堂，上年官立小学堂有学生 490 人，而当年不仅没有增加，反而减少了 1/5，只有 390 多人。其原因主要是学生上学路途遥远。官立小学堂要发挥示范作用，就应当增加设备，以确保官立模范小学堂的教学质量。吴鼎昌指出：“小学教育之作用，悉恃诸方设备之相为辅助，设备不完，虽有善教育，不能收完全之结果。校室一切设备今姑勿论，若教授用具中之修身挂像、理化仪器、博物、手工、地理、历史之标本、图画、模型、音乐之器具，皆学中所不可少之物品，宜于来年次第设置齐楚。此等皆备，然后徐徐研究使用教授之法，所谓有形式而后有精神也。”[②] 他考察了保定模范小学堂后，感觉到模范小学堂的音乐教室“矮小，狭窄，光线太强，空气不甚流通，秋前春后闷燥殊甚，且唱歌时仅容一班，不能全班教授，实非另行筹划不可”。按他的设想，模范小学内“宜辟植物园，以备直观教授也”。因为“小学数科、理科、地理、图画数门，皆重直观教授，教授无直观而第恃口讲、指划，儿童性增想象，及示以实物，或转复茫然”。根据刘续曾《保定模范小学毕业考查法》可知，保定模范小学堂的课程有修身、国文、算术、中国历史、中国地理、格致、体操、音乐、手工、图画等。这些课程对于小学生而言，明显过于

① 保定市教育局史志办公室编：《保定教育史料类编》，石家庄：河北人民出版社，1990 年，第 84 页。
② 保定市教育局史志办公室编：《保定教育史料类编》，石家庄：河北人民出版社，1990 年，第 57 页。

高深。模范小学堂包括初等和高等小学，对于初等小学堂学生而言，则更是远远超过了他们的程度。根据保定府查学吴鼎昌关于保定官立小学堂办学条件及整改的报告可知，保定光绪三十年（1904）就创办了官立小学堂。其中的官立模范小学堂美其名曰“模范”，实际上各方面的条件并不达标。不过，在义务教育实施之初，都是可以理解的。

清末推行义务教育的重要机构还有两等小学堂。所谓两等小学堂，就是包括有初等和高等两级的小学堂，其中初等小学堂便是义务教育实施机构。义务教育实施后，一些地方根据“癸卯学制”的规定，设置两等小学堂。例如，保定府于1904年10月就在省城旧学务处创办了保定府官立两等小学堂，次年在白衣庵开办了保定公立两等小学堂。同年又在厚福盈开办清苑县公立第一两等模范小学堂。光绪三十四年（1908）在两江会馆创办两江公立两等小学堂，同年又在旗奉吉江会馆创办旗奉吉江公立两等小学堂。宣统二年（1910），保定已经创办了保定官立模范两等小学堂、保定官立第一两等小学堂、保定官立第二两等小学堂、保定官立第三两等小学堂、保定官立第四两等小学堂、保定公立第二两等小学堂、全节堂附设两等小学堂、清苑官立第一两等小学堂、清苑北街公立两等小学堂、两江中学附设两等小学堂等。

这些学校办理参差不齐。颇有绩效者首屈一指当推保定官立模范两等小学堂。该校有讲堂12所，共40间，教员14人，职员3人。初等科一二年级有92人，三年级62人，四年级49人。在教育教学方面，有很多值得点赞之处：

……训育始终如一，其教授一毫不苟，其设备日见完善，其学额日见增加，其特色尤在教授草案，已见效果。教授批评，每周举行。刘堂长可谓始终热心矣。李教员廷桢教初等一年级修身，语有秩序。汲教员允昌教初二年级游戏，极活泼规律。陈教员作善教初三年级算术。张教员勃然教初四年级习字，指宗有方。……各科成绩俱佳，校风良善。[①]

调查考察意见是：“该校为全省模范，名实相符，无懈可击。”这个评价可以说是

---

① 保定市教育局史志办公室编：《保定教育史料类编》，石家庄：河北人民出版社，1990年，第80—81页。

极高的了。该校不足的地方是“操场借用督署箭道，行路太远，废时亦多”。像保定官立模范两等小学堂这样的学校在当时为数极少。其他两等小学堂都是有待整改的对象。保定公立第二两等小学堂“管理尚欠精密，卫生尚不十分整洁，无操场，体育难望发达”。调查考察的意见是：“全堂无甚精神，较模范、将军庙各两等，则大减色。堂室亦多迁就，多不合用；款项亦支绌，无力改良。”全节堂附设两等小学堂“校地太隘，未见扩充，现已满不能容矣。设备亦未完善，如应用校具，尽付阙如”。而两江中学附设两等小学堂“院宇虽多，皆不合学堂之用，一切设备皆未购办”。[①] 据此可知清末义务教育实施之初学校的状况。

3. 简易识字学塾。宣统元年十一月二十九日（1910 年 1 月 10 日），学部《奏拟简易识字学堂章程折》，认为：

今日教育之困难，属于办学者有二，属于就学者亦有二。民瘠则经费难筹，地僻则师资缺乏。此办学之难也。生计操作之鲜暇，书籍用品之无资。此就学之难也。宪政编查馆有鉴乎此，于立宪九年预备单内奏设简易识字学塾，欲以辅小学教育之不及，而期以无人不学为归，规画极为周至。惟此项学塾既以简易为名，则一切章程必使易知易从，而后不背乎委曲变通之情。[②]

而且要求凡官立、公立、私立各项学堂经费稍裕者，皆令附设此项学塾。这样普及义务教育的初小数“在期月之间，较旧设学堂之数可以骤增一倍”。

简易识字学塾何以称为“简易”？该奏折做了说明：租借祠庙各项公所另行开办，其主要动机是节约义务教育经费。故强调：“经费务须极力从省，其图书器具不必求备，但以略可敷用为主。此项教员科学亦不必求全佳，使文理通顺，略具普通知识者，即可取为师资，庶无经费难筹、教员缺乏之弊。至学生一律不收学费。其毕业年限定为三年以下一年以上，其授课时间定为每日三时或二时，庶贫寒无力入学之子弟及年长失学之人，皆可节缩其操作之光阴，以从事于修

① 保定市教育局史志办公室编：《保定教育史料类编》，石家庄：河北人民出版社，1990 年，第 80—84 页。

② 故宫博物院明清档案部编：《清末筹备立宪档案史料》（下册），北京：中华书局，1979 年，第 1010—1011 页。

业，庶无就学困难之弊。”[①]

1910年1月10日，学部奏准公布《简易识字学塾章程》16条，简易识字学塾遂正式纳入义务教育学校制度体系，成为初等小学的重要辅助机关。这一章程学部后于宣统三年（1911）改订。《章程》规定：

简易识字学塾专为年长失学及贫寒子弟无力就学者而设，其课程专教部颁《简易识字课本》《国民必读课本》，并酌授浅易算术（珠算或笔算）；教授二书完毕，即准作为毕业。至其毕业年限定为三年以下一年以上（年长失学、急于谋生，入此项学塾或三年或二年或一年，均可听便；家贫年幼入此项学塾者，自以三年毕业为宜，如力不能学至三年，亦可酌量变通）。每日教授钟点定为三小时或二小时，应由劝学所详查各学塾办理情形，汇呈督学局或提学司备核。……

此项学塾附设各项学堂之内者，授课时间应定为晚七点钟至九点钟，或午后四点钟至六点钟，以及星期、年假、暑假、讲堂闲旷之日，均得多定钟点，酌量授课。……

学生不收学费，应用书籍物品，概由塾中发给。[②]

其后，各地纷纷上奏汇报办理简易识字学塾的打算和实际情况。宣统元年（1909）八月，江苏巡抚端方奏设简易识字学塾，认为“国民程度以识字人数之多寡为进退。从前普通小学课程较繁，年限较长，人力物力，各省缺乏，未能遽收普及之效”。他在江苏从通都大邑推至穷乡僻壤，旨在以“一年级二年级者，所以补小学简易科之不及。至三年级，则与小学简易科殊途同归，由是至五年级之小学，义务教育阶级于以完备。总之，年无论长幼，家无论贫富，咸使之量力就学，无所容其退阻。而其要义，尤以九年筹备期满，识字人民务得二十分之一，有盈无绌。其发端，应就普通小学频年经验之积弊，设法矫正，以期形端表

① 故宫博物院明清档案部编：《清末筹备立宪档案史料》（下册），北京：中华书局，1979年，第1011页。

② 朱有瓛主编：《中国近代学制史料》第二辑（上册），上海：华东师范大学出版社，1987年，第351—352页。

正”[①]。河南提学使孔祥麟认为：“国民程度以识字人数多寡为衡，各项学堂课程烦［繁］重，凡贫寠子弟以及年长失学急于谋生之人，难概施以完全教育，惟此简易识字学塾既不必以科学相绳，更无待以程限相迫，实与半日半夜等学堂相辅而行，举办较易为力。”[②] 他动员各方力量，打算先在省城开封率设置 20 处简易识字学塾，并通饬各厅、州、县“统于年内由官督饬绅董就地筹款，每属创办二十处，分设城乡，以为模范”。

4. 半日学堂。“癸卯学制”颁布后，各地试办了许多初等小学的辅助形式——半日学校之类。最早的一所半日学堂诞生于四川泸州，时间为光绪三十年(1904)。该校的招生广告云：

列位，要知道读书不专在求功名。多认得几个字，讲得几个字，就有许多用处，到后来改行学艺，硬要比别人强些。世上有等作工的人，苦于小时未学，又到四五十岁，百般埋怨，总说吃了没钱的亏。我们今日设这学堂，就借明伦堂地方，名为半日学堂。怎么叫半日，只因这些苦人，半日去谋食，半日来堂听讲。或是铺家的学徒，或是卖果饼的孩子，只要专心来学，不取学钱。总要能守规矩，每日到三点钟时候来堂听讲。[③]

半日学堂的教学内容，主要是讲些“圣训”，使他们知道孝悌，然后讲些字义，讲些算法，讲些为人处世的道理，讲些当时中国的大势。

清末湖南数位行政首脑都很重视义务教育。赵尔巽于光绪二十八年（1902）奏催张鹤龄观察来湘，主持学务。张鹤龄履任即推行普及教育，为下层子弟入学接受教育提供机会。而“欲求教育普及，必先改良私塾，多设半日学堂，方能实收普及之效”[④]。于是，首先在省城长沙创办半日学堂 12 所，委派俞诰庆为监督，专门招收家贫无力上学以及非士流家之子弟入学。半日上学，半日做工，属半工半读性质。课程主科有修身、国文、算学、体操等，随意科有手工、图画、乐歌

---

① 李桂林等编：《中国近代教育史资料汇编·普通教育》，上海：上海教育出版社，1991 年，第 158 页。

② 李桂林等编：《中国近代教育史资料汇编·普通教育》，上海：上海教育出版社，1995 年，第 159 页。

③ 《四川官报》第 4 册“演说”，1904 年。

④ 《行简易小学普及办法并筹经费案》，见《湖南咨议局第一届报告书》，宣统二年（1910）。

等。学生不仅不用缴纳学费，还能得到学堂给予每个学生每天的津贴费 10 文钱。[①] 这在当时可以起到吸引学生来学的作用，但绝对不是长久之策。

光绪三十一年（1905），湖南巡抚端方令湖南各府、厅、州、县多立半日学堂，使“穷民子弟半日读书，半日谋食”。其具体办法为“以午前、午后为界，将学生分为二班，以一班午前来学，以一班午后来学，更番教授，减经费而省教员，一堂可收二堂之益”[②]，旨在“使人人知读书，处处有学堂，文教大兴，风俗丕变”。

湖南半日学堂的经费主要来源有二：一是就区筹捐之款，包括茶捐、纸捐、矿捐、油捐、屠捐、烟捐、酒捐和戏捐；二是就区酌提之款，包括惜字费、义学、学宫、宾兴费、文昌会、关帝会和其他神祀及公产公谷的余息，等等。

由于地方诸省的倡导与试行，摸索到了普及教育的辅助途径，光绪三十一年十二月初四日（1905 年 12 月 29 日）给事中刘学谦奏设半日学堂，建议各州县广筹经费，立半日学堂，专收贫寒子弟，“不取学费，不拘年龄，使之无所借口、无所畏难”，要求“无论城乡，每二三百家即应设一处，庶向学者众，教育可以普及”。十二月初十日（1906 年 1 月 4 日）学部通令全国“为贫寒子弟计”，多设半日学堂，肯定这是普及教育“第一要义”。此后，各省先后办起了一批半日学堂，半日学堂亦成为普及义务教育的一种重要教学组织形式。

光绪三十三年（1907），清廷学部总务司第一次统计，江苏八府、三州、一厅共有半日学堂 123 所，学生 2080 人。据《光绪三十三年分第一次教育统计图表》统计，全国 23 省共有半日学堂 614 所，学生 18222 人。次年统计，半日学堂 728 所，学生 22813 人。宣统元年（1909）24 省有半日学堂 975 所，学生 25545 人。[③]

此外，这一时期还创办了一些特殊部门或特别招生对象的学校，如兵营驻防

① 冯象钦、刘欣森总编：《湖南教育史》第二卷，长沙：岳麓书社，2002 年，第 231 页。

② 《湖南官报》，1905 年第 947 期。

③ 朱有瓛主编：《中国近代学制史料》第二辑（上册），上海：华东师范大学出版社，1987 年，第 368—369 页。

初小、师范学堂附小及女学堂等。兵营驻防初小由福州将军朴寿等奏请设立。光绪三十四年七月二十三日（1908 年 8 月 19 日），朴寿等奏设福州驻防蒙小学堂，将两等学堂改为初等小学堂，津贴经费，添聘教员，令八旗子弟年龄相当者一律就学。由于旗丁大多数都进入兵营，“以图补食练饷”，福州将军曾经强调说：“查服从教育之年龄，本无充当兵役之义务，且转学退学，尤足阻学堂进步。旗丁有籍可稽，宜实行强迫教育，凡幼童已及学年不入学者，罪其父兄，其随意退学转学者，一并责其父兄，于学务庶有裨益。”① 要求对国文一门，尤加注重。

此外，汪洋大海一般存在着的私塾，也是实施义务教育的一支重要力量。

（二）民国前期实施义务教育的学校

民国前期，中央政府及教育部都主张推行普及教育，先后颁行了一系列义务教育法规、条例，在继承清末义务教育学校系统的基础上，建构了这一历史时期义务教育的学校结构。

1. 初等小学。1912 年 9 月 28 日，教育部公布《小学校令》，规定“小学教育以留意儿童身心之发育，培养国民道德之基础，并授以生活所必需之知识技能为宗旨”，分初等小学校与高等小学校两种。初等小学校承担着推行义务教育的任务。

为普及初等小学校的方便，初等小学与高等小学可分可合。凡二者合置于一处者，名高等小学校。由城镇乡担任经费者，名某城镇乡立初等小学校或高等小学校；由县担任经费者，名某县立高等小学校；由私人或私法人担任经费者，名私立初等小学校或高等小学校。城镇及乡村多设初等小学，与高等小学分立。设立初等小学的经费，依法律所规定，乡之财力不能设立初等小学者，得以二乡以上协议组织乡学校联合，以设立初等小学校。城镇乡村学校联合，得划分若干区，以分设初等小学校。城镇乡除设立初等小学校，足容本区域学龄儿童外，财

① 故宫博物院明清档案部编：《清末筹备立宪档案史料》（下册），北京：中华书局，1979 年，第 1003 页。

力有余，得设立高等小学校，但须经县行政长官许可。

初等小学校是民国初年普及义务教育的主要教学组织形式，承担着义务教育段 1—4 年的艰巨任务，也是北京政府教育部及地方教育行政机关发展的重点。

图 3—3　民国时期小学的课堂

2. 国民学校。1915 年，袁世凯颁布《教育纲要》，筹划实施义务教育。教育部电咨各省区拟订《义务教育施行程序》，并规定初等小学为两种形式，“一名国民学校，以符义务教育之义；一名预备学校，专为升学之预备”。1915 年 7 月 31 日，教育部公布《国民学校令》。“总纲”中规定：“国民学校施行国家根本教育，以注意儿童身心之发育，施以适当之陶冶，并授以国民道德之基础及国民生活所必需之普通知识技能为本旨。”①

民国初年，国民学校自诞生之日起，就与地方自治紧紧地联系在一起。如《国民学校令》规定：

一、自治区设立国民学校。其校数以足充本区学龄儿童为准。

二、自治区设立国民学校时，得于本区内画分学区。

三、区立国民学校之校数、位置，经自治会议及学务委员之协议，由区董陈请县知事定之。

四、自治区之一学区内，如有不能于通学适宜之地域成立一国民学校者，区董得令邻近学校区处理其一部就学儿童之教育事务。……

六、自治区因特别情事，于应设国民学校之校数一时未能全设者，县知事得令该区以私立国民学校代用之。但须经该管长官之认可。②

---

① 中国第二历史档案馆编：《中华民国史档案资料汇编》第三辑，南京：江苏古籍出版社，1991 年，第 460 页。

② 陈宝泉：《中国近代学制变迁史》，太原：山西人民出版社，2014 年，第 168 页。

可见与其时的自治运动有着紧密的联系。借助地方自治机构和长官推动义务教育，这是很好的思路。但不久，自治运动如同一阵风一样刮过去了，国民学校瞬间成为水上漂萍，好景不长。

国民学校修业年限为四年，是为必须完成的四年义务教育。其第五章“就学”第 23 条、第 24 条规定：

儿童自满六周岁之翌日始，至满十三岁止，凡七年，为学龄。

儿童达学龄之日后，以最初学年之始，为就学始期；以国民学校毕业之时，为就学终期。

学龄儿童之父母或其监护人，自儿童就学之始期，至于终期，有使之就学之义务。

……区董认学龄儿童之父母或其监护人，实以贫困不能使儿童就学时，得照前项办理。①

学龄儿童如因疯癫、白痴或残疾不能入国民学校，区董报经县知事认可后，可免除其父母或监护人之义务。学龄儿童如因病或发育不全及其他不得已的情事，达就学年龄而不能入学，区董报经县知事认可后，可延期入学。如果区董确认学龄儿童的父母或监护人过于穷困，不能送儿童入学，亦可延期。但是学龄儿童未经国民学校毕业而为人佣役，其主人不得因为佣役而阻止其入学。

《国民学校令》实施后，各省大多遵照实行，如吉林省于 1916 年在省城创办义务教育模范区；山西省在 1918 年颁行全省施行义务教育规程；江苏省在 1919 年颁订义务教育施行程序。其他如浙江、山东、察哈尔、河南、福建、安徽、江西、黑龙江等省，均在 1920 年以后先后推行。但是办理绩效最好的，要推山西省的国民学校。

国民学校是袁世凯政府推行义务教育的重要组织形式。袁世凯死后，国民学校之名称一直保留着，并一直是推行义务教育的重要教学组织机关。

3. 预备学校。这是“专为升学之预备”的初等小学。它与国民学校有一个

---

① 中国第二历史档案馆编：《中华民国史档案资料汇编》第三辑，南京：江苏古籍出版社，1991 年，第 462—463 页。

明确分工，国民学校专为推行义务教育而设。但是，预备学校亦为义务教育的教学组织形式之一。1915 年 2 月，袁世凯颁《特定教育纲要》，其中“总纲”第四点即说：“改革小学中学学制，改初等小学校为二种：一名国民学校以符义务教育之义，一名预备学校专为升学之预备。”对此，《特定教育纲要》做了说明：“预备学校，与初小相似。四年毕业，为志在升学者而设，办理须求完备，较之现行单一制颇为便利。”虽然特地为升学而设，但因为这四年属于义务教育学段，因而仍是义务教育的教学组织形式之一，但是预备学校之设打破了义务教育公平的规则。

1915 年 11 月，教育部公布《预备学校令》，规定“预备学校以注意儿童身心之发达，施以初等普通教育，预备升入中学为本旨”。预备学校附设于中学校，分前期和后期两阶段，前期为义务教育阶段，其课程主要有修身、读经、国文、算术、手工、图画、唱歌、体操，女子加课缝纫。担任预备学校前期或后期的全部课程者，为本科正教员；专任手工、图画、唱歌、体操、缝纫、家事和外国语之一或数科者，为专科正教员。辅助正教员者为助教员。其教员的要求普遍比非预备学校教员要高，“须在师范学校或在教育总长指定之学校毕业，或经国民学校高等小学校教员检定委员会检定合格而受有许可状者”[①]。

《预备学校令》的公布，标志着袁世凯政府“双轨制”学制形成。但是，袁世凯政府的很快倒台，使这种“双轨制”未及实施。同年 11 月，教育部取消预备学校，恢复单一制的国民学校。预备学校成为近现代教育史上昙花一现，一闪即逝的教学组织形式。

《预备学校令》建构的“双轨”学制，颇遭人诟病，但为之解围之声并非没有。胡适曾批评铁板一块的小学学制说：“现在的死板板的小学，对于天才儿童实在不公道，对于受过很好的家庭教育的儿童也不公道。”[②] 胡适在这里并不是赞美预备学校，但预备学校的确有某些合理之处。如果让天才儿童或受过良好家庭教育的儿童进程度很低教师素质很差的国民小学接受教育，也是一种不公平。

---

① 宋恩荣、章咸编：《中华民国教育法规选编》（修订版），南京：江苏教育出版社，2005 年，第 208 页。
② 胡适：《对于新学制的感想》，《胡适全集》第 20 卷，合肥：安徽教育出版社，2003 年，第 75 页。

4. 半日学校。1914 年 2 月 19 日，教育部发布普及教育训令，同时颁订《半日学校规程》。规定初等小学为义务教育，以普及为指归，要求办学以实事求是和节俭为原则。为达普及教育之目的，在办初等小学的同时，应举办半日制学校，发展校外教育。自此开始，民国政府仿行清末办法，将半日学校作为普施失学儿童教育的场所，以补初等小学之不足。《半日学校规程》规定，半日学校“为幼年失学，便于半日或夜间补习学者设之”。可分为男子半日学校和女子半日学校两种，专教女子之半日学校，称女子半日学校。半日学校的形式多样，既可单独设置，亦可附设于小学校，“但男女同校之小学校，不适用之”。入半日学校的学生，年龄当在 12—15 岁之间。其程度为未入初等小学校者，但已入初等小学校而中途辍学者，亦得插入相当班次。半日学校的科目及每周授课时数为：修身——1 课时；国文——12 课时；算术——3 课时；体操——2 课时，共计 18 课时。半日学校上承清末半日学校之形式，下开启短期小学、二部制小学之先河。之所以半日学校在推展义务教育过程中大显身手，大有用武之地，这是因为中国是一个农业社会，生产力的水平很低，推行义务教育，即使是到了 20 世纪二三十年代推行四年义务教育，事实上有很多困难，因此不得不设计出变通办法，以资补救。

私塾在民国前期虽然十分活跃，但必须接受以政府为主导的改良，方能在实施义务教育的雄伟工程中一显身手。

民国前期在义务教育方面的努力，促进了小学校的发展。福建省 1916 年有小学 1791 所，学生 76276 人。1922 年，小学校数发展到 3009 所，学生达 175663 人。小学校数增长了 0.68 倍，小学生人数增加了 1.3 倍。① 经济欠发达的甘肃省，小学校一直在调整发展之中。1916 年将全省各县初等小学校改为国民学校，1922 年后又将国民学校一律改为初级小学。从 1912 年至 1926 年，甘肃小学由 943 所发展到 2706 所，是民国元年的 2.87 倍。②

但是，各省市发展的情形颇有不同，有的竟有天壤之别。安徽在 1925—

① 刘海峰、庄明水主编：《福建教育史》，福州：福建教育出版社，2006 年，第 325 页。

② 傅九大主编：《甘肃教育史》，兰州：甘肃人民出版社，2002 年，第 339 页。

1928 年间，由于军阀混战的影响，全省小学几乎全部停顿，“这是安徽教育史上小学教育受到的第一次重大挫折”[①]。据载，“十五、十六两年间，以军事影响，地方教育不得不暂行停顿，故十六年秋，除省立少数学校开课外，各县各级小学，大率停闭，竟有全县无一校开学者，尤以皖西之六安、霍邱、霍山，皖中之和县、石埭、繁昌，皖北之阜阳、蒙城、太和、滁县、全椒为甚”[②]。义务教育沦为重灾区。

（三）民国后期实施义务教育的学校

南京政府成立后，厉行义务教育，在学校组织上采取灵活变通的办法，尽量增容，招收更多的学龄儿童，使更多的学龄儿童能够享受到义务教育。

1. 初级小学。初级小学是南京政府推行义务教育的极为重要的教学组织形式，是实施义务教育的核心机构。设立的旨趣是“发展儿童之身心，培养国民之道德，及生活所必需之基本知识技能”。1932 年 12 月国民政府颁布的《小学法》规定，小学修学年限为 6 年，前 4 年为初级小学，后 2 年为高级小学。小学如此分作两段，完全是为了适应义务教育之需，便于各地立学施教。

但是，这一时期推行义务教育又是不彻底的。《小学法》规定可收取一定学费。其第 16 条规定：

小学不收学费，但得视地方情形酌量征收。在公立小学，每人每学期初级至多不得逾一元，高级至多不得逾二元。在私立小学，每人每学期初级至多不得逾三元，高级至多不得逾六元。

学生无力缴纳学费者，小学校长应酌量情形免除其学费之一部或全部。[③]

1936 年 7 月，教育部修正公布的《小学规程》规定：“小学为施行国民义务

① 安徽省地方志编纂委员会编：《安徽省志·教育志》，合肥：安徽人民出版社，1997 年，第 73 页。

② 《第一次中国教育年鉴》(丙编)，上海：开明书店，1934 年，第 435 页。

③ 宋恩荣、章咸编：《中华民国教育法规选编》(修订版)，南京：江苏教育出版社，2005 年，第 239—240 页。

教育之场所”，为推行义务教育起见，各地可视当地情形，设立简易小学及短期小学。[①]

河南省是人口大省，也是初级小学最多的省份之一。1928 年，河南全省共有小学 9687 所，而初级小学就有 9236 所，占小学总数的 95.34%。南京国民政府发出厉行义务教育号令后，小学教育有了快速发展，1929 年全省小学增加到 14706 所，其中初级小学 13995 所，占小学总数的 95.2%。中原大战结束后的 1930 年，河南省政府加大了对小学教育的投入，小学校数攀升到 18625 所，初级小学居最高位。1933 年，根据教育部督学戴复和周邦道的河南教育视察报告可知，河南小学教育的规模进一步扩大，省立以外的初级小学达 15466 所，其中县立初级小学 2210 所，区立 11093 所，私立 2163 所，是推行义务教育的主力军。[②]

初级小学有公立和私立之分。但无论公立还是私立，办学条件均极其简陋，师资不仅不达标，而且教师人数也严重缺乏。陕西长安县第一区县立草滩初级小学，位于离省城北 25 华里的草滩镇。学校有教师 2 人，一人是校长兼级任教师，一人系级任教师。全校事务由他们 2 人担任。1935 年，草滩初级小学有学生 75 人，其中男生 68 人。学生有 5 个程度，除初级各年级外，还有初级修业已满的 7 人在校补习。全校学生分三个教室授课，由两名教师上课。当年的长安县学校视导报告对该校的校舍和办学条件有比较详细的记载：

校舍系占用村南药王庙地址，神像及牌位尚存。现有教室二座，校长及教员室各一间。学生宿舍二间，女生自习室一间，教室除借用旧神殿改作者尚称宽敞外，其余两座，均甚狭隘，不甚适用。统观各教室，均属因陋就简，光线不甚充足。操场在校外东偏，面积甚小，现利用外人用土机会，拟从事取平扩充中。运

① 宋恩荣、章咸编：《中华民国教育法规选编》（修订版），南京：江苏教育出版社，2005 年，第 263—264 页。

② 王日新、蒋笃运主编：《河南教育史》（中），郑州：大象出版社，2004 年，第 234 页。

动器械，亦付缺如。校具教具及图书等因经济少，大都简陋不堪。①

教学上“虽有日课表之规定，但并未按照上课”。对于学校管理，校长“尚称努力，惟对于学校办法，亦认识较少浅”。

湖北省的小学主体有省立、县立小学两类，也有少数区立小学。1929 年，省教育厅在全省开办 100 所省立小学，凡省立小学，均冠以“湖北省立××县第×小学”的字样。1931 年，黄冈县设立省立黄冈第一、第二、第三小学，蕲水县设立省立第一、第二小学。但蕲水县的两所省立小学设立后的次年便改为县立。1934 年，省政府指令省立武穴小学改为鄂东中心小学，辅导广济、黄梅、蕲春、浠水、黄冈、鄂城、大冶、阳新等 8 县小学。要求校长“须赴各县实地辅导，负计划改进小学师资之责，备陈改进各县小学教育计划”。1936 年，黄冈、蕲水、蕲春、广济、黄梅、英山、罗田、麻城、黄安 9 县恢复和申办省立小学 67 所，共有教师 99 人，在校生 982 人。②

全省其他县市也都设有省立小学。如沔阳县 1929 年设有 3 所省立初级小学，“省立沔阳第一初级小学设在沔城，学生 3 班 40 人。二初小设仙桃镇七镇寺，学生 2 班，55 人。三初小设新堤，学生 2 班，77 人”③。抗日战争爆发后不久停办。

湖北省各县办起了一批县立小学。早在 1928 年，利川县设立县立小学，将原县立高等小学更名为利川县立第一小学校。1932 年，利川县第一小学奉命改名为利川县中心小学。到 1933 年，全县每 104 人中有在校儿童 1 人，在当时的鄂西（包括当阳、宜昌、江陵、宜都、松滋、荆门、枝江、石首、监利、巴东、恩施、建始、宣恩、来凤、咸丰、鹤峰、利川等）22 县中居第 6 位，成绩是骄人的。④

2. 国民学校与中心学校。这两种学校是抗战期间推行义务教育的重要教学

---

① 刘安国等：《长安县教育视导报告》，载陕西省教育厅陕西教育志编纂办公室编：《陕西教育志资料选编》第二辑，1986 年。

② 黄冈市教育志编纂委员会编：《黄冈市教育志》，武汉：湖北人民出版社，2012 年，第 48 页。

③ 沔阳县教育局编纂：《沔阳教育志》，1985 年，第 32 页。

④ 利川市教育委员会教育志编写组编：《利川市教育志》，1989 年，第 71 页。

组织机构。国民政府公布的《国民学校法》规定："国民学校实施国民教育，应注意国民道德之培养及身心健康之训练，并授以生活必需之基本知识技能。"这里的"国民教育"包括两部分，一为国民义务教育，一为失学青年、成人补习教育。1939 年 9 月，国民政府颁布《县各级组织纲要》，正式实施"管、教、养、卫合一"和"三位一体"的"新县制"。主要措施是将乡镇一级的乡镇长、中心小学校长和壮丁队长定为一人担任，将保一级的保长、国民学校的校长和壮丁队长定为一人担任。1940 年 3 月 21 日，教育部公布的《国民教育实施纲领》规定：6—12 足岁之学龄儿童除可受六年制小学教育者外，应依照《纲领》受 4 年或 2 年或 1 年之义务教育。12—15 足岁之失学儿童，得视当地实际情形及其身心发育状况，施以相当之义务教育或失学民众补习教育。这两部分孰先孰后、孰主孰次、孰急孰慢，《纲领》要求"应在保国民学校及乡镇中心学校内同时实施，并应尽先充实义务教育部分"[①]。

国民学校及中心学校实行强迫入学。《纲领》第七章《强迫入学及缓学、免学》规定：

在所设乡（镇）中心学校及保国民学校，已足收容当地学龄儿童及失学民众之地方，应由乡（镇）公所及保办公处，实行强迫学龄儿童及失学民众入学，凡应入学而不入学者，应对其家长或保护人或本人予以一定期限必须就学之书面劝告，其不受劝告者，得将姓名榜示示警，其仍不遵行者，得由县市政府处以一元以上五元以下之罚锾；或以相当日期之工作抵充，并仍限期责令入学。[②]

南京政府教育部以国民学校、中心学校为推行义务教育基本教学组织形式，制订了以 5 年为期的国民教育普及计划（即自 1940 年 8 月—1945 年 7 月），拟分三期进行：

（1）自民国二十九年八月起至三十一年七月止为第一期，在本期内各乡（镇）均应成立中心学校一所，至少每三保成立国民学校一所。在本期终了时，须使入学儿童达到学龄儿童总数百分之六十五以上。……

---

① 宋恩荣、章咸编：《中华民国教育法规选编》（修订版），南京：江苏教育出版社，1990 年，第 273 页。
② 宋恩荣、章咸编：《中华民国教育法规选编》（修订版），南京：江苏教育出版社，1990 年，第 278 页。

（2）自民国三十一年八月起至三十三年七月止为第二期，在本期内，保国民学校数应逐渐增加，或就原有之国民学校增加班级，在本期终了时，须使入学儿童达到学龄儿童总数百分之八十以上。……

（3）自民国三十三年八月起至三十四年七月止为第三期，保国民学校应尽量增加，以期达到每保一校为目的，或就原有之国民学校增加班级，在本期终了时，须使入学儿童达到学龄儿童总数百分之九十以上。

《国民教育实施纲领》颁布之初，教育部指定川、滇、黔、桂、粤、湘、闽、浙、赣、陕、甘、豫、鄂、渝14省市先行实施。但因“筹备手续颇为繁重，故各省市实施时期先后未能一致，为便于计算起见，一律定为民国三十年一月起开始”。从1942年开始，增加安徽、西康、宁夏、青海、新疆5省。1941年，四川等14省共1295个县，共29304乡镇，有348162保，共设国民学校194734校，保均0.56校。次年共有343600保，而国民学校仅213396所，保均0.62校。已经超过了三保一校的目标，而豫、湘、赣、桂、甘5省已达一保一校。1943年，四川等19省保均0.74校。1944年，保均0.79校。1945年，是实施国民教育第一次五年计划的第五年，各省市设立国民学校情形为保均0.75校，没有实现一保一校的目标。[①]

湖南1941年有1609个乡镇，设立1491所中心学校，国民教育覆盖率为93%。全省共20138保，没有设保国民学校的只有1050个，普及率达95%。除此之外，还有未改办的6285所私立小学，故湖南已基本实现一乡一中心学校，一保一国民学校，小学生人数1939年为1211573人，1941年为1598476人。到1945年，小学校数目增至32000余所，学生增到2168000人。[②]

武汉、宜昌、荆州相继沦陷后，秭归县地处抗战前线，难民大量涌入，初等教育进入快速发展的时期。1939年2月，省立第一区小学在城关成立，本部设在县城旧自治局内，分部设在香溪。3月，省立第二区小学、第三区小学分别在窑湾溪、新滩南岸成立。1941年5月，秭归将原省立一、二、三区小学改为县

① 《各省市实施国民教育第一次五年计划总报告》，1946年，第14页。

② 冯象钦、刘欣森总编：《湖南教育史》第二卷，长沙：岳麓书社，2002年，第840页。

立一、二、三中心国民学校，县立各小学改为乡中心国民学校或保国民学校。到当年9月，乡中心国民小学增设到9所，乡长兼任校长，连同县立3所小学共12所，学生51班，1706人。并设保国民学校36所，保长兼校长，共43班，学生1639人。到1949年上半年，全县中心国民学校28所，而保国民学校则到了179所。下面是秭归县1941年到1949年上半年中心国民学校和保国民学校的基本概况表（见表3—2）。

表3—2　湖北省秭归县1941—1949年（上半年）国民学校基本情况统计表

	中心国民学校				保国民学校			
	所数（所）	班数（个）	学生数（人）	毕业生数（人）	所数（所）	班数（个）	学生数（人）	毕业生数（人）
1941	12	51	1706		36	43	1639	
1942	25	174	5233		143	172	6848	
1943	25	236	7984	37	201	352	12021	
1944	25	189	7233	164	201	393	9333	455
1945	25	204	7930	455	205	252	10843	396
1946	25	204	7565	623	206	287	10703	560
1947	25	172	4131	496	207	218	9044	944
1949（上半年）	28	112	3439		179		3256	

资料来源：湖北省秭归县教育局编写组：《秭归教育志》，1990年，第23页。

秭归县抗日战争中的中心国民学校和保国民学校，在全省比较起来看，校点是比较多的，特别是保国民学校，最多的1944年，竟达393所、中心国民学校为数虽然不高，但学生却不算少。到1945年1月统计，全县学龄儿童为29435人，入学19488人，入学率为66.21%，这是一个不俗的数字。抗日战争胜利后，原流亡到秭归县的难民、机关纷纷东还，驻军大量减少，在校学生也随家长复员。然而，秭归县的国民学校只是学生数有减少，学校数并没有大的回落。1947年，秭归有乡中心学校25所，教学班减至172班，学生4131人。保国民学校207所，学生人数有所减少。全县共有教师538人，其中大专毕业14人，占

2.6%；师范 58 人，占 10.8%；高中毕业 20 人，占 3.7%；初中毕业 127 人，占 23.6%；其他 319 人，占 39.3%。①

甘肃省 1940 年下半年准备推行国民教育时，全省有完全小学 410 所，包括短期小学和简易小学在内的初级小学 4604 所。这些学校被分别改为乡镇中心国民学校和保国民学校。到 1943 年，全省中心国民学校增至 701 所，国民学校增至 5326 所。按当时全省共有 761 个乡镇、7093 保计算，已超过每三保设二校的预定计划。到 1945 年抗日战争胜利前夕，甘肃共有 791 乡镇，共设中心国民学校 825 所，共有 7042 保，设保国民学校 6725 所，基本达到了一乡一保一校的标准。在学儿童 40 万人，除去超龄生，入学比例约为 49%。“在当时历史条件下，能够取得如此成绩，使数十万儿童有了上学受教育的机会，省、县教育当局，各界人士和广大教育工作者是尽了很大努力的。”② 49%的入学率，堪称成绩斐然。应该看到，甘肃省地广人稀，大多数乡镇面积辽阔，即使一乡一保各设一校，也远不能满足多数儿童就近入学的要求，入学儿童比例也只达到“五年计划”目标（90%以上）的五成多，而实际情形差距更大一些，都是可以想见的。

抗战期间，国民政府教育部关注、审视、发展的重点在国民学校与中心学校，推进义务教育的许多新举措都在其中试行。同时，国民学校，特别是中心学校还承担着指导私塾、示范短期小学和巡回教学等任务。

3. 简易小学与短期小学。这是为推行四年义务教育变通、辅助的教学组织形式。1936 年 7 月，教育部修正公布的《小学规程》规定：“为推行义务教育起见，各地并得设简易小学及短期小学。”③ 实为中国政府经费拮据，四年义务教育难以普及，难以整齐义务教育程度采取的降格以求办法。

1934 年 12 月 14 日，蔡元培等在国民党四届五中全会提《实施义务教育标本兼治办法案》，说：“旧有四年义务教育办法，虽经中央及地方教育当局努力督策

① 湖北省秭归县教育局编写组：《秭归教育志》，1990 年，第 22 页。
② 傅九大主编：《甘肃教育史》，兰州：甘肃人民出版社，2002 年，第 457 页。
③ 中国第二历史档案馆：《中华民国史档案资料汇编》第五辑第一编《教育》（一），南京：江苏古籍出版社，1994 年，第 540 页。

进行，卒因经费困乏，师资稀少，及其他种种关系，收效尚微，直至今日，通都大邑触目皆是文盲，穷乡僻壤更不待言。”指出：

查实施义务教育，最为吾国今日当务之急。……查前颁短期义务教育之期限，暂时缩短为一年之短期小学或短期小学班，使十足岁至十六足岁之年长失学儿童，每日分班受二小时之教育，并免收学费，供给书籍用品，以便贫寒子弟得以一面工作，一面免费入学。①

蔡元培等人认为，自1904年推行义务教育以来，已经30年了，中央及地方提倡推行义务教育不可谓不力，然而经时久、用力多、获效甚鲜者，实以四年义务教育所需经费师资亦属数量太巨之故②。于是，提出限期推行一年制短期小学的设想，以为短期小学好处良多，以一教员于上午下午及晚间分教年长失学儿童三班，以每班40人计，一年中得毕业儿童120人，与普通小学儿童两班予以全日之教育，亦以每班40人计，4年毕业儿童仅80人者，两相比较，经费多寡之殊悬不啻1∶18。蔡元培等的建议，总结了历史的经验教训，从中国实际情况出发，甚有真知灼见，引起了强烈的反响。之后，教育部连续颁发了《实施义务教育一年制短期小学暂行规程训令》《一年制短期小学暂行课程标准令》《〈短期小学实验办法〉的训令》《〈二年制短期小学暂行规程及课程标准总纲〉的训令》《〈实施二部制教学方法〉及〈巡回教学法〉的训令》《二年制短期小学暂行规程》。这一系列文件的颁发，标志着政府注意推展短期小学，将推行短期义务教育作为发展的重点。简易小学、短期小学的推行，是政府对国情认识逐渐深刻的标志，也表明政府推行义务教育的措施灵活变通务求实效，不走形式，不求虚名。

蔡元培等联合提案被通过后，1935年5月28日国民政府行政院修正通过了《实施义务教育暂行办法大纲》，目的是为了“使全国学龄儿童（指六岁至十二岁之儿童而言）于十年期限内逐渐由受一年制、二年制达于四年制之义务

① 高平叔编：《蔡元培全集》第六卷，北京：中华书局，1988年，第461—462页。

② 中国第二历史档案馆编：《中华民国史档案资料汇编》第五辑第一编《教育》（一），南京：江苏古籍出版社，1994年，第605页。

教育”。《办法大纲》将义务教育实施分为三期，短期小学居前二期。这三个时期如下：

一、自1935年8月起至1940年7月止为第一期，在此期间内，一切年长失学儿童及未入学之学龄儿童至少应受一年义务教育，各省市应注重处理一年制之短期小学。

二、自1940年8月起至1944年7月止为第二期，在此期间内，一切学龄儿童至少应受两年义务教育，各省市应注意办理二年制之短期小学。

三、自1944年8月起为第三期，义务教育年限定为四年。可见短期小学是实现四年义务教育的过渡阶段。

1935年7月8日，教育部公布《一年制短期小学暂行规程》，宣布第一期的义务教育以注重办一年制短期小学为主。规定短期小学既可独立设置，也可附设于普通小学及其他学校或公共机关内。每5个小学区至10个小学区内的短期小学，应以一普通小学为中心小学，各短期小学接受中心小学的指导。招收9足岁至12足岁的儿童，“不收学费，所有书籍用品，概由学校供给”。短期小学以招收二班为原则，“每班学生以五十人为限，其编制采用半日二部制，分上下午教学；教室敷用者，或采用全日二部制，间时教学”，短期小学每班每日授课3小时至4小时，每小时以45分钟计算。

1937年6月18日，教育部公布《一年制短期小学暂行规程》《二年制短期小学课程标准总纲》，规定在第一期内办理一年制短期小学已有相当成效；或有特殊需要之地方，得提前办理二年制短期小学。

短期小学要求放农忙假，但必须缩短其他假期时限。

国民政府和教育部一系列关于简易小学和短期小学的文件颁发后，全国大多数省市和县市积极响应，开办简易小学和短期小学。四川省第三区所属各县遵照省政府命令，开办短期小学。据1937年统计，第三区各县短期小学面貌焕然一新，详细情况见下表（见表3—3）：

表 3—3　四川省第三区各县短期小学发展情况（1937 年）

县名＼短小情况	应办短期小学(所)	已办短期小学(所)	与上年度比较增加	应饬补设班次
永川	60	20	40	
巴县	60	94		
江津	60	60	12	
江北	60	40		20
合川	60	126	86	
荣昌	60	60	20	
綦江	54	16	38	
大足	54	37	9	17
璧山	54	37	1	17
钢梁	54	38		16
合计	576	528	206	70

资料来源：李定开主编：《重庆教育史》第二卷，重庆：西南师范大学出版社，2006 年，第 15 页。

仅仅两年间，第三区的短期小学设置任务便接近尾声，不能不说是历史性进步。虽然有綦江、永川等县离省政府下达的任务还有较大距离，但总体上看，堪称反应迅速，有的县份竟超过了设置短小的计划数。安徽省在 1926—1927 年期间，小学发展虽然大伤元气，但 1935 年大力推行义务教育，到 1936 年，全省共创办短期小学 3800 所。[①]

简易小学和短期小学虽然在短时间内取得了推广的好成绩，但并不受家长们的欢迎。因为简易小学的科目"仅有国语和算术，既较普通小学为少，课本内容也更是简单。这样几年下来，简直把小孩子贻误得匪浅。因此，一般的学生家长都不愿意自己的孩子上'简小'，除非是考不上'普小'或又没有力量上'私

① 安徽省地方志编纂委员会编：《安徽省志·教育志》，合肥：安徽人民出版社，1997 年，第 73 页。

小’，或是根本连书都买不起的，才不得已叫孩子暂时到‘简小’去。这样一来，四年的工夫，很快地就过去了，毕业后投考高小，当然是考不上，从此便走了失学的道路”[①]。上述看法确实具有一定的普遍性，这也是普及义务教育工作中的一个两难课题。很显然，简易小学与短期小学存在着程度低下的实际问题。

私塾虽然仍然是义务教育实施的重要机构，但民国后期的私塾经过政府强制性的改良，已经不是昔日的私塾了，或者成为改良私塾，或者更名为代用小学，甚至直接易为初级小学之类的名称了。

① 赵孟超：《解放前我所从事的小学教育工作》，中国人民政治协商会议全国委员会文史资料委员会编：《文史资料存稿选编·教育》，北京：中国文史出版社，2002 年，第 637 页。

第四章　民国时期义务教育的课程与教学

推行义务教育旨在使学龄儿童掌握最基本的科学文化知识，形成良好的思想品行和行为习惯，为人生打下良好的基础，成为合格的公民。所以，在义务教育的课程和教学内容、教学方法上，必须适应学龄儿童身心发展的要求，以保证义务教育目标的实现。

一、义务教育的课程设置

袁希涛在《义务教育》中指出："义务教育为国民应受必要之教育，故虽年期程度各国多不齐同，而以立国主义定教育方针，则无一能离此原则者。……教科目之类别固多，而其原则，可以三者括之：（一）属于人格教育之科目。（二）属于智识教育之科目。（三）属于生活教育之科目。"① 综观清末到民国后期义务教育课程设置的过程，每一时期都充分体现了"立国主义"的教育方针。

（一）清末义务教育课程设置

义务教育课程设置问题，一直是义务教育理论设计者和推动者们牵肠挂肚的问题之一。从清末开始人们就认识到，要推行义务教育，使全体国民都能够接受义务教育，要将受教育者铸塑成为富于民族精神和知识能力的国民。

清末颁定的《奏定学堂章程》规定义务教育的目的是"养正始基"。"养正始基"之义又是什么？通过《奏定初等小学堂章程》中"启其人生应有之知识，立其明伦理爱国家之根基，并调护儿童身体，令其发育"之语可知，包括伦理道德、文字、算数、行为规范等内容。

义务教育如何达此目的呢？"癸卯学制"中的《奏定初等小学堂章程・学科程度及编制》规定，开设修身、读经、讲经、中国文字、算术、历史、地理、格致、体操 8 门课程。这些课程的"教育要义"如下：

（1）修身——"要义在随时约束以和平之规矩，不令过苦，并指示古人之嘉言懿行，动其欣慕效法之念，养成儿童德性，使之不流于匪僻，不习于放纵，尤

① 袁希涛：《义务教育》，上海：商务印书馆，1929 年，第 81 页。

须趁幼年时教以平情公道，不可但存私吝，以求合于爱众亲仁，恕以及物之旨。此时具有爱同类之知识，将来成人后即为爱国家之根基。尤当以俗语解说，启发儿童之良心，就其浅近易能之事使之实践。为教员者尤当以身作则，示以模范，使儿童变化气质于不自觉。兼令诵读有益风化之古诗歌，以涵养其性情，舒畅其肺气，则所听讲授经书之理，不视为迂板矣。”①

（2）读经、讲经——读经字数宜少，以便于记诵；讲解宜从浅显，以便于理解。“凡讲经者先明章指［旨］，次释文义，务须平正明显切于实用，勿令学童苦其繁难；其详略深浅视学生之年岁程度而定。尤不可务新好奇，创为异说，致启驳杂支离之弊。”该《章程》规定除假期外，每年按240天计算，第一年每日读40字，共9600字；第二年每日读60字，共14400字；第三四年每日读100字，共48000字；第五年每日读120字，共28800字。

（3）中国文字——五年的教授，要使学生认识日用常见之字，解日用浅近之文理，以为听讲能领悟，读书能自解之助，并当使之以俗语叙事，及日用简短书信，以开他日自己作文之先路，供谋生应世之需要。

（4）算术——要使学生熟知日用计算与以自谋生计必需之知识，兼使精细其心思。

（5）历史——要略举古来圣主贤君重大美善之事，使儿童知晓中国文化所由来及本朝列圣德政，养成忠爱之本。

（6）地理——使儿童大致知晓中国疆域及五大洲之简图，“以养成其爱国之心，兼破其乡曲僻陋之见”。

（7）格致——使知动物、植物、矿物等类之大略形象质性，并各物与人之关系，以备有益日用生计之用。

（8）体操——在使儿童身体活动，发育均齐，矫正其恶习，流动其气血，鼓舞其精神，兼养成其群居不乱、行立有礼之习；并当导以有益之游戏及运动，以舒展其心思。

---

① 《奏定初等小学堂章程》，朱有瓛主编：《中国近代学制史料》第二辑（上册），上海：华东师范大学出版社，1987年，第177页。

（9）图画——通过手眼训练，养成儿童见物留心、记其实象的习惯；要求示以简易之形体，不可涉于复杂。

（10）手工——训练儿童的手眼，使能制作简易之物品；以养成好勤耐劳之习；而在初等小学，则但当教以纸制、丝制、泥土制之手工，以能成器物为主，不可涉于繁费。

这10门课程，设科全面，德、智、体、美、劳诸方面的内容齐备，传统文化和近代科学也找到了较好的平衡点。但是，存在着两方面的问题，一是为了将学生培养成为效忠清王朝的国民，忠孝伦理道德之类的教学内容摆到了极不相称的地位。7岁幼童对深奥的经书能否明其大义，当要打上一个大大的问号。二是义务教育的期限不长，那么多的内容，百科全书式的课程，7岁幼童能否弄个明白，也是很值得怀疑的。动物、植物、矿物要知一个“大略”，中国疆域、五大洲之简图也要“大致知晓”，能够达到这么高的教学目标吗？课程设置不从本国国情出发，不接地气，这是清末义务教育课程设置存在的重要问题。此外，即使这一课程体系科学合理，但城乡有那么多的教师来实施吗？

（二）民国前期跌宕起伏的义务教育课程设置

民国时期以初等小学四年为义务教育期限。初小教育“以留意儿童身心发育，培养国民道德之基础，并授以生活所必需之知识技能为宗旨”。为实现这一目标，教育部规定初小教学科目为：修身、国文、算术、手工、图画、唱歌、体操，女子加缝纫。1912年教育部公布的《小学校教则及课程表》，对初小的教学、课业程度作了详细规定：

（1）修身——宜就孝悌、亲爱、信实、义勇、恭敬、勤俭、清洁诸德，择其切近易行者授之，渐及于对社会、对国家之责任，以激发进取之志气，养成爱群、爱国精神。

（2）国文——首宜正其发音，使知简单文字之读法、书法、作法，渐授以日用文章，并使练习语言。

（3）算术——首宜授十数以内之数法、书法及加减乘除，渐及于百数以内，更进至通常之加减乘除，并授小数之读法、书法及其简易之加减乘除，兼授本国度量衡币制之要略。

（4）手工——宜授纸豆、纽结、黏土、麦秆等简易细工。

（5）缝纫——首宜授运针法，继授简易之缝法、补缀法。

（6）体操——首宜授适宜之游戏，渐加普通体操。

（7）唱歌——宜授平易之单音唱歌。

其各学年课程及时数详见初等小学校各学年教授程度及每周教授时数表（见表4—1）。

表4—1 初等小学各学年教授程度及每周教授时数表（1912年）

学年 课程	每周课时	第一学年	每周课时	第二学年	每周课时	第三学年	每周课时	第四学年
修身	2	道德之要旨	2	道德之要旨	2	道德之要旨	2	道德之要旨
国文	10	（发音）简单文字之读法、书法及日用文章之读法、书法、作法、语法	12	简单文字之读法、书法及日用文章之读法、书法、作法、语法	14	简单文字之读法、书法及日用文章之读法、书法、作法、语法	14	简单文字之读法、书法及日用文章之读法、书法、作法、语法
算术	5	二十数以内之数法、书法及加减乘除	6	百数以内之数法、书法及加减乘除	6	通常之加减乘除	5	通常之加减乘除，小数之读法、书法及其简易之加减乘除等（珠算加减）
手工	1	简易细工	1	简易细工	1	简易细工	1	简易细工
图画			1	单形简单形体	1	单形简单形体	男2 女1	简单形体

续表

课程＼学年	每周课时	第一学年	每周课时	第二学年	每周课时	第三学年	每周课时	第四学年
唱歌	4	平易之单音唱歌	4	平易之单音唱歌	1	平易之单音唱歌	1	平易之单音唱歌
体操	4	游戏	4	游戏、普通体操	3	游戏、普通体操	3	游戏、普通体操
缝纫					1	运针法、通常衣服之缝法	2	通常衣服之缝法、补缀法
总计	26		30		男 28 女 29		男 28 女 29	

资料来源：中国第二历史档案馆编：《中华民国史档案资料汇编》第三辑《教育》，南京：江苏古籍出版社，1991 年，第 453—454 页。

清末民初的教学内容，新旧交织的特点最为突出。湖南湘中地区的私塾，除教《论语》《御批通鉴》等外，还增设数学、乐器演奏等新内容，并开设了史地等课。请日本人森树教日文，男生有体育课，女生有绘画课。民国时期，湖南娄底地区已有私塾采用《共和国文》作启蒙教材，并增设笔算、珠算、常识等课程。①

民国元年制订的义务教育课程、内容及教学程度，相对于清末而言，有了明显的进步，这主要表现在降低了程度，提高了职业、手工等课程在义务教育课程结构中的地位，削减了“修身”教育中的封建道德因素，取消了读经。但到 1915 年 2 月，袁世凯颁《特定教育纲要》，又掀起了复古倒退狂潮，义务教育段的初等小学开始恢复读经，要求初等小学读《孟子》。《纲要》对初小读经作了详细说明：

小学课程，向有修身一科以教德行，惟为教授及训练时间所限，教科书不能

① 佘国纲编著：《湘中教育志》，长沙：岳麓书社，1995 年，第 7 页。

多编课目，实际不能收德育之效。《论语》《孟子》，于家庭、社会、国家之道德行为无不具备，故国民小学应于修身一科外，另设读经一科以补其不足。惟经义深奥，《论语》又较《孟子》义理稍深，初等小学学生在七八岁时颇难理解，应在第三四学年讲读《孟子》。其年龄在九岁以上者，仍应于第一二学年讲读，由教育部规定二种课程，听各地方酌量情形办理。……现在小学校因课程时间少，颇失社会信用，既加读经一科，可将他科时刻略减，而另加读经时刻。其读经时刻多少，以毕业时读完《论》《孟》两书为准。[①]

《纲要》深知于义务教育中强调读经是会招致争论的引信，但从道德和保留国粹的角度讲，是有充足的理由的："中小学读经一事，久为今时新旧学者主张之争点。以儿童心理及教材排列与夫道德实用而论，经书诚有不能原本逐读之理由。但为道德教育计，为保存民族立国精神计，经书亦有宜读之理由。现在删经编经之事既不能行，惟有仿照外国宗教科办法，列为专科。"[②]《论语》《孟子》应当坚持读原著，《礼记》《左传》可以读节本。为养成义务教育接受者的政治知识，除国文教科书编定者外，还应读《国语》《国策》，并应选读《尚书》。《纲要》阐述读经的意义说："处今列强竞争之世界，为国民者，不可不具政治之智识，尤不可不具通权达变之政治思想。"读经"实为输入此种知识的捷径"，而《尚书》等经书"不特文词古朴精微，可为文范；而经权正诡，无所不具，尤足发达思想"。所以，教育部应"妥拟教授读经之法"在中小学推行。

受新文化运动的冲击，文化教育界掀起了以新伦理反对旧道德的"伦理革命"狂飙，涉及社会伦理、政治伦理，以及家庭伦理等诸多方面。人们对人自身的问题予以最大的关怀，强调读经的义务教育的教学内容又一次面临着严重挑战。此时期教育行政长官以继承"民元"的教育方针为职志。"民元"的教育方针是什么？这就是取消忠君、尊孔、尚公、尚武、尚实的教育宗旨，确立"注重

---

① 中国第二历史档案馆编：《中华民国史档案资料汇编》第三辑《教育》（一），南京：江苏古籍出版社，1991年，第40页。

② 中国第二历史档案馆编：《中华民国史档案资料汇编》第三辑《教育》（一），南京：江苏古籍出版社，1991年，第41页。

道德教育，以实利教育、军国民教育辅之，更以美感教育完成其道德”的新方针。这就意味着取缔1915年1月袁世凯颁布的“爱国”“尚武”“崇实”“法孔孟”“重自治”“戒贪争”“戒躁进”的“教育要旨”。1915年1月6日，教育部拟呈《提倡忠孝节义施行办法》，提出“取经史，编入课本”，“阐扬效忠之精义，勒成专书”，及编撰歌曲、绘制图画等方法，宣扬孔孟之道，以期“于忠孝之教、节义之端，传诸民间，布在学校”。此后，四年义务教育中塞进了读经课。教育部下令各省设立经学会，为中小学培训经学教师，各地书坊、印书馆印行经书、经训教材。据不完全统计，商务印书馆1915年印行的《经训教科书》《经训教授法》及“四书”“五经”等与中小学读经相关的教材、教参便达20多种。

受复古倒退思潮的影响，1915年对国民学校课程也略加修订，规定：

1. 修身，第一二学年每周2小时，第三四学年每周3小时。

2. 国文，第一学年每周10小时，第二学年每周12小时，第三四学年每周14小时。

3. 算术，第一、四学年每周5小时，第二、三学年每周6小时。

4. 手工，每学年每周1小时。

5. 图画，第二三学年每周1小时。第四学年男生每周2小时，女生仍每周1小时。

6. 唱歌，第一二学年每周4小时，第三四学年每周1小时。

7. 体操，第一二学年每周4小时，第三四学年每周3小时。

8. 女生加缝纫，第三学年每周1小时，第四学年每周2小时。

总计第一学年每周26小时，第二学年每周30小时，第三四学年男生每周29小时，女生每周30小时。

袁世凯83天的皇帝梦很快结束，新文化运动狂歌猛进，各种文化思潮泛滥一时。1918年，教育部重新拟定了“养成健全人格，发展共和精神”的教育宗旨。教育部解释这一教育宗旨说：“所谓健全人格者，当具下列条件：一、私德为立身之本，公德为服役社会国家之本。二、人生所必需之知识技能。三、强健活泼之体格。四、优美和乐之感情。所谓共和精神者，一、发挥平民主义，俾人人知民治为立国根本。二、养成公民自治习惯，俾人人能负国家社会之责任。”[①] 同年 10 月，第五届全国教育会联合会在太原召开，有采用教育调查会所拟的“教育本义”为教育宗旨的议案，并进一步主张“儿童本位教育”。受各种思潮影响，义务教育的教学内容出现了深刻变化，表露出强调“个性之发展”“注意生活教育”的倾向。如第四届全国教育会联合大会议定的小学教学原则：“（1）注重发展个性，以养成健全之人格；（2）注重科学，以养成真实精当之知识；（3）注重美感教育、体育，以养成健全之个人；（4）注重职业陶冶，以练习生活上必须之知能；（5）注重公民训练，以养成平民政治之精神，为服务国家及社会之基础。”[②]

图 4—1　天津某私立小学师生合影

此时期男女已经实行小学同校，但教学内容仍存在区别，“女红”“女工”在女子的义务教育课程内容中仍然时时出现。蔡元培于 1921 年指出，女子受教育的内容不必与男子同，“有女子须学的而男子不应学者，有男子须学而女子不应学者，于是学校有男女之别，社会情形改变，家庭情形亦随之改变”。因此，“在

① 转引自周予同：《中国现代教育史》，福州：福建教育出版社，2007 年，第 23 页。

② 《今后我国教育之注重点案》，见《教育参考资料选辑》第一集（下），上海：教育编译馆，1933 年，第 428 页。

今日看来，无论中外，男女都要受教育，并且所受的教育都要一样的”[①]。女子义务教育不仅在形式上平等了，而且在教学内容上与男子不分轩轾。

此时期义务教育内容的德、智、体几项要素没有变化，但内核却为新的内容所取代。道德教育的内容已不再是“孝、悌”等，而是“以公民道德为中坚”。蔡元培曾说：中国国民“无道德心，不能结合为大事业，以与外国相抗；又不求自立而务侥幸。故欲提倡实利主义，必先养其道德。至于军国民主义之不可以离道德，则更易见”[②]。军国民教育是体育，实利主义教育是智育，公民道德教育和美育可视作德育。第十届全国教育会联合会提出了“活动”课程七条，落实了这些教学内容，儿童“个性之发展”“身心健康发育”有了保障：

(1) 关于身体活动的：球术、游戏、田径赛、跳舞、国技等；(2) 关于德性涵养的：音乐、美术、书法、分团训导等；(3) 关于思想发表的：儿童新闻辩论会、讲演会等；(4) 关于公民练习的：自治组织各种表演等；(5) 关于作业练习的：工艺、园作、家事实习等；(6) 关于知识补充的：阅书报、童子军、各科练习会、野外采集观察等；(7) 关于娱乐的：周会、郊叙、娱乐会、运动会、学艺、美术展览会等。

传统的读经，在“文学革命”口号的威慑下，在初等小学中的地位已开始松动。1920 年 1 月 12 日，教育部令全国改国文为语体文，强调“对于筹备统一国语一事，既积极进行，现在全国教育界舆论趋向，又咸以国民学校国文科宜改授国语为言，体察情形，提倡国语教育，实难再缓”。令自该年秋季开始，“凡国民学校一二年级先改国语为语体文，以期收言文一致之效”[③]。义务教育在清扫袁世凯鼓吹读经在小学侵食的地盘。

1922 年全国教育会联合会组织“新学制课程标准起草委员会”，对于小学课程，另拟《纲要》，作进一步修正。次年，完全刊布。其《总纲》是：

一、小学校课程分为国语、算术、卫生、公民、历史、地理（前四年合并为

① 《美术与科学的关系》，见高平叔编：《蔡元培全集》第 4 卷，北京：中华书局，1984 年，第 34 页。
② 《中学修身教科书》，见高平叔编：《蔡元培全集》第 2 卷，北京：中华书局，1984 年，第 263 页。
③ 《教育杂志》第 12 卷，1920 年第 2 期。

社会科)、自然园艺、工用艺术(即旧称手工)、形象艺术(旧称图画,新加剪贴及塑造)、音乐、体育十一目。二、小学校为表明各科性质及谋教育衔接的便利,依初级中学六学科加以分别说明:甲、卫生、公民、历史、地理属社会科(前四年以合并教学为宜);乙、地理的一部分属自然科;丙、园艺附入自然科,兼属艺术科;丁、工用艺术属艺术科,兼属社会科;戊、形象艺术属艺术科;己、音乐属艺术科,或以方便得附于体育科。三、小学校授课,以分数计。初级前二年每周至少1080分钟,后二年至少1260分钟。……四、乡村小学各科有不能独设时,得酌量合并,但国语、算术的授课分数不得再减。[①]

1922年"壬戌学制"颁行后义务教育的课程,具有如下特色:第一,内容比较从前详备,除科目及时间外,并附有教学方法和毕业最低限度等。第二,将呆板规律的时间制改为活动差别的时间制。第三,推行语体文及国语,注意语言的训练。第四,废止修身科而加入公民和卫生两科。第五,扩充图画及手工的范围,使接近于实用。这一课程体系,虽然教育部命令通行试用,在全国产生了一定的影响,但"中国社会究为实际经济问题所拘牵,无法跟上'金元共和国'的仿制品,所以这五花八门的新课程,除国语稍有些微成绩外,其余只是供几个都市中漂亮的小学校装饰装饰而已"[②]。第六,"西化"现象比较明显。以语文课为例:学童入学第一课便是"人、刀、尺"三个大字。这三个字除了是笔画最少,实在太没有意思了。小孩子的感受是人、刀、尺、马、牛、羊……这还不如在家里认"字号"有趣呢!——有"批评"的声音潜在于幼小的心中。大约第二阶段的课文是"大公鸡,喔喔啼"一类了。周汝昌回忆说:

这进步到有"文理""句意"可寻了。有的还多少带点儿"文学性"了,学起来较为高兴些,但心里也有疑问:从小听母亲、妈妈(保姆)讲故事,大公鸡也时常出场,无一例外的是"咕咕咯儿——大天亮!"那声音离"喔喔"很远,我也没听见公鸡这么叫过。老师(那里概称先生)还教给读音:"喔"念"握",不念"屋"(其实这只是入声字在北方语音的分化)。反正我们家乡的鸡不会"握

① 周予同:《中国现代教育史》,福州:福建教育出版社,2007年,第80—81页。

② 周予同:《中国现代教育史》,福州:福建教育出版社,2007年,第81页。

握”式的打鸣儿（从来也不说“鸡啼”!）——心中许多想不通。[1]

他赋四言绝句一首，曰：

人刀尺与牛马羊，不读经书号改良。

空叹人家哂不学，谁教当世慕西方。

（三）民国后期义务教育课程设置规范化

1928年8月，大学院组织“中小学课程标准起草委员会”。次年8月，教育部颁布《小学课程暂行标准》。所订定的标准与以前有相当大的不同，最明显的便是加入了前所未有的“党义”。其余的有三大特点：第一，合并科目，凡可合并的，尽量合并；不能合并的，指示联络教学的方法。第二，扩大工用艺术的范围，改称“工作”，含有劳作教育的意味。第三，酌改科目名称，使儿童易于了解，如改形象艺术为“美术”等。具体课程与教学时数见下表（见表4—2）：

表4—2　1928年订定义务教育段课程及教学时数表

年级 科目	一二 年级	三四 年级	附注
（党义）	（30）	（60）	（一）党义名称和时间还是假定的，须经党部核准。 （二）都是课内作业时间。课外的如党童子军，课外运动，每天在校时间如周会、朝会等，都不在内。 （三）所列数目时间是分数。
国语	330	360	
社会	90	120	
自然	90	120	
算术	120	150	
工作	150	180	
美术	60	90	
体育	150	150	
音乐	120	90	
总计	1140	1320	

资料来源：周予同：《中国现代教育史》，福州：福建教育出版社，2007年，第82页。

---

① 周汝昌：《咸水沽的小学》，傅国涌编：《过去的小学》，北京：同心出版社，2012年，第27页。

1932年10月，教育部公布《小学课程标准总纲》，提出了包括义务教育在内的小学教育总体目标，即："小学应根据三民主义，遵照中华民国教育宗旨及其实施方针，发展儿童身心、培养国民道德基础及生活所必需的基本知识和技能，以养成知礼知义、爱国爱群的国民。"① 这是笼统的要求，分而析之，有八大要点，即：

(1) 培育儿童健康的体格；

(2) 陶冶儿童良好的品性；

(3) 发展儿童良好的兴趣；

(4) 增进儿童生活的知能；

(5) 训练儿童劳动的习惯；

(6) 启发儿童科学的思想；

(7) 培养儿童互助团结的精神；

(8) 养成儿童爱国爱群的观念。

其他课程及程度，大致依范源濂之言，"遵循民国元年的教育方针"。1932年10月，教育部颁行《幼稚园及小学课程标准》，其中的《小学课程标准》在《小学课程暂行标准》基础上，作了四个方面的调整：第一，小学不专门设置"党义"科，将党义的内容融进"国语""社会""自然"等科目中。第二，将《小学课程暂行标准》的"社会"和"自然"两科的卫生部分划出，单独制订"卫生科"课程标准。第三，将"工作"科改为"劳作"科。第四，将社会科加入"公民训练"教材。

1932年10月出台的《幼稚园及小学课程标准》中的义务教育段的科目及教学时间表见下表（见表4—3）：

---

① 宋恩荣、章咸编：《中华民国教育法规选编》（修订版），南京：江苏教育出版社，2005年，第234页。

表 4—3 《幼稚园及小学课程标准》中的义务教育段课程和教学时间表（1932 年）

<table>
<tr><th>年级
时间科目</th><th>一年级</th><th>二年级</th><th>三年级</th><th>四年级</th><th>附注</th></tr>
<tr><td>公民训练</td><td colspan="2">60</td><td colspan="2">60</td><td rowspan="11">上列时间（分钟）都可以为整除，便于以 30 分或者 45 分或 60 分支配为一节。</td></tr>
<tr><td>卫生</td><td colspan="2">60</td><td colspan="2">60</td></tr>
<tr><td>体育</td><td colspan="2">150</td><td colspan="2">150</td></tr>
<tr><td>国语</td><td colspan="2">390</td><td colspan="2">390</td></tr>
<tr><td>社会</td><td colspan="2">90</td><td colspan="2">120</td></tr>
<tr><td>自然</td><td colspan="2">90</td><td colspan="2">120</td></tr>
<tr><td>算术</td><td>60</td><td>150</td><td>180</td><td>240</td></tr>
<tr><td>劳作</td><td colspan="2">90</td><td colspan="2">120</td></tr>
<tr><td>美术</td><td colspan="2">90</td><td colspan="2">90</td></tr>
<tr><td>音乐</td><td colspan="2">90</td><td colspan="2">90</td></tr>
<tr><td>总计</td><td>1170</td><td>1260</td><td>1380</td><td>1440</td></tr>
</table>

资料来源：周予同：《中国现代教育史》，福州：福建教育出版社，2007 年，第 83 页。

这些是“正规”的四年制初等小学课程及程度，代表着中国近代义务教育的课程和教学基本特色。1935 年 7 月 8 日教育部公布的《一年制短期小学暂行规程》规定，短期小学每班每日授课 3—4 小时；课程为国语、算术、公民训练及体育 4 种。每天授课时间有如下规定：国语每日至少 2 小时；算术每日约 0.5 小时；公民训练每日约 10 分钟；体育每日 5—15 分钟。这样，不仅课程不足普通初小的一半，授课时间也大幅度减少，程度必然出现大面积滑坡。要学生以一年的教学时间完成四年的学习任务，在一年制短期小学、半日学校、简易小学中增加生活技能课程。

1937 年 6 月 18 日，教育部公布的《二年制短期小学暂行规程》规定其科目为：公民训练、国语、常识、算术、工作、唱歌。同时颁布的《二年制短期小学课程标准总纲》设计的目标有 5 点：

（1）培养国民应具之善良品性；

（2）养成人生必需之卫生习惯；

（3）养成爱护国家观念与复兴民族意识；

（4）养成生活所必需之基本知识与技能；

（5）养成劳动精神与审美兴趣。

所设计的教育程度为：

二年制短期小学毕业程度，应相当于小学初级第三学年修业期满之程度。使学生毕业后，能认识约略2200个单字，能阅读浅易语体文，能写作浅易实用文，能计算日常生活上之数量，并具有国民必要之基本常识与技能。[①]

二年制短期小学教学科目有：一是公民训练，包括卫生习惯部分；二是国语，包括注音符号、读书、说话、作文、写字；三是常识，包括社会、自然及卫生知识部分；四是算术，包括笔算和珠算；五是工作，包括劳动及美术；六是唱游，包括体育和唱歌。

《总纲》对二年制短期小学课程标准作了如下规定：

（1）国语——一方面应注意民族意识及国家观念之培养；另一方面须以儿童实际生活为背景，充分顾及儿童阅读的能力与兴趣。

（2）常识——一方面应注意民族的及民生的需要，另一方面须注意教材本身之普遍性与实践性；其编制应与国语教材密切联络。

（3）算术——宜采用笔算、珠算混合编制。

（4）公民训练——根据社会环境及儿童生活上之需要，订定条目，认真实施。

（5）工作——宜以与本地之生产特点有关者为主。

（6）唱游——以游戏及基本运动为主，乡间得以爬山、散步、农田操作等运动代替；唱歌可利用本地流行含有教育及富有兴趣之歌曲，并得以本地流行之乐器为辅唱教具。

如果将这些标准与初等小学的标准相比较，不难发现其程度降低很多。对于

---

① 宋恩荣、章咸编：《中华民国教育法规选编》（修订版），南京：江苏教育出版社，2005年，第305页。

义务教育降低标准，官方自有其说法，由一年到两年，由两年再到四年的义务教育，前两年是少不了的“跳板”。这个意思蒋梦麟在 1935 年庐山会议上的《修正教育制度案》中表述得很明白。他说：

吾国失学儿童，当有五千万，对此五千万儿童，必不可再听其继续失学。惟吾国经济衰落，义务教育为期不能过长，且大多数失学儿童在于乡间，必使其半耕半读，方可推行生效。假设义务教育定为一年至二年，且利用半日学校，在儿童可同时耕读，在学校亦可容纳加倍数学生；或设立冬季学校，俾儿童于农隙时入学，在此一年至二年中，教以简易字课与简易书报，取材于农业常识、公民常识及家庭卫生等。如此推行数年，先能扫除文盲，以后就国民经济发展情形，再延长其年限。①

图 4—2　小学三民主义教科书课文

值得注意的是，各地在义务教育课程设置方面还有一些有价值的尝试。山西加开了一些乡土课程。1928 年，地处晋北的平鲁县在初级小学中增设乡土课程，自编了《平鲁县初级小学校乡土课本》（共 2 册），内容有平鲁县沿革、县境、地势、山脉、河流、长城、气候、交通、物产、政区、实业、教育、财政、村政、礼俗等。1934 年，山西省教育厅颁发《各县初级小学改进办法》，明确要求各县乡村小学加授乡土课程。早在义务教育启动之时，阎锡山就将禁毒列入初级小学的教材。1929 年，山西省教育厅公布了在中小学教科书中加入拒毒内容的决定，规定在初小历史课中加入清末鸦片的传入及林则徐发起的禁烟运动；在地理课中加入鸦片的产地、销路等；在卫生课中加进鸦片对人的危害性的内容；在公民课中写进吸烟、运烟、售烟都属违法行为等内容。1930 年，山东省教育厅根据全国教育会议通过的初等教育目标，制定了《山东省市县区立小学课程暂行标准》，规定

① 俞庆棠：《民众教育理论的探讨》，茅仲英主编：《俞庆棠教育论著选》，北京：人民教育出版社，1992 年，第 281 页。

小学课程以“三民主义之精神，完成儿童本位之教育”为依据，具体目标是：

1. 补助儿童身体之发育，并增进抵抗疾病之能力。

2. 启发儿童生活必需之自然及人事的知识。

3. 利用语言文字及其他艺术，以培养儿童领受及发表情意之能力。

4. 诱起儿童对于世上具体事物之兴趣。

5. 养成儿童求知思维，以及忠实、仁爱、互助、义勇、公平、孝悌、守法、谦和、勤俭、耐劳等习惯。

6. 指导儿童自我之认识，为择业及升学之准备。

7. 训练儿童需要之技能，并养成劳动的身手。

8. 注意民权初步之练习。

9. 鼓舞儿童乐为团体服务之精神。

10. 培植适于儿童时期之理想。①

将《山东省市县区小学课程暂行标准》与1928年国民政府教育部颁布的《小学课程标准》相比较，山东省小学课程设置稍有变动，高年级设职业常识，将乐歌改为音乐，国语中包括谈话、读文、作文和写字，体育科包括童子军、舞蹈、国术，社会科包括党义，工艺科包括农艺、烹饪、缝纫等，形艺科包括绘图、剪贴、塑造等。山东根据县市区小学教育实际，对教育部所颁小学课程标准有所修订变更，对于形成地方小学教育特色，是有一定积极作用的。

山西省在义务教育段学校课程中增加地方特色课程，山东省在义务教育段学校课程中增加生活技能课程，都是非常有价值的探索，但在地方课程和技能课程的广度和深度上，应当根据初小学生的实际，讲求实际效果。山西的地方课程似乎有些过广过深，既加重了学生的负担，也收不到实际效果。

① 高彬：《济南市的小学教育》，山东省教育史志编纂委员会办公室编：《山东教育史志资料》，1988年第3期。

（四）隐性课程的备受重视

民国时期各级教育行政部门所颁教育方面的法规，涉及小学隐性课程的极为鲜见。1933 年 2 月，教育部公布的《小学公民训练标准》在“实施方案要点”中间接有一些相关论述。如“公民训练，专重实践，不用教科书”；“公民训练注意人格感化，教师须以身作则”；“学校环境应根据中国公民规律加以适当的布置和设备。例如合于健康原则的设备等，能使儿童于不知不觉中，受到良好的环境训练”；“公民训练应多用积极的活动，使儿童潜移默化，养成种种良好的习惯”；“应酌量各年级儿童的能力，随时使儿童参加社会活动，以帮助社会事业的进行。例如举行灭蝇运动、户口调查等”。① 这些虽然只是从公民训练的角度阐述其方法，但对小学的隐性课程建设，却有着一定的启迪意义。特别是民国后期，比较优秀的小学隐性课程建设，颇有成效。

第一，民国时期很多小学重视校园文化建设。

作曲家、音乐理论家周大风就读的上海灵山小学的隐性课程建设，可谓是当时全国众多小学中首屈一指的，形成了鲜明的校园文化特色。他回忆说：

学校大门旁挂有四句基本固定的箴言：“处处是课堂，人人是老师，事事有学问，天天动脑筋。”在图书馆门外也有四句话：“行万里路，读万种书，交万般友，做万类事。”在艺术室中又分别发展了“观万幅画，听万首曲，看万出戏，赏万方舞，悟万首诗，察万种情”。在走廊醒目处则有不少格言，如“人人都是创造之人，天天都是创造之时，处处都是创造之地”（陶行知语）；“随需随学，急需急学，专需专学，平时博学”。②

北京汇文第一小学的校园文化与上海灵山小学不同，更偏重于校园自然环境建设，“……校中空气之澄清，曾于植树节辟初级部新校园，并举行大规模之校园运动。学校种树，学生各自植花一盆，而鼓其竞争。终日之间，高初两部校

① 宋恩荣、章咸编：《中华民国教育法规选编》（修订版），南京：江苏教育出版社，2005 年，第 258 页。
② 周大风：《我的母校灵山小学》，傅国涌编：《过去的小学》，北京：同心出版社，2012 年，第 67 页。

园，已是鲜艳夺目。匪特此也，轸念初级学生正在幼稚，性喜活泼，特于初级部校园筑洋灰鱼池，畜以水族，俾学生得以实地研究自然科学。而于休息之暇，更可借以娱乐心目。修沙土园，内贮翻松沙土，使儿童在课余之时，用以随意堆山拍穴，而乐其天然”①。这些自然环境是根据小学生身心发展规律而精心设计的。

第二，制定校训，创作校歌。民国初年教育总长范源濂曾指出：“校训与校歌，二者足以表示本校之主旨而养成全校之美风。一校之中，风气既成，不惟新进之生徒易同化于旧生，即生徒之已离校者无论何时何地仍得服膺校训、校歌之旨趣，而坚其进取自尊之念，引其切磋亲爱之情，其为用之宏为何如乎？”② 民国时期，很多小学制定有校训。这些校训多与创办者对学生的期望有关，或者与校长的办学理念有关，或者体现了学校的培养训练目标。北京公立第十二高等小学国民学校总校校训是“勤勉敬静”。校训之下有“级训”，一年级的级训是“诚实”，二年级的级训是“敬师”，三年级的级训是“勤学”，四年级的级训是“专一”。③ 为每一年级制定“级训”，这是民国时期小学第一例。北京汇文第一小学的校训是“作新民”，希望学生做新时代与时俱进的新型公民。浙江山阴小学的校训字数较多，其中对学生为学做人相关度较高的有：“忠勇为爱国之本，孝敬为齐家之本，礼仪为处世之本，仁义为道德之本，整洁为强身之本，学优为栋梁之本，无知为败事之本，有恒为成功之本。”对学生道德和为人处世提出了全面的要求。陈嘉庚为他一手创立的集美学校确定的校训是“诚毅”，希望学生实心实意，忠诚爱国；于学于事刚毅顽强，百折不挠。贵州达德学校的校训“好学，力行，知耻”，出自《礼记·中庸》：“子曰：‘好学近乎知，力行近乎仁，知耻近乎勇。知斯三者，则知所以修身；知所以修身，则知所以治人；知所以治人，则知所以治天下国家矣。’”意思是要将学生培养成有知识、有道德、有勇气的人。

小学校歌对于小学生的教育而言，与小学校训有异曲同工之妙。江苏高邮县立第五小学的校歌，汪曾祺在小说《徙》的开头就提到，歌词是这样的：

① 邓菊英、李诚编：《北京近代小学教育史料》（下册），北京：北京教育出版社，1995 年，第 1397 页。
② 范源濂：《论教育当注重训练》，《中华教育界》第 4 卷，1915 年第 1 期。
③ 邓菊英、李诚编：《北京近代小学教育史料》（下册），北京：北京教育出版社，1995 年，第 1335 页。

西挹神山爽气，东来邻寺疏钟，

看吾校巍巍峻宇，连云栉比列其中。

半城半郭尘嚣远，无女无男教育同。

桃红李白，芬芳馥郁，一堂济济坐春风。

愿少年，乘风破浪，他日毋忘化雨功。①

对学生的殷切期望，全寄托在校歌之中。汪曾祺回忆，每逢“纪念周”，每天上课前的“朝会”，放学前的“晚会”，开头照例是唱“党歌”，最后是唱校歌。一个担任司仪的高年级同学高声唱道：“唱——校——歌！”全校学生，300 来个孩子，就用玻璃一样脆亮的童音，拼足了力气，高唱起来，好像屋上的瓦片、树上的树叶都在唱。他们接连唱了 6 年，直到毕业离校，真是深深地印在脑子里了，“说不定临死的时候还会想起这支歌”。

北京孔德学校的校歌上阕这样写道：

Comte！Comte！

他的主义是什么？是博爱；

是研求人生的真理，

是保守人类的秩序，

是企图社会的进步，

我们是什么学校的学生？

顾名思义，莫忘了 Comte！莫忘了 Comte！②

将学校的责任和目标追求与小学生的学习紧紧地连在一起。

河南第四小学的校歌歌词是：“是人都当上学，上学就是学做人。小朋友啊，你看这校宇空敞，园景美丽，唱歌跳舞何等有趣。我先生，我同学，努力，努力，愿我河南省立四小，人人快乐，永享荣誉。”当年的学生赵浩生回忆说：“‘校宇空敞，园景美丽’，好像有点儿夸张，但它确实是一个值得怀念的母

---

① 汪曾祺：《徙》，《汪曾祺小说：鸡鸭名家》，哈尔滨：北方文艺出版社，2014 年，第 267—268 页。

② 邓菊英、李诚编：《北京近代小学教育史料》（下册），北京：北京教育出版社，1995 年，第 1392 页。

校。”[①] 河南四小几乎每项活动都有歌。譬如，早锻炼有早操歌，歌词是：“清早起，精神好，我们大家学体操。立正，前看齐，1234 手叉腰；两手向前伸头摇摇，1234，4321；两手去前屈，1234，4321；左足向左一步踏。提左足，右足向右一步踏。提右足，吸吸，呼呼，踏足踏。操得我们精神起，研究功课更有趣，快快乐乐乐无极。”甚至吃完早饭走进教室开早会，都有开早会歌。歌词是：“先生你好，同学你好，我们大家来计划，今天的工作，我们大家检查，昨天的过错，想啊！想啊！想啊！”同学们印象非常深刻，深受教育。

第三，设计多种有教育意义的活动。教育总长范源濂极力主张学校开展各式各样的活动，使学生受到良好的课外训练，补充课堂训练的不足。他说：

图 4—3　广东赤坎小学校徽

> 民国纪念日之祝贺式、孔子诞日之纪念会、始业或毕业式等，皆定于仪式规程，而为学校所当举行者也。无论何种仪式，要当以庄严而无拘苦、和乐而能整肃为归。当举行之时，其状况或良或否，即平时习礼之成绩所由表著者也。惟定期举行之仪式，往往流于形式而全失其精神，其列席者或竟视为虚应故事之举，是大反乎仪式之意义而为有心训练之师长所必当矫正者也。[②]

范源濂对学校开展各种活动的功能给予了高度肯定，也提醒活动的设计者要防止开展的活动走形式，使其效果适得其反。民国时期很多小学在国家课程和地方课程之外设计了大量有教育意义的活动，使同学们在活动中学到了在教室和课

① 赵浩生：《从息县到开封上小学》，傅国涌编：《过去的小学》，北京：同心出版社，2012 年，第 43 页。
② 范源濂：《论教育当注重训练》，《中华教育界》第 4 卷，1915 年第 1 期。

本中学不到的知识和技能，受到了实际生活的锻炼。

1. 丰富的课外活动。灵山小学学生学业轻松，课程少活动多，许多课程都是在活动中进行。虽然上午课程安排较满，但下午基本是自由活动。周大风回忆说，学校下午偶有一节课，多为英语选修课，有时不安排，另三节或四节是活动课，即体育、音乐、美术、劳作、舞蹈和戏剧等。各有几项分支项目，共 40 多种，学生可根据自己的兴趣，先后到各种活动中去玩，也可自由转换项目。周大风参加最多的是键盘、合唱、丝竹、锣鼓、水彩画、篆刻、素描、昆曲、哑剧、木工、漆工、泥塑、制陶、印刷，等等。每学期常有不定期的远足、露营、参观、家事、戏剧、集体舞、演讲比赛、作文比赛、诗歌展评、社会访问、地形测绘、标本采集、自制的玩具展览、印刷、泥塑、游泳、登山、垂钓、农艺、花木、武术、拔河、风筝、热气球、各种体育比赛、恳亲会等活动，也可自由选择参加。图书馆有一部《万有文库》，还有书报杂志数十种，稍深的有《东方杂志》，稍浅的有《小朋友丛书》等。每天开放 16 小时，星期天照开不误，全由学生自己管理。苏州中学附属实验小学的课外活动，有国语演说竞进会、自然实验竞赛会、缀法竞赛会、书法竞赛会、美术竞赛会等。①

2. 远足和露营。师生们最喜爱的活动莫过于远足和露营了。灵山小学每学期总有两三次，一般安排在星期六下午及星期日，特别是暑假及春假，为时更长。师生们去过的地方有灵峰、峰岩寺、古阿育王寺、万湫山、塔峙岙、新路岙、招宝山、金鸡山……同学们搭帐篷、挖帐篷四周水槽、挑水、拾干柴、搭灶头、消毒、洗菜、炒菜、煮饭、洗衣袜、采标本、写生、爬山、游泳……既分工，又合作；既分散活动，又遵守纪律。周大风说："得到的知识似更丰富多样了，师生关系似更密切了，特别是家事和卫生方面，通过几次露营，会使人养成独立生活的习惯。"②

3. 校内或社会的服务活动。灵山小学学校设有图书馆、阅览室、实验室、医务室、小商店、工场、小纠察，等等，都在教师指导下由学生自己管理，并且

① 《儿童课外活动》，《苏中实小二十五周年纪念刊》，1930 年。

② 周大风：《我的母校灵山小学》，傅国涌编：《过去的小学》，北京：同心出版社，2012 年，第 68 页。

还办起了校内小邮局、小银行、学生自治会、学生报纸、小法院，等等。学生在这里增长了很多见识，获得了很多经验。苏州中学附属实验小学设有巡察团、学艺馆、卫生局、体育场、图书馆、周报社、商店、银行等机关，学生在巡察团担任轮值站岗、巡查等职务；在学艺馆担任各种竞赛会、展览会的表演等职务；在卫生局做保洁、卫生、急救、大扫除、灭蝇等工作；体育场由学生管理分组运动及运动器物；图书馆轮值开放，由学生整理图书；周报社由学生收集稿件，定期出版（每月一次）；商店每天开放，由学生售卖课业用品及食品；银行也是每天开放，亦由学生管理储蓄及信贷等事务。北京高师附属实验小学“教员常令儿童处理种种事务。例如图书馆服务、商店服务、报社服务、教室内外的各种值日等，皆为儿童在校内为公服务之事项，亦即为练习道德动作之好机会”①。

4. 童子军活动。灵山小学的童子军更使周大风保留着深刻的印象，数十年后仍历久弥新。

抗日战争时期在西南辗转上小学的胡伯威，对当时小学的童子军活动总体记忆比较深刻。在抗战结束前后，他在重庆黄桷桠的广益中学附属小学读了三个学期，正值参加童子军的年级，有深切的体验：

图 4—4　广州初等小学童子军在开展活动

我记得当时四年级以上的学生都是童子军，每个人度身购置一套黄咔叽（或黄色斜纹布，咔叽也是斜纹布，但是比国产斜纹布的质地好得多）的短裤脚军装；一项同样布料的船形士兵帽……一块方领巾，我记得似乎是黄绿两色的布在对角线上缝接的（这一点我不太有把握，是否黄绿色两色，也许记错了，不过肯定是双色的），一支系在墨绿色绳带上的管状铜哨子，塞在胸

① 北京第一实验小学编：《北京第一实验小学》，北京：人民教育出版社，1997 年，第 150 页。

前上方衣袋内，绳带则自然潇洒地悬垂左右衣袋之间。还有一根缠绕成柱状的白色棉绳是供野外生活的各种用途。此外，每个人还发了一根短棉绳，教练老师教过我们许多绳子打结的方法，有平结、双套结、接绳结等等名堂，如今我也记不完全了。每个人还发一根长短齐眉的白木军棍。但是最得意的装备是一把有牛皮套的短刀，长不及尺，双刃呈宝剑形，铜刀柄上刻有“智、仁、勇”三个字（束腰的皮带铜扣上也有这三个字）。短刀本身也是铜的，镀成银白色，刀刃钝秃，不能切割，只是摆样子的东西。每次上操的时候要唱一首《童子军歌》。①

根据这两段对童子军活动的回忆来看，民国时期的童子军宗旨是锻炼少年儿童勇敢自强自立的品格和独立生活的技能。根据当年参与其间的同学的回忆，同学们喜欢参加，乐于参加，在其中受到了实际生活的锻炼。

需要指出的是，无论是民国前期还是后期，能够精心建构校园文化的小学，当是凤毛麟角。

二、义务教育的教材编纂

在民国义务教育发展的各个历史时期，都曾编制各学段的教材，并在教材体系、编审体制和发行及使用方面做了一些有价值的尝试。

① 胡伯威：《儿时“民国”》，桂林：广西师范大学出版社，2005 年，第 149—150 页。

（一）义务教育教材编纂原则

各历史时期所编纂的义务教育教科书，对编纂原则和旨趣都有明确的要求。

1. 清末初等小学教科书编辑旨趣。初等小学第一本教科书当推光绪二十三年（1897）由朱树人编、南洋公学出版的《蒙学课本》，这是一本完全依照英、美读本体例，但没有插图的教科书。其后，有数本初等小学教材面世，但因为学部尚未成立，初等小学教材的编纂并没有教育行政部门的介入。

光绪三十一年（1905）十月，学部成立，很快便介入初等教育教科书的审定工作。次年，学部第一次审定初等小学教科书。这次审定的书籍共102册，由民营出版发行的85册，占总数的4/5。其中包括商务印书馆出版的《最新初等小学教科书》等54册，文明书局出版的《初级蒙学修身学》等30册，直隶学务处出版的《心算教授法》等10册，南洋公学出版的《初等小学读本》4册，还有《普通各科教授法》《画学教科书》《图画临本》《蒙学修身学》等各1册。后还编撰了一些初级小学各科目的教材。

义务教育发轫前，商务印书馆和南洋公学等出版了数套小学教材，明确提出这些教材的编辑大意即编写原则。商务印书馆出版的初等小学教科书最多，擘画也比较精细。其基本原则有五：

首先发明之原则，即为第一册教科书中，采用文字，限定笔画。吾人回想启蒙时读书，遇笔画较多之字，较难记忆；故西人英文读本，其第一册必取拼音较少之字。然我国文字，则无拼音，因参酌此意，第一册采用之字，笔画宜少，且规定五课以前，限定六画；十课以前，限定九画；以后渐加至十五画为止。

其次讨论之原则。即选定教科书采用之字，限于通常日用者，不取生僻字。

又其次讨论之原则。第一册每课之生字，五课以前，每课不得超过十字。

又其次讨论之原则。第一册共计六十课，前课之生字，必于以后各课中，再见两次以上，俾使复习。

又其次讨论之原则，为全书各册文字规定之字数，第一册每课从八字至四十字；第二册每课从四十字至六十字；三册以下，不为严格限制，听行文之便，若文长，则分二课。第一二册，每句空格，每行必到底，适可断句；不将一句截成两段。[①]

教材的选材，"选用事项涉于多方面，不偏于一隅。杂采各种材料，以有兴味之文字记述之"。在课程结构上，各课排比，"以各种材料彼此交互错综，无形中前后联络，以便儿童记忆。各课皆附精美之图画，图画布置须生动而不呆板，处处与文字融和。凡图画与文字，皆同在全幅之内，不牵涉后页。既有以上之限制，于是操笔作文，正如作茧自缚，非常困难；且每成一课，必经各人批判，至无异议始止"。如此匠心独具的安排，至少在一定程度上是有儿童心理学依据的。

南洋公学《新订蒙学课本》二编的编辑大意阐述稍稍详细：

小学者，学士农工商，尽人当知之学。非学为政事家、文学家、义理家也。此今日泰西各国小学之公理。是编所述，皆家人琐屑之谈，几席凡近之语，于汉宋小学两有出入。

泰西教育之学，其旨万端，而以德育、智育、体育为三大纲。德育者，修身之事也；智育者，致知、格物之事也；体育者，卫生之事也，蒙养之道，于斯为备。是编故事六十课，属德育者三十，属智育者十五，属体育者十五。中土之所固有者，惟德育一门而已。然载籍所传，或高远难行，或简淡乏味，如二十四孝之类，半涉迂诞，尤不足以为教，故概不登录。凡所捃拾，大半译自西书，略加点窜。间有出自臆撰者，远仿凭虚亡是之体，近师西人用稗说体编小学书之例，意主启发，勿疑为私造典故也。[②]

作为初等小学教材，南洋公学《新订蒙学课本》不仅对义务教育有着直接影响，而且其编辑大意对以后义务教育教材的编写有很大启发。

大学堂编书处对包括初级小学在内的各门课本编纂工作提出了要求。各门教

---

① 蒋维乔：《编辑小学教科书之回忆（1897—1905年）》，宋原放主编：《中国出版史料》（近代部分）第三卷，济南：山东教育出版社；武汉：湖北教育出版社，2004年，第63—64页。

② 《南洋公学新订蒙学课本二编大意》，宋原放主编：《中国出版史料》（近代部分）第二卷，济南：山东教育出版社；武汉：湖北教育出版社，2004年，第525—526页。

科书的编纂必须以“中学为体，西学为用”为基本方针，专以编辑中国经史之学为依归。其具体任务是：“拟按照中小学课程门目分类编纂：一曰经学课本；二曰史学课本；三曰地理课本；四曰修身伦理课本；五曰诸子课本；六曰文章课本；七曰诗学课本。”[①] 所选内容及编辑体例均采传统经史子集模式编排，必须与下面四大宗旨不相违背：“一曰端正学术，不坠畸邪；二曰归于有用，无取泛滥；三曰取酌年限，合于程途；四曰博采群言，标注来历。”[②] 因此，清末初级小学教科书如同其他教科书一样，“很注重修身、忠君、爱国等的材料”[③]。

2. 初等小学教科书编纂原则的提出。民国建元后，蔡元培出任临时政府教育总长，废除清末教育宗旨，提出中华民国教育方针，改革学制，普及教育，改革初等小学教科书编纂和审定制度，初等小学教科书出现百舸争流的竞争态势。

初等小学教科书编纂与出版有多家出版机构参与其间，各家出版机构宣示其编纂与出版的宗旨，以利于得到教育部通过和得到各地初等小学选用。多家出版机构的宗旨中，以中华书局最为齐备，影响也最大。

中华书局在民初创刊的《中华教育界》上发表《中华教科书编辑大意十件》，宣示其初级小学教科书编纂宗旨曰：“本书以养成中华共和国完全国民为宗旨。以独立、自尊、自由、平等为经，以公德、私德、国民科为纬。”为达成此目标，中华书局初等小学教科书“编辑大意”提出几大编辑主张：第一，采用圆周法，一年为一周，前三周注重学校家庭兼及社会国家；第四周德目全备，尤注重共和国民教育。第二，第一二册因为初等小学生识字无多之故，全册用图画组成之。第三四册“多假设故事，用简单文语”。第三，初等小学前四册全用儿童能行之事。第四，所选取的童话寓言要求“趣味深厚，颇易感化”。第五，文字力求浅

---

① 《光绪二十八年大学堂谨拟编书处章程》，朱有瓛主编：《中国近代学制史料》第二辑（上册），上海：华东师范大学出版社，1987 年，第 861 页。

② 《光绪二十八年大学堂谨拟编书处章程》，朱有瓛主编：《中国近代学制史料》第二辑（上册），上海：华东师范大学出版社，1987 年，第 862—863 页。

③ 吴研因：《清末以来我国小学教科书概观》，见宋原放主编：《中国出版史料》（现代部分）第一卷（上册），济南：山东教育出版社；武汉：湖北教育出版社，2004 年，第 513 页。

显，引用古书，恒加点窜，以期易解。[①]

初等小学国文科教科书“编辑大意”设想，第一二册“自单字单句进于短文，以儿童日常习见之材料为主。第三四册选用极浅易之故事、知识，渐以增进其程度。后四册则用各科知识，人事则注重立身处世之道及辟迷信等，历史则注重古今大事文明进化，及君权、民权之消长，地理则注重物产、都会、名山大川及世界大势，理科则注重日常所见之材料，国民科则注重政体及国民之权利义务”。为了突出这些“大意”，中华初等小学国文教科书提出如下编辑手段：

一、教材排列之顺序，或依智识之浅深，或依时令之先后。

二、本书第一二册选用近于语言之字。第一册前半尤注意笔画简少，以期易于入手。

三、本书于各种应用文件，如书信、发票、字据等，无不毕备。

四、本书生字均有限制：第一册每课自二字渐进至六字，第二册至多七字，第三四册至多十字。后四册亦以十字为率，至多不过十五字。

五、儿童于放假之后再入学堂，功课久疏，放心未教，教材不宜过于繁重。本书每册之首数课，必较浅短，徐徐进步。[②]

国文科教科书还有一个特点，即“图画丰富，以唤起趣味，且为观察实物之助”。

中华书局初等小学算术教科书编纂目的“在授儿童以基本算法及日用生活之计算知识”。在内容安排和编辑手法上，“用循环教授，每学年为一周。第一二年注重心算，第三四年注重笔算，授至普通四则止”。对初入学者，“宜用实物计算，以确其数之观念”。在第一学年，“用手工图，采色板、竹箸、贝壳、铜环四物，既可与手工联络，又可助实物计算”。并且“将各名数及货币、度量衡等，适宜插入各学年，既可便日用计算，又可为高等小学授诸等数之预备”。[③]

---

① 中华书局：《中华教科书编辑大意十件》，宋原放主编：《中国出版史料》（近代部分）第二卷，济南：山东教育出版社；武汉：湖北教育出版社，2004 年，第 539 页。

② 中华书局：《中华教科书编辑大意十件》，宋原放主编：《中国出版史料》（近代部分）第二卷，济南：山东教育出版社；武汉：湖北教育出版社，2004 年，第 540 页。

③ 中华书局：《中华教科书编辑大意十件》，宋原放主编：《中国出版史料》（近代部分）第二卷，济南：山东教育出版社；武汉：湖北教育出版社，2004 年，第 541 页。

五四运动后，特别是“壬戌学制”公布后，初等小学教科书编写原则有了很大变化。“壬戌学制”虽然没有初等教育的特定宗旨，但学校教育的总目标定为：“一、适应社会进化之需要；二、发挥平民教育精神；三、谋个性之发展；四、注意国民经济力；五、注意生活教育；六、使教育易于普及；七、多留各地方伸缩余地。”初等教育的教材编纂原则随之以此为标的易动。[①] 1924 年，国民党改组，发表对内政纲，曾有“以全力发展儿童本位教育”一语。[②] 这些对初等小学教科书编写原则产生了深远影响。这主要表现在以下诸方面：

第一，用白话文编写初等小学教科书。这一原则的提出，比较直接的原因是 1918 年春蔡元培召集北京孔德学校教员举行教育研究会，讨论修改教科书问题。与会者提出了教科书的诸多问题，如教材缺乏、程度不合儿童心理、内容艰深、各科不统一等问题，还提出了言文不一的问题。与会者一致认为，“采用白话文编写教科书已经到了非解决不可的地步了”[③]。次年 4 月，国语统一筹备委员会召开成立大会，周作人、胡适、朱希祖、钱玄同、马裕藻、刘复的《国语统一进行方法的议案》在 9 项提案中最引起重视。该议案提出了改编小学课本，编辑国语会话书的主张：“统一国语既然要从小学校入手，就应当把小学校所用的各种课本看做传布国语的大本营，其中国文一项尤为重要。如今打算把《国文读本》改作《国语读本》，国民学校全用国语，不杂文言，高等小学酌加文言，仍以国语为主体。国语一科以外，别种科目的课本也该一致改用国语编辑。……”[④] 在一波一波浪潮的拍击下，1920 年 1 月，教育部通令：“初级小学全部用白话文编写课本和教授。”当年，“新法教科书”初级小学国语、算术、珠算、修身、自然、唱歌 6 科目 10 种 55 册出版。这套初级小学教科书是用白话文编写的。

---

① 《学校系统改革案》，宋恩荣、章咸编：《中华民国教育法规选编》（修订版），南京：江苏教育出版社，2005 年，第 32—33 页。

② 周予同：《中国现代教育史》，福州：福建教育出版社，2007 年，第 75 页。

③ 田正平、肖朗主编：《世纪之理想——中国近代义务教育研究》，杭州：浙江教育出版社，2000 年，第 326 页。

④ 田正平、肖朗主编：《世纪之理想——中国近代义务教育研究》，杭州：浙江教育出版社，2000 年，第 326 页。

第二，以《新学制课程标准》为初级小学教科书编纂原则。1922 年 10 月，第七届全国教育会联合会在广州召开。会议制定新学制系统，建议采用“六三三”学制。当年 11 月 1 日，“壬戌学制”由北京政府公布。“壬戌学制”并没有关于课程大纲之类的规定，但 1922 年 10 月全国教育会联合会成立了临时学术机构——新学制课程标准起草委员会，委员有袁希涛、黄炎培、胡适、经亨颐、金曾澄 5 人。又延聘专家 50 多人制定与“壬戌学制”相关的中小学课程标准。翌年颁布关于中小学课程的文件，规定小学设国语、算术、历史、卫生、公民、地理（初级小学后四科并为社会）、自然、园艺、工用艺术、形象艺术、体育、音乐等课程。全国各地诸家出版机构出版了许多版本的“新学制”教科书。这套“新学制教科书”以《标准》为编写的基本原则，共编写出初级小学用国语、自然、工用艺术、形象艺术、算术、珠算、社会常识、音乐等 9 科目 10 种 74 册。

第三，学以致用，学用结合，联系实际原则。各家初级小学教科书出版机构和课程教材教法研究者，以此原则进行初级小学教科书选材、增删。上海小学教育研究会撰写的《算数科教材之研究》一文，提出教本宜适用，以免重复及脱节的观点。文章提出了教科书删节的 7 条标准：(1) 不切于实用者。(2) 不适宜地方情形者。(3) 不适于儿童境遇者。(4) 与事实不符者。(5) 题文累赘者。(6) 题义不明者。(7) 不合格式者。另有些学者提出了初级小学教科书删节的标准：(1) 关于儿童日常经验之事项。(2) 适切于应用之事项。(3) 关于其他教科所授之事项，等等。①

3. 初级小学教科书编纂原则的确定。南京国民政府成立后，厉行义务教育，加强了对义务教育教科书的审定。1929 年到 1932 年间，教育部对小学教科书进行审定，凡被认为内容不合时宜或有科学性错误的教科书，一律停止使用，改用“部审”小学教科书。1935 年 1—9 月，教育部又审定一批小学教科书，并明确规定使用有效期至 1938 年。1927 年大学院审定的小学教科书见下表（见表4—4）：

① 《教育杂志》第 11 卷，1919 年第 7 期。

表 4—4　1927 年大学院审定小学教科书一览表

科目	教科书名称	使用级别	出版者
三民主义	新时代三民主义教科书		商务
公民	新学制适用新小学教科书公民课本	初级小学	中华
国语	新学制国语教科书	初级小学	商务
常识	新学制小学教科书初级常识课本	初级小学	世界
社会	新学制社会教科书	初级小学	商务
卫生	新学制卫生教科书	初级小学	商务
农业	新学制农业教科书		商务

资料来源：江苏省地方志编纂委员会编：《江苏省志·教育志（上）》，南京：江苏古籍出版社，2000 年，第 192—193 页。

1935 年又审定了商务印书馆编的初级小学《复兴初小卫生教科书》。

根据教育部多次审定小学教科书的信息，可以概括出民国后期初级小学教科书编纂的基本原则：

第一，强化三民主义教育。1928 年 5 月，第一次全国教育会议上通过了三民主义教育宗旨，该宗旨表述为：

我们全部的教育，应当发扬民族精神，提倡国民道德，锻炼国民体格，以达到民族的自由、平等；应该养成服从法律的习惯，训练团体协作和使用政权的能力，以导入民权的正轨；应该提倡劳动，运用科学方法，增进生产的技能，采取艺术的陶熔，丰富生活的意义，以企图民生的实现。总之，我们全部的教育，应当准照着三民主义的宗旨，贯彻三民主义的精神。①

1929 年 3 月 15 日，国民党“第三次全国代表大会”在南京召开。会议对教育方针政策进行了专项研讨。国民党中央宣传部提交的《教育方针及实施原则案》，经“三大”第 11 次会议讨论，决定仍用“教育宗旨”而不用“教育方针”的表述，并决定用“实施方针”取代原拟的“实施原则”，然后将两者分别颁发。

① 《全国教育会议宣言》，中华民国大学院编：《全国教育会议报告》，台北：台湾文海出版社有限公司，1985 年，第 2 页。

同年4月26日，经国民党中央最终修订的《中华民国教育宗旨》，由国民政府再次通令颁行。该宗旨的精要表述为："中华民国之教育，根据三民主义，以充实人民生活，扶植社会生存，发展国民生计，延续民族生命为目的。务期民族独立、民权普遍、民生发展，以促进世界大同。"① 与此项教育宗旨同时颁发的，还有《三民主义教育实施方针》8条。

所颁"实施方针"，旨在为教育宗旨提供操作的若干标准。其小学教育内容大要，可简明归纳如后：其一，各级学校教育，应使三民主义"与全体课程及课外作业相贯连"，"以集团生活训练民权主义之运用"，"以各种之生产劳动实习，培养实行民生主义之基础"。其二，普通教育，"须根据总理遗教，以陶融儿童及青年'忠孝、仁爱、信义、和平'之国民道德"，其次方为知识、技能教育。1932年10月教育部公布《小学课程标准总纲》，第一条"小学教育总目标"明文规定："小学应根据三民主义，遵照中华民国教育宗旨及其实施方针，发展儿童身心，培养国民道德基础及生活所必需的基本知识和技能，以养成知礼、知义、爱国、爱群的国民。"②

在编制小学教科书的过程中，对材料的损益、增删、取舍，依据就是三民主义原则。《小学课程标准总纲》要求国语教科书尽量使教材富有牺牲和互助精神：凡含有自私、自利、攘夺、斗争、消极、退缩、悲观、束缚、封建思想、贵族化、资本主义化等材料，应一律避免。小学各个科目的教科书编制，从选材到观点，都不能与三民主义相背离。

第二，加强抗战爱国教育。吴研因在《清末以来我国小学教科书概观》一文中批评1921年后小学教科书说，"新学制""新教育""新教材"等，"几乎成了无目的、无宗旨之世界通用读本，很缺少民族精神和国家思想的表现，这确是当时教科书的最大的缺点"。③ 但到1927年以后，小学教科书的情况发生了很大的

---

① 《第一次中国教育年鉴》（甲编），上海：开明书店，1934年，第8页。

② 宋恩荣、章咸编：《中华民国教育法规选编》（修订版），南京：江苏教育出版社，2005年，第234页。

③ 宋原放主编：《中国出版史料》（现代部分）第一卷（上册），济南：山东教育出版社；武汉：湖北教育出版社，2004年，第513页。

变化。吴研因指出：

民国十六年以后，革命空气弥漫了全国，小学教科书例如“商务”的“新时代”，“中华”的“新中华”，“世界”的“新主义”等，就充满了许多国民革命跟三民主义等的教材。不过，那时的教科书，文字既很草率，内容又未免多了些叫口号式的叫嚣。民国二十年以后的教科书，例如“世界”的“新标准”，“开明”的“开明”，“商务”的“复兴”，“中华”的“新小学”，“大东”的“新生活”等，叫嚣的气焰低了些，目的也逐渐正确了。各科教科书，大概都能依照部定的各科课程标准编辑，国语教科书也能把民族精神做骨干，特别注重救国雪耻等的教材，而以发明故事、科学故事、读书方法指导等等掺杂其间，外界不明真相，对于现行的小学教科书，有两种极矛盾可笑的看法：一方面一部分名流要人，以为小学教科书只是些“鸟言兽语”，没有民族思想不能养成国的民族意识。一方面日本人却以为民族思想太浓了，认为是“仇日教育”，逼着中国政府，要求修改小学教科书。①

吴研因认为，中国小学教科书虽然有些“鸟言兽语”，但和民族思想并不冲突，例如羊拒狗、狗拒狼等，就隐寓弱者抵抗强暴的意识。至于彰明较著的民族思想教育，诸如“苏武牧羊”“李牧却匈奴”“班超定西域”“淝水之战”“岳飞拒金”“采石矶虞允文却敌”“袁崇焕却满”“戚继光平寇”等课文，小学课文中比比皆是。国耻教材，如“鸦片之战”“中法联军之役”“甲午之战”“五三”“五九”“九一八”“一·二八”，等等，不胜枚举。对于小学教科书的这些课文，他明确地指出：

我以为说现在教科书没有民族思想，是盲目的；说现在的教科书是“仇日”，也是一种诬罔。一个民族有一个民族的独立精神跟光荣历史，我们要独立，我们亦是抵抗侵略，并不想侵略人家，我们只是根据历史事实立言，并非虚构叫嚣，

---

① 吴研因：《清末以来我国小学教科书概观》，宋原放主编：《中国出版史料》（现代部分）第一卷（上册），济南：山东教育出版社；武汉：湖北教育出版社，2004 年，第 513—514 页。

如果世界上的公理还没有完全毁灭的话，谁可说我们不应如此呢！[①]

图 4—5　义务教育研究专家吴研因像（1886—1975）

突出抗战爱国反侵略的主题，编入抵抗外族侵略的名人佚事典型故事，是民国后期小学教科书编撰的重要原则。

第三，适当增大知识容量。小学教科书的知识容量当以多大为宜，并没有定论。但是，容量偏小，对于没有继续升学机会的小学生而言，颇为不利。对于绝大多数小学生来说，完成四年义务教育，就是他们的最终学历。他们往往除了享有义务教育的几本教材外，家中难觅只言片语，小学教科书增加容量，有助于义务教育完成后的自我进修巩固和提高。但 1920 年以前的小学教科书，“分量实在太少，差不多只有一点枯骨，没有筋肉”。即使是到了 1920 年，小学教科书改文言为白话，教科书的分量，仍旧没有增加，一本教科书，往往只有一张新闻纸 32 开的 48 页，差不多一张半新闻纸，就可以装订成一本教科书。“各种教材，都不能用文字充分地叙述，就是所谓儿童文学，也只是平铺直叙，没有什么描写，实在当不起‘文学’两个字，儿童读了这样贫弱得可怜的教科书，所获得的，实在太少了。六年毕了业，跟初级中学也衔接不起来。”[②] 但是，到 1930 年以后，这一局面有了一定的改观。吴研因指出：

民国二十年以后，小学教科书的分量，才逐渐增加了，其中以一两种国语教科书，例如“世界”的《国语新读本》、“儿童”的《儿童国语读本》等，增加得

① 吴研因：《清末以来我国小学教科书概观》，宋原放主编：《中国出版史料》（现代部分）第一卷（上册），济南：山东教育出版社；武汉：湖北教育出版社，2004 年，第 514 页。

② 吴研因：《清末以来我国小学教科书概观》，宋原放主编：《中国出版史料》（现代部分）第一卷（上册），济南：山东教育出版社；武汉：湖北教育出版社，2004 年，第 515 页。

算最多，有的初级国语，多到一百七八十面，有的高级国语多到二百多面，比了以前，分量增加了好几倍，内容也自然充实了。不过，有几家的教科书，分量仍旧极少，尤其是算术教科书，连练习也没有几个。[①]

国语等小学教科书分量增大，各方得益颇多。但小学数学教科书因为容量偏小，致使各地方小学会考成绩，数来数去，要算算术成绩最为理想。之所以如此，“算术教科书分量太少未尝不是一个重要的原因”。何以至此呢？具体原因大致有两个：“一则书商不肯增加成本，或省一面，好一面，有些‘偷工减料’的情景；一则大多数的小学教员教学方法太无聊了，白话文也要儿童背诵，因为材料多的教科书，课文篇幅很长，儿童背诵困难，就认为不合用，宁愿采用贫弱的教科书，这实在是阻碍教科书进步的重大原因。”吴研因奉劝小学教科书编制出版者和小学教师，不要安常蹈故，而要多从义务教育效率和小学生终身教育角度考虑。

第四，贯彻手脑并用精神。1932 年 10 月教育部公布的《小学课程标准总纲》明确强调“教学应注重‘做’”：

应适应儿童的心理，引起儿童的反应，指示活动所欲达到的目的，唤起儿童的兴趣，集中儿童的注意，因势利导，以使儿童自发活动、自行试验，努力进行。要儿童“手脑并用”“身体力行”的“做”去，这是教学唯一的最紧要的原则。[②]

吴研因在回忆中国小学教科书发展演进的历程说，从前的小学教科书，只是供读的，不是供用的。所以除了课文以外，没有一点别的附属品，既没有启发思想的问题，也没有指导工作的启示。至于练习课文，也是很少很少，“工作簿”或“练习簿”，除了算术之外，更是绝无仅有，“这样的教科书，自然只有死教、死读，没有活用的余地”。他觉得有一种观点很值得注意。他说：“某君有读书跟用书之说，他以为书是应当供用，不应当徒然供读的，读书只是死读，用书乃是活用。”认为美国和日本等小学教科书，很值得学习借鉴。他们在读本之外，附

① 吴研因：《清末以来我国小学教科书概观》，宋原放主编：《中国出版史料》（现代部分）第一卷（上册），济南：山东教育出版社；武汉：湖北教育出版社，2004 年，第 515 页。

② 宋恩荣、章咸编：《中华民国教育法规选编》（修订版），南京：江苏教育出版社，2005 年，第 236 页。

有工作簿。“他们的工作簿，列入许多要用手去做的种种有趣的工作，和教科书相附而行，供儿童画、写、剪、贴……”反观中国的小学教科书，“还没有附有工作簿，这是一个缺憾”。吴研因将工作簿和笔记簿做了区别，认为“工作簿和笔记簿不同。工作簿是手脑并用的练习簿，笔记簿只是徒记怕遗忘的材料的簿子。一活，一死，一有趣，一呆板，完全不同”。他批评当时小学时兴的笔记簿，“实在于儿童害多益少”，“很希望将来另有一种工作簿代笔记簿而兴”。不过，吴研因看到了小学教科书编制“渐趋手脑并用”的势头：

民国二十年以后，可就有几种供读兼可供用的教科书出版了。例如各种国语教科书在几课课文之后，就有一课附课，有的供儿童填写补充，有的供儿童选择答案，有的指导儿童造句修辞……不但要儿童用脑，并且要儿童用手、动笔、动剪子，等等。又如社会、自然等常识教科书，也有在课文前面列启发的问题和搜寻材料的方法，课文后面附制作试验等方法的。这些教科书一面可以使儿童看文字，一面可以使儿童照着所指示的方法，手脑并用，实行所谓“教学做”的“做”字。[①]

第五，重视激发兴趣原则。1932 年 10 月教育部公布的《小学课程标准总纲》强调：小学的教学应适应儿童的心理，引起儿童的反应，指示活动所要达到的目的，唤起儿童的兴趣，集中儿童的注意力。关于国语教材的编制，教育部要求编制者应“依据增长儿童阅读兴趣的原则，尽量使教材富有艺术兴趣，如入选教材要趣味深切，叙述曲折，措辞得当，结构严谨等”[②]。其他科目的教科书编制亦是如此。小学常识教材的编制，要以儿童本身的生活经验作为主线，对儿童的年龄特征和生活环境作充分考虑。常识教材的编制与出版者强调常识教材的排列方法当“根据由近及远，由浅入深，由熟悉到不熟悉等原则，再逐步加以内容上的系统化”。经过将儿童的新经验的学习与原有的知识经验有密切的联系，把

① 吴研因：《清末以来我国小学教科书概观》，宋原放主编：《中国出版史料》（现代部分）第一卷（上册），济南：山东教育出版社；武汉：湖北教育出版社，2004 年，第 517 页。

② 林治金主编：《中国小学语文教学史》，济南：山东教育出版社，1996 年，第 306 页。

教学建筑在儿童原有知识的基础上，指归全在于“刺激儿童的学习兴趣”①。汪曾祺曾回忆说：

我觉得那时的语文课本有些篇是选得很好的。一年级开头虽然是“大狗跳，小狗叫”，后面却有《咏雪》这样的诗：一片一片又一片，两片三片四五片，七片八片九十片，飞入芦花都不见。我学这一课时才虚岁七岁，可是已经能够感受到“飞入芦花都不见”的美。我现在写散文、小说所用的方法，也许是从“飞入芦花都不见”悟出的。二年级课文中有两则谜语，其中一则是：远观山有色，近听水无声。春去花还在，人来鸟不惊。谜底是：画。这对培养儿童的想象力是有好处的。我希望教育学家能搜集各个时期的课本，研究研究，吸取有益的部分，用之今日。②

直到今天读来，仍然饶有兴味。

民国时期义务教育教材编撰取得了相当的成绩，相对于清末教科书而言，有了很大的改进，教科书的面貌令人耳目一新，不仅考虑了教师的教，也考虑到了学生的学，还考虑了价格与装帧各方面的因素，这些是应当予以充分肯定的。不过，因为毕竟探索的时间不长，并受到各方面因素的掣肘，不尽如人意的地方所在多有。

图 4—6　北京师范大学附小的公民训练课——民主选举

（二）义务教育教材编写与使用

清末义务教育发轫后，初等小学教科书随时跟进。商务印书馆编撰出版的《最新教科书》曾轰动一时，翻开了义务教育教材编撰的新篇章。民国初年，商

① 田正平主编：《中国小学常识教学史》，济南：山东教育出版社，1996 年，第 213、215 页。
② 汪曾祺：《我的小学》，汪曾祺著，梁由之编：《后十年集·散文随笔卷》，上海：上海三联书店，2016 年，第 524—525 页。

务印书馆深刻认识到“政体既已革新，而为教育根本之教科书，亦不能不随之转移，以应时势之需要”[1]，民国元年（1912）秋季开学，商务印书馆所编之《共和国教科书》全套上市，共有《新国文》《新修身》《新算术》《新珠算》等11种。但是，自“癸卯学制”颁行以来，包括商务印书馆和私家印行的小学教科书，大多以日本教材编撰体例为参考，虽然解决了教科书所需的燃眉之急，但在比较大的程度上存在着抄袭日本教科书的倾向，原创的东西少之又少。但是，1913年，俞子夷从美国选购了一套教材带回中国，并翻译出版，小学数学教材这才从过去单一地抄袭日本改变为引进和改编欧美等多国的课本，并以此为跳板，向自编教材过渡。

此后，教育理论界逐渐出现讨论研究教科书问题的著述。1915年，江苏省立第七中学校长缪文功撰文指出，小学教科书缺乏系统性问题最为突出。他认为初等小学教科书编撰当“从直观着手”，从文之形、文之音、文之义、文之法四个方面入手，按由浅入深原则编排国文知识的序列，再结合学生心理发达的顺序进行编撰。[2] 李廷翰撰文指出，国文科教学目的有四项，即学习文字、练习语言、养成发表思想的能力和启发智德。从这四项目的出发，他认为小学国文教学应摒弃教授主义，加强记事记物的文体的教学，并应加强应用文的教学。主张以“全教育”的眼光从事编辑，教材应当关注世界观念、军国民教育、国粹主义、国耻观念、劳苦教育、实利主义和实用主义等内容。中华书局更新了小学教科书编撰的理念，其编撰《新式小学教科书》的编辑宗旨易之为：“近人盛倡实用主义，自学辅导主义”，积极“贯彻国民教育之真正目的”。1916年1月，又特别撰文强调所出版的新式教科书，“皆采最新之方式”：

自动教育，今世教育界公认为最进步之教育方法。本书各科教授书注意此点。特聘现在师范学校附属小学教员或现任小学教员担任编辑。所创各例，皆根据最近研究所得。于初学年采练习主义，期以培植儿童自力研究之基础；于高学

① 陈学恂主编：《中国近代教育史教学参考资料》（中册），北京：人民教育出版社，1987年，第423页。
② 缪文功：《国文教科书之批评及其改良方法》，《中华教育界》第4卷，1915年第6期。

年采自学辅导主义，期以养成儿童自力研究之习惯。[①]

图 4—7　某私立小学开展教学活动获得锦旗

综观民国前期小学教材编撰的过程和出版的教科书，主要有三大特色：第一，剔除了清末及袁世凯复古倒退的内容，增加了科学、民主和自由的思想。譬如吴研因编写、中华书局出版的《新式国文教科书》，有反映资产阶级民主的《国会》和《宪法》等课文，也有弘扬民族精神的《文天祥》《中日之战》等课文。第二，在体例上有所创新。如商务印书馆版《共和国教科书》，在编辑上有所创新：（1）以字的笔画繁简为主排列，简者编在前，繁者居其后。（2）以语言深浅为主编排，浅者在前，深者在后。（3）以儿童常见与否为主编排，常见居前，不常见殿后，充分照顾到儿童的特点。第三，贯彻学用结合的原则。该书对材料和观点等删除的标准是：（1）不切实用者。（2）不适地方情形者。（3）不适于学生境遇者。还有学者主张保留材料和观点的依据是适于应用者和与儿童日常经验紧密者等。

民国后期，如果说其他学科出现较大的整合的话，那么算术一科始终独立存在。算术教材的编写突出："（一）增进儿童生活中关于数量的常识和经验。（二）培养儿童解决日常生活问题的计算能力。（三）养成儿童计算敏速和准确的习

① 《新式教科书编纂总案》，《中华教育界》第 5 卷，1916 年第 1 期。

惯。”① 历史课本相比之下，所做的探索颇值得称道：

民国廿一年至民国三十年，此期出版之小学历史教科书及教学法，皆先以依据民国二十一年教育部颁布的《新课程标准》小学社会科及民国二十五年修正小学高年级社会课程标准中关于历史作业要项而编辑。其时民族危机严重，故教材特别注重民族复兴、国耻史实，等等，搜取富有兴趣而可代表的具体史料及英雄伟人的重要事迹，作为叙述的对象；其排列顺序，由简趋繁，由具体而至抽象，由日常生活而至社团生活。打破时代观念，但于教学上仍有时代观念可寻，并采取本国史和世界史混合编制法，俾儿童得以明了本国在国际上地位之重要及彼此间关系之密切。有在每册之末，随有大事年表、中西历对照，以便稽查。②

地理课本重点在使儿童了解人生和地理的关系，使儿童知道本国和世界各国的关系，以及养成儿童对于自然环境及社会环境观察、思索、研究的兴趣和习惯。各家所编地理教科书，大体上渐趋一致，形成了比较一致的特点：“参用游记精神，打破分省的呆板形式，后半期的文字，渐次完全采用语体文，取材概依三民主义为标准，对于经济实业方面，尤注意其开发与改造，而于民族主义，亦极力加以阐发。”教育部 1932 年颁行的《新课程标准》对地理课本的影响比较大，小学地理和公民、历史合成社会科，在课本编辑上有其自身的特点：“在编制上，采用综合分析法，打破理论的排列，但无形中仍有区域的系统；在取材上，分量方面注重本国，内容方面注重环境与人文现象的因果关系，对于国耻地区和中山先生的实业计划，更为注重，借以指示民族复兴的途径。”③

自然教科书编制有“颇多重要的进步”。这一点从以下三个方面可以得到证明：“（一）编制体例都先从问题和观察实验入手，合乎科学研究的顺序。课后，还加练习考验的项目。（二）多留活动余地，随时可以插入地方性教材。（三）另

---

① 梁长洲：《五十年（1897—1949）小学教科书概览》，宋原放主编：《中国出版史料》（近代部分）第二卷，济南：山东教育出版社；武汉：湖北教育出版社，2004 年，第 579 页。

② 梁长洲：《五十年（1897—1949）小学教科书概览》，宋原放主编：《中国出版史料》（近代部分）第二卷，济南：山东教育出版社；武汉：湖北教育出版社，2004 年，第 582 页。

③ 梁长洲：《五十年（1897—1949）小学教科书概览》，宋原放主编：《中国出版史料》（近代部分）第二卷，济南：山东教育出版社；武汉：湖北教育出版社，2004 年，第 583—584 页。

编区域教科书，以适应特殊地区小学校之用，如中华书局的《热带自然课本》等。”①

有的课本操作性很强。如《习字范本》将儿童习字分为描红、影写、临写和自由写四个阶段。《范本》分三步对初学者进行指导：“第一步须由教师握住儿童执笔之手，辅导描写，名为‘把笔’。第二步为影写，即将习字纸覆在范书上，依样映写，此法亦称摹写。第三步为临写。第四步为不用范本，随个人之笔意，自由发挥，称为自由写。”② 对于中国书法特色的强化，发挥了一定的积极作用。

但有的教科书出现明显的倒退现象。1922 年，公民课革新取得明显的成就，通过公民训练，旨在使儿童明了人类征服社会环境的事迹，知道人类组织社会和改造社会的历史，明白当时所处的社会情况，培养学生努力服务社会的德智，养成适合于社会生活的习惯。但北伐后，全国趋于统一。国民政府规定以党治国，在军事趋于缓和后，立即颁布《暂行课程标准》，将“公民”科改名为“党义”，并尽力阐扬三民主义理论，期使国民党所宗之主义，能普及于人民，为国人所接受。初小的“社会”科虽未改名，但其内容亦贯彻了三民主义精神。公民课本名称的易字，表面上看是符号改变，实质变化很大。公民是作为国民必须了解的常识，而党义则是国民党作为执政党的有关知识。显然，在义务教育中塞进此类东西，是很不合适的，明显有一党之私利在作怪，以一党之偏见干预义务教育。好在 1932 年课程编制又订新标准，“党义”仍改名为“公民”，这当然不是简单的回归。

民国后期义务教育教科书编制取得了长足进步，基本完成了义务教育教科书由外来转手翻译到消化吸收的中国化过程，形成了自身的四大特色：第一，重视弘扬和培植民族精神。特别是“九一八”事变后，义务教育教科书编制过程，跳动着救亡图存的时代脉搏，将义务教育教科书编撰与国家的前途和命运

① 梁长洲：《五十年（1897—1949）小学教科书概览》，宋原放主编：《中国出版史料》（近代部分）第二卷，济南：山东教育出版社；武汉：湖北教育出版社，2004 年，第 585 页。

② 梁长洲：《五十年（1897—1949）小学教科书概览》，宋原放主编：《中国出版史料》（近代部分）第二卷，济南：山东教育出版社；武汉：湖北教育出版社，2004 年，第 578 页。

紧密相连。小学历史目睹“民族危机严重，故教材特别注重民族复兴、国耻史实等等，搜取富有兴趣而可代表的具体史料及英雄伟人的重要事迹，作为叙述的对象”。小学的音乐教育“大都着重于反日和抗战的歌曲，以鼓励和宣传为主”①。第二，编写之法考虑儿童兴味。民国后期编撰的义务教育教材，均用简略而明晰的语体文，配有大量插图。中华书局编印的《新中华工用艺术课本》(8 册)，“在知识方面、技能方面、陶冶方面，均极注意。取材平易而多趣味，且适于应用，既合于教育的意味，更顾及经济的原则”②。中华书局编印的《新课程小学初高级美术课本》，“有富于艺术趣味的欣赏图，以培养儿童的欣赏能力；有各种方法的参考图、美术原则的研究图，以增进儿童对于美的发表和创造的能力，和专作临摹用的临本画帖不同”③。第三，重视实用性和可操作性。1929 年教育部颁行的《小学课程暂行标准》将工用艺术科改称工作科，范围更为扩大，包括校事、家事、农事、工艺和商情等，劳作课本编写第一目标就是“实地操作”。1936 年颁行的《修正小学课程标准》将低年级的劳作和美术科合并教学，称为工作科，以衣、食、住、行、玩、用等作为中心。其目标中加有“指导儿童经济生产的实际历程”一条，极其细致，“为历次标准中所未见的”④。第四，既考虑到学，又考虑到教。中华书局编有《新中华工作课本》，以指导实地操作为中心，并及计划、创造、调查和研究等。以衣食住行为中心，每册为一大单元的设计，并编有教授书 4 册。南京国民政府成立后，厉行义务教育，义务教育的课本编制随时都在革新中。如小学自然教科书革新重点是教材以《建国方略》中关于物质建设方面的各项为基础，教法以引导儿童自己活动为原则。

---

① 梁长洲：《五十年（1897—1949）小学教科书概览》，宋原放主编：《中国出版史料》（近代部分）第二卷，济南：山东教育出版社；武汉：湖北教育出版社，2004 年，第 582、592 页。

② 梁长洲：《五十年（1897—1949）小学教科书概览》，宋原放主编：《中国出版史料》（近代部分）第二卷，济南：山东教育出版社；武汉：湖北教育出版社，2004 年，第 588—589 页。

③ 梁长洲：《五十年（1897—1949）小学教科书概览》，宋原放主编：《中国出版史料》（近代部分）第二卷，济南：山东教育出版社；武汉：湖北教育出版社，2004 年，第 590—591 页。

④ 梁长洲：《五十年（1897—1949）小学教科书概览》，宋原放主编：《中国出版史料》（近代部分）第二卷，济南：山东教育出版社；武汉：湖北教育出版社，2004 年，第 589 页。

关于教材的使用，民国时期采取一“标”多本办法，教育部组织一个教材审定机构，凡审定通过者，即可印行销售。这就势必造成一科有多种教材，选择哪一家出版印行的，权在学校，不在教育行政部门。根据北平市社会局北平市小学具体课程编订委员会 1935 年 10 月编印的《北平市小学具体课程》来看，该委员会根据课程的性质、授课时数、北平地方情形等确定选择教材的原则和标准，综合权衡各种教材的优缺点，做出选择。如该委员会 1935 年 10 月“纯以本市小学生身心发育状态为标准，参看本市各校之经济状况与教授时间及各季节之气候”，选择出小学体育教材。选择的依据有 5 个“要件”：

(1) 富有发育的成分者。此种运动能使全身之筋骨发育完全，内脏诸机能完全发达。

(2) 富有矫正的成分者。此种运动能使身体各部平均发达，对于偏颇之发育，有预防、矫正之功效。

(3) 富有训练的成分者。此种运动除修炼身体外，尤注重精神之修炼与道德之修养，故选择此种教材，非惟可以养成强健身体，并可以养成强健之精神与健全之人格。

图 4—8　1937 年大东书局版《初小常识》教科书的测验题

(4) 富有娱乐的成分者。运动固贵乎正确活泼，然欲动作正确活泼，必使运动身心爽快。教授此种运动，可使儿童身心活泼，得愉快的感情。

(5) 富有审美的成分者。美感的陶冶有益于德性之修养及意志之修炼，此古今教育家所公认者也。教授此种运动，非惟可以养成儿童身体之姿势优美，并可以陶冶其美感，以养成高尚纯洁之性情。[①]

该委员会确定的劳作科教材选定原则与标准如下：“1. 儿童日常所习见者。

① 《北平市小学具体课程教材要目及教学实例》，邓菊英、李诚编：《北京近代小学教育史料》（上册），北京：北京教育出版社，1995 年，第 237—238 页。

2. 儿童能力上所能制造者。3. 儿童心理上所感觉兴味者。4. 学校经济上所能设备者。5. 能增进儿童的生产兴趣及能力者。”①

教科书的使用虽然未能让校方和教师自己做主，但由官方组织专家先制订原则和标准，再用这原则和标准来审视教科书，最后决定选择与否，多多少少还是有些民主精神的。

三、教学组织方式的探索

民国时期在义务教育的教学组织方式上进行了一些颇有价值的探索，提出并实施了多种新的教学组织方式。

（一）复式教学法的实施

清末推行义务教育的声浪虽然不算小，但效果的确不尽如人意。究其原因，当然牵制的因素很多，但最为主要的不外师资严重不足、校舍教室奇缺，复式教学法被推到了义务教育教学组织方式改革的前沿。

最早见到官方文件提到推行新的教学法的时间是 1910 年 12 月 26 日。是日学部奏复《普及教育最要及次要办法》，其中提到“……拟订单级教授、二部教授办法等为最要之事”②。这里的“单级教授”，亦称“复式教学”。此前，江苏、

① 《北平市小学具体课程教材要目及教学实例》，邓菊英、李诚编：《北京近代小学教育史料》（上册），北京：北京教育出版社，1995 年，第 235 页。

② 陈学恂主编：《中国近代教育大事记》，上海：上海教育出版社，1981 年，第 209 页。

直隶等省已于1909年初便已着手研究试行。学部的意见实际是在考察单级教授办法实施后才提出来的。

此制渊源于德国，原文为"Eink lessigen"。对复式教学所做的最初定义是："一个教员在同时间同场所教一群就学义务年龄儿童编制的方法。"德国的普鲁依森无等级平民学校，是早期进行复式教学的萌芽，复式教学在清末光绪年间由日本引入中国。它是把两个或两个以上不同年级的学生合编在一个班级，由一位教师在同一课堂、同一时间内，分别使用不同的教材，交替轮换地对不同年级的学生进行教学的组织形式。它是与教师在两个教室内用同样的教材，对同一个年级的学生进行教学，如两个年级的学生人数太多，则分成若干平行班的"单式教学"相对的教学制度。

所谓单级教授，是以小学的几个年级的学生编成一个学级而施行的教学，后来称"复式教学"。其特点是对这几个年级的学生同时分班教授。江苏省率先在全国推行单级教授，1902年侯鸿鉴留学日本，回国后在江苏无锡首先试办单级小学校，稍后曹允文在无锡吼桥创办单级班四复式小学。光绪三十二年（1906），理元蘅任南通师范附属小学首任主事，在附小设置复式班。《江苏省志·教育志》载曰：

江苏教育总会选派俞子夷、杨保恒、周维城三人赴日本考察单级教授法，回国后在上海开办"单级教授讲习所"，培养单级教授师资，推广单级小学。江苏推行的"单级教授"法（复式教学）的特点，是"动静搭配，教学交替"，"困难之处"由教师讲授，称"直接教授"；"平易之处"让学生自学、练习，称"间接教授"。两种方法交替使用，进行双边教学活动。侯鸿鉴在回忆作示范教学情景时说："口讲指画，目光四注"，"或上或下，或左或右，或注视全级，或专注一级，或手写黑板，目视儿童而兼顾他级，所谓直接、间接相互为用，劳逸繁简配合适宜者"。①

1906年清廷遣员赴日研究单级教授法；1907年后上海等地便出现了单级教

① 江苏省地方志编纂委员会编：《江苏省志·教育志》（上），南京：江苏古籍出版社，2000年，第201页。

授传习所，借以训练各地选派的单级小学教员。

单级教授办法之所以一时在中国火爆起来，一些地方办起单级教授练习所培养操作此法的小学教师，是因为此法与我国推行义务教育的情况基本一致。我国幅员辽阔，许多地方地广人稀，居民分散，教师缺乏，小学生通学不便。单级教授办法是发达国家在推行义务教育之初特地为这些地方提出来的；因而一经介绍进来，便一拍即合。宣统元年（1909）四月，江苏教育总会咨呈总督端方筹设单级教授练习所呈文中阐述了设单级教授练习所的理由，对此法的优点多有揭示。呈文云：

盖由乡僻兴学，筹款维艰，创办一校而必多设课堂，广延教习，势有所难。故编制全校儿童于学级，而以一教员同时分班授课之单级小学。其性质略近旧时之家塾，而教育管理迥不相侔。东西文明之国，其教育得以普及者，赖单级小学之力为多。德国之单级小学，大率每校以八十人为限，或且推广至百人以内，费省功倍，无逾于此。吾国学制亦有单级之名，未示编制之法，而各厅州县现办之小学，竟但有多级而未闻有单级。良由办学者未经研究，而能合此项教员之选者又甚难其人，坐是有以少数学生分为多级之弊，经费之虚耗者既多，即教育进步不免因之阻碍。[①]

呈文所示，单级教授办法具备下列优点：其一，便于穷乡僻壤推行义务教育。该地“筹款维艰”，不必多设课堂；其二，教员同时教授多年级学生，不必为几个学生、十来个学生亦得编班占教室而发愁；其三，教师少而效率高，过去，一个班级一个教师，而今一个教师同时教多个班级，解决了师资不足的问题；其四，节省了建校舍、聘教师的费用。

正因为单级教授办法有如此众多优长，加之适合中国乡僻之地村落疏散、儿童通学不便、生徒寡少的特点，而且试用已收明显成效，因之，学部决定推广单级教授办法。宣统三年闰六月十一日（1911 年 8 月 5 日），学部奏《拟订单级教授办法折》，第一章《编制》规定：一所学校学生年级程度不一，每个年级学生

---

① 《江苏教育总会咨呈江督端方筹设单级教授练习所文》，朱有瓛主编：《中国近代学制史料》第二辑（上册），上海：华东师范大学出版社，1987 年，第 338—339 页。

又不多，不能按年级分班授课者，可以将这些年级不同的学生编为一级，由一名教员上课。1914 年，教育部颁发《整理教育方案草案》，规定凡学区内居户稠密，满 500 户以上者，设多级小学校；满 200 户以上者，设单级小学校。江苏各县相继设立师范学校或师范讲习所，讲授单级教授法，以培养复式教学师资。江苏师范学校附属小学一般设有单级班或复式班，但全省发展并不平衡，沪宁一线、长江两岸发展稍快，苏北里下河和淮海地区较慢。江苏省在南京国民政府成立后复式教学有了新的发展。1930 年，省立扬州中学附属实验小学试办"六年单级实验班"，由该校小学部主任阴景曙主持这个相当于一所完全小学的六年单级班的复式教学实验。这项实验的指导原则是："直接教学，生动简要；间接教学，宁多毋少；年级转换，先低后高；每一堂课，面面俱到。"[①] 为了保证教学秩序，对六个年级学生的座位，进行了同向、背向、异向、活动转向的安排。为了保证教学质量，对语文、数学同教科异教材配合，采取分教方式。音、体、美同教材异程度，采以配合方式；五六年级历史、地理、自然三科采取自学辅导方式。

全面抗战期间，复式教学法仍然在边推行边探索。俞子夷撰写了《一二学年复式国语教学》和《复式学级的常识教材》等文章，对不同学科的复式教学进行研究。他认为，复式教学最为棘手的问题是时间支配：

复式教学，最难的是工作的支配。有的工作要教师共同参加，有的工作只须教师间时订正，有的工作尽可由学生长时间自动。支配得当，教师劳逸平衡；支配不合，往往教师来不及兼顾，学生呆坐空等，把光阴浪费。日课表的编排，在复式教学是很重要的。编排配得法，学生工作不间断，教师指导不繁重。在低年级复式里，比较中级、高级要困难些，原因是学生自动的习惯没有纯熟，各种自动的工作又比较简单，要不了五七分钟，已经大家完结。这时候教师若正在参加

① 江苏省地方志编纂委员会编：《江苏省志·教育志》（上），南京：江苏古籍出版社，2000 年，第 201 页。

别组的工作，分身不得，自动工作完结的学生往往空等。[①]

日课表和教学过程，在复式学级有密切不可离的关系。教师应当“先决定好了教学过程，再参照学生自动工作的多少，教师指导的繁简，然后把双方繁简相称的配合在同时”[②]。抗日战争期间，复式教学在各地仍十分活跃。复式教学法的推行的确可以缓解办学经费拮据、教师奇缺、居民分散、儿童难以就学的困难，使学校教学能得以维持。尤其是在人口不太集中、学生数过少地区，还是教学的主要组织形式之一。但是，由于它存在着头绪纷繁、讲课时间过短、维持纪律组织管理的时间过长、教师教学任务过重、多年级互相干扰等客观问题，给教师的教学过程的组织、教学线路的安排、教学时间的掌握和分配、教学秩序的维持带来一定困难。

（二）二部教授制度的推行

所谓“二部教授制度”（简称“二部制”）是将全校学生分为前后两部，分别教学的体制，它的产生可溯源于清末的半日学堂。清末义务教育发轫后，居民居住集中的乡镇、城市要求接受教育的学生与日俱增，而师资、校舍、设备各方面顿感不敷其用，遂逐渐采取将学生分为半日制或间日制两部分的暂时措施。这使得学校条件尽可能地发挥其功能，学生也不因师资、校舍、设备不够用而中断学习。光绪三十年（1904），四川泸州办起了半日学堂。其招生广告云：“我们今日设这学堂，就借明伦堂地方，名为半日学堂。怎么叫半日？只因这些苦人，半日去谋食，半日来堂听讲。”[③] 第二年，湖南巡抚端方在《晓谕阖省绅商士民筹设半日学堂示》中，对二部教授办法作了简明扼要的解释。他说：

---

① 俞子夷：《一二学年复式国语教学》，董远骞、施毓英编：《俞子夷教育论著选》，北京：人民教育出版社，1991年，第260页。

② 俞子夷：《一二学年复式国语教学》，董远骞、施毓英编：《俞子夷教育论著选》，北京：人民教育出版社，1991年，第260页。

③ 《四川泸州半日学堂招生广告》，《四川官报》第29册“演说”。

……前经撰拟简要章程札发各府厅州县，饬令于城乡内外劝办初等小学堂，并令酌拨地方公款及一切演戏赛会无益之费以助经费，暨将原有义塾酌量改并在案；第恐物力维艰，筹款不易，未能广为设立，应即变通办理，饬令多立半日学堂。其法以午前、午后为界，将学生分为二班，以一班午前来学，以一班午后来学，更番教授，减经费而省教员，一堂可收二堂之益。[①]

采此二部教授办法，“穷民子弟半日读书，半日谋食，法简意良，乐从者必多”。光绪三十一年十二月初十日（1906年1月4日），学部在通行给事中刘学谦奏设半日学堂片稿文中也说：“……奏请饬广筹经费，设半日学堂。”

这里虽没有明确称这种教学制度为“二部教授制度”，但此制已经呼之欲出了。端方的说明尤其值得注意，与后来通行的“二部制”的含义已经相差无几。但略有不同的是，二部教授制度是在学生难以容纳状况下采取的权宜之策，而端方所言却明显带有照顾贫寒子弟“穷忙”无暇入学的意思。二者的不同判然。

1910年12月26日，学部奏复普及教育最要及次要办法中，将拟订二部教授办法作为“最要之事”。宣统三年闰六月十一日（1911年8月5日），学部奏拟订单级教授、二部教授办法折中，充分肯定了这一新型的教学制度，指出：

二部教授法，则将全堂学生于一日之内，由一教员分为前后半日教授。其编制之方，则有单式二部及复式二部两种：单式二部得适用普通教授法；复式二部则须用单级教授法。其在穷僻之乡，此项学堂尤宜多设。盖经费绌则教员不能多聘，校舍狭则学生不能多容，又或因通学道远而往返动费多时，或用兼顾谋生而读书易于作辍，种种窒碍，皆足阻教育之进行。惟编为二部，则因材因地，均得措置咸宜，所谓一举而数善备者此也。[②]

对二部教授制介绍颇细，将它概括成一种教学制度，认定这一制度优点颇多，要在全国推广。

---

① 《晓谕闽省绅商士民筹设半日学堂示》，朱有瓛主编：《中国近代学制史料》第二辑（上册），上海：华东师范大学出版社，1987年，第366页。

② 《学部奏拟订单级教授、二部教授办法折》，朱有瓛主编：《中国近代学制史料》第二辑（上册），上海：华东师范大学出版社，1987年，第345页。

学部颁布的二部教授办法，对此法的内涵作了界定，指出："凡举初等小学全堂学生或某班学生，于一日之内分作前后两部，由一教员继续教授者，为二部教授。"其适用范围是："学堂教员不能多聘，或讲室不易扩充，以及学童有特别情事，不能终日就学者"[①]，可采用此法教学。实行二部教授的初等小学，可根据该校情形，或采单式二部制，或采复式二部制。单式二部教授制编制法如下：如是同学年的学生，可将学生分作两半，即前后二部；如不是同学年，则按甲学年、乙学年分为甲乙前后二部。

复式二部教授制编制法如下：如是异学年生，则分为前后二部，而每一部中，各合两学年生为一级。如一至四学年生共 100 人，可合一、四两学年生成一学级，为前部；合二、三两学年生为一学级，为后部。

鉴于义务教育资源匮乏，初等小学布局不合理的状况，1937 年 6 月 1 日，南京国民政府教育部检发《实施二部制教学办法》，强调："凡人口较为密集之区域，所有短期小学、简易小学及普通小学低年级，不能容纳就学儿童时，以采用二部编制为原则。"[②] 并设计了二部制实施的 5 种形式：1. 全日二教室二部制度：以二教室同时容纳两班同程度或异程度之儿童，由一教员往复施教。2. 全日一教室同时二部制度：以一教室及一其他场所（如运动场、园地、图书室、礼堂等）同时容纳两班儿童，同时交替入教室，由一教员施教。其不直接受教之儿童，由导生领导自习，或作其他活动。3. 半日二部制：以一教室容纳两班儿童，分上下午教学，由一教员施教。4. 全日半日混合二部制：以二教室容纳两班或三班儿童，一班全日在校，余两班上下午交互在校。5. 间日二部制：以一教室容纳两班儿童，间日轮流施教。

《办法》还规定了这些形式的使用范围。小学儿童数超过一级以上而校舍设备敷用者，宜采用全日二部制；儿童数超过一级以上而不能全日到校、且校舍设

---

① 《学部奏拟订单级教授、二部教授办法折》，朱有瓛主编：《中国近代学制史料》第二辑（上册），上海：华东师范大学出版社，1987 年，第 347 页。

② 中国第二历史档案馆编：《中华民国史档案资料汇编》第五辑第一编《教育》（一），南京：江苏古籍出版社，1994 年，第 644 页。

备不敷应用者，宜采用半日二部制；儿童因交通或家庭等关系不能逐日到校者，宜采用间日二部制；教员教学上与儿童学习上有特殊需要者，可采用全日半日混合二部制。教育部对使用二部教授制的学生人数有大致规定。简易小学及普通小学实施二部制，约略以每级 80 人，每班大约 40 人为原则；短期小学实施二部教授制，每级可 100 人，每班可 50 人。推行二部教授制，对教师的要求很高，除规定的教师素质资格外，还必须“遴选教学成绩比较优良者充任之，其待遇得酌量提高”。

二部教授制度是推进义务教育段小学教学的重要方法。如果此法组织得其要领，安排妥当，不但不会降低教学质量，还会产生教师意想不到的效果：

（1）由于教师讲解内容的时间极为有限，迫使教师在教学上抓住重点、难点和最基本点，从而有利于教师提高工作效率和教学质量。

（2）教师与此部讲课时，彼部学生自学；与彼部学生讲课时，此部学生自学，学生自动作业时间很多，能充分开动机器，动脑动手，以训练独立学习钻研的良好习惯。

（3）二部教授制在实施时，需要选小助手协助教师工作，因而有利于培养学生骨干的工作能力。其不足处也很明显。这主要是教师用于维持秩序的时间太长，且很难合理分配讲授时间。还有一点，这就是要求学生高度自觉，否则不上课的一部分时间便光阴虚度。当然，这一种教学制同单级教授制一样，也是一种不得已而为之的暂时的教学制度而已，属权宜之计。

（三）巡回教学制度的推进

这是无固定校址，由教师轮番到各地进行教学的组织形式，是创立于 18 世纪英国的一种慈善巡回学校的教学制度，试图在每一个教区设置一所学校，雇用教师巡回运动，进行教学指导。这些教师由基督教知识普及协会和使用私人的资助进行培训。民国时期推行义务教育的情形与 18 世纪英国的情形颇为相似，因合格的教师为数不多，人们便开始试行不用固定之校址、教师轮流到各地讲授基本文化知识的巡回教学方法。

南京政府成立后，浙江、江西等省教育工作者便曾设置巡回教员，轮流到交通不便，无钱盖校舍、聘请教员的穷乡僻壤，对失学儿童进行教育。各地试行巡回教学，不仅反映良好，而且缓解了修建校舍、征聘教师的燃眉之急。于是，1935 年 5 月 28 日行政院修正通过《实施义务教育暂行办法大纲》，其中第五条要求“试行巡回教育”；同年 6 月 14 日，教育部公布《实行义务教育暂行办法大纲施行细则》，第三章《施行程序》要求“各地方设置巡回教员，以时轮往穷乡僻壤交通不便利处，教授失学儿童，其程度与短期小学同”[①]。1937 年 6 月 1 日，教育部检发《〈巡回教学办法〉训令》，认为试行巡回教学，“对于义务教育之推进至关重要”，并对具体操作做了说明与规定。《训令》指出，凡是：（1）区域辽阔、村落星散、交通不便、儿童不易集中者；（2）地方贫瘠、人口稀疏、无力设置学校者；（3）附近学校学额已满、无力扩充、失学儿童未能尽量容纳者；（4）儿童因交通及生活或职业关系，不能全日或半日就学者，均应实行巡回教学。

巡回教学班分下列两种：（1）长期集合者：每乡村或每一适中地点设置一班，学额须在 15 人以上。每班儿童数不满 20 人者，一教员至少教学二班。儿童全日或上下午半日在校。教员来校时，由教员直接教学或考核；教员离校时，由导生领导自动学习。（2）临时集合者：每乡村或适中地点设置一班，学额约 5—15 人，一教员至少教学三班，平时儿童各自分散，至规定时间集合，由教员来班教学，或由导生领导学习。关于巡回施教之时间与次数，除以每班每日均得巡回施教一次为原则外，并得视当地情形采用间日巡回施教制。其每班施教时间之长短，视路途远近及班数多寡而定，至巡回教学班数多寡而定，至巡回教学班之课程，以依照短期小学和课程办理为原则，但得视地方需要参照普通初级小学课程办理。巡回教学班之桌椅等设备，以由儿童家庭各自供给或借用公共原有物件为原则，不拘形式。巡回教学班之教员，应遴选教学成绩比较优良者充任，广州市督学局创办的巡回文库，是巡回教学制度的重要辅助方式。巡回文库分马路

① 中国第二历史档案馆编：《中华民国史档案资料汇编》第五辑第一编《教育》（一），南京：江苏古籍出版社，1994 年，第 626 页。

（用车）、内街（挑箱）、水面（划船）三条路线巡回。每天上午 11 点到下午 5 点，晚上 7 点半到 9 点半为巡回时间。并于实施巡回教学之前，加以相当训练。①

巡回教学是在中国现代教育经费拮据、教育基础薄弱、学校校舍建设分布不均匀和教师奇缺、学生分散的特定条件下提出并试行的，对于当时克服这些客观条件的限制，解决山区、农村、牧民的子弟就学问题，发挥了一定的作用。毋庸讳言，巡回教学制度存在着先天的不足，教师疲于奔命，很多时间与精力耗费在路途之中，影响教学实施；学生嗷嗷待哺，教师未到前的所谓“自学”，占据的时间太多太长，因而无疑影响到义务教育的质量。

（四）小先生制的提出与试行

这是陶行知发明的普及义务教育方法，大约提出于 1923 年。陶行知深感当时中国文化教育落后，文盲、准文盲比比皆是，连自己的名字都不会认写的，亦不乏其人。若以传统的方法普及义务教育，至少要 100 年，普及失学成人教育至少要 400 年。② 他从长子陶宏教次子陶晓光、陶晓光教祖母识字中受到启发，提出了让识字儿童充当不识字的儿童、成人或老人的教师，“即知即传人”，借以促进知识的传播。这种儿童就称为“小先生”。这种制度与“连环教学法”“即知即传”“传递先生”之间有互通互补之妙。

1923 年 10 月 8 日，陶行知在给陶宏、陶晓光的信中说：

你两个人很有功劳。我看见你们两个人，哥哥教弟弟读《千字课》，就发现了一个好法子，叫作连环教学法。这个法子是用家里识字的人教不识字的人：我教你，你教他，他又教他。一家当中，先生教师母，师母教小姐，小姐教老妈子，每人化不了多少工夫就可以使全家读书明理了。③

---

① 《第二次中国教育年鉴》第三编，上海：商务印书馆，1948 年，第 181 页。

② 《攻破普及教育之难关》，华中师范学院教科所主编：《陶行知全集》第 2 卷，长沙：湖南教育出版社，1985 年，第 783 页。

③ 《连环教学法之发现》，华中师范学院教科所主编：《陶行知全集》第 5 卷，长沙：湖南教育出版社，1985 年，第 35 页。

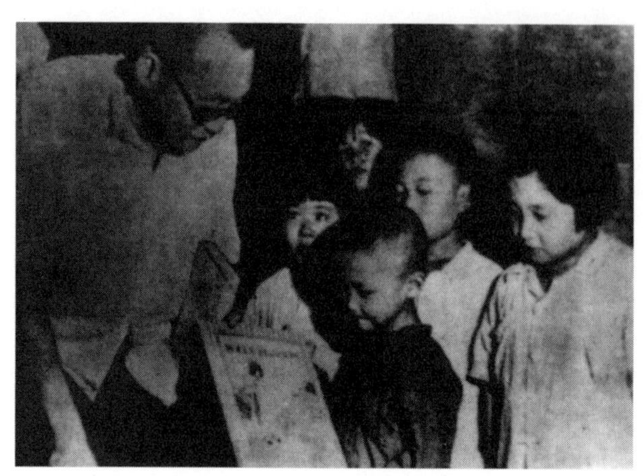

图 4—9 陶行知和小先生在一起

在他看来，“小先生”可以解决普及义务教育运动中师资奇缺的大问题，于是在全国范围内发动了一场声势浩大的“小先生运动”，断言“穷国普及教育最重要的钥匙是小先生”①。1932 年后，陶行知倡办山海工学团，推行“小先生制”。1934—1935 年间，他撰写了《小先生》《怎样指导小先生》《小先生解》《小先生与民众教育》《怎样做小先生》等文章，对小先生制进一步从理论上予以阐释。

小先生制在普及义务教育方面发挥了很大作用。

对于小先生制的方法特征，陶行知对照普通学校教育的方法，进行了归纳：

（1）它不宜采用班级授课制，它必须“镇压贪多的野心”，每个小先生的指导对象以两三个为宜。

（2）它不像开饭馆一样等人上门，小先生必须“开起大门找学生”。

（3）找到学生后，小先生不是“关起门来教人”，而是因时、因地制宜地教学。

（4）小先生虽从文字教育入手，但他们懂得“文字只是生活的符号，要与生活连在一起教”。

---

① 《怎样做小先生》，华中师范大学教科所主编：《陶行知全集》第 2 卷，长沙：湖南教育出版社，1985 年，第 659 页。

小先生制在中国近代普及义务教育运动中产生了深远影响，曾在全国 23 个省市推广。全县普遍采用小先生制的有湖北的江陵、浙江的鄞县等。安徽教育厅长在全国率先承认小先生为全省普及教育之要图。在上海一带包括特别市、俞塘、高桥、公共租界、法租界、山海工学团有小先生万余人。1936 年夏，陶行知在英国伦敦召开的世界新教育会议第七届年会上，做了题为《推行“小先生制”普及教育》的报告，由是，“小先生制”介绍到了国外，尤其是在东南亚国家产生了较大影响。

小先生制是陶行知根据中国国情及义务教育实施情况后提出的对策，具有不花钱、便于推行、灵活方便等特点，是最廉价的普及义务教育方法。正因为如此，各地纷纷推行小先生制。但是，“小先生制”只能作为初等小学的辅助形式，一个国家的义务教育是千秋大业，不可能寄希望于这些小先生来完成。况且小先生传授的知识不可能系统，必然是“现炒现卖”零碎的内容，而且“一碗水倒不了一碗水”——教学质量是无法得到保证的。

四、教学方法的探索创新

义务教育作为舶来品被清末作为教育制度引进后，与中国传统教育制度相遇后颇为“水土不服”，其中一个重要之点是传统教育的个别教学、死记硬背、注入式教学和体罚等教学方法，成为义务教育推行的重要障碍。于是，对义务教育教学方法的探索创新，成为贯穿民国时期义务教育推行过程中经久不衰的话题。

（一）五段教学法的试行

清末宣布实施义务教育，但实施者们找不到合适的教学方法。鉴于中国传统的教学方法对义务教育的推行显得无能为力，不得不求助于西方，引进西方义务教育的教学方法。

最早受到关注的西方义务教育教学方法是五段教学法。光绪二十七年（1901），在近代中国第一份教育类专业期刊《教育世界》的创刊号上，有文章介绍“教育改良之泰斗”赫尔巴特（Johann Friedrich Herbart，1776—1841），称赞他所提出的教育方法“依统编定，其全体渊深肃括，其各部周匝致密，升教育学于科学之地位，而创立今日之教育家”。《教育丛书》初集第四册，详细地叙述了赫尔巴特学派的教育理论，其中介绍了赫尔巴特的教学理论，说赫氏主张“教授之形成阶段”，赫尔巴特学派的“五段法”在教学上有借鉴价值。此后直到民国初年，时有介绍赫尔巴特教育思想及其五段教学法的文字见诸报刊。

宣统元年（1909），江苏教育总会在上海举办单级教授练习所，宣传从日本转手学来的单级教授法。练习所采用理论讲授、教学实习和观摩讨论相结合的办法。练习所除了讲课外，还在上海崇正西官塾和西南官塾进行实习与实验。“整个练习所的教学活动均以五段教授法为指归。”① 学员们结业后回到各地传播五段教授法。

清末，五段教学法已经在江苏、上海部分学校试验。俞子夷、杨保恒和周维城等从上海转战苏州，在江苏一师附小继续进行五段教学法的实验工作，“江苏一师附小成为民国初年研究教学方法、实验和推广五段教授法的‘大本营’”②。他们在教学过程中采用演示、讨论、观摩等教学方法，将五段教学法用于小学国文、算术、理科和学科教学，并根据中国的实际和各学科的实际进行了灵活的变通。国文的教学化五段为四段，算术则将五段简为三段，力图遵循一定的教学程

① 熊明安、周洪宇主编：《中国近现代教育实验史》，济南：山东教育出版社，2001年，第31页。
② 熊明安、周洪宇主编：《中国近现代教育实验史》，济南：山东教育出版社，2001年，第32页。

序，教法上力图做到有章可循。俞子夷认为，日本通行的那一套，本质虽不出五段法窠臼，但实施方式却并不呆用五段法术语，不同的学科不可死守其教条。俞子夷颇有体会地说：

我们一年余的演示、讨论，集中在建立一套“教顺”（上课的顺序），后改称“过程”。以国文读法为例，一般过程为：事物教学、目的指示、课文大意、新字解释、课文讲读、讲读练习、段落大意、文体结构、应用练习。事物教学算是“预备”。课文大意、新字、讲读以及练习，均属“提示”，讲读练习是提示的巩固、加强。段落大意偏于内容方面，文体结构偏于形式方面。二者统称整理，用以代“比较”及概括。最后的练习即“应用”。如此，五段简化为四段。①

这种教学方法的实验极受欢迎。教师用以备课，学生用以实习，将教材依次安排，再出些习题即可完成。但是，长此以往，“陈陈相因，渐成形式。后来教授书出，教师竟可不必准备，径挟书而入教室”②。

江苏一师附小的实验轰动各地，骨干教师调任他校后都成为五段教学法推行的骨干力量。

江苏一师附小实验的影响，直接导致许多小学的纷至沓来，参观学习，效仿其法。江苏一师附小为进一步深入研究教学方法，成立联合会，并与浙江、安徽省小学界联合，成立三省联合会，定期举办研讨会、展览会和讲习会，五段教授法通过实验传播更加广远。

五段教学法在清末和民国初年的实验，成绩是主要的，使从清末走过来的教师了解到了新的教学方法，产生了对教学方法研究的兴趣，找到了教学改革的抓手，提高了教学质量。但由于五段教学法实验和推行程序中过于看重形式，导致一些教师“只对过程有兴趣，其所自出之五段法则不闻不问，尽管师范生在教育

---

① 俞子夷：《现代我国小学教学法演变一斑》，董远骞、施毓英编：《俞子夷教育论著选》，北京：人民教育出版社，1991 年，第 478 页。

② 俞子夷：《现代我国小学教学法演变一斑》，董远骞、施毓英编：《俞子夷教育论著选》，北京：人民教育出版社，1991 年，第 479 页。

学课堂上听过而且考试时及格，仅少数杰出者，实践时能不忘记理论”[①]，理论与实践成了两张皮，将过程当成了目标，违背了五段教学法理论的原意；加之新的教学方法纷纷在小学课堂活跃起来，五段教学法在小学的实验和推行逐渐销声匿迹。

（二）自学辅导法的探索

义务教育实施后，过于重视注入式教学的传统教育方法，被认为是义务教育推行的天敌。清末以来，教育界对西方教学法的传播，包括引入五段教学法之类，多认为是简单机械地搬用，使教学流于形式主义。“橘生淮南则为橘，生于淮北则为枳。”在西方，五段教学法可能为义务教育推行立下了汗马功劳，但移植到中国则鲜见效果。没有实施五段教学法的地区，基本上还是填鸭式教学。黄炎培在 1914 年做过为时 8 个月，涉及 7 个省市，对 120 所左右的学校的教育调查，得出这样一个完全是意料中的结论：“学校训练难言点，教授大都用注入式。”[②] 这种状况引起了当时教育界人士的不安和不满，他们努力寻找新的教学方法，自学自习教育和自学思想开始萌芽。1913 年，自学自习方法已经在单级复式教学课堂运用。郑朝熙曾就不同科目的自学自习提出了看法：

修身科，观察图画。抄录格言，实习做法。

国文科，观察图画或标本或实物，各自抄录生字难句于石板，预习本课讲法。教员指示生字难句于小黑板，附注音义，使儿童抄录。令一生将未知文字写于黑板，由助手或他生之既知者代为解释。教员摘写生难句于小纸片，附注音义，交助手写示于黑板，使他生预习并代答他生之质问。

算术科，运算。记述算式之说明，抄录算草及草式。从教员或班长之指名，

---

① 俞子夷：《现代我国小学教学法演变一斑》，董远骞、施毓英编：《俞子夷教育论著选》，北京：人民教育出版社，1991 年，第 479 页。

② 黄炎培：《黄炎培考察教育日记》，上海：商务印书馆，1915 年，第 158 页。

板上演算。温习九九歌练习字码。[①]

民国之初，自学辅导法已有部分小学先行研究和试验。《小学校》杂志社1914年发表了俞子夷的《教授法上之动机（自学辅导之基础）》。次年又发表了江苏省立第一师范附属小学读法研究部的《国文科读法教授顺序说明书》，提出国文读法应当采用“自学辅导主义”。大约到1916年，自学辅导法试验的推行“达到高潮，很快在小学教育界得到推广，成为各科课程的重要教学形式之一”[②]。朱元善还将自学辅导法归纳为三个步骤：第一是“矫正”。这一步要求教师指明材料，规定任务，要求学生预习。预习的效果如何，教师通过课堂提问抽查，将学生预习的重点作为教学的重点。第二是“补成”。要求教师“提示新材料”，在学生能力不能及之处提供新的材料，以纠正学生自学过程中出现疏漏和理解的错误。第三是“整理”。总结学生自学的优缺点。最后是布置练习的复习。[③]

自学辅导法的试验与研究深入到了具体的学科。1916年《教育杂志》发表了天明的《国文教材之处理法》的文章，介绍了新的国文教授法——“渐明法”。渐明法的教学程序可以概括为：复习→预习（内容、形式）→教授（读法、意义、玩味、话法）→整理→应用。1919年，北京大学教授孙本文以一篇文言文为例，将国文教学程序概括为15段：1. 预习，令学生检生字、查难句和句读。2. 板书课文题目，介绍体例和作者。3. 点名分段直读，只求辨字音，明句读。4. 找出难字难句。5. 发问难字难句。6. 分段，点学生讲解。7. 探究字句文法。8. 点学生通讲。9. 划分段落。10. 分述各段的意义。11. 简要阐述文章大致意义。12. 指出文章的嘉言警句。13. 点学生分段朗读。14. 点学生朗读整篇课文。15. 应用，结合课文特色考虑作文。

国文课采取这一模式教学，教学建立在学生自学基础上，课堂上的查、问、答、讲、读和写等活动，学生都有一定基础，学习有很高的积极性，课堂的气氛比以前要活跃一些。但是，课堂教学步骤与结构过于繁杂，步骤达15个之多，

---

① 郑朝熙：《单级教授之要项》，《教育杂志》第5卷，1913年第9期。

② 熊明安、周洪宇主编：《中国近现代教育实验史》，济南：山东教育出版社，2001年，第77页。

③ 朱元善：《自学自习法》，上海：商务印书馆，1916年，第49—50页。

操作多有不便，且过于死板。

作为小学重要学科的算术，自然也是自学辅导法试验和研究的重点。1916年10月，《教育杂志》刊登了杨祥的《算术科之自学辅导法》的文章。该文指出，过去的算术教学，“儿童呆若木鸡，不假思索，任凭教师之讲授及处理而已”，而实行自学辅导法后，课堂面貌幡然改进，“由儿童自行思索，自力处理，教师不过处于辅导之地位，即往昔以教授为主，教师中心，近倾以学习为主，儿童为中心之教育也”。

杨祥认为，要达到自学辅导法“使儿童为独立的研求”的目标，教师的教学方法要改进，避免过去消极的教学方法，实行“积极指导”的方法。此法包括三个步骤。第一步是利用问题解决法训练学生。训练之方又包括：（1）“授予问题解法之顺序，掌握读的问题、求事实关系、立式、运算、研究”的方法。（2）“利用图解法以养成（儿童）思考力”，使其明白题意，正确立式。（3）“作假定数以养成其思考力”。（4）“养成化题意于公式之习惯”。第二步重点关注“引起儿童学习的兴趣”。教师要善于引导儿童自发地解释问题，要尊重儿童的发现，特别是要采用儿童之间互相设疑问难，以增加兴趣，节省教学时间，集中儿童的注意力。第三步是“问题之后的反复练习”，在训练上要注意养成儿童书写清楚和自觉复习的习惯。①

图4—10　教学方法探索：在游戏中学习

---

① 熊明安、周洪宇主编：《中国近现代教育实验史》，济南：山东教育出版社，2001年，第78页。

杨祥认为实行自学辅导法有两个难点应当重点突破。第一个难点是“内容上之难点”，包括复杂的事实关系，如比例关系，以及数量过大、计算复杂、易于出错的各种关系。第二个是“形式上之难点”，例如习题文字晦涩难懂，不易清晰说明的问题。

自学辅导法曾风靡一时，不仅在国文、算术两科目上推行，而且在小学其他学科都有推进。譬如，教育部 1917 年曾派视察人员到浙江温州省立第十师范附属小学视察，对该校国文、历史、地理、理科等课程教学中采用“自学辅导主义”褒奖有加：

教授方法，向亦偏重注入式，嗣渐加革进，遂专以自学辅导主义。各科一以儿童自动为主，教师处于指导之地位。其实施之状况，教授前重预习，教授时重启发用问答式，教授后重整理。①

后教育部将浙江省立第十师范附小改革举措收入《优秀小学融汇》（第一辑），介绍到全国，产生了相当大的影响。

（三）设计教学法的传播

设计教学法是美国进步主义教育家克伯屈（W. H. Kilparick）提出的。在美国新教育运动中形成的这种教学制度，倡导一种由学生在实践中自动、自发地进行有目的、有计划、手脑并用、获得完整经验的学习活动。它要求废除传统的班级授课制，摒弃教科书，打破学科之间的界限，让儿童根据自己的兴趣决定学习目的和学习内容，在学生自己设计、自己负责实行的单元活动中获得有关知识和解决问题的能力。教师的作用在于激发学生的学习动机，帮助学生选择活动所需要的教材和学习材料。其教学组织方式和方法主要有三种：其一，个别的设计和团体设计。个别设计是一级中各个学生各自进行一种设计活动；团体设计是全级或全校学生分工合作，联合从事一种设计活动。决定采取哪一种，主要是根据学

① 《1917 年教育部视察浙江省立第十师范附属高等小学校、国民学校报告》，朱有瓛主编：《中国近代学制史料》第三辑（上册），上海：华东师范大学出版社，1990 年，第 287 页。

生人数确定。其二，单科设计、合科设计和大单元设计。单科设计以一种学科为范围；合科设计是联合几种有关的科目进行的学习活动；大单元设计的特点是打破学科界限，完全以实际问题为活动中心。其三，创作的设计、问题研究的设计、欣赏的设计和技能与练习的设计。创作的设计指构思、建造某事物，或做一件具体的工作，如工艺品制作等，以培养学生的创新能力；问题研究的设计是解决一个问题的设计；欣赏的设计系学生从设计活动中获得娱乐的满足的设计；技能与练习的设计为使学生从设计活动中养成某种习惯或技能。在教学过程中，通常要经过决定目的、拟订计划、实施计划和评价结果四个步骤。就美国和一些国家的实践来看，其影响主要在初等教育方面。

清末和民国之初，以赫尔巴特为代表的五段教学法、自学辅导法等传入中国后，效果并不彰显。但是，有志于中国教育改革的人士并不气馁，仍然矢志不辍地向美英等发达的资本主义国家学习、借鉴先进的教育理念和方法。新文化运动中，从西方留学归来踌躇满志的留学生猛烈批判传统教育，大力宣传个性解放，为西方新的教学方法传入奠定了基础。1919 年，中华教育共进社成立，创办《新教育》杂志宣传新教育理念，鼓吹教育革新。当年 5 月，美国著名教育家杜威来华讲学。他足迹遍及中国 11 个省市，大批记者跟踪报道，平民主义教育和实用主义教育思潮一浪高过一浪，儿童本位、儿童中心等口号成为教育工作者的口头禅。20 世纪 20 年代初，美国哥伦比亚大学师范学院院长克伯屈来华考察教育，并来到广东实地考察，宣传其设计教学法。在这种情形之下，设计教学法“又主导了小学的教学改革”①。

最早进行设计教学法试验的是上海万竹小学，该校设计了教材联络法，在低年级以手工科为中心进行教学。稍后是南京高师附小以乡土科为中心来联络其他各科教材的实验，设计教学法逐渐为国人所认识。1919 年秋，俞子夷主持南京高师附小的设计教学法试验，这里俨然成为设计教学法试验中心。他认为：

我们以为儿童的生活是整个的，分析的学习使儿童生活经验，前后不相关，

① 田正平、肖朗主编：《世纪之理想——中国近代义务教育研究》，杭州：浙江教育出版社，2000 年，第 346 页。

彼此不照顾，实在违背他们身心发达的程序。所以那时实验，以一个生活方面的问题作中心，其余有关事项一一归纳在里面。就实际情形说，中心问题大都发生于乡土一科中，其余文艺、唱歌、游戏、美术、工艺等科教材的去取，都以和中心问题有没有联络关系做标准。①

南京高师附小在俞子夷主持下，将课程分为语言文字、动手制作、游戏活动和唱歌舞蹈四大类，相应地布置四间教室，让低年级及幼儿园轮流使用，平日上课取消科目的界限。1921 年秋后，设计教学法试验发展到四年级以上，加设随意谈话课，所有作业，大半由此产生。在试验上特加注意的有两点，一是自定时间表作业，一是废除时间表作业。凡试验设计教学法的学级，上课时间以 30 分钟或 60 分钟为一节，相对来说更加灵活。

南京高师附小试验产生了很大影响，1920 年，江苏省第一师范附属小学一年级开始试验设计教学法，旋即江苏全省师范学校附属小学联合会号召全国小学试行，希冀将设计教学法推广到全国。

江苏省第一师范附属小学受杜威教育思想的影响，主张教育要以儿童为中心，注意个性发展，于团体生活中养成通力合作的精神。在 1920 年通过暑期附设的小学校设计教学法讲习班，深感设计教学法能够“根据儿童生活中天然的兴趣和需要，从事有目的活动，并注意事前的计划，事后的评比，于活动过程中学到有用的知识技能，培养良好的习惯，确立正确的态度和理想，使经验日渐丰富起来”②，因而，从 1920 年开始，便在小学一二年级试行，直到 1949 年方告停止。

苏颀夫是江苏省第一师范附属小学的教师，他在《我校五年来试行设计教学法的报告》中记述了用设计教学法上课的情形：

(1) 设计的来源　每天上午 9 时至 9 时半举行谈话。儿童便于此时提出设

---

① 《一个小学十年努力记》，朱有瓛主编：《中国近代学制史料》第三辑（上册），上海：华东师范大学出版社，1990 年，第 229 页。

② 《一师附小时期教育实验与研究概况》，苏州市实验小学编：《苏州市实验小学》，北京：人民教育出版社，1999 年，第 19—20 页。

计。像儿童提出我们要替洋娃娃做一个生日，或是做一间房子等。有时儿童们随意讲他昨天生日，或到某公公家里去拜寿，而没有提议到要替洋娃娃做生日的事情。这时的老师，就想法刺激他们，使发生和洋娃娃做一个生日设计，或可教师自己提议这个设计。

（2）问题的解决　儿童每天谈话时提出问题，或采集了东西来问教师。教师便暗地里比较它的价值，认为要研究的，然后和儿童讨论。倘使是小问题，可随时解决的就随地解决。有非短时间所能解决的问题，记在黑板上，到商量定时间表的时候提出，定为明天的研究材料。

（3）时间表的订定　每天下午课毕，复和儿童们共同订定明天的时间表。教师在这时候，把今天谈话时所得的问题，或所定的设计，逐一报告，然后和儿童讨论明天的时间表。儿童在这时候，认定在某时上什么课，做什么事，做一个办事设计。其有关于工艺的作业，因为要预备教材的关系，每人要填一张作业记载表。①

例如，洋娃娃房屋设计要经过这样的几个步骤：先是了解房屋的功用、种类及发明；次是了解房屋建造的原料、来源和方法；复次是参观建筑物及工人生活；最后才是用马粪纸及砖瓦等制造洋娃娃房屋。

1921年，第七届全国教育会联合会议后，设计教学法更加受到关注。这次会上有《推行小学校设计教学法案》，认为“今教育先进国对于小学实施设计教学法，教材教法纯取活动的，准儿童心理发达之程序，取社会环境接触之事物，因势利导，以发展其固有之本能，学者既饶兴味，教者亦无扞格，法良意美，无逾于此”。现在，一些地方的设计教学法实验，已经取得一定成绩，建议“指定各省区师范学校将设计教学法加以研究，并由师范附属小学及城市规模较大之小学先行实施，作为模范，俾资仿效”，使设计教学法“逐渐推及全国”。② 其后，设计教学法研究与试验逐渐进入高潮。仅仅在两年内就出版研究设计教学法的专

---

① 苏州市实验小学编：《苏州市实验小学》，北京：人民教育出版社，1999年，第25页。

② 《推行小学校设计教学法案》，见邰爽秋等编：《历届教育会议议决案汇编·第七届全国教育会联合会议决案》，上海：教育编译馆，1935年，第7页。

著 13 种，发表论文 118 篇。[①] 各地设计教学法试验如同雨后春笋。当时的试验主要有三种模式，一是分科设计，江苏二师附小等即是在原有各种科目内进行设计教学。二是分系设计或综合科设计，如南京高师附小等将学科性质相近或相同的几个学科组成混合科试验。三是以作业为中心的大单元设计，南京高师附小的特色是废除日课表和教科书，彻底打破学科界限。[②]

设计教学法在民国时期的传入与试验，对打破以书本、教师和教室为中心的传统教育而言，是革命性冲击，为教学方法论和教学组织方式革新做了重要的探索。

（四）廉方教学法的提出与推行

廉方教学法是由科举和旧学出身的近现代杰出的教育家李廉方创立的。李廉方（1878—1959）是湖北京山县人，光绪二十八年（1902）留学日本宏文书院师范部，翌年回国。历任武昌师范大学教授兼事务主任，河南省教育厅厅长，河南大学教授、教育系主任、文学院院长，教育部视学主任。1933 年秋主持开封教育实验区工作，创办杏花园和大花园两所实验小学，倡导廉方教学法。

图 4—11　教育家李廉方像（1878—1959）

廉方教学法是李廉方在开封教育实验区实验中创立的。廉方教学法的称谓很多，因其实验目标是“以一般小学学龄儿童二年半授课时数修完部定四年课程”，故称之为“二年半制”；因其实验地在河南开封大花园小学进行，故称“大花园教学法”；因廉方教学法应用卡片教学，亦称之为“卡片教学法”或“卡片识字教学法”；又因廉方教学法“统合文字工具与知识材料为一”，具有明显的综合课程与合科

① 田正平、肖朗主编：《世纪之理想——中国近代义务教育研究》，杭州：浙江教育出版社，2000 年，第 347 页。

② 田正平、肖朗主编：《世纪之理想——中国近代义务教育研究》，杭州：浙江教育出版社，2000 年，第 347 页。

教学特点，亦称其为“合科教学法”；等等。

廉方教学法创立恰逢南京国民政府厉行义务教育之时。义务教育的期限为四年，但客观条件并不允许普及四年义务教育，于是有了设一年、二年短期小学的动议。廉方教学法的着眼点在缩短义务教育年限，将四年压缩为两年半，以完成当时理想中的义务教育。李廉方在阐述教育实验区实验目的时说：“为产业与文化落后的中国，就国民基础教育，适应新时代教育之趋势，创立整套最经济而有效的学习程式，以一般小学同学龄同学习时数之儿童，缩减学习期限，修完部定小学课程标准，俾得消除正规小学短期小学之分划，而成为平等的国民基础教育。”[①] 他做实验的目的是要减少一年半的学习时间，但绝不允许因为减少了学习时间，就“偷工减料”，必须避免以下四方面的问题：

1. 降低学习程度或减少学习分量。

2. 选择优生或减少被教名额。

3. 编固定课本，强迫灌注。

4. 废除假期，或增加每周时数，更指定课外作业。[②]

据此看来，廉方教学法不仅仅只是教学方法的革新，还是涉及小学从教材到班级组织形式上的全方位改革。譬如，课程设置上的革新，在于将语文与常识合为一科，通过学习语言文字而掌握常识，实现知识与工具相统一的目标。他指出：“从原料言，无一不取资于自然和社会；从所得知能言，无一不借助于国语工具。所以这两科目在基本学习中占主要地位，亦惟两相结合，而后知识和工具，确立统一的基础。”[③] 算术科仍保持其特定的系统学习。但在教学上强调要多采用游戏，在游戏中进行体育、音乐和美术的教育。在学制上，廉方教学法打破了年级制度，把整个小学教育分为识字期、识字向读书过渡期和正式读书期三个时期。前两个时期主要是进行单元活动，这是按设计教学法思想，从实际生活中寻找教学内容以进行识字教育。廉方教学法将教学内容分为我的学校、我的身

---

① 《廉方教学法总论》，郭戈编：《李廉方教育文存》，北京：人民教育出版社，2006 年，第 473 页。

② 《廉方教学法总论》，郭戈编：《李廉方教育文存》，北京：人民教育出版社，2006 年，第 473 页。

③ 《各科教学法》，郭戈编：《李廉方教育文存》，北京：人民教育出版社，2006 年，第 460—461 页。

体、我的家庭和我的乡土四大领域，完全抛弃了部定之类的教材，大量使用卡片而不用课本。第三期为正式读书期，以学生自由阅读为主。李廉方所说的“自由阅读”就是将常识与纯文艺读物依序排列，借助道尔顿制教学。廉方教学法不用教材，但有读物。读物主要是儿童有兴趣的童话、谜语、寓言，以及浅显的科普作品。

廉方教学法追求的价值目标有四点，李廉方在一篇文章中阐述说：

(1) 实用　此其关键，不仅系于教材本身，而当认清儿童的学习活动。即视儿童由环境刺激所发生反应，或当前所感觉需要。不明此义，实用仍属空言。

(2) 兴趣　兴趣固在引起儿童愉快，然必须以策进其努力，而后为真正兴趣。一方与实用有关；一方在由其分明进程，可使儿童知以努力而得到适当的成功，并切由策进努力之辅助工具，或其身体活动，俾易集中注意，不自懈怠。

(3) 正确　此之要点：其一，观念须产生于真实情意；其二，知能须由自己经过曲折而取得；其三，进行程序，须有分明步骤；其四，错误或熟习，均在学习中得到证明；此在低级尤为重要。总之，正确须从基本上培养，从具体上表现，否则无实效可言。

(4) 经济　此须与上三项结合，始有真正价值。主要目的，则在引入自学途径，实现其省时省力之企图。①

李廉方极为重视自学，认为只有将学生引入自学途径，教学才是最为经济的。他在 1935 年为教育实验区制定的《小学国语课程实验标准》中，将学生学习分为正式阅读前准备期、取得自学应有技能期和完成自学功用期诸时期，其中有两个时期都以自学为主。②

廉方教学法实验一年半后，优势逐渐显现出来。开封河道街小学将从未受过启蒙教育的儿童单独编班，一年后，这个班的学生识字数已达 1400 多个，自由阅读字数多者达 4 万，少者也有 2 万。入学前进过一年教育的班级，自由阅读 12

---

① 《廉方教学法总论》，郭戈编：《李廉方教育文存》，北京：人民教育出版社，2006 年，第 477—478 页。

② 《本区实验小学国语课程实验标准》，郭戈编：《李廉方语文教育论著选》，北京：语文出版社，2006 年，第 213 页。

个月，阅读字数都超过 30 万。可见，采用廉方教学法学习两年半，其成绩超过一般小学三年级的程度是必定无疑的。算术的实验成绩也十分显著。

1936 年，教育部举办全国短期义务教育干部训练班，李廉方在训练班上介绍河南教育实验经验说："非取强注与期待手段，而在顺应儿童生活，减除从来学习时间的浪费，使其可能的进度与容量，达到必然的速率。"① 引起轰动。专家一致认为，李廉方的实验最大的贡献，就在于革新过去中国教学上的积弊，创立了适合中国国情的最为高效和经济的教学方法。河南省地方教育行政会议决定推广这一方法，并正式定名为"廉方教学法"。

廉方教学法之所以能够取得巨大成功，是因为它依据中国社会经济落后的国情，从中国文字结构特点出发，从现实生活中挖掘教育教学素材，创造出了独特的卡片识字教学法。在这个基础上，改造整个课程和教学方式方法，创造了具有独创性的、操作性较强的、适应现代生活的中国教学法，为义务教育的有效推行，做出了贡献。②

（五）教学做合一的实践

"教学做合一"的教学方法论是陶行知针对传统教育教师"教死书，死教书，教书死"，学生"读死书，死读书，读书死"③ 提出来的。其定义与特质，陶行知在 1931 年作过精到的表述："教的方法根据学的方法，学的方法根据做的方法；事怎样做便怎样学，怎样学便怎样教。教与学都以做为中心。在做上教的是先生，在做上学的是学生。"④ 突出了以做为中心，落脚于相教相学、教学相长

① 《以一般小学学龄儿童二年半授课时数修完部定四年课程之实验经过》，郭戈编：《李廉方教育文存》，北京：人民教育出版社，2006 年，第 381 页。

② 田正平、肖朗主编：《世纪之理想——中国近代义务教育研究》，杭州：浙江教育出版社，2000 年，第 357 页。

③ 《目前中国教育的两条路线》，华中师范学院教科所编：《陶行知全集》第 2 卷，长沙：湖南教育出版社，1985 年，第 597 页。

④ 《教学做合一下之教科书》，华中师范学院教科所编：《陶行知全集》第 2 卷，长沙：湖南教育出版社，1985 年，第 289 页。

的教学原则。他在这篇文章中还对教育法理当是生活法的命题进行了论证，指出："教学做合一是生活现象之说明，即是教育现象之说明。在生活里，对事说是做，对己之长进说是学，对人之影响说是教。教学做只是一种生活之三方面，而不是三个各不相谋的过程。同时，教学做合一是生活法，也就是教育法。"

教学做合一的特质，陶行知曾用"一条鞭的方法"[①]来加以概括，即三者不可割裂，须连成一气。对"教学做合一"误解最多、争议最大的，便是对于"做"的理解。疑问之一是，做是否均具有教育价值，盲行盲动是不是做？疑问之二是，是否只有动手才算做，教与学便不能算为做？疑问之三是，事必躬亲的做，是否会降低教育的效能？有鉴于此，陶行知对"做"的特质作了专门解释：

> 做既成了教学之中心，便有特殊说明之必要。我们怕人用"做"当招牌而安于盲行盲动，所以下了一个定义："做"是在劳力上劳心。因此，"做"含有下列三种特征：（一）行动；（二）思想；（三）新价值之产生。[②]

图 4—12　教学做合一：学习打豆腐

因此，盲行盲动并不具有教育价值，"手脑双挥"才是做；做也包括思想中的感性经验，因而并非要求事必躬亲。尤其是"新价值之产生"，既包括物质价值，也包括精神价值，所以生活教育必须以教育效能为指归。

"教学做合一"的原理为一，统摄于此原理之下的方法则众。现将陶行知创

① 《试验乡村师范学校答客问》，华中师范学院教科所编：《陶行知全集》第 1 卷，长沙：湖南教育出版社，1985 年，第 666 页。

② 《教学做合一下之教科书》，华中师范学院教科所编：《陶行知全集》第 2 卷，长沙：湖南教育出版社，1985 年，第 289 页。

立并运用的方法胪列如下：

第一，连环教学法——陶行知创立的成人识字教学法。1923 年推进平民教育运动时，陶行知创立了“平民读书处”形式。即利用每一家庭、店铺、机关的识字者作为“助教”，联络不识字者组成平民读书处。“由每助教先教两个人，再由此两人各教一两人。”如此“一人教两人，两人教四人，四人又可教八人；你教我，我教他，他又可以教他”[①]，形成无穷的“连环”，如此，便可能使教育普及。从“即知即传”的角度看，此为“教学合一”；从不耽误或结合生产、生活施教看，又可视为“教学做合一”。

第二，艺友制——陶行知借用“艺徒制”所创立的师资养成法。1928 年 1 月，陶行知联合南京 6 校，在《申报》和《民国日报》刊载公告，征集幼稚园和小学“艺友”，试行“艺友制师范教育理论”。该制一改由师范学校培养师资的传统，改由幼稚园培养幼稚教师、小学培养小学教师。即借用师徒制来“传帮带”。所须改变者，即师傅对徒弟的态度。即是说：“凡用朋友之道教人学做教师，便是艺友制师范教育。”[②] 陶行知视此为“真正的教学做合一”。

第三，小先生制——陶行知创立的普及教育方法。这既是教学组织方式，也是义务教育的教学方法。他鼓动小学生担任“小先生”，利用课余和放假的时间去教人识字，用以解决师资不足的问题。它由“连环教学法”点化而来：小先生白天学来的知识，晚上便可传授给家人或熟人。陶行知视此为攻破普及教育难关的利器。一则因为小先生的热情高，不会做“守知奴”；二则因为小先生还可“以教人者教己”，使教学相长。陶行知认定：“干普及教育运动，只有靠小先生。”[③] 他所发动的“小先生运动”，曾波及全国 23 个省市。如果是成人无偿担当扫盲师资者，则称为“大先生制”或“传递先生制”。

---

① 《平民读书处之试验》，华中师范学院教科所编：《陶行知全集》第 2 卷，长沙：湖南教育出版社，1985 年，第 425 页。

② 《艺友制师范教育答客问》，华中师范学院教科所编：《陶行知全集》第 2 卷，长沙：湖南教育出版社，1985 年，第 54 页。

③ 《怎样做小先生》，华中师范学院教科所编：《陶行知全集》第 2 卷，长沙：湖南教育出版社，1985 年，第 821 页。

第四，旅行修学法——陶行知创立的生活教育法。这可视为“社会即学校”理念的践履。1933 年 10 月，陶行知在上海接待了“新安儿童自动旅行团”。该团由新安小学 7 个小学生组成。他们由淮安旅行修学到上海，既增长了自己的见识，又宣传了抗日救亡。陶行知对此大加赞赏：“社会的大众便成了他们的先生，形形色色的生活便成了他们的教科书。”[①] 1935 年 10 月，他又支持新安小学的师生合组“新安旅行团”。该团足迹遍及大江南北，成为著名的抗日救亡社团。旅行修学法是古训“行万里路，读万卷书”的现代践履。

“教学做合一”对小学教学也产生了一定的影响。1933 年，广东大埔县侯南小学在广东省最早开始实行陶行知提倡的生活教育。据载：侯南小学“遵循‘生活即教育，社会即学校’的指导思想和‘教学做合一’的原则进行教学实验。其特点是：重视联系实际，强调实践，重视体力劳动和脑力劳动相结合。既认真进行课堂教学，又认真指导课外阅读；既重视书本知识，又适当组织学生参加多种有益的课外活动，扩大视野；重视智力发展和因材施教”[②]。侯南小学进行的生活教育实验产生了比较大的影响，“形成良好的学风，给全区小学教育、教学起了示范作用”。河南省百泉乡村师范学校始终贯彻“教学做合一”的原则，在组织教学、生活、管理等方面锐意改革，制造出了一套适合乡村教育的师范办学模式，对推动乡村教育的发展和乡村社会的改造都产生了一定影响。

图 4—13　1928 年中央大学实验小学的公仆大会——儿童自治活动

① 《我们的旅行记・序》，华中师范学院教科所编：《陶行知全集》第 2 卷，长沙：湖南教育出版社，1985 年，第 742 页。

② 梅州教育局教育志编写办公室编：《梅州教育志》，1989 年，第 70 页。

第五章　民国时期义务教育师资的职前与职后教育

义务教育自清末发轫，发展势头很快，而师资准备严重不足，成为民国义务教育发展的“瓶颈”。为了较好地解决义务教育师资问题，打造一支质量上合格、数量上能够满足实际需要的义务教育推行队伍，民国时期从义务教育教师入职前和入职后进行了一系列打破常规的改革，在一定程度上缓解了师资的供需矛盾。

一、近代师范教育的产生与发展

义务教育思想观念与制度从欧美和日本译介传播而来，与之相匹配的师范教育制度同时相伴而生。从清末开始，经民国前期和后期的努力，初步构建了一个义务教育实施的师资职前与职后教育系统。

（一）清末师范教育的产生

早在光绪二年（1876），李圭作为中国工商业界的代表，前往美国费城参加为纪念美国建国100周年而举办的世界博览会，写下了《环游地球新录》，记录了他参观考察美国纽约的小学——书馆的种种见闻。他记述道："纽约书馆，屋极高广，已历七十二年。大堂坐生徒九百五十七人，皆十龄左右。……女师鼓琴，各徒歌诗毕，教手足伸缩垂举各法，使和血脉。又教以口吹嘘，使舒通其气，约半时始退。退时分二人一排，步伐齐整，若士兵操演，履声与琴声合，甚可听也。"这些学生"每日何时集大堂，何时读书、作文、写字、学画，何时和舒气血，何时休息回家，皆有限制。每七日停一日。各室置地图、地球、日月五星球。并悬黑木板，以白粉书课程"。像这样"屋极高广"的书馆，纽约共有107处，共有"馆师男女二千五百人，生徒十一万余人。每年经费四百万元，出自地方公款"。书馆之所以井井有条，"教法精详，课程简严，而不事夏楚，师徒情意洽贯。况以次递升，不致有躐等幸进。此所以专心力学，不虚糜岁月，而可因材成器也。且虽有自暴自弃者，要亦幡然而就范围矣"，全得益于教师受过精良训练，都是精心考选出来的。李圭特别记述道："凡欲为馆师者，由此考试入选，始准授徒，试皆策论。时适见四男二女，正在凝思。监试二人，巍然上坐，殊甚严肃。师必考试，至慎重也。”① 道出了令中国人见而羡慕的科学技术高速发展的奥秘——教育普及，享有训练精良的教师。

光绪二十四年（1898），姚锡光受张之洞的托付，对日本各类学校进行考察。他的考察报告《东瀛学校举概》介绍了日本寻常师范学校的情况：

寻常师范学校实为通国各小学校根本所在。各小学校之师咸取资焉。其功课大率如中学校而益精。日本通国寻常师范学校约及五十所，现以各小学校日增，待师甚急，故寻常师范学校尚拟扩充。②

寻常师范学校相当于中等学校性质，以培养小学教师为职志，纯粹公立性质。大约在同时或稍后，张大镛奉浙江巡抚廖寿丰之令，与蒋锡之率求是书院选派的学生赴日留学。他在日本滞留 4 个月，对日本学校进行了系统考察。回国后廖寿丰嘱幕僚将其考察学校记录加以整理，编为《日本各校纪略》。该书将《东京府公立师范学校》置之于全书之首篇。在“立校主意”中介绍该校立校旨趣说：“欲培国本在造人才，欲造人才在端蒙养。今合日本小学校计之多至二万六千八百三十三所，无所不需教习。因于各府县设师范学校为培植师范生之地。是校为东京府公立亦师范学校之一也。”③

欧美和日本义务教育思想理念和制度传入中国后，急欲找到振衰起微、救亡图存良方的清朝政府，于光绪二十九年（1903）宣布实行义务教育，并在“癸卯学制”中规定了自成系统独立设置的师范教育体系。由州、县政府“设初级师范学堂，令拟派充高等小学堂及初等小学堂二项教员者入焉”；“初级师范学堂为小学教育普及之基，须限定每州县必设一所。惟此时初办，可先于省城暂设一所，俟各省城优级师范学堂毕业有人，再于各州县以次添设”。并规定“初级师范学

① 李圭：《环游地球新录》，钟叔河主编：《漫游随录·环游地球新录·西洋杂志·欧游杂录》，长沙：岳麓书社，1985 年，第 270—271 页。

② 姚锡光：《东瀛学校举概》，吕顺长主编：《教育考察记》（上），杭州：杭州大学出版社，1999 年影印本，第 6 页。

③ 张大镛：《日本各校纪略》，吕顺长主编：《教育考察记》（上），杭州：杭州大学出版社，1999 年影印本，第 26 页。

堂经费，当就各地筹款备用，师范学生无庸纳费”①。光绪三十三年（1907），《女子师范学堂章程》出台，规定“每州县必设一所，惟此时初办，可暂于省城及府城由官筹设一所，余俟随时酌量地方情形逐渐添设”，“经费当就各地筹款备用，女子师范生无庸缴纳学费”。② 民间也可设立女子师范学堂。

图 5—1　清末浙江两级师范部分教师合影（前排右起第 3 人为周树人，第 7 人为夏丏尊；后排右起第 5 人为许寿裳）

义务教育启动后，全国各地师资训练机构如同雨后春笋一般发展起来。光绪三十一年（1905），浙江高等学堂开办师范科和师范传习所。更大规模的师资培养机构是光绪三十二年（1906）浙江巡抚张曾敭奏请在省城贡院旧址改建的浙江两级师范学堂，其中的初级部修业年限为 2 年，培养小学师资。到光绪三十四年（1908），浙江全省共设立师资训练机关 24 所，学生 1806 人。湖北早在光绪二十八年（1902）就开办了湖北第一所，也是全国第一所官立师范学堂。光绪三十三

① 《奏定初级师范学堂章程》，舒新城编：《中国近代教育史资料》（中册），第 2 版，北京：人民教育出版社，1981 年，第 665 页。

② 《女子师范学堂章程》，璩鑫圭等编：《中国近代教育史资料汇编・实业教育・师范教育》，上海：上海教育出版社，1994 年，第 574 页。

年（1907），开办支郡师范学堂，设甲乙丙丁戊己6堂，由各州县申送生员入堂肄业，每堂学生100人。宣统元年（1909），鄂督陈夔龙添设女子师范学堂一所，培养女子学堂教师。据统计，截至宣统元年（1909）前，湖北的师范教育机构有24所，在校生2403人。当年9月，毕业生近5000人。① 在全国名列前茅。据统计，光绪三十三年（1907），全国有师范学堂541所，学生36091人。其中师范简易科和传习所455所，占总数的84%，学生25671人，占总数的71%。宣统元年（1909），全国共有师范学堂514所，学生28572人。数字虽然有所回落，但不能因此就说师范教育即兴即衰。简易师范回落的幅度最大，减少到284所，学生仅14871人；而正规的师范学堂却由86所增加到230所，学生增加到13701人。② 速成性的师范教育机构逐渐被淘汰，正规的却有较大增长，说明师范教育质量提高有了一定的保障，为民国师范教育发展奠定了一定的基础。

（二）民国前期师范教育的创办

民国前期和后期，义务教育师资职前教育和职后教育的力度有较大差别。前期师范教育的形式比较单一，内容也比较死板；后期则多样化、多元化，变通灵活是其重要特点。

1. 民国时期对义务教育师资的渴求。中华民国创建伊始，政府以推行义务教育相标榜，师资奇缺牢牢地束缚住了义务教育推行者的手脚。袁希涛曾对民国初年所需义务教育师资数量作了大致推算。他说，依中国现在学龄儿童折半数4000万人计，平均每40人有一教员，计需100万教员。民国四年至五年（1915—1916）统计，国民学校教员15万余人，至少除去不能通过检定的5.5万人。姑定为已有10万，今尚需90万人。又假定此学龄儿童内有1/4为半日间日等之简易学校，一教员可教加一倍之学童，计减2/10教员（减20万，倘简易的学校略加多，则教员数可略再减少），应尚缺70万。又每年教员因疾病、死亡、

---

① 董宝良、熊贤君主编：《从湖北看中国教育近代化》，广州：广东教育出版社，1996年，第199页。
② 李华兴主编：《民国教育史》，上海：上海教育出版社，1997年，第653页。

事故、改业者之随时补充，数年内姑以总加三成计算，总共需培养100万以上之新教员。[1] 这100万义务教育教师的培养谈何容易，而且培养教师的师范学校规模过小，培养师资所需费用短缺，师范生的来源本身严重不足。袁希涛在《义务教育之商榷》一书中下了令人悲观的结论，他说：

师范生之来源，取之高等小学毕业生，据民国四年至五年之统计表，是年全国高等小学毕业生数只八万七千余人；数年以来所增恐亦不多；除志愿入中学或习职业外，势尚不敷习师范之用。[2]

如果这8.7万余名高小毕业生悉数读师范学校，那么培养100万义务教育的师资也要待12年之久。况且这8.7万高小学生乐观一点估计，有一半去读师范，将来充义务教育师资，那么也要25年才能达100万的宏伟目标。这无疑使得很多教育行政官员心灰意冷，也叫许多教育工作者为之叹息。当然，更多的政府官员和教育家仍没放弃他们的努力，仍在孜孜不倦地推行、探索，脚踏实地做培养义务教育师资的工作。南京国民政府成立后，大学院、教育部都把推行义务教育作为日常工作之首重者，颁布了一系列推行义务教育的法规、条例，加大了推行义务教育的力度，师资问题亦无例外地列入推行义务教育的议事日程。在《实施义务教育计划》中，就如何解决师资问题，提出了数条办法。其中提到：

实施义务教育所需培养的一百四十万教师里，有百分之十五在城市小学服务，约计二十万人左右，可以由都市里现有的师范学校和高中师范科负责训练；其余百分之八十五须在乡村小学服务，约计一百二十万人左右，应由各县设立乡村师范训练。[3]

这里提出义务教育师资有140万的“缺口”，尚不包括转行、退休、死亡之数在内。邰爽秋等提醒教育当局“要加注意的”，是这个“计划”中学龄儿童数是根据1925年的人口数估计的，如果按1933年度全国学龄儿童49401443人的数据，减去现正在受义务教育的儿童数12335967人，尚有37065476名学龄儿童

① 袁希涛编：《义务教育之商榷》，上海：商务印书馆，1921年，第98页。
② 袁希涛编：《义务教育之商榷》，上海：商务印书馆，1921年，第38—39页。
③ 邰爽秋、黄振祺等编：《中国普及教育问题》，上海：商务印书馆，1937年，第91页。

未受教育。很显然，这个数目比以前所估计的失学儿童数高出许多，自然师资数要增加。又据教育部1931年度统计，师范生及初高中生合共509186人，即使全数变为师范生，亦无济于事。

陶行知对普及义务教育师资问题亦予以极大关注，他的结论简直骇人听闻。他说："据教育部统计，全国学龄儿童总数为四千九百十一万。又据十九年统计，全国有一千零九十四万小学生，共需五十六万八千教职员。平均每教师教导小学生二十人，四千九百十一万小孩子共需小学教师二百四十五万人。"[①] 他将审视点转向师范教育，剖析了师范的培养师资能力、时间及经费，指出1930年的高中师范、乡村师范、短期师范的毕业生合起来算只有23402人。即使师范毕业生长生不死，也要费100年的培养，才够普及小学之用。即使每人教导小学生数增加到40人，也要50年才能培养得了，还要求老天爷保佑他们一个不死才行。还有那2亿的失学成人怎么办？假使每位教师教40个人，就得培养500万民众教师。每人每天教两组，也要250万。这250万乃至500万人又要多少年去培养？培养师范生每年每人要费国家101元，至少三年就要303元，私人的费用还不包括在内。245万的小学教师和250万的民众教师的培养费，就得要15亿元。他们入职之后，就要领薪水。少说些，每人每年100元，就要5亿元。陶行知的估计虽然偏大，但义务教育教师缺口极大却是不争的事实。由教师问题带出来的严重问题，是义务教育教师的培养费用的巨大缺额，这也是人们有目共睹的。

再来抽样看看各省对义务教育师资的需求情况。比较贫困的江西省，在民国后期亦宣布厉行义务教育。但师资问题严重阻碍着江西推行义务教育的步伐。据江西1937年各县小学统计：全省推行义务教育的小学已由5000余所猛增到17938所，学级数达22719级，但江西全省三年来培训义务教育教师的机关，共训练出7830人[②]，与实际需要差距甚大。

师资问题是义务教育推行能否收到实效的关键之一。义务教育师资看似是

---

① 陶行知：《攻破普及教育之难关》，华中师范学院教科所主编：《陶行知全集》第2卷，长沙：湖南教育出版社，1985年，第783—784页。

② 《江西义务教育师资训练概况》，江西省教育厅，1939年，第2—3页。

教育体制内的局部性问题，实际上牵一发而动全身，涉及社会的方方面面，也是钳制社会进步的重要因素。师资问题不合理妥善解决，义务教育决无普及之望。

2. 师范教育制度的创立。民国前期的师范教育，可以以 1922 年为界碑分为两个时期。前一时期的师范教育是独立而稳定的，处于稳步发展的状态。后一时期为 1922 年到 1927 年，独立的师范教育体制被取消，师范教育的发展步履艰难。

1912—1922 年间，教育部颁布了一系列规程、条例，从各个方面完善了师范教育制度，促进了师范教育的积极发展。民国成立之初，清末独立的师范教育系统得到了保持。1912 年 12 月，教育部颁布《师范学校令》《师范学校规程》，将清末初级师范学堂改为师范学校，优级师范学堂改称高等师范学校，取消州县立初级师范学堂，改设省立师范学校，将初级女子师范学堂改为省立女子师范学校。同时，适当给地方一定的设立师范学校的空间，各县可以因特别情形，设县立师范学校。《师范学校令》规定，“师范学校以造就小学教员为目的，专教女子之师范学校称女子师范学校，以造就小学校教员及蒙养园保姆为目的”。关于师范学校的设立，《师范学校令》规定“师范学校定为省立，由省行政长官规定地点及校数，报告教育总长分别设立。……两县以上联合设立师范学校者，亦须依前项之规定”。而且一改清末师范教育之旧制，规定，“私人或私法人依本令之规定，经省行政长官报告教育总长许可，得设立师范学校，为私立师范学校”①。并规定：

男女师范学校修业年限均为五年。师范学校应附属小学校，女子师范学校于附属小学外应设蒙养园。又，师范学校得附设小学教员讲习科，女子师范学校于小学教员讲习科外，并得附设保姆讲习科。此外，尚有师范讲习所、实业教员养成所等。各省师范学校内容形式均焕然一新。②

---

① 《师范学校令》，宋恩荣、章咸编：《中华民国教育法规选编》（修订版），南京：江苏教育出版社，2005 年，第 423 页。

② 《第一次中国教育年鉴》（丙编），上海：开明书店，1934 年，第 305 页。

《师范学校规程》于1916年1月修正公布，除对师范学校教育教学等作了全面规定外，第三章提出了师范学校承担入职后教师继续教育职责的要求。《规程》规定师范学校得设讲习科，“为既得高等小学校或国民学校教员许可状更求讲习者设之。遇特别情形亦可为欲任国民学校教员者设讲习科。欲养成手工、农业等专科正教员时，亦得设讲习科”①。

《师范学校令》和《师范学校规程》对民国前期义务教育师资培养产生了较大影响，是义务教育师资培养的政策法规依据。

1922年11月1日，在试行、讨论的基础上，“壬戌学制”正式颁行。“壬戌学制”虽然仍将学制分为初等教育、中等教育和高等教育三段，但师范教育却失去了独立地位。其中关于师范学校的规定有：第一，高级中学分普通农、工、商、师范、家事等科；第二，师范学校修业年限六年；第三，师范学校得单设二年或后三年，收受初级中学毕业生；第四，师范学校后三年得酌行分组选修制；第五，为补充初级教员的不足，得酌设相当年期的师范学校或师范讲习科。“壬戌学制”没有制定专门的师范教育规程，亦没有师范生品行、待遇和服务等方面的规定，这就模糊了师范教育和普通教育的界线，忽视了师范教育的特色，师范生的特殊待遇被取消，使得生源枯竭，数量锐减，质量下降。

3. 义务教育师资培养机构异军突起。由于1912—1922年间社会各界对义务教育的深切呼吁，教育部颁布的若干师范教育规程和条例等，完善了师范教育内部与外部的关系，为师范教育发展提供了保障，师范教育取得了可喜的成绩。截至1922年，全国师范学校共有385所，在校学生共43846人。② 历年具体情况见下表（见表5—1）：

---

① 《师范学校规程》，宋恩荣、章咸编：《中华民国教育法规选编》（修订版），南京：江苏教育出版社，2005年，第437—438页。

② 《第一次中国教育年鉴》（丙编），上海：开明书店，1934年，第311页。

表 5—1　1912—1922 年全国师范教育统计表

年度	校数（所）	学生数（人）	教职员数（人）	经费数（元）
1912	252	28605	2894	2040387
1913	314	34826	3971	2533110
1914	231	26679	3401	2673632
1915	211	27975	3406	2731029
1916	195	24959	3256	3077746
1922	385	43846	5013	4633919

资料来源：《第一次中国教育年鉴》（丙编），上海：开明书店，1934 年，第 311 页。

中华教育改进社的《中国教育统计概览》对 1922 年度的师范学校和师范讲习所作过统计，具体情况见下表（见表 5—2）：

表 5—2　1922 年度全国师范学校和师范讲习所基本情况统计表

校别 类别	学生数（人）	学校数（所）	教职员数（人）	岁出数（元）
师范学校	合计 38277 男生 31553 女生 6724 女生占总数百分比 17.56	275	4487	4454265
师范讲习所	合计 5569 男生 5170 女生 399 女生占总数百分比 7.16	110	526	179654

资料来源：周予同：《中国现代教育史》，福州：福建教育出版社，2007 年，第 185 页。

《第一次中国教育年鉴》和中华教育改进社的统计在校数和师范生人数上并没有出入，只是前者没有将师范学校和师范讲习所分开统计而已。

各个省区的中等师范教育情况也发生了很大变化，中华教育改进社对各省区师范教育的发展变化进行了调查，详见下表（见表 5—3）：

表 5—3 1922 年各省师范学校基本情况表

类别 省区	学校数（所）	学生总数（人）	男生数（人）	女生		教职员数（人）	岁出经费（元）
				人数	百分比		
京师及京兆	6	812	541	271	33.37	117	139778
直隶	28	2847	2212	635	22.30	235	309024
奉天	27	2464	2051	413	16.76	204	228702
吉林	6	1157	1006	151	13.05	85	168029
黑龙江	2	316	200	116	36.71	36	76459
山东	12	2286	1921	365	15.97	174	204144
河南	13	1607	1420	187	11.64	160	196924
山西	14	3442	2629	813	23.62	337	406443
江苏	24	4521	3751	770	17.03	607	762297
安徽	9	1737	1335	402	23.14	202	279408
江西	10	1804	1696	108	5.99	205	205872
福建	9	1180	1003	177	15.00	180	104769
浙江	19	3039	2498	541	17.80	429	272159
湖北	4	943	807	136	14.42	105	105234
湖南	19	2627	1856	771	29.35	328	219821
陕西	3	706	656	50	7.08	70	71388
甘肃	12	713	664	49	6.87	118	63379
新疆	1	85	85			11	19703
四川	20	2015	1517	498	24.71	325	235560
广东	16	1401	1208	193	13.78	228	111199
广西	4	641	641			60	96602
云南	12	1385	1345	40	28.88	193	144960
贵州	2	265	227	38	14.34	42	
热河	1	121	121			17	12806
绥远	1	87	87			13	7800
察哈尔	1	76	76			6	11805
总计	275	38277	31553	6724	17.57	4487	4454265

资料来源：周予同：《中国现代教育史》，福州：福建教育出版社，2007 年，第 186—187 页。

还有 110 所师范讲习所，共有学生 5569 人，其中男生 5170 人，女生 399 人，女生占 7.16%。[①] 师范教育达一时之盛。师范学校和师范讲习所共 385 所，师范学校和师范讲习所共有学生 43846 人，其中女生 7123 人。仅从数量上看，就超过了历史上的任何一个时期。师范教育的迅猛发展，目标是为推行义务教育培养师资。

图 5—2 广东某师范传习所毕业证书

中华教育改进社的分省区统计，可以使人对各省区师范教育发展一目了然。385 所师范学校的成绩固然可喜，但居然 4 省仅 1 所师范学校，全省师范生不到 100 人的有 3 省。在清末成为“教育示范省”的湖北，也只有 4 所，师范生不到 1000 人。师范生是推行义务教育的“刚需”，义务教育推行能否稳定而高效，师范学校数和在校师范生人数是衡量的重要指标。

由于“壬戌学制”对师范教育的严重伤害，同时又由于义务教育推行的重点和难点在中国广袤的农村，农村师范教育应运而生。1923 年，江苏省在省立师范学校内设农村师范分校，旨在造就乡村初级小学师资。其修业年限 1—3 年不等。南京国民政府成立前夕的 1927 年 3 月 15 日，陶行知在南京郊外 10 多千米的地方——小庄（陶行知改名为“晓庄”），创办南京晓庄试验乡村师范学校，要培养 100 万名乡村教师，“创设一百万所学校，改造一百万个乡村。……一心一德的来为中国一百万个乡村创造一个新生命，叫中国一个个的乡村都有充分的新生命，合起来造成中华民国的伟大的新生命”[②]。其他各省也先后设立了乡村

① 周予同：《中国现代教育史》，福州：福建教育出版社，2007 年，第 188 页。

② 陶行知：《中国乡村教育之根本改造》，华中师范学院教科所主编：《陶行知全集》第 1 卷，长沙：湖南教育出版社，1984 年，第 654—655 页。

师范教育机构。

乡村师范教育的起步，不仅打破了师范教育全部为公办的体制，而且也充分证明对义务教育的重点和难点有了认识和把控。

（三）民国后期师范教育的制度化

南京国民政府成立后，大学院于 1928 年召开第一次全国教育会议，对学校系统及原则进行修正。对师范学校，“为谋教授设备之经济，学生择业之便利，兼为师范学生获得丰富之陶融起见，乃实行中师合一办法，以师范学校并入中学内，列为高级中学分科之一，初级师范则停止办理”①。享有“近水楼台”之便利的江苏省和浙江等省，先后都将原有中学及师范学校合并改组。但是，仍然有很多省份并没有闻风响应，依然按兵不动，沿用旧制。

大学院的举措进一步削弱了师范教育的独立地位，引起了师范教育研究者的一片质疑声。他们指出，师范生所需要的训练与中学生有很大的差别，将两类型的学校合并办理，虽然可以节约一些资源，但“对于师范生专业训练之精神，实有莫大之影响”，因此又有师范学校应独立办理的提议。1932 年以后，国民政府公布《师范学校法》和《师范学校规程》，规定：

第四条　师范学校由省或直隶于行政院之市设立之，但依地方之需要，亦得由县市设立，或两县以上联合设立之。

第五条　师范学校由省市或县设立者，为省立、市立或县立师范学校，由两县以上联合设立者，为某某县联立师范学校。②

《规程》明确规定：“师范学校为严格训练青年身心，养成小学健全师资之所。”“师范学校附设特别师范科及幼稚师范科，公立中学及高级中学内亦得附设特别师范科”；“专收女生之师范学校，称女子师范学校”；“以养成乡村小学师资

① 《第一次中国教育年鉴》（丙编），上海：开明书店，1934 年，第 306 页。

② 《师范学校法》，宋恩荣、章咸编：《中华民国教育法规选编》（修订版），南京：江苏教育出版社，2005 年，第 444 页。

为主管［旨］之师范学校，得称乡村师范学校”；“各地方为急需造就义务教育师资起见，得设简易师范学校，或于师范学校及公立初级中学内，附设简易师范科”。①

乡村师范学校以培养乡村小学师资为主，招收初中毕业生，修业年限为三年；具备相当程度的肄业生，有教学经验且有志于乡村教育改革者，其修业年限，得暂定为一年以上。如招收高级小学毕业生，则入学年龄，要在 16 岁以上，修业年限至少两年。1931 年 9 月 3 日，国民党第三届中央执行委员会第 17 次常务会议通过的《三民主义教育实施原则》指出：“学校应与社会沟通，并造成‘教’‘学’‘做’三者合一的环境，使学生对于教育事业，有改进能力及终身服务的精神”，“乡村师范教育应注重改善农村生活，并适应其需要，以养成切实从事乡村教育或社会教育的人才”。“师范学校应酌加有关实施社会教育的课程，俾可兼备社会教育之师资”，“乡村师范课程，应注重农业生产及农村改良教材”。②湖北办起了一批乡村师范学校，其省立第一乡村师范学校坚守的信条是：

1. 乡村教育是现代中国最宝贵的职业。

2. 根据科学方法的乡村教育是改造乡村社会的利器。

3. 做、学、教合一是改造乡村教育的良药。

4. 乡村师范学校是新乡村的中心。

5. 师生共生活，共甘苦是乡村师范学校应有的精神。

6. 运用科学方法的乡村教师是农民的良师益友。

7. 富有创造能力的乡村教师是新乡村的灵魂。

8. 运用自然科学方法的乡村教师确能发展农民的生活能力。

9. 运用社会科学方法的乡村教师确能促进农民的自治能力。

10. 努力奋斗的乡村教师确能发扬民族独立的精神。③

乡村师范学校承担着乡村社会改造的任务，其课程有比较鲜明的特色，开设

---

① 《修正师范学校规程》，阮华国编：《教育法规》，上海：大东书局，1947 年，第 354—355 页。

② 宋恩荣、章咸编：《中华民国教育法规选编》（修订版），南京：江苏教育出版社，2005 年，第 43 页。

③ 刘军：《民国湖北县级地方教育研究》，武汉：湖北人民出版社，2014 年，第 151—152 页。

有农村经济、水利概要、乡村教育等。为了养成农夫的身手，湖北各乡村师范学校要求学生经常到农场实习农事操作，社会科教师还要领导学生举行造林、筑路、识字、卫生等运动，并设立消费合作社、信用合作社，旨在使学生熟悉农村经济建设设施，走向农村后对农村工作并不感到陌生，缩短“热身”时间。

图 5—3　山东省立济南师范校门

面对义务教育推行巨大的师资数额缺口，仅仅靠师范学校和乡村师范学校来培养，义务教育何日才能大功告成，是一个大的问题。教育部从 1932 年 9 月起，着手整顿全国教育，明确指出 1922 年后实行的综合中学制，取消了独立的师范教育体制，致使教育“系统混淆，目的分歧，其结果中学教育固无从发展，而师范与职业教育，亦流于空泛”[①]。当年 12 月召开的国民党第四届三中全会作出了师范学校脱离中学独立而出的决议。当年 12 月 17 日，国民政府公布了《师范学校法》，其第一条规定：“师范学校应遵照中华民国教育宗旨为了及［其］实［施］方针，以严格之身心训练，养成小学之健全师资。”[②] 师范学校正式取得了

① 《中华教育界》第 20 卷，1933 年第 11 期。

② 《师范学校法》，阮华国编：《教育法规》，上海：大东书局，1947 年，第 351 页。

独立的地位。至此，中等师范教育趋于完备，形成包括师范学校、女子师范学校、乡村师范学校、师范学校附设特别师范科及幼稚师范科、简易师范学校或师范学校附设简易师范科的师资培养系统。

独立师范教育系统的形成，是对清末以来师范教育系统的继承和发展。女子师范学校和简易师范学校、简易师范科等，沿袭了清末的师范教育体制，而乡村师范学校、师范学校特别科等，则是结合中国国情，着重解决乡村小学师资不足的重要举措。

1932 年以后，师范教育进入定型化、制度化的发展期。

二、义务教育师资的职前教育

义务教育师资职前教育，主要靠师范学校完成。1912 年 9 月 29 日，《师范教育令》颁布，将师范教育分为中、高两级，中等性质的师范学校以造就小学教员为目的，专教女子之师范学校称为女子师范学校，以造就小学教员及蒙养园保姆为目的。其后，相继公布了《师范学校规程》《师范学校课程标准》等。1922 年公布“新学制”，给师范教育体系带来伤筋动骨般的影响。南京国民政府成立后，厉行义务教育，为义务教育培养师资的师范教育体系得以重建。

（一）师范学校的设立与发展

师范学校是培养义务教育所需师资的重要机构。随着义务教育在民国时期的曲折发展，师范学校也经历了蜿蜒发展的历程。

1. 师范学校的奠基期（1912—1922）。中华民国建立伊始，百废待兴。1912年9月，南京临时政府教育部颁布《师范教育令》，规定“师范学校以造就小学教员为目的”，“专教女子之师范学校，称女子师范学校，以造就小学校教员及蒙养园保姆为目的”。[1] 同年12月，教育部又颁发了《师范学校规程》，对师范教育的目的、教养要旨、设置、组织、入学资格、课程及服务年限等作了规定。

1916年1月，教育部对《师范学校规程》进行了三个方面的修订。第一，改清末初级师范学堂和女子师范学堂为师范学校和女子师范学校。将师范学校完全科改为第一部，简易科改为第二部。第二，改过去师范学校由府立为省立，但如遇特别情形，可设立县立师范学校，或者两县以上联合设立师范学校；经省教育行政长官呈请教育部核准，个人或社团亦可办理私立师范学校。第三，师范生的待遇分为公费生、半公费生和自费生三种。凡因故受退学处分或自行退学者，要追缴所免各种费用。在师范生的待遇上实行变通灵活办法，有利于拓宽师范生来源渠道，减轻国家负担。

从民国初年到1922年，在政局不稳、民生凋敝的情况下，师范学校在极其艰难的处境中取得了一些发展。全国师范学校385所，比1912年的253所增加了132所；1922年有师范生43846人，比1912年的28525人增加了15321人，堪称取得了骄人的成绩，为义务教育的发展奠定了一定的基础。

2. 师范学校的挫折期（1922—1928）。1922年颁行“新学制”——“壬戌学制”。“新学制”虽然仍将教育分为初等、中等和高等三个学段，中等师范学校属于其中的“中等”学段，但师范教育并无独立地位。“壬戌学制”对中等师范教育的影响主要体现在以下诸方面：

第一，取消了师范教育的独立建制。根据“壬戌学制”，中等师范学校分为六年一贯制、两年或三年制的师范学校，以及高级中学内设的师范科。虽然有这三种师范教育机构并存，但在实际办学过程中，大多数师范学校与普通中学合

---

① 《师范教育令》，宋恩荣、章咸编：《中华民国教育法规选编》（修订版），南京：江苏教育出版社，2005年，第423页。

并，成为高级中学中与农、工、商、家事诸科中的一科，“无形中沦为普通教育的附庸，丧失了独立性”①。

第二，师范学校的培养目标由各校自行确定。“壬戌学制”强调“多留各地方伸缩余地”，各师范教育机构虽然可以根据自身实际，灵活地确定培养目标，但因为中等师范教育是以培养小学教师为职责的，各师范教育机构自行确定培养目标，致使小学教师的培养目标陷入混乱状态，小学教师的培养目标受到冲击，质量难以保证。

第三，取消了公费待遇，使得师范教育失去了原有的吸引力。因为师范教育并入普通中学，成为中学诸科中的一科，公费待遇自动取消。这虽然减轻了国家公费负担，却影响了师范教育的招生数量和质量。

师范和中学合并直接导致师范学校数、师范生人数、师范教育经费大幅度下降。据统计，从 1922 年至 1928 年，全国师范学校从 385 所降到 236 所，减少了 134 所；师范生人数从 43846 人降到 29470 人，减少了 14376 人。② 师范教育发展受挫是显而易见的。

3. 师范教育发展的定型期（1928—1949）。1928 年 5 月，第一次全国教育会议在南京召开，会议的议决案主要有《整理学校系统案》《整理师范学校制度案》《师范学校应独立建设以维教育而固国本案》《整理学校系统案关于师范教育之部》《请确定师范教育制度案》《师范教育应独立开办案》等，开始重建独立的师范教育系统。1932 年 12 月，国民政府教育部公布《师范学校法》17 条，从法制上确定了师范学校的独立地位。次年，教育部又公布了《师范学校规程》138 条。③

重建的独立师范学校主要有 8 种形式：1. 师范学校，修业年限 3 年，招收初中毕业生，培养目标为小学教师。2. 乡村师范学校，旨在培养乡村小学师资。

① 田正平、肖朗主编：《世纪之理想——中国近代义务教育研究》，杭州：浙江教育出版社，2000 年，第 380 页。

② 《第一次中国教育年鉴》（丙编），上海：开明书店，1934 年，第 311 页。

③ 《师范学校规程》后于 1935 年和 1936 年两度修订。

3. 简易师范学校，修业年限初为 4 年，后改为 3 年，招收高小毕业生，培养目标为初级小学师资。4. 简易乡村师范学校，修业年限 4 年，招收高小毕业生，目的是培养国民学校教师。5. 简易师范科，修业年限为 1 年，招收初中毕业生及同等学校毕业者，培养目标为国民学校教师。6. 特别师范科，修业年限 1 年，招收高中毕业生或同等学校毕业者，培养小学或初中教师。7. 幼稚师范科，修业年限 2—3 年，招收初中毕业生，旨在培养幼稚园或初小教师。8. 专科师范，修业年限 3 年，招收初中毕业生，培养目标为小学美术、音乐、体育、劳作和童子军等科教师。

从 1927—1937 年的 10 年间，师范学校数量呈直线上升势头。1928 年，全国师范学校 236 所，学生 29470 人；1929 年增至 667 所，师范生 65695 人；而到抗战前夕的 1936 年，师范学校再度猛增，达 814 所，师范生达 87902 人。比 1928 年分别增长 245％和 198％，增长速度令人称赞。

抗日战争爆发后，中等师范教育并没有因为战局在全国铺开而中断发展，而是持续发展，不断地为义务教育提供师资。推究原因，主要得益于采取了如下措施：

第一，增设国立师范学校。以前，师范学校的设立以省立为原则，抗战爆发后，教育部从 1938 年起，在后方设重庆、梓潼、陇东、茶洞、江津、荣昌、劳作、铅山、幼稚、成打、童子军、第一侨民、第二侨民、女子等 14 所师范学校。1939—1945 年，又在边疆设立西南、西宁、西北、大理、肃州、丽江、绥宁、巴安等 8 所国立师范学校。

第二，加增师范学校类别。除原有的普通师范学校、乡村师范学校、特别师范科、简易师范学校和简易师范科外，另增加了社会教育师范科、体育师范科、音乐师范科、美术师范科、劳作师范科和童子军师范科等专业性师范教育机构。

第三，开展师范教育运动。在抗日战争最为艰苦的阶段，国民党于 1941 年召开第五届八中全会，会上通过了在全国开展师范教育运动、师范生毕业后待遇应改善、各省应尽先充实和增设师范学校等决议。教育部于当年年底制订了推进师范教育的 8 条原则和 18 条工作要项。8 条原则是：（1）各省市中等教育以后应先致力于推动师范教育发展。(2) 推进师范教育应与国民教育设施密切融合，以保证每年师范毕业生能够满足国民教育需要为最低限度。(3) 除须积极扩充数量外，推进师范教育应同时注意提高素质。(4) 师范学校应特别注意建国信仰的坚定、人格的陶冶、专业的训练，并充分培养学生自信及献身教育事业的精神。(5) 推进师范教育应多方设法拓宽师范生来源渠道，并先充实原有各班学额。(6) 应厉行师范毕业生服务并加强管理。(7) 应实施师范生完全公费待遇制。(8) 应注意使一般青年及社会人士认识师范教育在建国过程中的重要意义。①

1942 年 12 月颁行的第二次推进师范教育方案之“工作要项”18 条，阐述了推进师范教育的方法。其中第 13 条规定：“应即尽力设法改善师范生待遇，以后各类师范学校无论省县立，均一律不得征收任何费用。自三十一年度起，所有师范生应需膳食费用，完全由政府供给，各省均应将师范生膳食费按照需要列入概算。”第 18 条决定自 1942 年度起，于每年 3 月 29 日起举行推进师范教育运动周，运动周办理的事项主要有：(1) 召集师范教育会议或讨论会。(2) 发刊《师范教育》专号。(3) 印发师范教育辅导手册。(4) 举行师范教育广播或普通演讲会。(5) 举行师范生效忠国家献身教育毕业宣誓。(6) 举行师范学校成绩展览会或工作竞赛。(7) 颁给师范学校教员服务奖状及清寒优秀师范生奖学金，等等。② 在 1942—1948 年期间，每年从 3 月 29 日到 4 月 4 日，全国组织师范教育运动周活动，共组织了 7 届。

1943 年 10 月，教育部颁发《树立社会风气倡导师范教育实施要点》，明确提出了 5 条“倡导师范教育”要求：

一、各省市每年举行推进师范教育运动周（三月二十九日至四月四日）期内，应由各级教育行政机关长官邀同地方人士举行师范教育座谈会，对师范学校教师表示敬意。

二、在举行推进师范教育运动周期内，各级教育行政机关长官应召集所在地师范学校学生致词嘉勉。

---

① 《第二次中国教育年鉴》第七编，上海：商务印书馆，1948 年，第 931 页。

② 《第二次中国教育年鉴》第七编，上海：商务印书馆，1948 年，第 932 页。

三、各中小学校于每年举行教师节（八月二十七日）纪念仪式时，应由学生家长代表，率同学生代表向教师行谢师礼。

四、各初级中学及中心学校将届毕业学生，应由学校实施教育指导，鼓励其升学师范及简易师范学校。

五、政府应联合各机关团体，于每年师范教育运动周时，发动社会人士募集师范生奖学金，并于师范学校招生时，选送其子女学习师范教育。[①]

1944 年 10 月，国民政府行政院公布《全国师范学校学生公费待遇实施办法》，明确规定师范生除保证金外免缴学费、住宿费及图书、体育、医药卫生等杂费。并规定“膳食（包括主食费、副食费）全部由学校供给，但主食费得依照规定数量拨发公粮”。所用各科教科书由学校供给，制服每三年每生发单制服两套、棉制服一套；劳作、美术、理化、生物等科实习材料由学校供给或酌予补助；新生到校及毕业生经分派服务者应按路程发给或酌予补助旅费。[②]

图 5—4　浙江诸暨简易师范师生合影

---

① 《树立社会风气倡导师范教育实施要点》，宋恩荣、章咸编：《中华民国教育法规选编》（修订版），南京：江苏教育出版社，2005 年，第 456—457 页。

② 《全国师范学校学生公费待遇实施办法》，宋恩荣、章咸编：《中华民国教育法规选编》（修订版），南京：江苏教育出版社，2005 年，第 457 页。

由于采取了得力的发展师范教育措施，尽管其时处在极为困难的抗战时期，师范教育仍然稳中有升。据《第二次中国教育年鉴》统计，从1936年到1945年，师范学校的校数虽然由814所回落到770所，但班级数、师范生数和毕业生数都取得很好的成绩。具体情况见下表（见表5—4）：

表5—4　1936—1945年全国师范学校发展概况表①

学年度	学校数	班级数	师范生数	毕业生数
1936	814	2422	87902	24162
1937	364	1369	48793	9369
1938	312	1538	56679	11200
1939	339	1588	59431	12478
1940	374	1989	78347	18964
1941	408	2301	91239	23065
1942	455	2807	109009	22931
1943	498	3223	130995	24525
1944	562	3840	157806	26808
1945	770	5180	202163	28163

资料来源：《第二次中国教育年鉴》第七编，上海：商务印书馆，1948年，第929—930页。

表5—4表明，民国后期义务教育之所以能够取得举世瞩目的成绩，与师范学校的成倍增长，在校师范生大幅增加有直接关系。师范学校为义务教育提供了大量教师，为义务教育的推进提供了师资力量支撑。

（二）师范教育的培养目标与课程设置

我国素有尊师重教的传统，但自古代到近代，却并没有教师的培养机构和系统制度。只是到光绪三十年（1904）才有了系统的师范教育制度出台——清廷颁

① 学校数、班级数、师范生数和毕业生数中，都包括师范学校、简易师范学校、简易乡村师范学校。

布《奏定学堂章程》之《奏定初级师范学堂章程》，将师范教育分为初级和优级，其中初级即为培养小学教师的中等师范学校，对中等师范教育机构的目标、学制、层次、课程设置、教学方法、考试入学等，有详细的规定。以后，民国时期对师范教育的培养目标和课程设置不断进行探索，使培养目标和课程设置逐渐与中国国情及义务教育需要达成一致。

1. 师范教育的培养目标。清末《奏定初级师范学堂章程》规定初级师范学堂以养成高尚之性情，使不萌邪妄卑鄙之念；以忠孝大义训勉各生，使其趣向端正，心性纯良；恪遵经训，阐发要义，激发其爱国志气，使知学成以后必当勤学诲人，以尽报效国家之义务；宜勉各生以谨言慎行，贵庄重而戒轻佻，向和平而忌暴戾，听受长上之命令训诲，以身作则；身体强健，领会教授之法等的小学堂教师。① 显然这一培养目标反映了当时民变四起，国维不张，国家面临亡国灭种险境的时代特点，包括诸多如“忠孝大义”“听受长上之命令训诲”等内容。对师范生道德要求十分具体，将师范生道德素质培养置于突出地位。

民国建元伊始，在1912—1913年间制定了“壬子·癸丑学制”，将师范教育分为师范学校和高等师范学校两级，其中的师范学校就是以培养小学教师为职志的中等师范教育机构。此时颁布的《师范学校规程》《修正师范学校规程》等，对师范学校的培养目标作了明确规定。国家设立中等师范学校是要将师范生培养成勤于体育、富于美感、勇于德行、践国民之职分、尊品格而重自治、爱人道而尚大公、实事求是、为生利而勿分利、有高尚之志趣、懂施教之方、有自动之能力的小学教师。培养目标“继承了以前注重师范生道德素质之传统”，也增加了美感教育、“自治”“自动”等新的目标。②

师范学校的培养目标以后曾几经调整，到南京国民政府成立后趋于定型。1929年4月，国民政府颁布《中华民国教育宗旨及其实施方针》，强调师范教育“为实现三民主义的国民教育之本源”，应当“以最适宜之科学教育及最严格之身心训练，养成一般国民道德上、学术上最健全之师资为主要之任务。于可能范围

① 舒新城编：《中国近代教育史资料》（中册），第2版，北京：人民教育出版社，1981年，第673页。
② 马啸风主编：《中国师范教育史》，北京：首都师范大学出版社，2003年，第367页。

内，使其独立设置，并尽量发展乡村师范教育”。其后，国民党中央于 1931 年 9 月召开的第 157 次常务会议上通过的《三民主义教育实施原则》，对师范教育的培养目标作了如下规定：

一、应根据三民主义的精神，并参照社会生活之需要，施以最新式科学教育及健全的身心训练，以培养实施三民主义教育师资。二、学校应与社会沟通，并造成“教”“学”“做”三者合一的环境，使学生对教育事业有改进能力及终身服务的精神。三、乡村师范教育应注重改善农村生活，并适应其需要，以养成切实从事乡村教育或社会教育的人才。

次年 12 月，国民政府公布《师范学校法》，明确规定师范学校的培养目标是：“遵照中华民国教育宗旨及其实施方针，以严格之身心训练，养成小学之健全师资。”① 要求根据这一培养目标，对学生进行严格训练，使师范生达成 7 项具体目标：“（1）锻炼强健身体。（2）陶冶道德品格。（3）培育民族文化。（4）充实科学知能。（5）养成勤劳习惯。（6）启发研究儿童教育之兴趣。（7）培养终身服务教育之精神。”② 据此可知，师范教育的培养目标已经定型。其后，一直到 1949 年，全国师范学校都以三民主义为指归，通过德、智、体及专业精神等方面的训练，培养小学所需健全的师资。教育部同时颁行的《师范学校规程》，对师范学校、三年制幼稚师范科、特别师范科等小学教师培养机构，对师范生教育教学科目和训练目标提出了要求。要求师范学校“遵照中华民国教育宗旨及其实施方针所规定，‘以最适宜之科学教育及最严格之身心训练，养成一般国民道德上、学术上最健全之师资’”，“除劳作科作业外，凡校内整理、清洁、消防及学校附近之修路、造林、水利、卫生、识字运动等项，皆须分配担任”。③

抗战中得到重点发展的体育、音乐、美术、劳作等学科师资的培养机构，都有明确的培养目标。譬如，音乐教师的培养目标为：（1）养成学生对于普通乐曲

---

① 《教育部公报》第 4 卷，1932 年第 52 期。

② 《第一次中国教育年鉴》（乙编），上海：开明书店，1934 年，第 51 页。

③ 《师范学校规程》，宋恩荣、章咸编：《中华民国教育法规选编》（修订版），南京：江苏教育出版社，2005 年，第 470—471 页。

有能看能唱能奏的知识技能。（2）特别训练学生的听觉与发声器官，使其有为学生示范歌唱的能力。（3）使学生明了中心国民学校应用音乐及一般指导方法。（4）使学生明了音乐与人生的关系，注意涵养谐和优美、刚强、沉着等情感，及发扬仁爱、和平、英勇、壮烈等民族精神。[①] 其他诸如美术、劳作、童子军、社会教育和卫生等学科师资培养机构，都制订了培养目标，兹不一一胪列。

民国时期各类师范教育机构培养目标的提出，或者根据国民学校师资标准提出，或者根据乡村小学师资状况提出，或者根据各学科师资要求设计，都根据师范生入职后的需要提出，具有一定的合理性和可行性。这对于师范生入职后教学工作的适应性来说，无疑是有相当价值的。

2. 师范教育的课程设置。清末师范学堂分修业 5 年的完全科和修业 1 年的简易科两种。其中，完全科课程共有修身、读经讲经、中国文学、教育学、历史、地理、算学、博物、物理及化学、习字、图画、体操等 12 种，另可根据地方情形加设外国语、农业、商业、手工之一科目或几个科目。《奏定初级师范学堂章程》特别就初级师范学堂和中学堂各自课程的特色和水平做了规定。明确指出两者学科程度大致相同，不过初级师范学堂的特色是有教育和习字两门课程。其中，“教育科第一年学教育史（周 4 学时），第二年学教育原理（周 4 学时），第三年学教授法（周 8 学时），第四、第五年学教育法令、学校管理法、实事授业（教育实习），每周 14、15 学时”[②]。两者的区别颇为明显，师范学堂的教育类课程占用了近 1/3 的教学时数，“师范特色”得到了强调。《章程》的又一特点是“对各门课的教学内容和教材、教法的选择极其详尽，这也体现了既要求中师生掌握各科的基本知识、技能，又要熟悉各科的基本教学方法的特点”[③]。不过，《章程》中没有音乐课，多少对美育有所漠视。有的学者认为，《章程》以“有益风化的古诗歌”来替代音乐，但音乐的教育功能是不能以古代诗词歌赋取而代

---

① 宋嗣廉、韩力学主编：《中国师范教育通览》（上卷），长春：东北师范大学出版社，1998 年，第 113 页。

② 宋嗣廉、韩力学主编：《中国师范教育通览》（上卷），长春：东北师范大学出版社，1998 年，第 23 页。

③ 马啸风主编：《中国师范教育史》，北京：首都师范大学出版社，2003 年，第 366 页。

之的。

民国前期对清末师范学堂的课程设置进行了较大力度的改造。1913 年颁布的《师范学校课程标准》和 1916 年公布的《修正师范学校规程》，对师范学校课程主要进行了三个方面的调整。

第一，预科课程调整。清末师范学堂并没有预科之设，上面所列两文件在预科中增加了读经科，旨在加强中国文化和道德教育；又在男子师范学校将英语改为外国语，课时减少 1 课时，合并图画和手工。将女子师范学校的英语列为选修课。数学和体操的课时男子师范多于女子。女师加设缝纫课。到 1916 年，男女师范学校预科开设了道德课、文化课、艺体课和技能课等，但教育类和实践类课程见不到踪影。

第二，本科课程调整。一是课程门类有损益，增加了手工、农业或商业、乐歌，取消了读经讲经。乐歌课程的设置弥补了清末课程之不足。二是调整了一些课程。三是将 5 年学制压缩到 4 年。四是剔除了清末课程体制中陈腐的内容，增加了新的学科。

本科第二部即原为初级师范学堂的简易科，其课程取消了历史、地理科，增加了读经、博物、农业、乐歌；女子师范和第二部的农业科为缝纫所替代。

第三，教育实习新规定。1916 年的《修正师范学校规程》对教育实习有专章规定，师范学校须设附属高等小学校及国民学校，女子师范学校须附属蒙养园，对师范学校教育实习基地建设给予了高度重视。

如前所述，1922 年的“壬戌学制”对中等师范教育的影响至深至巨。1922 年 10 月，全国教育会联合会发起成立“新学制课程标准起草委员会”，延聘教育专家调查研究和反复讨论，先期推出中小学课程标准，1925 年厘定颁布《新学制师范科课程标准纲要》。《纲要》将中等师范学校分为六年制、后期二年或三年制、高中师范科、师范讲习科等。其课程各有较大不同，六年制师范学校设社会科、语文科、算学科、自然科、艺术科、体育科、教育科共 32 科。高中师范科及后三年师范科设公共必修科目、师范专业科目（教育史、乡村教育、职业教育概论、儿童心理学、教育行政、图书馆管理法、现代教育思潮、幼稚教育、保育学等，8 学分）、分组选修科目和教育选修科目共 49 门课程。

中等师范教育的课程设置的调整，利弊参半。有利的方面，一是由比较重视基本学历转为注重专业智能培养，增加了科学知识和文化陶冶的科目，有利于拓宽学生的知识视野；二是因为减少了公共必修科，增设选修科，采用学分制和分组选科制，能够照顾到学生的能力、兴趣及需要，发展学生的个性。不利的方面，主要以美国模式为蓝本，包括师范科在内的综合中学制，类别众多的设科，五花八门的课程，在美国行之有效，但一旦引进到中国就未必合适。中国经济实力、教育基础、文化背景、管理体制等，毕竟与美国不同，教育经验、教学设备、师资状况、学校规模，更不能与美国等量齐观。这使得“教育界虽满腔热忱、潜心实验，却不免方枘圆凿。众多改革举措，有的在实践中取得成功和经验，有的因脱离实际而收效甚微，有的却因超前运作而昙花一现”①。

南京国民政府成立后，于 1933 年颁布了《师范学校规程》，并于以后的 1935 年和 1936 年先后修正了课程设置体系。在中等师范教育机构设置方面，这些法令规定中等师范教育由师范学校、乡村师范学校、简易师范学校等机构组成。

1934 年，教育部公布了《师范学校课程标准》，规定师范学校的教学科目为：公民、体育、军事训练（女生习军事看护）、卫生、国文、算学、地理、历史、生物、化学、物理、论理学、劳作、美术、音乐、教育概论、教育心理、小学教材及教学法、小学行政、教育测验及统计、实习等。1940 年正式公布的《修正师范学校与简易师范学校教学科目及各学期每周各科教学时数表》，将所习科目分为基本科目和师范专业科目两大类，但另加“适应管教养合一之要旨”而设置的科目，如地方自治、农村经济合作、实用技艺等课。具体课程的课时安排见下表（见表 5—5）：

① 李华兴主编：《民国教育史》，上海：上海教育出版社，2003 年，第 659 页。

表 5—5　1933 年《师范学校规程》规定之课程表（单位：个）

序号	课时数 课程	课时数						总计
		第一学年		第二学年		第三学年		
		第一学期	第二学期	第一学期	第二学期	第一学期	第二学期	
1	公民	2	2	2	2			8
2	体育	2	2	2	2	2	2	12
3	军事训练	3	3					6
4	（军事看护）	（3）	（3）					（6）
5	卫生		2					2
6	国文	4	4	5	5	3	3	24
7	算学	3	3	4	4	2		16
8	地理	3	3					6
9	历史			4	4			8
10	生物学	5	4					9
11	化学			4	4			8
12	物理					4	4	8
13	论理学					2		2
14	劳作（农业）	3	3	2	2	2		12
15	劳作（工艺）	3	3	2	2	2		12
16	劳作（家事）	（3）	（3）	（2）	（2）	（2）		12
17	美术	2	2	2	2			8
18	音乐	2	2	2	2	1	1	10
19	教育概论	4	3					7
20	教育心理			3	3			6
21	小学教材及教学法			3	3	3	3	12
22	小学行政					4		4

续表

序号	课程＼课时数	课时数						总计
		第一学年		第二学年		第三学年		
		第一学期	第二学期	第一学期	第二学期	第一学期	第二学期	
23	教育测验及统计						4	4
24	实习					9	12	21
	每周教学总时数	36	36	35	35	34	29	205

注：军事训练为男生学习；军事看护及劳作（家事）为女生学习。

资料来源：刘问岫：《中国师范教育简史》，北京：人民教育出版社，1984年，第66—67页。

1935年8月22日，教育部公布《修正师范学校规程》，1939年7月28日再次修正公布。规定教学科目为公民、体育、军事训练（女生习军事看护）、卫生、国文、数学、地理、历史、生物、化学、物理、论理学、劳作、美术、音乐、教育概论、教育心理、小学教材及教学法、小学行政、教育测验与统计、实习等。乡村师范学校的教学科目主要内容大同小异，另增加了农业及实习、农村经济及合作、水利概要和乡村教育及实习等。

这一系列文件对师范学校课程的规定，各省市师范学校在执行中亦有所创新，形成了一定的师范教育特色。如山东省立第一师范学校课程比较“正规精深”，18门课程包括宽广而深厚的教学内容。这在下表中可以清楚看出（见表5—6）：

表5—6　山东省立第一师范学校课程与教学内容

课　　程	教学内容
教育心理	心理学、伦［论］理学、教育理论、教育史、教授法、哲学发展史、学校制度、管理卫生、体育法
国　　文	讲读、作文、文字渊源、文法要略、中国文学史、诗学
读　　经	论语、大学、中庸、孟子、诗经、书经、礼记
修　　身	礼仪法、责任与义务、本国道德特色、持躬处世之道

续表

课　　程	教学内容
英　　语	拼读、文法、作文、会话、翻译
习　　字	楷书、行书、草书、板书
历　　史	本国上古、中古、近代史；西洋古代、近代史；东南亚各国史
地　　理	地理概说、本国地理、五大洲地理
数　　学	算术、代数、平面、几何、立体、几何、三角、珠算
博　　物	动物学、植物学、矿物学、地质学、生理学
理　　化	有机化学、无机化学、热学、力学、磁学、音学、光学、电学、理化试验
法　　制	法制大典
经　　济	经济大要
农　　业	栽培、土壤、农具、肥料、蚕桑、畜牧、森林、农业经济
图　　画	铅笔画、钢笔画、水彩画、木炭画、油画、漆画
乐　　歌	歌曲、乐器、乐典
手　　工	竹工、木工、黏土、石膏工、金木工
体　　操	普通体操、游戏、武术、兵士训练

资料来源：丁涛：《历史悠久的济南师范》，济南市政协文史资料委员会、济南市教育委员会编：《解放前济南的学校》，济南：济南出版社，1991 年，第 170—171 页。

1936 年 6 月，教育部修订公布了《师范学校教学科目及每周教学时数表》《乡村师范学校教学科目及每周教学时数表》《简易师范学校教学科目及每周教学时数表》《简易乡村师范学校教学科目及每周教学时数表》《简易师范学校教学科目及每周教学时数表》，删除了六年制师范学校和高中师范科课程庞杂部分，显得更为简练、实用，针对性强。譬如，教育类课程有教育概论、教育心理学、小学教材及教学法、小学行政、教育测验及统计、实习等。

全面抗战期间，从 1940 年开始，国民政府推行“新县制”下的国民教育。为加速培养小学教师，增设简易师范学校和短期师资训练班，并对课程设置作了重新规定。当年 3 月，教育部公布《修正师范学校与简易师范学校教学科目及各学期每周各科教学时数表》，对师范学校要求既适应战时的需要，又保证教育的质量，明确拟定了修订课程的 8 项原则：

（一）须适应抗战建国之需要。（二）须符合国民教育之意义与目标，使师范生具有完成国民教育任务之充分智能。（三）须适应管教养合一之要旨，使师范生以教育力量为中心，推动地方政治、社会、经济、文化等建设，完成地方自治。（四）须表现师范学校之特殊性能，顾及师范生专业需要。（五）须使师范生具有兼教儿童及成人之能力。（六）各科教材须切合实际需要，并须顾及中心国民学校、国民学校各科应用教材及教学法。（七）各科教材应避免不必要的重复，并须顾及各科相互间之联系。（八）各科教材可采取其他方法另行组织，以求完善。①

在这 8 项原则基础上，教育部在征询各方意见后，于 1941 年 2 月研究整理成文史、自然、教育、地方自治和技术学科等 5 类科目课程标准。1943 年 6 月，编制出三大类师范学校课程。基本学科类为：语文、数学、物理、化学、博物、历史、地理、公民、体育、音乐、军训等。专业科目类为：教育概论、教育行政、教材及教学法、教育心理、童子军教育、测验与统计、教育实习等。特殊科目类为：地方自治、农村经济及合作、实用技艺等。各类师范教育机构可根据自身情形，选用这三类之一种。

与 1935 年相比，1941 年公布的三大类课程有六方面的调整：（1）消减课时的科目有算学、生物、化学、物理、音乐、教育概论、小学教材及教学法、实习。（2）取消论理学、劳作（农业、工艺）、军事看护。（3）增加了体育、军事训练、地理、历史等课程的课时。（4）增加了童子军教育、地方自治、农村经济与合作、实用技艺等课程。（5）改算学为数学。（6）实习除继续作为独立科目，不仅在最后一年分两次实习，而且增加了第二年的实习时间。

鉴于小学美术、劳作、童子军、社会教育、卫生等课程教师奇缺的现实，各地还十分重视专科师范学校和普通师范学校设专科，对美术诸科教师专门培养。于是，教育部分别制订了体育、音乐师范科等教学科目及计划。譬如，体育师范

---

① 《第二次中国教育年鉴》第七编，上海：商务印书馆，1948 年，第 920 页。

科学制三年，设置国文、地理、历史、生物、体育原理、体育行政、体育测验与统计、健康检查、体操及按摩术、教育概论、教育心理、体育教材教法和实习等28门课程，专业特色十分鲜明。

（三）师范生的教育与教学技能训练

民国时期对师范生的要求很高。1912年12月教育部公布，1916年1月修正公布的《师范学校规程》，对修身、读经、教育、国文、习字、外国语、数学、图画、乐歌、体操等课程，都提出了具体目标。如"教育""要旨在授以教育上之普通知识，尤当详于高等小学校及国民学校教育之旨趣方法，习其技能，并修养教育家之精神。教育首宜授以心理学、论理学之要略，讲授教育理论、哲学发凡、教授法、保育法、近世教育史、教育制度、学校管理法、学校卫生及教育实习"。[①] 希望通过严格的训练，达到合格小学教师的目标。

1. 师范生的师德教育。师德教育是师范教育的重要内容。所谓人格教育，就是塑造健全人格的教育。师德作为师范教育的重要目标，民国时期从官方文件到各地师范学校，更多地强调要通过学校的教学内容、方式、方法和校风、班风及教师的人格等，施加正面的积极影响。

光绪三十年（1904），《奏定初级师范学堂章程》强调："膺师范之任者，必当敦品养德，循礼奉法，言动威仪，足为楷模。"[②] 达成这一目标，途径与方法很多，通过修身课的教学是其一。修身课"所讲修身之要义，一在坚其敦尚伦常之心，一在鼓其奋发有为之气，尤当示以一身与家族朋类国家世界之关系（以上与中学堂同）。教为师范者，须并讲教修身之次序法则，尤须勉以实践躬行，使

---

① 《师范学校规程》，宋恩荣、章咸编：《中华民国教育法规选编》（修订版），南京：江苏教育出版社，2005年，第429、432页。

② 璩鑫圭、唐良炎编：《中国近代教育史资料汇编·学制演变》，上海：上海教育出版社，1991年，第401页。

养成为师范之品望”[①]。各地开办的师范学堂也将师范生的人格教育奉为立校之本，江苏师范学堂对学生的师德提出了严格要求：

师范生当养成师表，故必锻炼气质，俾成端重谨厚之习惯，以为异日本身作则之地，无论何时何地应服膺者如下：一、淬励智德，强健身体，建立身报国之基，端修己治人之本。二、遵守堂规，敬重师长，亲爱同学。三、守廉耻，专心志，平血气。四、互成纯良之校风。[②]

学校从各个方面砥砺师范生的德行，以期养成师范生的高尚人格。民国之初，师范教育继承了清末重视师范生人格教育的精神，1912 年公布的《师范学校规程》中规定“教养学生之要旨”当为：

一、健全之精神宿于健全之身体，故宜使学生谨于摄生，勤于体育。

二、陶冶情性，锻炼意志，为充任教员者之要务，故宜使学生富于美感，勇于德行。

三、爱国家，尊法宪，为充任教员者之要务，故宜使学生明建国之本原，践国民之职分。

四、独立博爱，为充任教员者之要务，故宜使学生尊品格而重自治，爱人道而尚大公。

五、国民教育趋重实际，宜使学生明现今之大势，察社会之情状，实事求是，为生利之人，而勿为分利之人。……[③]

1914 年 12 月，教育部颁布《整理教育方案》，对师范生的师德予以强调：“师范学生采取严格训育主义，俾将来克尽教师之天职。所谓师范者，必具可为人师之模范也。自教育学发达，乃知即为人师亦有必须之学与术，最要者莫过于教师人格之养成；学科讲授犹偏于知的方面，必也修养情意，甄陶品性，俾对己

① 璩鑫圭、唐良炎编：《中国近代教育史资料汇编·学制演变》，上海：上海教育出版社，1991 年，第 401 页。

② 璩鑫圭、童富勇编：《中国近代教育史资料汇编·实业教育·师范教育》，上海：上海教育出版社，1991 年，第 652 页。

③ 《师范学校规程》，宋恩荣、章咸编：《中华民国教育法规选编》（修订版），南京：江苏教育出版社，2005 年，第 428 页。

有自治力，对人有责任心，然后出任教师，克尽天职，此严格训育之要旨也。”①

南京国民政府时期颁定的教育方针规定，要将师范生“以最适宜之科学教育及最严格之身心训练；养成一般国民道德上学术上最健全之师资”。教育部1933年3月公布，1935年6月修正公布的《师范学校规程》规定：“师范学校为严格训练青年身心；养成小学健全师资之场所”，“师范学校校长及全体教员均负训育责任”。② 1939年9月教育部颁发的《训育纲要》明确规定：“师范学校并应指示教育救国之真义，及中外大教育家献身教育事业的精神，以坚定其学生尽瘁教育事业的志愿与乐育为怀的情操。”③

国民政府及教育部关于加强师范生师德教育的文件，全国各省地师范学校积极贯彻实施，制订了师范生教育教学规章制度。如京兆女子师范学校制订了《京兆女子师范学生修养准则》（100条）：“1. 对于校训必须实践。2. 对于一切秩序必须遵守。3. 对于师长必须敬礼。4. 对于同学必相亲爱。5. 对人谈话要谦和明朗。6. 对人谈话态度要庄重切忌手足无措。7. 努力研究学术。8. 讨论功课不畏怯。9. 假期内宜作业。10. 事理不明了者必须问人。11. 暇时多读书报。12. 遇有问题个人必求解答之法。……”④ 同时制订了《京兆女子师范学校毕业生修养准则——即小学教师必须的条件》（100条）：“1. 拿出良心来作事。2. 热诚最足以唤起社会上之信仰。3. 教学力求改善不守死法。4. 良教师不打断学生的好问。5. 对于新教法宜试验态度，莫开口便诋毁。6. 对于新学说宜先研究后批评。7. 勿偏爱优等儿童。8. 不轻于赏罚学生。9. 学生质问不明了时不曲为解释。10. 讲解错误宜更正不宜强辩。……”⑤ 这些都是最为基本的师德规范，师范生在入职前和即将入职之际知晓，并接受师德规范基本训练，有助于提高师范生的师德水平，提高教师的声誉与威望。

---

① 《教育部整理教育方案草案》，宋恩荣、章咸编：《中华民国教育法规选编》（修订版），南京：江苏教育出版社，2005年，第10页。

② 《中华民国法规大全》第七册，上海：商务印书馆，1936年，第3691、3693页。

③ 宋恩荣、章咸编：《中华民国教育法规选编》（修订版），南京：江苏教育出版社，2005年，第157页。

④ 《北京近代中师职业学前特殊民族教育史料》，北京：北京教育出版社，1995年，第45页。

⑤ 《北京近代中师职业学前特殊民族教育史料》，北京：北京教育出版社，1995年，第48—49页。

1936 年 6 月，北平师范学校制定《训育大纲》，这是全国师范学校最早制定的训育办法，比 1939 年 9 月教育部颁布的《训育纲要》要早 3 年。《大纲》提出的训育标准是："甲、行动纪律化，养成服从尊长之精神。乙、生活朴素化，养成刻苦耐劳之精神。丙、思想纯正化，养成明辨是非之精神。丁、意志团体化，养成互助乐群之精神。"为实现这 4 大目标，《大纲》提出了 9 大原则：

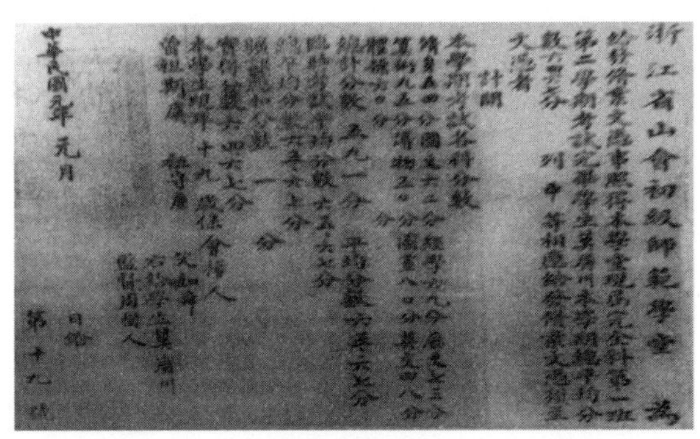

图 5—5　民国初年初级师范毕业文凭

甲、本校训育，崇尚人格感化。师长皆以身作则，借收潜移默化之效；凡有活动，教职员皆参与其间，以便随时指导。如学生自习时有教员轮流值日。学生炊事部、自治会及平民学校等，由训育课负责指导。

乙、训练方法分为团体训练与个别训练两种。有团体一致之性质者，团体训练之；有个别性质者，个别训练之。

丙、训练学生采严格主义，遇事先说明其理由，使之必服为上。如有桀骜不驯不可理喻而妨碍团体者，不惜加以严格制裁。

丁、奖励公共制裁与积极为善，有不重个人利益而为团体牺牲者，尤特加奖励。

戊、提倡旧有道德，注重男女有别，启发弘毅精神，革除浪漫习惯。

己、崇尚节俭生活。当此国力疲敝农村经济破产之际，实应提倡节约，以减轻家长之担负。故凡足以使学生生活俭朴者，无不注意及之。

庚、严行奖惩办法。务使恩威并具，信赏必罚。

辛、注意卫生习惯之养成。尤注意体格普遍之锻炼，以矫正文弱之积弊。

壬、学校、家庭切实联络，学生各项成绩及评语，于每学期终了时通知家长，听取家长意见，以为训管学生之参考。[①]

北平师范学校训育实施有一定特色。《大纲》对师范生的日常要求有20条之多，如在校学生须一律穿着规定的制服，寝室由值日生洒扫整理，就餐前行升旗礼，就餐时由值日队长整队入室，发令举箸开动；上课时由教务处课派员考查勤惰，由训育课派员考查教室秩序，学生言行、礼貌有失检者，必予纠正；上课后，学生寝室由训育课考查一次，寝室不洁、床被不整者，指令重新整理，等等。此外，还有分组自治训练、实行陆军礼节、严格限制学生外出、组织耐寒练习会、组织劳动服务队、举行纪律大检阅、举行紧急集合、举行夜间练习、举行防空学习等“特种训练”。如分组自治训练队将男女生分别分为若干队，全校为一训练大队，“各队皆设队长，提携砥砺，层层节制，以养成其绝对服从领袖之精神及彼此策励之自治能力”。组织耐寒练习会“使全校男女生每年冬至日起，一律参加耐寒练习，期限一周，每日在黑暗中摸衣起床，限七分钟，迅集于大操场，披星戴月，冒寒餐风，由训育课全体职员领导演习各种操法，拂晓收操”[②]。对师范生的言行举止全面提出要求，使其言动符合教师规范，是很有必要的。但其严格限制师范生外出，规定“自星期日下午六时起，至星期六下午四时止，在此期间内，除正课严格限制其请假外，其课外时间亦一律不准外出。如有特别事故必须出校时，须经训育课准假，然后领得出校证佩于胸间，持出门证交于号房，方可出校。其请假时数，按自习请假办法核扣。凡未佩出校证而擅自离校者，定于严重处分”[③]。用限制人身自由办法来“实施训育”，违背国际公例，终归不是训育的好办法。

湖北一些简易师范重视教师仪表和师德训练。长阳县中简师进行过教师仪表

① 《北京师范学校训育大纲》，汤世雄、王国华主编：《北京师范学校史料汇编》，北京：北京教育出版社，1995年，第565—566页。

② 《北京师范学校训育大纲》，汤世雄、王国华主编：《北京师范学校史料汇编》，北京：北京教育出版社，1995年，第568页。

③ 《北京师范学校训育大纲》，汤世雄、王国华主编：《北京师范学校史料汇编》，北京：北京教育出版社，1995年，第568页。

与师德训练的考核尝试。长阳县中简师从精神、知能、生活、专业 4 个方面进行量化考核，考核项目分为忠实、进取、自导、勤勉、有恒、整洁、节俭、守时、敬业、专精等 10 项，每项评分占 10%，满分为 100 分。[①] 无论评分精准与否，它释放出一种信号，这就是学校十分重视师范生的仪表与师德训练。省第三区立简易乡村师范将训育定位在师范生头脑科学化、身手农人化之“两化”上面，以充实实际的智能，养成刻苦耐劳改造社会的精神为标准。为达此目的，该校对训育方法进行了探索，实行训教合一，直接间接训练并举，强调精神陶冶和人格的感化。而设在利川县的省立第七师范，施教注重精神、体格、学科、生产劳动和战时后方服务“五种训练”平均发展，学生必须全部及格才能升级，同时，还对学生实施“提高青年学生自尊精神，树立独立品德，培养自治能力”[②] 的自治训练，并且开展以班级为基本单位的自治活动。

2. 师范生的专业训练。1933 年 3 月教育部颁布的《师范学校规程》对师范学校、乡村师范学校、特别师范科等的课程与教学等，作了明确的规定，对师范生进行如下训练：

一、锻炼强健身体。

二、陶融道德品格。

三、培育民族文化。

四、充实科学知能。

五、养成劳动习惯。

六、启发研究儿童教育之兴趣。

七、培养终身服务教育之精神。[③]

要求各地师范学校开展各式各样的教育教学活动，达到以上 7 项训练目标。

由于实行混合制师范教育，很多省市的师范教育形成了各自的特色，呈现出争奇斗妍的良好态势。

---

① 长阳土家族自治县教育志编纂领导小组编：《长阳土家族自治县教育志》，1999 年，第 93 页。

② 利川市教育委员会教育志编写组编：《利川市教育志》，1989 年，第 176 页。

③ 《中华民国法规大全》第七册，上海：商务印书馆，1936 年，第 3691 页。

民国后期师范教育的类型很多，这里仅以乡村师范为例介绍其专业训练特色。

陶行知创办的晓庄试验乡村师范学校从招生到训练，令人耳目一新。晓庄师范的招生并不太看重文化知识，而将农事经验摆在极其重要的位置。什么样的资格可以报考晓庄师范呢？陶行知解释说："初级中等学校、高级中等学校、专门大学末了一年半的学生和在职教职员有同等程度的都可以投考。但是他们必须有农事或土木工经验方才有考取的把握。……凡是小名士、书呆子、文凭迷的都最好不来。"① 晓庄师范实行教学做合一，全部课程便是全部生活，以乡村生活为中心。"教学做"的中心是事，事是怎样做就怎样学，教师就怎样教。学生到晓庄师范是学做事的，不是来混文凭的。南京栖霞山的栖霞乡村师范学校原是国立第四中山大学南京中学乡村师范科，1932 年改称为江苏省栖霞乡村师范学校，其教室、礼堂、自然科学馆、农业研究室、理化器械室、图书馆、师生宿舍等，与其他师范学校迥然有别。师范生的学习基地有农场、林场、各种工场，在这里师范生们可以参加农事、园艺、饲养、建筑、缝纫等生产劳动活动，通过手脑并用增长才干。

陶行知在晓庄师范对师范生的课程与教育教学进行整合性训练，实行五大合一：

第一，课程设置与生活合一。陶行知在创办晓庄师范时，主张根据生活的需要开设课程。生活中有接人待物、洒扫应对之事，师范学校就应设置"执行教学做""洒扫教学做""烹饪教学做"等课程。乡村生活少不了要自己烧饭，故他强调"不会烧饭，不得毕业"。师范生不会种菜烧饭，到乡村就有吃不尽的苦头。过去科举考试尚且要自己背柴火烧饭，新师范岂有落后于科举的道理！

第二，课程设置与生产劳动合一。现代社会要求人们过劳动生活，师范学校在课程设置上便应做到二者合一。晓庄师范设有征服自然环境教学做，其中包括农业、造林、园艺、基础土木工程，充分体现出所设课程与生产劳动紧密结合的

---

① 《试验乡村师范学校答客问》，华中师范学院教科所主编：《陶行知全集》第 1 卷，长沙：湖南教育出版社，1984 年，第 667—668 页。

特色。而且视农业生产情况开设捉蛇、种牛痘、捕蝗、灭虫等灵活机动的课程，也贯彻了陶行知师范教育课程设置与生产劳动合一的精神。

第三，课程设置与教育对象合一。陶行知曾撰《新学制与师范教育》一文，主张师范教育的课程因受教育者的不同而开设他们各自需要的课程。在课程计划制订之前，应从“功效”着眼，开展调查，分析和研究。譬如，对于教育行政人员而言，管理法、教育法令等是必开勿疑的。其他课程应根据不同的教育对象设置最有用处的课程。

第四，课程设置与中心学校合一。陶行知称小学为“中心学校”，反对将中心学校称为师范学校的“附属学校”。他认为师范学校应根据中心学校之需开设。中心学校是太阳，师范学校是围绕太阳运转的行星。中心学校需要传授文化知识，师范学校就应设置“中心学校教学做”——包括算术、自然、园艺、体育等10门课程。中心学校需要培训行政总务人员，师范学校就应开设“中心学校教学做”“分任院务教学做”。所以，中心学校不仅是师范生实习的基地，同时又是控制师范学校课程及活动的指挥棒。

图5—6 某女子师范学校部分师生

第五，课程设置与保证师范性合一。师范学校无疑应因时因地设置不同的课程，但万变不离其宗，“师范性”是不可更易的。所谓师范性，就是教育界的需要。在陶行知看来，师范性是师范教育的出发点和归宿。目标的一致性决定了学术性必须与师范性合一。师范性的基本内容包括教育学、心理学等课程。这些课程是师范学校“师范性”的重要表征。

河南诞生了两所新型的乡村师范学校。一所是 1931 年 8 月在原河南村治学院旧址上开办的河南省立百泉乡村师范学校。1932 年，百泉乡村师范提出以陶行知创办的南京晓庄师范为模式，将农场、学校、社会打成一片，实施普遍的军事训练、生产训练、科学训练、识字训练、民权训练和生活训练等六大训练，做到以“生活教育”为中心，使学校培养出更多的乡村师资和“乡村建设”人才。在乡村师范办理过程中，形成了如下特色：（1）学校以陶行知、梁漱溟及晏阳初等教育家的“教育救国”思想理论为指导，立足农村，以乡村教育为中心，以改造农村社会为基本目的，以专门培养农村小学和农村成人补习学校的师资为学校根本任务。（2）学校采用分组教学实验制，把学生分成乡村教育、乡村社会和农艺 3 个组，学生以自学为主，辅之教师辅导。从教学形式和方法上均与传统的教育模式相对立。增加教学时间，缩短假期时间，把寒假缩短到两周，基本取消暑假和星期日制度。这样一来要比一般的师范学校多出 3 个月的教学时间，确保了教育实习等实践环节的充分开展。（3）创办教育实验区，将附属农村小学作为实验基地，积极探索农村基础教育改革的路径。（4）试行“生活教育”制度。学校按陶行知“生活教育与生俱来，与生同去”，“社会是大众唯一的学校，生活是大众唯一的教育”的原则，对学生实行生活导师制。（5）在招生制度上采取分区录取、进行口试、放宽入学年龄、辨伪复试等方法，拓宽了生源渠道，保证了学生质量。（6）重视体育。学校除开设有体育、武术、军训等课程外，还规定每人每天要有 1 小时的课外田径、球类、爬山等文体活动时间。（7）注重社会活动。百泉乡村师范经常组织学生进行乡村社会调查，组织学生到乡村开展移风易俗等宣传活动，如设立宣讲棚、茶水站、医疗站等，向农民和旅游参观者宣讲农业科技知识、生活卫生常识等，开展破除迷信、崇尚科学等活动。[①]

百泉乡村师范存在的时间不长，但在推行乡村教育和生活教育方面做了可贵的探索。不过，其取消暑假和星期日制度、压缩寒假等做法，是值得商榷的。

---

① 王日新、蒋笃运主编：《河南教育通史》（中），郑州：大象出版社，2004 年，第 264—265 页。

另一所是彭禹廷在内乡县创立的宛西乡村师范学校。这所乡村师范与普通师范大异其趣的是：第一，实行政教合一。彭禹廷认为地方自治建设的主要方法就是政教合一，这实际上就是管、教、养、卫合一。为此，百泉乡村师范对校旗进行了精心设计："两个三角形放在三条横线上，中间有一木铎。一个三角形代表教、学、做合一，另一个三角形代表政、教、养合一，三条横线则代表三民主义。"[①] 为此，规定乡村小学教师服务标准有如下 5 条："1. 帮助乡镇长办理一切自治事宜。2. 举办民众学校（附设在小学内）。3. 指导农民组织各种合作社。4. 指导农民防治病虫害及改良饲养家畜方法。5. 指导农民组织拒毒会、戒赌会、林务公会，指导农民注意卫生。"[②] 第二，加强武术教育。彭禹廷要将学生培养成人人都有自卫能力的人才，每学期都要进行数周的军事训练，学校还专门设有国术科。第三，重视生产教育。宛西乡村师范将地方建设、工农业生产知识和技术作为教学的主要内容。学校设立了农林、工商组织，使学生在学校方便进行果树和植物的栽培，以及鸡豕饲养等实习活动。第四，将农民作为重要教育对象。彭禹廷采取加重地主阶级负担，减轻农民负担的办法办学。一方面大力吸收贫困农民子弟入学读书，另一方面拟定出台了整套资助贫困学生的办法。彭禹廷通过宛西乡村师范推行地方自治，推行乡村建设教育实验，在河南省乃至全国产生了巨大影响。

湖北的乡村简易师范的教学也有一些特色。第三区立简易乡村师范学校设在第三行政督查专员区蕲春县。作为该区的"首善"之校，在教学上强调突出乡村特色，采取做、学、教合一的原则，教学与实习并重。课内设有工艺科，扎扎实实地做好农事、工艺每一环节。课外组织学生分别打扫、洗濯、食事料理、开垦荒地、修桥补路。农事实习则注重基本操作，如作物的栽培试验、作物品质的检查、蔬菜的栽培与管理等。该校还自编了园艺学、实用作物学、公民、应用数学、健康教育等校本教材。为了改进乡村卫生不良状况，第三区立简易乡村师范

① 王日新、蒋笃运主编：《河南教育通史》（中），郑州：大象出版社，2004 年，第 266 页。

② 《镇平自治概况》，转引自王日新、蒋笃运主编：《河南教育通史》（中），郑州：大象出版社，2004 年，第 266 页。

学校重视学生卫生训练，在让学生掌握卫生知识的同时，使其掌握卫生技能。每天轮流派学生监督食堂卫生，每天坚持打扫宿舍，在浴室、厕所泼洒艾皂或石灰消毒，生活用水坚持用明矾澄清。每学期开学之初，都对学生进行体检，必要时还对学生施种牛痘，等等。学生在这一系列活动中，接受了生动的卫生教育。

3. 师范生的教学实习。1912 年底公布且 1916 年修正公布的《师范学校规程》，对师范生的实习只是稍有涉及，没有专章论述。第 10 条规定："教育实习时，除各科教授外，凡关于管理等事项均应随时指导。"第 28 条规定："在本科第四学年，得于第三学期酌减他项科目，增加实习时数，并得将本学年功课提前于第一、第二学期匀配教授完毕，即以第三学期专为实习之用。"[①] 并没有对见习、实习予以特别强调。

北京师范学校 1918 年制定了关于实习的一系列原则方法和制度——《北京师范学校实习生指导方法》，包括《教生参观规则》《教生实习要则》《指导教生规程》《教生实习心得》《组长服务内规》《校务实习内规》《学级会内规》《批评会内规》等。如《教生参观规则》规定实习生参观时当注意的事项："1. 教授方法。2. 教室管理法。3. 学级训练法。4. 儿童之各个训练法。5. 教案。6. 教授细目。7. 教授日程。8. 学籍簿。9. 操行考查法。10. 成绩考查法。11. 学校家庭联络法。12. 校舍之整理清洁法。13. 事务分掌法。14. 校园之组织及处理法。15. 学校新闻之组织法。16. 关于其他教授训育之特殊设施。"[②]《教生实习要则》规定实习生承担修身、国文、算术三科主要科目，"其余各科可自由认任，惟每人必认任一科或一科以上，既认定后不得更改及互调"。《指导教生规程》要求"教生实习教授之时，担任教员宜在教室后方视察指导，主任宜轮流监察，每日放课后恳加批评"。

1925 年，北京师范学校公布《北京师范学校教生实习规则》，规定实习科目分为史地博物组：历史、地理、博物；数理化学组：数学、物理、化学；图工音

① 《师范学校规程》，见宋恩荣、章咸编：《中华民国教育法规选编》（修订版），南京：江苏教育出版社，2005 年，第 429、432 页。

② 汤世雄、王国华主编：《北京师范学校史料汇编》，北京：北京教育出版社，1995 年，第 286 页。

乐组：图画、手工、音乐。但是，“无论何组，社会（或公民）、国语为必须实习科目”。第19条规定：“教生每教授一小时完毕后，即由该科担任教员批评指正。”关于师范生实习问题，附小“每年开特别批评会二次以上，其时期由实习主任规定，每次教授者由实习主任于教授前一礼拜签定之，特别批评会主席即以实习主任任之”①。

1927年5月，北京师范学校公布了《北京师范学校修订教生实习暂行规则》。明确规定：

……

二、教生实习时，宜于上课前十五分钟到校，并于教生出席簿上画到。

三、教生实习期内，凡担任之级次、科目及时间，一经排定，非经主任许可，不得互换或变更。

四、教生遇不得已不能上课时，宜于前一日，报告该科担任教员及主任。

五、教生实习前，宜先向该科担任教员询明教材，并商确教学方法，调制教学案，至迟须于二日前，送交该科担任教员检阅之。

……

七、教生实习后，由该科担任教员，与同组教生开会批评，并将观察要点，各记于评案纸上，交与该科担任教员。②

相对说来，对实习生在实习期间的言动规定得更为明细，更加规范。

1927年5月30日至6月30日，北京师范学校有31人来到附属小学实习。北京市视学张家声每日参观6—7名实习生的课堂。实习结束后，他对实习生进行了“总批评”，提醒实习生“应注意之点”多达25条，摘其要点如下：

1. 教案组织要审查材料，斟酌儿童程度为标准。

2. 教案制成后，应前一日送交实习年级担任教师修正，千万别在临上课时

---

① 《北京师范学校教生实习规则》，汤世雄、王国华主编：《北京师范学校史料汇编》，北京：北京教育出版社，1995年，第361页。

② 《北京师范学校修订教生实习暂行规则》，汤世雄、王国华主编：《北京师范学校史料汇编》，北京：北京教育出版社，1995年，第396—397页。

再交。

3. 无论何种科目总要分出主目的、副目的，主目的多占时间，副目的少占时间。

4. 教学社会、公民注重实际，对于指导实践一项要特别注重。

5. 注重实物教授，如无实物可用标本，如无标本可用挂图。

6. 指名读讲应在黑板前，为引起儿童注意力。

7. 教学算术揭示题目应令儿童齐读。

8. 教学初年级算术，对于练习暗算一项要特别注意。

9. 教学时揭出实物、标本、挂图黑板时，须有联络语。

10. 教学算术检答要敏捷。……

11. 教师正在教授时立定说话，千万不要来回走。

12. 教师儿童活动要平均。①

对实习生的教学要求十分细致，有利于他们提高教学能力，有利于师范生的成长。最值得重视的是，一所师范学校的学生实习，是再平常不过的事情，北京市竟然专门派出视学人员天天到实习学校听实习生的课，而且每天听6—7人的课，听课强度大得惊人。这在当时的全国恐怕是绝无仅有的！体现了对师范生成长的关怀，体现了对义务教育师资培养的重视。当然，张家声视学的“总批评”还有一些可以商榷之处，如教师讲课时不要来回走动、教学算术揭示题目应令儿童齐读、教学算术检答要敏捷等，当是一己之见。

全面抗战期间，为增进师范生实习效能和加强师范生专业训练起见，教育部于1941年12月颁布了《师范学校（科）学生实习办法》，要求各师范学校成立实习指导委员会，专负计划及指导学生实习之责。其具体职权有六：

（一）订定有关实习各项章则。（二）订定有关实习各项应用表式。（三）订定实习历，支配实习时间与事项。（四）审核与实习有关各项报告。（五）评核学

① 《视学张家声对第十一届学生实习的总批评》，汤世雄、王国华主编：《北京师范学校史料汇编》，北京：北京教育出版社，1995年，第415—416页。

生实习总成绩。（六）处理其他一切有关实习及行政实习等项。[①]

关于实习时间，《办法》并没有规定实习时间长度，但师范学校应当在最后一学年规定实习时间，其余各学年亦应于必要时随时举行参观。

参观及见习的范围与内容，主要包括：“（一）学校行政。（二）教学及训导实施。（三）社会教育事业。（四）县及乡（镇）保教育行政。（五）乡（镇）保一般自治及行政事务。”

教学实习是《办法》的重点。《办法》规定：“教学实习须有充分实习小学部与民教部各级各科教学之机会，并以普遍实习单式、复式单级等学级为原则。”还规定了实习组织方式和科目，强调“教学实习时，应将实习学生就实习学级数分二人至五人为一组，并根据实习指导委员会规定之分量及实习学生分组性质，均匀支配实习科目，并指定相当时期，使各组均分别担负全学级教学之责”。“为使养成娴熟的教学技能，各实习学生教学实习时，在附属学校实际担任教学之时数，不得少于一千八百分钟。”[②]

《办法》的又一个重点是行政实习。行政实习的范围包括学校行政实习、社会教育行政实习和地方自治及行政实习三种。学校行政实习包括教导行政实习、事务实习、学校办理社会教育实习和辅导国民学校实习。社会教育行政实习包括民众教育馆等社会教育机关实习、社会教育事业之参与。地方自治及行政实习内容有二：一是地方教育行政实习；二是乡（镇）保自治及行政实习（教育行政、民政工作、生产事业、国民兵队）。

各项实习结束，“应具书面报告，并开研究会”[③]。

教育部有关师范学校学生实习的文件颁布后，各地师范学校贯彻落实，并结合当地情形有所探索和创新。长沙一师附属小学是一师学生的实习场所。附属小

① 《师范学校（科）学生实习办法》，宋恩荣、章咸编：《中华民国教育法规选编》（修订版），南京：江苏教育出版社，2005 年，第 450 页。

② 《师范学校（科）学生实习办法》，宋恩荣、章咸编：《中华民国教育法规选编》（修订版），南京：江苏教育出版社，2005 年，第 452 页。

③ 《师范学校（科）学生实习办法》，宋恩荣、章咸编：《中华民国教育法规选编》（修订版），南京：江苏教育出版社，2005 年，第 452—453 页。

学特制订实施的原则："附小为师范生实习场所，一切工作以便于师范生实习为准绳。教育事业，应随社会活动以改进，附小全体教职员，应抱试验改进的精神，遇事均根据理论与事实，逐渐改良，决不因循守旧。注意儿童个性发展，如遇特殊儿童，尤多方设法训练。"① 一师附小制订了实习指导计划，规定附小教师有协助师范部实习主任指导学生实习之责。要求指导教师指导实习生时，必须抱有严正而和蔼的态度。学生实习时，指导教师须在旁指导，并维持儿童与实习生之间应有的态度和信仰。指导教师应从多个方面与实习生接触沟通，并须顾及实习生和儿童的利益。对各类教职员指导实习生的内容还作了具体规定：

（1）由主事指导的，如教育方针、设备、行政组织、校务分掌、经费、学级编制、教学主张、附小经历、学校的特殊情况，以及其他关于全校的事项。

（2）由教务主任指导的，如各年级教学现状及其特殊点、学生出席缺席的考查及处置、教师缺点之处理、日课表之排列、成绩考察方法及统计、教室支配、教务处组织及规程、教学研究会情况、教务上所用各种表册，其他关于教务事项等。

（3）由训导主任指导的，如训导方针、训练实施标准、学生自治会的组织及其实施情况、训导处组织及规程、训导研究会情况等。

（4）由事务主任指导的，如校具保管及使用、使用经费办法及购置物件手续、校工的指导和管理、卫生的注意、关于事务上的注意点、事务处组织及规程，其他关于事务事项。

（5）由各级任指导的，如本级风纪、本级干部情况、指示特殊儿童、填写学级日志、指示训练方法、自治活动的指导、表演开会的指导、结算成绩和报告、监督儿童勤务、处理儿童告诉事项等。

（6）由指导教师指导的，如教学方法及过程、教材及教具、成绩处理法、教学用品、儿童对于本科的兴趣、教室管理法、参观本科教学的要点，其他关于该科教学事项。②

---

① 湖南第一师范校史编写组：《湖南第一师范校史》，长沙：湖南教育出版社，1983 年，第 217 页。

② 湖南第一师范校史编写组：《湖南第一师范校史》，长沙：湖南教育出版社，1983 年，第 218 页。

师范生的实习分家事实习、工艺实习、农艺实习和教育实习四种。女生的家事实习包括缝纫、烹饪等项。每周计划授课一小时，不定期在校内举行展览会，陈列各种物品。工艺实习分木工、竹工、石膏工、纸工、废物工、稻草工、黏土工、蜡工等类。有教师专门指导，分期实习，根据教学顺序，一面工作，一面教授。农艺实习“指定教师负责，租辟农场一处，每学生一块，约二方丈，任种各种蔬菜”[①]。教育实习由学校指导委员会议决实施，制订有《实习指导委员会章程》《参观实习实施细则》《参观实习计划》等。1943 年，一师实习生参观了一师附小及邵阳、湘乡、春元、陶奁、蓝田等地的小学，实习内容为教学和学校行政。

一师附小教师还要考察实习生的效果，并填写教学实习批评表，参加学校召开的实习研究会或批评会。根据规定，学生实习阶段，每日开批评会一次。在实习完成时，开成绩展览会或学艺会一次，最后还要召开总结大会。

三、义务教育师资的职后教育

义务教育对师资要求很高，但当时好的教师如同凤毛麟角，非但很多教师程度不够，而且即便如此，教师还奇缺。在这种情况下，教师的职后教育对于义务教育师资而言，显得特别重要。特别是国民政府 1935 年大力推行义务教育后，教育部专门就义务教育教师职后教育问题，公布《各省市义务教育师资训练班办

① 湖南第一师范校史编写组：《湖南第一师范校史》，长沙：湖南教育出版社，1983 年，第 224 页。

法》，从组织形式到培训经费、人员编制、培训内容等方面，做出了具体明确的规定。

（一）创办短期小学师资训练班

1934 年 12 月，蔡元培等国民政府要人在国民党第四届第五次中央全会通过的《实施义务教育标本兼治办法案》中深刻地指出："际此世界风云紧迫之秋，吾人倘不采取更有效之方法，于最短期间推行义务教育，则民族前途实有不堪殷忧者。"① 提出创办短期小学或短期小学班培训小学教师的设想。随着厉行义务教育令在全国的实施，各地对小学师资的需求与日俱增，行政院遂于 1935 年 6 月颁发《实施义务教育暂行办法大纲施行细则》，规定：

各省市应自实施义务教育第一期开始以后，在省市立或县立初高级中学及师范学校内广设短期小学师资训练班，招收相当于初级中学毕业程度之学生，予以短期之师范训练，其课程以研究小学教料［材］及教学方法为中心，训练期满，考试及格，予以证明书，准其充任短期小学教员。……在第一期内，得招考文清理通，常识丰富，有志为短期小学教员人员，考试及格予以证明书，准其充任一年制短期小学教员。②

当年 8 月 4 日，教育部公布《各省市义务教育师资训练班办法》，规定从 1936 年起，各省市教育厅局须举办义务教育师资训练班，应斟酌情形，或者集中举办，或者按照原有师范区或行政督察区分区举办，"经费得由各省市呈准教育部在中央拨给之义务教育经费项下动支"。培训内容"除讲授关于义务教育之法令以及办理小学与短期小学之方法与教学法外，并注重民族意识之训练、军事

① 中国第二历史档案馆编：《中华民国史档案资料汇编》第五辑第一编（一），南京：江苏古籍出版社，1994 年，第 605 页。

② 中国第二历史档案馆编：《中华民国史档案资料汇编》第五辑第一编（一），南京：江苏古籍出版社，1994 年，第 626—627 页。

训练、农村经济与公共卫生常识”。①

行政院和教育部的《施行细则》和《办法》颁布后，全国许多省市制订了实施义务教育计划，其中大多涉及开办短期小学师资训练班培养义务教育所需教员的问题。如 1935 年 9 月 7 日，北平市社会教育局局长蔡元报送了实施义务教育计划的呈文，呈文附有《修正北平市实施义务教育计划》，其中列入了“设立短期小学师资训练班”的计划。同年 11 月 28 日，天津市政府抄送了 1935 年推行义务教育计划书的咨文，亦附有《天津市教育局二十四年度推行义务教育计划》，《计划》第三条师资部分陈述了解决师资问题的设想，说：“本市二十四年度应设之学校，在普通小学共需职教员七十二人。据素日调查，本市各师范学校毕业生赋闲者尚多，师资当无甚困难。此外，短期小学共需教员九十七人，拟举办短期小学师资训练班，招收具有小学教员之学力者，予以相当之训练，择优委用，其招收训练等办法另定之。”②

关于训练班的具体办法，教育部在《各省市义务教育师资训练班办法》中规定，义务教育师资训练班，招收初级、高级中学及师范学校或同等学校毕业生之尚未就业者，甄别训练，其训练期分别定为 3 个月至 6 个月。训练班除讲授关于义务教育之法令以及办理小学与短期小学之方法与教学法外，并注重民族意识之训练、军事训练、农村经济与公共卫生常识。训练班学生修业期满，经考核及格者，给予毕业证书。训练班毕业生，应由各省市教育厅局尽先派充义务教育各项师资，或办理地方义务教育行政。各省市举办义务教育师资训练班，遇必要时，教育部得派员辅导之。

湖南省小学师资短期训练成效，在当时各省市中是首屈一指的，不仅训练工作比教育部的文件早两年即开展，而且形成了制度，训练也比较规范。湖南小学教师训练班称小学教员讲习会，从 1933 年起，每年在暑假由教育厅召集各县小

① 《各省市义务教育师资训练班办法》，《中央及本省义务教育法令汇编》，湖北省义务教育委员会，1937 年，第 168 页。

② 中国第二历史档案馆编：《中华民国史档案资料汇编》第五辑第一编（一），南京：江苏古籍出版社，1994 年，第 673 页。

学教员在省城举行，该省制订的各县小学教员讲习会办法规定：

1. 各县应于寒暑假期内，召集未合格之小学教员举办小学教员讲习会。

2. 参加讲习会之小学教员应以现任为原则。

3. 讲习科目应以下列各科为主：(1) 精神讲话；(2) 小学教材及教法；(3) 小学行政；(4) 健康教育；(5) 抗战建国时期之小学教育；(6) 实习。

4. 讲习会不得征收费用。

5. 各县讲习会时间不得少于三个星期。①

据有关资料显示，1938 年该省暑期参加短期训练的有 2528 人，讲习终结，参加结业考试的有 2359 人；是年寒假仅 5 县参加讲习会的人数达 717 人，645 人参加结业考试；1939 年暑期有 23 县举办，参加者达 3196 人，参加结业考试者达 3056 人。

湖南省教育厅对小学教师短期训练的课程及教材作了明文规定。其科目分必修与选修两类，并规定必修科目占讲习总时间的 90%，选修科目占总时间的 10%。必修科课程与时间比为：精神讲话 4%，教育概论 20%，课程、教材、教法 15%，教育行政 15%，健康教育 5%，农村经济及合作 2%，地方自治 2%，注音符号 4%，唱歌 4%，美劳 4%，实习 15%。选修科目为国文：注重含有民族意义、教育意义之语体文之阅读，应用文之习作及批改文卷之练习等。算术：注重基本运算之练习及实用问题之解决。史地：注重本国地理、乡土地理及近世史之研究。自然：注重日常自然现象及生活需要上问题之研究及解决。选修科目依据教学实际需要，选修 1—3 科，每科有 20 人以上即开班讲习。

江西的小学教师短期训练班亦别具一格，对参训教师注意四大训练，即：

(1) 确定中心信仰：甲、坚定其教育救国信念，使愿意毕生为教育事业而努力；乙、确定抗战必胜建国必成之信心；丙、确认中华民族优秀，中华文化伟大，并深切了解国家至上民族至上之真义；丁、讲述总裁言行，以总裁之意志为意志。

---

① 《湖南省小学师资短期训练班之过去与将来》，陶蒲生、尹旦侯编：《刘寿祺教育文集》，长沙：湖南教育出版社，1992 年，第 69—70 页。

（2）提高研究兴趣：甲、鼓励进修提示阅读书籍，以引起自学研究之兴趣；乙、提供教育上各项问题及参考资料，以培养其研讨问题之习惯；丙、根据各科研习材料，指示研究实地应用方法，以增进其改进校务之能力。

（3）培养服务精神：甲、以教育儿童及民众为应尽天职，加紧办理成人班；乙、随时检讨工作成绩力谋改进，以增高服务效率；丙、为国家及所在地学校、社会谋利益，不为个人谋利益。

（4）改造生活习惯：甲、实行战时生活，作儿童及民众之表率；乙、勤加锻炼，以增进体格之健全。①

训练堪称全面，体现了时代特色和需要，但强调“以总裁之意志为意志”则与教师应具独立思考精神相违背。

从 1934 年开始，福建省教育厅根据《省立小学教职员资助进修办法》，先后选派两批省立小学教员赴上海大夏大学等校进修。又规定各县市区应利用暑期举办讲习会，短期培训小学教员。1936 年 5 月，福州设立福建省小学教员训练所，令各县市区选送不合格的现任小学教员来省受训，每期 6 个月，共办 2 期，受训教员 614 人。后又举办 3 期中心小学校长训练班，受训学员 252 人。② 全面抗战爆发后，福建省做了一些颇有价值的探索。省政府决定由省保训合一干部训练所负责国民学校师资的培训任务。省保训合一干部训练所于 1939 年 7 月出台了《训练师资实施办法》，规定每一专员区设一所保训合一干训所，训练本辖区内国民学校的教员。每区分两期培训，第一区培训 1267 人，第二区 494 人，第三区 461 人，第四区 1201 人，第五区 406 人，第六区 332 人，第七区 238 人。每期训练时间 13 周，共 546 小时、15 门课程。③

抗日战争期间，国民学校教师短期培训工作也未曾停辍。1940 年，四川温江地区在温江城关小南门文昌宫原师范训练所旧址举办国民教育师资训练班，共招生 300 人，分男女两部共 5 班，其中男生 3 班，女生 2 班，每班 60 人。每期

---

① 《江西义务教育师资训练概况》，江西省教育厅，1939 年，第 43 页。
② 刘海峰、庄明水：《福建教育史》，福州：福建教育出版社，1996 年，第 383 页。
③ 刘海峰、庄明水：《福建教育史》，福州：福建教育出版社，1996 年，第 495 页。

学习半年。开设的课程有三民主义、公民、体育、军事训练（女生为军事救护）、卫生、国语及注音符号、应用文、地理、工农艺及实习（女生为家事及实习）、音乐、教学原理及方法、学校行政、地方自治、农村经济及合作、水利概要等。参加学习的人员，在开学典礼时要举手诵读《国民教师志愿词》：

1. 我愿意以服务国民教育为终身事业，为实现三民主义的教育理想而努力。

2. 我愿意做一个有兴趣有进步的教育者，借服务教育以献身国家和民族。

3. 我愿意做一个前进的国民教师，以教育的方法领导一切的社会事业。

4. 我愿意深入民间，为社会民众及儿童谋幸福。

5. 我愿意永远保持刻苦耐劳的精神，并遵行新生活的规律，为社会民众及儿童的表率。

6. 我愿意不断地求长进，努力本位的向上，并且随时做反省工夫，纠正自己缺点。

7. 我愿意奉行国父遗教，服膺某某训示，作一个革命的战士。

8. 我愿意推行国民精神总动员运动，领导民众，培养青年，完成抗战建国大业。[①]

根据这一《志愿词》来看，当时国民小学教师培训的政治气氛比较淡薄，更为强调的是国民小学的教师应当肩起培育人才改造社会的责任。

举办短期小学教师培训班本来就是为推进义务教育采取的临时措施，因而借小学教师短期训练办法培养义务教育所需师资，无疑属于权宜之策。但这一举措对当时短期小学的维持是发挥了一定作用的，义务教育教师经过训练，整体水平无疑有一定提高。

（二）举办暑期小学教员讲习会或培训班

1923 年 10 月，第九届全国教育会联合会有关促进全国义务教育计划案中，

① 温江地区教育局编：《温江地区教育志》，1983 年，第 114 页。

有“于师范学校设立研究教育之暑期学校”的议案。主张：“小学教育，凡旧学校有途径之士，或曾修业及毕业于中等学校之学生，或现为小学助教而程度不及者……聘请一二教育专家，主持讲习，确定学程，专注意于国文、算术之补习，教育原理方法之指导实验，听讲员之成绩，须加试验分别等第，授以凭证。”[①] 1924 年，陶行知担任中华教育改进社主任干事时，于当年 8 月 11 日，洛克菲勒驻华医社和中华教育改进社与清华学校协商合办科学教员暑期研究会，研究物理、化学和生物诸学科。由于得到相关单位的交口称赞，当年 9 月 8 日又与东南大学协商续办。尽管与会者 120 人中中学教员占 2/3，大学教员占 1/3，但为举办小学教员暑期研究会提供了启发和借鉴。

广东省教育厅从 1935 年起，利用暑假举办各种类型的讲习会。讲习会主要包括小学教员讲习会、教育行政人员讲习会及职业教育教员讲习会。

广东省 1935 年公布《广东省小学教员暑期讲习会办法大纲》，规定广东小学教员暑期讲习会分区进行，并将全省分为广惠区、潮汕区、韶连区、梅州区、肇罗区、高阳区、雷廉区。各区统辖县份的教师到该区所有的暑期讲习会分别以所在地的师范学校为依托。广惠区暑期讲习会的会址选在省立江村师范学校，潮汕区选在省立韩山师范学校，韶连区选在省立韶州师范学校，梅州区选在省立梅州师范学校，肇罗区选在肇庆师范学校，高阳区选在省立高州中学，雷廉区选在省立雷州中学。各区所涵盖县份的小学教师在规定的时间到指定的地址报到。如广惠区涵盖番禺、南海、东莞、顺德、中山、宝安、三水、增城、广宁、四会、从化、新会、台山、开平、恩平、鹤山、赤溪、惠阳、河源、紫金、连平、新丰、花县、清远、龙门、阳江等县。学员由各县市长，县立及区、坊、镇、乡立小学选送，但每校至少 1 人参加讲习会，选送对象以小学校长或教师为限。

“大纲”规定了暑期讲习会讲习的内容有讲习科目和课外研究两种。其讲习科目及学时主要为：学校卫生每周 1 学时，小学教学及管理每周讲授 7 学时，国语及教学法和自然科每周均教授 8 学时。课外研究内容有二，一是专家演讲，二

① 邰爽秋等编：《历届教育会会议议决案汇编》（上册），上海：教育编译馆，1935 年，第 340 页。

是教学示范。

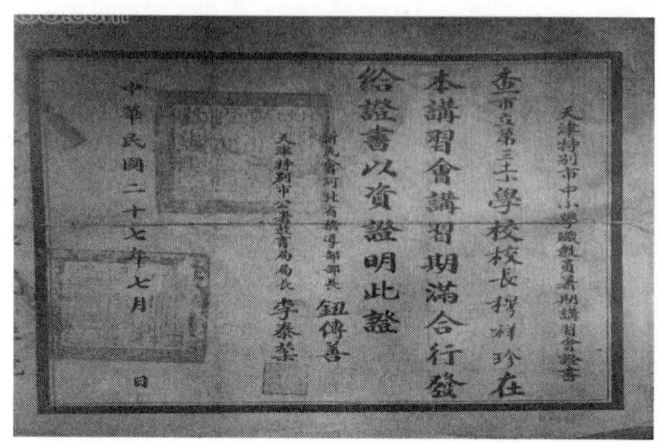
天津特別市中小學職教員暑期講習會證書
查市立第三十[illegible]學校校長[illegible]珍在
本講習會講習期滿合行發
給證書以資證明此證
新民會河北省指導部部長 鈕傳善
天津特別市公署教育局長 李泰棻
中華民國二十七年七月 日

图 5—7　天津中小学教师暑期讲习证（1938 年）

暑期讲习会组织方式为分组讲习，每组大致以 60 人为限。所有学员均免收学费，凡所发生的费用，均由教育厅负责支给。讲习会讲师由省教育厅选派，讲习会每区设主任一人，由所在地之校长担任。

按照广东省教育厅的部署，1935 年暑期小学教员讲习会在全省各区全面铺开。1935 年度广惠区的讲习会在广东省立江村师范学校举行。广惠区所属各县小学教师积极报名参加，报名者共有 26 县的 645 人。其中人数最多的当属新丰县，共有 91 人。最少的县份是宝安县，仅 1 人。但实际到会者只有 396 人。广惠区管辖的南海、中山、鹤山三县独立举办，因而未派员参加。

广惠区暑期讲习会的讲师由省教育厅委派者 6 人，由主任推荐者 6 人。

为使各学员得到更多的交流互动的机会，广惠区暑期讲习会有时召集各组学员在学校礼堂召开教学问题讨论会，或由各讲师利用晚间分别召集某组学员在教室提出教学上最为切要的问题，详加讨论。

专家演讲是本次讲习会的一个亮点。广惠区暑期讲习会请来了教育厅长、金湘帆委员、林砺儒院长、黄希声秘书、霍广河秘书等广东教育界名流演讲。林砺儒的演讲深刻阐述了小学教育的意义和儿童教育的原则。他指出：“小学教育应该教实际的生活的，及有益于民族生存个人生活的教材，因为读书不是装饰体面。从前的人，认为读书无异涂粉，但现在小学教育是平民的教育，故要顾到生活和实用方面去了，比方从前见得说话是讲究字眼，会讲究字眼的说话便是大少爷，不会讲字眼说话的人就是粗鄙人，到了现在是不是能够这样的呢？因为现代教育是求民族的生存，不是求养成温文尔雅的士大夫，现在是需要全体国民能识字，不是专给少数人识字。”林砺儒还阐述了小学教育应当实施儿童本位的观点。他说：

小学教育是为小童而打算，不是为成人而打算，我们教小孩子，若果不理儿童的兴趣，专靠成人的主张，便是错误的。因近百年来，许多先知先觉从儿童心理研究得来，故称为儿童本位教育，如果不根据这个制度实行，便是复回三千年的教育了。故为父母与师长者，须根据儿童的兴趣来教小孩，我们只要培植小孩好好的生长，不能专制，或武断他未来的命运，这一点亦是中国现代小学教育非常要注意的一点。①

1940 年，福建省教育厅通令各县区每年都要举办小学教员暑期讲习会，颁行《各县区办理国民教育师资暑期讲习会注意事项》，规定暑期讲习会为期 4 周，讲习科目 13 种。教育部对暑期举办小学教师讲习会之举给予了关注，将假期作为小学教师训练的大好时机。1941 年 5 月，教育部颁布《各省市小学教员假期训练实施办法》，通令各省市酌量在假期中切实办理。重庆市教育局视办理小学教员暑期训练班为最直接、最简便的培训方法，于 1943 年利用暑假调训小学教员 120 名，另有自愿参加受训学员 30 名。1944 年 7 月 17 日到 8 月 12 日，重庆市教育局在小龙坎私立树人中学内办理小学教员暑期训练班，受训学员 177 人，成绩优良实际毕业者 135 人，仍在原学校任教，但要求各学校要按政策给予保障。1945 年，再次办理小学教员暑期训练班，调训各小学校长、教导主任、童子军和体育教员与事务员 500 人。这是抗战中调训小学教员最多的一次，它起到了培训基层干部和教师的作用。② 三年间，小学教员暑期训练班的地址选择在沙坪坝，接近中央大学、重庆大学，延请讲师比较方便，学员住宿都很适合，很有利于暑期训练班的整体效益提高。

---

① 《林院长砺儒演词》，载《广东教育旬刊·广东各区小学教员暑期讲习会专号》，1936 年第 9—10 期。

② 李定开：《抗战时期重庆的教育》，重庆：重庆出版社，1995 年，第 55 页。

利用暑假举办小学教师讲习会或训练班，使小学教师有了培训的机会，改善了学校办学条件，学员在其中受到直接教益。曾经担任山东省立第一实验小学校长的陈剑恒，数十年后对当年的小学教师暑期讲习会仍然记忆犹新：

我们从不放过向校外参观学习的机会。有一次看到无锡教育学院开办了一个暑假科学仪器制造班，我们就介绍自然科教师周厚之、工人张同汉（他是一个善于实施电化教育的能手，这时全校已由他改为电铃上下课），还有另一位教师王静波（他是自费去的），一道去无锡学习。经过一个暑期的锻炼，他们终于制成了无线电收音机、小型电动机、蒸汽机、水力研磨机和壕内潜望镜等多种仪器。有了这些能动的科学模型，再加上我从国外搜购的画片、地图，还有自然老师和体育老师打猎得来的自制动物小标本，我们就成立了一个小小的博物馆，按时开放，由老师出些科学问题，征求学生的答案，好奇好学的孩子们都热切地盯着开放时间，争着对问题做出正确的回答。①

小学科学教育是小学课程的薄弱环节，主要原因是小学科学教师职前就缺乏充分的科学训练。推行义务教育的过程中，注意到科学教师的培训，说明其时的小学教师培训关注到了一些“冷僻”的学科。

（三）小学教师自学进修

民国时期，特别是民国后期，各省市为了提高小学教师的综合素质，采取多种办法，鼓励和动员小学教师自修和开展对教育问题进行研究的活动。浙江的举措颇有代表性。1930 年 8 月，浙江省教育厅成立师资进修通讯研究部，“这是以通讯方式辅导小学教员业余自动进修、提高全省小学教员服务效率的机构，也是全省进行得最经常、影响最大的师资进修渠道”②。研究部以在职小学教员为招

---

① 陈剑恒：《我是怎样办山东省立第一实验小学的》，济南市政协文史资料委员会、济南市教育委员会编：《解放前济南的学校》，济南：济南出版社，1991 年，第 214 页。

② 田正平、肖朗主编：《世纪之理想——中国近代义务教育研究》，杭州：浙江教育出版社，2000 年，第 403 页。

生对象，每学期招生 1 次，修学程序分为 3 期，以半年为 1 期。修满 3 期者，由省教育厅主持毕业考试，合格者给予毕业证书，可免小学教员检定试验的口试。到 1934 年，浙江省师资进修通讯部共举办 20 届，共有 14271 人参与进修学习。其中毕业班 6 届，毕业生 1220 人。当年省教育厅颁发《浙江省各县市小学教员进修及奖励办法大纲》，对小学教师进修途径作出规定：

集会进修，主要通过假期进修讲习会，县市学区辅导会议和小学组织的学科研究会进行。阅读进修，主要通过各小学自动组织的读书会、教育厅组织的师资进修通讯研究部和杭州师范学校教育函授班，以及巡回文库进行。观摩进修，主要通过各县市中心小学定期召集的教学演示和定期组织的各种展览会进行。①

其后，教育部于 1936 年颁布的《修正小学规程》对小学教师进修提高方法给予了认可，对进修“确有成绩者，应予加俸或其他奖励”。编印发行小学教师进修刊物和读物是主要促进办法之一。对小学教员进修影响最大的刊物，首屈一指的当数《国民教育指导月刊》，这是 1941 年创办 1947 年停刊的发行量最大、收效最大、影响最广的一种刊物。它辟有教育讲座、行政计划、教材教具、教导方法、实况介绍、实验报告、检查统计、书报介绍、通讯研究、教师园地等专栏。当时每校都订有此刊，几乎小学教师人手一册。此外，大多数省份都办了小学教师进修自学的刊物。教育部和各省大多编印有国民教育实际问题小丛书，从 1942—1945 年，小丛书出完第 1 辑 36 种 4000 册。还有很多小学编印出版了校刊和读物。山东省立第一实验小学发行了两卷《一实月刊》，为教师们提供了随时将各自的心得写出来，供各地的同行指导并交流经验的园地。这些刊物都发到山东各县，同时也与其他省份的一些实验小学的刊物互相交换。② 山东济南莪雅坊小学定期出版《莪雅周刊》，刊登学生的作文、日记，发表教师的教学经验、心得体会。1940 年校庆时，校方从已出版的 38 期周刊中，选出 165 篇，编辑成

① 田正平、肖朗主编：《世纪之理想——中国近代义务教育研究》，杭州：浙江教育出版社，2000 年，第 404 页。

② 陈剑恒：《我是怎样办山东省立第一实验小学的》，济南市政协文史资料委员会、济南市教育委员会编：《解放前济南的学校》，济南：济南出版社，1991 年，第 216 页。

《莪雅周刊汇编》一书。书中有教师、校长的文章32篇，其余为学生所作。汇编中的一些文章，如顾长刚老师的《写字应该注意的几件事》《学生应该怎样自修》，徐子常老师的《谈谈算术》，张薇君老师的《儿童教育与儿童心理》，沈毓春老师的《教学漫谈》，孟淑贞老师的《卫生与音乐》等，都是多年教学的经验之谈。[①] 四川省和一些学校成立小学教师研究机构，编印刊物和出版读物，旨在养成小学教师自修的兴趣和能力，并组织教师将自己的教学经验写成文章，刊载在校刊上，与同行们分享，也供其他教师自修提高之用。

巡回辅导也是一种推动和保障小学教师自修的手段。各省市、县区大多设巡回辅导团队，聘请富有教育经验的优良教师巡回到各中心国民学校或国民学校作示范教学，或举行座谈会，当面就小学教师们自学过程中遇到的问题做出回答。有的省市不设辅导团，但明确辅导之责由中心国民学校承担。四川省实施国民教育以来，教育厅设置国民教育巡回辅导团3个，分赴各专员区实施辅导。全省各县市局共设置127团，负责巡回辅导。福建省的小学教师自修辅导工作由师范学校承担。省教育厅规定，师范学校和简易师范学校设教育辅导员2—3人，辅导该师范区内各县市区中心小学和国民学校教师自修辅导工作。1942年，省教育厅将原设国民教育股分为国民教育行政与国民教育辅导两股，并设巡回辅导团，遴选对办理国民教育富有经验及长于教学训练的人员为团员，分赴全省7行政督察专员区辖内各校实地辅导。这些举措对小学教师的在职进修，的确有一些帮助，初期普遍受到各校的好评。但省、县及师范学校的辅导工作“均存在时紧时松、时断时续的现象，教师称之为患了‘虎头蛇尾’病”[②]。1937年，湖北省公布《湖北省鄂东鄂西北中心小学辅导各县小学办法》，规定各中心小学之辅导区域，为黄冈、浠水、黄陂、广济、黄梅、罗田、麻城、黄安、礼山、大冶、阳新等11县。鄂西中心小学辅导区域为宜昌、长阳、五峰、宜都、当阳、远安、兴山、枝江、松滋、秭归10县。鄂北中心小学的辅导区域为襄阳、枣阳、宜城、

---

① 张堉、黄时陶：《莪雅坊小学记事》，济南市政协文史资料委员会、济南市教育委员会编：《解放前济南的学校》，济南：济南出版社，1991年，第235页。

② 刘海峰、庄明水：《福建教育史》，福州：福建教育出版社，1996年，第383页。

南漳、谷城、保康、光化、均县、钟祥9县。各中心小学的辅导职责包括印发小学行政及教学训育上各种辅导材料，报告研究心得；拟订实验问题及研究问题；拟订各种新教学方法之试验计划，领导辅导各县小学试验，并考核其试验结果；介绍相当书报；解答辅导区内各县小学书面提出的关于行政、教学、训育上一切困难问题；报告辅导区域内各小学进行及教职员服务状况；指导辅导区域内各县小学举行成绩展览会、运动会、课业竞赛会及教育测验；计划辅导区域内各县小学师资之改进；条陈辅导区域内各县小学教育计划。要求各中心小学校长每一年须会同县督学分赴辅导区域内各县小学视察一次，并就地辅导。遇必要时，得召集当地小学教职员联席会议；还要召开辅导会议一次，讨论小学行政、教学、训育上各种重要问题及研究改进方法。

通讯研究也可以增加小学教师进修的机会。1936年5月，教育部颁布《学校附设小学教育通讯研究处办法大纲》，通令国立大学、师范学院及各省指定之师范学校暨附属小学或其他优良小学遵照办理。其办法主要有二：第一，征集小学教育中遇到的实际问题，采用通信办法作出解答。第二，根据各地小学教师的需要，规定每学期的学程，采用通讯方法对小学教师的研修予以指导。很多高等教育机构做得卓有成绩，如国立中山大学师范学院和国立重庆师范学院等，办理小学教师通信研究成绩甚是可观。

（四）举办联保小学教师培训

抗日战争爆发前后，国民政府推行管、教、养、卫“四位一体”的教育制度，联保小学教员由地方乡政人员兼任。但湖北一度将联保小学教师训练划到义务教育师资训练范畴。省教育厅要求联保小学师资仍由乡政人员训练所训练，根据教育部1937年3月27日训令，湖北“乡政人员训练所，不应借用训练义教师资机关”，因为“乡政人员训练所为训练乡村建设人才实施管、教、养、卫‘四位一体’制而设，乃本省乡政计划确定不易之办法，并拟于本年度在三、五、八区设立乡政人员训练分所，预计在一年内全省乡政人才可训练完成。各县联保小学教员既规定由联保书记兼任，会同联保主任负管、教、养、卫之全责，则是项师资，势须仍由该所训练”。[①] 联保小学教师承担着义务教育推行的任务，他们的训练，有专门的训练所负责。湖北省不仅为之建立了训练所，还有训练所分所。

此外，各地还对小学教师进行了大量的专题培训。鉴于义务教育推进过程中大多偏于语文、算术等“主干”学科，而对体育、音乐、美术、社会教育、童子军等科目有所忽视，教育部特地举办大量有针对性的专题培训。如福建省举办音乐、体育教员培训班，受训学员 210 人。[②]

四、义务教育的师资管理

义务教育能否顺利大功告成，有否充量高质的小学教师无疑是关键之一。然而，不可忽视的是义务教育的师资管理政策与制度的“指挥棒”功能，如果运用恰当，小学教师资源能够得到合理配置，能够极大程度地发挥小学教师为义务教育千秋大业添砖加瓦的积极性和首创精神，反之则会制约着“指挥棒”功能的发挥。

① 《本省二十六年度实施义务教育计划》，《湖北教育旬刊》第 1 卷，1937 年第 14—16 期。
② 刘海峰、庄明水：《福建教育史》，福州：福建教育出版社，1996 年，第 383 页。

（一）小学教师的资格检定

清末，小学教师资格是通过检定进行的。光绪三十年（1904）一月，《奏定任用教员章程》将小学教师分为正副两种，初等小学堂正教员须为初级师范考列中等及得有毕业文凭者，暂时以师范传习生充选。副教员的资格为曾入初级师范获有修业文凭者，暂时以师范传习生充选。但因初级师范刚刚起步，如此要求无疑是虚悬一格。因而，宣统元年（1909）十一月，清廷颁布了《检定小学教员章程》（27 条），明确规定检定小学堂教员由京师督学局和省提学使司主持。到宣统三年（1911），全国应考者 3 万余人，检定合格者 6000 人，仅占 20%左右。时人不无感慨地说："检定之严如此，合格者学识之优可想。"① 清末小学教师检定一是指定只有京师督学局和省提学使司才有检定权；二是比例极低，决不轻置滥设。

民国前期，关于小学教师检定的文件主要有三个，一个是 1912 年 9 月公布的《小学校令》，一个是 1916 年 4 月公布的《检定小学教员规程》。前者对小学教员的检定办法有两点：第一是学历审定，大致凡由师范学校或教育总长指定的学校毕业者，即为学历达标。第二是实际教学能力鉴定，凡经小学教员检定委员会检定合格，授予许可状，持有此状者可担任小学正教员，否则只可充任副教员。另一方面，《小学校令》还有教员、校长等惩戒处分的条款。后者规定国民学校高等小学校教员，除国立或省立师范本科毕业生另有规定外，都需按规定实行检定。检定分无试验检定和试验检定两种，二者都有四个资格条件要求。无试验检定须具有下列四条件之一："一、毕业于中学校，并充小学教员一年以上者。二、毕业于甲种实业学校，并积有研究者。三、毕业于专门学校，确适于某科目教员之职者。四、曾充小学教员三年以上，经地方最高级行政长官认为确有成绩者。"受试验检定亦有四个资格条件，凡具有下列表资格之一者，得接受试验检

① 戴克敏：《论检定教员》，《教育杂志》，1915 年第 9 期。

定："一、曾在师范学校、中学校或其他中等学校修业两年以上者。二、曾任或现任国民学校、高等小学校教员满一年者。三、曾在师范简易科毕业，期限在六个月以上者。四、曾研究专科学术，兼明教育原理，著有论文者。"① 试验方式有口试、笔试和实地演习 3 种。各科目平均满 60 分为及格，但修身、国文和算术不得低于 60 分，否则为不及格。还有一个文件是 1917 年 1 月教育部颁布的《检定小学教员办法》，这文件比较照顾到各地教育发展不平衡，不达标教师众多的实际，规定"实行检定后，如不及格者过多，教员不敷任用时，得以代用教员补充之"。又规定了检定的有效期："检定合格之教员，以满五年至八年为有效期间。"②

南京国民政府建立后，厉行义务教育。由于小学教师成为制约义务教育推行的瓶颈，靠师范教育机构培养小学教师，实在有远水不解近渴之虞。有鉴于此，国民政府继续采取检定办法，对小学教师资格进行认定，清理水平低下滥竽充数的南郭先生。

1936 年，小学教员的检定逐渐趋于制度化。教育部先后颁发《检定小学教员规程》《小学教员检定暂行规程》，对小学教员检定作了明确的规定。全国各地积极贯彻执行，对义务教育师资质量提高，起到了一定的保障作用。浙江省教育厅转发了教育部重新制定的《检定小学教员规程》，省市教育行政机关组织小学教员检定委员会，根据教育部颁发的《小学教员检定暂行规程》，对在任小学教员资格进行检定。检定照例分无试验检定和试验检定两种。无试验检定的资格如下：

(1) 毕业于旧制中学或高级中学以上学校，曾充任小学教员 1 年以上，或在当地教育行政机关或大学教育学院、师范学院等所办的暑期学校补习教育功课满 2 暑期者；(2) 毕业于 2 年以上之师范讲习科，或简易师范学校、简易师范科，曾充任小学教员 2 年以上，或曾在上述暑期学校补习满 3 暑期者；(3) 曾充任小

① 李桂林等编：《中国近代教育史资料汇编·普通教育》，上海：上海教育出版社，1995 年，第 486—487 页。

② 李桂林等编：《中国近代教育史资料汇编·普通教育》，上海：上海教育出版社，1995 年，第 491 页。

学教员 3 年以上，经教育行政机关认为确实有成绩，或曾在上述暑期学校补习满 4 暑期者；（4）曾充任小学教员 3 年以上，有关于小学教师之专著发表，经主管教育行政机关认为确有价值者。[①]

具有下列资格之一者，得受试验检定：第一，曾在旧制中学或高级中学毕业者；第二，曾在师范讲习科、简易师范学校或简易师范科毕业者；第三，曾任小学教员 1 年以上者。“凡检定不合格的小学教员，分别送入县立乡村师范学校，使受一年或二年的训练。”[②] 这样，短期小学可以从旧有的教师中挑选一些合格者任教。

检定合格者由省市教育行政机关发给合格证书，有效期为 4 年。在检定有效期间，成绩特别优秀者，期满后仍给予有效期 4 年之合格证书；连续两次得合格证书者，期满后给予长期合格证书；其成绩不良者，在合格证书期满后，须重新受检定。——这是浙江省小学教员资格检定制度化的标志。从 1936 年到 1946 年的 10 年间，浙江全省共举办小学教员无试验检定 7 届，检定合格者 12002 人；试验检定 4 届，检定合格者 6823 人。[③] 福建省小学教员检定，是甄别小学教师是否合格的手段之一，“以为整顿及扩充小学教师之标准”。省教育厅鉴于福建全省“各县市及特种区小学师资之资历，至为复杂，而合格师资之数目，又无统计数字足资参考。各县市及特种区间有举行检定登记者，其标准亦不一致”[④]，乃决定从 1941 年开始开展小学教员检定工作。根据规定，初级小学级任教师的试验，除公民、国语、教育概论外，其余各科可酌量降低程度。专科教员的试验检定，除音乐、体育、美术、劳作等须试验外，并试验国语、教育概论及受试验科目之小学教材教法。试验结果，笔试分数占 7/10，口试或实习分数占 3/10。还规定，在检定有效期间，教学成绩特别优良，经省市县视导人员查核，可再给有效期年限的合格证书，连续获得两次合格证书者，给予长期合格证书。成绩欠佳者，须

① 《浙江教育简志》，杭州：浙江人民出版社，1988 年，第 64 页。
② 邰爽秋、黄振祺等编：《中国普及教育问题》，上海：商务印书馆，1937 年，第 93 页。
③ 《浙江教育简志》，杭州：浙江人民出版社，1988 年，第 64 页。
④ 《半年来本省教育史料》，载《福建教育》第 1 卷，1940 年第 1 期。

重受检定。检定不合格者，予以辞退。经检定合格后，即予以登记。1936 年 7 月，教育部修正《小学规程》，在严格执行检定规定的基础上，宣布实行小学教师登记制：凡具有小学教师法定资格者，“得声［申］请主管教育行政机关予以登记”。经检定合格的小学教员提出的登记申请，“主管教育行政机关不得拒绝”。又规定，“经登记之小学教员，主管教育行政机关，应于每学年开始两个月前，公布其姓名、学历、经历一次，但遇人数过多时，得分期公布之”。凡检定合格并教育行政机关依法登记者，“小学聘请教员，除因特殊情形，经由主管教育行政机关许可者外，应以登记公布者为限”①。根据教育部的相关规定，湖北省公布了《湖北省义务教育师资分区登记办法》，规定登记合格人员应由行政督察专员分别籍贯，造具姓名及资历清册，呈报省政府备查，并“分发各原籍县政府存记，遇有短期小学及省款补助小学教员缺出，依次呈请省政府核委补充”。但“登记合格人员经委充义务教育教师后，应恪守湖北省义务教育教师服务规约，违者除撤职外，并取销［消］其登记资格”②。

教育行政部门对小学教师的检定和登记，有如下几个特点：第一，检定和登记制度公开化、透明化。从教育部到各级政府，都制定了相关制度法规，这是小学教师检定和登记依法进行的法规保障。第二，明确规定了小学教师的检定和登记的实施机构和人员。就机构和负责人而言，都是国家、省、市、县教育行政部门执行，长官直接负责。由长官聘请深谙教育理论、学养优厚、富有教育经验者担任检定专家。第三，对检定期限有明文规定，过期得重新接受检定。但接连两次检定合格，期满后得长期有效。第四，尺度相对灵活，并不死抱条款毫不松动。初级小学正是义务教育段的教学机构，师资奇缺，如果与高级小学教师同一尺度，义务教育推行无疑将大受影响。因此，在检定初级小学教师时，标准适当降低，体现了政策执行上的灵活性。

---

① 《小学规程》，宋恩荣、章咸编：《中华民国教育法规选编》（修订版），南京：江苏教育出版社，2005 年，第 270 页。

② 《湖北省义务教育师资分区登记办法》，《中央及本省义务教育法令汇编》，湖北省义务教育委员会，1937 年，第 172 页。

（二）小学教师聘任制度的建立

小学教师的聘任，做到了建章建制。1936 年 7 月教育部修正公布的《小学规程》明文规定：“凡具有下列资格之一者，得为级任教员或专科教员。一、师范学校毕业者。二、旧制师范学校本科或高级中学师范科或特别师范科毕业者。三、高等师范学校或专科师范学校毕业者。四、师范大学或大学教育学院教育科系毕业者。”不具以上四条件之一者，只要接受了“主管教育行政机关所组织之小学教员检定委员会之检定”①，亦可聘为小学级任及专科教员。小学教员一经接受聘任，便“不随校长或主管教育行政人员之更迭为进退，非有下列情形之一者，不得解职：一、违犯刑法，证据确凿者。二、行为不检或有不良嗜好者。三、任意旷废职务者。四、成绩不良者。五、身体残废或身有痼疾不能任事者”②。对小学教师任免的合法权益予以保障。

为了切实保障小学教师的合法权益，使小学教师聘任工作有法可依，能够留住优秀教师，激发小学教师搞好教学的积极性和首创精神，全国各地制定了相关制度，确保小学教师勤勉工作，为义务教育推行做出贡献。

广东省各县市在小学教师的聘用上在向制度化努力。1928 年，广州市教育局颁布《广州市立小学校校员组织规程》，试图将各小学的人员编制、教职工岗位等，以法规的方式固定下来，这是走向教师聘任法制化、科学化的第一步。《规程》规定：小学设校长 1 人，由正教员担任，总理全校事务。每班设正教员 1 人，任班主任。每 3 班设专科教员 1 人，任形象艺术、工用艺术、音乐、体操的教学工作。外语、自然、卫生等科的专科教员，依科目节数多少而设。另设助教员 1—2 人。公立小学校长市教育局委派，私立小学校长由校董会推聘，经市教

① 《小学规程》，宋恩荣、章咸编：《中华民国教育法规选编》（修订版），南京：江苏教育出版社，2005 年，第 269 页。

② 《小学规程》，宋恩荣、章咸编：《中华民国教育法规选编》（修订版），南京：江苏教育出版社，2005 年，第 271 页。

育局审核。公立小学教员由校长荐请教育局加委。私立小学教员由校长聘请，市教育局审核。教员离职，须经市教育局批准。校长、正教员均为专职，不得兼有他职。正教员并须分担教务、事务工作，小学校不设职员。

为保证小学教师的素质，广东省从入职关口上设置条件，在入口处严把质量关。广州市教育局制定了《广州市市立小学校教员任免暂行规程》，对市立小学校教师的资格作了规定：1. 旧制师范学校本科毕业及高中师范科毕业者；2. 大学毕业者或旧制师范学校毕业者；3. 高等专门学校毕业曾任小学教员一年以上者；4. 中等学校毕业之专科教员曾在市立小学任职三年以上，经查明成绩优良者；5. 乡村师范毕业（须在初中毕业入学业者暨所任正教员以前期小学为限）者；6. 曾受小学教员检定委员会给予正教员之许可状并在本市市立小学校任职三年以上者；7. 曾在本市市立小学任助教三年以上，经查明成绩优良者。专科教员除具有正教员条件之外，图、工、乐、体、算、外国语及自然科得以中等以上学校毕业者充任之。

广东省教育厅对小学教师的岗位职责、职业操守等，作了 9 项规定，为小学教师的聘任或解聘提供了依据：

1. 职教员以专任为原则，不得兼任校外有给职。2. 职教员应摒除不良嗜好，以身作则。3. 职教员应与学生同甘苦，身体力行，以资表率。4. 职教员对于职务上须有充分之预备，对于学校行政及所授学科有关之书籍，并须时常阅览，以资深造。5. 职教员应有研究态度、实验精神，以求教育之改进。6. 职教员须兼负管理及训练学生之责。7. 职教员在校时间每日至少七小时，依时在校工作，不得迟到早退。8. 职教员于学期终结时，须将应办事项，结束完竣方得离校。9. 职教员在假期内遇有学校召集会议，或通知事项，应依照履行。①

广东省教育厅颁行的《小学教育指导书》对小学教师的工作岗位有明确的保障，规定“学校与职教员所定之关约，双方俱负遵守之义务。教职员中途辞职，须事前通知，得校长同意方得离开，学校非因教职员有下列情形之一者，不得解

① 广东省教育厅颁行：《小学教育指导书》，上海：商务印书馆，1935 年，第 88—89 页。

职：甲、违犯刑法，证据确凿者。乙、行为不检，或有不良嗜好者。丙、任意旷废职务者。丁、成绩不良，无法改进者。戊、身体残废，或染有痼疾不能任事者”①。

对小学教师的岗位职责、职业操守规定得十分明确。既有高标准要求，如要求教师有对小学教育的研究态度和实验精神，要求小学教师站在教育改革与发展的前沿，对教育科学书籍“时常阅览，以资深造”；也有非常具体的要求，如在校工作 7 小时以上，不得迟到早退，以及参加会议要求，等等。

1935 年年底，广东省教育厅颁布《小学校教员任用办法》，规定对小学教员进行甄别。甄别的标准就是省教育厅公布的小学教师资格条件和岗位职责要求。1936 年，新会县教育局设立教员检定委员会，主持甄别登记工作。其要求是：具有师范学校毕业证书或初中毕业后有 3 年以上教育经验者，成为合格教员，领取正教员登记证；初中毕业后教龄未满 3 年的只能领取代教员登记证，享受较低待遇。不达标的不发登记证，无证者不得聘用。据载，在登记过程中，拉人情填写“关书（聘书）”、虚报教龄、送“电光炮”② 求通融的现象甚为普遍，其结果是“主持登记的督学等‘收入’固然不少，大多数也都领到了正教员登记证”。③ 对于广州、新会、南海等大都市而言，能够聘到合格教师可能不是一件难事，但比较偏远、条件太差的县市，却是颇为困难的。新兴县便因为难于聘到合格教师，在《中心学校、保国民学校法规》中规定：“中心学校国民学校教员由县委任或由校长遴选合格者，呈县核准后聘任之，在人才和经济困难的地方得依照规定聘用代用教员。”④ 这显然是不得已而为之的下策。

湖北省出台了《湖北省立中小学校教职员任免章程》，规定：

一、曾任国立或省立大学教员对于教育素有研究者；二、国内外大学或师范大学毕业者；三、国内外高等师范学校或专科专门学校毕业，对于教学方法素有

① 广东省教育厅颁行：《小学教育指导书》，上海：商务印书馆，1935 年，第 89 页。

② “电光炮”指 10 元双毫白银叠卷在一起状若电光炮仗。

③ 新会县教育志编写组编：《新会县教育志》，1991 年，第 174 页。

④ 新兴县教育志编写组编：《新兴县教育志》，1978 年，第 146 页。

研究者；四、于某种学术有特别研究，有著作证明，并于教学方法素有研究者。学校拟聘时，先将证件呈厅审查，再定准驳。其待遇标准，系遵照《湖北省立中等学校教职员待遇暂行规程》，以专任为原则，并定有兼任教员钟点薪数。[①]

教师们大多希望能够得到续聘聘书，但要想得到一纸聘书，并不是那么容易。湖北各地教育行政部门和相关学校，利用教师们的这种心理，公布有关聘任要求，让教师们针对着这些要求进行修炼。如《教职员任免章程》要求“对于教育素有研究”“对教学方法素有研究”等条件，教师们就要从这些方面多加留意，钻研教育理论，深入研究教学方法，这样才能保证自己的饭碗越捧越牢，不致有失业之虞。

为做到义务教育师资聘任有法可依，湖北省制定了《湖北省义务教育教师请假办法》《湖北省义务教育教师服务规约》等文件。规定有下列行为之一者，视同旷职：“1. 未经请假者。2. 请假或续假未经核准者。3. 请假已满期者。”“凡旷职未满一星期者记大过一次，在一星期以上者撤职。”“如有虚造事实，蒙蔽请假者，经查明后即予撤职。”教师入职后，必须履行《湖北省义务教育教师服务规约》。《规约》主要条款有：

一、教师经分发后须于五日内赴指定县份服务，不得延迟，并将到县日期报由该县政府转报备查。

二、教师应遵照所填志愿书，服务义务教育至少一年，不得中途借故离职。

三、教师服务期内应遵守一切教育法令。

四、教师应具有教育救国之信念，尽忠职守，并努力于养成儿童爱国、勤劳、清洁、守纪律及有礼貌诸美德。

五、教师应服从当地主管长官之指挥监督。

六、教师对于授课时间、课程标准、教本选择（补充教材除外），以及班次、组织，均须遵照规定办理，不得变更。

七、教师应协助地方推行各种社会活动，并预［予］以身作则，促进新生活

① 《第一次中国教育年鉴》（丙编），上海：开明书店，1934 年，第 324 页。

运动。

八、教师请假办法另定之。

九、教师非经呈准县政府不得擅离职守，更不得有请人顶替或兼任其他职务情事。……①

制定义务教育教师相关管理规章，使聘任与撤职进退有据，这是很值得重视的义务教育教师管理举措。

（三）小学教师的薪俸待遇

清末实施义务教育后，于宣统元年（1909）颁布了《优待小学教员章程》，对小学教师给予政治优待和经济优待。政治优待即给予尊重和顶戴之类；经济优待则比较实际，对任职5年而有劳绩者，"除照章奖励外，得就本堂款项之赢绌，酌量加给津贴，比每年所得薪额十分之三，其学额支绌，万不能照给者，得禀请地方官，给予实力尽职之文凭，以为名誉奖励"。满5年以上和超过15年以上者，都给予优厚的经济待遇。宣统三年（1911），清廷为划一全国小学教员薪资标准，曾颁布《小学教师月薪规定》，定小学教师月薪最高级为30元，最低级为6元。清廷优待小学教师的种种制度，反映了对义务教育的重视，也体现了尊师重教的传统。但只有诸如江苏、江西等省份照章办事，对大多数省份而言无异于一纸空文，并未得到执行。如湖南省小学教师所得薪资，低的每月仅1—3元。

民国初年，小学教师工薪待遇有所调整提高。1912年7月10日—8月10日，教育部召开临时教育会议，通过了《小学教员俸给规程》，将小学教员分为本科正教员、专科正教员、助教员三种，月俸分为14级。但因为各地经济发展很不平衡，各小学教师和学生比例颇不一致，教师课时多寡悬殊，《规程》很难落实，各地仅仅将《规程》作为参照而已。北京公立第八小学校长月薪44元，教员月薪24—25元，每周担任24—25课时的教学任务。湖南一师附小校长一级

① 《中央及本省义务教育法令汇编》，湖北省义务教育委员会，1937年，第180页。

薪俸60元，确有劳绩者，可递增到80元；副教员及专科正教员一级薪俸40元，执教确有成绩者，可递增到60元，远远高出教育部标准。但福建省的小学教员则比较悲惨，每月薪俸12元，每周担任20余节课的教学任务。几相比较，工薪相去甚远。

南京政府成立后，大学院、教育部认为要使义务教育得以真正推行，必须首先使小学教职员安心任事；而达此目的又“当从改良待遇入手”。大学院成立不久，便制定了小学教师待遇标准，颁定了三项《小学教员薪水制度之原则》，其中“订立最低限度之薪水”规定：

(原则)两倍衣、食、住(以舒适为度)三事之所费，为最低限度之薪水。譬如江宁县城每月每人舒适之膳食需费十元，每月房屋需费六元，每月添置衣着(以一件土布衣服为标准)需费二元，共计十八元。两倍之得三十六元，年薪四百三十二元。此即为江宁县小学教师最低限度之薪水，凡合教师之资格者，其所入薪金不能短于此数。

其中第一项就是要以“两倍衣、食、住(以舒适为度)三事之所费，为最低限度之薪水”。大学院以江宁县为例解释说，譬如江宁县城每月每人舒适之膳食需费10元，每月房屋需费6元，每月添置衣着(以一件土布衣服为标准)需费2元，共计18元；两倍之得为36元；年薪432元。

大学院颁《小学教员薪水制度之原则》的第二个原则是“订立根据学历之薪金表”，明确规定：

教师之学历有超过规定标准者，得估其所费多给薪水；反之不及规定标准者，得酌量减至最低限度之薪金，假定以初中以上二年为最低限度之资格，则此后每一年之学历，当按其在校之费用，给以百分之六之利率。譬如每年所用学膳宿等费为二百元，其一年时间之所值比照不入学之教师为四百三十二元，两共得六百三十二元，以百分之六之利率计算，几于三十八元。(两年当为七十六元，以此类推，至六年为止。)将全数加入最低限度之年薪中，其不及规定之学历者，则减去此数，至多以两年为限。[①]

《小学教员薪水制度之原则》的第三个原则为“订立根据经验之加薪数”。教师教学经验逐年丰富，教学水平逐渐有提高，“薪水亦随之而加”。这样，经验丰富的教师“可以劝其久任”。鉴于这一原则实施起来有一定困难，《小学教员薪水制度之原则》建议“比照学历原则，取其所加数之五分之三。譬如每年学历所加之数为三十八元，取其五分之三，几于二十三元，加入最低限度之年薪中”。根据这些原则推知，小学教员的待遇是比较优厚的，除生活外，还稍有积蓄。非但如此，该原则根据学历加薪、经验加薪等规定，如果《小学教员薪水制度之原则》能够得到较好贯彻的话，小学教师堪称令人羡慕的职业。应该说，大学院颁布《小学教员薪水制度之原则》，首开用法制保障小学教师待遇的先例，是国民政府决心切实推进义务教育的表征。

即便如此，大学院的《小学教员薪水制度之原则》颁布后，还是有很多人尚不满意，引起了一场纷争。邰爽秋等认为，大学院的“最低标准”是不够的，“因为教员除筹措本身生活外，还负有维持家庭生活费的责任”[②]。大学院的薪水计算办法，均只以教员一人为计算单位，“忘记”了教员还肩负着养家糊口的重担。程湘帆也拟出了三个原则，即：

一、教师俸给，即为其生活费用，一切优待，不在其内。俸给规定以能赡仰［养］其身家而稍得储蓄以应疾病、天灾及婚丧等事之特别需要为准。故规定薪俸额数应分别注意此两方面。

二、前条所谓赡仰［养］身家应以本地一般职业、五口之家之生活费为准。

三、于规定教师不少之生活费外之储蓄数目，其资格及成绩二者应当注重。[③]

关于小学教师薪俸标准讨论是有价值的，促进了人们对小学教师工作性质、所负重任及义务教育重要性的认识，但与其说讨论大学院的“最低标准”孰高孰低，合理与否，不如讨论大学院这一“最低标准”如何实施更有意义。因为就在

① 宋恩荣、章咸编：《中华民国教育法规选编》（修订版），南京：江苏教育出版社，1990 年，第 638 页。
② 邰爽秋、黄振祺等编：《中国普及教育问题》，上海：商务印书馆，1937 年，第 131 页。
③ 邰爽秋、黄振祺等编：《中国普及教育问题》，上海：商务印书馆，1937 年，第 131—132 页。

1928年，南京、杭州、吴淞、江都、阜宁等地小学教员都在索取欠薪，要求改善待遇，纷纷辞职、请愿、罢教。1933年10月，北平的小学教职员要求当局还清积欠、按十成发薪未果，47校决定实行怠工，40余所小学教学停顿。因此，大学院的“最低限度”如能落实，就算是天字第一号了。

引起地区性的索薪运动的原因，显然不是大学院《小学教员薪水制度之原则》出了问题，而是未能得到落实。邰爽秋和黄振祺等编《中国普及教育问题》，根据《第一次中国教育年鉴》小学教育概况所载全国各省市小学教师待遇情况，列出下表（见表5—7）：

表5—7 各省市小学教师月薪额数表（单位：元）

省别	校别	职别	最高薪额	最低薪额	备注
江苏	县区立小学（高级） 县区立小学（高级） 城镇初级小学 城镇初级小学 乡村初级小学 乡村初级小学	正教员 专科教员 正教员 专科教员 正教员 专科教员	45 35 35 30 30 25	25 20 20 15 15 10	上列各项俸薪给标准
浙江	县立小学	专任教员 兼任教员	72 40	25 20	兼任教员之最低薪额系为年俸
安徽	乡村小学 城市小学	教职员 教职员	19.80 30	7.80 11	上列平均数
江西	贫瘠县立小学 富产县立小学 乡村小学	专任教员 专任教员 专任教员	30 40 15	6 10 3	平均数为12元 平均数为20元 平均数为6元
湖北	小学 小学 乡村小学	专任教员 兼任教员 教员	90 60	60 30	平均数为70元 平均数为40元 平均数为8元
湖南	小学	专任教员 兼任教员	30 10	10 6.7	平均数为20元 平均数为9.3元

续表

省别	校别	职别	最高薪额	最低薪额	备注
福建	小学	专任教员 兼任教员	65 2	28	 以每月每时计
云南	小学	专任教员 兼任教员	150 100	30 30	平均数为 90 元 平均数为 65 元
贵州	小学	专任教员 兼任教员	38 21	22 15	平均数为 30 元 平均数为 18 元
广东	小学 广州市立小学	教员 专任教员	116 182	4 40	平均数为 27 元
广西	小学	专任教员 兼任教员	24 27.5	11 7.5	
陕西		专任教员 兼任教员			平均数为 20 元 平均数为 10 元
山西	县立小学	教职员	30	15	
河北	省立小学 市立小学 市立小学 县立小学 乡村小学	专任教员 专任教员 兼任教员 专任教员 专任教员	55 55 50 36 24	22 34 4 14 4	平均数为 26 元 平均数为 45 元 平均数为 27 元 平均数为 25 元 平均数为 14 元
山东	小学	专任教员 兼任教员	50 45	4 2	平均数为 25 元 平均数为 20 元
四川	高级小学 初级小学	教员 教员	50 30	6 3	
甘肃	小学	教职员	42	3	平均数为 22.5 元
宁夏	小学	专任教员 教员兼职员	35 40	10 12	平均数为 20 元 平均数为 24 元
青海	小学	专任教员 教员兼职员	25 15	6.7 6	

续表

省别	校别	职别	最高薪额	最低薪额	备注
新疆	省立小学 县立高级小学 县立初级小学	教员 教员 教员	130 40 30	60 20 10	
热河	小学	专任教员	15	8	平均数为 11.5 元
察哈尔	小学	教员	30	8	平均数为 12 元
南京	市立小学 乡村小学	专任教员 兼任教员	95 90	20 18	
上海	小学	级任教员 专任教员	95 90	30 25	
北平	小学	级任及科任	65	30	
青岛	小学	专任教员 兼任教员	55 30	28 20	

资料来源：邰爽秋、黄振祺等编：《中国普及教育问题》，上海：商务印书馆，1937 年，第 124—128 页。

根据此表可知，全国各省市教师工薪差别很大，同为专任教师，有的省 182 元，有的省仅有 25 元、15 元。有的省的平均工薪为 90 元，有的则不到 20 元。同是兼任教师，有的平均工薪为 65 元，有的则不到 10 元。最高工薪额为 182 元，而最低者仅 2 元、4 元。这些说明全国各省市小学教师工薪虽然勉强都能发出来，但很多省份的小学教师工薪基本维持在生活水平线上，有的可以说谈不上生活水准，简直是在死亡线上挣扎。

抗战期间，中央与地方的财政收入大多数用于战争，战前所施行的教师的薪俸和待遇已很难实现，尤其 1939 年以后，物价飞涨，更使教师生活陷于困境，很多小学教师无法维持生计，纷纷弃教改业，使全国范围的初等教育深受影响。面对这种情况，国民政府及教育部颁布了一系列法规，如《小学教员待遇规程》《小学教员薪给支配及实施方法》《地方津贴小学教员米谷暂行办法》《小学教员年功加薪办法》《教员服务奖励规则》《各种小学教员待遇实施办法》等。1940

年1月，蒋介石为解决小学教育危机，特发表《告全国小学教师及各界人士书》，并致《慰勉小学教师电》，明确强调：

凡县各级组织纲要实施之地方，对于小学经费与教师待遇，尤当特别宽筹，务期与担当任务，足资平衡，堪维生计。所望我教师诸君，体念抗战时期国家社会之艰苦，认定教育本为清高之服务事业，奋发自来刻苦之精神，益为教民救国而努力。勿以一时之困穷，而动摇其志事，勿以功绩之无闻，而轻弃其职务。①

各项关于小学教师工薪待遇的法规频频颁发，形成了改善小学教师工薪待遇的舆论环境。各种法规概括起来分为两大部分，一是关于工薪待遇的；一是优待小学教师的。前者主要有五项：第一，规定小学教师最低薪金标准。小学教师的薪金当以当地人衣、食、住三者所需费用的两倍为标准发放。此标准每隔三年修订一次。第二，根据学历晋级加薪。师范学校或特别师范科、旧制师范学校本科、高中师范科毕业各晋一级加薪。师范专修科、高等师范学院或高等师范学校、大学教育学院毕业，晋升两级加薪。第三，根据职务晋级加薪。单级小学及二学级小学校长晋一级加薪；二学级以上的小学校长，每增二学级，均晋一级加薪；教导主任每增二学级，均晋一级加薪；初级级任教员及高级专任教员，均晋一级加薪；高级级任教员晋两级加薪。第四，依照学生数晋级加薪。初级级任教师所教一级学生超过40人者，每增加5人晋一级加薪，至晋三级为止；高级级任教师所教学生超过35人，每增加5人晋一级加薪。最后，根据教龄加薪。以每2年、3年、4年、5年为一“年功级”，以国币2—5元为一年功绩之加薪额。“年功级”标准以在一校连续服务时间计算，如不在一校服务，则应加长一年。服务期间有间断者，不得前后并计。②

优待小学教师办法有六项。主要有休假的优待、供给住宿的优待、子女上学

---

① 蒋介石：《慰勉小学教师电》，中央宣传部编：《蒋委员长言论类编·教育文化言论集》，重庆：正中书局，1941年，第233页。

② 田正平、肖朗主编：《世纪之理想——中国近代义务教育研究》，杭州：浙江教育出版社，2000年，第455页。

免费优待、养老金和抚恤金优待，以及津贴米谷和奖励优良教师。六项优待，虽然不是直接发放工薪，但对于小学教师生活各方面的开支而言，这也是一笔不小的数目。

国民政府关于小学教师工薪待遇的政策法规实施后，小学教师的生活有所改善。福建省 1936 年组织调查各县市区教职员待遇状况及当地人民生活费用的最低限度。根据调查结果制定出《福建省各县市及特种区小学教职员任用待遇服务及奖惩规则》，将全省小学教员待遇标准分为甲乙丙三等，每等复分为 5 级。各县市区视当地生活状况，先以某等为其辖内教职员的待遇标准，再按教职员的资格、经验、服务年限和成绩等，核定支给某级薪额。实行这一办法后，“小学教员的待遇略有提高”①。重庆市在 1941—1942 年两年中，按照重庆市小学校长教职员待遇及服务规程核发教师薪金，最高 120 元，最低 70 元。1943—1945 年，依照重庆市中心国民学校及国民学校校长教职员服务规则核发，最高 180 元，最低 90 元。教师的平价米，在 1941—1944 年间，每人月发 6 市斗。1945 年增到 9 市斗。“教师的生活补助费等，历年均比照中央公务员发给。”②

福建省和重庆市小学教师待遇在国难沉重之时有所改善，这是极其难得的。说到底，这与国民政府实施的一系列政策法规关系至关密切。重庆的小学教师能够与中央公务员相比照发放工薪，其工薪待遇不会“差”到哪里去。但是，全国许多省份的小学教师并没有享受到国民政府改善小学教师工薪待遇的优待，过着啼饥号寒朝不保夕的生活。对于国民政府优待小学教师的种种举措，早就有位名叫李廷翰的学者撰文嘲讽：

> 小学校之教师，热心教育，始可久其事而收良果，固也，然热心教育之意志，时与生活问题交战。他国之为教师者，有年功加俸，有退隐金，以时休息，以时报酬，毕生之生活，即于教育中求之，或亦可无虑。而吾国何如？年功加俸之说，传之久矣，而实行之者百不逮一。优待教员之文告，时时见于报章，亦定有之条文矣，而条文之下，恒系以“斟酌地方之财力而定之”一语，地方财力此

① 刘海峰、庄明水：《福建教育史》，福州：福建教育出版社，1996 年，第 383 页。
② 熊明安等主编：《四川教育史稿》，成都：四川教育出版社，1993 年，第 332 页。

时安得充裕，则有如无有。其他，则退隐金无有也。十年二十年之老教师，亦未尝休息也。所谓报酬者，传令嘉奖耳，奖章耳，奖状耳，勋章耳，匾额耳，此嘉奖、奖章、奖状、勋章、匾额者，即一人尽得之，亦不能煮以供一饱。而且军事一起，摧残学校，惟恐不速，教师悉成无告之民。财政一窘，折扣者有之，搭不兑换纸币者有之，犹逾数月而不发，不使教师成饿殍不止。[①]

李廷翰之文虽然写于1919年，但谁说不是国民政府解决小学教师工薪待遇问题之谶语呢！

① 李廷翰：《危哉！小学教育之前途》，李桂林等编：《中国近代教育史资料汇编·普通教育》，上海：上海教育出版社，1995年，第777页。

第六章　民国时期私塾的利用与改造

在一个一穷二白而且战乱频仍的国度推行义务教育，实在不是一件轻而易举之事。无论是初等小学的设置还是义务教育的师资，都是极为棘手的问题。在这种情况下，民国政府教育不得不对私塾采取利用和改造的策略。“利用”即借助私塾的塾舍和塾师，以缓解义务教育师资严重匮乏的燃眉之急；“改造”即私塾塾师教育理念、课程与教材、教学方法，等等，都存在严重不合时宜的地方，必须予以现代化的改造。

一、清末的私塾及其改良尝试

私塾，一般指私人办学。以“塾”字命名的民间教育机构的大量出现，始于宋代；民间私学的广泛设置和大面积普及，“应当是唐以后的事”①。到明清时期，私塾大兴特盛，成为基础教育的主流机构，直到清末仍然以巨大的惯性存在着。

（一）清末私塾的类型

清末私塾仍然沿明清之旧，学生并没有入学年龄上的规定，一般在七八岁至十四五岁之间，个别的既有年龄偏小的，也有达 20 岁左右的。而塾师大多是当地下层士绅，少数是秀才之类读书人。他们迫于生计，往往一边读书应试，一边教学谋得生活费用。

清朝的私塾大致可以分为“教馆”“家塾”和“村塾”三种类型。

第一，“教馆”，亦称“坐馆”，这是富裕人家独自将教师聘请到自家来教育自家的子弟，并不招收外人。接受聘请的教师，往往是当地比较有名的读书人。塾师的聘请有一套比较复杂的程序：先由主聘人——俗称“东家”来到塾师家面谈，议定学童人数、膳食标准、束脩待遇等。在征得塾师同意后，即恭修聘书一纸，并备水礼——酒、肉、点心之类，送到塾师家中，聘请程序结束。

塾师接受礼聘后，东家择定良辰吉日开学。开学日，在举行仪节敬送礼封后，东家还备办丰盛筵席，邀请亲朋好友陪坐，款待塾师，以表尊师之礼。席

① 蒋纯焦：《一个阶层的消失——晚清以降塾师研究》，上海：上海世纪出版集团、上海书店出版社，2007 年，第 16—17 页。

罢，第一节课随即开始。

第二，“家塾”，亦称“门馆”，是塾师在自己家中设馆授徒。其塾舍或馆舍，既可在自己家中，也可租借祠堂庙宇，也有租借他人房屋设馆授童的。四川重庆及川东等地区的私塾有较多的家塾。其办理情形大致是：每年农历正月十五过大年后，塾师便在自家设塾的门上或十字路口，来往行人较多的地方贴上“某（塾师的姓）馆择吉于某月某日上学大吉”的红纸招生广告，学童的父兄便前往洽谈，面议“束脩”，说明分两节（端阳和中秋）或分三节（端阳、中秋、年底）致送。“束脩”多寡，根据学童年龄、程度深浅和家庭贫富而定。①

第三，“村塾”，亦称“族馆”，是一村一族公众集团集资为课其子弟而建的教育机构。村馆的开办，多由一人出面邀馆，塾师报酬由各学生分摊，邀馆者纳总。湖北一些地方管这种私塾叫“棚东”。② 新洲县则将这种族塾、村塾称之为“犁耙馆”。道光元年（1821），新洲旧街黄林墅有位名叫黄基盛的塾师，所办的私学便是这一性质的教学组织形式。黄林墅村塾，实系黄基盛在家所设，招收本村及邻村儿童35名，年龄悬殊，最大年龄的十五六岁，最小的仅六七岁。

此外，还有一些家庭，父亲亲自教授儿子，既不招收族人，也不招收外族儿童。湖北天门程都工于诗，“塾不延师，子弟能辨方名则坐之斋中，教以循谨恭敬，讲说忠孝大义，然后授以《诗》《书》”③。有良好文化背景的家庭，大多采取这一方式。与这一类型颇有些类似的，是天门程雅的家塾。程雅“博学，嗜古，工文，善诱教后进”。其“族兄飞云与县巨室邹枚互延为子弟师”。他教学效果好，学生“多有成就，每就试，学使以国士目之”，对他教授的学生特别高看一眼。而有一位李姓督学，“深契其文。榜揭旌门，多士传诵，人以为荣”。因为程雅教学效果甚佳，学生有成就的很多，所以族兄请他作为儿子的塾师，这个家塾也不招收外族学生。

私塾的培养目标主要有二，一是进行基本文化知识教育，能够认识简单汉

---

① 李定开主编：《重庆教育史》第二卷，重庆：西南师范大学出版社，2006年，第30页。

② 襄阳县教育志办公室编：《襄阳县教育志》，1988年，第8页。

③ 章学诚：《湖北通志检存稿·湖北通志未定稿》，武汉：湖北教育出版社，2002年，第203页。

字，识数，了解基本文化知识，如武昌县的“泥巴馆”和乡村大量存在的“短学”即是。二是以取得功名为目标的私塾。这类私塾学生年龄都比较大，塾师大多取得举人功名，很多比较富有的家族所办的私塾，大多以博得功名为目标。但也有少数私塾塾师主张根据子弟的情况听其自然。潜江欧阳氏坚持耕读传家，孝悌力田，能够考取功名自然甚好，“不会读书”不要硬着头皮读下去，种田也能养家糊口，幸福不在于有没有功名，而是“家和福自生”。甘鹏云在《潜江旧闻录》中有这方面的记载：

欧阳宪副柏家居，尝以孝弟、忠信、撙节、退让训诫子弟。子弟化之。弥留时，三子请治。命曰：“若曹守大父五字训足矣。”先是公父纶事兄荷池公甚谨，荷池尝被潜令逮问而以身代受刑，荷池义之，榜“家和福自生”于堂，所谓五字训也。子弟百许，为士驯谨，为吏廉平，盖所渐摩素矣。宜诸太仆，公之犹子也。平居训饬族人，以孝弟力田为本，而深以逐末嬉游充吏胥为戒。构一枝斋，聚群从子弟之秀者，相与讲明圣贤精义致用之学。其愚鲁者，必诲以《曲礼》《孝经》，尝曰：“此两书篇幅无多，卒业不难。子弟初入塾，将此两书讲贯明白，俾知作人道理，纵读书无成，亦可以为乡里善人矣。”尝撰俪语勒石祠堂云：“宁为乞丐休充吏，不会读书便种田。”①

欧阳氏家塾的教育理念颇为符合实际，根据子弟的实际情况确定教育目标，正是这所私塾的成功之处。

（二）私塾的课程与教学

私塾的教学是招惹诟病之处。首先，教学内容与教材脱离社会实际。私塾教学内容程度很低，教材多为《三字经》《女儿经》《四言杂字》《五言杂字》《六言杂字》《百家姓》《千字文》《增广贤文》《论语》之类，个别亦有采用《幼学琼林》的。这些都是其时传统的私塾所采用的教材，其实，课程也与这些教材高度

① 甘鹏云：《潜江旧闻录》，《潜江旧闻录·襄阳守城录·郧襄赈济事宜》，武汉：湖北教育出版社，2002年，第58页。

一致。学者齐如山在他的回忆录中有一首诗生动地描述了私塾的课程与教学的情形：

几阵乌鸦噪晚风，儿童齐逞好喉咙。

赵钱孙李周吴郑，天地玄黄宇宙洪。

“三字”文完翻“鉴略”，《百家姓》毕理“神童”。

就中有个超群者，一日三行读“大”“中”。①

教学内容都是儒家伦理道德和读书做官的那一套。什么“位列上中下，才分天地人，五伦先父子，八卦定君臣”；什么“王子去求仙，丹诚入九天，山中方七日，世上几千年”；什么“天子重英豪，文章教尔曹，万般皆下品，惟有读书高”；什么“白日莫闲过，青春不再来，窗前勤苦读，马上衣锦还”；“少小须勤学，文章可立身，满朝朱紫贵，尽是读书人”，等等，是蒙馆儿童的必读之品。据学者张恒寿回忆：

我六岁至十岁时，在私塾兼小学的学校读书，一面念《三字经》、“四书”，一面念国文、算术等科。当时的国文、修身教材，是学部编译图书馆的课本，书上讲的故事，多有插图，读起来很有兴趣。……十一岁时，到离家三里远的第五高小读书。高小毕业后，在家里跟一位老先生学《左传》、古文、唐诗等，一共念了四年。在塾师的敦读下，只对写作文、文言文和旧体诗方面有初步尝试，对其他方面无甚知解。②

这类情况并非个例，清末遍及全国的私塾无不如此。有人对名不副实的小学堂叹道：“门悬初等小学堂之牌，入视之，则十数儿童拥护一师，几案错杂，或读《百家姓》《千字文》，或读《学》《庸》《论》《孟》。”③ 给学生仅一个井口大小的天地，将学生培养成井底之蛙。

其次，教学进度极其缓慢。私塾教学进度之慢，可以用蜗牛爬行作比。有人

---

① 齐如山：《齐如山回忆录》，上海：上海文艺出版社，2014 年，第 8 页。

② 《张恒寿自述》，高增德、丁东编：《世纪学人自述》第二卷，北京：北京十月文艺出版社，1990 年，第 215 页。

③ 又人：《教育杂感》，载《教育杂志》第 5 卷，1911 年第 3 期。

回忆说："蒙馆的学生百分之九十几是穷人家的子弟，家中无事就上学，田活忙了就回家。时读时辍，一年只读几个月的书，因此一本《三字经》够读一年。愚笨一点的学生，一本《三字经》要读两三年，'四书'更是够读几年。因此在蒙馆内能够读到'五经'的蒙童，确如凤毛麟角，不可多见。"[①] 有一首打油诗这样写道：

漆黑茅柴屋半间，猪窝牛圈浴锅连。

牧童八九纵横坐，"天地玄黄"喊一年。[②]

虽然字里行间有些调侃夸张的成分，但绝非不实之词。

图 6—1　清末私塾教学进行时

第三，教学方法呆板，惩罚盛行。私塾的教师对不认真读书没有完成任务的学生，督察都是十分"恪尽职守"的。颜惠庆回忆说："我们的老师非常严厉，使那些不能按规定完成背诵的学生深感窘迫。塾中年龄最大的一位学生，比我们读的书深奥得多，每天要反复背诵很多页。我清晰地记得，有一天，他因不能准确地背诵课文，遭到老师拧耳朵的惩罚。一旦发现学生犯了严重错误或者不用

① 朱国南：《江汉平原的蒙馆和私塾》，政协全国委员会文史资料委员会编：《文史资料存稿选编·教育》，北京：中国文史出版社，2002 年，第 716 页。

② 袁枚著，顾学颉点校：《随园诗话》(上)，卷八，北京：人民文学出版社，1982 年，第 261 页。

功，老师就用硬木戒尺打他们的手心，这更是习以为常的事情。”[①] 私塾的教学方法强调死记硬背，教学侧重注入式，惩罚是必不可少的教学方法。据湖北部分县市史志记述：“学生常年上学，只有端阳、中秋和春节放假。塾规甚严，对不守塾规的学生，轻则用戒尺打手掌、罚站、罚跪、关学；重则打屁股；屡教不改者，令其退学。上学即就位，不得随便下位或出门；大小便须领戒板。私塾的教法重注入式，学生终年禁锢在学堂里，学习生活单调枯燥。”[②] 塾师教学时一般戒尺不离手，戒尺的用途有三：一是作教鞭之用，用以指挥学生。二是作“尿签”之用。学生大小便，事先要到教案前领取醒木放在自己的课桌上，表示自己上洗手间去了，返回后送还塾师，座位上如果没有醒木，又没有人，那就有体罚侍候。三是作戒板之用。如果学生严重违犯塾规，给予罚跪时，便在醒木上点插三炷香，压在犯规学生的头上，香尽惩罚结束。如果头顶醒木还乱动，醒木斜倒，就要受更重的处罚。竹板学名叫“教朴”，取自《礼记》“朴作教刑”句，是惩罚学生的工具。如触犯塾规，根据犯规轻重打手心数下、十数下，数十下，并有塾师用竹板、竹条抽打学生头部、屁股，用手揪耳朵，用笔杆擀手指。[③]

顾颉刚和叶圣陶是私塾的同学，他在《古史辨・自序》中回忆说，私塾先生“对付学生本来已很严厉，因为我的祖父是他的朋友，所以对我尤为严厉。我越怕读，他越要逼我读。我念不出时，他把戒尺在桌上乱碰；背不出时，戒尺便在我头上乱打。在这种的威吓和迫击下，常使我战栗恐怖，结果竟把我逼成了口吃”。光绪二十七年（1901），叶圣陶读“四书”，顾颉刚读《诗经》《左传》，“师特严，读辍声者，戒尺击其案背，背诵中绝者，戒尺击其头，待童子如囚犯，以是予虽日与圣陶接席，而谈话之机会乃绝少”。顾颉刚有诗对私塾生活留下辛酸的回忆：

溯昔一九零一年，读书私塾始比肩。

---

① 颜惠庆著，吴建雍、叶凤美译：《颜惠庆自传——一个民国元老的历史记忆》，北京：商务印书馆，2003年，第6—7页。

② 武汉教育志丛编纂委员会主编：《新洲县教育志》，武汉：武汉工业大学出版社，1990年，第33页。

③ 湖北省安陆市教育委员会编纂：《安陆县教育志》，1989年，第51页。

可堪师道尊于天，扑作教刑剧可怜。

默诵脱句泪涟涟，彼此目视袖怯牵。[①]

未经改良的私塾，是学童的恐怖伤心地。私塾陈腐的教育目标、教学内容与生民日用相去甚远，教学方法偏重体罚，与义务教育精神多有不合，不得不进行改良，使之能够为晚清发轫的义务教育有所作为。

（三）私塾的改良举措

1904 年 1 月 13 日，清廷颁布《奏定学务纲要》，指出："初等小学堂养正始基，各国均任为国家之义务教育。东西各国政令：凡小儿及就学之年而不入小学者，罪其父母，名为强迫教育，盖深知立国之本全在于此。"[②] 同日公布《奏定初等小学堂章程》指出："初等小学堂，全国人民均应入学，名为强迫教育；除废疾、有事故外，不入学者罪其家长。中国创办伊始，各地方官绅务当竭力劝勉，以入学者日益加多，方不负朝廷化民成俗之至意。"[③] 义务教育遂在清廷风雨飘摇中启动。但是，初等小学一时间难以满足义务教育的需要，即使初等小学能够接纳适龄儿童，但师资也不可能满足。凭师范学堂培养教师，也是几年后的事情，远水解不了近渴。而塾师们无论世道如何变化，仍然我行我素："其上者，高视阔步，聪明自负，即有浅近诗歌，足资童蒙启发者，又多不屑教读。其庸庸者，则又墨守成例，"千字""百家""神童"《千家诗》之外，不敢稍改旧章。"[④] 清廷学部遂在无奈之下，对私塾进行改良。

1. 成立私塾改良组织，劝导私塾加盟。智慧在民间，智慧在地方。早在光绪三十一年（1905），上海成立私塾改良总会，其宗旨是："各教习照常各自收徒

① 商金林：《叶圣陶年谱长编》第一卷，北京：人民教育出版社，2004 年，第 11—12 页。

② 璩鑫圭、唐良炎编：《中国近代教育史资料汇编·学制演变》，上海：上海教育出版社，1991 年，第 491 页。

③ 璩鑫圭、唐良炎编：《中国近代教育史资料汇编·学制演变》，上海：上海教育出版社，1991 年，第 291—292 页。

④ 《训蒙记事》，璩鑫圭编：《中国近代教育史资料汇编·鸦片战争时期教育》，上海：上海教育出版社，1990 年，第 401 页。

讲授，馆室照旧，脩金照旧，惟教授悉用新法，重讲解不重背诵，先求讲明蒙学新书，然后由浅入授［深］，实事求是，务必到馆一日，即获一日之进益。”① 总会章程议定从课程、会课、赠书、大考、考章、师范讲习所、设阅书处等办法，对私塾进行改良。总会下之分会上海私塾改良会会友，多有见识之人，他们筹集资金，在城西半泾园集会，决定先从劝导乡镇私塾塾师入手，并以参署东首之龙门精舍为该会办事处，兼设初等小学师范传习所。会友们历经张江栅、王家港、大湾、新港等十余镇，“遍访绅董及教员，告以教授改良为育才之急务”，造成巨大的私塾改良声浪。

其后，全国私塾改良组织如雨后春笋一般萌发滋长。当年就有苏城私塾改良社成立，光绪三十一年（1905）四月十五日《时报》载，该社挨门挨户劝塾师到师范讲习所听讲，“无有作辍”。“又言今教体操及游戏运动、游戏唱歌诸法，所以使童子身口有正当之运用，性情有正当之感触，一洗儿童顽懦之习。”请塾师观摩诚正、化固两学堂学生演示诸般游戏运动、游戏唱歌各式，步伐整齐，音韵悠扬，“叹者千人俱击节叹赏”。②

江苏的改良私塾行动在全国引起强烈反响。光绪三十三年（1907），直隶省提学司发出通饬各属实行改良私塾文告。宣统元年（1909），河南省提学司详定《改良私塾章程》。二年（1910），湖南省教育总会“以改良私塾为目今要务，亟应早为调查，以为改良之入手办法”，派员在省城内外对私塾进行调查。同年，吉林提学司札饬各属改良私塾告示，指出：“私塾相沿已久，教法未尽合宜，若不力图改良，实无以策进行而谋教育之普及。”③

一经加入改良私塾会，就要缴纳会费，还必须参与该会举行的各种讲习班、观摩会、交流会等活动，借以更新教育观念、改进教育方法、改进塾舍管理等。

2. 对塾舍及办学条件提出要求。由于私塾塾舍大多或者利用自家空闲房屋，

① 《上海私塾改良总会章程》，李桂林等编：《中国近代教育史资料汇编·普通教育》，上海：上海教育出版社，1995 年，第 147 页。

② 《苏城私塾改良社第四次会考记略》，李桂林等编：《中国近代教育史资料汇编·普通教育》，上海：上海教育出版社，1995 年，第 150 页。

③ 李桂林等编：《中国近代教育史资料汇编·普通教育》，上海：上海教育出版社，1995 年，第 157 页。

或者租借邻近人家空闲房屋，更有甚者利用破旧庙宇作为教室。私塾塾舍往往有如下特点：第一，塾舍狭窄，根本没有活动场所。第二，光线阴暗，场地潮湿。第三，塾舍往往一室多用，集猪圈、鸡窝、柴草堆放屋于一体，存在着安全隐患。

塾师开办私塾还有一个特点，大多基本是零投入。塾师大多是科场失意者，少数是贡生、附生，即便是秀才出身者也是向曙之星，也有一部分是仕途失意者，他们本来就没有固定的经济来源，试图以开办私塾养家糊口，因此所开办的私塾基本是零投入。有的私塾甚至连桌椅都要求学童自己带。

学童在既无场地，又无条件的私塾读书，于身心的发展是极为不利的。有鉴于此，清末一些省份对私塾提出了塾舍和办学条件的要求。河南省教育行政长官鉴于河南私塾办塾条件基本为零的状况，在颁发的《河南提学司详定改良私塾章程》第四章第 14 条中，提出了开办私塾的条件要求。《章程》告诉劝学员，第一步改良后的劝法是要“劝塾师及塾东以添购黑板有益教授，且购制甚易”。第 15 条第二步改良后的劝法是要“劝塾东以添置器具但求适用，不须多资”；“劝塾东以出资制器数在五十千上者，得禀由地方官详请奖励”。[①]《章程》对私塾的活动场地只字未提，这是有难言的苦衷的。一是其他私塾统统都没有活动场所，非独自己一家，法不责众，不愿“为善者先”。二是私塾招收学生本来就不多，开辟空旷地会增加成本。三是塾师对活动游戏有益于学童身心健康之理，并不知晓，甚至以为体育游戏活动耽误时间。

当时像河南这样零投入的私塾比比皆是，非独河南一省而已。这些私塾办学的起码条件都阙如，还需要官府“劝导”，足见清末私塾基础条件多差，改良难度有多大。但是，宣统二年（1910）学部颁定的《改良私塾章程》，竟然对改良私塾的办塾条件没有提任何要求，不能不令人费解。

3. 教学内容、组织方式和教学方法改良。清末推行义务教育，对私塾改良的重点是课程与教学。

---

① 《河南提学司详定改良私塾章程》，李桂林等编：《中国近代教育史资料汇编·普通教育》，上海：上海教育出版社，1995 年，第 154 页。

光绪三十一年（1905）公布的《上海私塾改良总会章程》开宗明义，阐明私塾改良的宗旨、课程和会课办法：

（一）宗旨　各教习照常各自收徒讲授，馆室照旧，脩金照旧，惟教授悉用新法，重讲解不重背诵，先求讲明蒙学新书，然后由浅入授［深］，实事求是，务必到馆一日，即获一日之进益。

（二）课程　必修科：修身（兼讲经）、国文（包括地理、历史、理科、习字）、算术、体操；随意科：图画（毛笔画）、乐歌。

（三）会课　每月择星期下午（各私塾相去路程稍远者，或全日会课，预备便饭）举行会课一次，或两次。各教习率学生聚集于适中之公地，如庙宇、善堂之类，由社中各干事员（如乡僻之区，干事员不足，则即择私塾教员数人，帮同考课）将各塾学生分班考试酌定分数，半年一结算，择优给奖。会考毕后，演习体操，然后各散（有会课然后有比较，有比较然后师生皆有竞争之心，而自奋勉，借以集思广益，敬业乐群，其效尤大）。①

学部于光绪三十二年（1906）颁定的《改良私塾会章程》对改良私塾的课程提出了要求，将课程分为必修科和随意科，必修科的课程为修身（兼讲经）、国文（包括地理、历史、理科、习字）、算术、体操。随意科课程有图画（毛笔画）、乐歌。学部《改良私塾章程》规定，私塾改良分为初等和高等两级，初等改良第一级要求："一、课程至少须授修身、国文、读经讲经、算术四科。二、课本须遵用部定之本。三、各书均须讲解，不得专主背诵。四、学生以各科课本教授完竣为毕业，凡毕业年期及分配授课时刻，均应预行规定。"② 高等改良第一级规定："一、课程至少须授修身、国文、读经讲经、算术、历史、地理六科。二、课本须遵用部定之本。三、讲解均须详明。四、学生以各科课本教授完竣为毕业，凡毕业年期及分配授课时刻，均应预行规定，其国文、算术二科授课时刻，得酌量增加。"

---

① 李桂林等编：《中国近代教育史资料汇编·普通教育》，上海：上海教育出版社，1995 年，第 147 页。

② 《改良私塾章程》，舒新城编：《中国近代教育史资料》（上册），第 2 版，北京：人民教育出版社，1981 年，第 110 页。

对私塾的教学组织方式也进行改良。《改良私塾会章程》对私塾的教学组织方式没有明确的改良规定，但对课程钟点设有定限："昔时私塾教课，无一定之钟点，亦无一律之规则。严且勤者终日不得休息，宽且惰者一日或不满两小时之功课。私塾旧习被人指摘之处甚多，此亦其一端也。今定例每日作课，以六点钟为限（十岁以内之学生减去一课，每日五小时已足）。每点钟作课五十分，休息十分钟。已入改良会者每月至少须教二十四天，不得无故作辍及借端停课。"① 虽然对私塾教学组织方式没有根本触动，但对私塾课时数、每节课的时间有了规定，已经有不小的进步。但学部于宣统二年（1910）颁发的《改良私塾章程》，则对私塾的教学组织方式有了根本改变。《改良私塾章程》第一章《总则》第 4 条规定："改良私塾分初等、高等两种，以能合于初等小学教科程度者为改良初等私塾，合于高等小学教科程度者为改良高等私塾"，这就相当于将私塾分为初小和高小两级小学了。而第四章《改良办法》第 11 条，又将初等、高等私塾"各分为二级"，即初等改良第一级、初等改良第二级；高等私塾分高等改良第一级和高等改良第二级。这里的"级"，已经有双重意义，一是相当于年级，二是相当于班级。由于私塾的学生人数并不多，最多也只是 30 多人，私塾实际上就是一所每个年级仅一个班的私立小学。

与此同时，私塾教学方法改良备受关注。早在光绪三十一年（1905），上海《私塾改良总会章程》就指明了私塾教学方法改良的方向——"教授悉用新法，重讲解不重背诵，先求讲明蒙学新书，然后由浅入授［深］"②。宣统元年（1909）河南省提学司《详定改良私塾章程》规定，私塾的教学与管理，"实行初等小学一切规则"。其第三章第 13 条规定劝学员对塾师"劝以讲经，用新颁教授法之事半功倍"③。宣统二年（1910），学部公布《改良私塾章程》，将私塾分为三级，初等改良第一级"课程至少授修身、国文、读经讲经、算术四科"，高等

① 《改良私塾会章程》，舒新城编：《中国近代教育史资料》（上册），第 2 版，北京：人民教育出版社，1981 年，第 107 页。

② 李桂林等编：《中国近代教育史资料汇编·普通教育》，上海：上海教育出版社，1995 年，第 147 页。

③ 李桂林等编：《中国近代教育史资料汇编·普通教育》，上海：上海教育出版社，1995 年，第 154 页。

改良第一级在初等改良第一级的基础上另加历史、地理两科。高等改良第二级“课程可酌加格致、体操”。在教学方法上，初等改良第一级“各书均须讲解，不得专主背诵”，“朴刑不得滥用”。初等改良第二级、高等改良第一级只强调“讲解渐求详明”和“讲解均须详明”，没有涉及具体方法。[①] 学部《改良私塾章程》对私塾改良的要求比较低，竟然还有“朴刑不得滥用”之类的规定掺杂其中。朴刑“不得滥用”，意思是必要时还是可以用一用的，仍然保留有旧教育的某些方法和理念。这也是面对普遍存在的私塾的改良，步伐不可太大，不可操之过急。要求悬得过高，无异于是一纸空文。

这些改良私塾的文件，对于私塾教学方法改良集中起来就是一句话：采用新颁教学法，或曰“教学悉用新法”，或曰“实行初等小学一切规则”，等等。禁止体罚、不得死记硬背等，尽在其中。

清末私塾课程与教学的改良，使私塾或快或慢地发生着变化。郭沫若在家塾读书之时正是私塾改良交替之期。他回忆说，发蒙时读的是《三字经》，司空图的《诗品》、唐诗、《千家诗》。这些书读完后便读《诗经》《书经》《易经》《周礼》《春秋》和《古文观止》。但是，自从庚子（1900）后，情况发生了很大变化。“家塾里的教育方法也渐渐起了革命，接着便读过《东莱博议》《史鉴节要》《地球韵言》和上海当时编印的一些新式教科书。先生又得到一部教会学堂用的《算数备旨》，根据着这书来教我们的算术。当时我们还写不来阿剌［拉］伯数字的草书，因为那刊本上都是用的楷书，而且算数不立程式，只是算草，但那样，在我十二岁的时候，已经把开方学完了。”他在家塾中没有学过做八股文，“数字演算是每天都要做的，《算数备旨》里面的每一问题都不曾忽略过”。不过，“点读御批《通鉴》也是日课之一，而且还要抄御批，这项也是一桩刑罚，一长串的人名字点不断时，最感觉头痛”。[②]

丰子恺约光绪三十二年（1906）进入私塾，先读《三字经》，后又读《千家

---

① 《改良私塾章程》，舒新城编：《中国近代教育史资料》（上册），第2版，北京：人民教育出版社，1981年，第110页。

② 郭沫若：《学生时代》，北京：人民文学出版社，1979年，第2—3页。

诗》。《千家诗》每页上端有一幅木版画，第一幅画的是一只大象和一个人在耕田，这是“二十四孝”中的大舜耕田图，他根本不知这是什么意思，只觉得看上端的画比读什么“云淡风轻近午天”有趣。因他家开了个染坊店，他就向染匠司务讨些颜料，溶化在盅子里，用笔蘸了为书上的单色画着色，开始了他的画画生涯。他回忆说：“那时候我们在私塾中弄画，同在现在社会里抽鸦片一样，是不敢公开的。我好像是一个土贩或私售灯吃的，同学们好像是上了瘾的鸦片鬼，大家在暗头里作勾当。先生坐在案桌上的时候，我们的画具和画都藏好，大家一摇一摆地读‘幼学’书。等到下午，照例一个大块头来拖先生出去吃茶了，我们便拿出来弄画。”没有想到，私塾先生不但没有严词责备，反而叫丰子恺画了一幅孔子像，并且在塾中“发表”出来。就在学校初兴之时，这位私塾先生“忽然要把我们的私塾大加改良了。他买了一架风琴来，自己先练了几天，然后教我们唱‘男儿第一志气高，年纪不妨小’的歌，又请一个朋友来教我们学体操”。①

这些充分证明，清末的私塾改良，多多少少产生了一些效果。

4. 举办讲习班，塾师必得接受培训。塾师是私塾改良的关键。一间私塾绝大多数仅一位塾师，一个塾师得到了改造，亦即一间私塾得到改良。清末义务教育启动后，一些地方便通过当地官办小学堂举办塾师培训，使之能够为推行义务教育有所作为。光绪三十一年（1905），江苏武阳“专为各私塾之有志教育者”设立高等小学附设师范传习所，讲授教育学、教授法、管理法和历史、地理等课程。光绪三十二年（1906），上海《私塾改良总会章程》要求办理师范讲习所者，必须——

另筹经费，设立师范传习所。请师范毕业生数人按期轮流与会所，与各私塾教员及有志教育诸友研究教育之理、教授之法，并补习算学、舆地、历史、理科、体操各普通学，以扩新知而补不足，期实副“改良”二字之名义。私塾教员不入师范讲习会者，其酬劳费须酌减，惟已得师范卒业文凭者，不在此例。②

---

① 丰子恺：《丰子恺自传》，南京：江苏文艺出版社，1996 年，第 21、23 页。

② 李桂林等编：《中国近代教育史资料汇编·普通教育》，上海：上海教育出版社，1995 年，第 148—149 页。

图 6—2 著名私塾——三味书屋

福建省教育总会“为宏教育之知识，培办学之人才”，特设立教育讲习科，由会员李世新等 8 人为教员，讲授教育学、学校制度、学校管理法和教授法等必修科目，随意科目有物理、化学、博物等。仅光绪三十二年至三十三年（1906—1907）的一年间，听讲学员达 290 人，毕业学员 114 人。① 光绪三十三年（1907），京师督学局谕令在各区设立两等小学堂，并附设夜课师范讲习所，约集私塾教师前来听讲，8 个月毕业。② 光绪三十四年（1908），辽宁营口在“城内外适中之小学堂附设塾师研究所，凡设馆之塾师均于晚间赴所研究，限期十个月，再行考验”③。

5. 对接受改良的私塾，官府予以认定。私塾改良虽然由民间发起，但官府认定这是推进义务教育的重要力量，应当很好地利用，不失时机地对改良合格的私塾予以认定，给予私立学堂的待遇。

光绪三十四年（1908）五月，京师劝学所议定：“将内外城各学区所有私塾一律调查，择其最优或优等者认定为私立小学堂。其教法可望改良者，准其力图改良。其文理教法均未合格并无改良资格者，即照会警厅饬令解散，以免

① 刘海峰、庄明水：《福建教育史》，福州：福建教育出版社，1996 年，第 257 页。
② 《各省教育汇志》，《东方杂志》，第 4 年，1907 年第 7 期。
③ 《开办塾师研究所》，《盛京时报》，1907 年 4 月 26 日。

贻误幼年学童。”[①] 当年8月，劝学所又强调，对在调查甄别中列为最优等、优等、中等者，经督学局长校评定，榜示后酌予名誉金，发给某学区第几私立小学堂名牌。对遵照初等小学堂简易课程授课者，均认定为改良私塾。[②] 如果私塾“教师素具热诚，力求进益，愿遵定初等小学堂章程之学科教授者，果能划清年级，按照程度，用学部编定教科书讲授，请督学局调查认可立案，换给京师第几私立初等小学堂名牌”[③]。

有的地方根据私塾学生多寡为确认原则。辽宁省辽阳于光绪三十四年（1908）对城内参与改良的私塾认定办法是：“学生在三十人以上者，作为私立小学，一切规模旧籍、器具均须按照奏定章程办理，五年毕业后准其升学；若未及三十人者，作为改良私塾，惟不必尽照奏章办理，而修身、历史、国文、算学、体操等均为必授之科，毕业后不准升学。”[④]

各地对私塾改良态度和认定办法，给清廷学部以良多启发。宣统二年（1910），学部对私塾认定作了统一的规定：

第十二条　初等师［私］塾，如该塾师文理清通、略知算术，听从劝学员劝导，足副改良第一级之格者，得由劝学所认为第一级初等改良私塾；其足副改良第二级之格者，由劝学所认为第二级初等改良私塾；若其学生在三十人以上，常年经费筹有的款者，应详请提学使司，准作为私立初等小学。

第十三条　高等私塾，如该塾师或曾由师范毕业，或久为塾师，成绩昭著，听从劝学员劝导，足副第一级之格者，由劝学所通知省视学，认为第一级高等改良私塾；若其学生在三十人以上，常年经费筹有的款者，应详请提学使司，准作为私立高等小学。

第十四条　已经认定之改良私塾，劝学所应按年汇造清册，由地方官详司备

① 《议拟严行甄别私塾》，《大公报》，1908年5月3日。

② 蒋纯焦：《一个阶层的消失——晚清以降塾师研究》，上海：上海世纪出版集团、上海书店出版社，2007年，第170页。

③ 《京师劝学所改良私塾办法》，《大公报》，1908年8月28日。

④ 《改良教育》，《盛京时报》，1909年2月4日。

案。如遇塾师有更易时，均由劝学所切实考查，如一切办理情形与前无异，即仍认为改良私塾。①

河南省对私塾改良程序虽然大致相同，但最大的不同是河南抚院规定了严格的期限。规定《私塾改良章程》公布后，两个月内要完成调查事宜，五个月要完成第一步的改良，一年内要完成第二步的改良，两年内完成第三步的改良。河南抚院公布私塾改良期限，的确有一些操之过急。就其改良进度和效果来看，远远没有如期完成。宣统三年（1911）《河南教育官报》对私塾改良状况有具体记载。截至当年 9 月，全省改良私塾 3247 间，约占全部私塾间数的 10％。② 而据 1928 年统计，河南省共有小学 9687 所，其中完全小学 388 所、高级小学 63 所、初级小学 9236 所，并没有看到私立小学和私塾的统计数据。这有可能忽略了对私塾的统计，也可能是私塾经过改良销声匿迹了。

清末对私塾的改良，反映了私塾这股不可小觑的力量，为清廷及地方教育行政部门和社会各界所重视；私塾作为推进义务教育的重要资源，也为各方所关注，如果能够得到很好的利用，对义务教育而言，当然不无小补。清廷及地方政府和社会各界对私塾改良的思路不能说不清晰，举措不能说不得当，都是全国各地私塾改良实践的总结，凝结着社会各界和各级教育行政部门的智慧。但是，私塾改良总体上操之过急，塾师陈腐的教育观念，希望他们听几场演讲，进入夜校听几场教育学或学校管理的课，就能幡然改进，这本身就是天方夜谭。塾师的知识班底就是传统的儒学，要让他们对知识体系进行脱胎换骨的改造，而且要在短短的时间里完成，是很难实现的。其时社会经济已经到了崩溃的边缘，生灵涂炭，野有饿殍，要私塾的办学条件达到初等小学堂的程度，也只是官府的一厢情愿而已。所以，很多私塾美其名曰改良私塾，或认定为私立小学堂，实际上只是名牌换一换而已，本质上并没有改观。老舍对他所上的改良私塾，有这样一段回忆：

---

① 《学部通行京外学务酌定方法并改良私塾章程文（附章程）》，见李桂林等编：《中国近代教育史资料汇编·普通教育》，上海：上海教育出版社，1995 年，第 59—60 页。

② 王日新、蒋笃运主编：《河南教育通史》（中），郑州：大象出版社，2004 年，第 65 页。

学校是一家改良私塾，在离我的家有半里多地的一座道士庙里。庙不甚大，而充满了各种气味：一进山门先有一股大烟味，紧跟着便是糖精味（有一家熬制糖球糖块的作坊），再往里，是厕所味，与别的臭味。学校是在大殿里。大殿两旁的小屋住着道士，和道士的家眷。大殿里很黑，很冷。神像都用黄布挡着，供桌上摆着孔圣人的牌位。学生都面朝西坐着，一共有三十来人。西墙上有一块黑板——这是“改良”私塾。老师姓李，一位极死板而极有爱心的中年人。①

这间私塾虽然是改良私塾，但“硬件”何曾有什么“改良”！“硬件”如此，“软件”又如何呢？梁实秋所进的私塾，有了一些“改良”。他曾回忆说：“家里请了一位教师，贾文斌先生，字宪覃，密云县人，口音有一点怯，是一名拔贡。我的二姊、大哥和我三个人在西院书房受教于这位老师。所用课本已经是新编的国文教科书，从‘人、手、足、刀、尺’起，到‘一人二手，开门见山’，以至于‘司马光幼时……’。《三字经》《百家姓》《千字文》这一段就没有经历过。贾老师的教学法是传统的‘念’‘背’‘打’三部曲，但是第三部‘打’从未实行过。”② 虽然有明显改良的痕迹，“三、百、千”之类的内容是没有了，三部曲变成了二部曲，但课程设置不全面，重念读和背诵的恶习仍然未“改良”。当然，要一位拔贡来讲《地球韵言》《算术备旨》、开平方之类，怕是勉为其难了。

这两例都是北京的个案，相比之下，其他地方的改良私塾只有更糟的，不会有更好的。

---

① 老舍：《老舍自传》，南京：江苏文艺出版社，1995 年，第 16 页。

② 梁实秋：《梁实秋自传》，南京：江苏文艺出版社，1996 年，第 15 页。

二、民国前期私塾的改良

民国前期，私塾的命运伴随着义务教育的发展，走过了一段曲折的历程，画出了跌宕起伏的一道曲线。

（一）私塾政策的改变

民国前后两个时期，社会各界和教育行政管理部门对私塾的态度有所不同。因为态度的不同，导致对私塾所实施的政策亦小有变化。

1912 年 7 月 10 日—8 月 10 日，教育部召开全国临时教育会议。9 月 10 日，教育部公布《学校系统令》（亦称“壬子学制”）。次年又陆续公布了一批关于学制改革的文件，与上年公布的学校系统文件合而称为“壬子・癸丑学制”。这个学制明确规定：“小学校四年毕业，为义务教育。毕业后得入高等小学校或实业学校。”① 虽说推行四年义务教育，但是并没有得到认真实施。这在 1914 年官方的文件中得到了确认。是年教育部在《整理教育方案草案》中剀切陈言：

吾国兴学已十余年，尚无义务教育之规定。民国元年教育部所定学校系统，虽称小学校四年为义务教育，然究未以命令特别颁布，不足耸动全国之观听，以故人民视学务为官吏考成，上作而下不应；即有应者亦多视为慈善事业，不知对于国家负有何等之责任；教育凝滞，此为一大原因。故宣示义务教育年限，为今日第一之亟务。②

① 《教育部公布学校系统令》，中国第二历史档案馆编：《中华民国史档案资料汇编》第三辑，南京：江苏古籍出版社，1991 年，第 59 页。

② 《整理教育方案草案》，宋恩荣、章咸选编：《中华民国教育法规选编》（修订版），南京：江苏教育出版社，2005 年，第 5 页。

既然义务教育推行受挫，对私塾的态度自然比较温和。1912 年教育部在《整理私塾》的文件中指出："私塾在小学发达之后，自当归于消灭；然在小学未遍设之前，从事整理，未始非小学之一助。"① 但全国各省则刚柔并济，有的"偏重取缔"，有的"偏重奖劝"。

教育部对于私塾的奖进政策，遭到了地方一些省市的批评。佟永元指出："京师地方自民国元二年间整理私塾后，遂不复见有私塾。所有能存在之私塾举一跃而为私立国民学校，以致名为学校，实仍私塾，于教育上未收何等实效。盖于学校尚未发达时代，遽行此种办法，诚不无进步太骤之处。"② 他主张"与其使私塾一跃而为私立国民学校，致名不符实，不如于名义上仍认私塾之存在，认真整理，诱奖掖励，使渐进于学校，庶国民就学之途稍宽，而暂时不能多设学校之穷，亦可以集资补救"。于是，京师制定出《整理私塾规程》15 条。《规程》规定京师地方私塾须先呈报管学区劝学办公处试验认可，方允许开办。免于试验者，塾师应满足以下诸条件之一：

甲、肄业师范学校一年以上或师范讲习所及传习所毕业者。

乙、曾充公立小学教员半年以上者。

丙、曾经检定小学教员试验得有教育、国文、算术等科目以上之程度证明书者。

丁、曾经检定准作代用教员者。

戊、曾在高等小学以上之学校毕业取列乙等以上者，或在郊外小学教员讲习会讲习期满得有证明书，复经考试国文取列甲等者。

己、得有前清附生以上出身者。

庚、授徒在三年以上历经调查确系已能改良者。

---

① 《教育部整理私塾》，舒新城编：《近代中国教育史资料》（上册），第 2 版，北京：人民教育出版社，1981 年，第 112 页。

② 《整理私塾规程之订定》，邓菊英、李诚编：《北京近代小学教育史料》（上册），北京：北京教育出版社，1995 年，第 775 页。

辛、学有根底里党倾服现受士绅礼聘者。[①]

其他塾师都必须参加试验。塾师的科目以国文为主，笔算或珠算次之，此外，可以自选国民学校所有科目。试验分为四等："作文明白、演算清楚者列甲等；作文明白者列乙等；作文不甚明白，尚可进求明白者列丙等，全体不通者列丁等。"是否发放办理私塾许可状均根据试验的等级。"凡免试塾师及经试验取列甲等者，均给予塾师许可状。试验列乙等者，俟所缺科目补习娴熟经试验认定后，给予许可状，均准其设塾试验。列丙等者准暂设塾，送入塾师讲习所，肄业、毕业后经试验合格，再行给予许可状。丁等塾师应停止其设塾。"对于办学条件比较好，教学质量较高的私塾，私塾的名字可以称之为"学塾"。《规程》规定："凡私塾设备粗具形式，塾师能以国民学校修身、国文、算术等科三科目以上教授学生而成绩较优者，准易名为学塾。"学塾教授得法成绩优良者，由劝学办公处分别等差酌予奖金。获得奖金的塾师，继续执教一年以上，研究教育确有心得，能遵照《国民学校令》办理，经京师学务局考验认为达到助理教员相当程度者，准作为代用教员，改学塾为私立国民学校，并酌予补助金。但是，凡设塾不报，经学区查实，不受劝导延至三个月以上，及考列丁等、抗不遵令停止者，则令其解散。塾师犯有"不规则"举动，损失塾师名誉或怠弃职务不听劝勉者，得褫夺其许可状，并关闭所设私塾。

就在《规程》制定的同时，还出台了《塾师规则》，除要求塾师在规定的期限内呈报相关资料外，还规定了"应遵守之事项"：

甲、科目　应即勉照小学校教则及课程第一表试办，其体操、手工、图画、唱歌、缝纫等科目如不能兼任，得自约他人教授或暂从缺。

乙、用书　教育部审定之初等小学教科书。

丙、教授时数　遵照课程第一表办理外酌加温习时数者听。

丁、塾内用具　讲桌、讲台、黑板、学生桌凳等项须粗具形式。

---

① 《整理私塾规程之订定》，邓菊英、李诚编：《北京近代小学教育史料》（上册），北京：北京教育出版社，1995年，第775—776页。

戊、教授管理　按照传习所所讲者实行。

己、塾师认为教育上不得已时得加儆诫于儿童，但不得用体罚。

庚、征收学费数目，听塾师自订之。

辛、塾师报告后或有迁徙变更及停止情事，须随时报告学区。①

京师学务局对私塾的整理，标准合度，给全国各省市提供了思路。吉林省对私塾的政策偏重奖劝，根据其制订的《私塾考查规条》可知，该省“专在考察各塾之教授管理，令与小学同，有辅助以奖其成绩之优美，有待遇以励其生徒之毕业”。湖南省订有《私塾暂行规程》17条，“于编制设备及教授管理，与夫塾师资格，皆详为规定，并另有取缔规程与之相辅而行”。湖南省对私塾的态度是软硬兼施，既有规范私塾发展的条款，也有取缔不合格私塾的条文。安徽省发展私塾的条件十分苛刻，动辄以“禁止”“停闭”等严词警告。安徽省所订的私塾管理办法（5条）内容如下：

一、调查方法，限期令塾师报名注册，过期则概行禁止，以免私塾充斥，妨碍小学之进行。二、甄别方法，分而为二：曰普通甄别，所以考验塾师，必合格者方准设塾。曰定期甄别，所以查核各塾内容，非实能改良者即令停闭。三、传习方法，采用通信传习，就师范讲义删繁就简，分发各塾，并将教授管理、设备、卫生各善良方法，择要编印，以资研究。其余如给予私塾证书，及私塾解散之生徒，另行送入小学各办法，均亦筹议及之。②

但是，安徽省对付私塾的办法，对于推行义务教育是不利的。因为国家无力迅速发展足量的初等小学，无力培养足量的初等小学教师，而发展私塾的政策又控制得严之又严，初等小学校和推行义务教育的师资从何而来呢！教育部急于要推行义务教育，同时又未雨绸缪，考虑一旦义务教育在全国铺开，初等小学、执教师资必须“粮草先行”。所以，教育部一直强调对于私塾应当采取提携奖励政

① 《整理私塾规程之订定》，邓菊英、李诚编：《北京近代小学教育史料》（上册），北京：北京教育出版社，1995年，第780页。

② 《教育部整理私塾》，舒新城编：《近代中国教育史资料》（上册），第2版，北京：人民教育出版社，1981年，第113页。

策。1914 年 12 月，教育部公布的《整理教育方案草案》，对社会流行的对私塾的两种主张作了正面回应。《草案》指出："时贤对于私塾教育之主张，约分为二：一放任说，以私塾亦足补小学所不及，听之可也；一排斥说，谓非全废私塾，小学难望起色。"对这两种观点，教育部认为，这两种主张"皆趋于两极端之论断"。就前一种主张而言，从行政管理的角度来说，"果其所授为不良之教育，影响于国民者至巨，在理不能置若罔闻"。如果其教育目标、教育理念、教育方法、教育内容诸多方面都存在严重问题，放任其误人子弟，贻误国家民族前途，政府岂能坐视不管！就后一主张而言，"苟可以设法改良，俾其渐就范围，足为异日代用小学之备，又何必遽行废止，转使社会有格不相通之疑，地方有猝难设学之叹？"私塾该不该取缔，不能笼而统之一概而论，不能先入为主地下"不能改良为断"。[①]《草案》认为，对于私塾正确的态度应当是：

先行调查，并分发改良私塾说明书及讲演劝导各类浅说，由各区学董制表调查塾师数及私塾数，一面咨行各省巡按使，查照部发改良私塾办法，通饬各县办理，并饬委县知事充甄录塾师监试官，及委派考试委员。甄录科目，以国文为主要，或就经义、历史发为各条问题，不得偏举一论一说。其成绩最优者许充小学代用教员，次者得入塾师传习科。传习方法分为三种：一定期传习，在所内直接教授之；一通信传习，为略远而未能直接听讲者设之；一巡回传习，联络数乡，由担任之教员巡回传习，周而复始。

私塾改良的态度和政策问题，引起了全社会的关注。恽代英撰文指出，"改良私塾，国家之大政也"；"吾国社会情状言之，改良私塾较兴办学校尤为有利。何者？私塾为社会所喜亲近，其形式为就学子弟之家庭所欢迎"。如何改良？恽代英提出了建议，主张"官府应派人常川督责私塾，或委托一种会社督责之"，"官府应以补助私塾之费，视私塾所需而力不能办者代办之"，"应划分若干私塾为一区，每区设立儿童俱乐部，于每星期一定时间，召集各塾儿童，为成绩展览、游艺、运动及演说、谈话等事，以补助各塾师之不及"，"应择好学之士，设

① 宋恩荣、章咸编：《中华民国教育法规选编》（修订版），南京：江苏教育出版社，2005 年，第 9 页。

立塾师讲习所，教授教育原理、教授法及其他需要各学科”，等等。[①] 民间还有许多学人为私塾改良献计献策，都是希望义务教育一气呵成。

教育部对私塾重在奖进的态度与政策和社会各界对私塾利用的建言献策，直接使民国前期私塾不仅得以维持，而且有较快的发展。特别是 1915 年 4 月，教育部颁布《义务教育施行程序》后，要求各地将改良私塾纳入义务教育施行计划之中，私塾更是撑起了义务教育的“半边天”。广东省增城县的私塾与小学长期并存，“而且它还是乡村初等教育的一种主要形式”。1921 年，增城县 11 都（区）“1058 个村庄共有私塾 300 多所，学生有 7500 人。大村办私塾 1—3 所，较小的村庄则联合办，每所设塾师 1—2 人，多由宿儒或老生员（秀才）执教”。[②] 丰顺县的私塾在民国初年仍在不断发展，1922 年，全县有私塾 121 所，学生 2185 人，塾师 121 人，塾均 1 师。[③] 私塾自辛亥革命后到南京国民政府成立，一直是云浮“四县”[④] 最为主要的教育机构。据统计，仅新兴县就有私塾 300 间。私塾遍及“四县”城乡，承担起国民基础教育、启蒙教育的任务。1916 年，浙江省各县成立劝学所，对当地私塾进行调查。调查结果表明，经过私塾改良，很多私塾已经转为代用小学、私立小学之类，私塾规模虽然大不如前，数量之多仍然几乎占据初等小学的半壁江山。1917 年，定海县有各类小学 54 所，私塾多达 112 所，超过了小学数的一倍多。建德县有各类小学 75 所，学生 2116 人，而私塾竟有 127 间，生徒 1671 人。海盐县有小学 51 所，学生 2162 人，私塾多达 108 间，生徒 1286 人。虽然学生人数不及小学学生数，但校数则是小学数的一倍多。[⑤]

民国前期对私塾的奖进态度和政策，使私塾出现多向发展态势。诸如浙江省之类，私塾一如既往地发展着，私塾的间数与小学比，难分伯仲。而北平市私塾

---

① 《改良私塾刍议》，中央教育科学研究所编：《恽代英教育文选》，武汉：湖北教育出版社，1991 年，第 49—51 页。

② 增城市教育志编写组编：《增城市教育志》，2000 年，第 131 页。

③ 丰顺县教育局教育志编写办公室编：《丰顺县教育志》，1997 年，第 35 页。

④ “四县”指云浮（东安）、罗定（罗定州）、新兴和郁南县。

⑤ 张彬主编：《浙江教育史》，杭州：浙江教育出版社，2006 年，第 423 页。

仍然十分活跃，仅城郊便有私塾226所。据北平特别市教育局1928年统计，城郊各区私塾改良后间数和男女生学生数及月收学费数仍有可观的数目，具体情况见下表（见表6—1）：

表6—1　北平特别市城郊各区改良私塾男女生及月收费数（1928年）

项别＼数目	城区											郊区				总计
	内城						外城									
	一区	二区	三区	四区	五区	六区	一区	二区	三区	四区	五区	东	西	南	北	
私塾间数	8	7	12	5	9	12	3	11	15	16	11	35	35	10	29	218①
男生人数	157	120	217	141	191	216	62	286	316	418	335	785	923	243	801	5211
女生人数	16	24	24	25	33	33	2	49	11	26	69	7	36	17	36	404
学生人数合计	173	241	241	166	249	249	64	335	327	444	404	792	959	260	837	5615
月学费（元）	91.7	50.4	84.35	56.4	129.9	82.2	45.4	187.6	157	182	170	222	259	62.4	268	—

资料来源：邓菊英、李诚编：《北京近代小学教育史料》（上册），北京：北京教育出版社，1995年，第797页。

这说明民国前期改良私塾仍然像汪洋大海一般地存在着，是实施义务教育的一支劲旅，蕴藏着丰富的教育资源。

（二）办塾条件的改善

私塾能否确保教育质量，办塾条件是重要保障之一。民国时期私塾改良过程中，对开办私塾的条件，作为一个重要项目来考察与评定。

民国前期，教育部力主对私塾实行奖进政策，私塾的生存状态比较宽松。1914年2月京师学务局第16号文件公布的《塾师规则》，对私塾的办塾条件提出了最低的要求。强调塾师所开办的私塾，“遵守之事项”就有关于“塾内用具”的要求。规定：“讲桌、讲台、黑板、学生桌凳等项，须粗具形式。”② 京师学务

① 根据邓菊英、李诚编《北京近代小学教育史料》（上册）第798—809页的《城郊私塾一览表》统计，城郊私塾数目是226所，数字稍有出入，姑存疑。

② 邓菊英、李诚编：《北京近代小学教育史料》（上册），北京：北京教育出版社，1995年，第780页。

局又在《解散私塾善后办法》中强调，对各学区夜班师范传习所毕业者所办之私塾，各区劝学员应随时调查指导，择其教授，管理旧章，“校式、校具、设备等形式粗备者，代为呈局立案，作为私立初等小学校”①。但总体上看，民国前期对私塾办塾条件设施的要求不仅是极低的，而且似乎有些放任不管。

北平特别市以外的各省市，大多数对私塾的改良似乎无动于衷。而民间学者则积极为私塾改良出谋划策。方浏生特地编写了《改良私塾法》一书，书中对塾舍和器具进行了研究。关于塾舍，他指出：

（一）讲堂，可就向所固有者变通用之，但以长方形为宜。厢屋太狭，川堂太浅，均不适用，左右无窗，光线不合，宜酌加窗洞。如系平房，宜于四周增设天窗。其用大厅堂三间之一者，尤宜隔以木板，或围以布幔，以避喧杂。

（二）操场，可用废园或晒衣场之隙地为之。如二者均无，则择稍大之天井为游戏运动。天晴或借用邻近旷地。

（三）便所，宜有定处。秽气触鼻，尤易致病。总以离讲堂稍远而又雨天不致著湿为宜。②

对于私塾的器具，方浏生提出了两点改良办法：

甲、讲堂中所应备之品：（一）师生所用桌椅，均仍其旧，惟向用正方者，均宜改用长方。而教师之桌椅，则宜用板垫高，以便监视，即学校中之所谓教坛是也。高度约须七八寸，而大小则宜视讲堂及黑板之大小而定。（二）宜备粉笔及各项表簿，所费甚省。（三）向无自鸣钟者，宜添置。（四）宜备大小黑板。大黑板以纵四尺横九尺为度。漆宜纯黑而不透光，否则有伤目力。小黑板以纵二尺为度，至少须三块以上，择相宜处挂之，用处甚多。有时为教授上之便利，或纵或横，均可使用。

乙、教授上所应用之品：（一）向用《三字经》《千字文》及“四书”“五经”者，一律改用教科书。（二）须备各种教授书、参考书、挂图及字典等。此为教授各科时所不可少者。（三）向用小算盘者仍旧，惟大算盘须增设。（四）须备

① 邓菊英、李诚编：《北京近代小学教育史料》（上册），北京：北京教育出版社，1995年，第786页。
② 方浏生：《私塾改良法》，再版，上海：中华书局，1916年，第6页。

升、斗、丈、尺、提秤、天平等。此固家用所常备者，间缺一二，补置亦易，惟丈用木不便，可用布带为之，既便卷舒，亦甚省费。（五）须备数图盘、九九盘等，此可用厚纸自制。①

方浏生此书十分浅易，便于操作，对改良私塾的验收和塾师自身改良，都有一定参考价值。所以，该书在 1915 年底出版后，很受相关人士的欢迎。出版后仅 4 个月便予以再版，可见的确对办理私塾者的改良，能够给一些启发，提供一些操作性手段。

（三）私塾课程教学改良

对私塾课程和教学的改良，清末、民国前期或后期教育行政部门，无不极为重视，视之为义务教育的生命线。

民国初年，京师学务局决心整理私塾。在整理私塾的呈文中，指出：

儿童入学之始必先令读《三字经》《千字文》等书，继则《学》《庸》《论》《孟》，朝夕吟哦不辍。教师日事敲扑，犹必极口赞誉，目为良师。此等教法不知始自何时，误尽无数儿童，良可痛也。社会之崇尚既如此，而一般机警之塾师遂揣摩风气，因以为利。自八月教育部令废止读经，私塾即以专读经书为招徕，不二法门子弟亦趋之若鹜。似此茫昧从事，趋向纷歧，毫无正当之宗旨，实为教育前途之一大障碍。若不设法开通，极力救正，诚恐将来学校虚设，私塾日多，劝导空劳，终归无补。②

呈文中的《塾师规则》规定，私塾应遵守的第一事项便是："应即勉照小学校教则及课程第一表试办，其体操、手工、图画、唱歌、缝纫等科目如不能兼任，得自约他人教授或暂从缺。"是否成为改良私塾，塾师要经过考试，考试科目主要以国文、算术为主，算术包括笔算和珠算。考试成绩列为甲乙两等，修

---

① 方浏生：《私塾改良法》，再版，上海：中华书局，1916 年，第 7 页。

② 邓菊英、李诚编：《北京近代小学教育史料》（上册），北京：北京教育出版社，1995 年，第 777—778 页。

身、国文和算术三科教学效果较优者，“准易名为改良私塾”①。

如前所述，为了配合义务教育的推行和私塾的改良，方浏生特撰《改良私塾法》一书。书中辟有专章专节对私塾的课程与教学改良进行研究，以为塾师做具体的指导。

在分班上，《改良私塾法》要求塾师不再实行“大杂烩”办法，而是要按照入塾时间表编班。因为私塾直接与四年义务教育对接，故私塾最多编为四班，因而以第一学年生、第二学年生，直至第四学年生编班。因为教育部规定每塾不得超过 40 名学生，故每班定为 10 人。其座位可按如下三种模式编定：

第一图	第二图	第三图
四年生　二年生　一年生　三年生	一年生　三年生　四年生　二年生	一年生　二年生　三年生　四年生

如此编班年级界限分明，授课时不致对象不清楚，给一年生授课影响到四个年级的学生。学生也不致纵横交错，不便于开展活动。

课程必须按照教育部所颁章程设置，所有改良私塾课程需按初等小学必修科之修身、国文、算术、手工、图画、唱歌、体操设置。如果塾师对这些课程不能掌控，可以采取变通之法：

修身、国文可无问题，简浅算术即向所未谙，习之亦易。体操可用有益之游

① 邓菊英、李诚编：《北京近代小学教育史料》（上册），北京：北京教育出版社，1995 年，第 788 页。

戏运动或依初小教授书，按图演习，亦尚非难。不谙音乐，可用有益身心而又亲切有味之古诗歌。惟手工、图画，苟非素习断难率尔从事，幸时间尚少，惟有于困难之中，别思变通之法，特增加国文复习时间，庶学童于国文一科，既获精熟之益，而于父兄心理，亦甚相合。①

这种“变通”，当然不是上乘之策。以古诗代替音乐，以游戏运动代替体操，两者相去甚远，并不具有太多的共同点，替代十分勉强，最终受害的是学生。

私塾教学改良，《改良私塾法》辟有专章，即第三章《改良私塾之教授》。因为私塾一般宜设四班，一名塾师面对四班学生教学，其难度可想而知。方浏生授以各班教学“利用自修”“慎选助手”“教力之匀配”“教材之活用”“教授前之预备”“教授后之整理”6 项“要诀”。如“利用自修”之“要诀”云：“儿童之性最喜活动。私塾以一人而教数班，常不免顾此失彼之虞，故当教授某班时，正宜利用其活动之天性，以使他班之自修为最要。”在“各科教授之要项”一节中，方浏生首言教授修身科之必要事项。他指出，教授修身科第一要项是“以本身作则”，因为，“儿童之性最富于模仿，教者之一言一动，学者之观感系之。不随时以语默举止示之范，而徒于教科书中讨生活，虽日费千言万语，终未见其有济也”。他还提及修身教学宜注重实践，“德行道义固贵躬行实践，而一切爱亲、敬长、应对、进退等礼仪，亦均宜课学生以实行”。国文是重点科目之一，《改良私塾法》认为，国文的教学目标“在使儿童学习普通言语、文字，养成发表思想之能力，兼以启发其智德”②。方浏生一反传统私塾不重讲解的陈规陋俗，主张“授新课时，先宜注意于发音，讲解不可不勤。讲时须精神活泼。先将课中生字提出，为之详解音义”。“讲时姿态务须从容不迫，语法须有次序，须清晰，如杂乱无章，或模糊，或错误，则亟为纠正。一人讲毕，复指一人继之。如是轮流一周而止。……先为之逐字解释，次逐句解释，次逐段解释，乃令学生回讲，回讲而误，则师再讲。再令学生回讲，务期学生领悟而后已。然犹有隔数日再

① 方浏生：《私塾改良法》，再版，上海：中华书局，1916 的，第 13—14 页。
② 方浏生：《私塾改良法》，再版，上海：中华书局，1916 年，第 30—31 页。

讲，隔数月再讲之法……”[①] 方浏生还主张国文教学要培养学生的思考力。他说：“读了又思，思了又读，自然有意味。若读而不思，又不知其意味；思而不读，纵使晓得，终是虮虺不安。……所谓思者，系令就所已读者而熟复之，非就所未知者而冥索之。读了又思，思了又读，沉涵熟复，切已致思。思之思之，鬼神通之矣。”[②] 如果按照方浏生《改良私塾法》去改良私塾，私塾的面貌将有较大改观。

民国前期私塾改良取得了一定的成绩，私塾的面貌发生了较大变化。根据广州朱杰勤私塾生活的回忆可知，民国前期的私塾已经不同于过去传统的私塾了。他回忆说：

十岁的时候，父亲送我到一间汉文私塾，接受古典教育。我的业师罗隰甫先生是张之洞倡办的两广方言学堂出身的高才生。我们所学的有“四书”、《尚书》《诗经》《左传》《史记》《离骚》《文选》《哀江南赋》及其他古代文学作品。罗先生对学生极为严峻，每天要他们背诵指定的书，背诵有误，便手执藤鞭迎头打去。但罗先生教学有方，讲解详明，使同学基本上能够领会。他安排每周作文一次，以考验学生一周来在学习上有无进步。他修改作文非常认真，在卷上加上了许多评语，从内容上和修辞上指出优点和缺点。这种因材施教具体帮助，又似乎符合新的教育原则。我从游数年，就能够初步掌握写作技术，阅读和理解古书的能力也大有发展。[③]

罗先生开办的私塾，虽然带有传统私塾的元素，但在教学方法上则明显留下了改良过的痕迹。

浙江义乌季陶达宣统三年（1911）进私塾读书，在私塾读了七八年，既有清末私塾读书生活的体验，也有民国初年私塾改良的感受，算是私塾改良的见证人。他述其私塾读书生活说：

---

① 方浏生：《私塾改良法》，再版，上海：中华书局，1916 年，第 27—28 页。

② 方浏生：《私塾改良法》，再版，上海：中华书局，1916 年，第 29—30 页。

③ 《朱杰勤自述》，高增德、丁东编：《世纪学人自述》第四卷，北京：北京十月文艺出版社，2000 年，第 388 页。

我们村里及附近没有小学，只有私塾。我七岁时上私塾，学念“人之初，性本善”……

第二年，当我八岁时，仍上私塾。这时候换了一个年轻的老师。他不教我们“人之初，性本善”，而教我们“人、手、足、刀、尺……”

我在私塾念了七八年书，换了好几位老师。教我时间最长，对我影响最大，使我印象最深的是牛老师。

牛老师是尚未中秀才的童生，但他看不起秀才们，认为自己的学问并不比他们差。牛老师教我们“四书”“五经”，最初教《大学》和《中庸》。这时他要求我们背诵和默写，他也讲解，但不管我们懂不懂。教《论语》也如此。后来教《孟子》时就不同了，不但他自己讲解，还要我们复述，并且从中出题要我们作文。

除“四书”“五经”外，牛老师还教我们念《古文观止》《唐诗三百首》。他没有教我们历史，但要我们学习历论，读吕东莱著的《东莱博议》。那几年在牛老师的教导下，学的东西真不少。有许多当年都会背诵的，可后来全忘记掉了。一直到今天尚能记得的不过这几句话：“人一能之，己百之；人十能之，己千之；虽愚必明，虽柔必强。”所以能记得，是因为我不仅身体弱，而且很笨。我认为这几句话，是治笨的良药。并且实行起来，对我自己来说，也颇见效。

牛老师不仅教我们国文（包括背诵、默写、讲解、作文，等等），还教我们数学。除“四则”外，还教开方（平方和立方），求最大公约数和最小公倍数等。可以说，算术的基本内容，我们都学了。

此外，他还教我们唱歌。说实在的，他唱歌的音调实在不高明，不过为了不致使他伤心，我们还是认真地学，热情地唱。那时我会吹笛子，有时就以笛音应和，这使他很高兴。

我在私塾学习期间，除非上老师处听讲、背书……以及执行老师吩咐的事情，必须离座以外，一天上、下午始终默默地学习。[①]

根据季陶达所述私塾的教学情况来看，民国前期私塾的教学新旧杂陈，课程上既有“四书”“五经”，也有算术四则混合运算和“开方”；教学上既有死记硬背，也有讲解分析。这说明民国前期私塾改良带有显明的转型时期特征。

三、民国后期私塾改造与归宿

南京国民政府成立后，厉行义务教育，动员一切可以动员的力量，利用一切可以利用的教育资源，大力推行义务教育。私塾的利用与改良再一次受到高度重视，并且进行了卓有成效的改良。

（一）私塾政策的调整

南京国民政府成立后的次年，即 1928 年 5 月，通过《厉行全国义务教育案》，此后，通过实施了一系列关于义务教育的文件，全国兴起推行义务教育热潮。特别是 1935 年行政院修正通过《实施义务教育暂行办法大纲》，以及教育部公布《实施义务教育暂行办法大纲施行细则》《一年制短期小学暂行规程》《短期小学实验办法》等规程后，私塾改良问题，再次提上议事日程。

① 《季陶达自述》，高增德、丁东编：《世纪学人自述》第二卷，北京：北京十月文艺出版社，2000 年，第 306—307 页。

首善之区江苏，率先于1932年8月修正公布《江苏省管理私塾暂行规程》，同时公布了《江苏省各县塾师登记及检定暂行办法》《江苏省各县私塾改进及取缔简则》等。《江苏省管理私塾暂行规程》将私塾界定为“凡私人或私人联合设立不能完全依照现行学制办理之教育组织，而以教育应受义务教育之儿童为目的，均为私塾”[①]。私塾的“原罪”是“不能完全依照现行学制办理”，其目标是为义务教育服务。私塾“应遵守中华民国教育宗旨及其实施方针，并留意于受教育者身心及知识技能之发达”，其课程“应以初级小学为准”，塾舍“须注意采光通气及燥湿之适宜，运动场得利用庭院，便所须有定处，并须注意卫生”，等等。如果“违反本规程之规定，及不受其主管教育委员监督指导时，各该县教育局应随时取缔之”。《江苏省各县私塾改进及取缔简则》规定封闭和取缔私塾的条款有二：一是“塾师不出席讲习会听讲，不应终了试验，或不受检定时，应封闭其私塾”；二是“私塾儿童如有规避不应会考，或应考而有半数以上儿童不及格时，应取销［消］其塾师资格，并得封闭其私塾”。[②] 态度十分强硬。

1937年6月1日，教育部公布《改良私塾办法》，第一章《总则》第1条规定：“本办法根据《实施义务教育暂行办法大纲》第5条及《施行细则》第10条第2项之规定订定之。”《办法大纲》第5条规定：“义务教育之施行，除办理短期小学外，并应施行下列各事项：一、推广初级小学。二、充实原有学级之学额。三、厉行二部制。四、改良私塾。五、试行巡回教育。”[③]《施行细则》第10条第2项规定：“限令各地将原有私塾整理改良，一律依照短期小学或普通小学课程办理，改称改良私塾；其较优者得径改为短期小学或普通小学。”[④] 这就意味着私塾发展再一次走到了十字路口，这一次改良私塾办法十分详细，有“设立变更及调查登记”“课程与教训管理”“塾师训练与辅导研究”和“奖惩及取缔”等专章。前三章阐明如何改良私塾，后一章是激励和惩戒及取缔的条款。其中对

① 江苏省教育厅秘书室编：《江苏省现行教育法令汇编》，江苏省教育厅，1933年，第118页。
② 江苏省教育厅秘书室编：《江苏省现行教育法令汇编》，江苏省教育厅，1933年，第122页。
③ 宋恩荣、章咸编：《中华民国教育法规选编》（修订版），南京：江苏教育出版社，2005年，第285页。
④ 宋恩荣、章咸编：《中华民国教育法规选编》（修订版），南京：江苏教育出版社，2005年，第288页。

“屡诫不悛”者，则予以取缔。凡私塾有下列各项情形者，则予以警告，令其改进；警告后仍置若罔闻者，则予以取缔：

一、不遵令登记者。

二、违反三民主义者。

三、塾师身心缺陷或有不良嗜好者。

四、墨守成法不接受改进之指导者。

五、指定在假期训练或讲习而不到者。

六、塾舍简陋妨碍儿童之卫生者。①

其后，全国各省市纷纷制订实施了有关私塾改良的规章制度。浙江省制订了《修正杭州管理私塾规则》，江西省出台了《改进私塾暂行规程》《江西省私塾管理办法》《江西省私塾辅导办法》，湖南省公布了《湖南省教育厅直辖乡村短期义务教育区设立私塾办法》《湘潭县教育局利用改良私塾筹设简易小学办法》，贵州省颁行了《贵州省教育厅私塾暂行规程》，陕西省也编印了《陕西省整顿私塾办法》，绥远省也发布了《改良私塾办法》，上海市实施了《上海市教育局改良私塾规则》。这些改良私塾办法，虽然总体上看是大同小异，但也有结合地方情形有所创见的。如上海的《规则》便有私塾设置地点的规定，如果“私塾距离市立或已立案私立小学太近者，不得开设”，以避免两校之间恶性竞争。但也有违反人权的条款。如上海《规则》规定：“私塾教员如有犯左列事项之一，经本局查明属实者，得停止其职务。”其“左列事项”中的第 6 条即“身体残废者”。言“残废”甚为不妥，只可说身体有残疾，不可言“残废”。身体有残疾就不能当私塾教师，这是要进行具体分析的，如属于聋瞎，不可以担任私塾教师，其他并不影响教学的残疾，不应在停止职务之列。

教育部 1935 年度的报告中，有当年江苏等 26 省市私塾数、塾师数、学生数和收取学费数的统计，列有下表（见表 6—2）：

---

① 宋恩荣、章咸选编：《中华民国教育法规选编》（修订版），南京：江苏教育出版社，2005 年，第 303 页。

表 6—2　1935 年全国 26 省市私塾概况表

私塾概况 省市	私塾数（所）	塾师数（人）	学生数（人）	所收学费数（元）
江苏	24259	24299	436647	1493212
浙江	4609	4634	88360	281130
江西	2652	2658	38957	226248
福建	3018	3167	55944	179896
广东	6109	6440	143703	711736
广西	651	651	13047	37935
湖北	6656	6680	134418	527475
四川	13924	14044	246874	783100
贵州	1480	1481	24673	101188
云南	869	872	10585	34230
河北	4287	4313	65520	267678
河南	8952	8952	152219	380099
山东	3588	3588	40211	176538
山西	628	628	9111	28481
甘肃	1411	1411	34305	59261
宁夏	11	11	206	718
绥远	333	333	5663	18317
察哈尔	127	127	2016	8942
青海	8	8	203	366
陕西	14388	1424	188935	946281
安徽	1348	1355	25118	81754
南京	577	580	14645	78933
上海	235	239	5669	30428
北平	481	491	10527	48430

续表

私塾概况 / 省市	私塾数（所）	塾师数（人）	学生数（人）	所收学费数（元）
青岛	40	41	491	6680
天津	386	386	8967	48650
合计	101027	88815	1757014	6557733

资料来源：吴寄萍：《改良私塾》，香港：中华书局，1939 年，第 6 页。

根据此表可以看出，教育部 1935 年度的报告中，共有私塾数 101027 所，学生 1757014 人，“首善之区”的江苏省，私塾达 24259 所之多，文化中心的首都南京，私塾亦有 577 所。因此，改良私塾对义务教育推行有莫大的帮助，是地方义务教育推行的一项重大任务。在某种意义上说，改良私塾是推行义务教育的一种方式，改良私塾不能被认为是消灭私塾的一种手段。

南京国民政府厉行义务教育，对私塾进行改良。南京国民政府成立到 1935 年，私塾改良已经取得重要阶段性成果。其已改良、未改良及所占百分比见下表（见表 6—3）：

表 6—3　1935 年全国 26 省市私塾改良情况简表

改良与否 / 省市	已改良数		未改良数		合计	
	实数（所）	百分比	实数（所）	百分比	实数（所）	百分比
江苏	6905	28.46	17354	71.54	24259	100.00
浙江	1903	41.29	2706	58.71	4609	100.00
江西	1339	50.49	1313	49.51	2652	100.00
福建	600	19.88	2418	80.12	3018	100.00
广东	3000	49.11	3109	50.89	6109	100.00
广西	505	77.57	146	22.43	651	100.00
湖北	3381	50.80	3275	49.20	6656	100.00
四川	5142	36.93	8782	67.07	13924	100.00

续表

省市 \ 改良与否	已改良数		未改良数		合计	
	实数（所）	百分比	实数（所）	百分比	实数（所）	百分比
贵州	517	34.93	963	65.07	1480	100.00
云南	484	55.70	385	44.20	869	100.00
河北	1304	30.42	2983	69.58	4287	100.00
河南	4035	45.07	4917	54.93	8952	100.00
山东	472	13.15	3116	86.85	3588	100.00
山西	367	58.44	261	41.56	628	100.00
甘肃	362	25.66	1049	74.34	1411	100.00
宁夏	2	18.18	9	81.82	11	100.00
绥远	85	25.53	248	74.47	333	100.00
察哈尔	11	8.66	116	91.34	127	100.00
青海			8	100.00	8	100.00
陕西	657	48.74	691	51.26	1348	100.00
安徽	3372	23.44	11016	76.56	14388	100.00
南京	411	71.23	166	28.77	577	100.00
上海	218	92.77	17	7.23	235	100.00
北平	131	27.23	350	72.77	481	100.00
青岛	14	35.00	26	65.00	40	100.00
天津	177	15.85	209	54.15	386	100.00
合计	35394	35.14	65633	64.86	101027	100.00

资料来源：吴寄萍：《改良私塾》，上海：中华书局，1939 年，第 11 页。

根据表 6—3 可知，虽然从 1935 年到 1937 年只有两年余时间，私塾改良已经取得 35.14％的好成绩，上海、南京取得的成就最值得点赞，上海已经接近全部改良。各省取得良好成绩者首屈一指是广西，达 77.57％，其次便是山西、云南、湖北、江西等省，改良私塾已经过半数。但是，私塾改良发展很不平衡，察哈尔省改良私塾的百分比在两位数以下，山东、宁夏、天津的百分比都在20%以下，绝大多数省市都在半数以下。这说明私塾改良任重道远。吴寄萍的《改良私塾》中还对私塾数、学生数、经费数和塾师学历状况进行过统计，并将具体数目绘制成下表（见表6—4）：

表6—4　1935年26省市私塾改良情况表

改良结果 / 项目	已改良数		未改良数		合计	
	实数（所）	百分比	实数（所）	百分比	实数（所）	百分比
私塾数（所）	35394	35.04	65633	64.96	101027	100.00
塾师数（人）	36037	35.39	65776	64.61	101813	100.00
其中：曾受师范教育（人）	6166	6.51	2367	2.51	8533	9.02
其中：曾受中小学教育（人）	13852	13.98	8769	8.34	22621	22.32
其中：私塾出身（人）	16019	16.68	54640	51.98	70659	68.66
学生数（人）	708556	41.95	1048458	58.05	1752014	100.00
全年所收经费数（元）	2917666	46.89	3640067	55.11	6557733	100.00

资料来源：吴寄萍：《改良私塾》，上海：中华书局，1939年，第12页。

私塾政策的调整，使私塾从数目到内容都发生了根本性变化。但由于私塾至少有数百年的历史，对社会和教育的影响早已深入人心，想在一段时间内听由教育行政部门改良，断非易事。单就塾师改良而言，塾师改良者仅35.39%，未改良者竟达64.61%。未改良私塾招收的学生比改良私塾招收的学生还要多，多出339902人。未改良私塾全年所收经费高出改良私塾722401元。改良私塾虽然取得巨大进展，但还必须加大改良的力度，使之成为推行义务教育的生力军。

（二）私塾塾舍场地条件要求

民国后期，教育行政部门颇为重视私塾的办学条件和基本设施，将这些作为是否取缔的重要标准。1928年12月24日公布的《北平特别市教育局取缔私塾规程》第6条规定："私塾须有相当之设备（如讲台、讲台桌及学生桌凳等项，须粗具形式）。"1932年9月，北平特别市社会局修正公布的《北平市社会局取缔私塾规程》，再一次强调"私塾须有相当之设备"①。与北平特别市教育局和社会局取缔私塾的基本条件相比，南京国民政府教育部则并不看重"私塾须有相当之设备"，而是在"许可设立私塾"中有一条"塾舍宽敞，光线空气充足，并有空场足资学生活动者"，对其他的条件则只字未提。② 应该说，如果私塾满足了宽敞的塾舍和空旷的活动场所，那些"相当之设备"自不在话下。

教育部颁布《改良私塾办法》后，全国各省市纷纷出台关于私塾改良的办法。1937年8月18日经教育部备案的《湖北省各县市巡回辅导员服务通则》，对私塾办学条件提出了较之其他省市更加严格的要求。规定巡回私塾辅导员对私塾设施必须从以下四个方面予以指导：

（一）指导设置必备之表簿：1. 教学日志。2. 学籍表（其格式另订之）。

（二）指导设置必备之图书：1. 各科教授书。2. 字典。3. 挂图。4. 其他参考图书。

（三）指导设置必备之器具：1. 黑板。2. 高低合度之课桌、课椅。3. 时钟。4. 摇铃。5. 痰盂。

（四）指导修整塾舍及场地：1. 修葺房屋。2. 多开窗房。3. 利用隙地开辟运动场（可利用课外活动时间督促儿童开辟）。③

《湖北省各县市巡回辅导员服务通则》并非对私塾办学条件作硬性规定，但通过对巡回私塾辅导员的辅导内容来看，实际上对私塾办学条件提出了要求。辅导的内容也就是私塾必须具备的条件。

---

① 邓菊英、李诚编：《北京近代小学教育史料》（上册），北京：北京教育出版社，1995年，第792—793页。

② 宋恩荣、章咸编：《中华民国教育法规选编》（修订版），南京：江苏教育出版社，2005年，第301页。

③ 《湖北省各县市巡回辅导员服务通则》，湖北省义务教育委员会，1937年，第208页。

（三）私塾的课程与教学改良模式的规定

随着南京国民政府厉行义务教育号令的发出，私塾改良的力度加大，从教育部到各省市和县市，私塾改良都出台了硬办法，俨然形成了一场席卷全国的私塾改良运动。

民国后期私塾改良是参照初级小学进行的。1931 年 12 月，福建省规定："私塾之教学科目如左：（一）党义。（二）国语（读文、作文、写字）。（三）算术（珠算或笔算）。（四）常识（包括公民、卫生、历史、地理、自然各科）。（五）体育。但亦得视学生之个性及程度，酌设其他选修科目。惟所设科目，须呈报主管教育行政机关核准。"[①] 江苏省《管理私塾暂行规程》规定："私塾之必修科为党义、国语、算术、常识及体育；随意科为音乐、美术、工作、农业、商业等。"私塾的正式教材"以采用教育部审定之教科书为限，补充教材以经由各该县教育局指定读物为限"。教学课时规定如下："私塾每周授党义一小时（分三次），国语十二小时（包括说、读、写作），算术六小时，常识十二小时（包括公民、社会、自然、卫生），体育二小时（分三次）。随意科自修及运动，各若干小时。"[②] 次年，江苏省公布《江苏省管理私塾实施办法》，规定私塾课程严格"参酌部颁及江苏省政府公布之小学、短期小学、简易小学等课程标准，求私塾课程取同一之效"。所参照的三种类型的小学课程标准分别是：

甲、相当于完全小学或初级小学者，须依照部颁小学课程标准之规定。

乙、相当于简易小学者，须依照本省简易初级小学课程暂行标准之规定，为党义、国语、算术、常识四科。

丙、相当于短期小学者，须依照部颁《短期义务教育实施办法大纲》之规

---

① 《福建省教育厅改良私塾规程》，《第一次中国教育年鉴》（乙编），上海：开明书店，1934 年，第 179 页。

② 江苏省教育厅秘书室编：《江苏省现行教育法令汇编》，江苏省教育厅，1933 年，第 119 页。

定，为国语一科。其内容须包含史地、公民、算术、自然等常识。[①]

江苏省还对私塾教学时间表和学期、学日作了规定。关于私塾教学时间表，《江苏省管理私塾实施办法》规定："应由管理私塾委员会或义务教育设计委员会制定分发，俾与辅助机关及巡回教学时间相适合。"关于私塾的学期和学日，《江苏省管理私塾实施办法》规定："由塾师与家长协定之。由甲种塾师设立之某地私塾，每日以训教八小时为率。星期、例假，以指导复习，举行仪式，概不放学为原则。暑假、年假，均应缩短时间或缩短学日。惟在乡村得放忙假，相当于简易小学、短期小学之某地私塾，除经营管理私塾委员会或义务教育设计委员会许可外，概不放假。"

自然、体育、劳作、艺术诸科，是私塾的老大难问题，也是私塾课程与教学改良最为棘手的问题。《江苏省管理私塾实施办法》对这些问题并不回避，而是采取了积极的应对办法：

甲、关于自然科者，辅助导师应按规定来学时间出席，充分应用所在机关之一切设备，切实教学。巡回教师应按规定往［任］教时间到塾，充分利用该学区社会教育机构之图表、标本、仪器或该塾之自然环境，作直观之教学。

乙、关于体育科者，辅助导师及巡回教师须仅十小时内先行训练每塾二三领导生，能领导各该塾儿童作五分间操一套。其次，每学期仅十小时内教会游戏五种，平时由领导生领导练习，塾师从旁监护，其练习地点，由各塾自定之。

丙、关于音乐科者，辅助导师及巡回教师须每学期仅十小时内教会各塾儿童新谱五曲，平时均按谱填词，发交塾师指导儿童练习，能于最高年级儿童教会箫、笛、口琴一种，使于平时练习时伴唱者，尤为适宜。

丁、关于劳作科者，辅助导师应于所在机关内设备农工养用具，伺养鸡、兔，莳种花蔬，搜集竹头、木屑、碎石、残砖、废纸、败器，俾儿童于定时来学之际，得堆砌鸡房兔室，练习灌溉芟锄，及劈、凿、锯、刨、黏、剪等事，以养成其劳作与使［用］工具之习惯及建造之兴趣。遇必要时，得率最高年级往商品

---

① 《江苏省管理私塾实施办法》，《第一次中国教育年鉴》（乙编），上海：开明书店，1934年，第168页。

陈列所、消费合作社及商店等参观，或组织负贩团于公共集会场所，以养成其重商之观念，至塾内平时之洒扫整洁，尤应由塾师督率儿童逐日举行。

戊、关于艺术科者，辅助导师应于规定来学时间内，将所在机关之艺术陈列品逐一指导儿童多方欣赏，或亲自绘画、雕塑，令儿童环观，或发工具材料，令儿童自由制造，以养成其欣赏之能力与运用工具材料之经验及想象创造之兴味。①

《江苏省管理私塾实施办法》还根据儿童家庭的经济状况，要求对私塾对儿童按两种类型编级。第一种类型是由当然塾师和甲种塾师教学的私塾，以及某地私塾，“以相当于初级小学为原则，以习满初小四年级之课程会考及格，为义务教育修了期”。所谓当然塾师，指有高中、师范科及师范本科毕业资格者，以充任学级编制相同于完全小学之家塾塾师为原则。所谓甲种塾师，指无试验检定及试验检定及格，成绩总分在80分以上，或国语、算学、常识、口试四科成绩均在85分以上之塾师，其班级“得编为单式四个学年之单级及复式等学级，于必要时，经管理私塾委员会或义务教育设计委员会之许可，亦得编四五个学年之复式或六个学年之单级，相当于完全小学”，并须用全日制。第二种类型是由乙种塾师教学之某地私塾，“以相当于简易小学、短期小学为原则”。所谓乙种塾师，指通过其他试验检定及格的塾师，他们“以充任学级编制相当于简易小学及短期小学之某地私塾塾师为原则”，不得充任家塾的塾师。乙种塾师执教的私塾，“得设二学级至四学级，每日每级直接教学二小时至四小时。相当于简易小学者，每年合计五百小时至一千小时，以修足一千五百小时为义务教育修了期，得采用全日二部制与半日二部制；相当于短期小学者，以修足五百四十小时为义务教育修了期，得采半日二部制及夜课制”。②

这些课程与教学改良举措，都是以初级小学课程与教学模式为参照进行的。

---

① 《江苏省管理私塾实施办法》，《第一次中国教育年鉴》（乙编），上海：开明书店，1934年，第169页。

② 《江苏省管理私塾实施办法》，《第一次中国教育年鉴》（乙编），上海：开明书店，1934年，第168页。

为了保证义务教育在乡村顺利推行，湖南省教育厅不仅只字不提改良私塾，而且径直要求经训练合格的塾师在合适的地点设立私塾。对新设立的私塾，湖南省教育厅对课程与教材及教学时数作了明确的规定。这些规定见下表（见表6—5）：

表6—5　湖南省教育厅直辖乡村短期义务教育区设立私塾课程与教材表

周课时及教材 / 科目	每周课时	教材	备注
国语	12	1. 短期小学课本　2. 成人读本 3. 农村杂字　4. 农民须知	程度较高之学生可自备高小教科书
算术	6	1. 短期小学算术　2. 民众算术课本	每周珠算2小时与笔算混合教授
公民训练	1	1. 短期小学公民训练标准 2. 民众班公民训练纲要	分为两节，每节30分钟
作文	2		全用语体文
习字	3		分为6节，每节30分钟

资料来源：《湖南省教育厅直辖乡村短期义务教育区设立私塾办法》，见吴寄萍：《改良私塾·附录》，上海：中华书局，1939年，第141页。

尽管湖南省教育厅鼓励设立私塾，但这里的私塾已经远非昔日私塾可比，实际上是改良私塾，或者更准确些说，是初级小学的代名词。

安徽省私塾课程与教学的改良方法比较别致，按照省会小学中心科学实验室设置区域划分为私塾辅导区，共划分为4区，由教育厅指定区内小学数所，共同负责各该区内私塾的课程与教学改良。私塾辅导员的课程与教学辅导，集中在以下诸方面：一是辅导塾师按照改进私塾课程科目及时间支配表授课；二是辅导塾师采用规定课本；三是辅导塾师改进教学方法；四是辅导塾师互相参观，并鼓励来私塾辅导员所在的小学参观观摩；五是辅导塾师阅读书报及其他进修方法；六是“必要时由校派人举行示范教学”。① 安徽省的办法说到底是利用小学改良私塾的课程与教学。

湖北省政府对私塾课程与教学改良出台了一系列强有力措施，各县市教育行政部门紧密跟进落实，私塾课程与教学面貌很快发生变化。南漳县按照《改良各县私塾办法大纲》，设计了全县私塾课程与教学改良的程序：培训提高塾师、改善教法、改换教材，将过去的《三字经》《百家姓》《千字文》等，更换为国民政府颁定的《国文》《算术》《常识》等课本。到1936年，南漳县82间私塾77%经过了改良，塾师经过现代教育理论培训，基本掌握了新的教学方法，抛弃或远离了传统私塾的教学方式方法。②

在各省市私塾改良办法的基础上，教育部于1937年6月公布的《私塾改良办法》，将私塾的课程分基本课程和补充课程两种，前者指国语（含读书、作文和写字）、常识（含社会、自然和卫生）、算术，包括笔算和珠算，还有体育。后者根据地方实际情形，由塾师自主确定。基本课程所占分量，以占60%为原则。私塾的训育以部颁小学公民训练标准为标准，须注重积极诱导方法，绝对禁用体罚。平时须指导儿童作课外活动，以养成儿童运动及守纪律的习惯。在编班上要注意“视学生之年龄程度及其家庭状况编级教学”，教学时“须以引起儿童学习之兴趣为主，并须注重讲解，不得专重背诵”。③ 这些规定，在一定程度上体现了教学人性化的要求。从课程与教学论的角度来看，教育部《私塾改良办法》对私塾的改良举措，正是以小学的课程与教学为范式的。

（四）塾师的培训与进修

自清末以来，从中央教育部到省市、县市教育行政部门，都比较重视塾师的培训与进修，视之为私塾改良的重要举措。一间私塾改良合格与否，关键就在塾

---

① 《安徽省会小学分区辅导私塾办法》，吴寄萍：《改良私塾·附录》，香港：中华书局，1939年，第123页。

② 湖北省南漳县教育志编写组编：《南漳县教育志》，1987年，第63页。

③ 宋恩荣、章咸编：《中华民国教育法规选编》（修订版），南京：江苏教育出版社，2005年，第301页。

师改良达标与否。塾师教育理念更新了，学科知识掌握了，教育理论提升了，教学方法改变了，这间私塾也就实现了现代化改良了。

南京国民政府发出厉行义务教育号令后，各级教育行政部门对私塾这一义务教育资源予以重视，并着手对塾师进行培训，以期成为推行义务教育的有生力量。江西省管理私塾委员会要求塾师辅导人员和巡回辅导员应采取以下 5 种方法辅导塾师进修：

1. 指定小学教师，在校内演示教学方法，召集塾师参观。塾师参观时，应备笔记。参观后，应由小学教师检查笔记，并一一加以考询指正。

2. 召集小学教师与塾师举行研究会。查照《江西省公私立各小学分班研究办法》，由学务委员指导组织之。

3. 举办塾师讲习会或塾师讲习班，利用师范学校及中心小学之设备，并利用其教员为讲师，指定塾师入会或入班听讲实习。讲习会于忙假及寒暑假举行为原则，其期间可定为一星期至二星期。讲习科目可分为：一、私塾行政。二、教学法。三、训育法。四、常识。五、注音符号。六、实习及参观。讲习班以每晚教学二时，二个月至四个月为限。其科目可就上列各项酌加分量。于讲习完毕时，均应考查成绩。及格者得由讲习会或讲习班主办机关给予证书；其不及格者，应分别饬令重行补习，或予以停止设塾之处分。

4. 选购教育书报流转借于塾师。管理私塾委员会可将购定之书报编为若干类，规定借阅期间流转次序，保护书报规则及塾师阅读书报记要表，分期分类由各塾师负责选送流转（塾师递送时，可利用年长学生传送），于每流转一周后，由管理私塾委员会检查一次。

5. 制定塾师应用之教训纲要。此类纲要内容，可分为教学及训育二大部，根据教育厅教育设计委员会编印之《初等教育丛书》，并参酌各地实际情形分别制定。①

江西省私塾塾师辅导办法是培训与进修并重并举。通过举办讲习会或讲习

① 《江西省私塾辅导办法》，吴寄萍：《改良私塾·附录》，香港：中华书局，1939 年，第 140 页。

班，集中时间进行培训，可以解决私塾比较普遍存在的问题，但集中时间培训在运作上往往存在较大的难度。辅导塾师自我进修，不失为主动进修、有计划进修、有重点地进修的好办法。运作起来也比较方便，利用碎片时间进修可以弥补举办塾师讲习班的不足。江西省的成功经验是，全省各管理私塾委员会集中创设塾师进修学习的条件，如购置书报、制定书报流转规则、检查进修效果等。这一塾师培训进修办法设计十分精密，实施起来容易收到较好的效果。

相对说来，江苏省塾师培训与进修办法就比较粗犷一些。《江苏省管理私塾实施办法》规定，管理私塾委员会或义务教育设计委员会应采取以下8种方法辅导塾师改良和进修："甲、指定小学教员赴私塾指导并演示教法。乙、指定小学教员在校内演示，召集塾师来校参观。丙、召集小学教员与塾师举行研究会。丁、利用暑假及忙假举办假期讲习会。戊、多备教育书报，流转借与塾师。己、制定塾师应用教训纲要，发给各塾。庚、呈请教育局开办塾师免费讲习班。"① 与江西省塾师进修培训办法在条款上大同小异。

湖北省于1935年7月10日公布实施了《湖北省各县私塾师暑期训练班规则》，这是专门为全省塾师进修培训而制定的文件。《规则》规定，全省各县要利用暑期休假时间举办塾师训练班。训练班举办时间为每年7月15日至8月15日，为期一个月。凡在任的塾师，无论已受或未受检定，都须进入训练班。训练班的课程有国语、算术、常识、教学法、音乐、体育等科，并得根据各县实际情形，加授小学行政及有关小学教育的法令。训练班的上课时期为每日上午7时起至10时止的3小时。训练班不向塾师收取任何费用，但膳食费自理。

训练班完毕时，塾师要参加考试，及格者由训练班发给成绩证明书。持有证明书而没有接受检定者，可免于塾师检定试验。《规则》还规定："塾师在训练班肄业一期以上而所设私塾之成绩优良，并经县督学认可者，得提充为联保小学教员。"②

① 《第一次中国教育年鉴》(乙编)，上海：开明书店，1934年，第170页。

② 《湖北省各县私塾师暑期训练班规则》，《中央及本省义务教育法则汇编》，湖北省义务教育委员会，1937年，第174页。

在各省市相关文件的基础上，1937 年 6 月 1 日教育部颁布《私塾改良办法》，概括了各省市塾师培训与进修的做法，设置《塾师训练与辅导研究》专章，从培训内容、培训形式、培训机构，以及培训主管机关和督导诸方面，做了规定：

第二十条　主管机关应于寒暑假期或相当时期，举行塾师训练班或讲习班。其讲习学科，除国语、算术、常识外，并须注重公民训练、科学常识与各科教学法之实际研究。

第二十一条　塾师训练班或讲习班，应委托县市立初级中学或县市立师范学校或规模较大之县市立小学举办之。其训练或讲习总时期，共计至少为三个月，并得依塾师就训或讲习之便利，分期分区举行。

第二十二条　主管机关平时对于境内私塾，应注意下列事项：（一）介绍进修读物。（二）令塾师参加当地小学研究会。（三）指派塾师在附近小学作艺友。（四）指派塾师参观优良小学。

第二十三条　主管机关视导工作，应列视导私塾一项。其专设有义务教育视导人员者，应以视导私塾为其主要工作之一。

第二十四条　主管机关对于所辖私塾，应随时加以辅导，由主管人员、教育委员、中心小学或优良小学教职员等组织辅导网。其辅导方法，由主管机关订定实施，在县市并应呈报省教育厅备案。

第二十五条　主管机关对于私塾认为有成绩优良或办理合法者，其塾师得酌量免受训练或讲习。[①]

塾师培训与进修，一时间成为文化教育界热门的话题，既是教育行政部门推行义务教育方面的重要工作，也是教育研究工作者研究的课题。吴寄萍在《改良私塾》一书中，对全国从中央到地方省市塾师培训与进修的做法，从塾师的思想领域入手，具体到学科知识、设备使用、教学方法掌握等方面进行归纳概括，给教育行政部门和负责辅导塾师培训的人员，以及塾师自身进修提高提供参考：

一般塾师最大的缺陷即在思想的陈腐、学识的简陋、经验的缺乏，虽有设备

① 宋恩荣、章咸编：《中华民国教育法规选编》（修订版），南京：江苏教育出版社，2005 年，第 302 页。

而不知利用，教学的进行及儿童生活的指导，多不能合于教育理论；甚至有些塾师根本就不明了政府改进私塾的意旨，深恐一旦改良即失去其地位，视改良为畏途，因此，发生种种错误的心理，使政府命令不能顺利进行。所以塾师能力的培养与观念的改变，最为迫切。故欲使改良私塾能收真实效果，非用擒贼先擒王的手段——先从训练塾师着手不可。我们举办塾师训练有四大目的：甲、使塾师了解推进义务教育的意义。……乙、使塾师具有切实改进的热忱。各项训练的实施，在奋发塾师求进的精神，洗涤塾师陈腐的观念，革新其思想，改变其态度，激发其服务社会之心向。务使塾师明了教育应随社会而转变，发展儿童身心的重要，国家教育人民之用意，以及私塾需要改进之迫切，而增加改进的热忱，以谋自动的改善。丙、使塾师获有各科基本常识及简易教导方法。……以使塾师得有改善私塾之能力。丁、使塾师得有适当的生活习惯及进修兴趣。①

对塾师的教育理念、学科知识、教学方法等进行培训，是有效利用一切资源推动义务教育的良好举措，是在一个一穷二白的国家推行义务教育的有效途径。通过塾师培训改良私塾，使现代中国在比较短的时间里，基本完成对私塾的改良任务。湖北省安陆县 1935 年共有私塾 261 间，塾师中受过师范教育的 11 人，受过中小学教育的 79 人，完全私塾出身的 171 人，塾师改造的任务之艰巨可以想见。但是，经过将近一年的塾师培训，到 1936 年，安陆县塾师状况调查数据显示，全县 261 名塾师全部受过塾师训练。不过，这可能是大量注水后的数字，实际数据可能会低很多。该县 261 名塾师在“曾受师范及中学教育”一栏中全部打“√”；在“受过小学及私塾教育”之“已受塾师训练”一栏中，261 名塾师全部打“√”；在“已经教育行政机关认可者”一栏中，261 名塾师全部打“√”。仅一年时间，261 名塾师全部如数受过塾师训练，已经令人生疑，全部得到县教育行政机关认可，同样令人难以相信。而且上年还有 171 位完全私塾出身的塾师，仅一年时间就能通过塾师培训考试，成绩合格，不得不令人顿生疑惑。更令人难以相信的是，1935 年受过师范教育的仅 11 人，受过中小学教育的 79 人，合共

---

① 吴寄萍：《改良私塾》，香港：中华书局，1939 年，第 30—31 页。

90 人。为什么仅一年时间，“曾受师范及中学教育”者，就达到 261 人呢![1] 这里可能有造假行为，也有可能调研工作做得过于马虎，过于随便。另一个教育比较发达的县份是随县，1935 年该县共有私塾 317 间，其中改良者 191 间，未改良者 126 间，塾师中曾受师范教育者 54 人，曾受中小学教育者 91 人，私塾出身者 172 人。次年统计，随县共有 190 名塾师，已经教育行政机关认可者 77 人，未经教育行政机关认可者 113 人，190 名塾师中曾受师范及中等教育者 38 人，已受塾师训练者 52 人，未受塾师训练者 100 人。[2] 随县的统计当是比较真实的，私塾改良的进程堪称步步为营，一步一个脚印。湖北南部的蒲圻县曾下令取缔私塾，但仍然盛行不衰，禁而不止。1936 年有私塾 282 间，学生 3415 人。1943 年有私塾 250 间，学生仍有 3921 人。抗日战争结束后，1946 年统计，蒲圻共有 135383 人，其中受过私塾教育的共 20008 人，占总人口的 14.8%。直到 1951 年，全县仍有 151 间私塾。[3] 这也说明私塾的改良难以一蹴而就，不可能一朝一夕竣工。

（五）私塾的最终归宿

义务教育自清末发轫后，私塾虽然被视为推行义务教育的生力军，但一开始就是定位在利用和改良的这一节点上。在一个民生凋敝内忧外患的国度里推行义务教育，必须利用一切可以利用的资源。私塾虽然是重要的资源，但私塾的教育理念和教学方法，与义务教育从根本上来说，是相抵触的，所以借助私塾推行义务教育的前提，就是私塾必须进行改良。

从清末到民国前期和民国后期，经过历届中央和地方省市政府的不懈努力，到 20 世纪三四十年代，私塾改良的主要任务基本完成，塾师大部分经过各种办法，也都达到了初级小学教师的水准，那么这些私塾何去何从？民国后期中央和省市教育行政部门采取如下诸种办法，来解决私塾的归宿问题：

---

① 湖北省安陆市教育委员会编纂：《安陆县教育志》，1989 年，第 68 页。

② 随州市教育委员会编：《随州教育志》，1996 年，第 63 页。

③ 蒲圻县教育志编纂组编：《蒲圻县教育志》，1989 年，第 62 页。

第一，改私塾为代用小学。江苏省规定，私塾及塾师依照规定进行登记，并接受检定；私塾塾舍空气流通，光线充足；私塾的课程至少包括国语、算术（笔算、珠算均可）和常识等主要课程；私塾所用课本，都是经过有关部门审定的教科书；私塾教法实行分团授课，特别注重讲解；私塾儿童参加年终由教育局举行的会考，成绩经县市督学认定合格；私塾的管理“尚善”，经查明确实，得由县政府教育局改私塾为代用初级小学，或者酌给津贴，以示奖励。① 陕西省规定：“私塾经教育局调查，其塾师资格相合，训教合法，且设备完善者，得改为代用小学或简易小学，或兼设短期小学班。”②

第二，改为短期小学或普通小学。湖北省规定，私塾课程按各塾学童程度及家庭经济状况，“一律依照短期小学或普通小学课程办理，并得酌量情形，加授简单之课间操”；私塾在正课外，特别注重学生园艺及清洁运动，养成劳动习惯；私塾基本设备有总理遗像遗嘱、黑板、讲台和桌椅；塾舍房屋敞爽、空气流通、阳光充足；塾师对学童的管理，能以严格为原则，但不施行体罚；对于塾内塾外及学童清洁卫生等事项，能够注意指导，并施行检查，而且考核成绩优良，等等，各县政府应将该私塾改为短期小学，或径直改为普通小学。③

第三，改乡镇私塾为保国民学校。1936 年 11 月，湖北省南漳县遵照襄阳专员公署训令，督促各乡镇将所有私塾尽量归并为保国民学校。自此以后，南漳大部分私塾就挂牌“保国民学校”了。但是，南漳县乡镇私塾并没有全部挂牌改名，只是私塾数字逐年下降，到 1948 年 9 月，全县还剩 45 所，塾童 1350 人（其中女童 167 人），塾师 48 人（其中女塾师 3 人）。可见南漳县乡镇私塾并没有雷厉风行地挂牌改名。

第四，利用改良私塾筹设简易小学。湖南省湘潭县决定借助改良私塾筹设简易小学，这些私塾必须具备以下条件：

---

① 《江苏省各县私塾改进及取缔简则》，吴寄萍：《改良私塾·附录》，香港：中华书局，1939 年，第 133 页。

② 《陕西省整顿私塾办法》，吴寄萍：《改良私塾·附录》，香港：中华书局，1939 年，第 148 页。

③ 《湖北省各县改良私塾暂行办法》，吴寄萍：《改良私塾·附录》，香港：中华书局，1939 年，第 145 页。

……

二、各区教育委员会整理区内私塾，应先择定某乡或某镇着手办理。乡镇择定后，又须先从该乡或镇之一保着手。俟一保办理完毕，再及该乡或镇之其他各保。每乡或镇办理期间定为三个月。

三、教育委员择定某乡镇之一保着手整理私塾时，应照《整理私塾办法》之规定，先从调查入手，调查时应先会同该保保长，召集保内各甲甲长至办公处说明调查意义及手续，继即按甲依照《整理私塾办法》规定表式实地查填。并于表内备考栏注记测验塾师结果，以便教局甄别。

四、教育委员将该保各甲之私塾调查完毕，报由教育局甄别取销［消］或核准设立，应即于每甲内选择成绩最优之私塾一所，编为"某区某乡或镇第几改良私塾"，并令其遵照《整理私塾办法》第二期《整理办法》第一项之规定切实改进。

五、上项改良私塾经编定后，应由教育委员指定当地较优之小学教员为改良私塾之指导员，负指导教学及计划改进塾中设备等责。改良私塾之塾师，应常赴指定之学校参观，以资借镜。对于常识、算术教学方法，尤应注意与指定之教师研究改善。

六、改良私塾经教育委员视察三次以上，认为办理合法者，得作为该甲之简易小学，但拟改作某甲简易小学之先，应报经教局［核］准，同时教局由照会该甲甲长为本简易小学筹备委员，筹备期定为一年。

七、改良私塾改作简易小学时，筹备委员应先召集甲内士绅，规划简易小学之校舍，并筹措开办费用，必须筹有相当校舍及经费经教育委员考查认可，报经教局核准后，方得正式成立，即称为"某区某乡或某镇第几简易小学"。

八、简易小学筹备委员俟学校正式成立始解除筹备责任，同时由该管区公所函请教局转呈县府委为简易小学校长（为无给职）。①

根据湘潭县的利用改良私塾筹设简易小学办法来看，要将一间改良私塾改为

① 《湖南省湘潭县教育局利用改良私塾筹设简易小学办法》，吴寄萍：《改良私塾·附录》，香港：中华书局，1939年，第142—143页。

一所简易小学，并不是一件轻而易举的事情。

在民国后期，从中央到地方县市，对于改良私塾的归宿问题，采取了多途径多渠道的办法，使其最终成为实施义务教育的初级小学或短期小学，或简易小学之类。另一部分既不能实现这一转型，又不能按照相关法规办理教育的私塾，只有取缔这一条狭窄的路子可走了。尽管各级教育行政部门对改良私塾采取了登记和检定等办法，促使其最终实现初级小学的转型，但始终有“一般老先生置之不理，仍照旧在私塾教书”[①]，远离省城、县城的乡镇私塾，更是如此。所以，到南京国民政府崩溃之时，还有相当一部分私塾仍然活跃着，直至带入中华人民共和国。作为汪洋大海一般的私塾，如今已经不复存在，收编而为推行义务教育的“正规军”了。

① 朱国南：《江汉平原的蒙馆和私塾》，《文史资料存稿选编·教育》，北京：中国文史出版社，2002 年，第 714 页。

第七章　民国时期女子义务教育的实施

女子占人口的一半，由于女子性别角色的原因，决定着下一代的基本文化素质。因此，女子决定着中国国家的强盛兴衰，关系到中华民族的繁荣昌盛。但是，长期以来，女子被排斥在学校的大门之外，无缘接受最基本的文化知识教育，直接或间接地导致国弱民贫。自清末以来，女子义务教育问题逐渐受到关注，民国前期人们为女子义务教育奔走呼号，逐渐让女子接受义务教育，使女子同男子一样享受平等受义务教育的权利。

一、女子义务教育的萌芽

女子能够同男子一样跨进小学的大门，经历过一个女子义务教育思想宣传，再由思想转为义务教育制度的纷繁复杂的过程。

（一）女子学堂章程的颁行

光绪二十四年四月十二日（1898 年 5 月 31 日），中国历史上第一所由国人创办的女学堂——经正女学正式开学了。这是一所以实施贤妻良母主义教育为目标的“半新半旧”的学校，“聘请名门贤淑闺秀为教习，专教吾华女子中西书史与一切有关实用医、算、乐、律等学，采仿泰西、东瀛师范，以开风气之先，而复上古妇学宏规。其教育宗旨，以彝伦为本，所以启其智慧，养其德性，健其身体，以造就其将来为贤母、为贤妇之始基”①。课程中西并重，可专习中文，或专习西文，兼及琴学，并必“兼习女红、中馈等事”。《万国公报》第 125 册《上海创设中国女学堂记》载其华文功课有：“《女孝经》《女四书》《幼学须知句解》《内则衍义》、‘十三经’、唐诗、古文之类，皆有用之书也。外此，则女红、绘事、医学，间日习之。每旬逢三八日，则有教习试课论说。西学功课，于读书写字之暇，兼及体操、针黹、琴学之类，以资质之高下，定课程之多寡。”可取之点有根据资质定课程，有因材施教的意味，但课程过于庞杂，培养目标不清晰。不过作为第一所国人自创女学，顾虑很多，雄心勃勃，是意料中的事。

经正女学开办于近代实施了的第一个学制——“癸卯学制”之前，其程度是

① 经元善：《中国女学会书塾章程》，虞和平编：《经元善集》，武汉：华中师范大学出版社，1988 年，第 230 页。

小学还是中学并不清楚，但它是国人自创的第一所女学，在中国教育史上有独特的地位，起了开风气的作用。

尽管梁启超等人声嘶力竭地为女子与男子享受平等受教育权利而奔走呼号，尽管已经有经正女学开风气之先，但由于张之洞等的极力反对，并且由于张之洞是“癸卯学制”制定的核心人物，又曾署理学部尚书，使得女子教育在“癸卯学制”上毫无地位可言。张之洞的《劝学篇》力主教育革新，兼及政治、经济变革，是“庚子事变”后安定人心的一剂良药。他提倡新学可谓不遗余力，然而对于女子教育，仍坚持其迂腐的成见，在《奏定蒙养院章程及家庭教育法章程》中说：

所谓教者，教以为女、为妇、为母之道也。惟中国男女之辨甚谨，少年女子断不宜令其结队入学，游行街市，且不宜多读西书，误学外国习俗，致开自行择配之渐，长蔑视父母、夫婿之风。故女子只可于家庭教之，或受母教，或受保姆之教，令其能识应用之文字，通解家庭应用之书算物理，及妇职应尽之道，女工应为之事，足以持家、教子而已。其无益文词，概不必教。其干预外事，妄发关系重大之议论，更不可教。①

就这样，女子因为张之洞个人成见与义务教育擦肩而过，只能在家庭接受教育。这是国家法规中明文提到的女子教育之始。以后的女子义务教育制度的建立，即肇端于此。

如此女子教育政策，相对于社会现实而言严重滞后。全国各地不绝于耳的吁请，教会女子小学所发挥的示范作用，不断破土而出的女子学校，迫使学部于光绪三十三年（1907）三月八日颁布《奏定女学堂章程》《奏定女子师范学堂章程》，补充了“癸卯学制”在女子教育方面的缺失。《奏定女学堂章程》规定：“女子小学堂以养成女子之德操与必须之知识技能，并留意使身体发育为宗旨。”女子小学堂与男子分别设立，不得混合；分初等小学堂和高等小学堂两等。初等小学堂招收7—10岁女童，高等小学堂招生11—14岁女童。其课程主要有修身、

① 《奏定蒙养院章程及家庭教育法章程》，见璩鑫圭、唐良炎编：《中国近代教育史资料汇编·学制演变》，上海：上海教育出版社，1991年，第396页。

国文、算术、女红、体操，是为必修科，随意科有音乐、图画。高等小学堂另加中国历史、地理、格致、图画，音乐为随意科。两等女子小学堂修业年限均为 4 年，初等小学堂每星期授课时间不得少于 24 小时，多不得超过 28 小时。女子高等小学堂至少不低于 28 小时，多则不得超过 30 小时。女子两等小学堂“教育总要”是：

一、中国女德，历代崇重，今教育女儿，首当注重于此，总期不悖中国懿嫩之礼教，不染末俗放纵之僻习。

二、无论何种学科，苟有与道德教育、国民教育相关之事理，各教习均当留意指授之。

三、教授知识技能，须选适于日用生计者，使之反复练习，应用自如。

四、童年身体，期于发达健全。凡教授各种学科，须合女子心身发达之程度，勿得逾量增课，致有耗伤。

五、女子缠足，最为残害肢体，有乖体育之道，各学堂务一律禁除，力矫弊习。

六、女子性质及将来之生计，多与男子殊异。凡教女子者，务注意辨别，施以适当之教育。

七、凡教授学科，期无误其旨趣及法则，尤务使各学科互相联络，以谋补益。①

女子师范学堂规定“以养成女子小学堂教习、并讲习保育幼儿方法，期于裨补家计、有益家庭教育为宗旨”。开办女子师范学堂的现实目的是为女子初等小学堂和高等小学堂培养师资。《章程》规定，每州县须限定必设女子师范学堂 1 所，州县官府可以设立，民间也可以设立。修业年限为 4 年。课程有修身、教育、国文、历史、地理、算学、格致、图画、家事、裁缝、手艺、音乐、体操。如果学生学习音乐的确有困难，可以免修。其“教育总要”是：

一、……凡为女、为妇、为母之道，征诸经典史册、先儒著述，历历可据。

---

① 璩鑫圭、唐良炎编：《中国近代教育史资料汇编·学制演变》，上海：上海教育出版社，1991 年，第 584—585 页。

今教女子师范生，首宜注重于此务，时勉以贞静、顺良、慈淑、端俭诸美德，总期不背中国向来之礼教与懿嫺之风俗。其一切放纵自由之僻说（如不谨男女之辨及自行择配，或为政治上之集会、演说等事），务须严切屏除，以维风化（中国男子间有视女子太卑贱，或待之失平允者，此亦一弊风；但须于男子教育中注意矫正改良之。至于女子之对父母、夫婿，总以服从为主）。

二、国家关系至为密切，故家政修明，国风自然昌盛；而修明家政，首在女子普及教育，知守礼法。又女子教育为国民教育之根基，故凡学堂教育，必有最良善之家庭教育以为补助，始臻完美。而欲家庭教育之良善，端赖贤母；欲求贤母，须有完全之女学。凡为女子师范教习者，务于此旨体认真切，教导不怠。

三、无论男女均须各有职业，家计始裕。凡各种科学之有关日用生计及女子技艺者，务注意讲授练习，力祛坐食交谪之弊风。

四、女子必身体强健，斯勉学持家能耐劳瘁。凡司女子教育者，须常留意卫生，勉习体操，经强固其精力。至女子缠足，尤为残害肢体，有乖体育之道，务劝令逐渐解除，一洗积习。

五、教授女师范生，须副女子小学堂教科、蒙养院保育科之旨趣，使适合将来充当教习、保姆之用。……[①]

将女子小学堂分为初等和高等，各规定了修业年限和课程，目的是为了便于推动女子小学堂的普及。但《奏定女学堂章程》并没有明确规定女子初等小学堂为义务教育，其原因是1904年宣布推行义务教育，已经困难重重，如果再加上单独设校的女子义务教育，岂不是将男子的义务教育也拖着同归于尽！因而，只好男子义务教育与女子义务教育分步推进，将女子义务教育先压一压再说。

清廷颁布的《奏定女学堂章程》《奏定女子师范学堂章程》，终于使女子教育在国家法律上有了一席之地，承认了女子教育的合法存在，这是开天辟地第一回，有着深远的历史意义。《奏定女学堂章程》颁布后，在一定程度上促进了中国近代女子小学教育的发展。

① 璩鑫圭、唐良炎编：《中国近代教育史资料汇编·学制演变》，上海：上海教育出版社，1991年，第576—577页。

（二）清末女子学堂的发展

光绪三十二年（1906），清廷下诏宣布预备立宪，当年女学堂即猛增3倍①，次年又出现一次跳跃式发展，这次发展的直接原因是学部颁行了《女子学堂章程》，女子学堂遂又一次迅猛发展，官立女子学堂增长1倍多，公立亦增加了20%，私立再创新的纪录，达1倍之多。学部于1908年做出新规定，女学堂暂时免收学费，其因经费支绌，必须征收学费者，听其按程度比照各学堂酌减征收。这一措施的出台，无疑是女子教育的福音。具体情况见下表（见表7—1）：

表7—1　1905—1908年女子学堂数和学生数对照表

年代	女学堂数（所）	女学生数（人）
光绪三十一年	71	1761
光绪三十二年	245	6791
光绪三十三年	402	14658
光绪三十四年	512	20557

资料来源：罗苏文：《女性与近代中国社会》，上海：上海人民出版社，1996年，第137页。

从各省份分布情况来看，江苏创办女子学校起步最早。光绪三十一年（1905）前，江苏开办的女学便占全国的1/3，女校教师在全国的比例跃居前列，占36%（光绪三十三年）；直隶官办女学堂于光绪三十二年（1906）一跃而居全国之首，占全国的1/4，反超江苏。到光绪三十四年（1908），前三位的排序情况是这样的：直隶的女学堂数占25.6%，四川占16.4%，江苏占15.6%，三省合共占全国女学堂的57.6%。② 廖秀真曾对1903—1908年间全国在校女学生分

① 官立女子学堂增3倍多，公立增4.5倍余，私立达1.5倍。

② 廖秀真：《清末女学在学制上的演进及女子小学教育的发展（1897—1911年）》，见李又宁等编：《中国妇女史论文集》第2辑，台北："台湾商务印书馆"，1988年，第225页。

布情况作了统计，具体情况见下表（见表7—2）：

表7—2 光绪三十四年（1908）部分省小学在校女生数及占全国的百分比

省名	在校女学生数（人）	占全国%
直隶	3283	16%弱
江苏	3287	16%
四川	2838	13.8%
浙江	1331	
江宁	1201	28.6%
奉天	1238	28.6%
合计		74.4%

资料来源：廖秀真：《清末女学在学制上的演进及女子小学教育的发展（1897—1911年）》，见李又宁等编：《中国妇女史论文集》第2辑，台北："台湾商务印书馆"，1988年，第227页。

此六省占去全国女子在校小学生人数的74.4%，比例之高，是令人惊叹的。这当然与地方行政首脑对女子教育的认识是否到位有关，更与对女子教育价值观念的深层次思考有关。如湖北在办男子学校方面，在全国排名是首屈一指的，但是女子教育则甘为人后，这与湖北的主政人物张之洞有密切的关系。

从地域考察，这些女子官学大多集中在大都市、省会城市和商品经济比较发达的地区及人文富庶的地区，而边远的省份则相形见绌。下面是光绪三十三年（1907）全国女子学堂统计表，据此可以了解女子教育发展之大概（见表7—3）。

表7—3 光绪三十三年（1907）全国女子学堂统计表①

省份	学堂处数（所）	职员数（人）	教员数（人）	女生数（人）
京师	12	22	59	661
直隶	121	127	168	2623

① 此表中的数据与地方公布之数据有些出入。仅直隶省一地出入颇大，《直隶教育杂志》第三年第17期统计，光绪三十三年（1907）六月时，直隶省各属女学堂仅97所，而此表多出24所。

续表

省份	学堂处数（所）	职员数（人）	教员数（人）	女生数（人）
奉天	12	17	60	694
吉林	0			
黑龙江	2	1	4	90
山东	1	5	6	54
山西	5	7	15	149
陕西	10	10	20	154
河南	3	4	4	84
江宁	24	61	99	803
江苏	72	197	545	3395
安徽	2	8	12	86
浙江	32	64	138	995
江西	6	15	13	155
湖北	?	12	21	477
湖南	7	13	36	412
四川	70	?	157	2246
广东	6	22	39	391
广西	17	9	26	589
云南	18	19	34	1027
贵州	5	5	24	267
福建	3	4	21	244
甘肃	0			
新疆	0			

资料来源：朱有瓛主编：《中国近代学制史料》第二辑（下册），上海：华东师范大学出版社，1987年，第649—650页。

《女子小学堂章程》和《女子师范学堂章程》的颁布，大大加快了各地创办女子学堂的步伐。不过，女子学堂的发展并不是一帆风顺的。光绪二十九年(1903)，湖南绅士龙璋接受留日归国学生俞蕃同的建议，禀请巡抚赵尔巽设立女学。赵尔巽态度比较开明，当即表示同意。为避免保守势力阻挠，赵尔巽以“女学堂之设，即古师氏保姆之遗意”一语，堵住了反对派的嘴，湖南第一所女子学堂得以顺利设立。第二年春，前内阁学士李光久之妻湘乡曾广璇女士捐款 4 万元并其夫所遗田产创办淑慎女学，是为湖南第二所女子学堂。另有坐落于影珠山麓的影珠女学，系仿美国教育制度创办的。第四女子学堂设在常德。但因为湖南守旧势力嚣张，各校创办后即遭顽固士绅反抗，这些卫道士们借口女子学堂“流弊日多”，要求一律禁止。湖南几所女子学堂自开办到停闭，仅仅年余。[①] 而浙江杭州惠兴女士为筹措女学经费而自杀的悲壮、激越事件，也反映了清末兴女学过程一波三折的复杂性。惠兴女学校史简要介绍了惠兴女士兴学的经过：

惠兴女士当前清季，鉴于女子教育之重要，毁家创办贞文女学，成立于清光绪三十四年四月十二日，维持众醉我醒，人嗤为妄，而艰危困苦一身任之，殊可敬也。翌年十一月二十五日，以校舍落成，凭独力而难支，呼将伯而莫应，愤而仰药，竟以身殉于是。社会耸听，万人雪涕。当道为之入奏，迷梦因以骤醒。南北士绅，闻风兴起，筹集基金，以维久远，改名惠兴，示不忘也。[②]

惠兴是满族人，瓜尔佳氏，出生于官宦之家，为已故协领昆璞之女，19 岁夫亡守寡。她自幼好学，天资聪颖，性格坚毅，关心时事，于 1904 年 9 月斥资自办贞文女学堂。继思如无固定校舍，不能持久，乃向旗营富有之女眷募款。经分别认捐，集千余元之数，佥允校舍落成即予付款。惠兴又乞得营中三亩多空地开始兴建校舍，当年 10 月落成。她便向各家取早已承诺之款，以为各家会履行承诺，哪知“概行拒付”，并斥之为“醉心新潮流”，而工匠等又日夜催款。勉强维系一年后，惠兴智穷力竭，“欲以死谏唤起满人之自救”。她写了两封绝命信，一封上将军，一封致学生，于 1905 年 11 月 25 日清晨服大量鸦片后，乘车到将军处面呈遗书。当时鸦片毒性发作，急救无效，送归临时校

① 张朋园：《湖南现代化的早期进展》(1860—1916)，长沙：岳麓书社，2002 年，第 193 页。

② 转引自吴明祥：《浙江近代女子教育史》，杭州：杭州出版社，2010 年，第 101 页。

舍，不久气绝而亡，时年35岁。

惠兴愤而舍身殉学，以死醒世事件，迅速发酵，各家传媒从多方面解读，成为轰动一时的悲壮、激越事件，刺激与感染了国人对女学的态度，演为兴办女学的契机。该校校史如是曰："是则吾校之产生迥异他校，实属可歌可泣者，抑亦为吾浙女学史放一异彩，岂仅仅一校之纪念已哉！传之史乘，孰曰不宜！"[①] 惠兴自杀事件发生后，带来三种影响：一是贞文女学因惠兴殉学行为而逐渐兴盛起来。二是事件唤醒世人关注女学，兴办女学，浙江女学发展出现顺利态势。三是惠兴死后第二年四月初一，贞文女学开学，校名更为惠兴女学堂。惠兴以身殉校通过社会各界的追悼会、纪念活动、官府表彰、戏曲界编为戏剧，营造了良好的兴办女学的氛围，使得全浙女学堂风气大开，女学遍及各地。

光绪三十三年（1907），全国女校数为391所，女生数为11936人，女生占男生人数的2%。宣统元年（1909）又进行了统计，全国小学堂数51678所，女学堂308所，女学堂占0.6%；小学生1532746人，女生14054人，女生占1%。[②] 可见，尽管女子教育发展很快，但与男子教育相比，则是严重滞后的。不过，女子从拒之校门外到跨进了校门，这是历史性跨越，是不可以用百分比来衡量其意义大小的。

图7—1　惠兴女士像（1870—1905）

① 《浙江杭州市私立惠兴初级中学一览》，惠兴女子中学，1937年6月。

② 参见卢燕贞：《中国近代女子教育史》，台北：文史哲出版社，1989年，第42—43页。

二、女子义务教育学校的设置

20世纪之初，中国民主革命思潮奔涌，社会已经不再满足于康梁维新变法的陈旧构图。女子义务教育就是这一民主革命思潮冲击下的受益者。

（一）为普及女子义务教育制造舆论

清末“新政”时期，女子教育的舆论宣传逐渐广泛，女子教育章程颁布后，全国各地也开办了最早一批女子学堂，但进入民国后，要普及女子义务教育，使女子与男子享受同等享受义务教育的机会，似乎还有很长的路要走，因此，社会各界，尤其是教育界更觉得有加大普及女子义务教育宣传的必要。

1. 蔡元培对女子教育的高度重视。蔡元培对于女子教育不但提倡，还积极推行。1916年冬，他到爱国女学演讲，追述爱国女学创立的目的说：

本校初办时，在满清季年，含有革命性质。盖当时一般志士，鉴于满清政治不良，国势日蹙，有如人之罹重病，恐其淹久而至于不可救药，必觅良方以治之，故群起而谋革命。……革命精神所在，无论其为男为女，均应提倡，而以教育为根本。……辛亥革命时，本校学生，多有从事于南京之役者，不得谓非教育之成效也。……民国成立，改革之目的已达……其精神不在提倡革命，而在养成完全之人格。……完全人格，男女一也。兹特就女子方面讲述之。夫完全人格，首在体育。体育最要之事为运动。……旧俗每为女子缠足，不许擅自出门行走。……久之性质自变为懦弱，光阴日消磨于装饰中。且养成依赖性，凡事非依赖男子不可。……次在智育。智育则属精神方面，精神愈用愈发达。……更言德育。德育为完全人格之本。若无德，则虽体魄、智力发达，适足以助其为恶，无益也。……今欲养成女子高尚之品行，非使其除依赖性质有自立性质不可。[1]

女子同男子一样，必须接受教育方成为人，如果“女子不学，则无以自立，一切依赖于男子以生存”，没有受教育，只好对男子言听计从，成为男子的附属品。

女子不入学读书，小则伤及家庭，大则害及国家。女子为人妻，为人母，自身素质高低直接影响到丈夫和子女。如果接受了教育，就能够成为丈夫的左臂右膀，与丈夫共谋事业，为丈夫出谋献策。不然的话，“掣男子之肘，败男子之业者多矣”[2]。对下一代的影响，更是人所共知的。他说：“与小儿周旋之人，未有比母亲长久而亲热者。苟母亲无学问，则小儿之危险何如乎?”婴幼儿时期“染成恶习惯，他时改之最难”。[3] 所以，一家良善，全在母亲。至于女子不受教育贻害国家，也不是故作危言耸听。国者家之聚也，家不能良善，国家怎么能够清平！而女性自我意识泯灭，缺乏独立精神，仰仗丈夫，必然导致“种性所以靡茶，而政俗所以腐败也”[4]。

2. 阎锡山对女子义务教育的提倡与实践。阎锡山 1917 年出任山西省省长，随后在许多场合都发表了他对教育的意见，其中对女子义务教育尤所重视，所阐述的女子义务教育的观点，在全国各省行政首脑中似唯此一人。1918 年 12 月，他到女子师范学校发表演讲，说：

鄙人谓女学为极关重要之问题。前此由晋北回省，经十数县之考察，实见最巨大之欠缺者，厥惟女学。在京师晤美国某博士，谈及美国之社会人情风俗习惯，何以若斯其文明。据云发达之力其效果即能至市肆之间，陈列物品书价格其上，购之者照价付值，携取以去，不必设监视人也。即此一层视之，足证教育之所感化无欺诈行为。……盖欲国民人人为好人，舍此不为功。欲增进国民智识，则固以学校教育为重，欲增进国民之人格，则不得不归功于家庭教育。夫一人生

① 蔡尚思：《蔡元培学术思想传记》，台北：棠棣出版社，1950 年，第 245—246 页。
② 《学堂教科论》，见《蔡元培全集》第一卷，北京：中华书局，1984 年，第 151 页。
③ 《养成优美高尚思想》，见《蔡元培全集》第二卷，北京：中华书局，1984 年，第 302 页。
④ 《学堂教科论》，见《蔡元培全集》第一卷，北京：中华书局，1984 年，第 151 页。

成，必待十数年方脱离母亲之手。于此时间中，一言一笑，一动一作，无时不以母亲为取法，其关系毕生之成败也。据此理论，则欲增进国民之人格与道德，非致力于家庭教育不可；欲家庭教育之有根柢［底］，更非极端提倡女学不可。……现已列女学入强迫教育案内，其期限退男子六月，然欲求山西女学大为发达，必须男女合校教育。①

阎锡山重视女子教育，是因为在他看来女子教育具有三大功能：第一，推行女子教育有利于国家繁荣富强。国者家之聚，家家富足，国家哪有不繁荣昌盛的呢！他指出："振兴女学，为女子增添许多道德智能，在校中能当一个好学生，在家中便是一个好内助，试想人民的家庭都能完好，国家焉有不强盛的道理？"②所以，要想国家强盛，入手办法就是推行女子教育。女子受了教育，能够使每个家庭殷实富裕，使每个家庭都实现小康，国家自然藏富于民，小河有水大河满，民族得以复兴。第二，有利于提高社会的文明程度。女子接受了教育，近可齐家，远可善种。齐家即提高全家庭的文化素质和文明程度，善种即因为女子受了教育，能够教育好子女，提高子女的品质，无异于优化了人种。欧美国家之所以文明程度高，正是如此。所以山西也要实施男女平等的义务教育。他说："文明国家何以文明？国中人民文明耳，受教育而文明耳。"女子受教育更重要，孩子幼时的教育又最重要，蒙养以正，为孩子以后做好人定下了坯模。第三，有利于提高家庭教育的品质。家庭是子女的第一所学校，父母是第一任教师。而父母中母亲又最为重要，她陪子女的时间最早最长，影响子女最早最深远。母亲接受了教育，给孩子以良好的影响，没有接受教育可能施以不良影响。阎锡山说："家庭教育与国民教育为文明之基础"，"今日幼女之求学，即为将来之家庭教育计"。③ 女子接受了教育，就是将来家庭的教师。因此，阎锡山很看重女子的作用，山西推行义务教育，女子义务教育是其重点难点之一。但阎锡山重视女子教育，更加看重女子义务教育的社会功能，而对女子自身的价值则有所忽略。

---

① 转引自申国昌：《守本与开新：阎锡山与山西教育》，济南：山东教育出版社，2008 年，第 176 页。

② 《阎伯川先生言论辑要》第 3 册，太原绥靖公署主任办公处，1937 年，第 100 页。

③ 山西六政考核处编：《阎督军讲话汇编》第 3 册，太原：晋新书社，1929 年，第 23 页。

3. 陶行知的女子受教育利国利家利身的思想。陶行知极为关注普及教育问题，不仅有大量的理论著述，还有大量的实践活动。其中，对普及女子教育多有论述。

第一，女子受了教育，可以与男子共擎中华民族的大厦。陶行知在《共和精义》一文中指出："人民贫，非教育莫与富之；人民愚，非教育莫与智之。"教育是使人们致富的不二法门。中华民族好比一栋四万万根柱子擎着的大厦，"设若有二万万根是腐朽——不能用的木材，则此大厦必将倾倒"。所以，"女子必须受教育，去共同担负社会的责任"。一个国家必须要全体国民共同努力，使这个国家繁荣富强。如果国民中有一半的人不能尽力，非但如此，她们还要拖累另一半的国民，这个国家一定国将不国，国家能够勉强存在已经算是不错了。

第二，女子接受了教育，能够保证家庭振兴，家道兴盛。女子在家庭中的特殊角色决定了她必须占有的特殊地位。女子接受了教育，除了提高了自身素质，实现了自我价值，自立自强之外，还能自立立人，自强强人，可谓一人受教，全家受益。女子受了教育，可以改造家庭文化环境，并利用这环境使家人耳濡目染受到影响，又可以利用自己的知识言行发挥感染力量，"将坏的男子变好，并且可以溶化男子的性情与人格"。所以"欲使男子不致堕落，非从女子教育着手不可"。非但如此，普及了女子教育，"不但可以收到家庭教育的好果，并且可以巩固子孙的教育啦"![①] 可以说，是一人受教，惠及全家。陶行知又指出，天生男女，组成家庭，夫妻如同车之两轮，不能一轮强一轮弱，夫妻比翼方可双飞。他指出：

中国全国，有一千三百余县没有女子高等小学，又有五百余县没有一个女学生。若照百分法计算起来，男学生占学生中百分之九十五，女子却只占百分之五。以家庭论，一百个家庭，只有五个是男女同受教育——好家庭了。所以，为

① 《教育者的机会与责任》，华中师范学院教科所主编：《陶行知全集》第1卷，长沙：湖南教育出版社，1984年，第258页。

家庭幸福计，男女都应受同等的教育。①

陶行知深刻地认识到，专重教育男子不重教育女子，固然是女子的不幸，何尝不是男子的不幸呢？“男的受过分栽培，女的受偏枯的待遇，表面虽然似乎是一乐一苦，但在长大的过程中两者都难免受伤。”② 不能互推互进，结果两败俱伤。

图 7—2　某贫儿院女生在进行拳术训练

第三，女子受了教育，可以实现自身价值，提高个人在家庭和社会中的地位。在陶行知生活的时代，女子在家庭和社会毫无地位可言。那么是什么使女子沦落到如此悲惨的地位呢？主要是她们缺少独立生活的意识和能力，特别是在经济生活上依赖男子而不能自立，离开了男子几乎寸步难行。然而，同为圆颅方趾，“女子同为人类，自应有知识技能，去谋独立生活”，凭什么一个女子离开男人就不能生活？陶行知看到，其根本的原因就是女子未曾接受教育，没有独立生活的知识和技能，未读书不能明理。解决的办法就是普及女子教育，使她们成为“知书明理之人”，然后才能获致在家庭、社会中的地位。

① 《教育者的机会与责任》，华中师范学院教科所主编：《陶行知全集》第 1 卷，长沙：湖南教育出版社，1984 年，第 257 页。

② 《敲碎儿童的地狱，创造儿童的乐园》，华中师范学院教科所主编：《陶行知全集》第 3 卷，长沙：湖南教育出版社，1985 年，第 531 页。

如何才能使女子义务教育得到行之有效的实施呢？在陶行知看来，普及女子教育是一个全社会人人参与的巨大工程，因为有传统的“男女有别”、重男轻女、“女子无才便是德”等陈腐观念的阻抗，并受现有社会整体社会的觉悟水平，及经济文化发展水平的限制，普及女子教育绝不是一蹴而就之举。但是，只要全社会“群策群力，组织团体，做全部的提倡事业”，普及女子教育才能取得“不可限量的进步”。①

此外，俞庆棠关于女子教育学制改革的论述，对女子义务教育也产生了重要影响。全面抗战的8年间，将包括女子在内的民众补习教育和义务教育合并为国民教育，就可以从中看到俞庆棠这一学制改革思路和主张的作用。

舆论造势，理论先行。民国时期政界要人和教育名家对女子义务教育价值和地位作用的阐述，对民国时期女子教育的实施，产生了直接的影响。

（二）女子小学的设置

辛亥革命推翻了清朝的集权专制统治，为普及女子义务教育创造了有利条件。但女子教育基础十分薄弱，新诞生的中华民国政府在女子义务教育问题上，几乎止步不前。南京国民政府厉行义务教育，女子义务教育才发生了根本性变化。

1. 民国前期女子义务教育的缓慢发展。1912年1月，南京临时政府成立，蔡元培出任第一任教育总长，他上任后的第二个月，即颁布《普通教育暂行办法》，规定：“初等小学，可以男女同校。”② 教育部颁行的《办法》将女子与男子同等对待，因为初等小学是实施义务教育的机构，此举意味着女子与男子享受同等的义务教育。自此以后，不再提女子义务教育，因为义务教育此后不再分男女儿童，一提到义务教育，也就包括女子义务教育于其中了。

---

① 《女子教育在学制上占领地位之十五周年纪念》，华中师范学院教科所主编：《陶行知全集》第1卷，长沙：湖南教育出版社，1984年，第244—245页。

② 宋恩荣、章咸编：《中华民国教育法规选编》（修订版），南京：江苏教育出版社，2005年，第199页。

1914 年 2 月 20 日，教育部公布了《半日学校规程》，这是“为幼年失学便于半日或夜间补学者”开设的学校，“专教女子之半日学校，称女子半日学校”。以后教育部公布的《预备学校令》《国民学校令》以及南京国民政府教育部所公布的《小学法》，都不再单独订立女子国民学校之类的法律法规，只是在课程标准中对女子的部分课程和教学方法提出特别要求，可见是真正使二者融为一体了。

图 7—3　某女子小学在上课

就教育部及地方教育行政部门而言，因为捉襟见肘的教育经费，使得义务教育的推行举步维艰，再加上呼声日高的女子义务教育，入不敷出的教育经费又要支付女子义务教育开支，显得更如雪上加霜。如果再单独为女子义务教育建校，聘请教员，购置教学设备，等等，更加显得力不从心。因而各级教育行政部门普遍主张初等小学男女同校，避免校点过多规模过小造成的浪费。国联教育调查团深入乡村进行小学教育调查后，提出了具体建议：

总之，使学生稀少之学校，变为学生众多之学校，在中国实为一急切之问题，非仅为节省经费，亦所以增加学校之价值。……欲使人数甚少之学校成为人数众多之学校，最要者为停止乡间男女分校之设立。实行男女分校之中国各地，一村常设立两校，教师亦须二人，而学生则仅数人。即户口较多之地，入学儿童亦不见踊跃，尤以女校为甚，故所费多而学校之标准反低，设此等男女分校实行合并，同其标准即可提高。反对男女同校之成见，必须打破。①

① 国联教育考察团：《中国教育之改进》，上海：国立编译馆，1932 年，第 82—83 页。

男女合校，使学校有合理的分布，可以实现教育资源的合理配置。譬如，定县 7—10 岁的男女儿童 33020 人，其中小学生 17447 人。而定县共有 455 村，450 校，但学校的分布，殊不合理，其中 122 村没有学校，217 村各有 1 校，114 村因男女分校之故，各有 2 校或 2 校以上。其中有多数学校学生人数均感不足，“尤以女校为甚”。但又“有若干区域，儿童甚多，反无学校可进”。[①] 这就需要实行男女同校，重新组合教育资源了。所以，民国前期，女子小学既有男女同校者，也有女子学校独立设置者，而且在民国初年出现了一阵开办女子小学的热潮。但是，独立设置者出现减少的趋势。民国后期，男女同校已经是大势所趋了，独立的女子小学日渐式微，最终于全面抗战前后合而为一了。

民国初年，浙江设置女子小学校势头较猛。1913 年的《教育周报》对浙江女子学校发展给予了关注，从中可以看出浙江女子教育显露出新的趋势：第一，创办女学的地区渐多，女学处所设置的盲点不断减少。比较偏僻的寿昌、遂昌、海盐等县，“女校从此萌芽也”，女学“次第成立，开校授课”。第二，社会风气日开，女童就学要求日渐强烈。遂昌女学校“学生报名甚形踊跃”，海盐女子两等学校“闻招生报名者已达 60 余人之多”。第三，女学的规模比晚清要大。嘉善女学校共有 7 所，就学女生 400 多人，校均约 60 人。晚清不仅学校少，而且每校约 30 人。第四，形成了地方政府倡导、民间兴办的女学发展局面。如嘉善女子教育之所以发达起来，是“长教育者劝导之功也”；寿昌女学为“知事提倡添设，教育科长筹办”，二人有提倡之功；永嘉、永强、遂昌、海盐等女子学校均由民间筹办，“开办经常之款，无由发起人——校长筹垫”，“常年经费，以宾兴租田为的款，如有不敷，再筹公益捐为补助费”等。[②] 清末，浙江省有女子学校 46 所，学生 1734 人，而民国元年（1912），女学便达 133 所，学生 3027 人；次年上升为 182 所，学生 5610 人。1916 年，全浙共有女子初等小学 193 所，女生 13272 人，发展速度惊人。

浙江的情况甚是可喜，全国各省市的情况却是另一番景象。1918—1919 年，

---

① 国联教育考察团：《中国教育之改进》，上海：国立编译馆，1932 年，第 90 页。

② 吴明祥：《浙江近代女子教育史》，杭州：杭州出版社，2010 年，第 143 页。

一项各省市初等教育无女生的县份调查，令人对女子义务教育发展产生严重忧虑。调查数据见下表（见表7—4）：

表7—4　1918—1919年度全国公私立初等教育无女生县数分省统计表①

校别 各省县数	高等小学校		国民学校		半日学校及其他	
	县数	百分比	县数	百分比	县数	百分比
京师及京兆区20县	15	75.0%	3	15.0%	20	100%
直隶省119县	79	66.4%	6	5.0%	117	98.3%
热河区15县	13	86.7%	2	13.3%	15	100%
察哈尔区7县、2设治局	6、2	88.9%	5、2	77.8%	7、2	100%
奉天省56县	23	41.1%	6	10.7%	56	100%
吉林省36县	22	61.1%	8	22.2%	36	100%
黑龙江省31县、7设治局	21、7	73.7%	4、7	28.9%	31、7	100%
山东省107县	79	73.8%	8	7.5%	107	100%
河南省108县	93	86.1%	33	30.1%	108	100%
山西省105县	84	80.0%	14	13.3%	105	100%
绥远区8县	8	100%	4	50.0%	8	100%
江苏省60县	23	38.3%	4	6.7%	60	100%
安徽省60县	48	80.0%	22	36.7%	60	100%
江西省81县	66	81.5%	35	43.2%	81	100%
福建省63县	52	82.5%	34	54.0%	63	100%
浙江省75县	21	28.0%	5	6.7%	75	100%
湖北省69县	54	78.3%	16	23.2%	69	100%
湖南省75县	52	69.3%	29	38.7%	75	100%
陕西省90县	85	94.4%	32	35.6%	90	100%
甘肃省77县	74	96.1%	63	81.2%	77	100%

① 边区等33县未调查。

续表

校别 各省县数	高等小学校		国民学校		半日学校及其他	
	县数	百分比	县数	百分比	县数	百分比
新疆省 48 县	48	100%	45	93.8%	48	100%
四川省 146 县	67	45.9%	10	6.8%	145	99.3%
广东省 94 县	76	80.9%	38	40.4%	93	98.9%
广西省 86 县	70	81.4%	23	26.7%	86	100%
云南省 97 县	71	73.2%	18	18.7%	97	100%
贵州省 81 县	78	96.3%	65	80.2%	81	100%
总计：1810 县， 9 设治局	1328		532		1810 县，9 设治局	

资料来源：《全国公私立初等教育无女生县数分省表》，见《新教育》第 5 卷，1923 年第 4 期。

经过几年的努力，到 1922—1923 年度，初等小学女生人数达到 1 万以上的省份有直隶、奉天、山东、山西、江苏、浙江、湖南、四川、广东 9 省，全国初等小学女生数 368560 人，男生人数为 5505816 人，女生占 6.34%。仅山西一省初等小学女生人数超过 10 万，达 129889 人。江苏一省超过 3 万，达 36019 人。超过两万的有直隶、四川、湖南 3 省。人数不及千的有新疆、绥远、察哈尔、热河 4 省，其中新疆仅 86 人。

民国前期广东公立小学发展过程中值得关注的是女子小学在数目上的增长。清末民初，由于黄遵宪、丘逢甲、丁日昌的倡导，广东小学教育得以迅速发展。但有些乡村虽然办起了小学，却不敢招收女生。丘逢甲认为要招收女子入小学，女子进入了学校，进入了课堂，才算普及教育。梅州地区的女子教育也有明显的发展。兴宁县创办了懿微女子小学，后改名为县立女子小学。五华、大埔、丰顺等县均先后创办县立女子小学。截至 1927 年，梅州地区共办有女子小学 11 所。这些女子小学的具体情况见 1913 年至 1926 年梅州地区女子小学一览表（见表 7—5）：

表 7—5　1913 年至 1926 年梅州地区女子小学一览表

校名	校址	创办人	创办时间	备注
崇实女子学校	梅城			民国二年与懿德女校合并为县立女师
心光女子学校	梅县黄塘	赫求光	民国元年	民国廿七年改为心光盲女院
懿微女子小学校	兴城	罗雅达	民国元年	民国九年改为兴宁县立女校
桂里女子小学校	梅城	梁浣春	民国元年	民国三年冬停办
广益女子小学校	梅县城东		民国二年	民国十一年改为女子中学
大埔县立女子小学校	茶阳	饶亮我等	民国二年	
乐育女子学校	梅县黄塘	约以礼	民国三年	民国九年至十二年改为乐育女师，民国十九年与乐育小学合并
松口女子小学校	梅县松口	饶一梅	民国四年	民国六年与松口公学合并
兴宁县立女子学校	兴城		民国九年	由懿德女校改办
怀德女子学园	兴城	张怀玉	民国十四年	
石扇女子学校	梅县石扇	彭精一	民国十五年	民国十七年停办

资料来源：房学嘉等著：《客家妇女社会与文化》，广州：华南理工大学出版社，2012 年，第 164 页。

一个相对比较偏僻闭塞的梅州地区便有如此众多的女子小学，其他地区为女子设学的状况更可推知。

同时，一般小学也打破了过去只招收男生的限制，兼招女生，实行男女同校。——这成为梅州教育发展的一大特色，从此，打破了梅州地区“女子没有受教育权利的历史”。①

① 梅州教育局教育志编写办公室编：《梅州教育志》，1989 年，第 62 页。

图 7—4　某小学男女同学学生集体照

广东各地小学中女教师和女生的比例有了喜人的变化。从张海鳌《广州市小学调查报告》对广州市立 48 所小学教员和学生统计数据看，女子初等教育形势十分可观（见表 7—6）：

表 7—6　广州市立 48 所小学教员学生统计表

	性　别	合计（人）	平均（人）	百分比
学生	男	7650	755.2	59.72
	女	5158	107.4	40.28
	合计	12808	262.6	100
教师	男	325	6.7	58.2
	女	233	4.8	41.8
	合计	558	11.5	100

资料来源：张海鳌：《广州市小学调查报告》，广州《教育研究》，1928 第 4 期。

女教师占小学教师总数的 41.8%，女学生占学生总数的 40.28%，两者都接近半数，这个数字“或者是别处所不易得到的数目”![1] 说明广州市民对女子教

① 张海鳌：《广州市小学调查报告》，广州《教育研究》，1928 年第 4 期。

育的重视程度，过去重男轻女的偏颇的教育有了根本性的扭转。

张海鳌《广州市小学调查报告》对 48 所小学校长的学历文凭进行了调查。48 位校长中毕业于高等师范学校的 10 人，毕业于女子师范学校的 8 人，毕业于广州市立师范学校的 2 人，毕业于其他师范学校的 13 人，毕业于优级师范高等学堂的 7 人，毕业于大学的 5 人，毕业于中学及讲习所的 3 人。据此可以看出，广州市立小学校长大约 3/4 以上都受过高等教育或师范教育。

无初等小学和高等小学女生的县份明显减少。据中华教育改进社 1922—1923 年调查，全国 1811 个县中，无女子初等小学生者 423 县，无高等小学女生的县份达 1161 县。初等小学无女生的县份比 1919 年减少了 109 个。具体情况见下表（见表 7—7）：

表 7—7 全国各县中无女小学生的县份调查表（1922—1923）

省别	每省的县数	无初小女生县数	无高小女生县数
京兆区	20	1	12
直隶	120	4	61
奉天	57	8	21
吉林	37	5	20
黑龙江	35	8	17
山东	106	2	58
河南	108	20	78
山西	105	3	44
江苏	60	1	16
安徽	60	13	41
江西	81	37	64
福建	62	28	58
浙江	75	3	16
湖北	69	9	47
湖南	75	24	48

续表

省别	每省的县数	无初小女生县数	无高小女生县数
陕西	91	37	83
甘肃	77	37	73
新疆	40	36	40
四川	146	5	60
广东	94	30	71
广西	80	27	69
云南	101	15	67
贵州	80	64	70
热河	15		13
绥远	8	4	8
察哈尔	9	2	6
总计	1811	423	1161

资料来源：俞庆棠：《三十五年来中国之女子教育》，《最近三十五年之中国教育》，上海：商务印书馆，1931 年，第 183 页。

新文化运动开始到此时，已经过去 8 年了，五四运动“科学”“民主”口号也喊了 4 年了，推行义务教育也有十多年了，竟然还有 423 县是女子义务教育的处女地，“诚惊人之事实，而足以促女界之猛醒也”①。江苏的教育较为发达，女子义务教育在全国也是名列前茅。江苏的情况又如何呢？据 1927 年度统计，江苏有女小学生 78196 人，小学生总数为 457776 人，女生占 17.08%。次年女小学生 108135 人，小学生总数为 600728 人，女生占 18.01%。一个教育强省尚且如此，其他省份的女子义务教育更可以想见。

2. 民国后期女子义务教育的可喜进步。南京国民政府成立后，1929 年 4 月 26 日，国民政府公布《中华民国教育宗旨及其实施方针》，宣布所实施的教育宗旨是：“男女教育机会平等。女子教育并须注重陶冶健全之德性，保持母性之特

① 俞庆棠：《三十五年来中国之女子教育》，《最近三十五年之中国教育》，上海：商务印书馆，1931 年，第 182—183 页。

质，并建设良好之家庭生活及社会生活。”[①] 1931 年 5 月 12 日国民大会通过，当年 6 月 1 日国民政府公布的《中华民国训政时期约法》之国民教育专章规定：“男女教育之机会一律平等。”1935 年是中国义务教育史上不平凡的一年，对女子义务教育而言，也是这样。当年 5 月 1 日立法院通过，次年 5 月 5 日国民政府公布的《中华民国宪法草案》，明确规定：“中华民国人民受教育之机会，一律平等。”“全国公私立之教育机关，一律受国家之监督，并负推行国家所定教育政策之义务。”“六岁至十二岁之学龄儿童，一律受基本教育，免纳学费。”1946 年 12 月 25 日国民大会通过，1947 年 1 月 1 日国民政府公布的《中华民国宪法》与《草案》关于国民教育的基本内容没有什么变化，不同的是增加了“其贫苦者，由政府供给书籍”这一内容。此外，1935 年 11 月 23 日《国民党第五次全国代表大会宣言》指出：“积极推行义务教育，改良中小学制度。……发展女子教育，培养仁慈、博爱、体力、智识两俱健全之母性，以挽种族衰亡之危机，奠国家社会坚实之基础。”[②]

国民党和国民政府对推行男女机会均等的义务教育的强调，加之蔡元培、陶行知、胡适等教育家对小学教育作用与地位的鼓吹，国民政府在 1932 年以后，先后颁布了《小学法》《小学规程》《小学课程纲要》等。自此而后，女子与男子享受一视同仁的教育，出现男女义务教育学校的并轨，课程标准几乎没有什么不同，从义务教育学制到课程教学实施，实现了机会均等的义务教育。

女子小学学制的并轨，使女子接受小学教育的人数直线上升。据 1929 年教育部统计，全国初级小学男女学生总数为 7118581 人，其中女学生 1176186 人，占 16.4％。小学生最多的山西省，总数达 799977 人，女生数为 169016 人，占 21.13％；女生比例最高的是辽宁省，小学生总数为 548649，女生数为 210353，占 38.34％。特别市中，南京女生比例最高，小学生总数为 13465 人，女生 5588 人，占 41.5％；其次便是汉口，小学生总数 8959 人，女生 3380 人，占

① 宋恩荣、章咸编：《中华民国教育法规选编》（修订版），南京：江苏教育出版社，2005 年，第 36 页。

② 宋恩荣、章咸编：《中华民国教育法规选编》（修订版），南京：江苏教育出版社，2005 年，第 50—51 页。

37.73%。最低者为新疆、宁夏，均不到 300 人，女生仅占总数的 7.15%、5.07%。

1929 年的数据也许不能从根本上说明问题，因为教育部推行义务教育的重大举措，大多是在 1929 年以后出台的。以浙江省为例，浙江省教育厅 1937 年曾作过统计，从 1932 年到 1936 年，全浙江省初等教育学生数（包括幼稚园、初等小学、高等小学和短期小学）依次为：713048 人、706201 人、736139 人、913663 人和 1207597 人。[①] 除 1933 学年度有小幅度下滑外，其他各学年都有明显增长，到 1935 年已经接近百万小学生，而 1936 年则突破百万大关，达 1207597 人，是 1929 年 49355 人（不包括短期小学学生数）的 2.46 倍。所取得的成绩是世人有目共睹的。

1932 年 12 月，国民政府公布《小学法》，规定："小学修业年限六年，前四年为初级小学，后二年为高级小学。初级小学得视地方情形，单独设立。"只字未提女子初级小学，这并不是女子初级小学在《小学法》中没有地位，而是这里的初级小学包括女子初级小学，这已经是常态，是毋庸特别单列的常识。此后，大量女子小学出现撤并，独立的女子小学除私立的女子初级小学，如教会女子小学校之类，还继续按原学制办学外，其他女子小学纷纷改弦更张，转而成为男女同学的普通小学。所以官方各种统计数据不再有女子小学的情况，而是在各种学校中单列女生人数。

教育部根据 1931—1945 学年度各省市国民教育统计报告表统计，其间全国国民学校及小学女生人数分学年情况如下（见表 7—8）：

表 7—8　全国国民学校暨小学在校女生数统计表（单位：人）

学年度	中心国民学校	国民学校	小学	初级小学	短期小学	简易小学	共计
1931 学年度			261845	1476427			1759398

① 吴明祥：《浙江近代女子教育史》，杭州：杭州出版社，2010 年，第 237 页。

续表

学年度	中心国民学校	国民学校	小学	初级小学	短期小学	简易小学	共计
1932 学年度			524215	1288961	5672	6592	1846083
1933 学年度			688770	1256417	15797	9610	1997970
1934 学年度			707447	1552746	20907	18773	2332868
1935 学年度			1059885	1367935	168622	24271	2658714
1936 学年度			1259600	1782577	443041	30430	3548878
1937 学年度			662892	1563652	422514	48982	2717189
1938 学年度			634805	1483640	405594	33479	2575006
1939 学年度			710925	1477108	360933	5986	2594567
1940 学年度	562598	1409479	233263	701649	75789	4648	3012619
1941 学年度	699324	1791765	236527	541643	23623	4410	3325124
1942 学年度	1053634	2218022	327043	292016	1998		3913255
1943 学年度	1157136	2566726	524987				4270352
1944 学年度	1189790	2220477	515668				3945541
1945 学年度	1545346	3238732	759843				5583342

资料来源：《第二次中国教育年鉴》第十四编，上海：商务印书馆，1948 年，第 1457 页。表中共计栏中的数字，包括幼稚园和其他教育机构数字。

1931 年全国国民学校和小学学生总数为 11720596 人，女生占总数的 15.01％。全面抗战爆发前，学生总数为 18364956 人，女生占总数的 19.32％。全面抗战胜利的当年，学生总数为 23831898 人，而女生占总数的 25.57％。女生虽然只占小学生总数的 1/4 强，但应当看到的是，女生的人数是在逐年递增的。即便是在抗战的艰难岁月，除个别年份外，每年女生人数大致是上升的。1944 年比上一年度稍有回落，但到 1945 年，又猛增到 558 万多人。单就女生人数而言，取得的成绩也是显著的。1931 年，全国女小学生人数为 1759398 人，到全面抗战爆发前的 1936 年，达 3548878 人，是全面抗战爆发前的最高数字。其后的1937年、1938年、1939年有所回落，但到推行国民教育的1940年，全国小学女生人数开始回升。到1945年达5583342人，是1931年的3.17倍。在烽火连天的年代，女子义务教育能够取得如此不菲的成绩，还是令人欣慰的。

三、女子初级小学的教育教学

女子义务教育起步较晚，而且发轫于国家多灾多难的历史时期，这一特殊的时代给女子义务教育打上了特殊的印痕。

（一）女子小学的教学培养目标

光绪三十三年（1907），清廷颁布《奏定女子小学堂章程》，规定女子小学堂"以养成女子之德操与必须之知识技能，并留意使身体发育为宗旨"①。与传统女子教育目标观相比，增加了"知识技能"和"身体发育"等内容，但终归逃不脱"贤妻良母主义"的窠臼。学部的《奏定女学堂章程折》的呈文指出：

窃维中国女学，本于经训，故《周南》《召南》首言文王后妃之德，一时诸侯夫人、大夫妻莫不恪秉后妃之教。风化所被，普及民间；《江汉》诸篇，言之尤备。孔子曰："人而不为《周南》《召南》，其犹正墙面而立也与！"盖言王化始

① 璩鑫圭、唐良炎编：《中国近代教育史资料汇编·学制演变》，上海：上海教育出版社，1991年，第583页。

于正家。倘使女教不立，妇学不修，则是有妻而不能相夫，有母而不能训子。家庭之教不讲，蒙养之本不端，教育所关，实非浅鲜。[①]

所强调的教学目标正是贤妻良母主义。

1912 年 11 月教育部颁布的《小学校教则及课程表》要求各校，“对于女生尤须注意于贞淑之德，并使知自立之道”。与清末相比，女子的培养目标已经增添了“自立之道”的重要内容。此后，女子小学的教学培养目标，官方文件中并没有特别的规定，意即女子小学的办学宗旨和目标与普通小学别无二致，同是为了培养中华民国的国民，只是在课程上稍有区别而已。但在民间和具体的女子学校，则有较大的不同。最为流行的有三种说法：一是培养贤妻良母，二是拯救中华，三是提高女子自身素质。惠兴女学并不随大流，不采择其中任何一种作为办学宗旨和目标，而是根据其特殊的校史，根据学校辉煌的过去，提出“勤、敬、恒”三字校训。“勤、敬、恒”体现了惠兴女学的精神风貌和办学理念价值追求，是每一位学生实现理想人格与品德衡量标准与目标。湖南溆浦县立女子小学校是向警予所创办，她为学校确定的办学宗旨和目标是“为女界大放光明”。她要通过开办溆浦县立女子小学校，使“合邑妇女入学补习科，而为良妻，为贤母，为爱国之民，合邑童男女入国民科，而得健康，而具有国民道德及生活能力之初基；又有高等小学以补国民教育之不足，以为晋升研究之阶梯”。[②] 在开学典礼大会上，向警予高声宣布办学目标说：“为读书而读书，为嫁一个如意的丈夫而读书，不是我们读书的目的，我们读书的目的是要做个新国民。”可见向警予开办女学的宗旨和目标是时下流行女子学校宗旨和目标的综合。她与学校教师一起谱写的溆浦县立女校校歌歌词云：“美哉！庐峰之下溆水滨，我校巍巍矗立当其前。看，现在已是男女平等，天然淘汰，触目惊心！愿同学作好准备，为我女界啊，大放光明。”为学校确定的校训是“自治心、公共心”，要求每一个同学自己

---

① 璩鑫圭、唐良炎编：《中国近代教育史资料汇编·学制演变》，上海：上海教育出版社，1991 年，第 574—575 页。

② 《溆浦县立女子小学校》，湖南省教育史志编纂委员会编：《湖南近现代名校史料》卷三，长沙：湖南教育出版社，2012 年，第 2675 页。

从严约束自己，端正自己的品德，关心天下国家大事，只要对公众有利，无论对自己有利无利，都要不计利害得失。湖南平江县启明女校所遵循的宗旨是“解放妇女，普及教育”。积极传播新文化和人权思想，提倡男女平等，婚姻自由，深入妇女群众，唤醒妇女解放意识；注重学生技能的培养。

黑龙江巡按使创办黑龙江省立女子教养院的目标十分明确，是“国之本在家，民之庶宜教，必女与男相维，教与养并重，然后殖边之效乃可言也”。他的办学宗旨与目标是要开发女子的智力，建立安定的家庭，从而开发边疆，建设边疆，巩固边防。具体说有五个具体目标：

一是可使全国灾区将沦妓、婢、妾的孤贫女子，得到安全和乐土。二是可使孤苦女子在得到教育后，既可以增加教育师资，又可成为贤妻良母，对后代有益。三是可以使春自［至］秋归的田夫和“昼伏夜动”的滑黠者，有家室乐事，安居和“戢浮荡之恶”，有利于安定地方，致力于开发和建设边疆。四是经过教育的女子为妻为母，有利于教育子女成才。五是可解决南方“人满为患”和北方地广人稀的矛盾，有利于抵御外国的殖民入侵。①

从黑龙江省立女子教养院的办学宗旨和目标来看，创办者朱庆澜具有很超前的战略眼光和强烈的忧患意识。当然，他的这一宗旨和目标具有过于理想化的成分，如果一所女子学校能够产生如此五个方面的社会效益，那么各地都废掉其他一切事业改办女子学校不就国泰民安了吗？

总的来看，民国时期女子小学堂的办学宗旨和目标堪称与时俱进，与救亡图存和女子肩负的重大责任紧紧地联系在一起。虽然时有女子回归家庭，培养贤妻良母的老调重弹，但这只是女子受教育的“副产品”，接受基本文化知识和培养基本生活技能，仍是主流的办学宗旨和培养目标。

---

① 杨海桥：《清末民初的黑龙江女子学校教育》，齐齐哈尔市政协文史资料委员会编：《龙沙教育史料》，1995年，第289页。

（二）女子小学的课程设置

女子小学的课程形成体系和特色，教学设施逐渐趋于完备，都有一个发展过程，发展的趋势是与普通小学合一。

清末女子初等小学堂教育刚刚起步，课程设置上往往在普通小学堂基础上再增添一些女性特长的课程。直隶省城女学堂设立于光绪三十二年（1906）十月，开设有初等和高等班，初等班有学生 123 人。宣统元年（1909），开设有修身、国文、算术、图画、家庭、习字、音乐、体操、编物等课程。因为省城女学堂身居省城，条件比较优越，教师中有 10 多人毕业于北洋女师范学堂、天津女师范学堂者，还有一位日本人加藤丰子，能够开设出图画、音乐和体操等课程。

保定官立模范小学堂开设的课程堪称模范。吴鼎昌的报告未附上课程表，但此报告中讲到打算购置修身挂像、理化仪器、博物、手工、地理、历史之标本、图画、模型、音乐等器具，还准备修建手工、裁缝、唱歌等“特别教堂”，证明保定官立模范小学堂课程开设比较全面。这些课程虽然说开列出来没有什么了不起，但要知道这一年是光绪三十一年（1905），“癸卯学制”强调女子只宜在家庭中接受母亲和保姆的教育，《女子小学堂章程》尚未颁行，能够有一些先见之明，先着一鞭，全国恐怕不是太多。光绪三十三年（1907）五月，惠兴女学已经开设了 10 门课程，包括修身、读经、历史、地理、国文（兼习字）、算学、女红、刺绣、唱歌及体操，已经相当完备①，其中有一些是女学特色课程。

由于《奏定女子小学堂章程》颁布较晚，此前办的女子小学堂课程设置无章可依，于是只好自定“校本”课程。黑龙江省立幼女学校，由祝宗梁创办于 1906 年。祝校长为该校刊印了丈夫林传甲编辑的舆图和《黑龙江乡土志》作教材，分地理、历史、格致三编，每编 80 课。有题有解，有问有答，简明扼要。又自编《中国女子历史》250 课，作为学生读本。为提高学生的语文水平，她从

① 《三月二十六日惠兴女学校总办贵林在德广楼戏馆之演说》，《北京女报》，1907 年 5 月 11 日。

学生的作业中择优选出百篇文章，编成《龙江女学文范》，经人评阅，林传甲核订出版。[①] 其课程虽然没有女子小学的特色，但祝校长夫妇亲自编纂女学教材的精神，应当高度肯定。

湖南溆浦县立女子小学校创立后，向警予校长不断向学生传授新知识和新思想，进行教学改革，取消经学课程，增开实用的缝纫、刺绣和家政等课程。溆浦女校重视体育，每天坚持课间操，还经常有爬山、赛跑、跳高、跳远等运动，还特地谱写了体育运动歌："运动，运动，运动乐，不怕天寒和地冻，各把精神来振作。肌肉强，血脉活，运动，运动，运动乐。"[②] 向警予是现代女子教育改革的先锋者之一，她对女子小学课程的改革，具有改造社会，改造女子教育的特点。

上海万竹小学创立于宣统三年（1911），初名初等小学堂，1912 年 3 月添设女子初等小学校，后改为国民小学。开办之初，"教授细目尚未编定，以未有适当之课本材料为基础也"，故教育部规定的主要课程均由教师们开发。修身科的要旨是"涵养儿童之德性导以实践"。一年级的教学内容主要有："指点（校长姓名、职员姓名、校社各部之位置），清洁（面目、手足、衣服、洗手时之注意，洗面时之注意），姿势（发言、立、行走、坐、游息时之态度），礼貌（上课、见师、见尊长、食时宜注意之点），整理（书包、教科用品、玩具）。"[③] 四年级的主要教学内容包括：

秩序（置物有定处，时间之分配、耐久、公共场所、饮食、衣服、睡眠、传染病，利用闲暇），服从（规则、纪律、尊长、教师、级长、学长），礼貌（贺喜、祝寿、访问、座位、应对、进退、问疾、吊丧），节俭（预算、衣、食、住、日用、簿记、贮蓄），感情（家庭、母校、国家、地方、世界），信实（尊重与己

① 杨海桥：《清末民初的黑龙江女子学校教育》，齐齐哈尔市政协文史资料委员会编：《龙沙教育史料》，1995 年，第 285 页。

② 《溆浦县立女子小学校》，湖南省教育史志编纂委员会编：《湖南近现代名校史料》卷三，长沙：湖南教育出版社，2012 年，第 2679 页。

③ 《教育部视学记上海万竹小学校》，朱有瓛主编：《中国近代学制史料》第三辑（上册），上海：华东师范大学出版社，1990 年，第 212 页。

不同之意见，以信实为生活），自立（职业之责任、社会之价值），市民常识（选举、市政、法律）。①

男女同学共享的必修课程还有国文、算术和体操。选科课程有唱歌科、图画科、手工科、缝纫科和家政科。女同学缝纫是必选课程，其要旨和主要训练内容包括：

缝纫要旨在使儿童熟习通常衣服之缝法、裁法，兼养成节俭利用之习惯。

国民小学首宜授运针法，继授简易之缝法补缀法。

得兼授西式裁法、缝法及洗濯法。

缝纫材料宜取常用之物，在教授时宜说明工具之用法，材料之品价及衣服之保存法、洗濯法。②

万竹小学是教育部认定的“优良小学”。根据教育部视学巡视万竹小学的报告来看，万竹女子初等小学课程的确有其特色，对女学生的课程设置，从大处着眼，从小处入手，各个年级教学内容设计十分精细，都围绕着生活展开。虽云四年初等小学，影响却是终生的。但是，在四年级的“秩序”训练中，要求学生对尊长、教师、级长、学长要“服从”，这是很值得商榷的。

（三）女子小学的教育教学与管理

清末女子义务教育实施后，女子小学成为实施义务教育的重要机构。民国前期，女子小学虽单独设立，但已经显露出男女小学合并的趋势。到民国后期，男女共学的趋势已经变成现实，女子同男子一样享受同等的义务教育。

1. 惠兴女学一枝独秀。清末自光绪三十三年（1907）颁布《奏定女子小学堂章程》到清朝覆亡，不过短短的四年时间，女子小学教育的效益尚不彰显，唯

① 《教育部视学记上海万竹小学校》，朱有瓛主编：《中国近代学制史料》第三辑（上册），上海：华东师范大学出版社，1990年，第213页。

② 《教育部视学记上海万竹小学校》，朱有瓛主编：《中国近代学制史料》第三辑（上册），上海：华东师范大学出版社，1990年，第215—216页。

杭州惠兴女学教育教学造成良好的影响。有文献资料可考，惠兴女学取得较好办学效益，得到地方长官表彰。惠兴女学在教学过程中，在美术、女红和刺绣等方面，理论与实践紧密结合，学生部分手工制品在南洋劝业会上获得金牌，取得不俗的成绩。惠兴女学的教学成果，得到了地方官员的嘉许。杭州将军等向朝廷的奏折中，可以看到惠兴女学教学上的成绩：

该女校自三十二年开校至宣统二年已届五年，现已举行毕业，由提学使派员考试，合格者计初等师范学生四人、高等小学学生十人、初等小学学生十二人，所有各科试卷均尚清通而美术、手工、女红绣品尤为擅长。去年南洋开办劝业会，该校送往美术、手工、女红绣品一百四十七种之多，得有金牌优奖，且该校所编之教育学讲义，皆纯正妥协，校风亦极朴素完美。所收学生不分满汉，本省外省一以融洽普及为主义，整齐划一，舆论翕然，至该校学生百有余名……查该校自开办以来，成效大著，虽由该校总理等认真经理，而推原创办之初，尤以惠兴女士殉学之精诚为尤烈。①

惠兴女学各科成绩都合水准，试卷“均尚清通”，女子教育特色的美术、手工和女红的教学成果非常突出。仅仅几年的努力，送交的 147 件美术、手工、女红绣品就有部分作品在南洋劝业会上取得金奖的好成绩，为中华女子争得了荣誉。但是，诸如惠兴女校那样军营化的管理，规定“住宿生遇例假及通学生平日进出，须由家属持本校发给之对牌，来校接领。如乏人接送，须由家属或保证人预先具函声明。非例假日，住宿生不得无故出校。家不在省城之住宿生，虽遇例假，午后 6 时前，必须归校”②，似乎大可不必将女学办成模范监狱。惠兴女校的《学则》中的某些条款侵害女生的权利，同学们的来信，首先要经由校监一阅，这明显是侵害了学生通信自由的权利。学生入学时须有家住杭州城的保证人填写的保证书，这与义务教育的基本精神是相抵牾的。

2. 女子小学的教育教学活动。女子义务教育进入民国后，教育教学和管理出现了明显的变化。各地女子小学重视通过开展各种活动丰富学生生活，促进师

---

① 吴明祥：《浙江近代女子教育史》，杭州：杭州出版社，2010 年，第 105 页。

② 吴明祥：《浙江近代女子教育史》，杭州：杭州出版社，2010 年，第 215 页。

生、生生之间的沟通，促进课堂知识技能的学习掌握。

第一，参与体验式的训育。万竹小学将训育认定为教育之根本，要求师生做到“己身之言语举动，随地随时可为模范；利用机会；预备之方法宜多，随时应付有余；有忍耐心；毋存一劳永逸之心，考察个性，培植学生之精神体力”[①]。为了让学生得到充分的训练，万竹小学的很多职务直接让学生参加，让学生们自治。如值日生——承担着整理教室，主持级务的工作；级长——辅助教师整顿级风；队长——负责护送同路之人归家，令弗于途中为非礼之举动；监茶生——分配茶碗，收拾器具，注意茶之温度和清洁；各种会务之办事人——共同办事，消除意见；年长者——尽到保护幼者，指导游戏的义务。学生行为举止上做到规范训练，各种球会、阅书报会、校园由学生洒扫整理，平时“修身科礼仪之演习，感觉教育之种种练习，衣帽之置取，各种错误之自加订正”，均应做到一丝不苟。还要求学生在“保护公物花木，闻铃迅即排班，道途中之礼仪”等“细微处”，毫不懈怠，严谨认真。这种参与体验式的训育，男女同学都参与其中，承担一定的角色和职务，受到了实际生活的锻炼，提高了训育的效果。

第二，举办学生学业成绩展览会。溆浦县立女子小学定期举办学生成绩展览会，分学科、图画、缝纫、刺绣等展室，展出学生的学业成绩。校长向警予亲笔为展览会题写了一副对联：上联是“细雨来梳柳”；下联是“轻寒不触帘”。表达了教师像细雨滋润杨柳一样，耐心哺育年幼学生，辅助她们茁壮成长的隽永含意。为了扩大展览会的影响，向警予还组织学生排演新剧《皇帝梦》《亡国恨》，借此讽刺袁世凯称帝 83 天，激发人们的爱国心。成绩展览和新剧演出，互推互动，相得益彰，成为偏远小县城的一大新闻，轰动了整个县城，人们奔走相告，步行几十里前来观看。成绩展览会办了 8 天，新剧也演出了 8 天。[②] 通过举办学生成绩展览会和新剧演出，宣传了女子解放女子教育的成果，扩大了溆浦县女子

① 朱有瓛主编：《中国近代学制史料》第三辑（上册），上海：华东师范大学出版社，1990 年，第 218 页。

② 《溆浦县立女子小学校》，湖南省教育史志编纂委员会编：《湖南近现代名校史料》卷三，长沙：湖南教育出版社，2012 年，第 2678 页。

小学的影响。浙江吴兴县振秀女校开学艺会，所演学艺 30 多种。有的学生贡献书法，有的发挥楷书特长，有的表演讲诵，有的挥毫泼墨，创作水彩画。“会中秩序井然，到会者约七八百人，颇极一时之盛。”①

第三，举办游艺会。游艺会是学生学业交流的一种重要形式，通过举办游艺会，学生在一种趣味活动中学到了很多在书本上学不到的东西和在课堂上未曾听闻到的东西。1916 年，浙江嵊县爱华女校举行游艺会，浙江省教育会《教育周报》报道了游艺会盛况：只见“国旗招展，灿烂夺目；洋洋音乐，喧闹盈耳。莘莘学子，摩肩接踵，极一时之盛焉”。游艺会上“修身谭”演讲“持身之节，应物之理，服饰之华朴，饮食之丰啬。词颇恳切，听者为之动容”。“国文谭”演讲“妇女读书不读书，关系家政问题，理浅词切”。徒手体操一展“儿女身手，壮士雄风，奋发可观”。游戏、跳绳“精神活泼，翩翩自得，颇有乐不思蜀之概”。②嵊县爱华女学的游艺会，向社会展示了女学的教学成果，扩大了女学的社会影响，也发挥了示范作用。

第四，女子学校与家庭的合作。恳亲会是加强学校与家庭联系，合理利用家庭教育资源的重要方式，有利于利用家庭及社会教育资源教育好女学生。嘉兴尤氏私立启秀女子高小和初小多年坚持举行恳亲会，颇著成效。1917 年 5 月 20 日，该校举行恳亲会，“并试演各种艺术，借以联络家族感情。是日，男女来学者甚多，所演艺术节目共计三十余起，其中之舞蹈表情丰富，游戏和徒手体操、哑铃、球杆等均有可观，英语会语亦颇谙熟”③。家长们对启秀女子初等小学校的教学给以充分肯定。

万竹小学与家庭的联络的事项主要有五：

(1) 始业时：每学期开始即将学生所在级之日课表及每日回家应自修或预习之科目时间，通告家属，请其注意督察。

(2) 放假时：寒暑两假时日较长，万竹开校之第一年即规定此项办法，放假

---

① 《振秀女校之发达》，载浙江省教育会：《教育周报》，1915 年第 112 期。

② 吴明祥：《浙江近代女子教育史》，杭州：杭州出版社，2010 年，第 169 页。

③ 《女校举行恳亲会》，载《申报》，1917 年 5 月 21 日。

日将课程表及自修之方法通告家属，令其假后呈交。

(3) 报告成绩：万竹开办时，即创行一种报告册，将学生之品行学科体格成绩分列其上。敌告家庭栏内，更将该生三育之优点、劣点详细述之，请家庭随时培植其优点，改革其劣点。末由校长、级任教员具名盖章，以昭郑重。式简而意易，尽使家庭易于领悟。

(4) 各种通告：每学期学校有新规定之事项及招生收费日期，预先通告，放假日通告，缺席报告，集会通告，用费通告，随时通告。

(5) 征求意见：学校将兴办一事，而家属需财，学生需时，不得不先征家属同意，免举办种种困难。本校于举办新事项之时，往往通告家庭，说明其原由利害，及家庭应担负之经费，求其同意。①

女子小学重视与家庭紧密联系，使学校和家庭形成合力，确保女子小学生能够享受到更好的义务教育。

图 7—5　男女同学一起上体育课

第五，召开运动会。召开运动会是促进学生德智体诸方面全面发展，增进学生团结合作精神和培养竞争意识的重要方式。浙江很多女子学校或者独立举办，或者数所女校联合举办，抑或男校与女校联合举办运动会，使学生展示她们的运动技能。1913 年 6 月，浙江励志、养正初等学校与第一女子初等学校联合召开运动会，丽德女校和初级女校派出嘉宾前来观赏。运动会开幕式上表演的节目，

① 《教育部视学记上海万竹小学校》，朱有瓛主编：《中国近代学制史料》第三辑（上册），上海：华东师范大学出版社，1990 年，第 220—221 页。

整齐纯熟，以第一女子初等学校为最，其余均活泼而精彩。各地来宾有五六千人之多。女校有松江清华、景贤，嘉善县立高等、明新等 6 校，男校有 14 校前来擂鼓助威。运动会如同节日一般热闹，堪称盛况空前。

3. 制订校规校则。制订校规校训有助于教育学生形成制度法规意识，养成遵纪守法的习惯。民国时期很多女子学校建章建制，鞭策学生养成文明礼貌的习惯。1919 年，陕西宾川县女子学校制订《现行礼仪清条》6 章 8 条。如《敬师》章第 4 条规定："凡上讲堂时，教员上堂，学生一律起立行一鞠躬礼，俟教员讲毕将下堂时，仍一律起立行一鞠躬礼。"《敬亲》章第 6 条规定："凡遇年节，学生对于父母仍行跪拜礼，以致诚敬。"《友爱》章第 7 条规定："学生于校外相遇，皆互相握手为礼，以示友爱。"[①] 陕西国民女学校制订了"持身""在家""行路""入校""缝纫""操场"和"清洁"7 条规则。如《持身规则》："女学生持身须端庄严重，不可轻佻嬉笑。衣服必整齐洁净，不可用华饰色彩，即头绳亦不可用绿红。不抹脂粉，不戴长大耳环，不簪花；巾帽亦不可用珠翠云缨。期在街巷往来，了不表异，致人指目，则善矣。"《在家规则》要求做到："女学生在家须孝顺父母，友爱兄弟姊妹。凡伯叔父母一家尊长，皆须爱敬，不得犯傲慢不恭怠惰不勤之过。凡家中一切洒扫洗涤缝纫各事，能者即代亲长操作，不得躲懒。"《入校规则》颇为细致：

女学生在校内须整齐严肃，见先生必起立，有问必敬答，与同学皆须敬爱。在教室不得高声言笑，先生上堂，必起立鞠躬致敬，下堂亦然。听讲时须端坐专心，不得交头接耳，言谈他事。即有疑，亦须俟讲毕请问，听讲不得任意咳唾，有客来参观者，亦须起立致敬。大小便出入，不得二人同行，不得在墙壁桌凳间任意粉墨涂抹。出入教室必整队徐行，不得急遽参越。[②]

这些规则十分全面，包括学校、家庭、社会各个方面，对于规范女学生的言行举止甚有益处。但要求"头绳亦不可用绿红"，则是不近人情的，如此规定也

---

① 《宾川县女子学校现行礼仪清条》，宾川县教育局编纂：《宾川县教育志》，1989 年，第 75 页。

② 杨凤轩：《国民女学校规则并序》，陕西教育厅陕西教育志编纂办公室编：《陕西教育史志资料录》，西安：陕西人民出版社，1990 年，第 481 页。

没有必要。

4．“消纳管理于训练”的女子学校管理。民国时期女子小学多为女子初等小学，学生入学时程度低，传统的借助校规校则约束学生的办法难以行通。万竹小学校长吴廷翰对人们提出的“学生初入校时，不能骤施训练，或须借重规则，以求其整齐乎”的问题，他回答说：“规则之文义繁多，其能了解于心乎？即三四年级之学生，规则之全文，亦未必悉能领会。规则之文义未明，骤欲强之遵守，正见其不知量也。即初等小学以上之学生，规则亦不必宣布。盖既云规则，则必条分缕晰，稍求细密。规则细密，则条文繁多。条文繁多，则学生未必能尽守。学生不能尽守，则一条虚设，全章悉为具文矣。不若注重训练，以收无形之效。”① 吴廷翰指出，教育学中向以教授、管理、训练和养育四者并举并重，东西洋教育家“无敢倡异议者”。他觉得管理和训练不能俱废，但废管理重训练，则“不致如无政府之扰乱”。他将管理和训练的特点列了一表进行比较（见表7—9）：

表 7—9　吴廷翰列管理与训练特点比较表

管理的特点	训练的特点
偏于形式	注于精神
强制使服从	自然就范围
近于法律	根于道德
效在一时	效在永久
程不识之将兵，收管理之效者也	李广之将兵，收训练之效者也
道之以政，齐之以刑，民免而无耻，管理之谓也	道之以德，齐之以礼，有耻且格，训练之谓也

资料来源：朱有瓛主编：《中国近代学制史料》第三辑（上册），上海：华东师范大学出版社，1990年，第206页。

经过比较，吴廷翰认为，“训练之优于管理者，至明至晰”，但并不能因此就

① 李廷翰：《万竹小学校之第一年》，朱有瓛主编：《中国近代学制史料》第三辑（上册），上海：华东师范大学出版社，1990年，第207页。

废掉管理，只能“消纳管理于训练中也”。这样，“管理之形式废，训练之精神已全包管理之长”①。因此，万竹小学的校务管理、教学管理、学生管理，各自的职责条分缕析，但仍是将管理融于训练之中。譬如，万竹小学的男女同学都参与相关的管理活动，这些管理活动与训练活动都是水乳交融的，并无此疆彼界。

① 李廷翰：《万竹小学校之第一年》，朱有瓛主编：《中国近代学制史料》第三辑（上册），上海：华东师范大学出版社，1990 年，第 206—207 页。

第八章　民国时期义务教育经费的筹措

义务教育经费是推行义务教育收到实效的根本保障。无论是民国前期还是后期，政府对义务教育经费都给予了应有的重视，特别是南京国民政府，在内忧外患的艰难时世，仍然能够积极努力建立合理的各级政府义务教育投资体系，积极筹措义务教育经费，广辟财路，开源节流，尽可能挖掘各方面的潜力，使义务教育收到一定的实效。

一、捉襟见肘的义务教育经费

在民穷财尽的近代中国推行数万万人的义务教育，经费的重要性是不言而喻的。近代中国义务教育自发轫后，清廷想方设法筹措义务教育经费，但自始至终并未摆脱经费不足的困扰。民国时期各级政府也是搜索枯肠，绞尽脑汁，试图解决义务教育经费不足的问题，但并没有完全如愿以偿。经费问题一直是困扰着推行义务教育的最棘手问题。

（一）清末拮据的义务教育经费

“癸卯学制”的颁布，标志着近代中国义务教育发轫。在此后的短短几年中，清廷颁发了一系列推进义务教育的保障措施，包括义务教育经费筹措办法，但收效甚微。除极少数朝廷重臣封疆大吏如张之洞、端方、袁世凯等，利用特殊的权利和声望筹集到稍多的义务教育经费外，其他地方的义务教育推行可谓一筹莫展。《奏定初等小学堂章程》指出：“国民之智愚贤否，关国家之强弱盛衰。……今学堂开办伊始，虽未能一律齐设所有府、厅、州、县之各城镇，应令酌筹官费，速设初等小学以为模范。”这里强调即便是兴办义务教育的经费，也是“酌筹”，只字不提官方划拨义务教育经费。因此，义务教育经费全靠地方筹集。《学务纲要》关于小学堂设立也冠冕堂皇地指出：“初等小学堂为养正始基，各国均任为国家之义务教育。”但《学务纲要》对于“国家之义务”并没有任何承诺，却为各级政府开脱，说：“此时各省经费支绌，在官势不能多设。一俟师范生传习日多，即当督饬地方官，剀切劝谕绅富，集资广设。”[①] 这样，为救亡保种而兴起的义务教育，经费全靠地方自筹。清廷于光绪三十二年（1906）十一月学部在《札各省提学使分定学区文》中开宗明义，强调“教育之兴，贵于普及；而兴办之责，系于地方”[②]。明确规定地方负有筹款兴学之重大责任。教育经费要求“责成村董，就地筹款，官不经手”[③]。这样，学董由地方绅富担任，地方推行义务教育经费筹集重担落到了绅富肩上。

清末地方兴学筹款模式存在着严重缺陷。国家将地方兴学筹款的责任推向地方乡绅，“官不经手”；而地方乡绅又缺乏强有力的公共权威的支撑，因而筹款工作无法推展，迫使官方不得不从幕后走向前台。光绪三十三年（1907），学部的一个文件就揭示出这方面的问题：“近闻各省劝学员绅，有借官差以拘拿平民者；有属令地方官用刑追逼者；有苛罚多金者。”[④] 这反映了筹款模式存在多方面的问题，“官不经手”虽然在一定程度上可以杜绝腐败问题，但没有官员出面运作，又难以筹集到兴学的经费，这一制度使义务教育经费筹措陷入进退维谷的两难境地。另一方面，官吏素质不高，他们一经手就用刑讯追逼。而用刑讯追逼可能会“筹集”到数目可观的兴学经费，但是用如此手段“筹集”到的经费兴学，只能败坏新学校和义务教育的名声，反把好事情办成了坏事情，使义务教育的推进更加困难。

在清末推行义务教育的艰难时世，民生凋敝，旱灾水涝，接连不断，农业十年九不收，农民生计已成严重问题；再加上长年不断的战争，多如牛毛的赋税，还不尽的内债外债，使得老百姓囊空如洗；加之社会对义务教育的认知普遍严重不足，靠“官不经手”的地方绅富筹款模式筹集义务教育经费，必然四面碰壁。

① 璩鑫圭、唐良炎编：《中国近代教育史资料汇编·学制演变》，上海：上海教育出版社，1991 年，第 491 页。

② 《学部札各省提学使分定学区文》，朱有瓛等编：《中国近代教育史资料汇编·教育行政机构及教育团体》，上海：上海教育出版社，1993 年，第 63 页。

③ 《学部奏定劝学所章程》，朱有瓛等编：《中国近代教育史资料汇编·教育行政机构及教育团体》，上海：上海教育出版社，1993 年，第 60 页。

④ 《学部札各学使劝学所办学员绅务当慎先文》，朱有瓛等编：《中国近代教育史资料汇编·教育行政机构及教育团体》，上海：上海教育出版社，1993 年，第 65 页。

这决定了清末推行义务教育，无异于在沙滩上建筑高楼大厦。

（二）民国义务教育经费的重重困扰

民国时期，尤其是民国前期，义务教育经费拮据问题更为突出。这一时期军阀割据，政潮、学潮和民变不期而至，国家危机四伏，义务教育经费筹措完全是纸上谈兵。民国后期政治上虽然实现了形式上的统一，但蒋冯阎大战、“九一八事变”“卢沟桥事变”等接踵而至，也是国无宁日。虽然说全面抗战爆发前国民政府营造了宝贵的“黄金十年”，是推行义务教育的宝贵机会，但义务教育前期基础太差，国民政府厉行义务教育，在全国范围内将义务教育推行到乡镇、村、保，这对于基础十分薄弱、国家极度贫困、内忧外患不断的各级政府而言，筹集到充足的义务教育经费，其难度是不难想象的。

1. 民国前期义务教育经费的困扰。整个民国前期罢课罢教风潮不断，原因大多与教育经费有着直接的关联。李石岑曾经撰文说：

> 近年学潮澎湃，愈演愈烈；如去岁北京殴伤教职员学生，安徽学生姜高崎因学潮殒命，皆为最伤心之事。至于湖北学生因校款无着赴京请愿；湖南学生罢课要求经费；其他各省，亦所在皆是。莘莘学子，废时失学，仓皇于道左者，无非经费问题。势事所迫，呼吁政府，而政府漠不关心，一味敷衍；于是全国教育日在洪涛巨浪之中，尚何滋长荣生之望？①

全国教育独立运动会发出的《宣言》明确指出：“教育经费，东西各国无不占国家预算之大部，我国岁入除军费政费之外，教育费用，所值几何！乃近年来，并此区区之数亦尽饱入武人政客之私囊。最痛心者，即此种人民膏血之涓滴，以期苟延精神生活之残喘者，反转而以养兵，养兵以祸国，祸国以殃民，是不仅吾人精神生活因此破产。”②

中央政府将义务教育经费之大部让地方负责，地方情况如何呢？以湖南省为

---

① 李石岑：《教育独立建议》，《教育杂志》第 14 卷，1922 年第 2 期。

② 《全国教育独立运动会宣言》，《新教育》第 4 卷，1922 年第 5 期。

例，该省在民国前期教育经费起伏很大。1912 年因湘督谭延闿力主发展教育，尤着力于扩充教育经费，故 1912—1913 年，省政府每年直接的教育支出达 200 万（银圆）以上，各级各类学校茁然并出，颇极一时之盛。三年以后，湖南长期陷入军阀混战之中。1914—1916 年，汤芗铭督湘，接连大大削减教育经费。1916 年，省教育经费已不及 1913 年的 1/3。1917 年，谭延闿第二次主湘，教育经费大幅度攀升。民国建立以来的 6 年间，教育经费约占同期财政总支出的 8.4%。1918 年、1919 年，皖系军阀张敬尧踞湘，肆意摧残教育，侵吞教育经费，对省立各校接连数月不发一文，教育支出已无数字可查。以后赵恒惕统治湖南，仍以军需紧急为由，对教育经费一再克扣拖欠。1920—1925 年，竟积欠教育经费达 14 个月之多。[①] 湖南省相关法律中有保障教育经费的条文，也仅是一纸空文而已。教育经费拮据之状，到中华民国后期并未得到好转。长期从事湖南教育行政工作的刘寿祺曾撰文指出：

义教推行的困难，第一要财政问题，这是人人皆知的。在从前，政府所有税收，均作为军政费用，教育费只能在各种税收上附加一点。现在，政府又将各种附加取消，教育附加亦列入取消之列，因之原有教育经费一概发生动摇，哪里还谈得上推广呢？在这种情形之下，上级政府对于推行义教，虽然雷厉风行，而各县申请经费困难的电报和呈文却如雪片飞来，上下几乎成了一个不可解决的僵局，这种情形当然很不好。以后对于义教推行，首先应解决地方财政的困难，才能确使下级切实工作。不然，上级一个命令下去，下级一个申述困难的呈文上来，结果弄成没有人负责的滑稽剧。[②]

1926 年因教育经费问题引起了教育界的许多事端。1 月 5 日，北京临时执政府教育部部员开会索薪，决定查封《四库全书》作为欠薪抵押品。1 月 7 日、11 日，京师中小学联合会教职员开会，议决逐日轮流向政府索清三个半月的积欠，

---

① 湖南省地方志编纂委员会编：《湖南省志·教育志》第十七卷（下册），长沙：湖南教育出版社，1995 年，第 1289 页。

② 《推行义务教育的几个困难问题》，见《刘寿祺教育文集》，长沙：湖南教育出版社，1992 年，第 47—48 页。

如无办法则罢课坐索。8 月，京师国立八校校长因经费无着，不能开学，联名辞职。9 月，湖南省公立学校校长因教费积欠 17 个月，全体辞职。10 月，安徽省立各校校长因经费积欠过久，全体总辞职。这当然是非常影响义务教育推行效率的。

导致中华民国时期教育经费拮据的主要原因是什么？生产落后，天灾人祸，都不是最主要的。最主要的是军费开支的挤占。1916—1920 年，桂系军阀陆荣廷主粤时，军费开支极为庞大。1917 年为 1371 万元，而 1918、1919 年达 2725 万元之巨。陆荣廷于 1920 年间，在国外银行所存之黄金和白银便有 1200 万元，其中之大部无疑是他踞粤期间搜刮的民脂民膏。① 军费开支挤占了教育经费，连外国教育家杜威也看清了。杜威于 1921 年 4 月、5 月来广州讲学。见到教育经费被挤占的惨状，发出了如下慨叹：

……良以他们的大宗款项多用于军政，以致教育的经费不但不能保留原有的数目，还要时时裁减。那么教育事业怎样能发达？据各省的情况观察，军费与教育费的比较，差不多成八与一，至二十与一之比例。倘有人能将它调查清楚制成个比较表，也是桩很有趣的事。这是我南游感想中最深而又最大的。总之，中国自军政日益扩大以来，教育、实业都不得按照它们的相当的程序发展。诸君中若有将各省的军费和教育费的数目，加番精密的考察、研究，造成有系统的表，发散于全国，真是一桩爱国的事业。②

舒新城列举的一系列数据，更说明问题。从 1919 年国会所通过的国家预算看来，全国总支出为 647611879 元，海陆军费计 269099583 元，为总支出 42%，教育经费计 5028836 元，不及 1%。1926 年，广东全省总支出为 100136000 元，军费为 72862000 元，占 72%，教育费为 1226000 元，占 1%强。③ 徐特立直截了当地说："说办义务教育没有钱的话，是不负责的话。若是能拿养一个兵的钱养

① 广州《民国日报》，1921 年 6 月 22 日。

② 杜威：《南游心影》，袁刚等编：《民治主义与现代社会——杜威在华讲演集》，北京：北京大学出版社，2004 年，第 641 页。

③ 舒新城：《各级学校一律免费案》，吕达、刘立德主编：《舒新城教育论著选》（下），北京：人民教育出版社，2004 年，第 704—705 页。

一个小学教员，以湖南计算，那还了得!”[①] 办义务教育没有钱，而用以养兵有钱，其根源就在于义务教育经费没有在国家财政开支中占固定的比例。因此，1920年召开的第六届全国教育会联合大会就有《教育经费独立案》的议决案，认为教育不能发展，主因是“经费不能独立”。提出“教育经费应占全省区行政费百分之四十以上”“实行裁减军费，将所余之款，专充教育经费”“划清教育经费使之独立，他项政费不得侵用”“筹拨专款作学校基金，并划拨官产作学校产业”“商请退回庚子赔款，专充教育基金”等主张。其中很值得重视者有教育经费独立的呼吁：“教育为立国根本，而经费为教育命脉。对于该省区学校经费，各省区主管财政者，往往任意推延，多不按期核放，稍有事故，借口停发，致办理多年之学校，无法维持，甚至停辍，良可慨叹。自应由中央先行划清教育经费，并令行各省区长官督饬教育主管机关妥筹办法。统计每年该省区教育费共需若干，于最短期内妥为区处，专款存储，按时发放。无论遇何紧要事件发生，均不准挪用，以示限制。庶经费确定，教育可期进步。”[②] 这虽然是与虎谋皮之举，但为义务教育经费独立，存储义务教育专款，在国家开支中占一定比例制度的制订与实施，制造了舆论。以后又议决了《促进教育经费独立案》《实行教育经费独立案》和《筹集义务教育经费案》等，呼吁政府应指定义务教育专款，国库应有义务教育补助经费。而在1926年的第十一届全国教育会联合会大会上有《实行义务教育应规定筹款办法案》的议决案。《办法案》的基调有了变化：

吾国义务教育之计划，宣传有年，关于储备师资，设置学校，分划学区种种，均应由主教育者作相当之标准。惟所需经费，向无详细之规定，教育部以空言责之各省，各省以空言责之各县，各县之能自谋者，仅零细杂捐而已，且不易邀财政官吏之核准。现生活程度日高，从前原有之小学以不能增筹款项辍办者甚多，长此以往，即增级增校已无希望，遑言普及！故欲义务教育之能实现，非从财政上谋根本之解决不可。义务教育经费担负之责任，各国先例有国库、省库、

① 徐特立：《欧洲义务教育现状》，湖南省长沙师范学校编：《徐特立文集》，长沙：湖南人民出版社，1980年，第48页。

② 邰爽秋等合编：《历届教育会议议决案汇编》（上册），上海：教育编译馆，1935年，第255—256页。

县库之不同。本案主张，拟先由县与地方负全部筹款之责，至国库与省库亦应有相当之补助与奖励，宣传宜俟义务教育已植基础后，再为请求。[①]

虽然要求县财政先“负全部筹款之责”，但国库和省库以后也要像西方各国那样，担负起义务教育经费的责任。也许是《办法案》目睹国库和省库亏空，每年财政入不敷出，还要国库、省库划拨一部分义务教育经费是不现实的，因而产生了“缓兵之计”。

全国各省市中，对义务教育作用与意义认识较高的，非江苏省莫属。因为认知程度高，经济发展又比较好，因而生均义务教育经费在全国各省市中也最高。1912年江苏省初级小学经费共1389894元，1918年便跨过200万元大关，达2035057元；1927年又跃升到300多万元，达3291284元。1912年有初级小学生200456人，生均经费为6.93元；1918年有322991人，生均经费为6.30元；1927年有437979人，生均经费为7.51元。[②] 而同时期的甘肃省初级小学生均经费为2元多。山西省虽然条件并不见佳，但因为行政首脑阎锡山的特别重视，义务教育推行堪称全国之冠。1912年，山西全省有初级小学5566所，1915年有10817所，1918年山西大力推行义务教育，初级小学到14189所，其中省立7所、县立1253所、区立11972所、私立957所。1919年，共有18187所，其中省立14所、县立490所、区立17441所、私立242所。1920年共有19481所，出现了新的初级小学——村立初级小学校。这年有省立14所、县立814所、区立11274所、村立17143所、私立236所。1925年达到最高数——25511所，其中省立21所、县立938所、区立448所、私立24104所。这个数字不含村立小学的数字。《第一次中国教育年鉴》中1925年山西省村立初级小学的数字阙如，估计村立初级小学都转为私立初级小学了。初级小学经费随着义务教育的推行，不断增加。1912年，山西全省共400079元，1918年达1039343元，其中省立10390元、县立126502元、区立831486元、私立70965元。1920年共1717313元，省立16435元、县立158501元、区立85892元、村立1435266、私立21219

① 邰爽秋等合编：《历届教育会议议决案汇编》（下册），上海：教育编译馆，1935年，第58—59页。
② 《第一次中国教育年鉴》（丙编），上海：开明书店，1934年，第488页。

元。1924年共1966641元，省立21745元、县立145755元、区立45499元、村立1729606元、私立24036元。1925年达到2527835元，省立82703元、县立628847元、区立102994元、私立1713291元。这些数据表明，山西省初级小学经费逐年递增，增长的幅度颇大。初级小学经费来源渠道多种，有省、县、区，还有民间及村多级投入。初级小学学生人数也逐年增加。1912年有男女儿童145266人；1918年有男女儿童467069人，其中男生440979人，女生26090人；1924年达到民国前期最高数1022521人，其中男生863677人，女生158824人。1912年，初级小学生均经费2.75元；1918年下降为2.23元，1924年下降为1.92元，但1925年增至2.55元。[①] 初级小学生均2元经费，竟能将义务教育普及到百家以上的村庄，真的不可思议。即便是生均2元经费，对于偌大的山西省而言，也不是一件容易的事情。这些来之不易的"义务教育经费，在最初除少数县市立小学，由公款支拨外，其余各小学校之经费大抵不外出于村民摊款、各村庄之公产寺产两途。有纯系摊款设立者，有由公产寺产作基本而加以摊款之补助者。其纯然出于公产寺产而有极稳固之基金者甚少"[②]。正因为如此，初级小学几乎弱不禁风，每每遇到战争，首当其冲的便是这些初级小学。

需要指出的是，民国前期各省市义务教育经费难筹是事实，但经济落后莫过于山西省，竟能以生均2元的经费取得令人称道的推行义务教育成绩，可知其他大多数省份实际上是以义务教育经费难筹作借口而已。

2. 民国后期入不敷出的义务教育经费。南京国民政府成立后，大学院院长蔡元培于1927年7月训令各省市教育行政机关厉行义务教育，筹设义务教育委员会，限定到1929年5月底前制订推行义务教育计划，希冀从计划实施之日开始，每两年减少失学儿童20%。但实际效果与预期相去甚远，到1930年底全国已受义务教育的儿童仅占学龄儿童总数的22%，结果很不理想。究其原因，主要是"国家财力及现有师资之实际状况，相差太巨"[③]。教育部认为"其所以经

① 《第一次中国教育年鉴》(丙编)，上海：开明书店，1934年，第500—504页。
② 《第一次中国教育年鉴》(丙编)，上海：开明书店，1934年，第501页。
③ 《第一次中国教育年鉴》(丙编)，上海：开明书店，1934年，第487页。

时久用力多而收效甚鲜者，则以四年义务教育以二十年为期普及全国，所需经费以三四千万万元，所需教员以百数十万计”。陶行知曾参加制订四年义务教育以20年为期的规划，面对推行“获效甚鲜”的义务教育，陶行知检讨说：

民国十九年春天，我曾一度草成一个二十年内完成的普及教育计划。这计划曾由教育部提出全国教育会议通过。……那个二十年内完成普及教育计划之所以失败，却是我自己的错误。我写那计划的时候，以为中国既系从农业文明过渡到工业文明，便误认每年工业之进展，足以应济教育普及率逐渐增高之需要。我们的幼稚的工业在帝国主义高压未曾铲除以前，决不许我们存这奢望。①

陶行知的这番话，从根本上揭示了义务教育经费入不敷出的更深层次的原因。

1935年初，胡适到香港大学接受名誉博士学位，顺便在香港华侨中学演讲。在演讲中他讲到香港义务教育时说：

我说东亚大陆有一个地方可以办强迫教育、普及教育的，便是香港。因为香港这地方有钱，治安也好，可接近外人，可借镜［鉴］的地方很多。中国办新教育已经有三十多年了，却没有一个地方能够做得到。办普及、义务、强迫教育，我以为香港是有这资格的，故此我说它是东亚大陆上一个办义务教育的地方。近据报载，中央政府拟在南京办义务普及教育，我想香港可以和它争光的，希望诸位教育界领袖，向着这个目标迈进。②

胡适演讲的字里行间，多多少少吐露出这样的意思，推行普及教育是要有良好基础的，中国当时并不具备推行义务教育的条件。尽管胡适过于看重了推行义务教育的经济条件，但忽视义务教育的经济基础也是寸步难行的。胡适看到了中国推行义务教育的经济基础十分薄弱，但他仍然主张“要下决心在最短年限内做到初等义务教育的普及，国家与社会在今日必须拼命扩充初等义务教育”。经费

---

① 陶行知：《普及教育运动小史》，华中师范学院教科所主编：《陶行知全集》第2卷，长沙：湖南教育出版社，1985年，第718页。

② 胡适：《新文化运动与教育问题》，见季羡林主编：《胡适全集》第20卷，合肥：安徽教育出版社，2000年，第190页。

是制约义务教育推行的瓶颈，不过，这当不是最关键的问题。他说："这当然是绝大的财政负担，其经费数目的伟大可以骇死今日中央和地方天天叫穷的财政家。但这不是绝不可能的事。在七八年前，谁敢相信中国政府每年能担负四万万元的军费？然而这个巨大的军费数目在今日久已是我们看惯毫不惊讶的事实了。"在他看来，"今日最可虑的还不是没有钱，只是我们全国人对于教育没有信心。我们今日必须坚决的信仰：五千万失学儿童的救济比五千架飞机的功效至少要大五万倍！"① 胡适在这里表面上看是强调要信仰教育的功能，是"教育万能"论者，但是实际上是强调教育经费的重要。正是因为信仰军事，才有四万万元的军费；如果有了教育信仰，不愁没有四万万元的教育费。

正因为义务教育经费捉襟见肘，各地在推行义务教育过程中出现十分荒唐的事情。一是义务教育学段收取学费。据国联教育考察团调查，小学常是收纳学费的，于是富家子女才容易上学，贫困之家的子女很难缴得起学费。而学费人人一律，且须缴解国库中，作为一般的用途，而"不专为教育之用"，遑论用作义务教育！1928—1929年，各省市每一儿童年平均教育费是：河北6.4元，山东9.3元，河南5.0元，山西4.1元，陕西4.2元，甘肃2.1元，江苏9.6元，浙江6.4元，安徽11.8元，江西6.5元，湖北16.1元，贵州6.8元，四川6.5元，福建7.5元，广东12.5元，云南11.0元，辽宁8.0元，吉林14.8元，黑龙江19.2元，热河8.0元，宁夏8.8元，绥远18.3元，新疆12.8元。② 其中较高的省份有黑龙江、绥远和湖北，分别是19.2元、18.3元和16.1元。最少的省份有甘肃、山西、陕西，分别是每年2.1元、4.1元和4.2元。可见中央和地方政府对义务教育的补助简直是微不足道！因此，凡"小学收纳学费之地，其学费对于维持小学经费之行政区域，系一大宗之收入"。二是以兴学为名牟取利益。国联教育考察团还发现一种胆大妄为的现象，"某某地方政府，甚至有以开办小学营利者"。这类事件虽然不具普遍性，但足以能够反映地方政府对推行义务教育的

① 胡适：《教育破产的救济方法还是教育》，《胡适全集》第4卷，合肥：安徽教育出版社，2000年，第557—558页。

② 国联教育考察团：《中国教育之改进》，上海：国立编译馆，1932年，第96—97页。

态度和作为。国联教育考察团建议："教育经费之预算，非将此种学费之收入计算在内不可。"① 这些做法与义务教育严重抵触，义务教育学段收费的做法，必须从根本上杜绝。必待义务教育免费后，义务教育方有强制执行的可能。

图 8—1　浙江鄞县一私立小学的运动场

义务教育办学经费和经常费严重不足，致使一些地方的小学时断时续，或者低水平运转。由于教育经费捉襟见肘，导致小学教师工薪经常被拖欠，引起罢教、怠工风潮。学者陶孟和在《北平生活费之分析》中指出：

小学教员家庭之生活状况，较工人家庭为优，确属无疑义。教员之食品费，每月每等成年平均四元七角，工人仅三元六角。教员之支出总数，每月每等成年平均十二元，工人仅五元。此二点均足示教员之生活，处于较优较高之地位。但吾人下此断语时，有一重要之前提，即假设教员之薪金皆为按期十足发放。近年政府积欠教育经费，教员家庭之生活，连带受其影响，其困苦情形不减于工人家庭也。

抑犹有进者，小学教员在我国积极变化之今日，实负重大责任。未来一代一代之儿童，智识之获得，品性之培养，国民资格之训练，胥惟小学教员之努力是赖。则其生活必须达到与其事业相副之程度，其收入不特仅能维持其生命最低限度已也。如儿童之教育，相当之娱乐，疾病灾害之预防与开支，小学教员皆须有

① 国联教育考察团：《中国教育之改进》，上海：国立编译馆，1932 年，第 96—97 页。

能力供给，始能增进其事业之效率。地方人士之热心教育者，如能为小学教员依其舒适生活之标准而拟定生活费限度，则其掖进小学教员之功诚非鲜矣。[①]

自从南京国民政府成立后，甚至在厉行义务教育后，全国各地小学教师罢教事件不绝于耳，义务教育学段的课堂得不到平静，北平市小学教育界更是罢教风潮迭起，一浪高过一浪。北平小学教师罢教的原因，正是教育经费问题，教师工薪常年积欠，小学教师已经无法忍耐。1933 年 10 月 8 日，北平小学教师发表宣言：

地方教育，应该由地方政府负责。北平虽因历史关系，向由中央协款，但这应该是地方与中央政府间的关系，必要小学教员每月由北平领八成薪津再向中央催索那二成薪津，这不但情理上话不过，事实上也不胜其麻烦。况且（一）北平的崇关税虽取消，营业税早已增加，中央协款又曾连续来过多次。（二）在教育局存在时，每季征收学生杂费照例补发教费二成，教育局裁撤后，学杂费迄未发放，甚至于连小学所征收的维持费，亦不知道下落了。这笔账究竟应该怎样算，我们闹不清楚，不愿过问，也不敢过问啊！为免除又会引起当局的误会，我们不愿多说了，我们的要求很小：（一）发清积欠。（二）确定此后每月按十成发薪。[②]

执掌着义务教育教鞭的小学教师们啼饥号寒，将精力用于追讨欠薪，哪里顾得上嗷嗷待哺的儿童！于此可见义务教育实施状况之一斑。北平市小学教员状况尚且如此，全国小学教师的状况只能是有过之而无不及。

各省、县市教育经费普遍严重不足，遇到天灾和战争，更是雪上加霜。1937 年 1 月，浙江省政府主席黄绍竑训令各县县长，要求切实关注教育经费。训令称："查各县教育经费自二十三年度因受旱灾歉收，大多八折发放，嗣后多未恢复。至二十六年度抗战军兴，预算实行紧缩，再打八折，故各县教费实际上已经减至六成有四，县教育机关工作人员之薪给，驯至月薪所入不及十元，乡村小学教员，有年俸曾得三四十元或低至仅有二元者。想见教育人员之生活，难免枵腹从公、有苦莫诉，言念及此，殊感怜悯。为此，今严加规定，

---

① 李菊英、李诚编：《北京近代小学教育史料》（上册），北京：北京教育出版社，1995 年，第 717 页。

② 李菊英、李诚编：《北京近代小学教育史料》（上册），北京：北京教育出版社，1995 年，第 737 页。

已列教育经费预算内之款不得减扣，不得延欠。”[①] 作为浙江省主席，黄绍竑能够如此了解教师的工资待遇，说明他还不是尸位素餐的高官。浙江省教育经费拮据到如此严重地步，省主席能够对教师如此生活状况产生怜悯之情，也十分可贵。为了避免教育破产，命令教育经费预算内之款不得减扣，不得延欠，也是值得称赞的。

地方推行义务教育虽然有中央和省款补助，但中央和省款都根据县市筹募的多少按一定比例配套。而地方县市义务教育经费筹集，有各种各样因素阻挠着筹款行动。1935 年 2 月 11 日，浙江省教育厅长许绍棣在关于如何保障地方教育经费的讲话中指出：

地方教育经费问题因去年遭空前之旱灾和其他原因，地方教育经费已到破产的状况，各县教育事业亦受到很大的打击，因此已停办了小学为数在一千所以上。全省教育费不足一百七十九万余元……第十省学区（永嘉）不足数六万元。现在各县教育经济积欠少则四五月，多则八九月，平均总在六七月左右，至乡镇小学的补助费有的积欠三年之久，这种现象不能不认为严重……[②]

四川一些县市的教育经费也从没有宽裕过。1932 年到 1933 年爆发的四川最大的军阀战争——“二刘之战”（刘湘、刘文辉），温江地区各县深受其害。刘文辉、邓锡侯毗河大战，从灌县、崇宁、郫县、新繁到新都，民众备受蹂躏，学校为驻军所占，教室被捣，学田租米无收，公粮田赋亦被军方提去，学校经费更加困难，勉作维持的屠宰税也难保证。为了使其不致被挪用他占，新繁县教育局派督学去征收而哀求坐收，每个教师每月也只有伙食费 4 元。大多数学校都未开学，仅有初小 20 来所继续维持。等到“防区时代”结束，教育机构债台高筑。邛崃县 1935 年预算收入约 83000 余元，实际支出 84000 多元。县政府当局为压缩教育经费，将各校教师裁汰过半，教师生活无着，纷纷罢课索薪。[③] 义务教育经费不足严重程度直接导致许多小学关闭，学校裁员，使本来就匮乏教师的小

---

① 温州市教育志编纂委员会编：《温州市教育志》，北京：中华书局，1997 年，第 507 页。

② 温州市教育志编纂委员会编：《温州市教育志》，北京：中华书局，1997 年，第 507 页。

③ 温江地区教育局编：《温江地区教育志》，1983 年，第 97 页。

学，师资不足问题更加突出。

抗日战争中各省市、各县市国民教育经费拮据之状，更是意料之中的。

二、学者之倡与云南教育经费独立实践

义务教育经费的问题，自始至终牵动着学者的心弦。清末义务教育发轫后，因为反清革命风起云涌，各地民变四起，在风雨飘摇中清廷无暇顾及义务教育永久筹措办法。中华民国成立后，特别是南京国民政府成立后，厉行义务教育，义务教育经费问题成为问题的关键。为使义务教育不致半途而废，一举促成中华民族的千秋大业，一大批学者为此积极建言献策，提出了很多富有价值的建议，在一定程度上为当局排解了义务教育经费不足的疑难，提出了筹措义务教育经费的思路。

（一）学者筹措义务教育经费的倡议

在全国兴起的教育独立运动中及国民政府厉行义务教育号令发出后，一大批教育家和学者纷纷为义务教育经费筹措献计献策，为义务教育经费筹措设计了很多办法，提供了很多有价值的思路。

李廉方在《新教育》第 5 卷第 3 号上发表了《义务教育进行计划案》一文，提出了对义务教育经费筹集办法的见解。李廉方所拟订的筹集义务教育经费办

法，要点主要有三：

第一，确定经费的基础，划分中央、省和地方三种财政收入数目，然后从中央、省和地方三种收入中，规定各部分行政支配的比例。他提出这一观点的依据是："各国小学教育费，如德国新共和法律，悉由国家负担。此外，有由省与地方分任，中央政府给一部分之补助者；有由中央政府、省政府、地方各任若干之成数者；有教员俸由国家负担，余归地方者；有都市由国家与地方分任，乡村由国家负担者。"他建议："第一，当划分中央政府、省政府及地方三种财政之收入，确定税源独立及征收权限。第二，当从中央、省、地方三种收入中，规定各部行政支配之成数，以确定小学经费基础。"① 具体而言，他认为义务教育经费在中央政府、省政府总收入中，应当占 5%；在地方总收入中，除原有学款之外，当占 1/3。将来财政整理及教育发展，所占比例高低，应当随时提议增加。否则，无疑就是"教育部以空言令行各省，教育厅以空言令行各县。上以空言责下，下以空言罔上。……虽日日言办义务教育，于实际何益"！② 第二，筹划指定专款，以资补助或作为教育基金。第三，整顿原有款产，以固经济的基础。他强调中央、省和地方财政收入中义务教育经费应占的比例应当明确，而且明确义务教育经费应当占中央和省总收入的 5%，地方的 1/3，与 1919 年相比，翻了 5 倍；他还要求指定专款、整顿原有款产，对于政府解决义务教育经费，都是很有价值的。

邰爽秋作为一位大学教授，始终关注着义务教育的推展工作。他曾发明"爽秋义务教育车"，为义务教育的推进发挥了一定的作用。为了解决义务教育经费匮乏的问题，曾撰写了《庙产兴学问题》一书及一系列研究文章，提出了解决义务教育经费不足的办法："不可因创办教育而增加民众负担，只可利用社会上未有正当用途的资财，并于增进民众富力的当中逐渐解决教育经费问题。"③ 那么，

① 李廉方：《小学教育经费问题》，郭戈编：《李廉方教育文存》，北京：人民教育出版社，2006 年，第 139 页。

② 李廉方：《义务教育进行计划案》，郭戈编：《李廉方教育文存》，北京：人民教育出版社，2006 年，第 99 页。

③ 邰爽秋：《民生教育刍议》，《教育杂志》第 25 卷，第 6 号。

哪些是“未有正当用途的资财”呢？在中国最多最普遍的恐怕要数寺庙了。杜牧曾慨叹“南朝四百八十寺”，清末、民国时期的“南朝”，寺庙怕远不止此数吧！这些寺庙，不仅“未有正当用途”，而且还有很多负用途呢。所以，邰爽秋主张划拨庙产办教育。据前丹徒县总务科长调查，仅丹徒一县，庙产便达五千万元之多：“中国大寺院丛林，无虑十万，准此以推，全国庙产，至少有二十万万。以此巨资，拿来办理教育，岂不甚善！”① 邰爽秋提出了利用庙产的方法：

（一）由国民政府即速组织“庙产委员会”，调查全国庙产，一律收归政府管理。（二）划拨一部分之庙产，在各省会立大规模工厂，并补习学校，收容还俗僧尼。（三）划拨一部分之庙产，建设“国立佛学院”，聘请僧界硕彦，担任讲席，昌明佛学。（四）划拨一部分之庙产，为保管名山胜迹之用，其保管员或即聘请不愿还俗之僧尼但［担］任之。（五）拨出若干万为年老及不愿还俗僧尼之赡养费。（六）其余款项一律拨充教育经费，请中央明令规定，不得移作他用。②

怎样利用庙产振兴教育呢？邰爽秋建议将庙产一律划作教育基金，支用利息，由大学院组织委员会保管，并按以下计划支配：

图 8—2

教育家邰爽秋像（1897—1976）

（一）划出若干万依各省县普及教育需要之程度，及富力之大小，准公平之原则补助之。

（二）划出若干万于各省创办试验性质之“天才学校”。

（三）划出若干万于各省创办试验性质之“教养学校”。

（四）划出若干万提倡美育，以代宗教。

（五）划出若干万促进“免费教育”……

（六）划出若干万为“师范生优待费”“教师进修基金”“教师薪水基金”“教

① 转引自邰爽秋、黄振祺等编：《中国普及教育问题》，上海：商务印书馆，1937 年，第 187—188 页。

② 邰爽秋：《庙产兴学运动——一个教育经费政策的建议》，邰爽秋编：《教育经费问题》，上海：教育编译馆，1935 年，第 68 页。

师健康娱乐的设备费”“教师子女教养津贴费”“教师住宅建筑费”“教师意外危险费”“教师退隐基金”及“教师死亡恤金”。……①

利用庙产兴学，动念最早是在清末，但那时多只是造造舆论而已，还极少将庙产拿来作办学经费的。但到中华民国以后，尤其是南京政府成立后，诸如邰爽秋等学者撰写出专著来，全面论证了庙产兴学的可能性，最终还是走出了用庙产兴学的第一步，从而有助于义务教育经费的解决，对于为数极少的义务教育经费而言，利用庙产充作义务教育费用，当不无小补。

图 8—3

教育家舒新城像（1893—1960）

舒新城 1928 年撰写了《教育经费独立》一文，认为教育经费的财源，最少有六种：一是核减军费。舒新城指出，十余年来内乱不绝，军费逐渐扩充，1919 年国家预算，军费达总支出的 42%，教育经费不及 1%；1926 年广东一省总支军费达 72%，教育经费为 1%强。减降军费用作义务教育，可使义务教育免去无米之炊。二是开征遗产税。舒新城认为，遗产的效用第一是奖励奢侈，堕落人格，阻抑个人向上之心；第二是造成许多不人道的罪恶，如杀父之类。他作了粗略的统计，耕田在 100 亩以上的农户，共有 2273350 户。假如其中 227 万户均为自有农田 200 亩，平均以每亩 50 元计算，共 277335260 元，平均课以 5%的遗产税，每年收入亦在 1100 余万元，“足以抵补现在全国的学费而有余。其他各种企业家之遗产，为数更不少。只要通盘筹算，切实进行，自大有助于教育费”②。三是征收所得税。政府曾数次开征所得税，但成绩不显著，间有所入亦移作他用。舒新城指出，所得税固当举行，且当指定专作教育经费。此外，还有荒地开垦税、寺产和庚子赔款三笔财源。

---

① 邰爽秋编：《教育经费问题》，上海：教育编译馆，1935 年，第 68—69 页。

② 吕达、刘立德主编：《舒新城教育论著选》（下），北京：人民教育出版社，2004 年，第 732—733 页。

舒新城提出教育经费的六大财源，可以说是拓宽教育经费、义务教育经费的重要思路，堪称良法美意。但是，这也是无法实施的建议。军费开支居高不下，削减军费的口号喊了多少年，政府预算中军费并没有少一个子，反而逐年增高，足见核减军费并非易事。至于开征遗产税、所得税，知识分子也只能看着垂涎三尺，却无法将它用作义务教育。原因是有“遗产”“所得”者，都是有钱有势的，他们就是政策的制定者，怎么可能大发慈悲心，同情义务教育呢。而普通老百姓哪里有“产”可“遗”!

（二）云南教育经费独立实践

民国前期，蔡元培和李石曾力倡教育独立，提出了教育经费独立的主张，兴起了一场席卷全国的教育独立运动。1927 年，龙云主政云南后，认识到欲谋教育发展，先应谋求教育经费独立，并责成云南省教育厅提出教育经费独立方案。次年，张士麟任云南省代理教育厅长，奉命提出教育独立议案，要求划拨教育经费并保持独立地位。经继任厅长卢锡荣的努力，云南省政府于 1928 年 12 月 18 日通过关于教育经费独立的议案。规定将全省卷烟特捐作为教育专款。在此项特捐未及实行整理、增加收入之前，如费用不够，则由财政厅照数划拨。其后，教育厅和财政厅颁发了《教育经费委员会简章》《教育经费管理处大纲》《教育经费督核委员会简章》等文件，并成立了教育经费委员会、教育经费督核委员会、教育经费管理处、教育金库等机构，履行筹划、审核、出纳和保管教育经费之责。

1929 年 3 月 1 日，云南省教育经费各委员会、处照案行使职权，云南教育经费正式宣告独立。

1929 年 9 月，龚自知任云南教育厅厅长，对教育经费委员会进行了改组，将筹集、监察、审计的权责归属于教育经费委员会；将征收保管支配之权责归属于教育厅；改教育经费管理处为教育经费管理局，并隶属于教育厅。改组后的教育经费管理局专管征收、出纳、保管、岁计事务。教育设施计划及经费支配概算，则由教育局负责呈准省政府办理。筹集监察审计事务，则由教育经费委员会负责办理。其具体职责是：

征收　其对象为卷烟特捐，教育公产租金（原由各学校及教育机关所有收益的房屋田地，概行集中管理，将其收益列入正项开支）。国防教育专款（1932 年起征）、漏捐罚金等，由管理局负责。

保管　契据证券及征收未解之款，由管理局负责保管。管理局各项解款，省政府及教育部补助费，银行存款利息（列入正项收支），由金库负责保管。

出纳　由金库根据支付命令，发领经费。

岁计　由金库根据年度经费收支实数，办理岁入岁出决算。

支配　各单位经费，向教育厅请领。由厅审查后，报经省政府核准，填发支付命令，送请省政府钤章，交由金库照发。

筹集　关于卷烟捐率的规划和变更，由教育经费委员会议决，转厅呈准省政府实行。关于公产收益的整理和现款的存放（银行），由会议决定报厅批准实行（不须呈准省政府）。

监察　由教育经费委员会对管理局、金库、南华烟草公司的现金出纳、银行存款、收支账目、契卷保管、实物折价，逐周派员前往，实行监督。并由教育厅派稽核员，逐旬赴金库查核账目。

审计　经常费和临时费的开支，均由承领单位，依期造具计算，送教育厅核转教育经费委员会审查，再报省政府核销。[①]

为了堵住漏洞，云南省教育厅又颁布了 4 项管理措施：第一，管理局征收所得现款，限于当日存入指定银行，每届月终，将现款及其存息，如数报解金库。第二，监制特捐印花，由厅、会、局三方会同办理。第三，金库收到各项现款，限当日存入指定银行，库存现款不得超出 200 元。第四，经费支配由教育厅依照呈准定案办理，并对省政府（后来设置了审计处）负责报请核销。各单位开支经、临各费，由各该单位经费稽核委员会审查盖章，再报送“厅”转“会”报核。教育经费委员会对各单位的报计算书表单据，发现有错误及疑点时，加以剔

① 蔡福寿主编：《云南教育史》，昆明：云南教育出版社，2001 年，第 595 页。

驳或转厅令行查复。

1929年后，云南省教育经费来源扩大，又有卷烟特捐、商货捐、房租、利息和杂入5项，主要收入是卷烟特捐。其后陆续又有省教育公产、国防教育专款和义务教育费等项收入。除这些外，云南省政府还补助一部分经费。1935年后，教育部还开始拨划义务教育、边地职业教育和战时民众教育等教育补助费。

云南省教育经费独立后的状况如何呢？1937年，全省教育经费实际收入为3437866.33元（新滇币），实际支出数为2314062.72元，收支两抵结余1123803.61元。这在以前无论是云南或者是全国其他省份，都是不可能有的天文数字！云南教育经费独立后，恰逢卷烟年年丰收及教育经费来源增多的大好时机，加上独立的教育经费收支管理体制，使云南教育经费收入平均每年都有二三成的增收。在1929—1939年的10年间，云南教育经费的年收入由国币5万元增至150万元，增加了30倍，年均3倍。其中纸卷烟捐额占总数的80%以上。[①]教育经费独立使云南教育经费出现了前所未有的“充裕”，这在全国也是独此一省的。

因为实行教育经费独立，云南省教育经费在1929年后从根本上得到解决。利用充裕的教育经费，云南省在义务教育方面出台了一系列发展国民教育的措施。1935年，全省各县市小学按乡镇设中心国民学校1所、每保设国民学校1所的要求，分步推进，逐年实现。1940年，拟定了实施国民教育五年计划、师资训练四年计划，以及第一期推行国民教育设校程序及编组纲要。1941年，云南推行国民教育第一年，全省131县的1552个乡镇设立中心国民学校1001所，占应设校数的65%；保设国民学校3079所，占全省14367个保的21.43%。仅实施第一年就取得了如此不菲的成绩，得益于教育经费独立后充裕的经费支持。1941年启动小学教师培训行动，开办教师暑期进修班。次年按6个师范区调集培训4400人，以后每年暑期都培训在职教师2000人左右。到1945年，共培训

① 蔡福寿主编：《云南教育史》，昆明：云南教育出版社，2001年，第597—598页。

在职教师 14050 人。1942 年，云南省教育厅举行全省现职小学教师申请登记检定工作，在原有 2.4 万多名教师中，检定不合格者 50%。此外，云南省还利用 52 万元国币义务教育经费创办了 25 所省立边地小学，增办了 20 个省立简易师范班，为国民学校培养师资。并为全省初等小学的学生购发了学习用书，还用一部分经费来支付全省小学教师的进修费，等等。

学者们关于义务教育经费筹措的主张，大致可以归结为五大举措：第一，确定中央拨付义务教育经费的比例，每年雷打不动地向各省市拨出义务教育经费若干，专款专用，任何人任何事都不得挪用。第二，指定专款或建立教育基金。学者们建议一部分专款作为教育基金，专供义务教育之用，以免无休无止地东寻西找地筹措义务教育经费。第三，开源。广开义务教育经费筹措的渠道，设计更多义务教育经费筹措办法。学者们提出确定教育税，征收遗产税，指拨公有荒地，指拨美、法、比、意、英各国庚款之一部分，劝导各公所、会馆、祠堂、寺庙财产，劝导民众以婚丧做寿节省之款，庙产兴学等。第四，节流。加强对义务教育经费的管理，压缩人员编制经费。如抗日战争中实行“三位一体”的国民学校制度，可以缩减国民学校经费。第五，核减军费。巨大的军费开支，是义务教育经费不足的重要原因之一。缩减军费，用之于义务教育，于国于民是双赢之举。而云南的教育独立，不仅为国家走出义务教育经费困境提供了思路，也为各省市实施教育经费独立提供了实践上的借鉴。

三、中央及省政府义务教育投资体系的形成

中国近代学制诞生前，虽然有初等、中等和高等教育之分，但初等教育的办理却主要是由私家办理，经费则完全由家庭或家族提供，中央和地方各级政府并不予闻问。义务教育制度传入中国后，特别是“癸卯学制”实施后，初等教育的办学经费才逐渐在中央和地方各级政府的开支中占有一定的份额。

（一）中央和省政府义务教育投资体制的建立

中央和省政府义务教育投资体制的建立，自义务教育宣告实施后，在清末出现萌芽，民国前期对中央和省政府义务教育投资体制进行了探索，到南京国民政府时期这一体制才逐渐建立起来。

1. 清末“新政”时期的萌芽。“癸卯学制”实施前，义务教育制度虽然没有形成，但三级学校的体制已初步形成。近代意义的大学产生于光绪二十四年（1898），以京师大学堂设立为标志；近代性质的中等教育形成稍早，许多中等性质的军事学堂、技术学堂在同治元年（1862）以后便问世了，以京师同文馆的设立为标志；普通性质的中等教育诞生于 1897 年，以南洋公学建立为标志；而近代初等教育制度的形成，当在清末“新政”改革后。1901 年，光绪帝上谕各省、府、州、县，改书院为学堂。随即两广总督陶模和广东巡抚德寿提议，京师设国学，省会设大学，州府设中学，州县设小学。州县是小学设立的主体，自然是小学经费的投资主体。学部 1906 年颁行的《咨行各省强迫教育章程》明确规定，各省城须设蒙学堂 100 处，学额以 5000 名为率。这 100 处蒙学堂的投资，主体便是省级教育行政机构——学务处。

西方义务教育经费配置模式与筹措方式伴随着留学西洋学生和出洋考察宪政大臣的归国被介绍进来。他们大多主张仿效近邻日本，义务教育经费由中央和地方各省为投资主体。时任出洋学生总监督的夏偕复提议当模仿日本的“保护主义”，如果民间不能承担公立学校办理经费，国家应当“助金以保护之”。① 梁启超在《教育政策私议》中也提出了划区办学主张。他认为应当向西方先进国家学习，大力兴办小学，“以国家之力干涉之”。他胪列了西方各国兴办小学经费解决办法：

普国制度，凡小学校之设立费、维持费，自昔惟以直接受其利益者负担之，即有子弟之家长是也。近年以来，则政府设立小学校规条，颁诸各乡市，使担任其经费，若所收备金，不敷校用，则别征学校税以补之。

英国以一千八百七十年至七十三、七十四等年，制定小学会。凡小学校之设立费、维持费，由各市各乡各区自负担之。其征税约与恤穷税率相等，不足则以国库金补助之。又建筑学校时，若其费不给，则政府时或贷与之。

法国自停收小学修金以后，学校益增加，前所收乡税、市税尚不足给，于是举土地、窗户、人头、家屋、营业等诸直接税，附增加若干为学校税，不足则以一省公产补助之，再不足则以国库金补助之。②

梁启超反对“只欲凭口舌劝说，使民间自立之”的做法。③ 如果办学经费不足，则像英、法、德诸国那样，以一省公产补助之，还不够则以国库金补助之。——这是中央和省级政府的作为。

1907 年，出使奥地利大臣李经迈上奏，认为欧美各国“富强之基，由于教育普及”。兴学要耗费大量钱财，国家要改进筹款之方，而“今日理财之道不外开源、节流、兴利、除弊。而要必先由调查入手，调查既得，然后统筹全局，次第兴举，一国之中不使自为畛域，而以前每省派款若干，不问有无，责令筹解之

① 璩鑫圭、唐良炎编：《中国近代教育史资料汇编·学制演变》，上海：上海教育出版社，1991 年，第 182 页。

② 张品兴主编：《梁启超全集》第 2 卷，北京：北京出版社，1999 年，第 757 页。

③ 张品兴主编：《梁启超全集》第 2 卷，北京：北京出版社，1999 年，第 756 页。

办法，亦当从此蠲除，内外一心，丰啬相剂”。数年以后，“多数人之人格养成公德，必使人人读书识字，有国家思想，而后宪政之选举，以及纳税、征兵诸要政，乃得推行而无弊”①。言下之意，国家统一税源，当统筹全局，次第兴办国家一切事业，兴办学校，普及教育，当是全局之首。1908年，福州将军朴寿在请设福州驻防蒙小学堂的奏折中，倾倒了一肚子筹集办学经费的苦水：

筹款兴学，事本相因，学堂经费，中学堂仅有一千四百四十两，私立捐款尤属零星，从前已觉不敷开支，现在改扩讲堂，购置仪器、书籍及应用器具，所需已巨，况添设学堂，推广学级，增聘教员，一切常年经费骤增数倍，而研究所开办经费、常年经费亦皆无著，福州驻防款项一切皆仰给司道库关款支拨，就地无款可筹，早在圣明洞鉴之中。②

开办福州驻防蒙小学堂的经费无法筹措，朴寿“惟有仰恳天恩，饬下闽浙总督随时筹拨，得以克期兴办，而免延误要政”，要求从中央和省公费中划拨办学经费。

宣统三年（1911），学部在《奏复陈普及教育最要次要办法案》中，已经准备着手草拟国库补助小学经费章程。

尽管有很多关于由国家和省级政府补助和划拨义务教育经费的议论和请求，并有中央教育行政机关草拟章程的动议，但是，除省级政府直接办理开办了一些小学外，并没有向地方或民间开办小学划拨补助费用。

2. 民国前期中央和省政府义务教育经费配置体制的酝酿。1915年诞生了全国性民间教育社团——全国教育会联合会。其宗旨是体察国内教育状况，并应世界趋势，讨论全国教育事宜，以谋共同进行。全国教育会联合会成立后，几乎历届会议都有关于教育经费的提案。

在1916年举行的第二届教育会联合会上，一份呈教育部并通告各省区教育

① 故宫博物院明清档案部编：《清末筹备立宪档案史料》（上册），北京：中华书局，1979年，第200—201页。

② 故宫博物院明清档案部编：《清末筹备立宪档案史料》（下册），北京：中华书局，1979年，第1004页。

会的《地方教育经费规划案》，从三个方面提出筹集地方教育经费的办法：

（一）维持旧款。各省学校经费，强半出于公款、公产及附加税、特别税等项。数年以来，迭经地方官吏核减者有之，挪移他用者有之，轻予蠲免，以取悦于地方者亦有之，以致教育精神日形退缩。自新政府成立以后，已由大部通咨各省省长，内有原定教育经费应由各省长官力予维持，并将移用者一律拨还等语。但本届联合会开会，据各省区报告，仍有削减挪拨情形，应请大部重申前令。由各省省长通令地方官，将从前所有画定学款，其已归各学校管收者，嗣后无论何处不准挪用。其业经挪用者，应即拨还，如不遵行，应即严惩。庶引起各地方官重视学款之心。而办学之人或不致有无米难炊之虑，是为维持学款之第一步办法。

（二）增筹新款。各省在前清及民国初年，教育经费有多至一百数十万，或二百数十万者，现据各省区报告减至数十万，乃至一二十万者。既认教育为立国根本，不宜减缩至此。请由大部列表通令各省区，除恢复从前最多年份之数目外，并应力图扩充。至扩充方法，各省情形不同，未便代筹。应请大都［部］通令酌量地方情形，将增筹方法限期拟定报部。县以下地方教育费，亦应就地设法扩充，以固教育基础。

（三）国库补助。欧美、日本政府对于地方公私立学校，均有国库补助之例。盖以国家之强弱盛衰，与教育有密切关系。我国共和肇造，须谋国基之巩固，其根本胥视乎教育。故国家财政虽极支绌，而对于地方教育经费，断不能不酌定补助，以树教育之精神而收完善之效果。①

《规划案》建构了中央和省政府补助小学教育的二级投资体制。

1922 年举行的第八届教育会联合会上的《实行教育经费独立案》，提出了各省区成立教育经费保管委员会保管教育经费的议案。1923 年举行的第九届教育会联合会的《促进全国义务教育计划案》，提出了义务教育要指定专款的问题："各省自筹经费，原拟由各省区教育会向省议会建议，就各项税收自定附加税率

① 邰爽秋等合编：《历届教育会议议决案汇编》（上册），上海：教育编译馆，1935 年，第 134—135 页。

以作专款，虽各省情形不同，此项附加税，间由划归军事范围者，然舍此实无从筹集，应由各省区查照前案，斟酌进行。如果尚有他项税收堪资拨用，尽可各订适宜办法，实行筹集。”[①] 虽然明确规定义务教育经费由省区自筹和国库补助两种办法解决，但因为没有指定具体款项，议决的筹集义务教育经费案成为白纸一张。在1926年举行的第十一届全国教育会联合会上的《实行义务教育应规定筹款办法案》，提出了县区筹措义务教育经费办法的议案。这样，仅历届全国教育会联合会的专家学者就构建了教育经费配置的中央、省政府和县区三级负责制的体制。民间学者对义务教育经费投资体制构建的思路与议案，使政府官员受到良好的启发。

中央政府教育行政首脑也在构思义务教育的经费配置体制。1912年，首任教育总长蔡元培在北京就任教育总长时说：“国家无论如何支绌，教育费万难减少。”并且从教育部做起，“力行节俭，以为全国倡。……其所撙节之款，以之多办初、高两等小学，渐立普及教育基础，一洗前清积习”。[②] 5月13日，他向参议院宣布政见云：“专门教育经费，取给于国家税，或以国有财产为基本金”，“普通教育经费，取给于地方税，或以地方公有财产为基本金”。[③] 为了维护地方公有财产，教育部1912年5月8日通电各省，要求归还教育财产。电云：“民国初建，教育亟应进行，所有军兴以来各省教育财产有移作军事及他项之用者，希即设法一律归还，即由教育部司督饬所属……点验接收。”[④] 各省教育财产是中央、省市和县乡（镇）教育经费的一部分，也是中央、省市和县乡（镇）推行义务教育经费的基础。蔡元培论述教育经费的言论不多，就他仅有的一些言论来看，他根据国家税和地方税的划分标准确定各级教育的经费负担。国家税包括田赋、盐税、关税、货物税等；地方税是附于国税后的附加税，包括营业税和杂税等。中央财政只负担高等教育和直辖中央教育机构等经费。省财政由国库和省库

① 邰爽秋等合编：《历届教育会议议决案汇编》（上册），上海：教育编译馆，1935年，第340页。
② 高平叔编：《蔡元培全集》第二卷，北京：中华书局，1984年，第156页。
③ 高平叔编：《蔡元培全集》第二卷，北京：中华书局，1984年，第164页。
④ 高平叔撰著：《蔡元培年谱长编》（上），北京：人民教育出版社，1996年，第445页。

两部分组成，各省国库可视为分配给该省的国家经费，因为中国一向认为从地方征收的租税等收入，全部作为国家收入以支付。各省省库以各省地方税收为主要部分。省库要负担国立高等学校的经费和各省省库须负担的省立学校、社会教育经费，中等教育是其主要部分，而初等教育则由县市负责办理。[①] 义务教育属初等教育，由县及县以下基层政府负责。

三级教育经费配置体制的讨论，其现实性和可行性引起了人们的普遍关注和论争。关注和论争的焦点在推行义务教育要不要国库补助。赞同的理由有三：第一，欧美、日本诸国都由国库补助。如普鲁士宪法规定："公立小学校之建筑费、维持费及扩张费，由城镇乡负担之。若证明其不堪负担时，由国库补助之。"瑞士宪法规定："各州履行初等教育之义务时，须给予补助金以助之。"葡萄牙宪法规定："凡地方自治团体，应筹备设学之经费，如实不敷，应由国库补助之是也。"[②] 全世界发达国家如此，中国不应例外。第二，地方政府义务教育经费难筹。中国地方县、乡（镇）经济基础十分薄弱，经不起风吹浪打伤风感冒，一有虫灾、旱灾、水涝，特别是战争等，地方经济便遭灭顶之灾，义务教育经费筹募便是水中捞月一场空。中国民生凋敝，地方财政紊乱，将义务教育经费交与经济基础过于脆弱的县、乡（镇），无异于放弃县、乡（镇）的义务教育。第三，县、乡（镇）官员对义务教育功能与作用的认知肤浅，基本素质低下，腐败公行，不可能担负起筹集义务教育经费之责。一些学者指出：中国县及乡（镇）"当局者之于小学教育，既视为无足轻重之数，而其教育经费又悉由县市乡负担，盈乎绌乎，绝不顾问，此普及教育之进行所以迄今而未能实现者，不足怪也。虽然一察今日之时代思潮，则小学教育之急要，岂待再述，而小学教育之经费，不可不于县乡市外，别谋补助之法，非教育行政上之第一问题乎"？[③] 继蔡元培任教育总长的范源濂指出，义务教育的"督促者，究非能直接执行也，终当责其效于地方

---

① 田正平、肖朗主编：《世纪之理想——中国近代义务教育研究》，杭州：浙江教育出版社，2000 年，第 470 页。

② 范源濂：《论义务教育当规定于宪法》，欧阳哲生等编：《范源濂集》，长沙：湖南教育出版社，2010 年，第 24 页。

③ 李桂林等编：《中国近代教育史资料汇编・普通教育》，上海：上海教育出版社，1995 年，第 774—775 页。

团体。夫以今日自治能力之幼稚，筹款与兴学大抵视为缓图，茫茫神州，果何时为义务教育实施之日乎"?[①] 至于地方官员的腐败，简直罄竹难书。因此，推行义务教育非国库补助难见功效。

不主张国库补助义务教育经费者以袁希涛为代表。他有出洋考察教育的经历，又曾担任过教育部普通教育司司长、教育部视学和教育部次长，其观点也有较大影响。他认为，以国库补助义务教育在现阶段没有可能性，只能是将来的希望，推行义务教育的经费只能由地方县市负担。袁希涛在《义务教育之商榷》中阐述了三点理由：其一，欧美各国补助义务教育，多是在地方已经具备一定的基础之后，中国也应当先打下基础再由国库补助，不能一开始就指望国库补助。其二，动用国库办义务教育实际上行不通。国库补助义务教育的前提是国库要有大量增加，要有大量盈余，才可能抽出一部分补助义务教育。而现在的情形是国库亏空，因为此时的中国受协定条约的制约，不得任意增加，其他直接税也不易增加。其三，中国幅员辽阔，各地发展颇不平衡，各地生活水准颇不相同，由地方自筹，能够与地方水平保持一致。"受教育为人民义务之一，在国税上没有增加教育经费时，地方应尽此责任。将来国库补助义务教育费用，一为小学教员优待费，开支年老退隐金、年功加俸、优良教员奖励金；二为小学教育协济费，开支边地小学经费和特别需要经费。"[②] 因此，在国库不能补助义务教育经费的状况下，省款应当对义务教育费用予以补助，按现在省款教育经费通盘计划，酌拨部分为义务教育补助费。

尽管两种观点针尖对麦芒，谁也不能说服谁，但对义务教育经费配置思路形成和实践上的探索，都起到了至关重要的作用。1915 年 7 月教育部公布、1916 年 10 月修正公布的《国民学校令》第 44 条规定："地方最高级行政长官认为县

---

① 范源濂：《论义务教育当规定于宪法》，欧阳哲生等编：《范源濂集》，长沙：湖南教育出版社，2010 年，第 26 页。

② 田正平、肖朗主编：《世纪之理想——中国近代义务教育研究》，杭州：浙江教育出版社，2000 年，第 472 页。

之财力不能担任第四十二、第四十三条[①]之经费时，应由省或特别区域予以补助。”[②] 已经将民间的讨论与建议变为教育法令条文。

1925 年 2 月 19 日，代理教育部次长马叙伦向临时执政秘书厅递交了教育部草拟的《教育经费独立案》《教育基金宜即指定专款建议案》《小学教员应由国家补助薪金案》三案，“均属发展教育根本要图”，交善后会议公决。当日，临时执政秘书厅以 368 号公函提交善后会议议决。《教育经费独立案》指出：“近数年来历届全国教育会联合会议，均以教育经费独立案为重要议案之一，先后送部，请求采择施行。”认为“民意胥同，刻不容缓”。《独立案》指出：

教育为立国之本，非普通行政可比，所需经费自与他项行政费不同。要有永久独立之款，庶不受事变与政潮之影响。年来大局多故，财政紊乱，中央及各省教育经费因无指定专款之故，往往停发积欠。教育事业不独不能随时代发展，即固有之萌芽，亦且不能保持。且以员师枵腹，从事无心，遂致节外生枝，学潮叠起。青年有失学之势，国本有危殆之虞。[③]

如果《独立案》能够实施，教育便可“得以维持，国家前途实利赖之”。

教育部《教育基金宜即指定专款建议案》认为：“教育事业国命所寄，教育之与国家，犹血液之与人身，不可一时停顿。谋教育之安全，即所以奠国家之基础。”如何使教育基础稳固呢？教育经费应该像国家“特设预备金”那样，特设“教育基金”，“预储专款，以备长期充实学校设备之用”。可作教育基金之专款及官产主要有三项：一是各国退还庚子赔款。请政府“预先对退还赔款之国家声明，此款概充教育基金，以维现有之根基，而免未来之竭蹶”。二是所得税收入。请政府“一面通令全国依照条例切实推行，一面令行京内外将十年度以来，征收所得按前此划归教育项下成数明白规定作为教育基金，以厚培植，而宏实效”。

---

① 第四十二条的内容为：“县知事认为自治区财力，于担任前条所列之经费有未足时，应由县予以补助。”第四十三条的内容为：“缓设自治区地方，其就学儿童教育事务之经费有未足或不能负担时，应由县予以补助，或以县经费支给之。”

② 宋恩荣、章咸编：《中华民国教育法规选编》（修订版），南京：江苏教育出版社，2005 年，第 213 页。

③ 中国第二历史档案馆编：《善后会议》，北京：档案出版社，1985 年，第 394 页。

三是将国有土地划充学田。全国各地有大量国有荒地，政府应“明定地界，划为学田”，“以之充作教育基金”，于教育经费不无小补。

《小学教员应由国家补助薪金案》明确指出：“小学教育为造就国民之始基，而小学教员薪俸之低廉，实为改良教育之障碍。若非由国家设法提倡，小学教员薪金无增加之一日，即国民教育程度亦无提高之一日。”① 特请国家每年提出 720 万元经费，作为补助小学教员薪金之用。

经善后会议教育委员会审议，认为对于小学教育应由各省区自行指定省款、区款，酌量补助。而国库补助义务教育因经费无着而流产。

民间学者、教育部官员以及教育部的提案，虽然只有极小部分得到实施，但是依然对义务教育经费配置产生了深远的影响。这可以从以下三个方面得到印证：第一，义务教育经费配置的三级投入体制思路清晰，中央和省级、县市经费投入层级有了明确划分，各自责任十分清楚。第二，三级投入体制也有一定的变通。本来中央和省级财政各有其责，但受欧美国家义务教育经费补助办法的启发和学者们的讨论与建议，教育部相关教育法规有了中央和省级财政对义务教育补助的条文。第三，对国库补助义务教育经费的来源，已经有了很明确的指向。譬如，将庚子赔款、所得税收入、国有土地定为教育基金专款，等等。从而，使国库补助义务教育经费有了稳固的来源。可惜的是，北洋政府软弱无能，对全国各省并没有进行切实的统治，对外国推行义务教育的良好经费保障制度不能很好地借鉴，学者们有价值的建议也不能得到采纳，从而使民国前期推行义务教育雷声大雨点小，未能收到实际效果。

3. 民国后期中央和省政府义务教育经费配置制度的形成。1927 年 4 月，南京国民政府成立。10 月，国民党宣布进入以党治国的“训政”时期，社会逐渐趋于稳定，经济形势有了好转，政府大力推行各种计划，各种机构吸纳了一批受过良好教育有新思想的技术专才，义务教育有了自清末以来最大力度的推进，出现了良好发展的势头。

---

① 中国第二历史档案馆编：《善后会议》，北京：档案出版社，1985 年，第 396 页。

1928 年 5 月，大学院在南京召开第一次全国教育会议，在教育经费方面收到了《教育经费独立并保障案》《确定社会教育经费案》《拟请大学院规定全国各省县最下限度教育经费案》《拟永远指拨海关吨税连续发行长期债券作为教育基础案》《拟指定庚子俄国赔款发行库券作为教育基金案》《拟指定比义两国庚款发行库券作为教育基金案》《宽筹教育经费案》等案。教育经费问题列为这次教育会议的重要问题之一。会议还通过了《厉行全国义务教育案》一案。该案要点如下：第一，义务教育的经费："地方或指定专款，作为义务教育经费；或规定地方全部收入百分之几，作为义务教育经费。"第二，"各省应筹款补助县市义务教育"；第三，"中央应筹款补助各省义务教育"。①

这一决定，实际上是以 5 年的时间完成义务教育任务，但因南京政府成立之初，战祸连年，经费拮据，政府并未认真督办，因而第一次全国教育会议提出的推行义务教育的决定，无异于一纸空文。1929 年 3 月 27 日，教育部致函国民政府文官处，措辞慎重，表示了教育部推进义务教育的决心。

1930 年 4 月 15—23 日，教育部召开第二次全国教育会议，全国各省教育厅局长、大学校长、专家、国民政府有关部会代表 106 人出席大会，蒋梦麟任议长。鉴于 1928 年以来，各省虽先后成立省县义务教育委员会，但义务教育却毫无进展的现实，促使会议分组审议并通过了教育部制定的《改进全国教育方案》一案，并更具体地拟就了《义务教育实施计划》专章。这份计划书将义务教育普及期限定为 20 年，在这 20 年中拟造就师资 148 万人，扩充教室 100 万间，筹措经费 398607 万元。专家认为"这计划比较前教育部八年普及的理想，当然接近得多"②。教育部在这里实际已经承诺筹措推行义务教育经费之事，只是中央和省市谁是筹款主体没有划分清楚而已。1934 年，教育部出台了有关国库、省库补助制度的法令。当年 12 月，蔡元培、叶楚伧、戴传贤、丁惟汾、朱培德、宋子文、何应钦、吴敬恒、朱家骅 9 位委员联名向国民党第四届第五次中央全体会

① 中华民国大学院编：《全国教育会议报告》，台北：文海出版社有限公司，1985 年，第 293—294 页。

② 吴研因、翁之达：《三十五年来中国之小学教育》，《最近三十五年之中国教育》，上海：商务印书馆，1931 年，第 8 页。

议提出《实施义务教育标本兼治办法案》，明确要求中央对义务教育推行要予以经费上的补助："除就地筹措外，得呈请主管教育行政机关予以补助。惟实行强迫以后，地方经费不敷之数，必更巨大，拟请中央自二十四年度起另行指定的款，力为补助，并令各省市亦自二十四年度起各拨的款，专为实施短期义务教育及推行小学二部制之用。"①

9 位委员联名的《办法案》获通过后，1935 年 5 月 28 日，教育部遵照第四届中央执行委员会第五次会议的议决，颁布《实施义务教育暂行办法大纲》，这是中国政府颁行的第一部实施国库补助教育的法令。《办法大纲》的颁布，是中央省市以国库补助义务教育的教育经费配置制度形成的标志。

在《办法大纲》颁布的同一天，颁布了《中央义务教育经费支配办法大纲》。明确规定：

一、中央之义务教育经费以国库支出义务教育经费、边疆教育经费及庚款机关拨充义务教育之经费充之。

二、中央义务教育经费之支配，对于边远贫瘠省份及其他有特殊情形之省市，应予以特别考虑。

三、中央支配于各省市之义务教育经费及各省市应自行担负之经费，由教育部详审各省市实际情形分别确定额数，呈请行政院备案。

四、各省市有不能依照教育部规定之额数自行筹足或设词虚报者，中央经费得暂不拨付，并得将是项经费移作下年度各该省市办理义务教育之用。②

1935 年 6 月中旬，全国义务教育委员会议决案中关于筹措义务教育经费议决如下："1. 中央义教补助费应请仍照原定计划逐年拨充，按期十足发放，并不得移作他用。2. 各省市支拨义教经费额数，至少应比照中央补助数逐年增加，列入预算，并按期十足发放，不得移作他用。3. 各省市及县市得按照地方状况，

① 中国第二历史档案馆编：《中华民国史档案资料汇编》第五辑第一编，南京：江苏古籍出版社，1994 年，第 608 页。

② 中国第二历史档案馆编：《中华民国史档案资料汇编》第五辑第一编，南京：江苏古籍出版社，1994 年，第 611 页。

就下开各条筹措经费办法，斟酌办理。甲、财政收支系统法实行以后，各省（市）、县市应按义教需要，在该省（市）、县（市）应得税收项下规定拨充义教经费之百分比。……"[①] 随后，教育部向行政院呈送《实施义务教育暂行办法大纲施行细则》，1935 年 6 月 20 日，行政院长汪兆铭签字"应准备案"。这是民国时期中央政府颁行的国家义务教育经费配置实施的法令。《施行细则》第六章《经费》第 23 条明确规定："义务教育经费其在市区者由政府统筹，其在省区之各县市以省县酌量分担为原则，中央并得酌量省市情形补助之。对于边远省份及贫瘠省份之义务教育经费，中央得予以特别补助。"关于省市义务教育经费的配置，《施行细则》规定："省市义务教育经费应按照地方情形或在省市教育经费项下及在省市总收入项下提出若干成，或指定专款充之。"[②]

中央义务教育补助费当年就兑现。从 1935 年开始，教育部便按照一定的原则向各省市划拨义务教育补助费。其具体数目见下表（见表 8—1）：

表 8—1　1935 年度中央补助各省市义务教育经费数目

省市别	国库支出义务教育支配数目（元）	边疆教育经费支配数目（元）	庚款补助经费支配数目（元）	合计（元）
山东省	130000		美 10000	140000
四川省	130000		美 10000	140000
江苏省	120000		美 20000	140000
广东省	120000		美 10000	130000
湖南省	120000		美 10000	130000
河南省	120000		美 10000	130000
浙江省	120000		美 10000	130000
江西省	120000		美 10000	130000

① 中国第二历史档案馆编：《中华民国史档案资料汇编》第五辑第一编，南京：江苏古籍出版社，1994 年，第 623 页。

② 中国第二历史档案馆编：《中华民国史档案资料汇编》第五辑第一编，南京：江苏古籍出版社，1994 年，第 627—628 页。

续表

省市别	国库支出义务教育支配数目（元）	边疆教育经费支配数目（元）	庚款补助经费支配数目（元）	合计（元）
河北省	120000		美 10000	130000
湖北省	120000		美 10000	130000
福建省	100000		美 10000	130000
广西省	100000		美 10000	110000
山西省	100000		美 10000	110000
贵州省	80000	80000		160000
云南省	80000	90000		170000
陕西省	80000	80000		160000
甘肃省	80000	30000	英 50000	160000
西康省	30000	30000		60000
青海省	30000	25000	英 25000	80000
宁夏省	30000	15000	英 25000	70000
绥远省	30000	50000		80000
新疆省	30000	50000		80000
察哈尔省	30000	50000		80000
南京市	90000		法 10000	100000
上海市	60000		法 20000	80000
北平市	40000		法 5000	45000
天津市	30000		法 5000	35000
青岛市	32000		法 10000	42000
威海市	8000			8000
合计	2400000	500000	30000	3200000

资料来源：邰爽秋、黄振祺等编：《中国普及教育问题》，上海：商务印书馆，1937 年，第 152—154 页。

有必要说明的是，这些数字都是各省市义务教育的“补助费”，而不是全部费用。义务教育经费之大头，需地方省市自筹。

1935年6月，教育部电令各省市，义务教育经费以自筹半数以上为原则。各省市接到教育部命令，大多下决心自筹到较为可观的义务教育经费。下面是当年各省市自筹义务教育经费数目表（见表8—2）：

表8—2　1935年度各省市自筹义务教育经费数目表

省市		筹费数目（元）	实际数目（元）
山东省		857915	已解到60余万元
四川省	省筹	150000	已拨1月
	县筹	559200	列入预算动支
江苏省	省筹	150000	如数月拨
	县筹	420000	未详
广东省	省筹	140560	如数月拨
	县筹	513000	未详
湖南省	省筹	200000	已拨11万
	县筹	152440	已筹132040
河南省	省筹	57600	省已拨到
	县筹	57600，人民134400	县及人民已筹131053
浙江省	省筹	120000	已拨60000
	县筹	102538	未详
安徽省	省筹	200000	已拨111000
	县筹	无	
江西省	省筹	100000	照拨
	区筹	764557	1580000
河北省	省筹	172800	照拨
	县筹	325418	226243.72
湖北省	省筹	140000	照拨
	县筹	1300400	约七分之三

续表

省市		筹费数目（元）	实际数目（元）
福建省	省筹	125000	照拨
	县筹	114797	132180
广西省	省筹	无	未详
	县筹	约 2000000	未详
山西省	省筹	未详	154923.27
	县筹	336300	已筹
贵州省	省筹	60000	70%拨 42000
	县筹	无	
云南省	省筹	300000	省拨 100000，又团费 200000
	县筹	约 60000	未详
陕西省	省筹	250000	如数照拨
	县筹	250000	列入预算动支
甘肃省	省筹	无	
	县筹	139860	未详
西康省		无	
青海省		无	
宁夏省	县筹	7900	未详
	县筹	无	
绥远省	县筹	40000	均已照拨
	县筹	80000	均已照拨
新疆省		300000	已拨
察哈尔省	县筹	31800	据报已拨 2 月
	县筹	40920	未详
南京市		100000	未详
上海市		90000	已拨 30000
北平市		80000	照拨
天津市		120000	已拨 30000
青岛市		53000	照拨

续表

省市		筹费数目（元）	实际数目（元）
威海市		7250	照拨

资料来源：邰爽秋、黄振祺等编：《中国普及教育问题》，上海：商务印书馆，1937年，第154—158页。

从表8—2可以看出，各省市所筹到的义务教育经费中，以广西为最多，达200万元之多；江西居第二，约158万元；山东居第三位，约85万元。几个市区中，以天津为第一，共计12万元，南京市居第二，共10万元，上海第三，共9万元。偌大的一个国家，义务教育仅此区区之数，实在说不过去。其中还有几个省份分文无着。

中央和省市政府建立义务教育投资体制，是多因一果。第一，民国建立以来教育界的索薪运动，给南京国民政府以巨大压力。第二，五四运动以来的教育独立运动（其中有一重要观点即是“教育经费独立”），给予南京国民政府力主推行义务教育官员以良多启示。第三，历届全国教育会联合会和南京国民政府成立后的教育会议上的提案，等等，都是中央和省市政府建立义务教育投资体制的促成因素。这一制度实际上是以经济杠杆撬动义务教育这一巨大工程，工程启动后又以经费作为润滑剂使义务教育得以运行。

（二）中央教育经费的筹措与义务教育经费的划拨

自清末以来，中央政府在整个国家财政极度紧张的情况下，用于教育的经费已经无多，而在这十分拮据的教育经费中又划拨一部分作为义务教育经费，用于义务教育的经费可谓捉襟见肘了。由于中央划拨经费补助义务教育的投入体制一直在探索过程中，直到民国后期全面抗日战争爆发前夕方告建立，因此，清末和民国前期中央对义务教育经费的划拨并不是有制度保障的，只是时断时续的，有所富余时划拨一笔，拮据时只好忍痛割爱。

1. 清末中央教育经费筹措与义务教育经费的划拨。传统教育将学校分为国学与乡学，国学是朝廷在京城开办的学校，这种学校包括大学和小学。乡学是地方学校，传统的办学体制是地方省、府、州、县不办国学，因而中央教育行政机构负责国学的经费，地方教育行政部门并不直接承担国学的经费。但是，到清末，情况发生了前所未有的变化，特别是义务教育启动后，提出了一个新的问题，义务教育与以前省、府、州、县儒学不同，是国家强力推行的教育，并且欧美发达国家都由中央政府给予一定的补助，而且义务教育是各地都要推行的教育，故与往常不同的是，各省市也要直接承担一部分中央教育经费，还要上缴摊派的教育经费。

山西学政宝熙在奏请设立学部时提出了借助各省财力补助学部经费的设想。他指出："当此部款支绌之时，势不能不兼资外省财力，略为补助。"① 他设想中央教育经费由三部分构成：其一，50%左右从各省岁科考试中所耗费的考棚费用中提取；其二，将过去拨给礼部和国子监的经费直接转为中央教育经费；其三，在学部中增加筹措经费的项目。学部提取各省考棚费用为中央教育经费，与清代财政的内销和外销制度紧密相关。所谓内销是各省在中央报销的收支，一般于各省地丁杂税项下留支，不足则动支库款，或由邻省协入。所谓外销是各省不造报的收支，中央不能知悉各省外销的状况。内销项目以光绪一朝而言，依据光绪朝岁出相关研究资料可知，其岁出可分常例、新增、补支、预支四门，在常例项中有科场、陵寝、祭祀、仪宪、俸食等项目，科场经费为内销中常例费用。由此可知，考棚费用为中央教育经费之一部分是理所当然的；各省财政从藩库内销款项中上缴学部的经费，属于必须摊解的国家财政支出的一部分。②

光绪三十一年（1905）科举考试制度停止后，学部提取的考棚费用趋于枯竭，而中央划拨给学部的经费越来越少，这样，学部的经费日趋紧张，学部经费来源之大宗便是各省摊解。光绪三十三年至宣统元年（1907—1909），学部经费

---

① 朱有瓛等编：《中国近代教育史资料汇编·教育行政机构及教育团体》，上海：上海教育出版社，1993年，第8页。

② 田正平、肖朗主编：《世纪之理想——中国近代义务教育研究》，杭州：浙江教育出版社，2000年，第479—480页。

没有增加，而各省摊解款项所占比例在不断增加，宣统元年（1909）达57万两，占学部总经费的54%。

尽管如此，学部的经费在重重危机中仍然在缓慢增长。光绪三十四年（1908），学部经费为1066881两，宣统元年（1909）略有减少，为1055152两。但三年（1911）则实现翻番，学部经费增长到2747477两。这并不能说明学部经费基础十分雄厚，整个中央财政都十分脆弱，学部经费不可能雄厚。宣统三年（1911），中央财政教育经费占中央财政经费的比例不到1%，仅及0.9%。[①] 停科举后，各省学堂得到了快速发展。相比之下，学部经费则增长缓慢，并不能相匹配。光绪三十三年（1907），全国学堂经费共619501两，其中初小26400两，仅占4.3%弱；次年，全国学堂经费651070两，而初小仍是26400两，占总数的4.1%弱。宣统元年（1909），学堂经费共681715两，初小为33800两，接近总数的5%。而占学堂经费、学部诸衙门经费、游学经费和杂项经费总数1155631两的2.9%，真可以忽略不计。[②] 中央财政在初小教育上所承担的经费如此低微，实际上是未承担起国家的责任，说明清末中央财政义务教育经费划拨与补助还是没有到位的。

2. 民国前期中央教育经费筹措与义务教育经费的划拨。北京政府虽然遇到了欧洲第一次世界大战国内经济振兴的天赐良机，各业出现复苏与发展的良好势头，教育经费相对清末而言，已经有较大的改善。但中央教育经费根据国地税标准，由中央财政拨款，中央教育部日常经费、国家直辖学校费、分机关费、留学费及补助费等支出，从1912—1917年平均占中央财政经费的1.8%。[③]

既然经济形势有了好转，缘何教育经费并没有明显提高呢？其原因主要是教育经费不独立，中央教育财政体制紊乱，中央教育经费欠账太多，国库义务教育

---

① 田正平、肖朗主编：《世纪之理想——中国近代义务教育研究》，杭州：浙江教育出版社，2000年，第481页。

② 《学部岁入岁出统计表》，载学部总务司编：《第一次教育统计图表》（光绪三十三年）、《第二次教育统计图表》（光绪三十四年）、《第三次教育统计图表》（宣统元年）。

③ 田正平、肖朗主编：《世纪之理想——中国近代义务教育研究》，杭州：浙江教育出版社，2000年，第482页。

补助经费虚悬一格。所以，整个民国前期，因为教育经费不足导致的索薪运动此起彼伏，各级各类学校竟没有一张平静的书桌。1923 年 11 月 23 日，北京小学界因为政府欠款导致的索薪运动愈演愈烈，由包围教育部官员宅院到驻扎下来。《京报》载：

小学争款风潮，相持甚久，毫无善果。近由学务局局长王道元出而调停，陈次长宅方始解围。孰知一波未平，一波又起，缘该项税款之处理权，系归教部会计科赵科长一手经营。此次欲保留数十元给附小，亦系赵某所办。故将包围陈宅之声势，一变而包围赵宅。前日下午三时，教场六条赵宅待客室中，已有人满之患。赵见势头不好，料难应付。逐思得三十六着之上策，逾墙而逃。各校教职员以既不能见面，当时每校留教员一人在该宅住宅，俟解决后再行迁出。①

王希会撰文描述了北京教育经费的窘况：

在这样风雨如晦的政治现状之下，社会上那一种事业不是百孔千疮！哪一个地方的教育现状不是朝不保夕！单独提出北京的教育经费现状来谈，也不过是就近取个榜样罢了！北京国立八校经费最近只发一成二。各校因为有行政经费的关系，远不能如数发给教职员——多的得一成二，少的得一成。教员的欠薪多自一年至十四五个月不等，这一成多的薪水，让他们怎样支持？

中小学教员现在为索薪，要逐日到崇关去坐索，逐日到财部去坐索。从事教育事业的人，落到这样凄凉情景，教育前途，还有什么发展的希望！

教育部员闹索薪，结果只发到五厘，说起来真是哭不得，笑不得。现在他们拟以《四库全书》善本书为欠薪抵押品，每日由各科派员赴图书馆看守，这种情形，又是怎样的难堪！②

北京八大校的索薪风潮，更是轰动全国。

中央教育经费拮据的原因，主要有三：第一，教育经费不独立。李石岑沉痛地指出："近年学潮澎湃，愈演愈烈；如去岁北京殴伤教职员学生，安徽学生姜高崎因学潮殒命，皆为最伤心之事。至于湖北学生因校款无着赴京请愿；湖南学

---

① 《小学争款尾声》，《京报》，1923 年 11 月 22 日。

② 王希会：《北京教育经费的窘况》，《新教育评论》第 1 卷，1925 年第 1 期。

生罢课要求经费；其他各省，亦所在皆是。莘莘学子，废时失学，仓皇于道左者，无非经费问题。势事所迫，呼吁政府，而政府漠不关心，一味敷衍；于是全国教育日在洪涛巨浪之中，尚何滋长荣生之望？须知在今日谈教育，首在改造行政机关，超乎政府管辖之外，政潮影响免受波及。”① 症结就在教育行政机关不独立。他虽主张教育行政独立，实质上是主张教育经费独立。因为教育行政机关不独立，教育经费独立也不可能实现。《全国教育独立运动会宣言》强调，“教育经费，东西各国无不占国家预算之大部”，应“脱离政治藩篱，明定预算，指定拨的款，由教育界直接取用，共同保管，政府无支配之权，则挪用之道自绝”。还应指定专款作教育基金，“苟无基金之指定，教育尤难免一时破产之虞，况近来各国退还赔款之声日高，此皆吾人前此精神破产之陈迹，尤不可令其转入军阀政党手中，重受精神上之掠夺”。教育基金“一不早日指定，则以之赍盗之粮，助桀为虐之结果，吾人精神生活之被掠夺，更不知伊于胡底矣”。② 邰爽秋的《统一教育经费行政问题》一文认为，教育经费独立之要素有八：“一为教育基金之确定；二为教育税源之划分；三为预算制度之独立；四为加税权利之独立；五为征收机关之独立；六为保管机关之独立；七为分配机关之独立；八为审核机关之独立。”③ 言下之意，这八大要素当下都没有独立。这些一日做不到独立，中央教育经费一日无保障之望。

第二，中央教育经费在国家财政支出中占的比例过于低下。民国前期，中央财政预算和执行中，各个部门在中央财政支出中畸轻畸重，军费占中央财政支出的比例高达40%左右，而教育经费则到了无法启齿的地步。陈友松在《中国教育财政之改进》一书中指出：“从1911年以来，无论是预算还是实际花费，教育支出从来没有超出中央政府总支出的3.27%。这是1923—1924年度曾达到过的百分比。”④ 1912年财政年度教育支出总预算占中央政府总支出的1.475%，1913

---

① 李石岑：《教育独立建议》，《教育杂志》第14卷，1922年第2期。

② 《全国教育独立运动会宣言》，《新教育》第4卷，1922年第5期。

③ 邰爽秋：《统一教育经费行政问题》，邰爽秋等编：《教育经费问题》，上海：教育编译馆，1935年，第104页。

④ 陈友松：《中国教育财政之改进》，北京：社会科学文献出版社，2009年，第95页。

年占1.78%，1914—1915年占0.92%，1917—1918年度占0.97%，1919—1920年度占1.05%，1925—1926年度占1.22%。这些数据是预算，实际上可能还要低下一些。即便是这微不足道的经费，“当此军阀煽威，政蠹肆虐之际”，不得不任人宰割。[①]《全国教育独立运动会宣言》直言不讳地指出：“我国岁入除军费政费之外，教育费用，所值几何！乃近年来，并此区区之数亦尽饱入武人政客之私囊。最痛心者，即此种人民膏血之涓滴，以期苟延精神生活之残喘者，反转而以养兵，养兵以祸国，祸国以殃民。”所以，在“武人政治”的社会，教育经费是不可能充盈丰厚的。

第三，中央财政与地方财政相抗衡，中央财政难以掌控税源。从理论上讲，中央财政掌控的税源有各省解款、关税、盐税、直辖的烟酒印花税、常关和官产等，但实际上掌控的能力很弱。袁世凯倒台后，各地军阀拥兵自重，地方割据，把持着地方财政收入，使用自己的心腹操控烟酒局、海常关、印花税、沙田局、官产处，等等，中央财政税源实际上被地方政府架空，“北洋政府只能借助于掌握在外国人手中的关税和盐税的余额，作为中央财政的主要收入”[②]。

第四，军阀政府只重军事，不重文化教育。尽管国家整个财政收入非常有限，划拨给教育的经费非常吝啬，而对浩繁的军费则显得财大气粗。陈友松在《中国教育财政之改进》中对中央政府预算中教育支出和军事支出所占比例作了比较，所列的比较表见下表（见表8—3）：

表8—3　中央政府预算中教育支出和军事支出所占比例（1912—1926）

财政年度	教育支出总额	占中央政府总额支出的百分比	
		教育支出	军事支出
1912年（预算）	2881140	1.475	17.7
1913年（预算）	6908850	1.78	26.9
1914—1915年（预算）	3276904	0.92	39.89

① 李石岑：《教育独立建议》，《教育杂志》第14卷，1922年第2期。

② 田正平、肖朗主编：《世纪之理想——中国近代义务教育研究》，杭州：浙江教育出版社，2000年，第483页。

续表

财政年度	教育支出总额	占中央政府总额支出的百分比	
		教育支出	军事支出
1915—1916 年（实际）	1595814	1.15	38.3
1916 年（旧预算）	12837307	2.72	33.82
1916—1917 年（预算）	5028836	1.63	37.1
1917—1918 年（预算）	5094436	0.97	36.5
1918—1919 年（预算）	2761960	不含军费支出	不含军费支出
1919—1920 年（预算）	6763518	1.05	41.6
1919—1920 年（实际）	2902504	2.76	65.1
1923—1924 年（预算）	3529981.97	3.27	71.2
1925—1926 年（预算）	7318852	1.29	48.5
1925—1926 年（预算）	7711000	1.22	47.0
1926.6—10 月（实际）	224056.6	6.43	72

资料来源：陈友松：《中国教育财政之改进》，北京：社会科学文献出版社，2009 年，第 96 页。

根据以上比较表可知，1926 年 6—10 月，军费支出竟占中央政府总支出的 72%，是同年教育支出的 10 倍以上。自 1919—1920 年度开始，军费开支一直高居 40%以上。1919—1920 年度、1925—1926 年度军费支出是教育支出的 40 倍左右。军阀政府信仰的是枪炮，通过枪炮占得更多的地盘，将提高国民文化素质的义务教育抛到九霄云外。

此外，中央财政各自为政，并不统一，也是其重要原因。外交部有国税，交通部有特别会计制度，内务部有公产公地，财政部有烟酒盐业，教育部的经费则无任何保障，因而，教育经费只有一拖再拖，有时欠薪一年、两年。

正因为以上诸种原因，使得中央教育经费囊中羞涩，即便教育部有划拨和补助地方义务教育的念想，也无法实施。即便有所表示，也只是偶一为之而已。

3. 民国后期中央教育经费筹措与义务教育经费的划拨。南京国民政府成立后，整顿财政，开辟财税来源渠道，教育经费状况逐年出现好转。中央教育经费占中央财政支出的百分比，1928—1929 年度为 2.25%，1929—1930 年度为 2.6%，1934—1935 年度为 2.77%。[1] 从 1935 年开始，中央开始划拨义务教育补助经费。

南京国民政府厉行义务教育，义务教育经费逐年增加。之所以能够出现这种局面，是因为 1927 年 10 月，国民政府成立财政整理委员会，出台了财政改革的具体措施，改善了中央财政状况。第一，重新厘定了国地税标准，结束了地方财政各自为政的状况。将盐税、常关税、海关税、内地税、烟酒税、厘金税、邮包税、印花税、所得税、国家营业收入等，划定为国家税收范围。而将田赋、契税、牙税、当税、营业税划归省财政征收。形成了中央税以间接税为主，以直接税为辅的格局。第二，关税自主。南京国民政府发表关税宣言，将协定税则改为国定税则，将从前值百抽 5 税率改为等差税率，改由值百抽 7.5 起，最高抽达 21.5，因此关税收入大量增加。1913 年，中央关税收入为 1697 万元，而 1931 年增至 38492 万元，将近增长了 23 倍。从 1927 年至 1937 年，关税收入平均占全国财政总收入的 48%，已经接近一半。[2] 第三，裁撤厘金，举办统税。清末以来，地方军阀一直以清廷为筹措镇压太平天国运动的军费而设立的厘金作为重要的财政收入，国民政府对国内工业品按一物一税原则，进行一次性征税后即可通行全国，不再增收其他税捐，这就是一物一税的“统税”。1931 年，统税占财政收入总额的 7.4%，1933 年上升到 13.95%，成为中央政府财政收入的主要来源之一。此举既封死了地方军阀的财源，又充实了国库，收一箭双雕之效。

民国时期，真正下大力气推行义务教育自 1935 年开始。当时规定中央义务教育经费以国库支出。中央义务教育经费大部用于补助各省市推行义务教育。其数额除 1937 年受全面抗战影响稍有减少外，其余各年都略有增加。1935 年度中央补助义务教育总额为 270 万元，其中山东、江苏、四川等 24 省和南京、上海、北平、天津、青岛等 5 特别市与威海卫行政区共 30 省区，山东、江苏和四川 3

---

① 陈友松：《中国教育财政之改进》，北京：社会科学文献出版社，2009 年，第 97 页。

② 田正平、肖朗主编：《世纪之理想——中国近代义务教育研究》，杭州：浙江教育出版社，2000 年，第 485 页。

省各 14 万元；浙江、安徽、江西、广东、湖南、湖北、河北、河南、甘肃等 9 省各 13 万元；福建、广西、山西 3 省各 11 万元；陕西、云南、贵州 3 省各 8 万元；青海、宁夏 2 省各 5.5 万元；西康、绥远、察哈尔和新疆 4 省各 3 万元；5 特别市中南京 10 万元，上海 8 万元，北平 4.5 万元，青岛 4.2 万元，天津 3.5 万元；威海卫 0.8 万元。1936 年，中央义务教育补助款有了较大增加，总额为 419.5 万元，比上年增加了 149.5 万元，增长了 55.4%，各省市相应都有大幅度增加。1937 年继续猛增到 603 万元，比上年增加了 183.5 万元，增长了 43.7%。1938 年，受抗战的影响，义务教育补助款锐减至 155.2 万元，其中包括 3 万元的教科书编辑费和 1 万元的义务教育视察费。1939 年又增为 430 万元，其中包括 6 万元的教科书编辑费、7 万元的义务教育视察费和 1 万元的义务教育委员会开支。1940 年再度增加到 600 万元，其中包括 25 万元的义务教育视察费、义务教育教科书编辑费和义务教育委员会费用。

中央义务教育补助费的分配原则有二：一是全面抗战爆发前侧重东南沿海各省，各省市间差额不大。全面抗战爆发后，侧重内地各省市。对西南、西北各省补助特多，且年有增高。二是通过补助费发放，促使各省市自行筹足指定的经费。1936 年以后，中央政府规定各省市自筹经费数额，以较上年度自筹之数加倍为原则，至少也要与中央补助之数相等。如不及筹足，中央补助费暂行停给。1937 年，又规定各省市义务教育经费须较上年度自筹之数增加 1/3 以上，至少也要与中央补助数相等。

到 1941 年实行国民教育后，中央义务教育补助费停止拨付，改为国民教育补助费。从 1941 年开始，浙江、江西、福建、广东、湖南、湖北、四川、云南、贵州、广西、陕西、甘肃、河南和重庆等 14 省市普遍实施国民教育，次年又有安徽、西康、宁夏、青海、新疆等 5 省开始推行。中央补助经费也由义务教育经费改为国民教育经费，并增加拨付数额。其余江苏、山东、山西、河北、察哈尔、绥远和上海等 7 省市，或沦陷区域，或接近战区，仍维持原有义务教育设施，并酌量推行国民教育，也在国民教育补助费项下给予补助。1940 年 3 月 21 日教育部公布的《国民教育设施纲领暨国民学校设施要则》规定：“各省市县筹设国民学校及中心学校经费不足时，得在中央拨助之经费项下酌予补助。其训练师资亦规定得在中央拨助经费项下动支。各省市县除积极自筹经费外，实际有非中央给予补助不为功。”① 1940年度是实施义务教育的最后一年，浙江、福建等10省率先实施国民教育，中央除已拨助各省义务教育经费外，并为这10省增拨国民教育补助费360万元，分配到四川省1305250元、广东省428500元、江西省319500元、福建省308500元、河南省282500元、浙江省257500元、贵州省240000元、湖南省190000元、广西省159750元、甘肃省108500元。从1941年度开始，全国14省市实施国民教育，中央补助费总额为1000万元，嗣后经两次追加，一次追加400万元，一次追加300万元，共计1700万元，较上年度增加5倍。最初1000万元补助费除23万元留教育部作为视察、编辑专款外，其余全部分配到各省市补助国民教育。1942年度中央补助费总额仍为1700万元，其中250万元留教育部作为办理国民教育设施经费，仍随时分配各省市外，其余悉数分拨各省市支用。1943年度教育部分配国民教育补助费总额增加到2560万元，其中除以565万元留教育部作为充实全国中心学校设备费办理短期师资训练及实验教育费等用途，其余悉数划拨各省市作为国民教育补助费之用。1945年度补助费继续增加，总额达45377300元，较以前26省市增加了青岛市。后方10省市补助费用途规定应照教育部五项设施标准，在指定县区充实国民教育内容设施，并限在本年度完成。这“五项设施标准”是：

1. 充实学校内容，如课程、设备、教学等均合规定标准。

2. 全县（或全区）入学儿童至少达到百分之八十以上，入学民众至少达百分之五十以上。

3. 合格教师达到百分之七十以上。

4. 提高小学教师待遇，使其生活均能安定。

5. 筹足学校基金，由省市或指定之县区自筹与部补助相等之数额，合并编造预算，连同实施计划，呈部核定后，方准拨款。战区各省市仍规定作为各县市

① 《第二次中国教育年鉴》第三编，上海：商务印书馆，1948年，第196页。

充实中心国民学校、国民学校内容设施，及国民教育实验研究之用。①

此外，1945 年度还另拨临时费 5760 万元，专门作为扫除文盲之用，由后方川、滇、黔、陕、甘、渝等 6 省市先行实施。除重庆市规定作为全市费用外，其余 5 省均经教育部核定县数及各县应分配的补助数，饬依普及失学民众识字教育计划大纲及普及失学民众识字教育第一年实施计划，指定省会所在地示范县、一等县，及国民教育示范区等办理。

为了保证国民教育补助费发挥效益，教育部制订有中央补助费考核办法，规定各省市国民教育补助费须拟具预算，送教育部审核。在奉令推行国民教育的 19 省市，其补助费的拨发，须俟预算核准后方可支用。其他省市虽得权衡事实，酌予先拨补助费，仍须先呈送用途分配预算表给教育部。1944 年，教育部制订了稽核各省市国民教育经费暂行办法，第二条明确规定了稽核经费的范围，包括各省市自筹的经费，不仅限于中央之补助费，与实施义务教育时期的义务教育经费管理稽核办法相同。第三条规定，各省市主管教育行政机关领到中央国民教育补助费及自筹的国民教育经费，都应以各该省市国民教育经费专款名义存储省市金库或国家、省市银行，等等。

民国后期，特别是 1935 年后，国民政府整理财政，广拓财政来源渠道，义务教育、国民教育中央补助费有了前所未有的增加。即便在抗日战争的艰难岁月，义务教育、国民教育中央补助费只增不减，增加的幅度颇大，甚至成倍增长，义务教育、国民教育推行也取得了较好的效果。可以说，这些绩效的取得，“非中央给予补助不为功”②。

（三）省市政府义务教育经费的拓展

省市政府是中央和县市政府推行义务教育的中间环节，发挥着一省市义务教

① 《第二次中国教育年鉴》第三编，上海：商务印书馆，1948 年，第 197 页。
② 《第二次中国教育年鉴》第三编，上海：商务印书馆，1948 年，第 196 页。

育计划、督察及筹集经费的重要职责。一省市义务教育推行效果如何，与其说是县市的责任，不如说取决于省市行政首脑履职状况。

1. 清末省级初等教育财政拨款。尽管清末省级财政制度十分混乱，但省级财政还是承担起实施公共初等教育的投入职责。省级财政投入职责的履行，呈现出如下特点：

第一，取决于对初等教育重要性的认知。清末各省对发展初等教育的认知很不平衡，对初等教育功能认识程度较高者，积极筹措初等教育经费，发展初等教育。而认识模糊者，置朝廷义务教育的相关文件于脑后。张之洞于光绪二十九年（1903）筹办三江师范学堂，定学额 300 名，后又增 300 名，原计划经费按每生 100 元拨款，由苏、皖、赣三省合筹，不足之数由铜圆余利划拨。实际上该校支银经常费 65865 两，活支银即临时费 24000 两，后又加拨 26382 两。[①] 张之洞之所以有如此胆量为筹办三江师范学堂花费巨资，是因为他要为推行初等教育准备师资。

第二，由多部门多地区共同投入。从光绪二十四年（1898）至宣统三年（1911），陕西省西安府，咸宁、长安两县官府，及驻防旗兵、同乡会等民间团体、村镇绅民兴办各级各类学堂 379 所，可考的岁支办学经费白银 208164 两，又制钱 700 串（折白银 350 两）。有 4 所学堂校产生息共 17350 两。以上岁支经费来自库银 89800 两，官款 78944 两又 700 串文，官助 30620 两（粮道筹、府捐、县捐、附属州县年摊、常年裁减兵丁节省粮料变价、向勒秏羡报部银等），民筹 8800 两（同乡会馆等）。[②] 借助社会各方面的合力筹集教育经费，兴办学校。

第三，动用省金库办教育。浙江省财政通过补助和直接承办初等教育，动用原书院学款和藩库银开办了钱塘、仁和两县小学堂。浙江省财政补助小学堂的经费，就是由厘饷局善举项下支给。《续修陕西省通志稿》据宣统元年（1909）《财政说明书》有如下记述："陕西各学校经费，动用司库正杂各款银逾 20 万两（旧

---

① 江苏省地方志编纂委员会编：《江苏省志·教育志》（下），南京：江苏古籍出版社，2000 年，第 1092 页。

② 西安市教委教育志编纂办公室编：《西安市教育志》，西安：陕西人民出版社，1995 年，第 392 页。

日学款、生息之银，各校学生膳费、用品费之银尚不在此数)，而解京学款及留学东洋费每岁支银又 6 万余两，居全省财政岁支出 1/15，以边瘠之省，每年动用此数，其负担已不为轻矣。”① 山西省藩库内销项下支出开办了满营两等小学堂。在外销项下支出的有满城义学膏火费、七镇蒙学堂束脩、庐阳小学堂膏火、两等模范学堂经费。

清末省级财政本来就入不敷出，用于教育的经费更是微不足道，况且教育经费并不单是用于初等教育，因而用于初等教育的更是少之又少。清末省级财政分为省财政上的国家经费支出和省财政中的地方财政支出，各省国家经费预算中，教育经费所占比例不高，而各省地方教育支出预算中所占的比例较高，可见省教育经费主要由省地方财政经费负担。宣统三年（1911），各省教育经费中，中央及各省国家教育经费为 259 万两，仅占全国各省地方经费的 0.98％，各省地方教育经费为 1080 万两，占 31％。但由于地方经费总额仅 3438 万两，远远低于中央财政经费总额的 26373 万两，故即使省级地方教育经费在省地方财政中占有较高的比例，省教育经费也不可能较为充盈。②

2. 民国前期省级义务教育投入的探索。民国前期，各省市发展很不平衡，沿海和东南诸省市经济条件较好，文化教育基础也比较厚实，而中西部、西南部交通不便，文化教育基础比较薄弱，社会发展较为缓慢。进入民国后，也没有什么改观。因而，前者的义务教育投入远比后者要高。

北京政府时期，由于三级负责经费配置的体制呼声很高，思路已经明确，义务教育经费配置上也有法规含糊其词地有所表示，因此给义务教育补助费的省市并不多。到 1916 年，福建省署直辖闽侯县公立小学，办学经费由省署承担，其他各县小学由省款补助 100 元，由县知事支配。其他省也有补助部分小学的举动。由于各省市教育经费并不充裕，不可能补助全省各县小学，只能承担省模范国民学校的经费。河南省承担有 10 所国民学校的办学经费，广东 39 所，湖北 5

① 西安市教委教育志编纂办公室编：《西安市教育志》，西安：陕西人民出版社，1995 年，第 392 页。

② 田正平、肖朗主编：《世纪之理想——中国近代义务教育研究》，杭州：浙江教育出版社，2000 年，第 490 页。

所，吉林 1 所。新疆省各地经济贫困，全省小学经费全部由省款支付。

民国前期，推行义务教育的三级责任制在理论上已经基本形成，中央主要承担义务教育方针政策法律法规的制定，督察各省筹集教育经费，推行义务教育。省级执行落实中央义务教育政策法规，筹集义务教育经费，补助各县市推行义务教育。各县市是推行义务教育的基层单位，承担着筹集义务教育经费、开办国民学校、培养和培训义务教育师资，等等。很显然，省级教育行政承担的是重要的枢纽责任。所属各县市义务教育办理情况如何，省教育行政部门有着直接或间接责任。因此，省政府的重要职责之一是宽筹义务教育经费。

民国初年，全国许多省份教育经费来源仍维持清朝旧例。1923 年，江苏省议会议决，举办卷烟特税充教育经费，这是江苏省指定教育专款之始。① 其后的 1924 年秋，复指定卷烟特税、漕省税为省教育专款，屠宰税、牙税为江苏国立学校专款。浙江省教育当局鉴于各地小学日就发达，而小学经费日形支绌，不得不谋开源之法，其办法主要有：1. 以划拨救济游民债券利息为教育基金。浙江省从当时所办救济游民债券中将余利划拨给各地领存生息，名之曰“小学基金”。大抵每县平均领到银洋 3000 余元。2. 以县税四成充教育费。浙江省地丁项下税款除正税解省外，留存在县者为地丁特捐，以作各县地方款项之用，统称县税。大抵每银一两征洋自五角至六角余不等。其中 4/10 专充小学经费，即所谓“县税四成教育费”。大约征收最多县份，此项教育费约有 1 万多元。3. 抵补金特捐教育费。民国成立后，浙江省废止征收漕米南粮名目，两年后改征抵补金。这种抵补金内包括有留县之特捐，每石规定数目，约合银圆四角左右。摊到小学经费尤为细微，也有全无教育费成分者。4. 田赋附捐。田赋例许加征附捐，但财政部曾有限制附捐不得超过正税额度的规定。浙江省地丁正税现征每两 1.8 元，抵补金每石 3.3 元。当时银米两项正税尚各除粮捐 0.3 元计算，合诸现征，实不到一成。所以此后仍许各县于限度内自行呈请酌增。此项增加之款，大抵作为小学经费。5. 屠宰营业税。其税率规定猪每头正税 0.4 元，羊 0.3 元，增加附捐也有

① 江苏省地方志编纂委员会编：《江苏省志·教育志》（下），南京：江苏古籍出版社，2000 年，第 1093 页。

不得超过正税额度的限制。浙江省各县以在此税项下增加附捐，以充小学经费的数目，按平均数计算，约占正税的20%—40%。6. 亩捐。浙江省各县以教育捐款的大宗来源是田赋和宰牲等项附捐，但所占成数很低，无法加征。为打开这一症结，浙江省派员赴江苏调查义务教育亩捐成案，并依据浙江省平阳县创办教育亩捐先例，交由教育厅举行的教育设计委员会议决，通过各县仿照平阳县原案一律办理，拟指定为义务教育经费。①

民国前期，各省市教育经费来源很不一致，也很不固定，多是临时措施。有的主要来源于盐税，有的依靠屠宰税，有的从卷烟税下划拨，有的取自烟花爆竹税，有的来自亩捐，等等，收入很不稳定。也有一些省市试图找到教育经费的稳定来源渠道，以确保教育经费有固定的来源。各地因为教育经费长年积欠，导致教育界乱象丛生。北京是学潮、教潮最为汹涌之地，每次罢课、罢教的引信多与教育经费拖欠有关。所以北京教育会请征京师教育税，并划拨地方税，彻底解决教育经费不足的问题。建议：

一、征收教育税。考美国现制，地方教育经费之来源，约分二项，一教育基金，二学校税。所有各项税捐，教育实占用多数，收入既富，故发展极易。侧闻政府现有征收房捐之议，并拟以若干成划拨教育，若干成划拨警察，实行之期，当已不远。窃以为京师地方，向无教育税之征入，房捐又属创举，不如即定此项房捐为京师地方教育税，专备办理京师地方学校之用。二、划拨地方税。查崇文门税关、京都市政公所、京师警察厅、步军统领衙门、左右翼征收局所有征收各项税捐杂捐租金等项，考其性质，均属京地方税之范围，每年收入不下数百万元。此种税捐，在京师地方人民，咸有直接间接之负担，而教育方面，丝毫未曾拨给应用，揆诸法理，实有未合。似应各划出若干成，充作京师地方教育经费。现京师学龄儿童日益加增，公立学校有限，大有无地求学之慨，果能实行征收教育费，并划拨地方税，则款项充裕，不惟学校现状可以维持，并能推广，再无儿童失学之虑。②

---

① 《第一次中国教育年鉴》(丙编)，上海：开明书店，1934年，第431页。

② 邓菊英、高莹编：《北京近代教育行政史料》，北京：北京教育出版社，1995年，第597页。

1923年10月第九届全国教育会联合会议决的《促进全国义务教育计划案》中指出："各省自筹经费，原拟由各省区教育会向省议会建议，就各项税收自定附加税率，以作专款，虽各省情形不同，此项附加税，间由划归军事范围者，然舍此实无从筹集。"① 联合会虽然议决通过了《计划案》，主张根据省情确定附加税率，以解决各省教育经费长期入不敷出的问题，但并没有见到有关部门采纳。

初等学校承担着推行义务教育的任务，当是各省市教育经费里最大宗开支。但是，实际情形并不是这样。直隶省民国元年（1912）初等学校年经费1880523元，占全省教育经费的6.34%；1922年初等学校经费为2963942元，占全省教育经费的6.54%。② 足见初等教育在河北省教育上的地位。比例较高的省份首屈一指的当是甘肃省。1912年，甘肃省初等教育经费支出为69965元，占全省教育经费总支出的61.5%，这些小学大多靠旧有书院基金生息和学田收入来维持。到1926年，全省小学全年经费314715元，占全省教育经费总支出的51.3%。③ 初等小学经费占全省教育经费的半数以上，本来是令人欣喜的，但因为甘肃全省教育经费的基数不大，初等小学经费即使过半，相对于十分薄弱的初等小学基础而言，区区占半数以上也是杯水车薪。

各省义务教育经费拮据的原因，主要有如下诸点：第一，各省市教育经费支绌，无力承担义务教育经费。"大河有水小河满，大河无水小河干。"各省市教育经费既无固定来源，又不独立，省市教育经费无法从省财政中划拨到较高的比例，义务教育只有望梅止渴。1913—1914年，全国各省市教育经费占省财政比例仅为0.65%，1916年虽然上升到6.3%，但好景不长，1919年又骤然下降到1.83%。第二，教育经费不能独立，预算内教育经费经常被挪用。教育部门在省市各部门中永远处在弱势地位，这些强势部门如刀俎，教育部门为鱼肉，本来就为数不多的教育经费还要遭人任意宰割。江西号称"各县县教育经费既早独

---

① 邰爽秋等编：《历届教育会议议决案汇编·第九届全国教育会联合会议决案》（上册），上海：教育编译馆，1935年，第340页。

② 河北省地方志编纂委员会编：《河北省志·教育志》，北京：中华书局，1995年，第691页。

③ 甘肃省地方志编纂委员会编：《甘肃省志·教育志》，兰州：甘肃人民出版社，1991年，第93页。

立"[1]，1923 年，江西省支出不足额的部门有：省署 3 个月，省议会 8 个月，教育会 6 个月，警备队 12 个月，实业厅 12 个月，裁判所 12 个月，学校不够资格挂上号。[2] 其他部门，如实业厅本来就有自己的"自留地"为其负责日常开支并支付工资，而学校只有坐以待毙。第三，义务教育"模范省"的退出，产生了不良影响。阎锡山 1924 年后对军事设施极力扩充，对义务教育"转形冷淡"，并且声言："我几年以来，筹款送学生出省游学，不算少了，乃回来以后，无一不是毁我的，毁山西的。由外国回来的，一人可以毁若干人；由北京回来的，一人可以毁若干人；由上海回来的，一人可以毁若干人，我皆有表以统计之。"[3] 阎锡山对义务教育的变脸，使本来就不重视义务教育的军阀们更加缩减义务教育经费的投入。

3. 民国后期省级义务教育经费的拓展。南京国民政府厉行义务教育，督促各省市宽筹义务教育经费，拓展义务教育经费来源渠道，加大对义务教育的投入，使义务教育经费拮据之状有了明显好转，省教育经费占省财政经费比例大幅度提高，由 1913 年的 0.65%，提升到 1930 年的 14%。全面抗日战争中，教育经费空前紧张，义务教育经费与省财政总支出的比例大幅度下降。条件较好的四川省 1941 年为 2.05%，次年是 1.53%，1943 年降至 0.79%，而 1945 年则再降至 0.25%。甘肃虽然经济条件较差，但教育经费与省级财政的比例却较高。1928 年，甘肃灾荒频繁，教育经费支出水平急剧下降，至 1933 年，全省教育经费支出共 535704 元，占省级财政总支出的 4.4%。1935 年到 1945 年，这个比例有所回升，比例上升到 10%上下。这个比例是不俗的数字，只是甘肃财政支出总数很小，相对于推行义务教育所需要的庞大开支而言，这个比例仍然令人失望。

尽管各省教育经费入不敷出，但各省市政府也纷纷遵照教育部要求，开始拨

---

① 《第一次中国教育年鉴》（丙编），上海：开明书店，1934 年，第 441 页。

② 田正平、肖朗主编：《世纪之理想——中国近代义务教育研究》，杭州：浙江教育出版社，2000 年，第 495—496 页。

③ 《晋阎对教育忽然冷淡》，载《申报》，1924 年 8 月 20 日。

款补助义务教育。

为了防止各地筹集义务教育经费扰乱社会，败坏义务教育声誉，徒增对义务教育的怨恨，行政院 1935 年 11 月 2 日颁行了《各省县市筹集义务教育经费暂行办法大纲》，规定："各省县市各小学区内之义教经费，应视其设校之数量定需要经费之多寡，由各县市就地自筹半数以上为原则"，"各省县市各小学区内之义教经费，应由县市教育行政机关核实，列入县市预算内，其在预算公布后增加者，应依追加预算手续，补列并受地方财务机关之管理监督"，"各省县市各小学区内义务教育经费之收支，务须绝对公开并应于每学期终了时，在该小学区内公布，俾众周知"。《办法大纲》对各省县市筹集义务教育经费的范围作了规定："1. 县市政府呈准省府指定学产之收入。2. 县市政府呈准省府指定合法捐税及附加捐税之收入。3. 县市政府、乡镇或学区内整理原有学产增加之收入。4. 热心公益人士对于义务教育经费自愿之捐赠。5. 县或乡市镇由人民自动公议，依法呈准分担之捐款。"① 保证义务教育经费筹措有法可依，依法征集，有条不紊。

开源是省级义务教育经费好转的重要措施之一。江苏省拓宽义务教育经费的来源渠道，使其来源稳定而不枯竭。其来源大体有如下诸项：

（1）田赋专款。原由财政厅就各县忙漕正税及忙银附税项下分别派定数目，由各县按月划解，如各县不足额时，再由财政部于卷烟项下拨足。执行过程中，教款实收之数与额定派数相差甚距［巨］，财政部不能履行前议拨款补足。后经再三洽商，改为明确规定田赋教款划分比例：即忙银每征一两，共提银四角七分。漕米每石四角，连同原有每石一元，共捐银一元四角。（2）屠宰税。由教育经费管理处招商承办，派员征收或委县局办理。（3）牙帖税。向由县局办理，后又改为招商承办，收入比额可增加。（4）行政收入。各教育机关的行政收入有学宿费、校产租息、生产盈余等项。学宿费收入照数报解划抵，校产租息则留各校建设之用。（5）协款。原有财政部协款与省府协款二项，但财部协款未履行拨付。民国 21 年度起，省停拨中央大学经费，此项协款不再列入预算。省政府协

① 《中央及本省义务教育法令汇编》，湖北省义务教育委员会，1937 年，第 95 页。

款，民国 17 年度时曾有年拨三十万元之决议，但此款实际未拨付，至民国 19 年度始由教育厅提请列入省地方预算，经省政府议决，按月平均拨付，多年以来省库支绌，实际拨到者仅有少数。(6) 其他。江苏省教育当局和有志人士早在民国 5 年即倡议建立教育公有林之组织，选择本省荒地承领造林作为补助教育来源之一。后经省政府同意在江浦县之西北，浦口商埠界外之老山，开辟公家荒地十八万亩，正式建立江苏教育林的组织。民国 26 年 7 月，江苏省政府会同内政、教育、财政 3 部呈请行政院批准豁免赋税。[①]

由于多途径筹集省教育经费，从 1926—1934 年，江苏省教育经费成倍增长，下面是这一时期江苏省各年度教育经费实收数一览表（见表 8—4），通过此表可以看到江苏教育经费增加速度之一斑。

表 8—4　江苏省 1926—1934 年度教育经费实收数额一览表

	1926 年度	1927 年度	1928 年度	1929 年度	1930 年度	1931 年度	1932 年度	1933 年度	1934 年度
田赋	789175	2224339	2510216	1755938	2353934	1671873	2505039	3011110	4225707
屠宰税	370823	566266	650459	631415	686073	574083	782629	706950	695373
牙税	415402	431459	726977	611372	652187	401501	644990	636584	771013
协款				75000	262909	58190			
学宿费	64000	1145					214761	115265	130648
卷烟税	670566	140000	1466			122808			
其他	622		2231	71099	14105	5996	2220	4789	12117
合计	2310588	3363209	3891349	3144824	3969208	2834451	4149639	4474698	5834858

资料来源：江苏省地方志编纂委员会编：《江苏省志・教育志》（下），南京：江苏古籍出版社，2000 年，第 1094—1095 页。

江苏教育经费 9 年内实现翻番，取得了不小的成绩，义务教育推进出现良好的势头。

---

① 江苏省地方志编纂委员会编：《江苏省志・教育志》（下），南京：江苏古籍出版社，2000 年，第 1093—1094 页。

为了更大程度地调动各县区筹集义务教育专款的积极性，各省市出台了按筹款比例划拨补助费的制度。筹款多者补助比例大，筹款少者补助比例小。根据《教育部视察各省市义务教育报告汇编》可知，1935 年，《河南省实施义务教育第一期计划大纲》规定，中央补助 35%，省筹款 15%，县筹款 15%，民众自筹 35%。1936 年江西省政府订颁了《各县保立小学经费筹集与补助办法》，规定各保自筹 2/4，省和县各补助 1/4。河南和江西的补助模式各有千秋。河南比较粗犷，下达省款补助比例。但如果地方比较贫瘠，不能完成 35%的自筹任务，义务教育推行难道就搁置起来？江西省县补助比例下到最基层的保，给基层保一定的筹集义务教育经费的压力。但保有贫瘠与比较富足之分，比较富足的保众擎易举，而比较贫瘠的保则较难完成筹款任务。任务不能完成，省县补助或者很少，或者干脆没有，保义务教育只好中途停辍。

但是，各省市义务教育补助费的划拨很不平衡，这种不平衡性即使是在全国大张旗鼓地推行义务教育的 1935 年也是如此。是年，条件比较好的浙江省原定拨发 10 个月的义务教育补助费，实际只拨 7 个月；河北原定拨 12 个月补助费，实际只拨 3 个月；而青海原定不拨，实际也未拨。其原因不外乎义务教育补助经费来源不稳定。河南省为临时指拨，绥远指定鸦片烟捐为义务教育经费，而义务教育推行与抽吸鸦片不能共存；云南以缩减常备队二成节余为义务教育经费，而要裁减军费则与与虎谋皮一样难，义务教育补助费则成为一个大大的画饼。

1941 年，教育部在四川等 19 省推行国民教育制度，将义务教育与国民教育联合办理，教育部规定采用自筹补助比例办法，自筹经费递增，补助经费按比例相应增长。四川省由中央补助各县市国民教育经费，自 1942 年度起至 1945 年止，每年计 185 万元，都经列入各该年度省县市局单位预算内，款由代理国库径拨，分配标准是按各县市办理班级数量予以补助，最高的 3 万元，最少的 2000 元。1942 年，四川省支出总数为 444076094 元，省教育经费为 23814474 元，省国民教育经费数为 6785780 元，占全省年支出总数的 1.53%；1943 年总支出数为 745847513 元，省教育经费 30075378 元，省国民教育经费 6865795 元，占全省年支出总数的 0.92%；1944 年总支出数为 1416134425 元，省教育经费 35845618 元，省国民教育经费 7554734 元，占全省年支出总数的 0.53%；1945 年总支出数为 3184682000 元，省教育经费 72209125 元，省国民教育经费 8177628 元，占全省年支出总数的 0.26%。河南将历年中央补助国民教育经费合并编入省教育文化预算。1941 年中央补助费为 1427894 元，省国民教育经费 2045500 元；1942 年，中央补助费为 6034923 元，省国民教育经费 275000 元；1943 年度中央补助费 4290000 元，省国民教育经费为 547880 元；1944 年，省教育文化预算全为国库划拨，总数为 3424710 元；1945 年，仍因上年之制，总数为 3656556 元。[①]

国民教育经费占全省年支出总额的比例如此之低，真不可想象！特别是四川，全面抗战期间，四川的情况比其他省的情况都要好一些，但国民教育经费不是逐年上升，而是每况愈下。国民教育在各省政府首脑那里，并无地位可言。那么，是不是地方省政府首脑对国民教育扮演的是好龙的叶公的角色呢？当然不是。国民教育经费虽然较低，但是学校数、教师数和在校学生人数比全面抗日战争爆发前要多许多，因此全面抗战期间义务教育部分省市是有较大发展的。

民国后期，南京国民政府广泛吸纳民间解决义务教育经费问题的智慧，从实践层面上构建起了中央、省市和县市三级投入义务教育经费的体制，努力实现教育经费独立，多渠道多途径宽筹义务教育经费，使省市对义务教育的经费投入达到有史以来最高水平，保证了义务教育推行收到一定的实效。

① 《第二次中国教育年鉴》第三编，上海：商务印书馆，1948 年，第 247、253 页。

三、县乡地方义务教育投资体系

按照中央、省市和县市三级义务教育投入体制，县市通常被指定为实施义务教育的基本行政单位，是筹集义务教育经费的最为重要的一支力量，在义务教育经费配置体系中占有无与伦比且无法替代的地位。各县市立中学、师范、职业学校，以及初等教育经费，除中央政府及省款略有补助外，主要由各县市地方财政开支。

（一）义务教育分区筹款制的形成

义务教育分区筹款制度的形成，有一个漫长的历史过程。

1. 民国前期分区筹款制度的推行。自同治元年（1862）第一所新式官办学堂——京师同文馆创办以来，各地官办、民办学堂逐渐出现，其经费投入依然是朝廷和省、府两级投入体制。“癸卯学制”公布后，朝廷发出了实施义务教育的号令，朝廷、省府和县三级负责筹款的体制开始发酵萌芽，三级学校中的初等小学被指定为县以下的单位负责。县级政府在推行义务教育中的地位和作用开始突显出来。民国前期，由于实行三级投入教育经费之制的确立，办理初等教育的责任分解到县及县以下的基层单位。于是，与办理初等教育相关的大量事务，诸如设学、征聘教师、学校仪器设备，等等，急剧膨胀，教育经费问题被提升到重要的地位。

北洋政府时期，由于三级投入教育经费中的中央和省政府投入的严重缺位，致使推广初等教育的经费筹集责任，全部由自治区负担。1915 年颁布的《国民学校令》规定：“区立国民学校之经费，由自治区负担之，其概目如下：一、设备费及维持费；二、职员薪俸及其他给予诸费；三、校内杂费。”[①] 尽管《国民学校令》中有县知事认为自治区财力有未足时，“应由县予以补助”，这一条实际上是一句并没有兑现或兑现不多的话。

江苏省早在1913年，省都督就根据省教育行政会议的决议，对县、市、乡筹划教育经费方法、成数等，作了明确的规定，训令各县遵照执行。其办法为：“（1）县教育经费除原有教育基本寺产外，不得少于县经费总数十分之四。（2）市、乡教育费就下列各款筹划支配：甲、市、乡原有之附税充教育费者；乙、市、乡原有之杂捐充教育费者；丙、市、乡原有之公款、公产充教育之基本款者；丁、经县议事会议决议拨与市、乡之补助金；戊、人民乐输之寄附金。”[②] 这里的市、乡教育经费，即为分区所筹。1919年《江苏省义务教育施行程序及办法》规定，将每一市乡分为若干区，义务教育经费主要由本市、乡筹集。鼓励市、乡民众捐资兴学，“能捐助本区内之义务教育费者，应查照捐资兴业褒奖条例，分别奖励。其担负私立小学经费，能使一区内之学龄儿童，一体就学者，得查明其所任费额，比照办理”[③]。各市乡所筹经费是该市、乡义务教育经费的基础。山西省是义务教育推行绩效最为突出的省份，山西省的经济条件实际比其他省份未见得就好一些，但推行义务教育却取得了令人啧啧称叹的成绩，其分区筹款办法当落实得较好。1918年11月《山西义务教育施行程序》中的“筹款设学”明确规定：“由县知事分令劝学所会同各区长督饬各街村长副办理。”[④]

直隶省因为1913年4月袁世凯和五国银行团进行善后大借款，遭到全国人民的反对，孙中山发动“二次革命”，袁世凯调兵遣将，军费浩繁，不得不压缩教育经费。财政部将直隶当年除中学外的教育费由110万元压缩到30万元，分配给天津北洋大学20万元，保定直隶高师10万元，其他各学校经费一律“删

---

① 宋恩荣、章咸编：《中华民国教育法规选编》（修订版），南京：江苏教育出版社，2005年，第213页。

② 江苏省地方志编纂委员会编：《江苏省志·教育志》（下），南京：江苏古籍出版社，2000年，第1095页。

③ 李桂林等编：《中国近代教育史资料汇编·普通教育》，上海：上海教育出版社，1995年，第753—754页。

④ 李桂林等编：《中国近代教育史资料汇编·普通教育》，上海：上海教育出版社，1995年，第752—753页。

除”。“删除”学校经费事件引起直隶教育界极大恐慌，省教育司决定裁并或限制中学及专门学校，加强师范教育和小学教育。各地小学能够渡过这一难关，应当说得益于分区筹款的体制。直隶各县“县立小学由田赋附加，各项合法税捐、学产租息及学费等项为收入；各乡小学主要依据就区筹款的原则，由当地房捐、地租、冰窖捐、布捐等项来源支取”①。

浙江温州具有捐资兴学的良好传统。据《温州市教育志》记载，民国初年，瑞安县韩师浦捐银1万元，项湘藻、黄方氏捐银5000元，张浩、汤镜英、项川各捐银2000元，兴办瑞安中小学，获教育部颁发一、二、三等奖章。平阳县黄溯初于1921年自行出资创办郑楼小学，实行免费教育。到1930年建成校舍57间，场圃13余亩，设备相当齐全。1933年9月，浙江省长公署指令教育厅褒奖泰顺县知事，因其于贫瘠穷困之区，4年来竟募集教育基金35000余元之巨，“实属实心任事，良堪嘉许”。1926年1月，又嘉奖泰顺县视学吴谓筹募兴学基金14900余元，“实属热心兴学，成绩优良”，教育部特授予四等奖章。当然，诸如此类的事情，在全国是凤毛麟角。

“就地筹款”之制虽然能够缓解中央和省市筹办义务教育经费的压力，挖掘地方潜力推行义务教育，但是因为各县市经济发展不平衡，不分青红皂白就往各县、区、乡推行，对于很多偏远地僻的县份、区、乡而言，筹集到办学经费，并不容易。

2. 民国后期分区筹款制度的调整与改革。南京国民政府厉行义务教育，各省市纷纷采取行动，推动义务教育的发展。为了保证义务教育顺利推进，国民政府仍以学区为筹集义务教育经费的主要单位，但对实施义务教育的中心小学和村小、保小的经费来源，进行了重新配置。

1935年11月，分区筹款制度进行了重要改革，国民政府行政院颁布《各省县市筹集义务教育经费暂行办法大纲》，规定：“各省市各小学区内之义教经费，应视其设校之数量定需要之经费之多寡，由各县市就地自筹半数以上为原则。”②

---

① 保定市政协文史委员会编：《保定近代教育史略》，保定：河北大学出版社，1992年，第60页。
② 《中央及本省义务教育法令汇编》，湖北省义务教育委员会，1937年，第95页。

与民国前期相比，《国民学校令》将义务教育经费筹措的责任全部推到地方学区，在有较大缺口时，只是含糊其词地说“应由县予以补助”，这是不负责任的态度。而民国后期则明确规定了“就地”筹款的比例不得低于50%。当然各地情况不同，这一比例在执行上又保留了一定的灵活性。譬如，陕西省西安义务教育实验区第一年的开办费及岁支出7500元，由省教育厅直拨，各县指定一个学区为义务教育实验区，以今西安市辖6个郊县计，共98400元，各县在地方税预备费中筹7/15，其余由省教育厅请教育部补助。[①] 这说明陕西省的补助费划拨下来了，各县市的配套经费并没有达到50%。西安市诸县的经济状况比偏远的县市稍胜一筹，50%的义务教育经费筹集任务完成尚且如此，其他县份的困难，可想而知。

1940年3月21日，教育部公布《国民教育实施纲领》，关于经费筹集部分规定：“保国民学校之经费，应以保自行筹集为原则，不足时由县市经费项下支给之”；“保国民学校应由保在一定期限内筹集相当之基金，为扩充学校设备之用”，“乡（镇）中心学校之经费，其校长教员之薪给，由县市经费项下开支，办公费及设备扩充等费，应由所在地方自筹之，并应参照保筹集基金办法筹足基金”。[②] 与《办法大纲》不同的是，“新县制”实施后，乡镇中心小学和保国民学校的经费实际由两部分组成，“一部分由上级拨款补助外，一部分仍需自筹[③]”。

湖北于1930年开始在县以下按人口和面积划分学区。学区划定后，每一学区配备教育委员1人，由县教育经费给予津贴。次年又明确要求按自治区划分学区，区教育委员由区长兼任，不另支薪。经费来源除县教育经费少量补助外，主要依靠就地筹集。1930年省教育厅规定区、村立小学开办费除就本地教育经费项下提取外，余由县长另筹临时款项补助。筹集经常费的项目有三：一是地方公款公产；二是特别捐；三是门面捐。

---

① 西安市教委教育志编纂办公室编：《西安市教育志》，西安：陕西人民出版社，1995年，第392页。

② 宋恩荣、章咸编：《中华民国教育法规选编》（修订版），南京：江苏教育出版社，2005年，第276页。

③ 田正平、肖朗主编：《世纪之理想——中国近代义务教育研究》，杭州：浙江教育出版社，2000年，第505页。

秭归县各区开办学校的费用，多由各乡所有的公款公产中临时支出。各乡公款公产由当地士绅或保甲长经管，凡有兵差捐款，都由公款开支，不再向当地百姓摊派，有时钱粮催收紧急，亦作完粮之用。倘公款有盈余，则用以办学。五峰县各区教育经费除县教育补助费和学费收入外，还有息金和名目繁多的租稞，如硝稞、差稞、庙稞、学稞等，租率多少，根据性质确定。利川县学区的教育经费收入有米粮市捐、猪市捐、屠市捐、布市捐、茶捐、漆捐、庙产捐、祠产捐、油榨捐 9 项。而恩施县各区教育经费来源于田租、房租、息金、杂捐，以及私人捐款。恩施县内各学区又各不相同，第一学区以畜谷行捐、田租为大宗，第四学区学田租稞有苞谷、稻谷等，还有营地、匪产之类。

湖北各县就地筹款情况大致相差无几，都是靠稻谷、苞谷、房租、息金、租稞、米粮市捐等，来源很不稳定，各项来源变动不居，使各县各学区筹款多出师不利，与预期相去甚远。鉴于各地小学区、乡村、保等基层组织筹款困难，故 1936 年 6 月 17 日湖北省请行政院训令全国各省、县、市对地方乡民主动分担义务教育经费者予以奖励：

义务教育经费应以地方负担为原则，业经规定于《义务教育实施办法大纲》中，地方筹集义务教育经费，并经本部等会拟各省县市《筹集义务教育经费暂行办法大纲》，呈奉钧院备案。并通令各省市政府遵照在案，惟此次迭据在京各省教育厅长面陈各省市、县依照《筹集义务教育经费办法大纲》第五条款所列人民自动公议，依呈准分担之捐款等规定筹集经费，在呈请财政厅核准备案时往往亦遭驳斥，故地方自筹义务教育经费，至感困难。查人民自动集议分担教育捐款，一自与苛捐杂税不同，政府宜予奖励，以利地方教育。又据陈称办理义务教育，如由各小学区区内人民按各户富力，分别劝募或分担，以充办理，短期小学经费，尤为轻而易举，查所陈亦属切要。为鼓励并劝导人民协助推行义务教育起见，拟恳钧院通令各省政府饬令财政、教育两厅：（一）凡地方人民公议，自愿分担义务教育经费。（二）凡地方教育行政机关规定于各小学区内，按各户富力劝募或分担义务教育经费，在呈请核定时，财政厅应予查核准时，教育厅并得视其情形，酌予奖励。[①]

在地瘠民贫村民分散之地筹集义务教育经费，当然应当采取一些特别措施，如给予奖励之类。如果按部就班，例行公事，在村乡保筹集义务教育经费，一定会使学龄儿童永远沦为失学儿童。

既然实行分区筹款制度，那么学区制就要进行适当的调整。学者赵欲仁主张各县市内各小学区，为增进义务教育设施效能起见，得设立区义务教育委员会，由学董、助理学董、区教育委员会及其他自治公安人员组织之。[②] 北平市较早将学区的根须扎到最基层，在街（村）也成立了相应的组织，并建章建制，颁布了《普及教育暂行章程》。1929 年 1 月，《北平特别市市报》刊登出《街（村）施行普及教育暂行章程》，对街（村）长的有关职责事宜，作了比较详细的规定。[③] 洛阳县政府加大义务教育推行的力度，制订、颁发了《村校董会组织规程》。这是中国现代最早的以最基层的村为单位的推进义务教育办法。洛阳县政府还规定："各村校董会组织成立后，即指派督学及临时指导员，赴各区分村实地指导、督促，限期成立。每一指导员指导区域，以八个村庄至十个村庄为度。"[④] 1936 年教育部举办全国义务教育干部人员讲习班。讲习班讨论的问题之一有学区之行政组织问题：（1）维护教育部部颁修正市县划分小学区办法中所规定之行政系统；（2）义务教育推行人员在县学区（几个联合小学区）或自治区，以教育委员会为主体；在联合小学区，以学董为主体；在小学区，以助理学董为主体；（3）每一县学区，于必要时，得设立区义教委员会，协助办理本区义务教育事宜……[⑤]这些村校董会的重要职责，第一条就是"筹集及保管本村教育经费，编造预算决算"；第二条是"经理本村义务小学建筑及设备事宜"。可见其重要职权就是筹集小学的教育经费和使用教育经费。

---

① 《中央及本省义务教育法令汇编》，湖北省义务教育委员会，1937 年，第 101 页。

② 赵欲仁著：《义务教育行政》，香港：中华书局，1939 年，第 5—6 页。

③ 《街（村）施行普及教育暂行章程》，邓菊英、高莹编：《北京近代教育行政史料》，北京：北京教育出版社，1995 年，第 797—798 页。

④ 《洛阳县政府实施义务教育方案》，洛阳县政府，1935 年，第 22 页。

⑤ 教育部义务教育干部人员讲习班编：《义务教育实际问题讨论录》，翻印，湖北省教育厅，1937 年，第 13 页。

进行学区调整的主要目的是为了实施分区筹款制度，以及便于统计学区内学龄儿童数、校点布局、督促学龄儿童入学，等等。这种分区筹款制度实际是乡镇保分散筹款，各自为政。这种办法比起以县为单位出面筹款要优越得多，一来乡镇保自筹经费自己用，易于激发募捐的积极性；二来县主管机关也可以省事；三是由县级主管机关统一筹款，必然导致二次分配，有二次分配又容易分配不公，引起积怨。

分区筹款制度的实施，采取谁集资谁受益的原则，有利于调动基层筹集义务教育经费的积极性，有利于义务教育的持续发展。

（二）县市（乡镇）地方褒奖捐助的措施

众擎易举。推行义务教育必须动员全体国人的积极性和首创精神。有鉴于此，近代各个时期出台了一系列措施，鼓励和褒奖社会人士赞助输款作义务教育经费。

对于民间捐资兴学，清末便分别奏奖，已有定章。民国时期，对捐资兴学者采取多方面的奖励措施，肯定其捐资兴学行为。所采取的主要措施有两点：

第一，给捐资兴学者颁发褒章。清末兴学之初，经费成为兴学运动启动的瓶颈。为鼓励民间兴学，直隶颁发奖励捐资兴学的文书，袁世凯本人捐资 2 万元倡导捐资兴学。他对直隶其他捐资兴学者，均奏报请奖，先后奏准给 20 多个州县的捐款人以各种奖励。张之洞为家乡南皮县捐银 2.7 万两，获光绪帝和慈禧太后所书匾额各一方。严修办学堂 11 所，获赏五品卿衔。昌黎县孀妇张李氏捐银 1000 两，后袁奏准为其建牌坊。[①] 直隶形成了捐资兴学的良好风气。

1912 年，民国初建，新规未立，教育部于 7 月 19 日通咨各省，对人民捐资兴学由教育司先予记录，再行核办。1913 年 7 月 17 日，制定《捐资兴学褒奖条例》，以后多次修订。1913 年的《褒奖条例》规定，“以私财创办或捐助图书馆、

① 河北省地方志编纂委员会编：《河北省志·教育志》，北京：中华书局，1995 年，第 690 页。

美术馆、宣讲所诸有关于教育事业者"，由地方长官开列事实呈请褒奖。捐资到100元者，奖给银质三等褒章；捐资300元者，奖给银质二等褒章；捐资500元者，奖给银质一等褒章；捐资至1000元者，奖给金质三等褒章；捐资至3000元者，奖给金质二等褒章；捐资至5000元者，奖给金质一等褒章；捐资至1万元者，奖给匾额并金质一等奖章。1929年1月29日，国民政府公布了《捐资兴学褒奖条例》，规定："凡捐资者，无论用个人名义，或用私人团体名义，一律按照其捐资多寡，依下列规定分别授予各等奖状。一、捐资五百元以上者，授予五等奖状；二、捐资一千元以上者，授予四等奖状；三、捐资三千元以上者，授予三等奖状；四、捐资五千元以上者，授予二等奖状；五、捐资一万元以上者，授予一等奖状。"① 1941年四川省政府发布《关于奖励捐资办理国民教育暂行法案》，一批有识之士大力推动社会捐资兴学，成都市私立小学稳步上升，1936年51所，学生11794人；1937年53所，学生11857人。到1949年，私立小学达55所，学生20504人。就校数而言，都超过了公立小学，学生人数也难分伯仲。四川有些大土豪或者为了培植党羽，或者为了沽名钓誉，以个人的名义办学。大邑县大地主刘文彩置学田1035亩办学，1947年受到国民政府明令嘉奖，教育部颁发他捐资兴学一等奖状。1944年，国民政府重行制定公布了捐资兴学褒奖条例，奖状设有7级，捐资1000元以上授予七等奖状，捐资10万元以上，授予一等奖状。这些褒奖办法的实施，给各县市好善乐施者以证书认可。湖北黄陂县的捐资兴学之风盛行，很多学校为社会人士独资或筹资兴建。据《黄陂县教育志》记载，黎元洪捐资修建了横店镇慈善会小学，学生不仅免费就读，还发给制服，享受免费医疗待遇。1946年，王一鸣捐赠校舍约值1000万元，陈济民捐校舍修理费500万元，韩惠安、赵南山赠地产约值1000万元，韩惠安捐姚家墩麦地1760方，乐作霖、李荐廷、胡秋原共捐赠金500万元，赵扬清、胡淑珍、胡康民、鲍余生分别捐方家湾、晏家冲、桥边湾等地庄地共44.9石，余传富捐马力豆车、米车全部机件。

---

① 《第二次中国教育年鉴》第十五编，上海：商务印书馆，1948年，第1591—1592页。

捐资兴学的数目不可小觑。据《第一次中国教育年鉴》对清末全国千元以上捐资兴学者作过统计，居前 5 位的依次是江苏 38 人，浙江 19 人，辽宁 15 人，河北 10 人，湖南 8 人。下面是浙江捐资兴办小学者一览表（见表 8—5）：

表 8—5　清末浙江省各县千元以上捐资兴办小学堂者一览表

姓名	籍贯	捐款数（元）	捐助学校	褒奖等级
莫敬	绍兴	12412	啸睑务本小学堂	金质一等褒章
万嗣彤	平湖	6433	初等、高等小学堂	金质一等褒章
王积洪	浙江	5485	初等、高等小学堂	金质一等褒章
徐棠	桐乡	3303	敦本小学堂	金质二等褒章
章宪杰	浙江	3081	泾清乡启明小学堂	金质二等褒章
徐椿	金华	1987	石槽初等小学堂	金质三等褒章
徐梓	金华	1639	石槽初等小学堂	金质三等褒章
徐邦	金华	1657	石槽初等小学堂	金质三等褒章
徐克昌	金华	1231	石槽初等小学堂	金质三等褒章
傅赞尧	金华	1434	育德初等小学堂	金质三等褒章
王喜礼	金华	1520	蒲塘小学堂	金质三等褒章
妻方氏				
陈钧	瑞安	1178	南岸镇立第一两等小学堂	金质三等褒章
叶炳奎	浙江	1237	浙江旅津两等小学堂	金质三等褒章
周运杓	浙江	1237	浙江旅津两等小学堂	金质三等褒章
陈济易	浙江	1237	浙江旅津两等小学堂	金质三等褒章
徐舟泰	浙江	1054	蒙正初等小学堂	金质三等褒章
徐位泰	浙江	1275	蒙正初等小学堂	金质三等褒章

资料来源：《第一次中国教育年鉴》（戊编），上海：开明书店，1934 年，第 441 页。

这些捐资兴学者，官府都根据捐资数额授予相对级别的奖章。

民国时期，捐资兴学之风更加强劲，人们的慷慨解囊，为义务教育的顺利推行，立下了汗马功劳。教育部统计处根据1929年至1946年度呈请教育部给奖案件登记册及各省市褒奖捐资兴学统计综合表，绘制了其间褒奖捐资兴学人数、奖状数和捐资数，详见下表（见表8—6）：

表8—6　1929—1946年度全国褒奖捐资兴学人数、奖状数和捐资数统计表

年度	捐资人数或团体数	捐资数（元）	授予奖状张数							
			一等	二等	三等	四等	五等	六等	七等	合计
1929	36	439545	14	11	11					36
1930	93	1287647	27	26	34	1	5			93
1931	92	2145409	32	26	24	6	4			92
1932	57	1447213	20	18	17	2				57
1933	111	1635160	33	23	24	9	22			111
1934	46	1112200	16	7	18	3	2			46
1935	71	1847130	18	14	17	10	12			71
1936	60	20971705	28	6	26					60
1937	70	1431726	15	10	14	21	10			70
1938	78	511438	14	5	8	29	22			78
1939	48	400474	7	4	5	19	13			48
1940	206	4669181	9	8	6	96	87			206
1941	459	3882211	55	16	27	205	150			453
1942	316	8180357	72	37	32	346	312			799
1943	1625	13920118	135	62	80	566	403	296	77	1619
1944	2564	40330907	66	31	30	311	154	164	416	1172
1945	1117	85347675	49	27	22	182	149	140	529	1098
1946	2514	1358537940	91	57	81	320	249	277	1350	2425

资料来源：《第二次中国教育年鉴》第十四编，上海：商务印书馆，1948年，第1491页。

从1929—1946年度的18年间，捐资人数或团体共有9563人，共颁发8534张奖状，捐资总数达15亿4809万余元。在获得如此天文数字的义务教育经费的同时，也得到了更多的民众对义务教育价值的认同。

第二，为办学捐款者或树碑立传，或以其名作为校名、教室名、楼名。民国成立后，中央政府规定个人捐资助学成绩显著者，政府给予奖励。广西省乡镇以下小学校的新建或扩建，资金都来源于乡村集体捐资，发动当地群众集资，有钱出钱，有物献物，有力出力。1930 年，广西容县容城镇中心小学搬迁重建，决定“捐献国币一万元以上即以本人的名义，命名一个教室，以资鼓励”。广西省主席及该县县长等 16 位知名人士均各捐款 1 万元以上，各以其人名命作教室、楼名等。①

社会贤达的慷慨解囊捐资助学，给如同久旱的乡镇保小学带来甘霖，解决了办学经费不足的一时之饥渴。《第一次中国教育年鉴》（戊编）中的《教育杂录》列有民国前期 1000 元以上捐资兴学经费统计表，据此表可以了解到捐资兴学经费之一斑（见表 8—7）.

表 8—7　1912—1922 年各省市捐资兴学经费统计表

	1912	1913	1914	1915	1916	1917	1918	1919	1920	1921	1922
江苏	899059	74019	156583	40889	128588	10797	90874	85542	62846	73418	3329
浙江	246207	83938	33278	79236	48316	24514	25098	3630	17231	40793	3044
安徽	114813	13275	29316	15647	10152	8254	42005	16614	16784	12830	
西江	45791	12718	89122	22370	6394	8520	10212	20000	3500	5021	14395
湖北	108331	26826	18935	6688	1000	42510	2942	1000	15500	5000	3000
湖南	121156	39227	6934	3771	3000	18535	9400				3000
四川	1126	12000	2014	6600				1005			1300
福建	183909	55943	6518	21526	9445	13540	2181	2500	9410		1000
云南	23510	1000		1643		12891	1000				
贵州	2308									1300	
广东	133874	70274	5292	4874		6903	6100	13100		43112	15500
广西	5286			3082		3445	2100	5100			
陕西	2190	10346	1000				4080	2700	3000		1095
山西	12969	1100	1090	5280	14984	1470	2560	30500	12400		4538

① 广西壮族自治区地方志编纂委员会编：《广西通志·教育志》，南宁：广西人民出版社，1995 年，第 695 页。

续表

	1912	1913	1914	1915	1916	1917	1918	1919	1920	1921	1922
河南	6530	7985	1133	54533	6000	5880	18000	4400	6380	5220	14387
河北	56435	40607	20104	9592	34955	37687	32219	14525	32556	27050	8760
山东	78935	139529	16790	30357	10100	39 * 878	56217	41441	24293	18473	10730
甘肃		15340	1000	4779	1000	11331	3000	3020	47312	22480	3400
辽宁	24103	18036	3350	2450	4800	1077	19869	11873	2200	28787	
吉林	2100	1103	2300	269754	1015	2190	7600	1330	1000	3000	
黑龙江	1400		22561	1200		2005	1000				3000
上海	50265	123901		2469	3700		2791		4026		
北平	2040	1000	2720	2080	5660	1040		4063	2000		
华侨等	3095	14295	5040		2000	172100				2000	3000
不详	116400	21160	22530			38120	21880	18800	4000	27666	
总计	253712	784622	413343	590210	294109	462637	361128	282839	264438	317326	93478

资料来源：《第一次中国教育年鉴》（戊编），上海：开明书店，1934年，第360—361页。

表8—7中的省份为不完全列举，未列上统计表的省市或者是缺乏数据，如宁夏、青海、绥远、察哈尔、西康、东省特别区、南京、青岛、威海卫；或者是数据颇不齐全，如新疆和热河两省仅有2—4年的数据；蒙古仅有1914年的数据。1923年后，各省的数据七零八落，稍稍齐整者仅江苏、广东和河北3省而已。尽管如此，从1923年到1928年，统计表仍然列有全国捐资兴学经费总数，其数据是1923年232545元、1924年136732元、1925年110126元、1926年178405元、1927年71780元、1928年211218元。这17年间全国捐资兴学经费共705.86万元。相对于全国30多个省市区庞大的义务教育工程来说，不能说可以解决大问题，但应当看到，全国各省市区1000元以下的捐资不包括在内，而1000以下合共起来当不是一个小数目；还要看到，其时义务教育的价值并没有为社会所认识，说明还要加大义务教育功能与作用的宣传，人们对义务教育的价值有了一定的认知后，才可能有广泛的捐资兴学行动。

民国后期伴随着义务教育宣传和推行力度的加大，社会捐资兴学的善举各地层出不穷，1929—1946年度全国捐资兴学经费便达15亿4809万余元，仅1946

年就达 13．58 亿元之多。这说明民间义务教育经费资源得到了较好的利用。湖北省松滋县采取“乐捐”和“劝募”两种方法，较好地解决了政府义务教育经费不足的问题。“乐捐”是民国时期自筹地乡教育经费的重要途径。包括入义学、献土地、捐房屋、出资金等。“劝募”是对商祠、庙会及殷实富户分别劝勉，确定捐拨款额并完成捐赠手续。全国各地热心教育乐于捐资兴学者不乏其人。仅湖北松滋县抗战期间就有近 30 名社会人士解囊捐资兴学。下面是 1934—1946 年间湖北松滋县捐资兴学者一览表（见表 8—8）：

表 8—8　1934—1946 年间湖北松滋县捐资兴学者一览表

乡别	捐资者	捐资时间	捐资种类及数额	捐资用途
松天	艾禹臣等 9 人	1934．8	各捐 5000 元	
宛河	郑王大公祠	1935．1	国币 9 万元	保校基金
邻湘	赵绪忠等	1935．1	各捐一月薪	
江亭	95 人共捐	1937．8	法币 176723 亿	中心学校修建费
新虞	胡公祠	1943．3	公田 200 亩	中心学校经费
莲米	陈兆雄	1944．3	国币 1 万元	保校修建费
忠俊	彭思齐	1945．4	国币 1 万元	
忠俊	杜子厚	1945．4	国币 1 万元	
新虞	文庆风	1944．5	国币 2000 元	
忠俊	李佑荣	1944．5	国币 3000 元	学校农具添置
邻湘	周玉章	1944．5	国币 6000 元	中心学校修建费
桃南	李恒武	1944．5	国币 12 万元	中心学校基金
崇麻	张松乔	1944．6	国币 1 万元	保校修建费
安扬	郭建松	1944．7	良田 20 亩，国币 1 千元	学校属地
莲米	易绍林	1945．8	国币 3 万元	中心学校修建费
米市	喻大槐	1944．10	湖田 35．35 亩	教育公产
界澧	杜印甫、杨明旃	1944．9	国币 2．5 万元	中心学校修建费
镇天	周公祠	1944．11	湖田 28 亩	兴学
镇天	叶祖保	1944．11	湖田 9 亩	兴学

续表

乡别	捐资者	捐资时间	捐资种类及数额	捐资用途
崇张	余少平	1944. 11	国币 27 万元	兴学
镇天	侯伯陔	1946. 1	祠田 10 亩	教育基金
参政	李德新	1946. 1	田 17. 5 亩	
邻湘	覃梯云	1946. 1	全学期薪	
紫云	裴耀奎	1946. 3	捐房屋值 5 万元，上田 9. 5 亩	
新泰	孙玉太	1946. 7	国币 27 万元	
新虞	胡保源	1946. 8	国币 50 元	
危滨	稽征处杜主任		国币 5000 元	
西斋	稽征处彭主任		国币 5000 元	中心学校基金
新虞	胡宗祠		田 200 亩	中心学校基金

资料来源：湖北省松滋县教育委员会编纂：《松滋县教育志》，1986 年，第 69 页。

表 8—8 表明，松滋县乐捐与劝募取得了一些成效，对大笔的捐助当然由衷喜悦，对仅仅捐助 50 元国币者也是悦纳的。捐助的意义并不在于 1 人捐献 1 万元，更有意义的是万人捐献 1 元。松滋县利用这些善款，或者充作学校基金，或者用为教育公产，或者用以购买学校仪器设备，或者用为学校修建费，成为政府义务教育经费不足的重要补充，为政府推行义务教育加助了一臂之力。

好善乐施者捐资兴学费用，对义务教育推进当然有不小的助力，是筹集义务教育经费的重要手段之一。

（三）县乡集腋成裘的筹措办法

清末以来，义务教育的热衷者及专家学者为筹集到充量的经费，无不挖空心思，殚精竭虑，为筹措到更多的义务教育经费建言献策。

1. 清末州县开辟筹措教育经费途径的尝试。清末虽然已经有三级教育经费投入之议，事实上中央和省级财政拮据，不可能分担初级小学办学经费，筹集发展初级小学经费的任务，县级教育行政部门不得不扛下来。

光绪三十二年（1906）五月，学部颁布的《劝学所章程》对地方州县义务教育经费的筹集作了规定：第一，“迎神赛会、演戏之存款”。第二，“绅富出资建学”。第三，“令学生交纳学费”。学部所规定的三种款项，远远不够地方兴办初级小学之用。

既然迎神赛会之类办法不能解决大问题，各府州县便按田亩数量征收粮赋，还征收屠宰税、烟酒税，从中抽取一定的比例作为学费。此外，一些地方充分利用县、乡、村的公产，作为兴学育才资金，用以兴办新式学堂。四川各地采取如下办法筹措教育经费：

一、将原有学田局产业（包括书院、义学、社学田产）拨归劝学所管理；二、提留地方公款；三、增加捐税（如邻水县加收市场使用费，牲畜捐百分之二，斗息捐百分之三，秤息捐百分之二，田土买卖契税中收价银的百分之一补充教育经费）；四、奖励捐款，捐资产达一千两以上者，总督奏请皇帝嘉奖，并在本籍建坊表彰；其他捐资者不计数额大小，都给予一定的荣誉；五、将刑狱讼之罚案银的一部分拨充学款；六、提拨庙会、神会、行会、善堂之产业作学产；七、学生学费。[①]

浙江还动员各行业公会，如丝绸业、米业、茶业、盐业、布业等，利用行业的资金开办小学堂。光绪三十四年（1908），杭州绸业观成堂创办公立观成绸业两等小学堂，经费由绸业派捐。后又创办第二初等小学堂，招收第一初等小学堂不能容纳的绸业工匠子弟。宣统元年（1909），绸业观成堂再设两所简易小学堂，称第一观成简易小学堂和第二观成简易小学堂。同年，吴兴县绉业公会创办吴兴县私立绉业小学堂，经费在产品中提成拨助，校舍暂借绉业会馆房舍，首任监督由绉业董事担任。

以河南安阳县为例，可以大致了解到清末州县教育经费筹集的状况。清末，安阳县教育经费主要来源有膏火费、官款、公款、捐款、社内各户公摊、按地亩均摊、公户捐资、庙产租金、社款和戏资、酌收学费等 10 项。光绪三十四年

---

① 熊明安等主编：《四川教育史稿》，成都：四川教育出版社，1993 年，第 195—196 页。

(1908)，彰德府（今安阳市）学堂的产业租入325两，存款利息1510两，学生交纳1070两，派捐和乐捐3153两，杂入47两，共6105两。安阳县学堂岁入情况是：产业租入905两，存款利息433两，官款拨给1480两，公款提充717两，学生交纳3258两，派捐和乐捐13393两，杂入1769两，共21955两。居河南全省102州县的第4位。最高为荥阳学堂，17101两，最低为伊阳学堂，896两。因为没有河南彰德府学堂和安阳县学堂光绪三十四年（1908）的岁出数据，只有光绪三十二年（1906）岁出的数据。以这两年岁入、岁出两相比较，彰德府学堂光绪三十二年（1906）岁出7221两，有1116两的缺口；安阳县学堂结余1180两。① 这个数据的比较说明，各州县的经济发展情况不同，决定着各州县学堂经费充盈与否。

2. 民国前期县乡筹措义务教育经费途径的拓展。民国前期，中央、省和县市三级义务教育经费投入体制基本形成，但中央和省的补助多只是停留在口头上，真正见到补助行动少之又少。第十一届全国教育会联合会的一份议决案《实行义务教育应规定筹款办法案》，批评中央和省市政府说：

吾国义务教育之计划，宣传有年，关于储备师资，设置学校，分划学区种种，均应由主教育者作相当之标准。惟所需经费，向无详细之规定，教育部以空言责之各省，各省以空言责之各县，各县之能自谋者，仅零细杂捐而已，且不易邀财政官吏之核准。现生活程度日高，从前原有之小学以不能增筹款项辍办者甚多，长此以往，即增级增校已无希望，遑言普及！②

《办法案》阐述了县乡筹集义务教育经费的困难。

义务教育经费虽然主要由各县负责筹集，但筹款项目与范围需要省市政府制定。

在1922年的第八届全国教育会联合会年会上，就有《筹集义务教育经费案》的议决案，各地筹集义务教育经费“出产有税，屠宰有税，田亩烟酒亦有税，虽取之于民，各有不同，要皆涉于苛细，取尽锱铢，然统计收入实数，较应需各

① 安阳市教育志编辑室编印：《安阳市教育志·教育行政篇》，油印本，1987年，第95—98页。

② 邰爽秋等合编：《历届教育会议议决案汇编》（下册），上海：教育编译馆，1935年，第58页。

费，仍不敷甚巨，卒无补于事实，似此枝节筹措，学校永无扩充之日，教育终无普及之望”。[①] 尽管民间为县乡筹集义务教育经费大声疾呼，推行义务教育经费筹集的责任并没有因此而减轻。

各县筹集义务教育经费不得已只好涉于苛细，民怨沸腾也在所不惜。据《广西通志·教育志》记载，1928 年广西各县教育经费来源于捐税的有：粮赋附加、烟酒附加、屠宰猪牛捐、商店地租捐、生猪生牛捐、道巫捐等项为大宗。此外如渡船、行租、塘租、没收征信金、花筵捐、石灰窑捐、税契捐、市场租、当押公益捐、六厘学款、豆捐、戏票捐、锡砂水捐、酒烟捐、生锅捐、秤油米捐、码头捐、油塘捐、鱼捐、马捐、竹木筏捐、亩产膳田租、桑园租、红地捐、特货附加捐、出口货捐、硝磺附加捐、渔筏捐等收入也不少。大宗的有 7 种以上，“涓涓细流”也接近 30 种之多。

此外，各国各县还有一些适合当地实际的筹集义务教育经费的做法。

山西省某县利用存款利息作义务教育经费。当时社会虽然野有饿殍，沟有死骨，但家有存款达 4000 元以上者，颇不乏人。此外还有很多家庭怕露富，将钱财密藏，以不显山露水。一位笔名为“轶羊”的在《申报》撰文说：“与其若山西人之没奈何埋于地下，蓄财无用，曷若慷慨解囊，利用生息之法，以兴办义务教育乎？彼富翁者所损不过九牛之一毛，而一般失学儿童再享受教育之机会，宁非义举！”[②] 他号召“我全国同胞富者尽其财，能者尽其力，以兴办义务教育为目的，则不特可以普及教育，抑且对于中国前途，有莫大之希望焉”。

山西和江苏实行以亩捐拨兑。山西实行亩捐，最多的每亩达 0.21 元，最少的有三四十文。江苏规定义务教育经费可以亩捐拨兑，各县可自 0.08 元起征，按照实际需要，可递增到 0.61 元。

清理学校寺庙款产也是很多县乡建立教育基金的办法。舒新城指出，寺庙“豢养无数不事生产之僧尼住持，于保存迷信、消耗香火费而外，并足以阻科学的发展，妨社会的进步，即对于僧尼等个人亦无何种好处”。舒新城根据自己的

① 邰爽秋等合编：《历届教育会议议决案汇编》（上册），上海：教育编译馆，1935 年，第 323 页。
② 《利用贮蓄生息兴办义务教育》，《申报》，1920 年 12 月 20 日。

经验判断，“寺产之收入最少当可与现在的教育费相等，因为就内地情形看来，寺观之数每多于学校，而每寺之开支亦每与一学校相等也。若将善男信女的香火费算在一起，更要超过若干倍”。① 邰爽秋也指出：“中国唯一的大资本家，要算是僧阀。据确实调查，只丹徒一县的庙产，就有五千万之多！中国大寺院丛林无虑千万，准此以推，全国庙产至少有二十万万！试问中国那［哪］一种阀，能有这样多的资产！”② 全国各县大多有寺庙十数座乃至数十座，是一县义务教育经费的一笔大收入。

设奢侈捐作义务教育专款。近代社会，一方面生灵涂炭，民生凋敝，一方面大肆铺张，奢侈浪费；有钱烧香拜佛，抽烟喝酒，无钱赞助义务教育一分一文。有鉴于此，众多县市设立奢侈捐、烟灯捐、迷信捐、烟酒附加捐等，开征鸦片烟膏税、遗产税等，作为义务教育专款。有钱烧香拜佛，有钱抽吸鸦片，也应该从中抽取义务教育经费。但是，在抽取义务教育经费的同时，也就使烧香拜佛，抽吸鸦片合法化了。

民国初年，温州各县教育经费主要靠书院产款、宾兴款和公车费维持。清末民初，各县设立的小学，大抵由书院改办，办学经费也由书院款产移交，充办学基金。宾兴款是清代各县都有的地方官设宴招待应举之士的经费，科举停止后，这种款项用作办学基金。公车费是清时士人入京会试由地方官府津贴的路费。全国各县，包括温州各县在内的官府，大都有这一笔存款。各县将此款的利息作为三年一次的本县士人应试的盘缠。科举制度停止后，这笔费用除一部分改充县中学的经费外，其余的大多充作小学经费。大约新文化运动后，温州各县教育经费的主要来源有下列数种：

第一，地丁特捐。统称县税，其中 40％为县教育经费，即所谓“四成教育费”。温州有 4—5 县从地丁税中抽取教育经费万余元，最少的县份则不到

---

① 舒新城：《教育经费独立》，吕达、刘立德主编：《舒新城教育论著选》（下），北京：人民教育出版社，2004 年，第 733—734 页。

② 邰爽秋：《庙产兴学运动——一个教育经费政策的建议》，见邰爽秋等编：《教育经费问题》，上海：教育编译馆，1935 年，第 66 页。

1000 元。

第二，抵补金特捐。民国成立后，浙江省废止征收漕米南粮，两年后改征银圆，故称抵补金。抵补金内包括有教育费特捐及附捐在内，但比地丁特捐要少，大约每米一石不到 0.1 元。

第三，游民债券余利。1924 年，浙江省教育当局鉴于各县小学日益发达，而小学经费日形支绌，不得不谋开源之法，遂从浙江省当时所办救济游民债券中拨出一部分，分发各县生息，名之曰“小学基金”。从利息中，各县大抵平均领到银圆 3000 余元，这是各县唯一的教育基金。

第四，屠宰营业税附捐。此税正税猪每头 0.4 元，羊 0.3 元，增加附捐不得超过正税税额。瑞安县大约从屠宰税项下征三成充教育经费。平阳县每头猪征银 0.1 元；永嘉县第二学区养猪户每头猪征法币 0.05 元，充作小学经费。

第五，置产捐。就新置不动产项下带征附捐，其捐率约为所售产价 1%，典当者减半。

第六，货物附捐。如竹木、木炭、茶叶、纸类、水产、盐、卷烟，以及米碾（水碓、踏碓）等项目征收教育附捐。1926 年平阳县参议会作出决议：一是在卷烟特税项下附捐二成充教育经费，全年收洋 600 元；二是征收碓捐，凡设二臼以上者，每年收碓捐洋 1 元，全县有碓坊 2000 多所，全年征教育经费 2000 多元。

第七，奢侈捐。菜馆业设筵席捐，结采业设结采捐。筵席捐 3 元以上起征，税率在 5%左右。

第八，消耗捐。如售卖碗、盏、茶、酒等，属于经营消耗类物品，都需征收教育费。

第九，迷信捐。如经忏捐、香火捐、度牒捐等类，属于经营迷信品者均有附捐，充作教育经费。

此外，还有娱乐捐、拨补费等。[①]

民国前期，捐税的种类特别多，教育经费只是从这些捐税中抽取很小的一部

---

① 温州市教育志编纂委员会编：《温州市教育志》，北京：中华书局，1997 年，第 499—500 页。

分，如货物附捐、置产捐等，教育经费只是其中的一小部分。各县市征收这些捐税，并没有从根本上解决教育经费严重不足的问题，却严重地加重了民众的负担，致使民不聊生，反而加大了义务教育推行的阻力。

全国各县教育经费来源渠道有所拓展，小学经费是否有所好转呢？民国前期，安阳县教育经费岁收仍以官款、公款为大宗，其他有学田租金收入、房租租金收入、基金收入和学费收入等。靠这些收入，安阳教育尚可勉强维持。但此后教育不断发展，学校数也日益增加，加之军阀混战，河南政权不稳，教育经费往往挪作军费，使本来就不宽裕的教育经费雪上加霜。1916 年 10 月，河南省长公署拟具《地方教育经费规划案》，提交省议会议决，在各县劝学所一律设教育款产经理处接收并制定经理处章程 19 条，通令各县遵行。安阳县公署恢复劝学所旧制，设员专司教育款产经理事宜，教育从此遂有了专款，教育经费紧张的状态有所好转。但真正有好转的是北伐战争之后。北伐战争后，安阳县有公私立完全小学 40 所，学生 5633 人，全年经费 7.2072 万元。初小 502 所，学生 191005 人，全年经费 9.9310 万元。当年安阳县公私立中学全年经费仅 1.2426 万元。[①] 安阳县小学教育经费波浪式发展，由勉强维持到跌入低谷，再回升到稍稍宽裕，其原因是有了官款、公款等大宗收入作基础，再有比较稳定的田租房租等作基本保障，教育经费得以维持。在遇到军阀将教育经费挪作军费时，安阳县采取的办法是整理教育款产，寻求教育经费的固定来源。在动乱的岁月，教育经费能够有比较固定的来源，自然会给教育发展带来福音。

3. 民国后期县乡筹措义务教育经费办法的革新。南京国民政府厉行义务教育，但困扰义务教育推行的是义务教育经费问题。在 1928 年大学院举行的第一次全国教育会议上，张默君、程时煃、孟宪承、沈履联名提了《宽筹教育经费案》，指出："现时地方，教育经费，率以田赋附税为大宗；其他杂税杂捐，为数有限。农民负担过重，不能再事增加，非另筹收入，普及教育之政策，殊难实现。"[②] 黄建中、邰爽秋等也就教育经费问题有提案。孟禄亦曾介绍了美国普及

① 安阳市教育志编辑室编印：《安阳市教育志·教育行政篇》，油印本，1987 年，第 100—101 页。

② 中华民国大学院编：《全国教育会议报告》，台北：台湾文海出版社有限公司，1985 年，第 281 页。

教育经费的筹措方法，对中国兴办义务教育不无启发价值。他说：

关于经费，美国有很多的法子，因美国也是共和国，我所以举以为例。美国有种鼓励办学的法子，即是地方人民若出多少钱办学校，政府也出同等的钱去帮助他。中国情形与美国差不多，希望地方对于学校能负经济和管理的责任。①

国内外学者关于筹措义务教育经费办法的建议，拓宽了各级政府行政首脑及教育行政官员筹措义务教育经费的思路与视野。各省借鉴外国筹措义务教育经费的经验，结合各地实际，颁行了县市筹集义教经费的范围和项目，同时也给了各县市筹集义务教育经费的空间。

1935 年是民国义务教育史上非常重要的一年。国民政府行政院 1935 年 11 月 2 日颁行了《各省县市筹集义务教育经费暂行办法大纲》，规定了各省县市筹集义务教育经费的范围：

（1）县市政府呈准省府指定学产之收入。（2）县市政府呈准省府指定合法捐税及附加捐税之收入。（3）县市政府乡镇或学区整理原有学产增加之收入。（4）热心公益人士对于义教经费自愿之捐赠。（5）县或乡市镇由人民自动公议，依法呈准分担之捐款。②

为了调动基层乡镇或学区筹款的积极性，《办法大纲》还规定：“各省县市乡镇新增义教经费之所入其来源之性质，属于全县市者，应就全县市统筹支配。其属于乡镇或一区者，应即支用于该乡镇或学区。”

根据《办法大纲》和专家学者的建议，各省县市筹集义务教育经费遵循着以下三个原则：第一，筹集义务教育经费要合于法令。在那个时代，民生痛苦，社会贫困，各级政府遵令都在设法撤除或减轻捐税。因之各地筹集义务教育经费都是在法律允许范围内，做到加征税款，不影响人民休养生息和经济建设发展。第二，经费必须是数量可观的。义务教育推行之初，需要大量经费。如果筹募太少，必至杯水车薪，于事无补。所以要在尽可能的范围内，筹集的数量以大宗为是，枝枝节节，没有相当的数量，不但无裨事实，而且费精疲神也不划算。第

① 陈宝泉、陶行知、胡适编：《孟禄的中国教育讨论》，上海：中华书局，1922 年，第 8 页。
② 《中央及本省义务教育法令汇编》，湖北省义务教育委员会，1937 年，第 95 页。

三，募集义务教育经费应具固定永久的性质。义务教育是永久的事业，这决定了筹集经费要有永久固定性质。筹集义务教育经费不能东一下，西一下，搞一笔是一笔，短期行为必定葬送义务教育的前途。所以义务教育经费的来源，必须要有永久的性质。

全国各省县市根据《各省县市筹集义务教育经费暂行办法大纲》，并遵循着三大原则，形成了如下筹集义务教育经费的办法：

第一，清理教育款产。教育部 1935 年颁行的《实施义务教育暂行办法大纲施行细则》对县市义务教育经费筹措有如下规定："县市义务教育经费应按照各地方情形或指定学产，或指定特种捐税收入充之，并得劝导人民尽力捐助。"①湖北教育厅按照《施行细则》精神，颁布《湖北省实行政教合一及普及教育办法大纲》，规定以六种办法筹集义务教育经费，前三项即为清理学校款产。其办法如下：

甲、切实清理县有学产学款，厉行预算制度，维持区学、乡学、村学固有经费；乙、责成各区区长，清理该区学产学款，并将地方公款尽量移作办理教育之用；丙、责成各区区长，调查祠庙资产，以十分之四作奉祠费，十分之六作扩充义教经费为原则，向各祠庙主管人劝导办理。②

湖北各县学产收入以学田田租为大宗，房租次之，湖沼租、息金较少。据 1933 年统计，江陵县田租最多，蕲春、宜都、南漳、石首居其次，而光化、咸宁最少。房租以武昌、汉阳最多。恩施县当年教育经费总数为 10076.73 元，其中学产收入为 2949.94 元，占总数的 29.27％。咸丰县教育经费共 5100 元，学产收入 2213 元，占总数的 43.4％。襄阳县以公学产课租充教育经费。襄阳全县公学产地 3 万多亩（实行"新县制"以后的数字），应征租额约 1500 石小麦、稻谷，每年拨出一部分作为教育经费。③

---

① 中国第二历史档案馆编：《中华民国史档案资料汇编》第五辑第一编，南京：江苏古籍出版社，1994 年，第 628 页。

② 湖北省教育志编纂委员会办公室编：《湖北教育史志资料》，1988 年第 1—2 期。

③ 襄阳县教育志办公室编：《襄阳县教育志》，1988 年，第 130 页。

江苏1932年订定的《推行义务教育计划大纲》规定，推行义务教育经费可“采整理教育款产杂捐”“利用废庙产业”等途径解决。

第二，以附加捐充教育经费。附加捐包括田赋附加（包括地丁、漕米、票券附加）、契税附加（包括买契、永租契、典契附捐）、牙帖附加、屠宰附加、特税附捐，等等。湖北襄阳县按规定田赋收入每月划拨15%作为教育经费，包括中等学校及其他文化教育经费在内。该县的屠宰、地丁、契税、牙帖等税，均征附加税，充作教育经费。

南京国民政府成立后，安阳县的教育经费主要来源于丁地附加。1929年，安阳县每丁银一两附加教育经费0.4元。从1931年起改为每丁银一两附加教育经费0.6元。1933年，全县额征丁银8.9409288万两，共征收教育经费5.364557万元。其次还有地租、房租收入、契税附加、牲畜捐和捐助。据安阳县教育款产经理处1932年度岁入概算书载：安阳县地租0.1266万元，房租0.0422万元，丁地附加5.10万元，契税附加2.00万元，牲畜捐0.96万元，六河沟煤矿捐助费0.24万元，共8.4688万元，而当年岁出9.2388万元，尚存0.77万元的缺口。尽管如此，此数还是标志着安阳教育进入了高速发展时期。故《安阳市教育志》如是评价道：“安阳教育经费获得较好的保证，还是民国16年北伐战争之后，学校教育发展较快，教育经费岁入有了保证。”[①]

四川成都地区附加捐也是教育经费的主要来源。1931年，华阳县岁征田赋中，属国家者109706.15元，属地方附加者121716.6元，其中学费附加为16228.88元。岁征契税银中，属国家正税者23520两，属地方附加者47280两，其中16480两（包括女子学校经费400两、小学校经费6000两）。1931年，华阳县教育局长盛绍龄呈请当地驻军停止减收契税呈文称：

查本县县立小学之成立，初无的款，区立小学之收入亦属细微。自末改局以来，司教育行政者因此情形或恪遵上令先后于契税项下筹拨新政契底小学经费以及中资捐、红契捐、买卖街沟捐各项附加捐款，间有略提局费，余则摊分各校。

① 安阳市教育志编辑室编印：《安阳市教育志·教育行政篇》，油印本，1987年，第100页。

前后定案尚可考查。由是县立小学方能支持，区立小学笈资补局，本局之勉强存在者亦赖此以资维系。①

1936年，金堂县教育经费收入为96736.45元，其中田赋、契税附加共46750元，占48.2%；屠宰税3400元、杂税14353.58元（猪牛羊捐4139.21元，祠庙费邦款2183.2元，斗秤捐8031.17元），共占18.35%。可见附加捐是各县区教育经费中的重要部分。

第三，建立教育基金，以利息充教育经费。1940年6月14日，教育部公布《保国民学校及乡镇中心学校基金筹集办法》22条，规定保国民学校及乡镇中心学校基金“经费由保负责筹集，中心学校最低限度是4000元或每年有400元以上收益的财产，国民学校是2500元或每年有250元以上收益的财产”。当年9月17日，教育部又颁发《保国民学校及乡镇中心学校筹集基金奖励办法》9条，规定“对先期筹足基金的照规定给予奖励”。② 保国民学校经费及乡镇中心学校的办公、设备、扩充等费，应以基金所生的利息为大宗来源；保国民学校基金由保筹集。四川省政府根据教育部《筹集办法》规定：关于推行国民教育所需经费，除各地自筹外，第一年由中央及本省各补助25%，第二年各补助20%，第三年各补助15%，三年以后则由各地按部颁《筹集办法》自行筹足学校基金及教员食米津贴，但学校经常费并不责令各乡、镇、保自筹。成都市于1941年开始施行教育部筹集基金办法。到1942年，“市府所属区镇共募集现金192000元，购买军需公债作为中心国民学校基［金］。至于劝勉寺庙祠会捐产充基金的办法，因本市寺庙多被机关征用，无法办理”③。保国民学校及乡镇中心学校基金的建立，使保乡镇所开办的学校有基金保障，不致有断炊之虞。

此外，还有五花八门的所得税、自治户捐、遗产税、特税、款产、学宿费，

① 《成都市志·教育志资料长编》，载成都市教育委员会教育志办公室编：《成都市教育史志资料》，1991年第3期，第66页。

② 中央教育科学研究所编：《中国现代教育大事记》（1919—1949），北京：教育科学出版社，1988年，第444页。

③ 《成都市志·教育志资料长编》，载成都市教育委员会教育志办公室编：《成都市教育史志资料》，1991年第3期，第70页。

等等。这些积累起来也不是一个小数目。

与民国前期相比，民国后期在筹款的思路和方法上，更加强调大宗经费和永久性的收入，而不拘于临时性、零碎性的小额经费。正因为如此，民国后期教育经费尽管遭遇到了全面抗战的影响，经费却是不降反增。但是，由于县市筹集义务教育经费的范围并不清晰，而且筹集方法也生硬野蛮，导致各地官员腐败，民众积怨颇深。1941 年后，湖北省浠水县祖庙产按总收入提取 40%作教育经费，虽然经费较前有所增加，但筹措方法不够完善，教师薪俸由学租稽征员就地直接裁券拨付。当时祖庙产掌握在绅士富户手中，他们层层贪污中饱私囊，拒不缴纳，经常扯皮，被称此为“扯皮券”。[①] 陕西不少的区与乡、镇甚至私立学校，借办学校之名设卡擅收细捐，如木炭捐、柴担捐、棉花捐、青菜捐，等等，勒索殴辱，贫苦人民恨入骨髓。[②] 而使尽浑身解数筹集到了一些义务教育经费，对于各县市、乡镇保国民学校而言，几乎无济于事，不仅教师工薪待遇极为低下，低至在死亡线上挣扎；学校的办学条件得不到改善，不具备起码的办学条件，所谓教书育人便无效果可言。四川什邡县奉为楷模的方亭中心学校，在 1940 年的一份整理计划书中称：“本校校址狭隘，喧声杂沓，寝室错列，纵横纷纷；厕厨浴室，并列争妍；桌凳床椅，古旧破烂。图书有室而虚设，音乐无琴而清唱。体育设备一无所有，儿童玩具全付阙如。”[③] 邛崃县一所学校核定预算为 11500 元，从 1937 年第二学期起由财委会核减全年为 9600 元，无力添置设备，一个年级的一个班学生竟达 113 人，教室纵能容纳，桌椅也不够分配，3 人共一张课桌，肩肘相摩，杂志快报未曾一见，校长慨叹教育“病入膏肓，拖无可拖”，愤而辞职。全国各县市乡镇中心学校和保国民学校教育之疲惫，沉滞状态由此可见一斑。

---

① 浠水县教育委员会编纂：《浠水县教育志》，1990 年，第 184 页。

② 西安市教委教育志编纂办公室编：《西安市教育志》，西安：陕西人民出版社，1995 年，第 392 页。

③ 温江地区教育局编：《温江地区教育志》，1983 年，第 102 页。

结 语

一部民国义务教育史就是一部中国人民发奋图强史。民国义务教育起伏跌宕，表征着中华民族救亡图存独立富强所经过的复杂坎坷途程。不到40年的历史，留下了沉甸甸的无尽记忆，引发人们无穷的思索与回味。

（一）

西方国家推行义务教育的动机很多，宗教原因有之，经济原因有之，国家和政治原因亦有之。慈善家鉴于欧洲社会状况的底层民众日益贫困化，与上流社会对立越来越尖锐，他们为补救或多少缓和这些矛盾，关注到教育的普及问题。少数上层阶级认为儿童应学习以宗教和道德教学为修饰的读写算为主，故将他们的捐助用于初等学校，“意在往底层阶级儿童的头脑里‘灌输他们的观念’”①。还有些人看到，“如果人民要管理自己，那么，他们不仅需要培养判断自己行动的能力，而且还要培养判断其他人的行动的能力。为此，他们要求一种将不盲目依赖领导人的教育”，这就是义务教育。也有从义务教育的功能和作用上考虑要推行义务教育的。他们认为：“初等学校的作用，就是提供必须给予的教育机会，并在其他社会机构的帮助下，使初等学校的学生获得所有人都必须具备的习惯、技能、知识、观念和见解，每个人都可能成为一个进步的民主社会的有效成员，具有自由和自制的力量……相互合作的能力和气质，以及如果可能的话，还应该具有在担任行政职务时指导和提高别人的能力。”②

推行义务教育的动机和理由林林总总，但一些国家，特别是近现代中国，推行普及教育与其强国富国和救国功能分不开。夸美纽斯将教育看作是改良社会的重要手段。他曾说，如果青年都“毫无例外地、全都迅速地、愉快地、彻底地懂得科学，纯于德行，习于虔敬”，那么，全社会也就“可以减少黑暗、烦恼、倾轧，增加光明、整饬、和平与宁静”。③ 他还着重讨论了教育与人才培养与经济建设、国防建设的关系问题，劝告当局在青年教育问题上“不可吝啬费用”。④费希特的教育功能观很明显地带有时代特征，他以探寻德意志民族在战争中遭到

① 约翰.S.布鲁巴克著，单中惠、王强译：《教育问题史》，济南：山东教育出版社，2012年，第393页。
② 约翰.S.布鲁巴克著，单中惠、王强译：《教育问题史》，济南：山东教育出版社，2012年，第396页。
③ 夸美纽斯著，傅任敢译：《大教学论》，北京：人民教育出版社，1984年新2版，第1—2页。
④ 夸美纽斯著，傅任敢译：《大教学论》，北京：人民教育出版社，1984年新2版，第259页。

惨败的原因为出发点，以为教育就是培养民族意识的重要手段，教育应当与民族意识紧密地联系起来，教育与民族意识也完全能够联系到一起。他的教育功能的重要内容就是能够激发德意志人民的“祖国之爱”，并认为这种民族特性和对祖国之爱具有团结德意志人，发挥德意志人的力量和争取民族解放的作用。他说：“惟有教育才能拯救我们摆脱压迫我们的一切灾难。”① 费希特认为，教育应当成为国家唯一重要支出，因为“如果国家普遍实施我们建议的民族教育，那么，由于新成长起来的年轻一代受到了这种教育，国家从此刻起就根本不需要任何特殊的军队了，而是在他们那里就得到了一支在任何时代都还没有见到过的军队。每一个人都为使用他的体力的任何可能性而经过了完备的训练，他随时都具备这种力量，他习惯于承受任何艰苦努力，他在直接的直观中发展起来的精神总是历历在目，十分清醒，在他的心中，对整体、对国家和对祖国的爱永世长存，他是这整体中的一员，这种爱消灭了任何其他自私的冲动。国家一旦想要，就能召唤他们，将他们武装起来，并且可以肯定，没有任何敌人能够打垮他们”②。

近现代中国推行义务教育，最为看重的是义务教育的救国强国富国功能，其次才是经济、培养和提高学生习惯、技能、知识、观念和见解的功能。1939 年教育部公布的《训育纲要》要求学生“对于国耻之史事，亦应特别讲解；明耻所以教战，自尊乃能自强。人人具有健康之身体，不仅可以犯风霜以抗疾病，且可振奋精力以当大任。人人具有忠勇爱国之精神，不仅平时可以服兵役，可以执干戈以御侵略，且能扬国威以进大同”。学校当“随时讲解个人与国家之关系，以鼓励其忠勇；随时讲解国耻之历史与革命先烈之史实，以激发其雪耻奋斗之志愿，使其明了服兵役为国民人人应尽之义务，而乐于牺牲个人以谋国家之自由平等，以促民族主义之早日实现”③。《小学公民训练标准》要求学生“我受了耻辱，要努力洗雪”“我要知道国家的耻辱，就是自己的耻辱”“我牢记国耻事实，

---

① 费希特：《对德意志民族的演讲》，梁志学主编：《费希特著作选集》第五卷，北京：商务印书馆，2006 年，第 422、424 页。

② 费希特：《对德意志民族的演讲》，梁志学主编：《费希特著作选集》第五卷，北京：商务印书馆，2006 年，第 420 页。

③ 阮华国编：《教育法规》，上海：大东书局，1947 年，第 31—32 页。

时时准备雪耻”。[1] 从清末到民国时期小学的教材，都充满了“爱国”“救国”“国耻”之类的内容，将义务教育当作发奋图强救亡图存的重要手段。

（二）

义务教育是一项利在当代功在千秋的伟大事业，需要全体国民价值认同和全员参与。“义务”是一块硬币，它有两面，对国家和对人民大众而言，都有权利、义务和责任。人民大众在享有权利和义务的同时，也就要承担相关的责任。对国家而言，政府应当修建小学校，培养合量合格的师资，购置教学仪器设备，创建学校教育教学条件，等等，这些都不能收费，纯属“义务”性质，做好这些事情是政府的责任。对适龄儿童而言，无论他是什么民族，他的出身是什么，他的家庭的高低贵贱如何，贫富状况若何，他都享有进学校受国家规定程度的教育之权利；而对适龄儿童的父母或监护人而言，是对子女和国家应尽的一种义务，同时又是法律强制，不送适龄儿童接受义务教育就要接受相应的处罚。政府尽义务，是以人民各自尽义务为基础的。人民不理解，不支持，不配合——不尽“义务”，那么政府也就无法尽“义务”。因而，“义务”与“责任”实在难以分清此疆彼界。应该说，政府与人民交相尽义务，交相负责任。失却了其中任何一方，另一方也就无法成立。所以说如果没有人民群众这一推行义务教育的基础，推行义务教育也就成了在沙滩上修建高楼大厦。

这些问题在今天已经不是什么问题，但在民国时期却是很大的问题。其时，充斥在家长们脑袋里的观念是养儿防老，子女是家庭的私有财产，读书不读书是自己家里的事，与他人与国家没有关系。在孩子受义务教育问题上，他们划不清谁的责任、谁的义务，甚至很多人还不知道义务教育为何物。在这样的文化背景下推行义务教育，其效果可想而知。所以，湖南一位资深教育行政官员曾撰文指出：“一般人民对于义务没有认识。……说到推行义教的困难要算经费问题，但

① 宋恩荣、章咸编：《中华民国教育法规选编》（修订版），南京：江苏教育出版社，2005 年，第 252 页。

是确实考查研究起来，地方经费也不是绝对没有办法。我看见许多地方，迎神赛会有钱，唱戏有钱，若谈到义务教育则一文莫名。一般人情愿用大钱去提倡迷信，不愿用一文去推行义务教育，甚至有地位的人，还要以迷信来阻碍义务教育的进行。"① 民众不知义务教育为何物，当然不可能参与到义务教育推进的运动中去。民众蕴藏的聪明、智慧和推行义务教育的主人公意识、首创精神也就不可能显示出来，他们所拥有的财富也就不可能贡献出来。

1807年，德国柏林被拿破仑（1769—1821）占领，学者费希特（1762—1814）当着大众的面说："惟有教育才能拯救我们摆脱压迫我们的一切灾难"，"只有教育才能在无法阻挡地向我们突然袭来的野蛮和野蛮化过程面前拯救我们"。② 推行义务教育也是一场与欲亡中国者生死存亡的殊死搏斗，是一场不亚于刀兵相接的战争。战争的胜败取决于教育，推行义务教育是一场看不见硝烟的战争。所以，要使学龄儿童家长对义务教育的性质、价值、功能、作用有深刻的认识，只有他们对义务教育有正确的认知，才能产生对义务教育的信仰，才能产生无穷无尽的精神力量，才能尽到自己作为家长的义务和尽到家长的责任。

（三）

中国地大物博，幅员辽阔，各地发展极不平衡，推行义务教育的基础很薄弱，条件很不成熟，但不能够等时机成熟再来推行义务教育。亡我之心不死的外强虎视眈眈，时不我待，必须一面推行一面创造推行条件，一面创造推行条件一面推行，还必须使义务教育制度保有一定的弹性和灵活性，使各地有充分的伸缩余地和创新空间。

首先，在义务教育的学制年限上保有一定的弹性。南京国民政府时期，鉴于

---

① 刘寿祺：《推行义务教育的几个困难问题》，陶蒲生、尹旦侯编：《刘寿祺教育文集》，长沙：湖南教育出版社，1992年，第48—49页。

② 费希特：《对德意志民族的演讲》，梁志学主编：《费希特著作选集》第五卷，北京：商务印书馆，2006年，第422、424页。

四年义务教育推行困难重重，教育部制订了简易小学、短期小学、半日学校等规章，推行一二年短期义务教育，表现出相当的灵活性。值得重视的还有，民国义务教育推行与地方自治如影相随，义务教育年限、学龄期、儿童入学年龄，以及推行义务教育的重大举措，都有“自治”特征，具有“各行一套”的性质。

这种弹性和灵活性来自高层的设计。1934 年 12 月 14 日，国民党四届五中全会通过了蔡元培等 9 位国民党中央要员的《实施义务教育标本兼治办法案》，他们提出了灵活变通推行义务教育年限的意见：“各国实施义务教育，皆从推广小学着手，使小学教育成为义务教育；而其义务教育年限，亦逐渐延长。我国文盲太多，财力太绌，义务教育与小学教育，实不能并为一事。对于年长失学儿童，缩短其义务教育年限，以期迅速普及，实为至不得已之事。”义务教育年限宜适当变通，如盲目仿袭欧美、日本，就会葬送义务教育的前程。

其次，义务教育师资培养上体现了灵活性。山西推行义务教育之时，师资无论在数量上或是质量上都是不达标的。但阎锡山一定要强力推进义务教育，他在 1918 年的一次政治工作会议上强调说：“余意以为义务教育，在今日必须举办。盖人民乃系与日俱长的，并不能悬日以待也。今日而施行义务教育，即异日可增加多少受教育之国民。纵使取得完全教员资格者不敷分配，而暂以资格不完全者权承其乏。人民程度，因难骤臻完善，然亦可使地方人民多若干识字者，较之置焉不办，使此若干人民竟一字不识者，不犹愈乎？”① 蔡元培等 9 位国民党中央要员在所提《实施义务教育标本兼治办法案》中指出：“二十年来，中央及地方提倡推行义务教育，不可谓不力。然而经时久，用力多，而获效甚鲜者，实以四年义务教育，所筹经费、师资，亦属数量太巨之故。”拟请由中央规定，自二十四年度（1935）起，为实施义务教育开始时期，暂以 4 年为期，并指定短期小学或短期小学班为实施义务教育场所。②

次年 6 月，行政院签发了《实施义务教育暂行办法大纲施行细则》，规定各省市应自实施义务教育第一期开始以后，在省市立或县立初高级中学及师范学校

---

① 转引自申国昌：《守本与开新：阎锡山与山西教育》，济南：山东教育出版社，2008 年，第 109 页。

② 高平叔编：《蔡元培全集》第六卷，北京：中华书局，1988 年，第 462—463 页。

内广设短期小学师资训练班，招收相当于初级中学毕业程度之学生，予以短期之师范训练，其课程以研究小学教材及教学方法为中心，“训练期满，考试及格，予以证明书，准其充任短期小学教员。……在第一期内，得招考文清理通，常识丰富，有志为短期小学教员人员，考试及格予以证明书，准其充任一年制短期小学教员”①。采取变通的办法培养急需的短期小学教师，并不是死死抱着高标准培养小学教师的教条不放。

第三，教学时数也不追求千篇一律。国民政府颁定的《小学规程》规定，短期小学招收9足岁—12足岁的失学儿童，至少须修满540课时。对这一规定，各省并不是照遵不误地奉为圭臬。江苏简易小学定钟点为1500课时，福建则要求简易初级小学学时不下3000课时，安徽则限定教完普及义务教育的4册读本，呈现出百舸争流态势，指归全在结合本省实际情况，为学生掌握牢固的基本文化知识提供最大的可能。

（四）

胡适曾经说过：“我做小孩子的时候，常听见人说这类的话：‘普鲁士战胜法兰西，不在战场上而在小学校里。’”意思是说普鲁士战胜法兰西，应当归功于小学。归功于小学的意思是归功于小学教师。所以，陶行知援引普鲁士毛奇将军的话说，普鲁士战胜法兰西，勋章应当授予小学教师。将胜利归因于推行义务教育，而义务教育能够收到实效，全靠执掌教鞭的小学教师。而小学教师能够发挥如此作用，又要归因于普鲁士给予小学教师的合理待遇。

民国时期义务教育推行一波三折的原因，均与小学教师待遇有直接关系。在民国前期及南京政府初期，由于教师的待遇问题没有妥善解决，拖欠教师工薪现象严重，教师日求三餐夜求一宿尚不安稳，无心恋教。他们或者弃教从商，或者罢课罢教，或者结群索薪，或者敲诈学生，或者课后蹬三轮从事“第三产业”，

① 中国第二历史档案馆编：《中华民国史档案资料汇编》第五辑第一编（一），南京：江苏古籍出版社，1994年，第627页。

以求经济上的小补。私塾教师更是首当其冲。湖南湘中私塾教员俸薪毫无保障，常常为“讨学钱”而疲于奔命。有的山区塾师下乡“讨学钱”，要背好几个袋子，分别用来装米、红薯、苞谷。那时社会上广泛流传着这样的话：“身列丐帮遭冷眼，口传真理受鞭屠”；“千莫奈何讨米，万莫奈何教书”。[①] 教师为“讨学钱”花去了大量的时间和精力，在无可奈何的心理中执教，他所从事的义务教育事业的质量如何，当是不难推知的。

1927 年南京国民政府成立前，南昌市小学教师月薪 20—30 元，外县公立小学教师月薪 10—20 元，私立小学教员薪俸更薄，有的低至 2—3 元。[②] 而安徽小学教师的工资待遇更是生活难以为继。1925 年，省教育厅王仲和视察皖南 6 县后的教育报告中有如下记载：“教员之薪金，大率最多为每年二百元，最少者四十元。以此戋戋之数，维持生活，实嫌不敷。”[③] 而贵州惠水县从 1912 年到 1932 年，国民小学校长年薪最高为 168 元（大洋），教师年薪最高为 120 元（大洋）。[④] 教师最高者月均 10 元，最低者不知几何。所以，民国前期义务教育的推行止步不前，质量不理想，不能完全推罪于教师工薪低，但也不能说教师工薪低不是一个重要因素。试想，一名教师在啼饥号寒中如何有力气提起沉重的教鞭！

1928 年后，国民政府厉行义务教育，先后出台了一系列保障政策法规，教师待遇逐渐有所改善。1930 年后，江西省立小学教职员薪俸最高数为：12 班以上的小学，校长月支 80 元，专任教员服务满 3 年者月支 50 元。最低数为：5 班以下的小学，校长服务不满 2 年者月支 50 元，专任教师服务不满 2 年者月支 40 元。县属小学因各地经济情形不同，教师薪俸多少有较大悬殊。贫瘠县份县城小学教职员月薪最高为 30 元，最低为 6 元，平均为 12 元。富庶县份县城小学教职员月薪最高者为 40 元，最低者为 10 元，平均为 20 元。乡村小学教员月薪最高为 15 元，最低为 3 元，平均为 6 元。除此之外，还有以“年俸”计酬的。1935

---

① 佘国纲编著：《湘中教育志》，长沙：岳麓书社，1995 年，第 313 页。

② 江西省教育志编纂委员会编：《江西省志·江西教育志》，北京：方志出版社，1996 年，第 145 页。

③ 安徽省地方志编纂委员会编：《安徽省志·教育志》，合肥：安徽人民出版社，1997 年，第 135 页。

④ 惠水县教育局编：《惠水县教育志》，2008 年，第 297 页。

年，江西省公布《江西省保立小学暂行办法》，规定校长及专任教师的年薪数额：校长兼教员为168—216元，专任教师为144—192元。保学以自筹经费为主，大都经费不足，教员薪俸实际较低。下面是《江西地方教育》1941年登载的1935—1940年度江西小学教师月薪表（见表结语—1）：

表结语1　1935—1940年度江西省小学教员月薪概况表

工资档次（元）	1935年（人）	1936年（人）	1937年（人）	1938年（人）	1939年（人）	1940年（人）
1—5	783	1159	1242	1283	353	9
6—10	4570	6165	5200	5864	3552	1174
11—15	4360	6091	6953	7908	10179	5654
16—20	1680	2404	2773	3220	8472	8708
21—25	196	348	552	556	2512	1904
26—30	76	135	202	212	1021	3224
31—35	1	8	3	7	204	1174
36—40					63	707
41—50					35	798
51—60					10	153
61—70					9	33
人数合计	11666	16310	16925	19050	26410	23538
月薪平均	11.55元	11.68元	12.45元	12.50元	15.56元	19.98元

资料来源：江西省教育志编纂委员会编：《江西省志·江西教育志》，北京：方志出版社，1996年，第145页。

从表中可以看出，11—30元的教师占绝大多数，这一部分人数增长最快，这说明大多数教师工资增长很快。不过，全面抗战开始后不久，物价飞涨，“小学教师待遇就月薪论较战前尚未超出一倍，较之物价激增至十倍二十倍……不等，则诚瞠乎其后"[①]。洛阳地区小学教师待遇一向微薄。1930 年专任小学教师的薪俸最高者每月 5 元，最低 1.2 元，平均 1.5 元。在城中任教的高级小学教师月薪不超过 20 元，初小 10 元左右。1935 年前后，洛阳县大力推行义务教育，"洛阳地区按教育部公布修订小学章程，对于小学教员薪给规定至少以当地人民生活费之两倍为标准"[②]。比较贫困的甘肃张掖地区小学教师平均月薪 10.75 元(银圆)。1942 年小学教师月薪预算标准为：中心小学教员月薪最高 120 元，最低 40 元；保国民学校教师最高 60 元，最低 35 元。1945 年再次调整，中心学校教师月薪最高 120 元，最低 70 元；保国民学校教师最高 100 元，最低 60 元。[③]这个数字令很多省份垂涎三尺。全面抗战期间和战后，物价飞涨，而小学教师薪酬增长速度则如蜗牛蠕动。但是，小学教师们还是以抗战大局为重，兢兢业业地从事小学教育工作。

民国后期，国民政府厉行义务教育，加大了义务教育投入，小学教师工资待遇有明显的提升，小学教师推行义务教育的积极性调动起来了。义务教育能够取得清末、民国前期未曾取得的绩效，没有调整小学教师待遇举措，没有小学教师勤勉努力，简直是不可想象的。

（五）

义务教育自从清末发轫后，自始至终没有能够摆脱经费的困扰。经过自清末，特别是民国以来的教育经费筹措、征收及管理办法的探索，形成了一些有较好效果的义务教育经费筹措办法和经验。这些主要有如下诸点：

第一，教育经费独立。清末和民国初期，乃至中后期，都不同程度地存在着教育经费被任意侵占、挪用的问题。对于已经捉襟见肘的教育经费，还要遭中途截留挪用的痛心事件，历届全国教育会联合会的专家都大声疾呼教育经费独立，

① 江西省教育志编纂委员会编：《江西省志·江西教育志》，北京：方志出版社，1996 年，第 145 页。

② 洛阳地区教育志编委会：《洛阳地区教育志》，郑州：中州古籍出版社，1992 年，第 161 页。

③ 甘肃省张掖地区教育委员会编纂：《张掖地区教育志》，兰州：甘肃文化出版社，1998 年，第 323 页。

形成了一个巨大的舆论声势。蔡元培1922年撰文，主张实行不受任何党派和教会控制的“超然”教育，强烈要求教育经费独立，由政府划出某项固定收入专作教育经费，不得挪作他用。舒新城撰《教育经费独立》，认为要避免“教育经费混合于他种政费之中常集中在一处，而且要仰给政府支发，所以一遇军事问题或执政者不重视教育时，便自由将教育费提用”的弊端，就要做到：“第一，要使教育经费有固定不变的来源。第二，要有可靠的保管机关。第三，要把它的所有权分配于各学校及学术机关。”①

1927年12月，大学院院长蔡元培提出《教育经费独立案》，要求政府“通令全国财政机关，嗣后所有各省学校专款，及各种教育附税，暨一切教育收入，永远悉数拨归教育机关保管，实行教育会计独立制度；不准丝毫拖欠，亦不准擅自截留挪用；一律解存职院，听候拨发”。此后，浙江、江西、河南、福建及南京市试行教育经费独立，安徽、湖南、陕西、甘肃、贵州、绥远等省，实行部分独立，多设立了管理机关和稽核机关。各县也设立了教育款产委员会或教育经费委员会。这些举措逐渐让有限的教育经费得到保障。

第二，从税收中带征教育附税。在各种税收中带征教育附税，是解决教育经费问题的重要措施。1928年5月，《第一次全国教育会议宣言》明确主张：“凡国、省、县除向有指定的教育专款外，应于各种税收中带征教育附税，同时实行遗产税、所得税，为教育专税，以平均国民对于教育的负担。收用官产、荒地、田林、沙田以尽地利，以裕民生，以兴教育。我们主张由中央指定海关吨税，发行教育基金库券三千万元，以俄国庚款发行库券五千万元，以比、意二国庚款发行库券二千万元（关于他国庚款，否认现有一切组织，另组委员会统筹办法）。合共得教育基金一万万元，作党国新教育建设之用。”② 教育事业不是慈善事业，不能总是巴望政府施舍。教育是国家长治久安繁荣富强的根本事业，必须有教育专款，还必须有源源不断的来源，应当从国家的各种税收中带征教育附税，这是解决教育经费问题的重大举措之一。

---

① 吕达、刘立德主编：《舒新城教育论著选》（下），北京：人民教育出版社，2004年，第735—736页。

② 《第二次中国教育年鉴》第二编，上海：商务印书馆，1948年，第65页。

第三，拓宽教育经费来源渠道。推行义务教育国家必须斥巨资扎扎实实地推行。但是，中国国家财政虚弱，国库空虚，教育底子单薄，要拿出充量的教育经费来办义务教育，实际是不可能的事。但是，时不我待，应当努力拓宽义务教育经费筹措渠道，扩大义务教育经费来源。1930 年教育部公布《确定教育经费计划及全方案经费概算》，规定教育经费的来源及其分配办法。《全方案》中完全用作教育经费的收入有沙田官荒收入，以 50％归中央，30％归省市，20％归县市支配；遗产税，50％归中央，20％归省市，30％归县市；屠宰税、牙帖税，完全由县市支配；寺庙财产，各按照其向来关系，由县市或地方团体支配；田赋教育附加税，完全归县市支配；烟酒教育附加，省市和县市各 50％；庚子赔款和其投资收入，地方原有的各种教育附加捐税，除另有法令规定外，其收入按照向例办理。部分用作教育经费收入的有出产各税、营业税、消费各税、房捐铺税和所得税等税项。① 作为概算，说明这些税收是有把握收入囊中的。

1931 年 6 月 1 日公布的《中华民国训政时期约法》，更使教育部教育经费计划合法化，使之不再是纸上作业，不再是“充饥”的画饼。《约法》强调：“中央及地方应宽筹教育上必需之经费，其依法独立之经费并予以保障。”② 其后，各地教育经费来源渠道明显拓宽，义务教育经费有了明显改观。

第四，建立义务教育筹款拨款体制。清末和民国前期，义务教育经费的筹款和拨款体制没有形成，义务教育推行效果不彰。之所以如此，中央只是一味强调义务教育如何重要，经费如何筹集，虽然也提出了“就地筹款”的策略，但中央和省只是作壁上观，使得义务教育没有实际上的推行行动。只是空洞地发号令，实际上是一种不负责任的行为。

民国后期，国民政府建立起教育经费三级筹款拨款体制。各县市是推行义务教育的最为重要的单位，也是教育经费筹款的基层单位，但中央和省市不能仅发号施令，袖手旁观，除了制定教育经费筹措方针政策和法规外，还要给予经费补

① 《抗战前教育政策与改革》，载黄季陆主编：《革命文献》第 54 辑，台北：“中央文物供应社”，1971 年，第 239—240 页。

② 宋恩荣、章咸编：《中华民国教育法规选编》（修订版），南京：江苏教育出版社，2005 年，第 37 页。

助。1929 年 2 月 18 日，国民政府行政院通令各省市政府切实保障教育经费独立。1931 年 5 月 9 日，行政院颁布教育部制定的《地方教育经费保障办法》14 条，规定从当年起，各项新增地方捐税由省市政府酌定提留若干成，作为地方教育经费。1935 年 5 月 28 日，行政院修正通过《实施义务教育暂行办法大纲》，规定："义务教育经费，以地方负担为原则，但对于边远贫瘠省份，及其他有特殊情形之省市得由中央酌量补助之。"当年 6 月 14 日，教育部公布《实施义务教育暂行办法大纲实施细则》，明确规定："义务教育经费，其在市区者，由政府统筹；其在省区之各县市，以省县酌量分担为原则。中央并得酌量省市情形补助之。对于边远省份及贫瘠省份之义务教育经费，中央得予以特别补助。……省市义务教育经费，应按照地方情形，或在省市教育经费项下及在省市总收入项下提出若干成，或指定专款充之。……县市义务教育经费，应按照各地方情形，或指定学产，或指定特种捐税收入充之。"①

三级义务教育经费筹款拨款体制的形成，在一定程度上调动了地方筹措教育经费的积极性，缓解了教育经费的困难。以江苏省为例，1933 年教育经费为 346.9 万余元，占全省预算总支出的 20.5%。同期，各县教育经费总和，大体保持在 1000 万元左右；昆山、上海、松江、吴江、奉贤、无锡、沛县 7 县，"不仅没有经费积欠，而且略有结余。其中奉贤县即使到抗战初期的 1938 年，教育经费支出也占全县预算总支出的 42%"②。良好的教育经费筹措体制的确定，胜过了政府要员唇焦舌敝的三令五申，给义务教育经费筹措带来巨大活力，直接使义务教育的推行出现拐点。

---

① 宋恩荣、章咸编：《中华民国教育法规选编》（修订版），南京：江苏教育出版社，2005 年，第 289—290 页。

② 李华兴主编：《民国教育史》，上海：上海教育出版社，1997 年，第 541 页。

附录一：中、外文参考文献举要

报纸

北京女报．北京

大公报．长沙

湖南教育官报．长沙

申报．上海

盛京时报．沈阳

神州女报．上海

万国公报．上海

直隶教育官报．天津

中西教会报．上海

期刊

东方杂志．上海

福建教育．福州

革命文献．台北

广东教育厅旬刊．广州

广东省教育会杂志．广州

湖北教育史志资料．武昌

湖北教育月刊．武昌

江苏教育．南京

江西地方教育．南昌

江西教育．南昌

教育部公报．北京·南京

教育世界．上海

教育研究．广州

教育杂志．上海

教育周报．杭州

女子世界．上海

四川教育．成都

时代教育季刊．北京

山东教育史志资料．济南

山东教育行政周报．济南

新教育．北京

游学译编．南京

中华教育界．上海

资料与论著

A

陈贤忠等. 安徽教育史. 合肥：安徽教育出版社，2006.

安徽省地方志编纂委员会. 安徽省志·教育志. 合肥：安徽人民出版社，1997.

湖北省安陆市教育委员会. 安陆县教育志. 1989.

安阳市教育志编辑室. 安阳市教育志·教育行政篇. 1987.

B

宾川县教育局. 宾川县教育志. 1989.

保定市政协文史委员会. 保定近代教育史略. 保定：河北大学出版社，1992.

保定教育史料类编. 保定市教育局史志办公室编. 石家庄：河北人民出版社，1990.

北京第一实验小学. 北京：人民教育出版社，1997.

北京近代教育行政史料. 邓菊英、高莹. 北京：北京教育出版社，1995.

北京近代小学教育史料. 邓菊英、李诚. 北京：北京教育出版社，1995.

北京师范学校史料汇编. 汤世雄、王国华. 北京：北京教育出版社，1995.

C

出使英法义比四国日记. 钟叔河. 长沙：岳麓书社，1985.

陈宝泉教育论著选. 蔡振生、刘立德. 北京：人民教育出版社，1996.

成都市教育史志资料. 成都市教育委员会教育志办公室. 1991（3）.

从湖北看中国教育近代化. 董宝良、熊贤君. 广州：广东教育出版社，1996.

重庆教育史. 李定开. 重庆：西南师范大学出版社，2006.

蔡元培全集. 高平叔. 北京：中华书局，1984—1988.

蔡元培年谱长编. 高平叔. 北京：人民教育出版社，1996.

长阳土家族自治县教育志. 长阳土家族自治县教育志编纂领导小组. 1999.

D

帝国主义侵华教育史料——教会教育. 李楚才. 北京：教育科学出版社，1987.

第二次中国教育年鉴. 上海：商务印书馆，1948.

第一次中国教育年鉴. 上海：开明书店，1934.

E

儿时“民国”. 胡伯威. 桂林：广西师范大学出版社，2005.

F

福建教育史. 刘海峰、庄明水. 福州：福建教育出版社，2006.

丰顺县教育志. 丰顺县教育局教育志编写办公室. 1997

范源濂集. 欧阳哲生等. 长沙：湖南教育出版社，2010.

丰子恺自传. 丰子恺. 南京：江苏文艺出版社，1996.

G

广东省志·教育志. 广东省地方史志编纂委员会. 广州：广东人民出版社，1995.

广东文史资料. 广东省政协文史资料委员会. 广州：广东人民出版社，1993（74）.

改良私塾. 吴寄萍. 香港：中华书局，1939.

过去的小学. 傅国涌. 北京：同心出版社，2012.

甘肃教育史. 傅九大. 兰州：甘肃人民出版社，2002.

甘肃省志·教育志. 甘肃省地方志编纂委员会. 兰州：甘肃人民出版社，1991.

广西教育史料．李彦福等．南宁：广西人民出版社，1990.

广西通志・教育志．广西壮族自治区地方志编纂委员会．南宁：广西人民出版社，1995.

光绪朝东华录．朱寿朋、张静庐等．北京：中华书局，1958.

贵州教育史．孔令中．贵阳：贵州教育出版社，2004.

广州市黄埔区教育志．广州市黄埔区教育局．广州：广东教育出版社，1998.

H

河北省志・教育志．河北省地方志编纂委员会．北京：中华书局，1995.

河北教育史．阎国华、安效珍．石家庄：河北教育出版社，2003.

黄冈市教育志．黄冈市教育志编纂委员会．武汉：湖北人民出版社，2012.

黑龙江省志・教育志．黑龙江省地方志编纂委员会．哈尔滨：黑龙江人民出版社，1996.

湖南第一师范校史．湖南第一师范校史编写组．长沙：湖南教育出版社，1983.

湖南教育史．冯象钦、刘欣森．长沙：岳麓书社，2002.

河南教育通史．王日新、蒋笃运．郑州：大象出版社，2004.

湖南近现代名校史料．湖南省教育史志编纂委员会．长沙：湖南教育出版社，2012.

湖南省志・教育志．湖南省地方志编纂委员会．长沙：湖南教育出版社，1995.

湖南现代化的早期进展．张朋园．长沙：岳麓书社，2002.

黄陂县教育志．武汉教育志丛编纂委员会．武汉：武汉工业大学出版社，1990.

胡适全集．合肥：安徽教育出版社，2003.

黄炎培考察教育日记．黄炎培．上海：商务印书馆，1915.

黄质夫教育文选，杨秀明、安永新等，贵阳：贵州教育出版社，2001.

J

近代中国教育史料．舒新城．上海：中华书局，1928.

解放前济南的学校．济南市政协、济南市教育委员会．济南：济南出版社，1991.

吉林省志・教育志．吉林省地方志编纂委员会．长春：吉林人民出版社，1992.

江苏省现行教育法令汇编．江苏省教育厅秘书室．江苏省教育厅，1933.

江苏省志・教育志．江苏省地方志编纂委员会．南京：江苏古籍出版社，2000.

江西省志・教育志．江西省教育志编纂委员会．北京：方志出版社，1996.

江西义务教育师资训练概况．江西省教育厅．1939.

教育部视察各省义务教育报告汇编．上海：商务印书馆，1937.

教育参考资料选辑. 上海：教育编译馆，1933.

教育法规. 阮华国. 上海：大东书局，1947.

教育考察记. 吕顺长. 杭州：杭州大学出版社，1999.

教育经费问题. 邰爽秋等. 上海：教育编译馆，1935.

教育视导大纲. 孙邦正. 商务印书馆，1944.

教育行政. 罗廷光. 福州：福建教育出版社，2008.

教育之改进. 国联教育考察团. 上海：国立编译馆，1932.

经元善集. 虞和平. 武汉：华中师范大学出版社，1988.

K

康有为政论集. 汤志钧. 北京：中华书局，1981.

抗战时期重庆的教育. 李定开. 重庆：重庆出版社，1995.

L

雷沛鸿文集. 韦善美、马清和. 南宁：广西教育出版社，1990.

利川市教育志. 利川市教育委员会教育志编写组. 1989.

李鸿章历聘欧美记·出使九国日记·考察政治日记. 钟叔河. 长沙：岳麓书社，1986.

历届教育会议议决案汇编. 邰爽秋等. 上海：教育编译馆，1935.

李廉方语文教育论著选. 郭戈. 北京：语文出版社，2006.

李廉方教育文存. 郭戈. 北京：人民教育出版社，2006.

辽宁省志·教育志. 辽宁省地方志编纂委员会办公室. 沈阳：辽宁大学出版社，2001.

梁启超全集. 张品兴. 北京：北京出版社，1999.

刘寿祺教育文集. 陶蒲生、尹旦侯. 长沙：湖南教育出版社，1992.

龙沙教育史料. 齐齐哈尔市政协文史资料委员会. 1995. 12.

六十年来的中国教育. 孙邦正. 台北："国立编译馆"，1974.

梁实秋自传. 梁实秋. 南京：江苏文艺出版社，1996.

老舍自传. 老舍. 南京：江苏文艺出版社，1995.

洛阳地区教育志. 洛阳地区教育志编委会. 郑州：中州古籍出版社，1992.

洛阳县政府实施义务教育方案. 洛阳县政府. 1935.

M

民国湖北县级地方教育研究. 刘军. 武汉：湖北人民出版社，2014.

民国教育史. 李华兴. 上海. 上海教育出版社，1997.

民国时期罗定县政府教育工作档案材料选编之一. 罗定县档案馆. 1987.

孟禄的中国教育讨论. 陈宝泉、陶行知、胡适. 上海：中华书局，1922.

沔阳教育志. 沔阳县教育局. 1985.

漫游随录・环游地球新录・西洋杂志・欧游杂谈. 钟叔河. 长沙：岳麓书社，1985.

梅州教育志. 梅州教育局教育志编写办公室. 1989.

N

内蒙古教育史志资料. 内蒙古教育志编委会. 呼和浩特：内蒙古大学出版社，1995.

南漳县教育志. 湖北省南漳县教育志编写组. 1987.

P

蒲圻县教育志. 蒲圻县教育志编纂组. 1989.

Q

全国教育会议报告. 中华民国大学院. 台北：台湾文海出版社有限公司，1985.

齐如山回忆录. 齐如山. 上海：上海文艺出版社，2014.

S

守本与开新：阎锡山与山西教育. 申国昌，济南：山东教育出版社，2008.

四川教育史稿. 熊明安等. 成都：四川教育出版社，1993.

山东教育史志资料. 山东省教育史志编纂委员会办公室. 1986（2）.

韶关市教育志. 韶关市教育志编写组. 广州：广东人民出版社，1993.

善后会议. 中国第二历史档案馆. 北京：档案出版社，1985.

世纪学人自述. 北京：社科文献书目出版社，1990.

世纪学人自述. 增德、丁东编. 北京：北京十月文艺出版社，2000.

世纪之理想——中国近代义务教育研究. 田正平、肖朗. 济南：浙江教育出版社，2000.

私塾改良法. 方浏生. 上海：中华书局，1916.

石首教育志. 石首教育志编纂领导小组. 1987.

舒新城教育论著选. 吕达、刘立德. 北京：人民教育出版社，2004.

绍兴教育史. 傅建祥、颜越虎. 北京：中华书局，2004.

陕西教育史志资料录. 陕西教育厅陕西教育志编纂办公室. 西安：陕西人民出版社，1990.

陕西教育志资料选编. 陕西省教育厅陕西教育志编纂办公室. 1986（2）.

陕西教育志资料选编. 1986（19）.

随州教育志. 随州市教育委员会. 1996.

苏州市实验小学. 苏州市实验小学. 北京：人民教育出版社，1999.

松滋县教育志. 湖北省松滋县教育委员会. 1986.

T

天津近代教育史. 张大民. 天津：天津人民出版社，1993.

陶行知全集. 华中师范大学教科所. 长沙：湖南教育出版社，1984.

W

外国教育史料. E. P. 克伯雷著，任宝祥、任钟印译. 武汉：华中师范大学出版社，1991.

温江地区教育志. 温江地区教育局. 1983.

文史资料存稿选编·教育. 政协全国委员会文史资料委员会. 北京：中国文史出版社，2002.

温州市教育志. 温州市教育志编纂委员会. 北京：中华书局，1997.

X

西安市教育志. 西安市教委教育志编纂办公室. 西安：陕西人民出版社，1995

学部奏咨辑要. 学部总务司. 1909.

新会县教育志. 新会县教育志编写组. 1991.

学生时代. 郭沫若. 北京：人民文学出版社，1979.

浠水县教育志. 浠水县教育委员会. 1990.

小学教育指导书. 广东省教育厅. 上海：商务印书馆，1935.

新兴县教育志. 新兴县教育志编写组. 1978.

襄阳县教育志. 襄阳县教育志办公室. 1988.

湘中教育志. 佘国纲. 长沙：岳麓书社，1995.

新洲县教育志. 武汉教育志丛编纂委员会. 武汉：武汉工业大学出版社，1990.

Y

宜昌县教育志. 宜昌县教育委员会. 1992.

一个阶层的消失——晚清以降塾师研究. 蒋纯焦. 上海：上海世纪出版集团、上海书店出版社，2007.

杨度集. 刘晴波. 长沙：湖南人民出版社，2008.

恽代英教育文选. 中央教育科学研究所. 武汉：湖北教育出版社，1991.

严复集. 王栻. 北京：中华书局，1986.

颜惠庆自传——一个民国元老的历史记忆. 颜惠庆. 北京：商务印书馆，2003.

云南教育史. 蔡福寿. 昆明：云南教育出版社，2001.

俞庆棠教育论著选. 茅仲英. 北京：人民教育出版社，1992.

义务教育. 袁希涛. 上海：商务印书馆，1931.

义务教育行政. 赵欲仁. 香港：中华书局，1939.

义务教育实际问题讨论录. 教育部义务教育干部人员讲习班. 湖北省教育厅，1937.

义务教育之商榷. 袁希涛. 上海：商务印书馆，1921.

义务教育之研究及讨论. 姜琦等. 上海：商务印书馆，1925.

袁世凯奏议. 天津图书馆、天津社科院历史研究所. 天津：天津古籍出版社，1987.

叶圣陶教育文集. 刘国正. 北京：人民教育出版社，1994.

叶圣陶年谱长编. 商金林. 北京：人民教育出版社，2004.

义务教育. 袁希涛. 上海：商务印书馆，1929.

晏阳初全集. 长沙：湖南教育出版社，1989.

英轺私记・随使英俄记. 钟叔河. 长沙：岳麓书社，1986.

俞子夷教育论著选. 董远骞、施毓英. 北京：人民教育出版社，1991.

Z

张百熙集. 谭承耕、李龙如. 长沙：岳麓书社，2008.

郑超麟回忆录. 郑超麟. 北京：东方出版社，2004.

增城市教育志. 增城市教育志编写组. 2000.

中国出版史料. 宋原放. 济南：山东教育出版社. 武汉：湖北教育出版社，2004.

中国国民教育发展史. 司琦. 台北：三民书局，1981.

中国近代教育史资料汇编・教育行政机构及教育团体. 朱有瓛等. 上海：上海教育出版社，1993.

中国近代教育史资料汇编・普通教育. 李桂林等. 上海：上海教育出版社，1995.

中国近代教育史资料汇编・实业教育・师范教育. 璩鑫圭等. 上海：上海教育出版社，1994.

中国近代教育史资料汇编・学制演变. 璩鑫圭等. 上海：上海教育出版社，1991.

中国近代教育史资料汇编・鸦片战争时期教育. 璩鑫圭. 上海：上海教育出版社，1990.

中国近代教育行政制度史. 雷国鼎. 台北：台湾教育文物出版社有限公司，1983.

中国近代学制比较研究. 钱曼倩、金林祥. 广州：广东教育出版社，1996.

中国近代学制变迁史. 陈宝泉. 太原：山西人民出版社，2014.

中国近代学制史料. 朱有瓛. 上海：华东师范大学出版社，1987—1990.

中国近代义务教育研究. 熊贤君. 武汉：华中师范大学出版社，2006.

中国教育财政之改进. 陈友松. 北京：社会科学文献出版社，2009.

中国教育督导史. 江铭. 北京：人民教育出版社，1995.

中国近现代教育实验史. 熊明安、周洪宇. 济南：山东教育出版社，2001.

中国农村教育概论. 陈兆庆. 上海：商务印书馆，1937.

中国普及教育问题. 邰爽秋、黄振祺等. 上海：商务印书馆，1937.

中国师范教育通览. 宋嗣廉、韩力学. 长春：东北师范大学出版社，1998.

中国师范教育史. 马啸风. 北京：首都师范大学出版社，2003.

秭归教育志. 湖北省秭归县教育局. 1990.

中国小学常识教学史. 田正平. 济南：山东教育出版社，1996.

中国小学语文教学史. 林治金. 济南：山东教育出版社，1996.

中国现代教育史. 周予同. 福州：福建教育出版社，2007.

郑观应集. 夏东元. 上海：上海人民出版社，1982.

中华民国教育法规选编. 宋恩荣、章咸. 南京：江苏教育出版社，2005.

中华民国史档案资料汇编. 中国第二历史档案馆. 第五辑. 南京：江苏古籍出版社，1994.

中华民国史档案资料汇编. 中国第二历史档案馆. 第三辑. 南京：江苏古籍出版社，1991.

浙江教育简志. 邵祖德、张彬. 杭州：浙江人民出版社，1988.

浙江近代女子教育史. 吴明祥. 杭州：杭州出版社，2010.

浙江教育史. 张彬. 杭州：浙江教育出版社，2006.

最近三十五年之中国教育. 上海：商务印书馆，1931.

郑晓沧教育论著选. 王承绪、赵端瑛. 北京：人民教育出版社，1993.

自学自习法. 朱元善. 上海：商务印书馆，1916.

张掖地区教育志. 甘肃省张掖地区教育委员会. 兰州：甘肃文化出版社，1998.

中央及本省义务教育法令汇编. 湖北省义务教育委员会. 1937.

张之洞全集. 苑书义等. 石家庄：河北人民出版社，1998.

附录二：
本书所涉法律法规、名词术语、人名、书名和篇名索引

后　记

近些年来，在悄然无声中民国教育史研究成为“显学”。也许是因为人们把时下的教育问题看得太多，对时下的教育太不满；也许是因为短暂不到40年的民国教育，却培养了一大批光彩照人的人物，而当今教育园地却人才凋零；也许是人们认为民国教育诸多元素兴许是医治当今病入膏肓的教育的最佳配方……由是，民国教育史研究受到社会各方的关注，民国的诸多举措受到各方的点赞，湖南教育出版社由此也欣然斥以巨资上了这一项目，尽到自己的社会责任——为有关方面替中国教育把脉提供一些病灶案例和病理判断。我也正是出于这一小小心愿，毫不犹豫地接收了《民国义务教育研究》的任务。我的小小心愿能够得以呈现，要感谢田正平教授为编写大纲和文本提出的宝贵意见，要感谢责任编辑易武先生的斧正润色，还要感谢第一位读者——研究生程力为我扫除了很多“硬伤”。同时，还期盼读者以独特的视角和慧眼指明书中的错误或舛谬，使民国教育研究之“显学”能够发挥显著的作用和影响。

熊贤君

2017.3.4　文山湖畔

著作权所有，请勿擅用本书制作各类出版物，违者必究。

图书在版编目（CIP）数据

民国义务教育研究 / 熊贤君著. —长沙：
湖南教育出版社，2018. 12（民国教育史专题研究丛书）
ISBN 978 - 7 - 5539 - 6530 - 7

Ⅰ. ①民… Ⅱ. ①熊… Ⅲ. ①义务教育—研究—中国—民国
Ⅳ. ①G522. 3 ②G529. 6

中国版本图书馆 CIP 数据核字（2018）第 274722 号

MINGUO YIWU JIAOYU YANJIU

书　　名	民国义务教育研究
作　　者	熊贤君
选题策划	黄步高
责任编辑	易　武
责任校对	朱艳红
装帧设计	肖睿子
出版发行	湖南教育出版社(长沙市韶山北路 443 号)
网　　址	www. bakclass. com
微 信 号	贝壳导学
客服电话	0731 - 85486979
经　　销	湖南省新华书店
印　　刷	长沙超峰印刷有限公司
开　　本	787mm×1092mm　16 开
印　　张	39. 5
字　　数	558 000
版　　次	2018 年 12 月第 1 版
印　　次	2018 年 12 月第 1 次印刷
书　　号	ISBN 978 - 7 - 5539 - 6530 - 7
定　　价	198. 00 元

如有质量问题，影响阅读，请与湖南教育出版社联系调换。